삶을 변화시키는
가르침의 7가지 법칙

브루스 윌킨슨 지음 ■ 홍미경 옮김

Timothy Publishing House

The 7 Laws of the Learners

Copyright © 1992 by Bruce Wilkinson
Published by Multnomah Books
an imprint of The Crown Publishing Group
a division of Random House, Inc.
12265 Oracle Boulevard, Suite 200
Colorado Springs, Colorado 80921 USA

International rights contracted through:
Gospel Literature International
P.O. Box 4060, Ontario, California 91761-1003 USA

This translation published by arrangement with Multnomah Books,
an imprint of The Crown Publishing Group, a division of Random House, Inc.

All rights reserved.

Korean Edition Copyright © 2012 by Timothy Publishing House, Inc.,
Seoul, Republic of Korea

이 한국어판의 저작권은 Multnomah Books와 독점 계약한 (주)도서출판 디모데에 있습니다.
신 저작권법에 의하여 한국 내에서 보호를 받는 저작물이므로 무단 전재와 무단 복제를 금합니다.

삶을 변화시키는 가르침의 7가지 법칙

1995년 9월 15일 초판 1쇄 발행
1998년 4월 20일 개정판 1쇄 발행
2010년 6월 15일 개정판 11쇄 발행
2012년 3월 30일 재조판 1쇄 인쇄
2023년 7월 25일 재조판 3쇄 발행

지은이 브루스 윌킨슨
옮긴이 홍미경
펴낸곳 주)도서출판 디모데〈파이디온 선교회 출판 사역 기관〉

등록 2005년 6월 16일 제 319-2005-24호
주소 서울특별시 서초구 서초대로 141-25(방배동, 세일빌딩)
전화 마케팅실 070) 4018-4141
팩스 마케팅실 02) 6919-2381
홈페이지 www.timothybook.com

값 30,000원
ISBN 978-89-388-1532-3 03230
Copyright © 주)도서출판 디모데 1995 〈Printed in Korea〉

바치는 글

휴 맥클린(Hugh O. Maclellan) 부부는 여러 해 동안 전세계를 돌며 하나님의 사역을 위해 일해오신 분들이다. 두 분은 일선에서 주님을 섬기는 우리들이 싸움에 필요한 도구들을 구비할 수 있도록 조용하지만 신실하게 격려와 용기를 북돋아주셨다. WTB 선교회(Walk Thru the Bible Ministries)는 두 분의 넉넉한 지지와 격려에 힘입은 기독교 단체다. 두 분의 다정 다감하고도 헌신적인 도우심 덕분에 '삶을 변화시키는 가르침의 7가지 법칙(The 7 Laws of the Learner)'이 책으로 발간되었으며, 세계로 보급될 수 있었다.

전세계에 있는 그리스도의 지체와 WTB 선교회를 대신해 맥클린 내외의 훌륭한 섬김과 헌신, 그리고 인내에 대해 마음 깊은 곳에서 우러나오는 감사를 드리고 싶다. 두 분 삶이 가져온 영향력은 영원한 생명으로 온전해질 것이다. 더불어 "잘 하였도다 착하고 충성된 종아"라고 말씀하시는 주님의 음성과 영광이 두 분을 맞을 그날까지, 우리의 깊은 애정과 헌신을 담은 이 자그마한 사랑을 드립니다.

바치는 글 _____ 3

감사의 글 _____ 7

들어가는 글 _____ 13

법칙 1 **배우는 이의 법칙**

    1장 배우는 이의 기초, 모델 및 원리 _____ 23
    2장 배우는 이의 방법과 활용 _____ 63

법칙 2 **기대의 법칙**

    3장 기대의 기초, 모델 및 원리 _____ 105
    4장 기대의 방법과 활용 _____ 143

법칙 3 **적용의 법칙**

    5장 적용의 기초, 모델 및 원리 _____ 177
    6장 적용의 방법과 활용 _____ 211

차례

법칙 4　기억의 법칙
　　7장　기억의 기초, 모델 및 원리_____261
　　8장　기억의 방법과 활용_____297

법칙 5　필요의 법칙
　　9장　필요의 기초, 모델 및 원리_____339
　　10장　필요의 방법과 활용_____389

법칙 6　세움의 법칙
　　11장　세움의 기초, 모델 및 원리_____433
　　12장　세움의 방법과 활용_____475

법칙 7　부흥의 법칙
　　13장　부흥의 기초, 모델 및 원리_____521
　　14장　부흥의 방법과 활용_____561

감사의 글

「삶을 변화시키는 가르침의 7가지 법칙」은 많은 사람들의 헌신과 노력의 결과다. 그들의 훌륭한 본보기와 격려와 힘이 그 원동력이 되었다. 아래 언급하는 동료 협력자들에게 감사의 갈채를 보낸다.

가르침과 설교 분야에서 가장 크게 지도해주신 하워드 헨드릭스(Dr. Howard Hendricks) 박사님께 제일 먼저 감사를 보낸다. 신학원 교수로, 귀한 모범으로, 훌륭한 지도자로, WTB 운영위원으로 그리고 항상 다정한 친구로 헨드릭스 박사님(또는 제자들이 언제나 애정을 담아 부르는 '교수님')은 이 책의 기초를 놓으신 분이다.

'교수님'의 전달 방식과 인격에 사로잡힌 첫 순간으로부터 25년이 흐른 지금까지, 나는 여전히 교수님처럼 효과적으로 대화하기를 소망한다. 훌륭한 교육자 중에서도 가장 위대한 교사인 헨드릭스 박사님은 일찍이 여러 분야에서 내 삶에 영향을 끼치셨다. 내 인생과 사역에 남겨진 그분의 지속적인 영향에 깊은 감사를 드린다. 교수님, 감사합니다!

연구 과정과 그 뒤에는 항상 자신을 격려해주고 계속 정진하도록 도와준 사람들이 몇몇 있기 마련이다. '삶을 변화시키는 가르침의 7가지 법칙'이 만들어지면서, 초기의 여러 장애물들에 부딪칠 때마다 친구 팻 맥밀런(Pat MacMillan)은 활력을 불어넣어주었던 고마운 이다.

창조성이 충만한 WTB 사역 핵심에는 바로 연구 개발 팀이 있다. 그들의 지칠 줄 모르는 창조력으로 인하여 수준 높은 성경 가르침과 방법 그리고 훈련이 끊임없이 개발되었다. 고든 윌킨슨(Gordon Wilkinson), 피터 월러스(Peter Wallace), 랜디 드레이크(Randy Drake), 메리 리 그리피스(Mary Lee Griffith), 그리고 아버지의 도움이 없었다면 이 책은 창의적인 광채를 발할 수 없었을 것이다.

WTB 사역을 유지하고 그 확장을 위해 애쓴 실무 팀에게 감사를 보낸다. 캘빈 에드워즈(Calvin Edwards)는 WTB 선교회 실행위원회 부회장으로서 두각을 나타내면서 다른 실무진을 이끌어가고 있다. 리차드 웨이츠(Richard Waites), 질 밀리건(Jill Milligan), 그렉 프리만(Greg Freeman), 캐시 엘리스(Cathy Ellis), 짐 가브리엘슨(Jim Gabrielsen), 존 닐(John Nill), 데니스 넌(Dennis Nunn), 짐 하이스켈(Jim Heiskell), 레그 로데즈(Reg Rhodes)에게 그동안 WTB 사역을 이끌고 확장시켜준 데 대해 감사를 드린다.

WTB 진영은 최상의 멤버들로 구성되어 있다. 그들은 이 책에 개괄된 원리와 적용에 뛰어난 모델들이다. 그들의 인격, 그리스도를 향한 헌신과 의사 전달은 사역에 참여할 수 있는 특권을 누린 사람들에게 훌륭한 본보기가 되었다. 이 책의 살아 있는 예가 되어준 WTB 사역의 실무진들의 최고참자인 필 터틀(Phil Tuttle)과 그와 함께 끊임없이 성장하고 발전하는 실무진들에게 감사를 표한다. WTB 사역의 실무진들이 누리는 최대의 영광은 '삶을 변화시키는 가르침의 7가지 법칙'의 강사가 되도록 초청받은 것이다. 그들은 진정한 영웅이며 베테랑이다. 필 터틀, 데니스 넌, 존 후버(John Hoover), 리치 리랜드(Rich Leland), 마크 베일리(Mark Bailey), 래리 딘(Larry Dean), 데이브 콜린스(Dave Collins)와 빌 마티(Bill Marty)에게 감사드린다.

성경 파노라마 사역을 만들어가던 수년 동안 잔 캐리(Jan Kary)와 테레사 버크하트(Teresa Burkhardt)가 '삶을 변화시키는 가르침의 7가지 법칙'의 전국 협회를 조직했다. 친한 친구 월트 윌리(Walt Wiley)와 나는 한 팀이 되어 이 협회에서 가르쳤고, 우리가 함께한 시간들은 영원히 간직될 것이다. 그들의 우정에 감사드린다.

존 후버는 WTB 사역에서 마태복음 28장 18-20절까지의 산 증인이다. 초창기부터 주님은 그를 '모든 족속'으로 나가는 책임자로 부르셨다. 그는 그동안 주님의 부르심에 신실했다. 그의 정열적인 지도력 아래 WTB 신구약 세미나뿐만 아니라 삶을 변화시키는 가르침의 7가지 법칙 세미나가 세계 곳곳에서 진행되어왔다. 오스트레일리아, 브라질, 캐나다, 프랑스, 퀘벡 주, 독일, 그리스, 홍콩, 인디아, 인도네시아, 케냐, 한국, 네델란드, 뉴질랜드, 나이지리아, 파푸아뉴기니아, 필리핀, 폴란드, 러시아/우크라이나, 싱가폴, 남미, 스페인, 스리랑카, 스웨덴, 스위스, 태국, 우간다 그리고 영국 등지에 이 씨앗을 퍼트린 존에게 감사드린다. 또한 이 사역의 해외 지도자들은 WTB 사역을 통해 자신이 섬기는 나라들을 더 깊은 영적 성장으로 인도하고 있다. 브라이언 그린우드(Bryan Greenwood), 데이비드 리(David Lee), 밥 닉노톤(Bob Ncnaughton), 클리프 키이즈(Cliff Keeys), 로버트 문(Robert Moon) 그리고 마틴 데컨(Martin Deacon)에게 감사를 전한다.

비버리 머피(Beverly Murphy)는 10년이 넘도록 내 오른팔이 되어주었다. 그녀의 충성스러운 봉사와 섬김은 우리가 함께 일해온 그 오랜 기간 동안 내게 진정한 기쁨이요 훌륭한 본보기가 되어주었다. 그녀의 격려와 타이핑 그리고 조언은 매우 소중했다. 비버리에게 감사를 전한다.

진실로 뛰어난 기독교 출판사의 서비스를 아는 사람은 출판사와 관계를 맺고 글을 쓰는 필자일 것이다. 멀트노마 출판사(Multnomah Press)는 최고의 기독교 출판사라고 생각한다. 존 반 디에스트(John Van Diest)는 영원에 영향을 미치겠다는 뚜렷한 출판 목적을 가지고 이 출판사를 시작해 지금까지 이끌어왔다. 그들은 책의 출판뿐만 아니라 필자와 함께 일하는 법을 아는 사람들이며, 가치를 추구하는 사람들이다. 알 얀센(Al Janssen), 로드 모리스(Rod Morris), 래리 리비(Larry Libby), 브렌다 조시(Brenda Josee) 및 그 외의 멀티노마 출판팀의 도움 없이는 「삶을 변화시키는 가르침의 7가지 법칙」은 결코 탄생할 수 없었다. 기나긴 출산의 고통을 견디는 내내 손을 잡아준 출판사 친구들에게 감사드린다.

마침내 간행된 이 책을 접하며 가장 신나는 사람은 가족들이다. 아내 달린(Darlene) 그리고 나의 아이들 데이브(Dave), 제니(Jenny) 그리고 제시카(Jessica)는 내가 이 책을 쓰기 위해 연구실로 잠적하는 것을 잘 참아주었다. 그들은 심지어 가족 휴가 중에도 원고를 싸들고 갔던 나를 넉넉한 마음으로 이해해주었다. 우리 가족의 충실한 사랑과 이해에 감사를 보낸다.

'삶을 변화시키는 가르침의 7가지 법칙'이 계발되고 가르쳐진 수년 동안, 이 강좌를 택한 학생들은 참 좋은 격려와 조언을 해주었다. 그중에서도 국제기독교학교연맹(ACSI - Association of Christian Schools International)은 특별한 도움을 주었다. 그 연맹은 내게 미국을 비롯한 해외 곳곳에서 여러 세미나를 통해 만 오천 명이 넘는 교사들에게 이 법칙들을 가르칠 수 있는 큰 영광을 허락해주었다. 폴 키넬(Paul Kienel) 박사와 필 레닉스(Phill Renicks) 박사는 나의 훌륭한 스승이다. 나는 두 분의 지도력과 우정으로 큰 은혜를 입었다.

'삶을 변화시키는 가르침의 7가지 법칙'을 가르치면서 가장 성취감을 느꼈던 순간이 있었다. 필리핀에서 빌 브라이트 박사(Dr. Bill Bright)의 지도 아래 국내 훈련 지도자인 커트 맥케이(Curt Mackey) 부부를 초청해 CCC(Campus Crusade for Christ)와 함께 일했던 시기였을 것이다. 그들은 네팔, 방글라데시, 파키스탄, 대만, 홍콩, 요르단, 수단, 터키, 가나, 나이

지리아, 잠비아, 자이레, 부룬디, 러시아, 폴란드, 루마니아 그리고 체코 등 100여 국에서 온 세계 지도자 팀에게 7가지 법칙을 가르칠 수 있도록 나를 초청해주었다. CCC의 그리스도에 대한 헌신과 스태프를 위한 끊임없는 교육과 훈련에 대해 감사드린다.

그러나 무엇보다도 깊고 깊은 감사는 나의 위대한 스승이신 예수 그리스도께 보낸다. 주님은 진정한 모범이시요, 이 책에 쓰인 법칙들의 훌륭한 지도자이시다. 나는 그분의 지도력을 따르기 위해 삶을 바쳐왔고, 이 책은 그러한 개인적 순례의 일부다. 주님과의 대화를 통해 주님 지혜의 극히 일부나마 이 책에 포착되었다면, 내 숨은 목적은 이미 성취된 것이다.

마지막으로 이 순례의 길에 재원과 시간을 투자한 독자들의 헌신에 감사를 보낸다. 아무쪼록 더 따뜻한 가슴과 깊은 이해로 교사로서의 기능이 예리해지기를 기도한다.

들어가는 글

좀 이상하게 들릴지 모르겠지만, 이 책은 10년간의 회개의 결과이다.

나의 회개이다.

비록 일생 동안 가르치고 설교해왔지만, 너무 놀랍고 당황스럽게도 나는 내 철학과 의사 전달의 많은 부분이 잘못되어 있다는 사실을 깨달았다. 믿을 수 없을 만큼 그 방향이 잘못되었던 것이다.

그래서 성경을 연구하기 시작했다. 위대한 교사들과 의사 전달에 대해 공부하면서 나는 뉘우쳤고 변화되기 시작했다. 이 책은 그러한 나 개인의 순례의 정수이며, 먼저 내 사고 과정에서 그리고 결과적으로 가르침 속에서 일어난 혁신을 보여준다.

뉘우친다는 것은 개인의 정신 자세를 변화시키는 것을 의미한다. 요즘 말로 우리는 그것을 '패러다임의 변화(Paradigm shift)'라고 부르는데, 새로운 사고 유형 또는 새로운 준거 틀을 의미한다. 여러 차례 성경의 개념들을 새롭게 발견했는데, 그것들은 내가 이전에 생각하던 것과 정반대였다.

기독교적인 가르침에 대한 많은 글들이 있지만, 개괄적으로 살펴보더라도 그러한 문헌들은 학습 내용을 어떻게 가르쳐야 하는가에 대한 커뮤니케이션보다는 학습 내용이 무엇이어야 하는가에만 초점을 맞추고 있다. 분명 삶을 변화시키는 기초가 되는 것은 우리 삶을 자유케 하는 진리이다. 그 진리가 어떻게 전달되는가는 얼마나 많은 자유가 누려지는가와 많은 관련이 있다.

비록 이 책은 종종 가르침의 내용을 논의하는 것 같아도, 교사가 그 내용을 학생들에게 가르치기 위해 주로 무엇을 하는가에 초점을 두고 있다. 이 책은 여러 내용을 담고 있는데, 교사가 학생들에게 그 내용을 가르치기 시작할 때 가르침은 비로소 시작된다. 교사는 학습 내용과 학생 사이를 연결하는 살아 있는 통로이며, 교사가 그것을 어떻게 행하는가가 가르침의 핵심이다.

필요한 내용과 성품, 그리고 행동을 다음 세대에 성공적으로 전하는 과정은 교사의 중요한 책임이다. 학생들은 '…을 배우기' '…이 되기' 또는 '…을 행하기'를 원해서 교사에게로 온다. 그리고 그것을 가능케 하는 것은 교사의 책임이다.

당신이 이 서론을 읽고 있다는 사실은, 그 과정에 대해 관심을 가지고 교사, 설교자 또는 부모로서 좀 더 효과적인 길을 모색하고 있다는 것이다. 왜냐하면 우리 모두는 언제나 교사의 입장에 서기 때문이다.

지난 10년간은 세계를 순회하며 지도자, 목사, 사업가, 교사와 부모들을 가르친 놀라운 발견의 시간이었다. 내가 어느 곳에서나 느낀 사실은 집에 있을 때 따분한 교사는 지구 저 반대편에 있더라도 역시 따분한 사람일 수밖에 없다는 것이다. 자기 반에서 고리타분하다면 다른 학급에 갔을 때 역시 그럴 수밖에 없다.

그러나 교사가 가르침-배움의 과정(teaching-learning process)을 통달하고 있다면, 어떤 곳에 있든 어떤 청중에게든 그리고 어떤 과목을 가르치든 그는 어느 정도 준비만 갖추면 놀라울 정도로 그 임무를 잘 소화해낼 것이다. 수년간의 실전 경험을 거치면서, 사람들을 따분하게 만드는 기술을 습득해온 이들이 있다. 그들은 별 노력 없이 듣는 이들을 잠재운다. 반면에 어떤 이들은 효과적인 원리들을 습득해 매순간 사람들의 가슴을 파고든다.

그들이 어디에서 무엇을 가르치든, 지속적인 삶의 변화가 일어난다. 그들은 가르침을 즐기며 다른 이들이 배움을 즐기도록 돕는다.

어떻게 그렇게 할 수 있는가? 그들은 가르침의 보편적인 법칙들을 완전히 학습해왔다. 그것들은 중력의 법칙처럼 일반적인 원리이다. 그것들은 주제, 강사, 학생들 또는 사회와 상관없이 작용하는 원리들이다.

인생의 보편적인 원리들은 엄청난 힘을 가지고 있다. 우리는 일단 그것들을 발견하고, 그것들과 협력하여 일하는 법을 터득하면, 목표를 이루기 위해 그것들을 사용할 수 있다. 가르침을 좌우하는 보편적 원리에 관심이 있는가? 그렇다면 이 책은 당신을 위한 것이다. 그러한 원리들이 실제적으로 삶에 어떻게 작용하는가를 설명하기 위해 거의 모든 페이지마다 보기를 곁들여 7가지 보편적인 원리들을 발견할 수 있도록 돕고 있다.

이전에 이 법칙들을 익혀온 수많은 이들처럼, 당신은 그것들이 유용하다는 것을 금방 알게 될 것이다. 그것들을 배우고 듣는 바로 그 순간에 말이다. 그 법칙들을 배운 많은 사람들이 그날밤 집에 돌아가 다음 날 교안을 새로 짰다고 내게 전해왔다.

그리고 그들은 조금도 망설이지 않았으며, 무엇을 할지 분명히 알았다. 우리가 그들을 가르치면 그들은 그것을 배운 후 그대로 실행에 옮겼다.

우리는 그것을 '삶을 변화시키는 가르침'이라 부른다. 당신이 아주 비정상적이지 않다면, 이 책을 끝마치기 전에, 가르침에 대해 차원을 달리해 생각하기 시작할 것이다.

최근에 한 여자 성도가 보내온 장문의 편지를 나는 결코 잊을 수 없다. 그녀는 자기가 다니고 있는 교회의 목사님에게 '삶을 변화시키는 가르침의 7가지 법칙 세미나'에 참석해보시라고 권했다고 한다. 당시 교회는 지루함과 구태의연함이 누적되어 거의 죽어 있는 것과 같은 상태였기 때문이다. 그런데 그 다음 주일, 세미나에 참석하고 돌아오신 목사님의 설교는 마치 다른 사람이 하는 것 같았다고 한다. 설교는 아주 실제적이었고, 삶을 변화시키는 것이었으며, 재미있고도 성경적이었다. 그리고 아주 적절한 설교여서, 그녀는 목사님이 교회가 필요로 하는 것들을 갑자기 깨달으신 것처럼 느껴졌다고 말했다.

후에 나는 그 목사님으로부터 가르침과 설교에 대한 진리를 배울 수 있도록 허락하신 주님께 크게 감사하고 있다는 편지를 받았다. 오랫동안 사역하면서 처음으로 성도들이 정말로 변화하는 모습을 체험했던 것이다. 지속적으로 말이다. 그래서 내게 감사하기 위해 편지를 보내왔다. 나는 그런 편지들을 보물처럼 여긴다.

혹시라도 이 다음에 이러한 보편적인 원리들이 당신의 가르침을 뒤바꿔 놓는다면, 내가 당신 이웃으로부터 짧막한 편지를 받을지 누가 알겠는가!

지금부터는 이 책으로부터 최대한의 유익을 얻을 수 있는 방법을 설명하고자 한다.

이 책의 구성

■

7가지의 법칙들은 각각 두 장에 걸쳐 다루어지고 있다. 전반부는 가르침에 대한 교사의 신념을 고치는 것에, 후반부는 교사의 행동을 바꾸는 것에 초점을 두고 있다. 다시 말해, 처음엔 태도를 그 다음엔 행동을, 아니면 첫째는 철학을 둘째는 실행을 변화시키는 것을 의미한다.

무엇을 행하는가는 궁극적으로 무엇을 생각하느냐에 달려 있다. 성경은 그것을 간략하게 "대저 그 마음의 생각이 어떠하면 그 위인도 그러한즉"이라고 말한다. 그러므로 생각하는 방식이 바뀔 수 있다면, 살아가는 방식도 변화될 것이다.

각 법칙마다 전반부의 목표는 교사의 사고 작용에 강력한 패러다임의 변화를 일으키는 것이다. 즉, 성경적 사고 방식에로의 회개(돌이킴)를 일으키는 것이다.

각 법칙의 후반부의 목표는 교사를 효과적인 방법과 접근법으로 무장시켜, 가르치는 현장에서 배운 것을 즉각적으로 사용하도록 즉, 교수 과정의 갱신을 불러오는 것이다.

법칙들은 서로 각기 독립적이며 독특하다. 그럼에도 불구하고 그것들은 최대의 도움을 주기 위해 가장 논리적인 순서로 배열되어 있다. 특별한 법칙에 관심이나 필요성을 느낀다면, 당신에게 가장 만족을 줄 수 있는 법칙으로 넘어가도 좋다.

절반의 시간에 두 배의 내용을 능률적으로 가르치는 법을 배우고 싶다면, '기억의 법칙'이 적합하다. 7장을 펴서 하나님이 모세에게 나타내신 네 가지 완전 학습을 구체적으로 배우라.

학생들이 최대한 발전하도록 활짝 꽃피우는 법을 배우고 싶다면, '기대의 법칙'이 적격이다. 3장으로 넘어가 학생들이 이전에 결코 체험하지 못한 발전을 이루는 것을 보라.

학생들이 실제적으로 다른 인격으로 변화되고, 지속적으로 긍정적인 변화를 경험하도록 가르치는 법을 배우고 싶다면 '적용의 법칙'이 적절하다. 5장으로 건너뛰어, 학생들이 거의 즉각적으로 실제적인 변화를 경험하는 것을 지켜보라.

학생들에게 동기를 불어넣는 법을 배우고 싶다면, 그래서 그들이 수업에 들어와 교사가 가르치는 것을 배우고 싶은 마음을 갖게 하려면 '필요의 법칙'이 알맞다. 9장으로 넘어가 그리스도가 제자들을 자극시키는 데 사용하신 다섯 가지 단계들을 발견하라. 그 단계들은 언제나 유익하게 작용할 것이다.

이전에 그랬던 것처럼 가르침에 대한 새로운 열정으로 즐겁게 가르치고 싶다면, '배우는 이의 법칙'이 적합하다. 성경적 관점에서 '가르치다'와 '배우다'란 단어 뒤에 숨겨진 놀라운 의미를 1장에서 찾으라.

학생들에게 대중 연설에서부터 테니스를 코치하는 것에 이르기까지, 그리고 심지어 더디 배우는 이들에게조차 잘 먹혀들어갈 교수법을 배우고 싶다면 '세움의 법칙'이 마련되어 있다. 11장으로 넘어가 12명의 수석 지도자들을 훈련시켰던 그리스도를 포함해 성공적인 모든 훈련 프로그램에 사용되는 다섯 단계들을 익히라.

학생들이 하나님과 동행하며 영적으로 무성하게 자라도록 인도하는 법을 배우고 싶다면, '부흥의 법칙'이 준비되어 있다. 13장을 펴서 한 교사가 다윗왕을 주님께로 돌아오게 하는 데 사용했던 과정을 익히라. 말을 듣지 않는 학생들로 인해 가슴이 무너져내릴 때 그 과정들을 사용하라.

덧붙이는 말

■

살아 있는 한, 나는 한 노인을 결코 잊지 못할 것이다.

그는 '삶을 변화시키는 가르침의 7가지 법칙' 세미나에 참석한 은퇴한 교사였다. 그가 이 세미나에 온 이유는 단지 무료하기 때문이었고, 그의 교육 경력은 이미 끝이 났을 무렵이었다. 세미나가 끝난 후, 그는 눈물을 머금으며 내게 왔다. 자신의 가르침이 성경적 관점과 얼마나 동떨어져 있었는지 깨닫기 시작하면서, 그는 마음 중심에서 우러나온 회개의 사흘을 보내고 온 것이다.

일 년 후 나는 '삶을 변화시키는 가르침의 7가지 법칙'의 또 다른 세미나를 위해 그 지역으로 돌아왔다. 성큼성큼 다가온 첫 번째 사람은 바로 그 은퇴한 교사였다. 그러나 이번에는 그에게 분명한 목적이 있었고, 두 눈은 빛나고 있었다. 그는 스스로 주체하기가 어려울 정도로 감격에 겨워했는데 힘들 만큼 큰 감동을 받았다. 자신에게 어떤 일이 일어났는가를 말했을 때, 나 역시 스스로를 주체하기가 어려웠다.

작년에 세미나 장소를 떠날 즈음, 그는 깊이 감명받아 '진리'를 가르칠 수 있는 또 한 번의 기회를 갖고 싶다고 말했었다. 그러나 그는 그런 일이 쉽사리 있지 않을 것처럼 보여서, 교실에서 가르칠 수 있는 또 한 번의 기회를 달라고 하나님께 기도했다고 한다. '삶을 변화시키는 가르침의 7가지 법칙'을 사용했을 때, 그것들이 정말로 어떤 효력이 나타나는지 스스로 발견해보고 싶었던 것이다.

얼마 지나지 않아 그는 재직했었던 학교로부터 전화를 받았다. 교사들 중 한 분이 매우 아파서 가르칠 수 없는 상황인데, 그가 은퇴를 보류하고 한 해를 더 가르칠 수 있는지 알고 싶다는 교장의 전화였다.

그 얘기를 하면서 그는 코트 주머니에서 푸른색 성적표 한 장을 꺼냈다. "이 종이가 그 모든 것을 말해주지요." 그는 미소를 지으며 이야기했다. 거기에는 그가 가르쳤던 고등학교 학급의 모든 학생들의 이름이 적혀 있었고, 다시 가르치기 시작했을 때 학생들이 받은 점수가 이름 아래 적혀 있었다.

그들은 그리 좋은 성적을 받지 못했다. A와 B를 얻은 학생들이 많지 않았고, 많은 학생들이 낙제점에 몰려 있었다. 그런 다음 그는 그 종이를 펴서,

그가 7가지 법칙들로 가르치면서부터 학생들이 얻은 새로운 성적들을 보여주었다. 그 성적들은 거의 정확하게 역전되어 있었다. 수많은 D와 F 대신, A와 B로 바뀌어 있었다. 극적이었다.

그가 학생들에게 배움에 대한 동기를 불어넣고, 학생들이 가진 잠재력이 최대한 발휘되도록 그리고 학습 내용을 학생들의 삶에 적용하도록 하고, 또한 속도 수업을 통해 많은 사실들을 빠른 시간에 가르치고, 학생들이 흥미를 잃거나 관심이 없을 때 그들에게 동기와 자신감을 불어넣어주었을 때, 교실 안팎은 물론 신앙이 없는 학생들의 인격과 가치가 새롭게 형성되어갔다. 점차 변화되어가는 학생들의 모습을 상세히 묘사하면서, 그의 두 눈은 기쁨의 눈물로 가득 찼다.

소개사가 끝나자, 세미나 사회자가 내게 신호를 보내왔다. 삶을 변화시키는 가르침의 7가지 법칙 세미나가 시작될 시간이었다. 내 가슴은 이 은퇴한 교사로부터 들은 믿을 수 없는 이야기들에 사로잡혀 있었다. 그는 그 푸른색 종이를 접어 내 손에 쥐어주면서 이렇게 말했다.

"이제 가셔서 이 혁신적인 원리들을 여기 모인 많은 교사들에게 나누어주십시오. 그러면 내년엔 제 것과 같은 수백 장의 성적표가 생길 것입니다."

주님의 동역자들이여! 당신이 가진 성적표를 들고 '삶을 변화시키는 가르침의 7가지 법칙'이라 불리는 이 경이로운 배움의 순례를 함께 떠나기로 하자.

법칙 1

배우는 이의 법칙

01

배우는 이의 기초, 모델 및 원리

처음으로 그 교수님의 가르침을 들었을 때, 나는 속으로 "저 분 밑에서 공부하면 좋겠다"고 생각했다. 그분은 하워드 헨드릭스 박사였다. 그리고 나는 이 위대한 교사에게 배우기 위해 신학대학원에 진학했다. 나는 그분이 가르치는 내용뿐만 아니라, 가르치는 방법도 배우고 싶었다.

4년의 신학원 시절 동안, 나는 무려 350시간 이상을 그분에게서 배웠다. 나는 그분의 수업에서 항상 무엇인가를 배웠고, 도전받았으며, 한 걸음 더 가까이 주님께 나아가는 것을 체험했다. 그러다가 졸업반에 들어섰을 때쯤엔, '교수님'이 도대체 지루함이란 단어 자체를 이해할 수 있을지 의아해 하기 시작했다.

그분의 교수법을 4년간 익힌 후에야, 나는 교수님이 일정한 기본적인 형식을 따르고 있음을 발견했다. 수업 시작하기 3분 전, 먼저 그분의 발소리가 오래된 참나무 책상 아래서부터 들려오기 시작한다. 분침이 정확히 숫자 12를 지나는 바로 그 순간 교수님은 오른쪽 집게손가락을 공중으로 치켜올리며 "학생 여러분…" 하고 큰소리로 말하기 시작한다. 그리고 우리 모두가 다소 긴장된 마음으로 노트에 베껴 적을 수밖에 없을 만큼 흥미진진한 서론격인 논제를 제시한다. 3-4분 후에 교수님은 첫 번째 농담을 하고, 수업이 시작된 지 8~10분이 지나면, 필요에 따라 책상에서 일어나 칠판에 필요한 그래프나 차트를 그린다. 언제나 먼저 파란색 펜으로 그린 후, 자주색 펜을 사용한다. 그리고 강조하기 위해 언제나 독특한 파선을 밑줄로 긋는다. 교수님의 움직임은 정확했다. 그분에게서 배운 누구에게나 물어봐도 똑같을 것이다.

신학원 마지막 학기 중에, 나는 헨드릭스 교수님을 시험하기로 작정했다. 학생 하나가 수업에 주의를 기울이지 않고 멋대로 행동할 때, 이 위대한 교사는 어떤 반응을 보일지 알고 싶어졌다. 나는 교실 뒤편 오른쪽 구석에 자리를 잡았다. 그곳은 교실에서 하나밖에 없는 유리창 바로 옆이었고, 나는 수업 시간 내내 그 유리창 밖을 내다보기로 했다. 교실에는 서른 명쯤 있었으므로 부주의한 학생 한 사람쯤은 금방 눈에 띌 수밖에 없었다. 시계를 풀어 시간을 재기 시작했다. 내 주의를 끌지 못할 때, 교수님은 어떻게 할 것인가?

예상대로 그분은 큰소리로 수업을 시작했고, 전형적인 중요 논제로부터 설명하기 시작했다. 손이 떨리기 시작했지만, 나는 그 내용을 적지 않기로 굳게 마음먹었다. 슬쩍 곁눈질을 해보았을 때, 내가 주의를 기울이지 않고 있음을 교수님이 순식간에 알아차렸다는 것을 알 수 있었다. 교수님은 늘 하던 대로 하지 않고 처음부터 내용과 전혀 상관없는 농담을 했다. 웃는다면, 내가 듣고 있다는 증거였기 때문에 나는 조심스럽게 손으로 입을 막고 계속 창문 밖을 응시했다.

2분이 지나자 교수님은 의자에서 일어나 칠판에 도표를 그리기 시작했다. 늘 하던 대로보다 훨씬 이른 시간이었다. 그분은 그래도 내가 필기를 하지 않자, 도표를 그리다 말고 멈추었다.
　매직을 내려놓고, 내가 앉은 쪽을 내려다보기 위해 교수님은 교실 구석 쪽에서 걸어왔다. 기어이 나와 눈을 맞추려고 안간힘을 쓰고 있었다. 이마에 구슬땀이 맺혀 있었고, 시계는 계속 똑딱똑딱 소리를 내고 있었다. 나는 주의를 기울이려 하지 않았다.
　마침내 그분이 침묵을 깼다. 이 위대한 스승은 거의 뛰다시피 통로로 내려와 큰소리로 말했다. "윌킨슨, 도대체 무엇 때문에 저 창문 밖을 내다보는가?" 수줍은 시선으로 몸을 돌려 나는 대답했다. "아무것도 아닙니다. 죄송합니다, 교수님." 나는 시간이 얼마나 지났는지 궁금해 시계를 내려다보았다. 3분 37초가 막 지나고 있었다. 믿을 수 없을 정도였다. 주의를 기울이지 않는 한 학생에 대한 그의 참을성은 217초가 한계였다.
　가슴에 그렇게 색다른 경험을 새긴 채, 나는 복도를 지나 다른 교수의 강의에 들어갔다. 그 강의는 정반대였다. 그 교실엔 전혀 주의를 기울이지 않는 학생들로 가득 차 있었다. 그들은 다른 강의의 과제물을 작성하고 있었다. 그럼에도 불구하고 이 교수는 전혀 관심이 없는 것처럼 보였다. 그는 단지 등을 돌려 교실의 다른 쪽에 앉아 있는 학생들에게 강의했다. 그의 기본적인 태도는 "너희들이 배우고 싶지 않은 것은 내 책임이 아니다"라는 식이었다.
　얼마나 대조적인 태도인가! 그리고 배우는 이의 학습에 있어서도 얼마나 대조적인가! 한 교사는 자신이 가르치는 것을 배우려 하지 않는 학생을 단 몇 초라도 참을 수 없었고, 또 한 교사는 그런 학생에 대해 학기 내내 상관하지 않는 것 같았다.

학생이 내가 했던 대로 창문 밖을 내다보며 당신을 테스트한다면 당신은 어떤 점수를 얻을 것 같은가? 당신은 학생에 관심을 가져왔는가? 당신을 시험하는 시계 바늘은 여전히 똑딱 소리를 내며 돌아가고 있지는 않는가?

헨드릭스 박사는 교사로서 학생의 학습에 대한 책임이 자신에게 있다고 믿었다. 이와 대조적으로 두 번째 교사는 누가 배우든 말든 필요한 내용을 전달하는 것만이 자신의 책임이라고 믿고 있었다.

배우는 이의 기초

이것은 배우는 이의 법칙의 핵심을 보여주는 특별한 예다. 헨드릭스 박사는 교사로서 내 학습에 대한 책임이 있다고 믿었다. 책임감을 가진 그는 배움에 관심을 기울이지 않는 학생을 어떻게 해서라도 배우게 하려고 애썼다. 그는 수업안과 수업 형식을 바꾸며 흐름을 깨뜨리는 농담까지 했으며, 급기야는 교실 통로로 달려와 나를 직시했다.

반면에 두 번째 교사의 태도는 누가 배우든 말든 필요한 내용을 전달만 하면 그만이라는 의식을 반영하고 있었다.

이같은 기본 자세가 '삶을 변화시키는 가르침의 7가지 법칙'의 근저에 깔려 있다. 어떤 면에서 볼 때 이 법칙들은 모두 한 줄로 늘어선 도미노와 같다. 처음 패는 궁극적으로 그 뒤를 잇는 모든 패를 통제하고 있다.

내가 아는 모든 위대한 교사들은 이같은 정신 자세를 가지고 있었으며, 자신의 책임은 학생들을 배우게 만드는 것이라고 생각한다.

그러나 오늘날 설교와 가르침의 현장에서 널리 받아들여지고 있는 정신 자세는 무엇인가? 비극적이지만, 교사들은 스스로를 학생들로부터 분리시켜왔다. 그리고 가르침의 과정에 대해서는 학생이 무엇을 배우는가보다는 교사가 무엇을 가르치는가에 있다고 재정의해왔다.

교사들은 가르침의 과정을 "교실 앞쪽에 위치한 한 사람이 소극적인 학생들의 집합을 향해 조리 있게 이야기하는 것"으로 재정의해왔다. 그들은 교사의 우선적인 책임이 조직적인 방법으로 필요한 자료를 전달하는 것이라고 생각한다.

그들은 '무엇을 행하는 것'이 가르침이라고 생각한다. 즉, 초점이 교사 자신에게 놓여 있다. 많은 교사들이 자료를 전달만 하고는 가르쳤다고 생각하며 교실을 떠난다. 그러나 당신이 학생들에게 예고 없이 퀴즈를 내본다면, 그들이 거의 배우지 않았다는 것을 알게 될 것이다. 가르침과 배움이 서로 분리되어 있는 것이야말로 우리가 지니고 있는 교육적 비애의 뿌리이다.

헨드릭스 박사는 혁신적인 정신 자세를 창안했다. 그는 가르침에서 주안점은 교사의 행위가 아니라, 학생들의 행위라고 생각했다. 그의 초점은 교사에게 있지 않고 학생들에게 있었다. 창문 밖을 내다보고 있는 한 학생이 배우고 있지 않기 때문에, 헨드릭스 박사는 가르칠 수 없음을 깨달았다. 가르침을 중단하고 통로로 달려온 것도 바로 그 때문이었다.

당신이 헨드릭스 박사의 편에 선다면, 교사와 학생들의 삶에 어떤 변화를 가져올 것이라고 예상하는가?

게다가 이 가르침의 문제에 대해 하나님은 어떻게 말씀하시는가? 교사들에게 주어진 하나님의 관점과 명령을 저버렸다고 하시지 않겠는가?

우리는 가는 곳마다 사람들에게 교사의 책임을 어떻게 정의하는가에 대해 질문해왔다. 사람들의 대답은 대개 "사실을 가르치는 것" "자료를 전달하는 것" "교수 계획을 달성하는 것" 등등이었다. 이 모든 정의의 초점은 전혀 배우는 이의 학습에 있지 않다.

이상하게 들릴지 모르지만 우리는 가르침이 이야기하는 것이라고 생각한다. 수업에 들어가 강의 노트를 읽으며 서너 번 학생들을 웃기고 학생들이 교사가 강의한 내용을 적고 한두 가지 질문을 던진다고 해서, 그것을 교사가 가르쳤다고 할 수 있는가? 천만의 말씀이다. 그것은 가르친 것이 아니다. 진정한 성경적 가르침은 학생들이 배우지 않는 한 일어나지 않는다. 배우지 않았다면 가르친 것도 아니다.

성경은 '가르치다'와 '배우다'에 대해 어떻게 설명하고 있는가? 하나님은 가르침과 배움을 분리하셨는가? 매우 비슷해 보이지만 서로 다른 초점을 지닌 신명기의 두 구절을 살펴보자. 한 구절은 가르침에, 다른 구절은 배움에 초점을 두고 있다.

> "모세가 온 이스라엘을 불러 그들에게 이르되 이스라엘아 오늘 내가 너희의 귀에 말하는 규례와 법도를 듣고 그것을 배우며 지켜 행하라"(신 5:1).

이 구절은 '배우다'에 대해 어떻게 정의하고 있는가?

> "이스라엘아 이제 내가 너희에게 가르치는 규례와 법도를 듣고 준행하라 그리하면 너희가 살 것이요 너희 조상의 하나님 여호와께서 너희에게 주시는 땅에 들어가서 그것을 얻게 되리라"(신 4:1).

이 구절은 '가르치다'에 대해 어떻게 정의하고 있는가? 배움과 가르침이란 두 개념은 어떻게 연결되어 있는가? 그동안 생각해온 것처럼 이 두 개념은 서로 분리되어 있는가?

이 두 단어의 온전한 의미를 파악하기 위해 히브리 원어에 나타난 단어 형태를 살펴보자. 신명기 5장 1절에 쓰인 '배우다'란 단어는 'יְלַמְדֻתֶם'이며, 신명기 4장 1절에 쓰인 '가르치다'란 단어는 'מְלַמֵד'이다. '배우다'란 단어에서 접두사와 접미사를 제거하면 남는 부분은 히브리 원형 단어 'לָמַד'이다. 또한 '가르치다'란 단어에서 접두사와 접미사를 제거하면 남는 부분은 역시 히브리 원형 'לָמַד'이다.

이 사실을 믿을 수 있는가? 그것은 똑같은 단어다. 똑같은 히브리 단어가 '배우다'와 '가르치다'를 의미한다. 이것이 얼마나 중요한 의미인지 알겠는가? 배움에서 가르침을 분리시킬 수 없다. 그 둘은 결합되어 있고 한몸인 것이다. 교사가 행하는 것과 학생이 행하는 것이 서로 한데 연결되어 있음이 분명하다.

'가르치다'와 '배우다'를 뜻하는 이 히브리 단어에 대해 좀 더 깊이 살펴보도록 하자. 원형은 '배우다'를 의미하지만 그것을 변형시켜 'Piel'이라고 불리우는 또다른 어간에 붙이면 그것은 '가르치다'로 그 의미가 바뀐다.

히브리 문법에 따르면, 'Piel'의 기본 개념은 "한 어간에 의해 지시되는 행위에 스스로를 힘써 바쁘게 하는 것"이다. 그렇다면 그 어간이란 무엇인가? '배우는 것'을 말한다. 그러므로 가르치는 것은 "배우는 이의 학습 행위에 스스로를 열정적으로 관련시키는 것"을 의미한다. 가르치는 것은 또한 "촉구하는 것" 또는 "다른 이들이 행하게 만드는 것"을 의미하며 "어떤 행동에의 열정적인 추구"를 뜻한다.

성경적인 정신 자세가 일반적인 사고 방식과 얼마나 대조적인지 알겠는가? 성경은 가르침이 "배움을 야기하는 것"을 의미한다고 말하고 있다. 이것이 배우는 이의 법칙에서의 핵심이다. 교사가 단지 교실의 앞자리에서 행하는 것을 가르침이라고 더 이상 간주할 수 없다. 가르침은 교사가 학생에게 행하는 것이다. 당신이 위대한 교사인지 어떻게 알 수 있는가? 그것은 학생들이 배우는가에 따라 달려 있다.

그것이 바로 헨드릭스 박사가 가르치기를 멈추고, 내 얼굴을 직면하기 위해 교실 통로를 달려온 이유이다. 내가 배우고 있지 않았기 때문에, 그래서 곧 자신이 가르치고 있지 않음을 깨달았던 것이다.

교사들이 가르침의 바른 개념을 깨닫는다면, 교실에서 어떤 일이 벌어질지 상상해보라. 강의의 대요와 강의안을 가지고서가 아니라, 학생들과 호흡을 나누며 교실 통로를 왔다갔다 한다면 어떤 일이 일어날까? 교사들이 "학생들로 하여금 배우도록 야기해야 한다"는 성경의 명령에 온전히 순종하기로 서약한다면 어떻게 될까? 그것은 혁신을 불러일으킬 것이다. 배움은 다시 한 번 하늘 높이 비상할 것이고, 훈육 역시 부활할 것이다. 학생들은 학교를 싫어하기는커녕 배우는 것을 사랑하기 시작할 것이다.

배우는 이의 모델

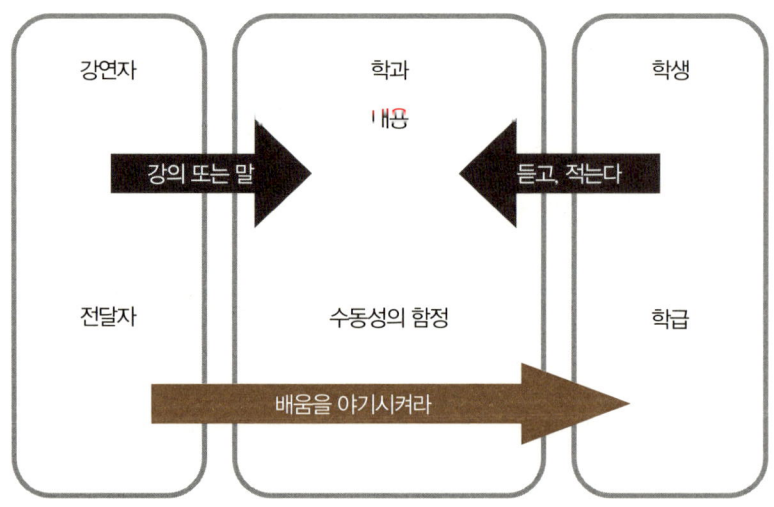

배우는 이의 법칙이 이 도표에 예시되어 있다. 왼쪽 칸은 '강연자' '전달자'를 나타낸다. 가운데 칸은 '학과' '내용'을, 오른쪽 칸은 '학생' '학급'을 나타낸 것이다.

이 모델에 나타난 두 개의 짧은 화살표들은 교사 또는 학생의 행동을 나타낸다. 교사는 대개 학과 곧 '강의'에 초점을 두고 '말'로 표현한다. 반면에 학생은 '듣고' 그 말들을 '적는다.' 양자의 관심이 쏠려 있는 곳에 유의하라. 이곳은 자료를 포장하는 과정이다. 여기서 흔히 일어나는 일은 학습 부족 현상이다. 학생들은 그저 아무 생각없이 받아적을 뿐, 생각은 딴데로 흘러가 번번히 '수동성의 함정' 속에 빠진다.

교사는 강의 내용만 신경쓰기보다는 주의를 돌려 학생들에게 집중해야 할 필요가 있다. 이것은 "배움을 야기시켜라"는 표현과 더불어 교사로부터 학생에게 향하고 있는 아래쪽 화살표로 나타나 있다.

내가 읽은 가장 인상적인 인용문을 소개하고 싶다. 도시에 사는 한 아버지의 이야기다. 그는 자기 딸에게 끼친 교육 체계의 극단적인 실패에 대해서 좌절을 느끼고 있었다.

> "당신들은 독점 판매를 하는 전화 회사와 같다. 나에게는 자녀를 어느 학교에 보내야 할지 선택할 권리가 없다. 단지 교육비가 무료인 곳을 선택할 수밖에 없다.
> 그리고 내 딸은 배우고 있지 않다.
> 그 아이가 배우고 있지 않은 것은 당신들 책임이요, 교장의 책임이요, 교사의 책임이다. 그리고 당신이 잘못해서 내 딸이 낙제할 때 어떤 일이 일어나겠는가? 아무 일도 일어나지 않는다. 한 사람도 해고되지 않는다. 내 딸을 제외하고는 어느 누구에게도 아무 일도 일어나지 않는다."

이 얼마나 비극적인 이야기인가. 그럼에도 불구하고 얼마나 진실한 이야기인가! 삶을 변화시키는 가르침의 7가지 법칙은 이 인용문을 뒤집어엎기 위해 쓰였다. 그 누구도 창 밖을 내다볼 생각조차 못하도록 아주 효과적으로 가르칠 수 있게 만들었다.

배우는 이의 원리

이 부분에서 다루는 원리는, 기초와 모델에서 소개된 주요 개념을 계속 발전시켜나간다. 명확하고 더 폭넓게 이해하기 위해, 지금까지 다룬 '하나의 커다란 개념'을 여러 각도와 관점에서 다양하게 조사해볼 것이다. 원리(maxim)란 일반 원칙 또는 진리를 간단하게 진술해놓은 것이며, 뒤를 잇는 각각의 원리들은 '배우게 만드는' 여러 측면들을 반영한다. 뒷부분에서는 '배우게 만드는 것'이 진정으로 뜻하는, 보다 넓은 의미와 중요성을 좀 더 깊이 파악할 수 있을 것이다. 이해가 깊고 완전할수록 가르치는 현장에서 이 진리를 활용하는 것이 훨씬 쉬울 것이다.

원리 1: 교사는 학생에게 배움을 야기시킬 책임이 있다

이 실험을 하는 것은 일생에 한 번밖에 없는 기회였다. 그것은 나의 대학 강의 첫해, 첫째날, 첫 수업에서였다. 교사 경력은 전무했고, 나에 대한 평판은 미처 없던 때였다. 학생들은 내게서 무엇을 배울지 알 길이 없었다.

수업이 시작되자 나는 교수님들이 이제까지 가르쳐온 방식으로 가르치기 시작했다. 늘 있어온 주제와 부제를 말하는 전형적인 개괄 수업이었다.

학생들은 거의 무의식적으로 필기를 시작했다. 약 25분 후, 나는 안도감을 느끼는 학생들에게 이렇게 말했다. "노트를 치우세요. 지금부터 시험을 치겠습니다." 학생들의 심장 멎는 소리가 들리는 것 같았다. 그들은 대학 신입생이었고, 그것은 첫 번째 수업이었다. 그 첫째날 시험을 치겠다고 했을 때 그들이 보여준 반응은 마치 세상의 종말을 맞는 것 같았다. 마침내 뒷줄에 앉아 있던 용감한 여학생이 그 무거운 침묵을 깼다.

"저, 교수님, 저희들은 이 내용을 제대로 공부할 기회조차 가지지 못했는데요."

"다 알고 있어요. 그래도 여러분이 얼마나 배웠는지 봅시다."

나는 아무런 설명도 하지 않았다. 그렇지 않으면 내 실험을 망쳐버릴지도 몰랐다. 그들이 백지를 찾아꺼내는 덜거덕거리는 소리가 났다. 그 다음엔 아주 조용해졌다. 나는 방금 마친 25분간의 수업 내용에서 몇 가지 문제들을 냈다.

그리고 두 학생을 제외하고는 모두가 근사하게 낙제점을 얻었다. 무거운 긴장감이 흘렀다. "이 작자의 강의를 취소하고 다른 강의로 바꾸고 말겠어"라고 말하는 싸늘한 눈길을 읽을 수 있었다.

그런데 뒷줄에 앉아 있던 그 여학생이 또다시 손을 들었다. 이전까지는 A학점을 받아왔다는 표정이 역력한 그녀는 이렇게 주장했다.

"교수님, 이 점수들로 평가하시면 곤란합니다."

"왜 안 되지요?"

"공평하지가 않아요. 저희에겐 복습할 기회가 전혀 없었어요."

"그래, 몇 점을 맞았죠?"

그녀는 고개를 떨구며 대답했다.

"60점 맞았습니다."

"내가 누구죠?"

"교수님이지요."

"그러면 교수의 할 일이 무엇이지요? 학생을 가르치는 것 아닌가요?"

나는 잠시 말을 중단하고 미소를 지었다.

"내가 교수이고, 여러분에게 학습 내용을 깨닫도록 가르쳐야 할 사람이라면, 이 시점까지 내가 해온 일이 무엇입니까? 자, 여러분은 내게 어떤 성적을 주겠어요?"

그들은 내게 대꾸하고 싶어 안달이 난 표정들이었다.

"학생, 학생의 시험 점수가 오늘 내가 학생을 얼마나 효과적으로 가르쳤는가를 나타낸다면, 학생은 내게 어떤 성적을 주겠소?"

이때쯤 이르러서는 숨소리조차 들리지 않았다. 그녀는 목까지 차오른 무언가를 내뱉고 싶지만, 차마 그래도 되는지 망설이는 듯했다. 그래서 나는 그녀에게 말했다.

"학생의 점수가 곧 내 점수라는 말이죠. 학생이 배우거나 못 배우는가는 교수인 내가 어떻게 했는가에 달려 있어요. 그러므로 학생의 60점은 내 직분을 다하지 못한 교수로서의 나를 보여주고 있는 거나 진배없지요. 나는 학생이 배우도록 만들지 못했어요. 그러니 내게 F학점을 줘야죠."

뜻밖의 상황에 학생들은 모두 어리둥절한 모양이었다.

나는 윗옷을 벗고 넥타이를 느슨하게 푼 후 이야기를 계속했다.

"그런데 여러분은 왜 이 대학에 그토록 많은 등록금을 지불하면서도, 내가 내 직무를 다하도록 하지 않는 겁니까? 어째서 내가 30분을 가르치면서도 전 학생이 아무것도 배우지 못하는 이런 일이 벌어질 수 있습니까? 나는 내 직무가 여러분을 배우게 만드는 것이라고 믿었는데."

그들은 고개를 끄덕였다. 내 말이 이치에 맞는다고 느끼기 시작한 것이다.

"이제 이후로 여러분이 이 강의에 오면 나는 여러분의 학습을 책임지려고 합니다. 여러분이 열린 마음과 정신을 갖고 이 강의에 참석한다면, 나는 교사로서 여러분의 비어 있는 부분들을 채우기 위해 내 소임을 다할 것입니다."

그 다음 20분간 나는 그들을 가르쳤다. 나는 그들이 이해할 때까지 가르쳤다. 그후 다시 그 자료에 대해 시험을 쳤는데 두 명을 제외한 모두가 A를 받았다. 장난기 어린 눈으로 나는 말했다.

"내 빈약한 가르침에 대한 그같은 유죄의 증거가 기록으로 남기를 원하지 않기 때문에, 첫 번째 시험 성적은 반영하지 않겠습니다."

아, 대학 강의의 기쁨이란!

얼마나 많은 시간 동안 당신과 나는 한 시간짜리 강의에 앉아 의무적으로 필기해왔는가? 그리고 수업 후 복도에서 무엇을 배웠느냐고 묻는 이를 만났을 때, 하나도 기억할 수 없던 때가 얼마나 많았던가! 그런 우리가 성경이라도 제대로 학습해왔다고 말할 수 있는가? '수동성의 함정'을 조심하지 않으면, 그 수렁으로 빠져버리고 말 것이다.

당신은 교사가 책임 있는 사람이라는 정신 자세의 참 중요성을 인식하고 있는가? 명백히 학생들은 배울 책임이 있다. 그러나 교사에게는 학생들로 하여금 자료를 이해하게 만드는 책임이 있다.

지나온 몇 세대의 교사들 대부분은 학습 책임은 자신에게가 아니라 학생들에게 있다고 믿었다. 그래서 학생의 학습 성취도를 교사의 능력과 관련시키는 것을 반대해왔다.

이 토론이 새로운 화제인가, 아니면 단지 그동안 잊혀져왔던 문제인가? 유감스럽게도 이전에 분명하던 문제들을 외면해온 것은 아닌가? '가르치다'의 사전적 정의가 무엇이라고 생각하는가? 놀랍게도 사전은 '가르치다'

를 "어떤 대상을 이해하게 만드는 것"이라고 정의하고 있다. 그러므로 학생들로 하여금 "어떤 대상을 이해하게 만들지" 않았다면 그들을 가르친 교사는 좋은 교사였다고 말할 수 없다. 오늘날 많은 교사들이 무책임하다고 말할 수 있는 근거는 그들이 더 이상 학생들의 배움에 대해 스스로에게 책임이 있다고 여기지 않기 때문이다.

'삶을 변화시키는 가르침의 7가지 법칙'의 핵심은 학생으로 하여금 배우게 하기 위해 교사가 모든 것을 해야 한다는 전적인 책임감을 매우 강조하는 데 있다.

몇 해 전 나는 아들과 가르침에 대한 이야기를 나눈 적이 있었다. 나는 아들에게 어떤 내용을 배워야 하는데도 배우지 못해 몇 번이나 되풀이해서 배운 경험이 있는지 물어보았다.

그는 웃으며 말했다.

"물론이에요. 바로 어법이에요. 아버지도 아시다시피 제가 얼마나 여러 번 어법을 배웠는데요. 그런데도 여전히 모르겠더라고요."

나는 데이브에게 대답해주었다.

"너는 절대로 어법을 배우지 않았단다."

"무슨 뜻이에요?"

"네가 그것을 익히지 못했다면, 너의 선생님은 그것을 가르치지 않은 셈이란다."

"아니에요 아버지. 저희 선생님은 여러 주에 걸쳐서 어법을 가르쳐주셨어요!"

"데이브, 네가 그것을 이해할 때까지 선생님이 계속 가르치셨니?"

"아니에요! 선생님은 진도를 계속 나가야 한다고 하셨어요."

"너희 반에서 그것을 이해하지 못한 또 다른 아이들이 있었니?"

그는 웃음을 터뜨리면서 말했다.

"많이 있었죠. 친구들 대부분이 잘 이해하지 못했어요. 하지만 어떡해요? 진도는 계속 나가야 했는데요."

지금쯤 당신은 내 의도를 이해할 것이다. 내 아들의 중학교 선생님은 학생들을 가르치는 것이 아니라, 교과서를 다루는 것이 자신의 의무라고 생각했다. 제1법칙에 의하면 그 교사는 가르치지 않았다. 왜냐하면 그는 학생들로 하여금 배우게 하지 않았기 때문이다.

가르치는 과정에 있어서 교사에게 전적인 책임이 있음은 물론, 이 책임을 다른 이들도 함께 분담해야 한다는 것을 덧붙이고 싶다. 학생들, 부모들 그리고 관심을 가진 다른 이들, 나아가 사회 전체가 말이다. 학생들에 대한 책임은 교사에게만 있는 것이 아니다. 이 책에서는 단지 교사만을 중점적으로 검토하고 있을 뿐이다.

이 법칙을 이해하기 시작할 때, 우리는 교사의 책임감을 새롭게 기억하게 될 것이다. 내가 세계 도처에서 이 세미나를 여는 동안에 그같은 일들이 여러 번 일어났었다. 경각심을 가진 교사는 "그것이 내 책임이었구나"라고 깨닫는다. 그러면 모든 것이 변한다. 왜냐하면 당신과 내가 하나님이 원하시는 교사의 당연한 책임을 인정할 때, 비로소 학습의 성취가 이루어지기 때문이다.

어느 날 저녁 식사 중에 내 아들은 수학에서 좋은 성적을 얻지 못할 것 같다고 말했다. 내가 좀 더 자세히 물었을 때 그는 공손하게 말했다.

"아버지, 수학 성적이 나쁜 건 제 잘못이 아니에요. 그 선생님은 따분하게 가르치실 뿐만 아니라 수업도 정말 형편없어요. 정말이지 그 선생님은 '7가지 법칙' 강좌를 들어야 할 거예요. 그 선생님은 우리들 중 아무도 배우게 하지 못하신다니까요!"

아내는 내게 "도대체 당신, 애한테 뭘 가르치고 있는 거예요?"라고 말하는 눈총을 보냈다. 그래서 나는 순간적인 상황 전환이 요구됨을 느꼈다.

"저런, 넌 '학생의 법칙'을 잊고 있구나."

"무슨 말씀이세요? 아버지는 세미나에서 그것에 대해 전혀 언급하지 않으셨잖아요?"

"나도 알아. 그래서 이 새로운 법칙을 너와 네 창조적 발자취를 따르고자 하는 모든 이들을 위해 지금 막 보충해넣는 중이지. '학생의 법칙'은 교사의 자질과 상관없이 학생에게는 배울 책임이 있다는 거야. 데이브, 알다시피 네가 교사라면 네게 100퍼센트 책임이 있는 것처럼 가르쳐야 하지. 그 반면에 네가 학생일 때는 네게 전적인 책임이 있는 것처럼 배워야 하지 않을까?"

나는 데이브가 이 법칙을 탐탁해하지 않은 반면, 아내는 무척 흐뭇해한다는 것을 느낄 수가 있었다.

"그렇다면, 아버지! 이 경우엔 저와 선생님 중 누구에게 책임이 있나요?"

"바로 그거야. 데이브, 이제 알아들었구나! 너와 네 선생님 모두가 100퍼센트 책임이 있지. 그리고 어쨌든 나는 네가 수학 시간에 100퍼센트 책임이 있다고 생각한다."

데이브의 비판에 "학교가 결코 당신 자녀의 교육을 방해하지 않도록 하라"는 조셉 베일리(Joseph Bayly)의 말이 떠올랐다.

"성공적인 교사가 되는 비결은… 각 학생의 성공 또는 실패에 대한 책임을 개인적인 방식으로 인정하는 것이다. 학생들의 성공과 실패에 대해 개인적인 책임감을 느끼는 교사는 좀 더 높은 성취도를 얻는 학생들을 배출한다"고 말한 전 미국 교육부 장관 셜리 후프스테들러(Shirley M. Hufstedler) 여사의 말은 옳았다.

할머니가 좌절의 순간에 나에게 "꼬마 신사, 나는 너를 공부해갈 거야"라고 말씀하셨을 때, 그녀는 이미 수년 전에 이 원리를 알고 있었던 것이다.

원리 2: 교사는 자신이 끼친 영향에 대해 하나님 앞에서 심판받을 것이다

'전적인 책임'과 짝을 이루는 말은 '책임을 짐'이라는 말이다. 누군가가 우리에게 어떤 계획안에 대한 책임을 부여할 때, 우리는 대개 그 실행 결과에 대해 책임져야 한다.

성경은 우리가 하나님의 지시를 어떻게 수행했는가에 대해 우리들 각자가 그분 앞에서 심판받을 것이라고 분명히 말하고 있다.

> "이는 우리가 다 반드시 그리스도의 심판대 앞에 나타나게 되어 각각 선악간에 그 몸으로 행한 것을 따라 받으려 함이라"(고후 5:10).

미래에 심판의 날이 올 것이다. 하나님은 우리의 동기, 말, 행동과 신실함에 대해 심판하실 뿐만 아니라 우리 중 일부에게는 추가 책임도 물으실 것이라고 말씀하셨다. 성경은 지도자들의 책임과 그 책임에 따르는 심판의 심각성에 대해 거듭 경고하고 있다.

> "내 형제들아 너희는 선생된 우리가 더 큰 심판을 받을 줄 알고 선생이 많이 되지 말라"(약 3:1).

야고보서는 더 큰 책임이 있기 때문에 교사들이 하나님께 더 큰 심판을 받을 것이라고 분명히 말하고 있다. 하나님은 우리가 어떻게 사는가뿐만 아니라 우리가 어떻게 가르치는가에 대해서도 심판하실 것이다. 우리는 교사로서의 역할 때문에 더 큰 심판에 직면하고 있는 것이다.

> "너희를 인도하는 자들에게 순종하고 복종하라 그들은 너희 영혼을 위하여 경성하기를 자신들이 청산할 자인 것같이 하느니라 그들로 하여금 즐거움으로 이것을 하게 하고 근심으로 하게 하지 말라 그렇지 않으면 너희에게 유익이 없느니라"(히 13:17).

히브리서 저자는 또한 권위 있는 지위를 가진 자들이 심판받을 것이라고 말하고 있다. 그것이 사실이기 때문에 히브리서 저자는 신자들에게 그러한 지도자들에게 순종하고 복종하라고 권면한다. 교사들이 심판받을 뿐만 아니라 어떤 점에서는 학생들도 심판받을 것이라고 위 성경 구절은 말하고 있다.

이 원리는 몇 가지 실제적인 의미들을 내포하고 있다. 첫째, 교사로서의 우리를 하나님이 심판하실 수 있는 유일한 이유는 우리에게 책임이 있기 때문이다. 둘째, 하나님은 가르침의 역할과 책임을 지극히 중요하게 여기신다. 이 시대가 교육 공동체에 보이는 존경심의 결여로 인해, 자긍심마저 줄어들지 않도록 하라. 셋째, 히브리서 13장 17절의 권면이 자신에게 매우 강렬한 영향을 끼치도록 하라. 교사들은 단지 시험 성적만이 아니라 학생들 각자에게 관심을 기울여야 한다는 것을 명심하라. 끝으로, 어떤 학급과 학생들이 교사의 마음을 좀 더 아프게 할 수도 있다. 그러한 학급과 개인들도 가르쳐야 할 대상의 일부임을 깨달으라. 위대한 교사이신 예수 그리스도도 가르치는 내용뿐만 아니라 자신의 명성과 심지어는 생명까지 공격해온 사두개인들과, 바리새인들 그리고 산헤드린 공회원들이라는 학생들을 다루셔야 했다. 자신이 합당한 이유를 가지고 온 마음을 다해 가르치면, 모든 것이 저절로 잘 풀려나갈 것이라는 잘못된 사고에 빠져들지 않도록 하라. 아마도 그렇지 않을 것이다. 하나님은 당신과 당신의 가르침에 항상 즐겁게 반응하는 학급만 허락하겠다고 약속하지 않으셨다.

그러므로 자신의 기대를 분명하게 설정하라. 즐거움을 맛볼 때와 마찬가지로 마음이 아플 때도 가르치라. 하나님이 그분의 섭리 안에서 당신을 부르시고 임무를 맡기셨으므로 가르치라. 얼마 뒤에 치러지는 시험에서 학생들이 얻을 성적을 위해서는 물론이거니와 최후 심판장에서 당신에게 매겨질 성적을 위해 가르치라.

원리 3: 내용, 스타일과 강연자를 통제하는 것은 교사이기 때문에, 교사에게 책임이 있다

비록 그것이 언제나 사실인 것처럼 보이지 않을지라도, 교사는 가르침-배움의 과정에서 엄청난 통제력을 지니고 있다. 주님이 우리를 심판하실 수 있는 것은 바로 그 통제력 때문이다. 잠시 교사가 가진 통제력에 대해 살펴보자.

1. 내용에 대한 전적인 통제: 교사는 자신이 이야기하는 모든 말을 통제할 수 있다. 언제든, 어떤 이유에서든 내용을 바꾸고 싶다면, 교사는 그렇게 할 수 있다. 실례를 들고 싶다면, 그것 또한 가능하다. 한 분야는 깊이 파헤치지만 다른 분야는 건너뛰고 싶다면, 그렇게 할 수 있다. 지루해하는 학급에 변화를 가져오기 위해 농담을 하고 싶다면, 그렇게 할 수 있다.

2. 스타일에 대한 전적인 통제: 교사는 자신의 말투와 방법을 통제할 수 있다. 속삭이거나 큰소리로 외치거나, 가만히 서 있거나, 껑충 뛰거나 손뼉을

치거나 팔짱을 끼고 싶다면, 그 모든 것을 자기 마음대로 할 수 있다. 마찬가지로 교사는 소그룹 또는 강의, 토론회 또는 좌담회, 찬반 토론 또는 영화와 단막극을 활용할 수 있다. 앞서 예를 들었듯이 헨드릭스 박사는 3분 37초 동안 내가 배우도록 하기 위해서 몇 번이나 가르치는 스타일을 바꿨다.

3. 강연자에 대한 전적인 통제: 교사는 또한 스스로에 대한 전적인 통제력을 지닌다. 그는 정장에서부터 평상복, 심지어 독특한 의상으로까지 마음대로 입고 출근할 수 있다. 수업 시작 전에 일찍 들어왔다가 수업이 끝난 뒤에라도 교실에 머무를 수 있다. 학생들과 이야기를 나누거나 그들과 거리를 유지할 수도 있다. 교사는 앉거나 서거나 할 수 있으며 이리저리 걸어다닐 수도 있다. 이같이 교사는 자신에 대해 전적인 통제력을 갖고 있다.

가르침-배움의 과정에서 교사가 거의 모든 것에 대해 얼마나 큰 통제력을 가지고 있는지 깨달았는가? 교과 영역 내에서 교사가 지닌 엄청난 힘과 자유에 대해 생각해볼 때 그것은 실로 놀랍다.

교사는 가르침-배움의 과정에서 학생을 제외한 모든 중요한 요소에 대해 통제력을 가지고 있다. 교사가 학생을 배우게 만드는 사람임에도 불구하고 그 학생을 통제할 수 없다면 어떻게 이 법치이 자용하겠는가?

교사는 내용, 스타일과 강연자를 정확하고도 적절하게 사용함으로써 학생을 배우게 해야 한다. 이러한 세 가지 요소들은 학생을 배우게 만드는 힘을 지니고 있다.

능력 있는 교사는 어떻게 하는가? 능력 있는 교사는 올바른 방식으로 이 세 가지 요소들을 통제한다. 반면에 능력 없는 교사는 그렇지 않다.

이 실례들이 매일 모든 교실에서 일어난다. 최근에 내 딸은 어떤 수업 시간에 대해 이야기한 적이 있다. "아버지, 그야말로 아수라장이었어요. 학생들은 수업 시간 내내 떠들고, 물건을 던지느라 아무것도 배우지를 못해요." 그러던 어느 주간에는 그 평범한(나는 이 단어를 마지못해 사용한다) 교사가 몸이 아파서 대신 보충 선생님이 들어왔다. 제니퍼는 그 변화를 믿을 수가 없었다. 3분 안에 그 수업은 딴판이 돼버렸다. 아무도 떠들지 않았을 뿐 아니라 학생들은 배우고 있었다. 그 학기 처음으로 그 과목을 즐기고 있었던 것이다.

그런 후 제니퍼는 내가 결코 잊을 수 없는 말을 했다. "아빠, 이렇게 말하는 것이 나쁜 줄은 알지만, 저는 우리 선생님의 병이 금세 낫지 않았으면 좋겠어요."

우리 모두가 그 말에 공감할 수 있지 않은가? 그러나 그것은 있어서는 안 될 갈등이기 때문에 슬픈 일이다.

나는 그 교사가 무질서한 수업이 자신의 잘못 때문이 아니고 단지 학생들이 완전히 통제 불능 상태에 있기 때문이라고 이미 오래전에 결론내렸다고 장담할 수 있다.

실은 그 교사가 내용, 스타일, 강연자를 잘못 사용했기 때문에 학생들을 통제하지 못했는데도 말이다.

딸의 경험 속에서 진정 유일한 차이점이 무엇인지 알 수 있는가? 먼저 어떤 점들이 동일했는가 주목해보라.

    동일한 학교

    동일한 과목

    동일한 주 중의 하루

    동일한 학생들

    동일한 수업 목표들

그러면 차이점은 무엇이었는가? 그 차이는 분명 교사에게 있다. 그렇다면 교사의 어떤 점이 차이를 만들었는가?

　　머리 색깔 차이도 아님
　　키 차이도 아님
　　몸집 차이도 아님
　　옷 모양새의 차이도 아님
　　성격 차이도 아님
　　운전하는 차의 차이도 아님

그렇다면 무엇이 차이가 났는가?

유일한 차이는 그것이다. 유능한 교사는 그가 행하는 것, 말하는 것 그리고 그것들을 어떤 방식으로 나타내는가를 재조정함으로써 학생들을 배우게 하는 법을 터득했다는 점이다.

위대한 스승들은 가르침-배움의 과정을 이해함에 있어서, 그같은 진보된 기술을 계발해 학습을 방해하는 문제를 바로 인식하고, 대응할 만한 해결책을 보완해넣는다.

교사들은 학급에 무엇인가 잘못되어 있다고 너무 자주 불평을 던지지만, 사실 문제가 교사인 그들 자신에게 있다는 사실은 깨닫지 못한다. 이같은 보편적인 문제를 해결하는 첫 단계는 그 문제를 분명하게 확인하는 것이다. 일단 그 문제가 명확해지면, 올바른 해결을 찾아 보완하는 것은 훨씬 쉽다. 다음 장에서 소개될 배우는 이의 방법이 그 문제와 그 해결책을 보여준다.

원리 4: 교사는 학생의 성취도에 따라 자신의 성공 여부를 판단해야 한다

당신이 고등학교 과학 교사직에 대해 두 명의 지원자를 면접하는 교장이라고 가정하자. 당신은 다음 지원자 중 누구를 선택하겠는가?

지원자 A

여자 48세. 세 명의 장성한 자녀를 둔 주부. 과학 석사. 20년의 교육 경력. 잡지와 정기 간행물 다수에 연구 기사 게재. 여러 행정 위원회의 위원 역임. 박사 과정 수료. 정원 가꾸기와 입상 경력이 있는 난초 가꾸기가 취미.

지원자 B

남자 25세. 미혼이며 위스커즈라는 이름을 가진 고양이를 기름. 과학 학사. 3년의 교육 경력. 간행된 연구 논문이나 책이 없음. 건축위원회 위원 역임. 향후 수년 이내 석사 과정 이수를 고려중. 수상 스키 취미. 가까운 동물원에서 자원 봉사.

이제 결정을 내릴 시간이다. 당신은 지원자 A 또는 B 중 누구를 채용하겠는가?

당신은 누가 더 나은지 알 수 없다. '가르치다'의 정의가 배우게 만드는 것이라면 위의 어떤 정보도 두 사람의 가르치는 능력에 대해 올바른 정보를 주지 않는다.

성별 차이도 아님.

연령 차이도 아님

결혼 여부의 차이도 아님

획득한 학위 차이도 아님

발표한 논문 차이도 아님

역임한 위원회 차이도 아님

취미 차이도 아님

심지어 교육 경력의 차이도 아님

물론 그들의 자격 사항들은 상관 관계가 있고 중요하다. 그러나 그것들 중 어느 것도 우리들에게 그 사람이 교실에서 얼마나 능력 있는 교사인지에 대해서는 아무것도 알려주지 않는다. 왜냐하면 그 사항들 모두가 교사에게 초점을 맞추고 있지, 학생들의 삶에 무엇을 행할 수 있는가에 초점을 두고 있지 않기 때문이다. 이 지원자 두 사람 모두가 형편없는 교사들일 수도 있고, 뛰어난 교사들일 수도 있다.

그 지원자들이 어떤 교사들인가를 분명하게 알리는 단 한 가지 사실은 이전에 그들이 맡았던 학생들이 "학기 초에 비해 학년 말에 어떻게 변화되었는가"이다.

최근의 한 세미나에서 이 '가르침의 법칙' 강의가 끝나자 50세쯤 된 말쑥하게 차려입은 사업가 한 분이 강단 쪽으로 성큼 다가왔다. 내게 무언가를 말하려는 것이 분명했다. "사업을 마무리하고 곧바로 대학원에 들어가 경영학 석사 과정을 밟고 있습니다"라고 그는 말했다.

"그런데 얼마 전에 당황스러운 일을 겪었습니다. 제가 통계학 강의를 선택했는데, 담당 교수님이 경영학과의 주임이시더군요. 그래서 이 교수님 수업에 잔뜩 기대를 했지 뭡니까. 근데 첫 수업에서 그 교수님이 뭐라고 말했는지 짐작하시겠어요? 대뜸 그 강좌가 너무 어렵기 때문에 우리들 중 70퍼센트 이상이 낙제할 거라는 겁니다. 처음에 저는 매우 깊은 인상을 받았습니다. '얼마나 훌륭한 교수인가!'라고 생각하기까지 했으니까요. 하지만 이젠 그게 잘못된 것임을 깨달았습니다. 그분은 의욕적인 교수가 아닌 거지요. 단지 전체 수강생의 30퍼센트만이 낙제를 면할 수 있다니 말입니다."

그 사업가의 결론이 옳다. 그 교수는 아마도 위대한 지도자요 뛰어난 저자일지 모르지만, 교사로서의 자세는 형편없다. 이 점을 결코 잊지 말라. 교사는 학생들로 하여금 자료를 배우게 해야 하며, 위대한 교사는 다수의 학생들로 하여금 많은 양의 자료를 배우도록 해야 한다.

우리는 잘못된 근거에 따라 사람들을 채용할 뿐만 아니라 상을 주고 승진시키기도 한다.

다음에 열거된 두 명의 교사 중 어느 쪽이 좀 더 인정받고 승진과 봉급 인상을 받겠는가? 이들 두 명의 고등학교 교사들은 같은 학교에서 같은 학년에 있는 비슷한 수준의 학생들에게 똑같은 과목을 가르친다.

1. A교사는 두 번째 석사 과정을 끝마친 반면, B교사의 학생들은 그 과목에 대한 평가 시험에서 A교사의 학생들보다 25퍼센트 더 높은 점수를 받았다.

2. A교사는 전문 잡지에 세 개의 연구 논문을 발표한 반면, B교사의 학생들은 그 과목에 대한 학급별 경쟁에서 세 개의 최우수상을 획득했다.

3. A교사는 그 지역의 교육위원회 위원으로 활동하는 반면, B교사의 학생들은 학교 전체 평균보다 한 등급 더 높은 성적을 나타냈다.

4. A교사는 '올해의 교사' 상에 대다수 교사들의 추천을 얻은 반면, B교사는 그 목록에서 15위에 올라 있다. 한편 B교사는 '올해의 교사' 상에서 대다수 학생들의 표를 얻은 반면, A교사는 15위를 기록했다.

이 책의 기본 전제가 되는 철학은 비록 활동과 위원회와 학위들이 부정할 수 없이 중요하지만, 교사의 능력을 나타내는 가장 중요한 테스트는 학생의 성취도라는 것이다.

때때로 우리가 장려하는 바로 그것들이 가르침의 과정에서 효율성을 감소시킬 수 있다. 내가 신학원에 다닐 때, 학생들 사이에는 교수의 이름 뒤에 학위가 많이 붙을수록, 십중팔구 그 교수는 덜 유능하다는 농담이 돌았다. 좀 더 많은 지식이 반드시 좀 더 나은 교사를 만들지는 않는다. 일반적인 방법은 아니지만 교사가 어떤 학위를 받기 전과 받은 후에 나타난 학생들의 성취도를 조사해보는 것은 흥미로울 것이다.

그러나 내 진의를 오해하지는 말라. 나는 더 차원 높은 교육을 추구하는 일에 찬성하며, 한층 더 깊이 있는 연구 활동을 추구하도록 끊임없이 격려하고 있다. 나 자신도 여러 강의에 참석하고 훈련용 비디오 테이프를 보고, 녹음된 강의 내용을 들으며, 책을 읽고, 세미나에 참석한다. 그러나 초점은 언제나 교육 활동을 축적하는 자체가 아니라, 그것들이 어떤 결과를 끌어내느냐에 맞추어져야 한다.

중요한 것은 학생이 행하는 것이요, 교사가 행하는 것이 아니다. 학생이 높은 성취도를 얻었다면 교사 또한 성공한 것이다.

원리 5: 교사는 의사 전달보다는 인격과 헌신도로 더 많은 영향을 끼친다

이 원리는 "교사가 어떤 사람인가"(인격과 헌신)의 영향을 "교사가 무엇을 이야기하는가"(의사 전달)의 영향과 비교하고 있다. 인격은 언제나 의사 전달을 능가하는 영향을 끼친다.

당신이 학생이라고 간주해보라. 당신이 존경하는 두세 명의 교사를 꼽아보라. 당신이 '그들의 이야기'에 대한 평가보다는 '그들 존재'에 대한 평가에 훨씬 더 치중했을 것이라고 장담한다.

다음 격언들은 시대를 초월하는 진리이다. "말과 행동이 서로 상충될 때, 행동은 언제나 말을 능가한다."

불행하게도 세상과 교회는 종종 중요한 것은 말이라고 읊조린다. 최근 한 교회의 집사는 내게, 제직회에서 6대 3으로 그 교회 목사님(그는 같은 교회에 다니고 있는 어떤 유부녀와 결혼하기 위해 부인과 이혼 소송중에 있다)을 교회에 남도록 가결했다고 말했다.

나는 그에게 교회가 성경의 원리들을 거스르고 어떻게 그렇게 뻔뻔스러운 결정을 내릴 수 있느냐고 물었다. "저… 우리 목사님은 참으로 훌륭한 설교자이시기 때문에, 그분이 떠나는 것을 교인들이 원치 않습니다. 게다가 다른 지역에 있는 큰 교회에서 그분에게 당회장직을 제의해왔어요. 아마도 목사님을 붙잡으려면 사례비를 상당히 인상해드려야 할 거예요. 정말이지 극소수의 고집센 보수주의자들을 제외하고는 거의 모두가 목사님을 원하고 있습니다."

그 목사가 자신의 가정과 다른 여성의 가정을 깨뜨리는 죄를 공공연히 짓고도, 여전히 능력 있는 설교자가 될 수 있다고 생각하는가?

나는 그럴 수 있다고 믿는다.

세계적으로 가장 위대한 교사들과 설교자들 중 일부는 드러내놓고 그리스도에게 대적하는 행동을 한다. 이 나라의 가장 능력 있는 설교단을 차지한 인물들 중 많은 사람들이 동정녀 탄생, 성경의 영감성, 그리스도의 부활과 심지어 그리스도의 신성에 관한 교리를 인정하지 않는다. 그럼에도 그들의 웅변과 설득력은 크게 돋보인다. 그들의 말은 우리 모두의 눈물을 자아낼 만큼 설득력이 있다. 그러나 감정적으로 감동되는 것이 항상 하나님의 확증 또는 축복을 나타내는 것은 아니다.

한 남자 또는 여자가 능률적으로 가르치고, 은혜롭게 목양하며, 능력 있게 설교하기 때문에 주님의 손이 그 사람의 삶에 놓여 있다고 생각한다면 그것은 큰 오산이다. 주님의 손은 그분의 신성을 거부하는 사람 위에 놓여질 수 없다. 성경은 그러한 사람을 '복음의 적'이라고 부른다.

그 교회가 그런 목사의 재임용을 결정했을 때, 그것은 죄를 공개적으로 용납하는 한편, 구세주에게 대항한 것이다. 믿지 않는 사회가 교회의 도덕적 타락을 목격한다면 그들은 그리스도에게 모독의 눈길을 보낼 것이다.

그렇다면 그 설교자의 능력 있는 설교라는 것의 실체는 어떤가? 5년 뒤 다시 돌아보라. 그러면 그 씨앗의 열매를 볼 수 있을 것이다. 이미 그 교회 현관 통로에 각인된 '이가봇(영광이 이스라엘에서 떠나다)'이라는 넌밀을 보게 될 것이다. 나는 그러한 일이 예외 없이 번번이 벌어지는 것을 목격했다. 사역을 위한 하나님의 원리들은 언제나 변함없다. 먼저 인격의 문제가 있고, 그 후에 의사 전달이 있다. 그것이 바로 디모데전서와 디도서가 전달자의 삶은 메시지를 전하기 전에 먼저 그 메시지와 일치해야 한다는 사실을 분명히 하고 있는 이유다.

사실 종국에는 인격이 언제나 내용을 통제할 것이다. 하나님의 성령이 사그라들고 죄가 자유롭게 군림할 때, 가르침 속에는 성령이 사라질 뿐만 아니라 성경 말씀 또한 없어질 것이다. 교사나 설교자는 자신의 생활 방식에 맞추기 위해 내용을 만들어가기 시작할 것이다. 나는 그 목사와 그의 두 번째 부인, 그리고 제직회가 마지막 심판대 앞에서 자신들의 가증한 가식에 대해 심판받을 때를 생각하며 전율한다.

성인들로 하여금 자신에게 가장 큰 영향을 끼친 교사를 꼽아보라고 하면, 그들은 언제나 가장 고귀한 인격과 헌신을 보였던 교사를 말한다. 그러한 교사는 대개 교실에서 가장 재미있었던 교사도 가장 엄했던 교사도 아니었다. 다만 자신이 가지고 있던 무엇인가로 학생으로부터 진실된 존경과 경의를 불러일으켰던 교사이다. 그들의 학생이었던 우리들 역시 언젠가는 그들처럼 사람들에게서 진실한 존경을 받는 교사로 남을 수 있기를 원한다.

학생들이, 그들의 교사인 당신처럼 되고자 하는 열망으로 가득하기를 바란다.

원리 6: 교사는 학생들을 섬기기 위해 존재한다

사람들은 누구나 친절한 서비스와 맛좋은 요리가 나오는 괜찮은 식당에 가고 싶어한다. 좋아하는 식당에 들어가서 물 좀 달라고 부탁했을 때, 종업원이 "직접 갖다 드세요. 당신은 손발이 없나요? 나는 당신의 종이 아니란 말이에요"라고 말한다면 당신은 어떻게 반응하겠는가? 서비스가 최악이라고 생각하면서 자리를 박차고 나갈 것이다. 그리고 다시는 그곳에 가지 않을 것이다.

당신은 그 종업원이 마땅히 질 좋은 서비스를 제공해야 하는 사람이라고 여긴다. 당신이 지불하는 돈의 일부는 서비스를 제공하는 종업원의 수고에 대한 것도 포함되어 있다. 즉, 그것은 그 종업원의 임무다. 그러다 며칠 후 야외 소풍을 나갔다가 우연히 그 종업원을 만나 물 좀 갖다달라고 한다면,

그가 어떻게 반응할 것이라고 생각하는가? 특정한 상황에서 담당하는 역할은 우리가 적절하다고 느끼는 행동에 영향을 준다.

이제 교사의 역할을 고려해보자. 교실에서 학생들에게 물을 갖다주고, 접시에 음식을 채워주며, 그들이 원하는 또 다른 것들이 있는가 물어야 할 사람은 누구인가? 불행하게도, 가르침과 설교를 맡고 있는 우리들 중 많은 수가 자신이 종업원임을 잊어왔다. 대부분의 강의에서 학생이 종업원으로 되어버린 '역할 전도'의 심각한 사례를 많이 볼 수 있다. 교사들은 자신의 필요가 아니라 학생들의 필요를 채우기 위해 존재한다는 사실을 그동안 잊고 있었다.

이런 문제가 음식점에서 나타날 때는 알아차리기 쉬운데 왜 교실에서는 분별하기가 그렇게 어려운가?

나는 수년 전 수많은 관중 앞에서 강연해야 했던 첫 시간을 기억한다. 심장은 두근거리고, 무릎은 후들후들 떨렸으며, 손바닥에선 땀이 흘렀다. 바로 그때 나는 주님이 재림하셔서 나를 그 막막한 상황에서 구출해주시기를 필사적으로 기도하고 있었다. 강단에 마련된 내 옆 자리에는 유명한 원로 강사가 앉아 있었다. 내가 이야기할 순서 바로 직전에 찬송가를 부르는 동안, 나는 그에게 "너무 떨려서 이야기를 마칠 수 있을지 잘 모르겠습니다"라고 말했다.

당황한 기색 없이 그분은 말했다. "브루스, 너무 자만하지 말고 자의식에 사로잡히지 말게."

그것은 연설하기 바로 직전 순간에 듣고 싶은 위로나 격려가 아니었다. 그래서 나는 "무슨 뜻으로 하시는 말씀이지요?"라고 되물었다.

"자네는 스스로에 대해서, 얼마나 잘해낼까, 그리고 사람들이 자네에 대해서 어떻게 생각할 것인가에 대해 지나치게 염려하고 있네. 그리고 그것이 바로 자네가 떠는 이유야. 잠시 동안이라도 자네 자신이 아니라 청중들에게 관심을 돌리고 자네의 필요가 아닌 그들의 필요를 채우려 한다면, 그렇게 떨리지 않을 것일세. 자네가 알다시피, 다른 이들을 생각하기보다는 자의식에 사로잡힐 때, 많이 떨지 않나. 청중을 섬기는 것에 초점을 둘 때, 주님은 자유롭게 우리를 사용하실 수 있다네."

그런 다음 그는 미소를 머금고, 마치 아무 일도 없었다는 듯이 찬송가를 계속 불렀다. 나는 주님의 간섭하심을 소망하며 잠시 주님께 나아갔고, 의도적으로 내 필요를 채우는 것을 멈추고, 청중의 필요를 돌아보기 시작했다. 그러는 동안 초조감은 사라지고 있었다.

학생을 섬기는 것은 자녀를 사랑하는 것과 매우 흡사하다. 종종 우리는 자녀들에게 사랑을 전한다고 하지만 아이들은 그렇게 받아들이지 않는다. 흔히 교사들은 학생들을 섬기기 위해 애쓴다고 생각하지만, 학생들이 그렇게 느끼지 못하는 것도 그와 비슷하다. 아마도 그것은 교사들이 무의식적으로 자신들이 의도하는 것과 정반대의 것을 전달하기 때문일 것이다.

이 책 전체를 통해 나는 교사가 학생들을 구체적으로 섬기는 여러 방법들을 제시할 것이다. 즉, 그들이 알아차리고 감사해할 만한 방법들에 대해 말이다. '기대의 법칙'에서는 학생들에게 사랑을 전달하는 실제적인 방법들을 배울 것이다. '필요의 법칙'에서는 그리스도가 가르치시려는 것을 제자들이 원하도록 동기부여하기 위해 사용하셨던 비결들을 배울 것이다. '기억의 법칙'에서는 자료를 '능률적으로 신속히 가르칠 수 있는' 혁신적인 접근 방법들을 배우게 될 것이다.

'삶을 변화시키는 가르침의 7가지 법칙'은 다음과 같은 문제에 초점을 맞추고 있다. 즉, 교사가 교실에서 학생을 어떻게 진정으로 섬길 수 있는가? 이러한 법칙들을 이해하고 그것들을 실행하기 시작할 때, 당신은 좌절감이 동기로 대체되는 것을 보게 될 것이다. 어떤 연령층에게든, 가르치고자 하는 어떤 과목에든 적용 가능한 놀라운 기술들을 습득하게 것이다. 어떤 근거에서 그렇게 말할 수 있는가? 이러한 원리들은 중력처럼 보편적이어서 그것들을 실천에 옮길 때, 학생들은 자신이 섬김을 받고 있다고 느낄 것이다.

당신은 마음과 뜻과 정성을 다하여 학생들을 섬기고자 하는 굳은 결심과 흔들리지 않는 목적을 가지고 수업에 임하는 소수의 교사에 속하고 싶지 않은가?

원리 7: 배우는 이와 가르치는 이의 법칙을 실행하는 교사는 위대한 교사가 될 수 있다

교사 결원이 생긴 어느 중학교에서 교사 채용 광고를 내자 많은 이들이 지원했다. 마침내 응모자들 중 최종 후보 2명이 남았다.

첫 번째 후보는 35년간 교사 생활을 해왔고, 또 다른 후보는 겨우 2년의 교사 경력을 가진 여성이었다. 많은 자격 사항들을 갖춘 경험 있는 교사가 그 자리를 얻으리라고 믿었는데, 뜻밖에도 주말쯤에 그 젊은 여성이 채용되었다.

떨어진 그 후보는 격노했다. 35년의 경력을 가진 자신이 왜 채용되지 않았는지 알아보기 위해 그는 인사 담당 위원회 회의에 불쑥 들어갔다. 교장은 잠시 동안 침묵한 후에 이렇게 현명하게 대답했다. "선생님께서 35년간 가르쳐온 것은 사실이지만, 저는 그 세월 동안 선생님이 어떤 진보를 보여 왔는지 찾을 수 없었습니다. 선생님은 단지 한 해의 경험을 35번 되풀이해 왔다고 생각합니다."

위대한 교사는 타고나는 것이라는 통념과 달리, 나는 위대한 스승들은 타고나는 것도 만들어지는 것도 아니라 단지 향상을 보이는 것이라고 믿는다.

어떤 이들이 선천적으로 위대한 교사들이라고 믿는 것은, 어떤 이들은 선천적으로 위대한 과학자들이라고 믿는 것만큼 비논리적이다. 물론 각기 다른 선천적 능력의 차이가 있기는 하지만, 자기 분야에서 성공하는 대다수의 사람들은 장기간에 걸쳐 끈질긴 노력을 통해 성취를 이루어간다.

위대함은 한 번에 엄청난 도약의 진보를 이루어냄으로써 생긴다는 잘못된 상상이나 생각을 버리라. 진정한 능력은 한 번에 아주 작은 진보를 수십 년간 거듭함으로써 형성된다.

매년 WTB 사역에서 우리는 이러한 일들을 본다. 매년 우리는 WTB 강사들 중 최고의 강사 열 명을 공개적으로 표창하는 전통을 갖고 있다. 그런데 한 가지 놀라운 사건이 일어났다. 어느 해인가, 나는 강사단장과 함께 낮은 평가를 받고 있는 한 강사에 대해 진지한 토론을 벌인 적이 있었다. 세미나 강사진에게는 높은 우수성이 요구되므로, 나는 이 강사를 해고하라고 단장에게 권했다. 마침내 그가 결정을 내렸다. "이 사람에게 향상할 수 있는 1년의 기회를 더 주십시오. 그가 진보를 보이지 않으면, 제가 먼저 그를 해고하도록 주도하겠습니다."

나는 단장에게 그렇게 무능력한 인물을 왜 지지하는지 묻자 그는 이렇게 대답했다. "사역 팀에 있는 그 누구보다도 스스로를 진보시키기 위해 더욱 열심히 일하고 있는 사람입니다. 그는 최고 교사들의 비디오를 보고, 아내와 친구들에게 끊임없이 자신을 평가받으며, 제게 향상할 수 있는 방법들을 항상 묻고 있습니다. 저는 그가 진보할 수 있으며, 마음 깊이 그가 그렇게 되기를 원한다고 믿습니다."

다음 해, 최우수 강사 열 명을 선정하기 위한 평가가 있었을 때, 누가 그 명단에 있었는지 추측해보라. 내가 1년 전 해고하려고 했던 그 강사가 있었다. 그가 최고의 열 명에 낄 만한 대단한 능력을 선천적으로 가졌었는가?

결코 아니다. 최고 수준의 사람들이 가장 많은 달란트를 지닌 사람들로 이루어지는 경우는 오히려 하나님이 주신 달란트를 발휘하려는 열정으로 자신의 잠재력을 최대로 발휘하는 소수의 사람들에 의해 이루어진다.

의미

가르침의 법칙의 핵심은 다음 문장으로 요약된다.
'배움을 야기시켜라.'

교사는 학생들에게
배움을 야기시킬 책임이 있음을 인정해야 한다.

결론

가르침의 제1법칙은 다른 법칙들을 떠받칠 기초 중의 기초다. 즉, 교사는 학생들로 하여금 배우게 만들 책임이 있다.

어떤 교사들은 아주 오랜 기간 동안 이같은 헌신과 책임감을 지니고 있다. 그러나 그런 교사들도 흔치는 않다. 어떤 교사들에게는 이러한 헌신이 곤란함이나 정신적 충격을 겪는 가운데 일어난다. 그들의 가슴과 교실은 영구적으로 변화를 일으킨다. 그러나 불행하게도 이러한 헌신이 자신의 가슴이나 교실에서도 일어나지 않는 교사들도 있다. 그들뿐만 아니라 학생들 또한 고통을 당한다.

교사들을 가르치는 교사로서 나는 이같은 헌신을 가슴으로 결심한 교사들, 특히나 헌신도를 높이기 위해 온갖 어려움을 무릅써야 했던 이들을 높이 치하한다. 그 모든 수고의 여정 중에 내 마음을 제일 사로잡는 이야기는 단연 테디 스털라드(Teddy Stallard)의 이야기다.

테디 스털라드는 확실히 '별 볼 일 없는 한 사람'이었다. 학교에 대해 관심이 없고, 곰팡내나는 구겨진 옷에다 머리는 전혀 빗질을 하지 않은 상태였다. 그는 생기 없고 초점 없는 무표정한 얼굴을 한 학생이었다. 톰슨(Thompson) 부인이 테디와 이야기를 할 때면, 테디는 언제나 "예"나 "아니오"로 짧게 대답하곤 했다. 사람의 마음을 끄는 데도 없고, 동기 부여도 되어 있지 않으며, 사람들과 거리감을 두려는 그를 좋아하기란 솔직히 어려웠다. 그의 교사인 톰슨 부인은 자기 학급에 있는 모든 학생을 똑같이 사랑한다고 말했지만 전적으로 그렇지는 못했다.

테디의 시험지를 채점할 때마다 그녀는 틀린 답 옆에 ×자를 힘차게 그으면서 심술궂은 쾌감을 맛보았고, 시험지 윗부분에 'D' 학점을 써넣을 때마다 눈에 띄게 커다랗게 써넣었다. 사실 그녀는 테디의 주위 환경에 대해 좀 더 이해했어야 했다. 그녀는 테디의 생활 기록부를 가지고 있었기 때문에 그에 대해 많은 부분을 알고 있었다. 그 기록부에는 다음과 같이 적혀 있었다.

    1학년 : 학습과 태도에서 장래성이 있지만,
           가정 환경이 좋지 않음.

    2학년 : 공부를 잘할 수 있는데 모친이 중환으로 누워 있음.
           집에서 도움을 거의 받지 못함.

    3학년 : 착한 소년이지만 너무 진지함.

　　　　　학습이 더딘 아동. 모친 사망.

　　　　　4학년 : 이해가 매우 더디지만, 행동 예절이 바름.
　　　　　그의 부친은 관심이 전혀 없음.

　성탄절이 되자 학생들이 톰슨 부인에게 선물을 가져왔다. 그들은 책상 위에 선물을 올려놓았고, 선생님이 그것을 펴보는 것을 지켜보기 위해 주위를 빙 둘러쌌다. 그 선물들 중 하나는 테디 스털라드의 것이었다. 테디의 선물은 누런 포장지에 싸여 테이프로 붙여 있었다. "톰슨 선생님께 테디로부터." 종이에는 간단히 적혀 있었다. 테디의 선물을 펼쳐 보니, 알이 절반 가량 빠진 야한 모조 다이아몬드 팔찌와 싸구려 향수병이 나왔다.

　학생들이 테디의 선물을 보고 킬킬거리기 시작했다. 그러나 적어도 톰슨 부인은 곧바로 그 팔찌를 끼고 손목에 약간의 향수를 바름으로써 학생들을 제지할 만한 지각은 있었다. 다른 아이들에게 향기를 맡아보라고 팔목을 내밀면서 그녀는 "향기 참 좋지?"라고 말했다. 그러자 아이들은 즉시 고개를 끄덕이며 그녀의 말에 동의했다.

　학생들이 모두 떠난 후, 테디가 뒤에 남아 머뭇거리고 있었다. 그는 천천히 그녀의 책상 쪽으로 다가와 조용히 말했다. "톰슨 선생님, 선생님은 제 어머니와 똑같은 향기를 내세요. 그리고 어머니의 팔찌는 선생님 손목에서도 정말로 아름답게 보여요. 선생님이 제 선물을 좋아하셔서 참 기뻐요." 테디가 돌아갔을 때, 톰슨 부인은 하나님께 무릎을 꿇고 자신을 용서해달라고 빌었다.

　다음 날 학생들이 학교에 왔을 때, 그들은 새로운 교사를 만나게 되었다. 톰슨 부인은 이전과는 다른 사람이 되어 있었다. 그녀는 더 이상 단순한 교사가 아니었다. 그녀는 하나님의 대리자가 된 것이다. 그녀는 이제 학생들을 사랑하고, 자신 뒤에 살아갈 학생들을 위해 특별한 일을 행하기로 헌신된 교사였다. 그녀는 모든 학생들을 도왔고, 그리고 특별히 이해가 더딘 학생들에게 관심을 기울였으며, 그중에서도 테디 스털라드를 도와주었다.

그 학년 말, 테디는 탁월한 향상을 보였다. 그는 대부분의 학생들을 따라잡았고, 심지어 몇몇 학생들을 앞질렀다.

그후로 오랫동안 톰슨 부인은 테디의 소식을 듣지 못했다. 그러던 어느 날, 그녀는 다음과 같은 내용의 글을 받았다.

> 친애하는 톰슨 선생님.
> 제가 고등학교 우리 반에서 2등으로 졸업하게 되었음을
> 선생님께 제일 먼저 알려드리고 싶었습니다.
> 사랑을 보내며.
>
> 테디 스털라드 올림.

4년 후 또 다른 편지가 왔다.

> 친애하는 톰슨 선생님,
> 제가 저희 학과에서 수석으로 졸업하게 되었습니다. 이 사실을 선생님께
> 제일 먼저 알려드립니다. 대학 공부는 쉽지 않았지만 즐겁게 마쳤습니다.
> 사랑을 보내며.
>
> 테디 스털라드 올림.

그로부터 4년 후.

> 친애하는 톰슨 선생님.
> 오늘로써 저 테오도어 스털라드는 의사가 되었습니다. 기쁘시죠? 저는 이 사실을 선생님께 제일 먼저 알려드리고 싶었습니다. 그리고 다음 달 27일엔 제 결혼식이 있습니다. 제 어머니가 살아계셨더라면 앉으실 그 자리에 선생님이 오셔서 대신 앉아주셨으면 합니다. 선생님은 지금 제게 남은 유일한 가족입니다. 아버지는 작년에 돌아가셨습니다.
> 사랑을 보내며.
>
> 테디 스털라드 올림.

톰슨 부인은 그 결혼식에 참석했고, 테디의 어머니가 앉았어야 할 그 자리에 앉았다. 그녀는 거기에 앉을 자격이 있었다. 그녀는 테디를 위해 결코 잊을 수 없는 일들을 해왔던 것이다.

교사들이여, 당신은 선물로 무엇을 줄 수 있는가? 돈으로 살 수 있는 것 대신 당신이 떠난 뒤에도 오랫동안 지속될 것을 아낌없이 주라. 모든 것을 아낌없이 주라. 당신 자신의 모든 것을 주어, 학생들이 매우 깊게 그리고 의미 있게 배울 수 있도록 하라. 당신을 결혼식에 초청할 만큼 말이다. 학생들로서는 그렇게 하는 것이 은혜를 갚을 유일한 길일 것이다.

토론할 문제

1. 당신이 만났던 가장 훌륭한 교사는 누구인가? 당신이 그를 좋아하는 교사로 기억하게 하는 세 가지 특징은 무엇인가? 당신을 배우게 만든 그의 헌신은 얼마나 중요했는가? 그에게 그런 헌신이 없었다면 어떤 일이 일어났을 것이라고 예상되는가?

■

2. 오늘날 교사들이 가르침을 어떻게 정의할 것이라고 생각하는가? 외계로부터 날아와 '학교'라는 건물 안에서 벌어지는 일들을 알아내라는 임무를 받은 우주인이라면, 그래서 5학년, 중학교 3학년, 고등학교 2학년 학급을 눈에 띄지 않게 방문했다면, 상관에게 어떻게 보고하겠는가? 당신은 이전에 학교를 본 적이 없고, 따라서 좋은 답변을 만들기 위해서는 평소에 갖고 있던 통념을 버리고 생각해야 한다는 사실을 기억하라.

■

3. 대통령으로부터 교사 채용, 훈련 및 급여에 대한 새로운 모델을 개발하라는 요청을 받았다고 하자. 대통령은 향후 3년 내에 학생들이 학문적으로 최고 수준에 올라가기를 원하고 있다. 그는 당신에게 전적인 권한과 무제한적 예산을 허용했다. 모든 결정은 당신에게 달려 있고, 결과를 제외하고는 중간에 아무런 이의를 제기하지 않을 것이다. 대통령이 제시한 유일한 조건은 당신의 모델이 7가지 원리들을 넘지 않는 선에서 적용되는 것이다. 당신은 어떤 원리들을 채택하겠는가?

■

4. 잠시 동안 교사인 자신의 모습을 돌아보라. 학생들로 하여금 배우게 만

드는 것이 당신의 책임이라는 이 개념을 지금까지 얼마만큼 당신 것으로 소화시켜왔는가? 내가 요술 지팡이를 흔들 수 있고, 즉시 당신에게 그같은 태도를 최대한도로 넣어줄 수 있다고 가정하자. 한 주간의 교육 후에 학생들은 '이전의 당신'과 '새로운 당신'의 차이를 어떻게 묘사하겠는가? 당신은 어느 쪽의 '당신'과 함께 지내기를 선호하는가? 그리고 그 이유는 무엇인가?

02

배우는 이의 방법과 활용

모든 방도를 다 써봐도 차는 여전히 제대로 움직이지 않았다. 전혀 예상하지 못했던 순간에, 끼익 소리를 내며 멈춰 서곤 했다. 마침내 나는 포기했고, 수년간 차 수리를 맡아온 믿을 만한 정비사가 운영하는 정비소에 차를 끌고 갔다. 잠시 후에 겉으로 봐선 아무데도 잘못된 곳을 알 수 없자 정비사는 차를 '진단 기계'에 부착시켜봐야겠다고 말했다. 나는 '진단 기계'를 본 적도 들어본 적도 없어서 내가 지켜봐도 되는지 물었다.

그는 자동차 뚜껑을 열고, 엔진에서 두세 개의 선들을 풀어 컴퓨터에 꽂아 넣었다. 스위치를 켜자, 그 기계가 작동하기 시작했고 불들이 번쩍였다. 그러자 그가 웃으며 말했다. "무엇이 잘못되었는지 알았어요. 배선에 문제가 있었던 겁니다. 그게 가끔식 골머리를 썩이죠. 하지만 그런 건 눈으로는 확인할 수가 없어요."

그는 문제가 된 선을 갈아끼웠다. 나는 곧 집으로 돌아올 수 있었고, 엔진은 안정된 소리를 냈다. 나는 그 기계가 얼마나 놀라운 것인지 잊을 수가 없었다. 그때 한 생각이 떠올랐다. "가르침용 진단 기계가 있다면 얼마나 근사할까?"

수업이 제대로 되지 않을 때, 학생들의 일부를 그런 기계에다 연결시키면 그 수업에서 무엇이 잘못인지 바로 알 수 있지 않을까?

때때로 우리는 가르침-배움의 과정이 측정할 수 없는 신비라는 인상을 받는다. 이따금 수업은 '인디 500(Indy 500, 유명한 자동차 경주'-'역주)'에 있는 것처럼 막힘없이 진행되다가도, 다음번 수업에는 너무 부진해서 도대체 그 차가 정비소를 제대로 빠져나갈 수 있을까 걱정하는 상태가 된다. 이제껏 무엇이 잘못되었고, 무엇이 잘 되어왔는지 궁금했었다면, 이제 '가르침용 진단 기계'를 이용할 수 있다는 사실에 격려를 받으라.

자동차에 있는 복잡 다양한 시스템과는 달리 가르침-배움 과정에는 그 성공 또는 실패를 좌우하는 다섯 개의 중요 시스템이 있다. 그러므로 교실에서 그 문제의 근원을 추적하는 것은 자동차에서보다 훨씬 수월하다. 훈련을 통해 당신은 어떤 것이 왜 작용하지 않는지뿐만 아니라, 그것을 고치기 위해 무엇을 해야 하는지 쉽게 분별할 수 있다.

자, 이제 이 신비스러운 가르침용 진단 기계를 펴보고, 그것을 손쉽게 작동할 수 있는지 알아보자. 물론 건전지는 필요없다.

배우는 이의 방법

기독교적 환경 아래 가르침-배움 과정이 있기 위해서는 어떤 것들이 겸비되어야 하는지 잠시 생각해보라. 각 교실, 주일학교, 교회 예배와 가정

성경 공부에 있어야 할 중요한 다섯 가지 사항이 아래 열거되어 있다.

1. 학생 – 그 과목을 배우고자 하는 개인들
2. 학과 – 내용 또는 가르쳐질 기술
3. 스타일 – 내용을 가르치는 양식 또는 방식
4. 강연자 – 학습을 이끄는 지시자 또는 교사
5. 성령 – 성령의 임재와 감화

이러한 것들은 궁극적으로 '배움을 야기시키는 요소'들이다. 이 중요한 다섯 가지 요소들을 관할하는 방식이 교실에서 교사의 성공과 실패를 좌우할 것이다. 수업이 잘 진행되고 있다면, 즉 학생들이 잘 배우고 있다면, 그것은 이 중요한 다섯 요소들이 조화를 이루고 있기 때문이다. 수업이 잘 이루어지고 있지 않다면, 이 중요한 다섯 요소 중 하나나 그 이상이 좋지 않은 상태에 있으므로 재조정이 필요하다.

이 중요한 다섯 요소들 하나하나는 가르침-배움 과정의 특정 부분들을 관할하며, 그것들이 적절히 작용하지 않으면 수업은 잘 이루어지지 않는다. 시동이 걸리지 않아 자동차가 움직이지 않거나 계기판에 불이 들어오지 않을 땐 어느 시스템에 문제가 있는가? 바로 전기 체제에 문제가 있는 것이다. 그때는 배터리를 충전시키면 차를 움직일 수 있다.

그것은 지극히 중요한 개념이다. 즉, 가르침의 상황에서 일어나는 문제들은 거의 언제나 같은 유형의 것들이며 같은 유형의 해결책을 가지고 있다. 이 원리를 이해하면 할수록 문제를 더 잘 파악하고, 그것을 고치기 위해 무엇을 해야 할지 정확히 알게 될 것이다. 가르침은 큰 은사를 받은 사람만이 아는 다소 까다롭고 부담스러운 기술이 아니다. 오히려 가르침은 학습

되는 기술이며 그것들을 습득하고 싶은 어느 누구나 자유롭게 얻을 수 있는 것이다. 7가지 법칙들을 계속 살펴나가다보면, 교실에서 당장 이용 가능한 혁신적인 원리와 접하게 될 것이다. 그 이후에는 학생들이 배움의 동기가 결여되어 있거나, 혼란스럽거나, 배우고 있지 않을 때, 그 상황을 역전시키기 위해 무엇을 해야 할지 알게 될 것이다. 오래 가르치면 가르칠수록, 더 많은 해결책을 터득하게 될 것이다. 해결책을 효과적으로 사용하면 할수록 학생들은 당신을 위대한 교사라고 부르기 시작할 것이다. 그렇게 될 때 이 책을 향한 내 소망은 이루어진 것이다.

배우는 이의 방법 : 중요한 3가지 관계

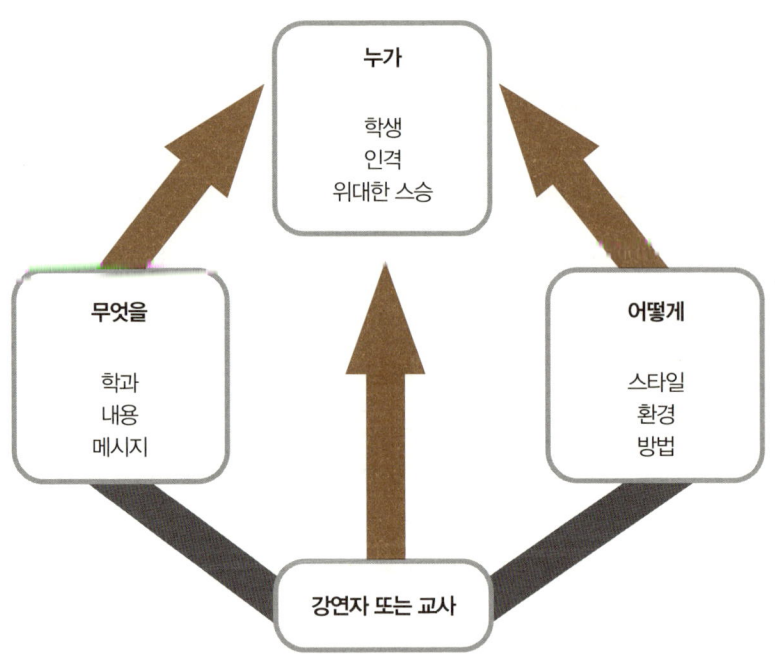

학급에서 일어나는 대부분의 상황에는 직접적으로 영향을 미치는 세 가지 중요한 관계가 있다. 이러한 관계들은 교사가 학과, 학생 및 스타일에 어떻게 작용하는가를 다룬다. 이 책 후반에서, 교사와 성령과의 관계 및 교사로서 자신과의 관계에 대해 좀 더 깊이 다룰 것이다.

사람들은 내가 그들이 가르치는 것을 잠시 관찰한 후에 수업이 제대로 이루어지지 않는 이유를 지적하고, 이를 바로잡기 위해 어떻게 해야 하는지 처방내리는 것을 보고 항상 놀랍다는 표정을 짓는다. 이제 당신은 그것을 가능하게 하는 통찰력을 배우게 될 것이다.

왼쪽의 도표에서 '강연자' 또는 교사는 맨 아래 부분에 적혀 있다. '학과'는 왼쪽 칸에, '학생'은 맨 위에 그리고 '스타일'은 오른쪽 칸에 있다. 이러한 세 가지 연속적인 관계들은 교실에서의 성공과 실패를 좌우한다. 이같은 전략적 관계를 묘사하고 있는 화살표들 모두가 강연자/교사에서 시작하여 학생/배우는 이에서 끝난다는 사실에 주목하라.

이어지는 다음 장들에서는 학과, 학생 그리고 스타일이란 세 관계들이 여러 세부 사항들과 어떻게 조합하여 작용하는가에 초점을 맞추고 있다. 예를 들어, '기억의 법칙'에서는 학과를 어떻게 "효율적으로 신속히 가르치는가"를 배울 것이다. '필요의 법칙'에서는 예수 그리스도가 제자들에게 동기를 불어넣는 데 사용하셨던, 마찬가지로 교사가 가르칠 때마다 사용할 수 있는 능력 있는 다섯 단계의 방식을 배우게 된다. '기대의 법칙'은 학생들이 최대한 잠재력을 계발할 수 있도록 교사를 준비시킨다. 따라서 각각의 법칙은, 교사가 학생들로 하여금 '배우게 만드는 사람'으로 만드는 세 가지 중요 관계를 기초로 세워진다.

학과는 가르쳐질 것이 '무엇'인가를, 학생은 '누구'에게 가르쳐질 것인가를 그리고 스타일은 '어떻게' 가르칠 것인가를 나타낸다. 그렇다면 가르침이란

"누구에게 무엇을 어떻게 가르치는가"를 뜻한다! 강연자는 메시지인 '학과'를 발전시키고, '위대한 스승'으로서 학생을 제자화하며, 적절한 '방법'을 가지고 학과 내용을 전달한다.

이러한 관계들을 다루는 데는 서로의 관심이나 재능에 따라 각기 다르다. 하지만 우리들 모두 이 세 가지 관계 중 어느 하나는 잘 다룬다. 어떤 이들은 가르침의 '내용'적 측면(학과 지향적)에 뛰어난 효과를 보이는 반면, 다른 사람들은 내용에는 그리 뛰어나지 못해도 학생들의 '인격'(학생 지향적)에 큰 영향을 끼친다. 또 다른 교사들은 내용을 전달하는 방법에 매우 뛰어나, 수업 '분위기'가 흥미 있고 고무적이어서 관심을 모은다(스타일 지향적).

잠시 시간을 내어 자신은 이들 세 관계 중 어느 것을 가장 효과적으로 다루고 있는지 알아보라. 다음 설명들을 읽고 자신을 가장 잘 나타낸다고 생각되는 네모칸에 1을, 그다음 것에 2를, 그리고 가장 자신 없는 칸에 3을 써 넣으라.

□ **학과 지향적**

"나는 내용을 좋아한다. 나는 언제나 필요한 것보다 2~3배 더 많은 자료를 준비하고 종종 수업 끝부분에는 제 시간에 마치려고 서두른다. 나는 내용을 설명하는 것이 좋고, 그 내용을 학생들이 완전히 이해하기를 원한다. 또 나는 자료 목록을 작성하는 것을 좋아하고, 사실에 대해 강렬한 학습 욕구를 가지고 있으며, 책과 주석을 사용해 연구하기를 좋아한다. 가끔씩 나는 평균 수준에 있는 학생들에게 학습 자료가 너무 어렵지 않았는지 주의를 기울인다."

□ **학생 지향적**

"나는 학생들을 사랑한다. 나는 그들이 학생이기보다는 내 친구들처럼 느껴진다. 나는 그들 한 사람 한 사람에게 관심을 가지며, 교실 안팎에서 그들과 어울리는 것을 좋아한다. 나는 생활과 가족에 대한 이야기를 나누기 좋아하고 학생들이 가족처럼 느껴진다. 때때로 나는 수업중에 나누는 이야기나 토론들이 수업 내용에서 지나치게 벗어나지 않도록 자제해야 할 때도 있다. 그러나 나는 가능한 한 그들에게 많은 도움이 되고 싶다."

□ **스타일 지향적**

"나는 가르침-배움의 과정에서 일어나는 것들을 좋아한다. 나는 말 한 마디 한 마디에 귀를 기울이는 학생들과 함께 생생한 수업의 흥분을 느끼기를 좋아한다. 교실에서 창의력을 발휘해 즐기며, 언제나 수업이 흥미롭게 진행되도록 새로운 것들을 시도하곤 한다. 수업이 전혀 지루하지 않기 때문에 학생들은 수업 시간에 내가 진행하는 과정들을 즐긴다. 때때로 나는 자료가 신선하고 생생하도록 하기 위해 창조적인 시도를 하다가 다소 도를 넘을 때도 있다. 그러나 학생들은 항상 자발성과 다양성을 즐기는 것 같다. 나는 가르치는 것을 좋아하며, 수업이 시작하는 것을 기다리는 것이 힘들 정도다. 학생 수가 많으면 많을수록 나는 더욱 좋다."

당신이 가장 잘 활용하는 관계는 무엇인가? 만일 찾지 못했다면 친구에게 물어보라. 왜냐하면 자신을 제외한 다른 이들은 아마 훨씬 분명히 알 것이기 때문이다.

'신 · 구약 파노라마 세미나' 휴식 시간 동안 '무엇을 하느냐'에 따라 그가 어떤 스타일의 교사인지 대개 알 수 있다.

학과 지향적인 교사라면, 곧장 서적 판매대로 가서 언제나 이용 가능한 여러 자료들을 구입한다. 한 발짝 더 앞선 학과 지향적인 교사라면 가죽 냄새를 맡기 위해서라도 새 성경책을 집어든다.

학생 지향적인 교사라면, 그 사람은 휴식 시간이 되더라도 앉은 자리에서 일어나지도 않은 채, 강사 쪽으로 고개를 돌려, 강사의 배우자, 자녀, 직업, 주택, 좋아하는 색깔, 좋아하는 요일 등등에 대해 질문한다. 좀 더 진보적인 학생 지향적인 교사라면 종종 강사의 이름과 주소를 묻고, 편지를 통해 평생 나눌 교분을 맺기 시작한다.

스타일 지향적인 교사라면, 휴식 시간이 되자마자 후다닥 일어나, 음료수 자동 판매기로 가서, 강사가 사용한 총천연색 시각 자료를 포함해 그의 교수 스타일에 대해 생생하게 이야기할 것이다. 반면에 학과 지향적인 교사는 심지어 그 시각 자료의 색깔도 기억하지 못한다. 학생 지향적인 교사는 사람과 강아지 등 좀 더 많은 그림들이 사용되었으면 하고 아쉬워한다. 보다 더 진보적인 스타일 지향적인 교사는 지퍼가 달린 가죽 노트에다 그 내용을 어떻게 가르칠 것인지 적용해, 생동감 있는 다음 주 수업을 진행하는 데 필요한 중요한 문장이나 농담을 적어넣는다.

어떻게 각각의 관계들이 작용하는지 관찰했는가? 대부분의 교사들은 가장 뛰어난 강점이 되는 한 관계에 치중하는 경향이 있다. 이러한 기본적인 관계들을 응용해 시각을 넓히라.

관계 1: 강연자 대 학과

학과가 가장 큰 강점일 때, 학생들은 아마 당신을 학자 또는 뛰어난 '두뇌'나 매우 '지적인' 교사라고 부를 것이다. 당신은 자료에 대해 생각하는 것을 좋아하며, 학생들이나 그 모든 창조적 스타일의 방법들보다 확실히 관념과 사상의 세계 쪽에 더 열중한다. 원어 자료들을 좋아하며, 그 자료들을 '깊이 있게' 다룰 수 있을 만큼 그리스어와 히브리어, 라틴어와 독일어를 완전히 습득하지 못한 것을 언제나 후회한다.

학생들은 당신이 매우 명석하며 많이 알고 있다고 생각한다. 강의 시간뿐만 아니라 종종 질의 응답 시간이 되면 당신의 그 명석함은 더욱 빛을 발하기에, 학생들은 질문에 명확한 해결책을 제시하는 당신의 답변을 좋아한다. 아마도 학생들은 당신이 너무 많은 것을 기대하며, 필요하지 않은 너무 많은 것들을 가르친다고 생각할 수도 있는데, 당신은 항상 모든 것이 중요하다고 여긴다. 학급에서 배우는 것이 없다고 느끼는 사람은 아무도 없지만, 일부 학생들은 단지 요구하는 수준에 맞추기 위해 죽기 살기로 쫓아오는 데 급급해 있다.

대학원에 있을 때 나는 전형적인 학자 밑에서 공부한 적이 있다. 강의 시간 도중 한 학생이 손을 들어, 중요하지 않은 아주 사소한 문제에 대해 좀 더 자세한 설명을 청했다. 그 질문에 몇몇 학생들의 눈은 동그랗게 되었고, 그 교수가 한 문장 이상으로 자세한 설명을 해줄 것으로 기대하는 학생은 아무도 없었다.

그 교수님의 대응은 몇 년이 지난 지금도 놀랍기 그지없다. 그분은 그 질문이 마치 특별한 통찰력을 보인 질문이었다는듯이 고개를 끄덕거렸고, 교실 천장의 먼 한쪽 구석을 쳐다보며, 엄지 손가락을 다른 손가락으로 감싼 채 이마를 받쳤다. 그는 그 답이 있을 것으로 여겨지는 일련의 전집을 열거했다. "제2권, 246쪽 왼쪽 단 대략 대여섯 줄 아래에…"라고 계속해나갔다. 그러고는 눈을 감고 그 자료의 서너 단락을 더 인용했다.

처음에 나는 교수님이 농담을 하신 것으로 생각했다. 그래서 휴식 시간에 도서관으로 달려가, 그 전집 제2권을 찾아 그 페이지를 펼쳐보았다. 나는 교수님이 그 본문 한 마디 한 마디를 그대로 인용했음을 알고 놀랐다!

이따금 흐름에서 벗어나 신학적인 문제를 심층적으로 다루는 것을 제외하고는, 그 교수님이 독일어 원문들을 슬그머니 인용하실 때마다 우리 모두는 그분에게 깊이 빠져들었고, 학문의 새로운 심연을 느꼈다. 그것은 내 생애 가장 기억에 남는 학습 경험이었다.

그러나 그 장점들은 더러 그에 상응하는 약점들을 수반한다. 그 교수님이 우리들에게 자신의 경험 하나를 들려주었다. 그는 주말에 휴스턴에서 강연을 했고, 비행기를 타고 달라스로 돌아와 아내가 자신을 마중나오기를 기다렸다. 비행장에서 한 시간이나 기다린 후에 그는 자신이 달라스로 돌아오는 사실을 아내가 잊었는가 싶어 집으로 전화를 했다. "거기, 어디에요?" 아내가 물었다. "달라스 비행장이오. 그런데 당신은 왜 거기 있소?" 그는 되물었다. "왜요? 집에서 당신을 기다리고 있잖아요." 의미심장한 긴 침묵이 흘렀다. 그후 "여보, 당신이 휴스턴까지 차를 몰고 가셨잖아요?"라는 음성이 이어졌다.

학과 관계에 가장 약하다면, 아마 그 교사는 내용에 대해 자신이 없고, 노트를 지나치리만큼 의존할 것이다. 누군가 질문하려고 손을 들면, 가슴은 철렁 내려앉고, 그에게 휴식 시간에 이야기하자고 말할 것이다. 왜냐하면 스스로 그 답을 모른다고 확신하며, 그 사실을 다른 학생들이 알게 될까봐 두렵기 때문이다. 그 후 당신은 휴식 시간이 되었을 때 그 학생이 질문한 것을 잊게 해달라고 필사적으로 기도한다. 아마 당신은 다른 사람들이 요약한 개요가 당신 것보다 훨씬 나아 보이기 때문에 그것들을 사용하는 것이 훨씬 속 편하다고 느끼며 스스로 충분히 좋은 내용을 갖고 있어도 전혀 자신이 없다.

관계 2: 강연자 대 학생

학생과의 관계가 주된 장점일 때, 그들은 아마 당신을 친구나 격려자 또는 그들과 매우 '친숙한 사람'이라고 부를 것이다. 당신은 학생들과의 관계가 수월하다. 학습 내용이나 전달보다는 학생 그 자체에 훨씬 더 관심을 가지고 중요하게 생각한다. 결국 학생들 자체가 당신이 가르치는 이유이고, 자신의 생활과 고투와 승리에 대해 그들과 함께 나누기를 좋아하며, 학급은 마치 하나의 커다란 행복이자 가족처럼 느껴진다. 당신은 점심 시간에 교수 식당보다 학생 식당에서 식사하길 좋아하며, 학생들을 피하기보다는 그들과 친해지고 싶어한다.

학생들은 당신이 품위 있으며 가식 없는 사람이라고 느낀다. 그들은 당신이 그들을 좋아하며, 당신이 진실되고 솔직한 인물이라고 여긴다. 그들은 문제가 있을 때마다 당신을 찾아온다. 많은 학생들은 당신이 그들을 이해하고 있으므로 그들을 도울 수 있는 유일한 교사라고 생각한다.

청소년 시절 나는, 학생 지향적인 교사 아래서 공부했다. 우리는 학과 내용보다도 삶의 이야기들을 나눴고, 그 선생님의 가족 이야기를 듣는 데 더 많은 시간을 보냈다. 그 선생님이 얼마나 긴 시간 동안 주제에서 벗어나 있는가 알아보는 것은 하나의 도전이 되기조차 했다. 우리는 여러 번 선생님으로 하여금 전체 수업 시간 동안 과거의 이야기를 하게 만들었다. 학기가 거의 끝날 무렵 고작 서너 페이지의 내용밖에 가르치지 않았다는 것을 알았을 때, 그 선생님은 마지막 몇 번의 수업 시간 내내 미친 듯한 속도로 쉬지 않고 필기 내용을 불러주었다. 학기말 고사에서 시험칠 내용을 만들기 위해서였다. 그러나 우리들은 개의치 않았고, 우리 모두는 선생님을 굉장하다고 생각했다. 우리들 대부분은 그 선생님을 위해 어떤 일이라도 했을 것이다.

학생 관계에 취약하다면, 당신은 학생들 사이에서 매우 편안하지 못한 존재이다. 당신은 수업이 시작하는 정시에 교실에 들어와 언제나 수업 끝나는 종을 듣는 순간 교실을 떠나고 싶어한다. 아마 자신의 개인적인 삶에 대해 솔직한 이야기를 나누는 것을 불편하게 느낄 것이다. 학생들은 당신을 아무개 선생님 또는 아무개 박사님 또는 교수님으로 부를 것이며, 당신 이름을 부르는 것은 꿈에도 생각지 못할 것이다. 어쨌든 당신은 효과적인 가르침을 위해 일정한 거리를 두는 것이 바람직하다고 여긴다. 당신이 주의하지 않으면, 일부 학생들은 당신을 차가우며 거리감이 있는, 심지어는 잘난 체하는 사람으로 생각한다. 당신을 아는 사람들은 자신에 대한 이런 생각들이 모두 편견에 불과하다고 인정해줄 것이라고 믿으면서 말이다. 학생들은 당신 수업이 너무 이론적이며 실제적이지 못하다고 느낄 수도 있다. 그들은 교사가 그들 자신보다 내용에 더 많은 관심을 갖는다고 느낄 것이다. 학기가 반 이상이 지났는데도, 자신들의 이름조차 외우지 못한 당신에 대해 학생들은 불만을 품고 있을지도 모른다.

관계 3: 강연자 대 스타일

스타일이 가장 큰 장점일 때, 학생들은 당신을 '커뮤니케이터' 또는 '설득력 있는 연설자' 또는 '동기 유발에 강한 교사'라고 부른다. 당신은 의사 전달을 좋아하고 학생들을 가르칠 때마다 그들이 가르침에 반응하는 것을 보고 희열을 느낀다. 당신은 자료를 작성하고 수정하는 작업을 좋아하며, 그것을 통해 자료는 훌륭한 이야기들과 근사한 시각 자료를 가진 균형 있는 내용으로 이루어지고 알기 쉽게 표현된다. 당신은 자료가 뜻이 통해야 할 뿐만 아니라 그럴듯하게 보이고 들려야 한다고 믿는다. 당신은 종종 자료를 만들어가는 시간만큼이나 그것을 어떻게 설명할 것인가를 생각하는 데 많은 시간을 보낸다. 대개 당신은 '미스터 자동'이며 당면하는 순간의 도전을 최대로 이용한다. 가르칠 때 모든 것을 동원하여 가르치며, 수업을 마칠 때 피곤함을 느끼기는 하지만 한편으로 새로운 원기를 느낀다.

학생들은 당신을 훌륭한 교사라고 생각하며 대부분이 수업을 즐긴다. 그들은 기대감을 가지고 수업에 들어오며, 수업 시간은 언제나 빨리 지나간다고 느낀다. 그들은 수업이 흥미 있다고 느끼며 동기를 불러일으키는 당신의 능력과 열정을 높이 평가한다. 많은 학생들이 수업이 그날의 절정이라고 느끼는데, 그것은 그들이 항상 동기를 부여받고 충전되어 교실을 나서기 때문이다.

아마도 당신은 줄곧 '스타일의 여왕'이었던 교사 밑에서 공부했을지도 모른다. 그녀는 스타일을 가지고 가르쳤을 뿐만 아니라 스타일 있게 옷을 입었을 것이다. 교실에 들어갈 때 당신은 자극적인 기대를 느꼈을지도 모른다. 교실 벽은 포스터와 그림들, 그리고 뛰어난 시험 답안지들로 가득 꾸며져 있다. 그녀는 가장 난해한 개념들을 가장 쉽게 이해하게 만들었다. 다른 교사들과는 달리 그녀는 강의식 수업을 유감스럽게 생각했다. 연극, 소그룹 토론, 즉석 논쟁, 집중 연구, 외부 강사, 특별한 영상 자료 등은 모두 그녀가 훌륭한 배움의 환경을 조성하는 데 쓰였다.

스타일이 가장 취약한 교사라면, 당신의 별명은 아마도 '미스터 강의'일 것이다. 당신은 교탁 뒤에 서 있는 것을 선호하며 교탁을 떠나 학생들 앞에 설 때 무방비 상태에 처한 것처럼 느낀다. 연극에 관한 한, 할리우드와 영화를 위한 것이지 당신과는 아무 상관없다고 여긴다. 당신은 소그룹 토론에 대해, 진리를 발견하는 가장 좋은 방법은 무지를 함께 나누는 것이라고 생각하는 사람들을 위한 것이라고 믿는다. 더욱이 산상수훈은 강의가 아니었던가!

이것이 가장 큰 약점일 때, 학생들은 아마 당신의 수업이 무척 지루하고,

모든 것이 너무 틀에 박혔다고 여길 것이다. 그들은 당신이 자료를 전달하는 것보다 그 자료 자체에 더 관심이 많다고 생각한다. 교실 안이 너무 덥거나 나른한 오후 시간일 때, 학생들의 관심을 끌 충분한 자극제가 없기 때문에 그들은 대개 눈을 감고 꾸벅꾸벅 졸고 있다.

교실의 문제를 알아내는 방법

교실의 문제는 항상 학생들의 태도와 행동으로 드러난다. 수업이 제대로 진행되지 않을 때, 당신에게 그것을 알려주는 이는 바로 학생들이다.

다음은 평범한 고등학교 학생들이 교사와 수업에 대한 여러 불평들을 적은 것이다. 답을 보기 전에 학과, 학생 또는 스타일에 관한 것과 밑줄에 들어갈 문제점을 파악해보자. 그 문제점을 파악한 후 몇 가지 가능한 해결책을 제시하고자 한다. 처음 두 가지 문제점들에 대해 좀 더 광범위한 해결책들을 포함시켰다. 나머지 문제점들에 대해 스스로 해결책들을 제공해보라.

1. "나는 선생님에 대해 참을 수가 없다. 그 선생님은 내 이름조차 모르는 것 같다. 더욱이 선생님은 내가 살든지 죽든지 아무 관심이 없다. 더 이상 그 수업을 듣지 않을 것이다."

   문제점: 학생 관계 – 학생들은 교사가 무관심하다고 느낀다.
   해결책: 학생들에게 진심으로 관심을 갖고 있다는 것을 개인적인 실례와 공개적인 언명을 통해 구체적으로 입증하라.

   • 당장 학생들의 이름을 모두 외우고 이야기할 때마다 그들의 이름을 불러주라.

- 이후 몇 번의 수업 시간 동안에는 당신이 승리와 실패의 경험을 모두 가진 지극히 인간적인 사람임을 보여주는 개인적인 이야기로 수업을 시작하라. 다음 주에는 성공보다는 실패한 이야기에 더 많은 시간을 보내라.
- 적당한 시기에 교사가 된 개인적인 이유들과, 그들의 삶에 기대하는 것을 함께 나누라.
- 수업 시간 중 칭찬하고, 학생들의 시험 답안지에 칭찬하는 글을 적음으로써 정기적으로 그들을 격려하라. 개인적으로나 반 전체로 인정해주고, 수업을 함께해 참으로 기쁘다는 것을 학생들에게 알리라. 관심과 시선을 당신으로부터 가장 멀리 떨어져 앉아 있는 학생들에게 집중하라. 그들은 아마도 소외감을 느끼거나 소속감을 느끼지 않는 학생들이기 때문이다.
- 다음과 같은 질문을 담은 설문지를 나눠주라.

  "나는 내 선생님이 _____ 를(을) 중단해주셨으면 한다. 그리고 _____ 때문에, 이 수업에 대해 큰 실망을 느낀다. 만일 내가 내일부터 이 수업을 가르친다면, 내가 하고 싶은 첫 번째 일은 _____ (이)다."

  적어도 이 세 가지 변경 사항을 즉시, 그리고 솔직하게 실행에 옮기라.

2. "강의, 강의, 강의! 그것이 선생님이 하는 전부다."

문제점: 스타일 – 교사가 학생에게 내용을 전달하기 위해 사용하는 유일한 방법은 이미 학생에겐 단조로우며 지루한 강의이다.

해결책: 전달 방식을 정기적으로 변화시키라. 제아무리 최고급 갈비 또는 세계 제일의 맛을 자랑하는 바닐라 아이스크림도 계속 먹으면 질린다.

- 교실에서의 강의식 방법의 비율을 계산해두라. 학생들이 어리면 어릴수록, 강의식 방법에 대한 그들의 참을성은 적다.
- 다양한 세 가지 주요 방법들, 즉 교실에서 행하는 것, 교실에서 학생들에게 하도록 지시하는 것, 그리고 교실에서 함께하는 것에 따라 전달 방식에 변화를 주라.
- 가르침에 대해 대안 방법을 쓸 좀 더 많은 시간을 확보하기 위해, 서너 주 동안 교과 진도량을 최소한 25퍼센트 가량 줄이라.

창의적인 방식으로 수업을 시작하며, 색다르고 독창적인 방식으로 수업의 마지막 5분을 마무리하라. 사람들은 그 중간에 일어나는 어떤 것보다도 시작과 마무리를 더 잘 기억한다. 기발한 착상을 얻기 위해 교수법 관련 서적을 대강 훑어보라.

- 다가오는 주간을 위해 특별한 영화 상영이나 초청 강연을 알려줌으로써 기대감을 불어넣으라. 이러한 방법들을 통해 더욱 효과적으로 학생들을 섬기기 위해 애쓰고 있다고 학생들이 느끼게 하라.

이제 다음에 적힌 불평들의 문제점을 찾아보라. 어떤 해결책들이 효과적이라고 생각하는가?

3. "선생님의 머릿속은 도대체 오리무중이다. 아무도 그 선생님이 이야기하는 것 중 태반은 이해하지 못한다."

문제점: 학과 – 교사가 학생들이나 그 수업 상황에 비해 너무 난해하고도

많은 자료를 제시하고 있다.

해결책: 학과 내용을 모두 다루려 하지 말고, 그 대신 학생들을 가르치는 데 중점을 두라. 자료를 쉽게 만들고 진도를 계속 나가기 전에 학생들을 확실히 이해시키라. 기억의 법칙을 참조하라.

4. "우리가 하는 것이라곤 수업 시간 내내 노트 필기하는 것뿐이다. 그 선생님은 어떤 토론도 허용하지 않을 뿐만 아니라 질문을 쪽지에 적어내라고 해서 그다음 수업 시간에 답해주신다. 얼마나 수업이 지루한지 모른다. 차라리 책을 읽는 게 낫다. 거기에는 적어도 그림이라도 있지 않은가."

문제점: 스타일 – 교사는 자료를 효과적으로 전달하는 유일하고도 최상의 방법은 '노트 필기'라고 생각한다.
해결책: 학생들의 생각이 자기 수준보다 낮을 뿐만 아니라, 불필요하다고 생각하는 교수 방법으로 학생들에게 좌절감을 주는 것을 당장 멈추라.

5. "수업이 너무 시시하다. 우리가 하는 것이라곤 2년 전에 이미 배웠던 내용을 되풀이하는 것뿐이다. 새로운 것이라곤 아무것도 배우고 있지 않다."

문제점: 학과 – 교사는 학생 대다수가 이미 배운 내용을 복습하고 있으며 새로운 자료에 대한 준비가 매우 빈약하다. 교사는 그 과목에 대한 학생의 능력을 잘 파악하지 못하고 있다.
해결책: 복습을 최소화하고 새로운 자료 학습을 최대화하기 위해 이후 세 번의 수업 시간을 재편성하라. 학생들에게 가르치고자 하는 새로

운 정보와, 그것이 그들의 삶에 어떤 도움이 될 것인지 열심히 강조하라. 평소에 전달해온 정보의 양을 두 배로 늘리라.

6. "선생님이 이런 책들을 읽으라고 하는 것을 이해할 수가 없다. 우리는 단지 고등학교 1학년생이고, 아버지는 이 책들을 대학 다닐 때 읽어야 했다고 말씀하셨다. 이 책을 읽자면 한 단어 걸러 하나씩 사전을 찾아보아야 한다."

문제점: 학과 - 교사는 학생들의 수준을 파악하는 데 둔하거나, 그들의 수준을 무리하게 끌어올리려 하고 있다.
해결책: 당장 책 읽기 숙제를 바꾸겠다고 알리고, 세 가지 다른 수준의 필독 과제물을 정하라. 기초 서적, 도전이 될 만한 책 그리고 고급 수준의 책. 동기를 불어넣을 수 있도록 학생들이 세 가지 종류 모두를 살펴보고 자기 능력에 맞는 책을 선택하도록 격려한다. 모든 학생들을 상위권 10퍼센트 안에 드는 학생들 수준에 맞춰 가르쳐서는 안 되며, 항상 중간쯤의 학생들을 겨냥하라. 뛰어난 학생들에게는 의욕을 높우는 추가 과제물을 주라.

7. "수업 시간은 마치 동물원 같다. 통제력을 완전히 잃었다. 학생들은 서로 물건을 던지고, 선생님에게 말대꾸를 하고 짓궂게 놀린다. 그래도 그 선생님이 하는 것이라곤 수업 시간 내내 우리들에게 고함을 지르는 것뿐이다. 그리고 선생님이 인내의 한계를 넘으면 신경이 날카로워질 대로 날카로워져서 곧 울고 만다."

문제점: 학생 – 교사는 자신의 권위와 지도력을 완전히 상실했다.
해결책: 학급에서 허용되는 행동에 관한 규칙을 새로 정하고, 신중한 절충을 통해 행동의 결과에 대한 타협안들을 찾아 알리라. 이 타협안을 교실에 게시하고, 긍정적인 행동과 부정적인 행동에 대해 상벌로 다룰 때 학생들은 그것을 이해할 수 있다.

많이 들어본 불평들인가? 이 불평들은 모두 가르침의 실패와 배움의 역기능을 나타내는 언어적 신호이다. 이러한 불평들은 불필요한 것들이며, 교사가 완전히 통제할 수 있는 것이다. 앞의 과정을 통해 발견해왔듯이 가르침용 진단 기계는 사용하기에 용이하고 즉시 적용 가능하다.

배우는 이의 활용

7가지 법칙을 활용하는 목적은 이제껏 토론된 방법에다 가장 큰 유익을 얻을 수 있는 7가지 추가 비결들을 제시함으로써 당신을 좀 더 충분히 준비시키려는 데 있다. '학생들로 하여금 배우도록 만드는' 소명을 이루어갈 때, 다음에 나오는 7가지 제안들은 당신을 보다 숙련된 교사로 만들어줄 것이다.

활용 1: 학생들을 일관성 있게 무조건적으로 사랑하라

마태복음 22장 37-40절에서, 예수님은 가장 중요한 적용거리를 우리들에게 주셨다. "네 마음을 다하고 목숨을 다하고 뜻을 다하여 주 너의 하나님을 사랑하라 하셨으니… 이 두 계명이 온 율법과 선지자의 강령이니라."

이 책에 제시된 49개의 활용들 중, 이 첫 번째 것이 단연 가장 중요하다. 학생들을 깊이 그리고 끊임없이 사랑하는 것은, 그 밖의 48개의 적용들을 한데 묶는 것보다 더 큰 영향력을 그들 삶에 심어줄 것이다.

고린도전서 13장이 여전히 진리이고, 그럼에도 불구하고 당신과 내가 우리 학생들을 진실로 사랑하지 않는다면, 교실에서 우리가 하는 모든 것은 무가치하다. 교사의 노력과 애정의 일차적 초점이 학생들에게 있는 수업은 얼마나 보기 드문 일인지 모른다. 대부분의 학교와 교회에서 "학생들을 사랑하라"는 구호는 구시대의 유물쯤으로 여긴다. 웬일인지 사랑에 대한 성경의 훈계는 그저 그런 것쯤으로만 여긴다. 그래서 교사의 소명이 얼마나 중요한지 제대로 인식하고 있는 사람은 극소수에 불과하다. 다시 말해 단지 수업을 준비하고 정열적으로 가르치거나, 다급할 때 학생들에게 전화하거나, 또 1년에 한 번쯤 학급 단위의 교제 시간을 갖는 것으로 자기 소임을 충분히 다했다고 생각하는 것이다.

우리는 또한 사랑에 대한 정의는 감정적이어서는 안 된다고 생각해왔다. '격렬한' '열렬한' '열성적인' '뜨거운'과 같은 단어들은 교실에 적합하지 않다고 생각하는 것이다. 당신은 열정적인가? 우리가 다른 이들을 향해 가장 긍정적인 행동을 취하면서도 그 속에 사랑이 없다는 사실은 분명히 숙고해봐야 할 일이다. 예를 들어 고린도전서 13장은 상상을 뛰어넘는 두 가지 행동, 즉 "내게 있는 모든 것으로 구제하고 또 내 몸을 불사르게 내줄지라도"를 말하고 있는데 그런 행동은 사랑 없이도 일어날 수 있다고 말하고 있다. 그러나 사랑이 없으면 아무런 의미가 없다.

사랑은 당연히 행동이다. 사랑의 행동 중 일부가 고린도전서 13장 4-7절에 정의되어 있다. "사랑은 오래 참고 사랑은 온유하며 시기하지 아니하며 사랑은 자랑하지 아니하며 교만하지 아니하며…." 그러면 성경적 사랑은 정열이나 열정을 포함하는가? 베드로전서 4장 8절은 그 명백하면서도 구체적인 대답을 이렇게 주고 있다. "무엇(이 책에 실린 다른 모든 것)보다도 뜨겁게 서로 사랑할지니 사랑은 허다한 죄를 덮느니라."

"뜨겁게 사랑하는 것"은 강렬하고도 성실한 감정을 갖는 것이다. 그러므로 뜨겁게 사랑하기 위해 교사들은 학생들과 강렬하게 그리고 감정적으로 연합하도록 애써야 한다.

납득할지 모르겠지만, 나는 모든 교사들이 예외 없이 '사랑한다'고 생각한다. 교사의 행동을 관찰해보면 교사가 무엇을 사랑하는지 알 수 있다. 행동은 그 사람의 가치와 애정을 반영한다. 교사들이 주로 '사랑하는 것'은 다음 중 하나다.

1. 내용에 대한 애착

학생이 안중에 없을 만큼 자료에 매료되어 자극받는 교사들은, 수업 시간의 대부분을 자료와 내용을 이야기하는 데 너무 골몰한 나머지 학생들에 대해서는 관심을 둘 시간과 에너지가 전혀 없다.

2. 의사 전달에 대한 애착

청중에게 이야기한다는 생각에 흥분하고 자극받는 교사들은 학생들이 안중에 없다. 강단으로 걸어 올라갈 때 다소 흥분을 느끼는 이들은 청중에 따라 자극을 받는다. 의미심장한 침묵, 제때에 터지는 유머, 다채로운 표현 방법, 힘 있는 마무리, 현란한 제스처, 이 모든 것들이 멋있는 연기를 창출하기 위해 한데로 엮인다. 갈채! 환호성! 이것은 학생에 대한 사랑이라기보다는 가르치는 사실에 대한 애착이다.

3. 삶의 방식에 대한 애착

이들은 방학 기간, 특별히 긴 여름 방학 동안 정말로 하고 싶은 것을 할 수 있어서 가르치는 직업을 택한 교사들이다. 교사들은 가르침을 소명으로서가 아니라 생계 수단으로 생각한다. 학생들은 할 수 없이 그들이 견뎌내야 하는 대상이다.

예수님은 우리가 세상이라고 일컫는, 학급과의 커뮤니케이션에 있어서 얼마나 열정적이고 열렬하셨는가? 예수님은 '학급'의 이익을 위해 스스로를 희생하고 그 모든 하늘 영광을 버리셨다. 그분은 마음과 영혼과 뜻을 다하여 그리고 종국적으로는 그의 삶을 다 바쳐 진리를 가르치셨다. 그리스도는 우리에게 진리를 가르치기 위해 죽으셨다! 그것이 바로 그리스도가 학생들을 향해 가진 정열적인 사랑이다.

모든 것을 가르치고 행한 후에 교사가 받을 수 있는 가장 커다란 찬사는 "그가 학생들을 얼마나 사랑했는가를 보라"는 말일 것이다.

활용 2: 학생들의 필요와 관심사를 염두에 두고 학과 내용을 전달하라

찰스 스윈돌이 설교하는 것을 들어보았다면, 아마도 "내가 느끼는 게 바로 그거야!" "그것이 내가 정말로 필요했던 것인데"라고 중얼거렸을 것이다. 그는 매순간 당신이 필요로 하는 바를 정확히 꼬집어 설교하는 신비한 능력을 가졌다.

어떻게 그렇게 할 수 있는가? 그는 청중의 필요와 관심을 염두에 두고 내용을 가르치는 탁월함을 가지고 있다. 그의 한 손은 청중의 맥박에, 그리고 다른 한 손은 성경에 둔 것 같다. 그는 진리를 전혀 왜곡하지 않으면서도 언제나 진리를 현대적 문화 감각에 맞추어서 표현하고자 스스로를 훈련한다. 또 청중의 급소에 시위를 겨누기 때문에 언제나 감동을 준다.

그러나 불행하게도 너무 많은 사람들이 두 손을 모두 성경에 얹은 채, 어느 손도 청중의 의중을 헤아리는 일에 두지 않는다. 우리가 가르치는 학과는 당연히 성경적이지만, 현실과 딱 맞아떨어지지는 않는다. 학생들은 글씨로 가득 찬 노트와 텅빈 가슴을 안고 교실을 떠난다. 그들은 만찬식장에 마련된 진수성찬을 즐기고 싶어 왔지만, 단지 은쟁반에 놓인 음식에 관한 이야기만 나누다가, 음식 맛은 전혀 보지도 못하고 허기진 상태로 그 자리를 떠난다.

언제나 학급을 향해 내용을 겨냥하라. 가르칠 때마다 그 내용으로 급소를 찌르라. 이것은 가르침에서 무척 중대한 법칙이기 때문에, 가르칠 때 학생들에게 민감해질 수 있도록 돕는 필요의 법칙은 다음 두 장(9장과 10장)에 걸쳐 살펴보고자 한다.

활용 3: 각 상황에 따라 스타일을 바꾸라

노스캐롤라이나 주 산지에서 열린 성경 세미나의 저녁 강의를 마친 후, 나는 연이어 완전히 다른 두 가지 스타일을 요구하는 상담에 임하게 되었다.

다른 사람들이 그곳을 떠나기를 기다리면서, 깊은 곤경에라도 처한 것처럼 보이는 한 젊은이가 구석진 의자에 몸을 쭈그린 채 기운 없이 앉아 있었다. 그의 어조에는 비탄과 가책이 뒤섞여 있어서 나는 즉시 강단 수업에서 개인 상담 쪽으로 방향을 바꿨다. 가까이 있는 의자를 끌어당겨 앉은 다음, 목소리를 낮추고 몸을 그 사람 쪽으로 향해 집중하여 경청했다.

그는 담임 목사와 심각한 갈등을 겪고 있는 젊은 부목사였다. 상황은 너무 심각해서 그는 사역을 그만둘 심산이었다. 몇 가지 대략적인 질문들을 던진 후에, 얼마나 간절히 그 문제가 해결되기를 원하는지 물었다. 또 해결책을 얻기 위해서라면 무엇이라도 하겠느냐고 물었다. 그는 참으로 그것을 원하고 있었다. 눈물을 흘리며 너무도 간절히 그 문제가 해결되기를 원하노라고 대답했다. 연민을 느끼며 나는 그 문제를 성경적인 측면에서 조언해주었고, 주님에게 온전히 그리고 절대적으로 순종하라고 권면했다. 얼마 후 자리에서 일어나면서 우리는 악수를 나누었고, 그는 목사님께 전화를 걸어 일을 올바르게 바로잡고 이후로는 목사님의 지도를 이의 없이 따르기로 약속했다. 나의 스타일이란 어떤 것이었는가? 조용하고도 개인적이며, 편하면서도 친밀하게 마음을 달래는 듯한 것이 아니었는가?

이야기를 마무리지어갈 즈음, 나는 아내 달린이 강당 뒤편에서 한 부부와 같이 서 있는 것을 곁눈질로 바라보았다. 여자는 양손을 허리춤에 두고, 그 옆의 남자는 팔짱을 끼고 있었다. 그들의 대화를 들을 수는 없었지만, 분위기는 호전적이고 성난 상태였다.

마침내 내가 이 껄끄러운 상황에 개입하자 아내는 안도감을 보였다. 64세 된 거구의 그 남자가 갑자기 자기 아내에게 고함을 지르며 인정 사정 없이 모진 언사들을 토해내기 시작했다. 나는 좀전에 그 젊은이와 나누었던 똑같은 어조, 즉 동일한 스타일로 그 남자에게 말하기 시작했는데 곧바로 이 격렬한 남자의 우격다짐에 압도당하고 말았다. 그의 주의를 끌려고 언성을 조금 높였지만, 오히려 그의 목소리는 여전히 나를 압도하고도 남았다. 좀 더 음성을 높이자, 그는 내게 고함을 치기 시작했다.

나는 내 스타일이 그 상황을 해결하지 못하고 있는 것을 깨달았다. 내 스타일은 그 젊은 부목사에게는 효과적이었으나, 이 부부의 필요를 충족시키기 위해서는 나 역시 언성을 크게 높이는 일 이외에 다른 방도가 없을 것 같았다. 그것도 매우 크게 말이다.

나는 '연기'라는 표시로 아내에게 윙크를 보낸 다음, 그 남자를 공격하기 시작했다. 그는 오랫동안 어느 누구의 말도 듣지 않은 것 같았다. 필사적인 기도와 함께 나는 언성을 높였다. 여전히 나는 그의 공격에 무력해 보였다. 결국 중학교 2학년 때 한 친구와의 주먹 싸움 이래로 한 번도 경험해보지 못한 감정과 긴장의 폭발 상태가 되어 나는 그 사내에게 덤벼들어 삿대질을 하기 시작했다. 그가 중간에 끼어들려고 할 때마다, 나는 그의 말을 중간에서 잘라버렸다. 마침내 그는 처음으로 내 말에 귀를 기울이기 시작했다. 그의 행동은 그가 공격자가 아니라 방어자가 되었음을 알려주었고, 그는 꾸짖음과 조언에 마음을 열었다.

한 시간 후에 그 부부가 나란히 팔짱을 끼고 떠난 후, 아내와 나는 숙소를 향해 걷기 시작했다. 아내는 아무 말도 없었고 기분이 언짢은 것 같았다. 나는 무슨 일이냐고 물었다. "평생 동안 당신이 그렇게 행동하는 것을 한 번도 본 적이 없어요. 당신이 나에게는 그런 식으로 대하지 않았으면 좋겠어요"라고 아내는 대답했다.

나는 충격을 받았다. "당신은 내가 윙크하는 것을 못 봤소?" 아내는 내 윙크를 보았지만 그것이 무슨 의미인지 이해하지 못했다. 아내는 내가 자제력을 잃었다고 생각했다. 나는 통제력을 가진 상태였고, 그 냉담한 남자의 가슴을 강제로 열기 위해 여느 때와 달리 호전성을 띤 스타일을 택했던 것뿐이라고 아내에게 분명하게 설명했다. 의도적으로 매우 강하게 행동했는데, 그것은 다른 스타일이 별 효과를 나타내지 않았기 때문이었다.

내가 그 상황에 마음이 편안했을 것이라고 생각하는가? 천만의 말씀! 진땀을 흘리고 있었고 심지어 떨기도 했다. 그렇다면 왜 그렇게 행동했는가? 왜냐하면 내 '학생'이 '호전적인 증세'를 심각하게 앓고 있었고, 내가 그 상황을 헤치고 나가지 않는다면, 그날 밤 그 부부의 결혼 생활은 끝장나버릴 것 같았기 때문이다.

학생들이 신체 언어와 침묵을 통해 수업에 따분해하고 관심이 없음을 나타낼 때, 당신은 어떻게 하겠는가? 당신은 열정을 더해 창의성을 불어넣겠는가? 아니면 단지 그들에게 주목하라고 이야기하면서, 그럭저럭 수업을 이끌어나가겠는가?

학생들이 가진 가장 큰 불평이 무엇인지 아는가? 나와 솔직하게 이야기를 나눈 학생들의 80퍼센트가 수업이 따분하기 그지없음을 호소해왔다.

지금쯤 당신은 지루함이란, 가르침에 있어서 학생의 상황과는 아무 상관이 없음을 깨달았기를 바란다. 당신이 반박하더라도, 가르침을 지루하게 만드는 주범은 가르침의 내용이 아니라고 나는 단언한다.

지루함에 대한 가장 비극적인 일은 이 세상에서 가장 중요한 학과인 성경에 대해 이야기하는 동안 학생들이 온 몸을 뒤틀 만큼 지루하게 만드는 것이다. 지루함은 무엇에 대해 이야기하는가보다는 그것을 어떻게 이야기하는가에 달려 있다.

어떤 과목이 흥미 있어 보여서 수강을 신청했다가 교사가 모든 학생을 졸리게 만드는 바람에 두 번째 수업이 끝나고부터는 그 과목을 싫어하게 된 경험이 있는가? 또 수면제 같은 언어 구사도 경험해본 적이 있을 것이다.

그와 대조적으로 어떤 필수과목이 죽기만큼 재미없다고 소문나 불안했던 경험도 있을 것이다. 교사가 그 과목에 대한 열정을 가지고 학생들을 사로잡기 전까지 그것은 활자를 가득 담은 종이에 불과한 지루함 그 자체였을 것이다. 그러나 얼마 지나지 않아 당신은 그 과목과 교사에게 매료되어 그것이 가장 좋아하는 과목이 되었던 경험도 있을 것이다.

엘리야가 바알 선지자들과 잊을 수 없는 결전을 벌였던 이스라엘의 갈멜산 정상에 올랐다가 경험한 일을 하나 소개하고 싶다. 그곳에는 엘리야의 근사한 조각상이 있었고, WTB 여행 팀 모두는 그것에 새겨진 기념문이 무엇을 말하는지 알고 싶어했다. 하지만 나는 그것을 읽을 수가 없었다. 그것은 영어도, 그리스어도, 히브리어도 아니었다. 그런데 갑자기 우리 그룹에서 가장 어린 열여섯 살 소녀가 이 라틴어 기념문을 완벽하게, 그것도 풍부한 감정을 넣어 해석하기 시작했다. 나는 무척 감명을 받았고, 호기심에 버스에서 그녀 옆에 앉아 이야기를 나누었다.

그녀는 고등학교 1학년 때 선생님이 열정을 가지고 라틴어를 생생하게 가르쳐준 결과, 라틴어가 그녀뿐만 아니라 다른 학생들에게도 제일 좋아하는 과목이 되었다는 이야기를 해주었다. 그 교사는 라틴어를 살아 있도록 만들었다. 나는 그 라틴어 교사와 같은 여러 교사들 밑에서 공부해왔다. 웬일인지 그분들은 지루함이란 단어를 전혀 알지 못했다. 그리고 학생들 또한 그 단어를 모르는 사람들 같았다.

활용 4: 자신의 재능과 은사를 신뢰하고 자신감을 가지라

지금까지 당신은 강연을 들었다. 당신도 그렇게 이야기할 수 있기를 원해본 적이 있는가? 대부분의 사람들에게는 마치 설교단에서의 능력이 모방을 통해 얻어질 수 있다고 생각해 다른 누군가처럼 가르치거나 설교하기를 원했던 경험이 있을 것이다.

신학원 1년생이었을 때, 학교 채플에서 나는 그때껏 들어본 가장 영감 있는 위대한 설교자의 설교를 들은 적이 있다. 나는 너무나 감동을 받아 모든 테이프의 내용을 옮겨 적었다. 나는 그분의 명설교를 설교하고 싶어 견딜 수가 없었다. 그러다 우연히 한 작은 교회로부터 설교 요청을 받았다.

나는 열심을 다해 그 설교문대로 설교하기 시작했다. 두 번째 페이지에 왔을 때 나는 우연히 청중을 바라보았고, 견딜 수 없이 지루해하는 그들을 보게 되었다. 나는 설교문을 도용해온 그 위대한 설교자의 제스처까지도 필요하다는 생각이 들어 그것들도 시도해보았다. 맨 앞줄에 앉은 할머니들은 서로를 쳐다보며 어깨를 으쓱하셨다. 나는 좀 더 힘차게 팔을 휘둘러대기 시작했다.

세 번째 페이지로 넘어가면서는 히브리어와 헬라어 분문을 인용하기 시작했다. 그러면서 나는 '이 인용들을 들어보라지'라고 자신만만해했으나 일부는 이미 꾸벅꾸벅 졸고 있었다. 필사적으로 나는 격려의 미소를 받기 위해 사랑하는 아내에게 눈길을 돌렸다. 셋째 줄에 앉아 있던 아내의 표정에는 당황스러움이 가득했다. 그녀는 천천히 머리를 좌우로 가로저었다. 나는 어찌할 줄을 몰랐고, 긴장 때문인지 아랫배가 살살 아파오는 것만 같았다. 아직도 설교할 본문은 14페이지나 남아 있었다.

교회 주차장을 빠져나올 때 나는 깊은 절망 속에 빠져 있었다. 나는 아내에게 다음 날 신학원을 그만두고 싶다고 말했다. 복음을 전하라고 나를 부르신 것은 하나님의 비극적인 실수라는 생각을 떨쳐버릴 수가 없었다.

처음에 아내 달린은 침묵을 지켰다. 마침내 그녀는 아침에 내게 설교를 시작했는데 그것은 17페이지의 긴 설교가 아닌 한 단락의 짧은 설교였다. "여보, 주님은 복음을 전하라고 당신을 부르셨지, 결코 다른 사람의 설교를 전하라고 부르진 않으셨어요. 그런데 당신은 두 팔로 도대체 무엇을 하신 거예요? 그것은 당신이 아니었어요. 주님이 만드신 당신이 아닌 다른 어떤 사람이 되기 위해 노력한다면, 하나님은 당신을 축복하실 수가 없지요."

이 말은 사역에 있어서 얼마나 중요한 전환점이었는지! 아내의 친절한 조언이 아니었다면, 나는 아마 신학원을 끝내지 못했을 것이며, 현재의 사역도 감당하지 못했을 것이다. 나는 다시는 다른 사람의 설교 내용을 전하거나 다른 사람의 스타일을 모방하지 않기로 결심했다.

우리는 종종 영에 속한 것들을 얻기 위해 육에 속한 것들을 원하는 자신을 발견한다. 부지중에 우리는 잘못된 장소에서 옳은 것을 찾는다. 다른 이의 은사를 갖기만 한다면, 우리의 가르침은 더욱더 능력 있을 것이라는 그릇된 결론을 내린다. 그것은 위험한 생각이며 심지어 비성경적인 생각이다.

다른 이의 은사를 시기하며 자신의 것을 과소평가하는 것은 인간의 보편적인 성향이다. 성경은 시기심이 육적인 행위이며 하나님께로부터 온 것이 아니라고 가르친다. 하나님이 자신에게가 아닌 다른 누군가에게 주신 것을 바랄 때, 우리는 우리를 향하신 하나님의 뜻을 은밀하게 거역하는 것이다. 하나님은 우리를 만드신 창조주이며, 우리의 육체적, 정신적, 심리적 특징의 형성을 지시하는 분이시다. 시편 139편 15-16절을 보라.

다른 이의 은사를 원한다는 것은 우리가 사역의 인간적 측면만을 생각하는 것이다. 주님의 위대한 약속을 잊을 때 우리는 다른 이의 은사를 원한다. "내 은혜가 네게 족하도다 이는 내 능력이 약한 데서 온전하여짐이라" (고후 12:9). 우리 삶에서 하나님의 최선을 원한다면, 우리를 향한 하나님의 최선은 우리의 강한 것들과 약한 것들 모두를 포함한다는 사실을 깨달아야 한다.

활용 5: 학생들의 태도와 관심 그리고 행동에 끊임없이 주의하라

능력 있는 교사들은 '배우는 이의 언어' '신체 언어'를 끊임없이 읽는다. 위대한 교사들은 이 작업에 무척 숙련되어, 배우는 사람이 말 한 마디 하지 않더라도 그와 계속 대화를 진행시킬 수 있다. 교사가 신체적인 단서를 읽어가면서 구두 언어를 가지고 대응할 때, 학생들은 때때로 그와 같은 교사를 '통하는 사람'이라고 부른다.

비언어적 단서들을 읽는 데 뛰어난 사람과 개인적인 대화를 나눌 때, 우리는 종종 그 사람을 '분별력 있는' '통찰력 있는' 사람이라고 부른다. 그런 사람들은 이야기하는 말 속에 담긴 뜻을 파악하고, 우리가 진정으로 의미하는 것이 무엇인가를 이해하는 능력을 가졌다.

우리들은 이러한 분별력을 계발하는 데 적절한 관심을 기울여오지 않았다. 우리의 문화는 언어의 힘을 매우 과대평가하고, 비언어적 힘을 터무니없이 과소평가한다. 그러나 사회학자들이 이들 각각의 상대적인 힘을 측정할 때마다, 비언어적인 것은 언어적인 것을 언제나 능가하는 전달력을 보여왔다.

학생들이 비언어적 표현들을 통해 전달되는 의미에 대한 분별력을 가지면 가질수록, 교사는 학생들이 효과적으로 배우도록 하기 위해 무엇을 조절해야 하는지 더 잘 알게 될 것이다. 이 영역에 훈련이 안 된 교사들은 시험을 치를 때 학생들이 얼마나 성취도를 보일 것인가에 대해 전혀 감을 잡지 못한다. 그러나 숙련된 교사들은 학생들과 끊임없이 대화해왔기 때문에 거의 정확하게 학생들의 성적을 예상할 수 있다.

활용 6: 자신의 약점들을 보완하기 위해 강점을 사용하라

모든 운동 경기의 챔피언들의 공통적인 비결은 자신의 강점을 잘 살린다는 데 있다. 네트 플레이에 강한 테니스 선수는 대개 경기마다 네트를 향해 달려가야 한다. 챔피언들은 어디에 초점을 두어야 하는지 잘 안다. 그들은 의도적으로 자신이 뛰어나고 싶은 영역들을 제한한다. 그들은 최선의 것을 손에 넣기 위해 다수의 덜 좋은 것들을 끊임없이 거부한다.

그와 대조적으로 잠재력을 온전히 발휘하지 못하는 사람들은 다른 관점을 보인다. 그들은 기술에 초점을 맞추는 대신, 자신의 약점을 강화하는 데 모든 관심을 기울인다. 내가 아는 많은 이들은 그들이 가장 큰 장점을 보이는 특정한 영역에서 뛰어나려고 하기보다는 모든 영역에서 '팔방미인'이 되려고 애쓰며 시간을 소비하고 있다.

나의 오랜 취미는 지도자들에 대한 책을 읽는 것이다. 단지 몇 가지 선별된 영역에서 탁월함을 발휘하기 위해 온힘을 쏟는 이러한 철학은 모든 위대한 인물들의 공통점이었다.

그리스도를 위해 뛰어나고 싶다면 당신은 선택의 범위들을 좁혀야 한다. 사도 바울은 '오직 한 일'(빌 3:13)이라고 외치면서 이 우선순위를 실천해나갔다. 순교하기 바로 직전, 바울은 우리들에게 그리스도 예수의 좋은 군사인 자는 "자기 생활에 얽매이는 자가 하나도 없나니 이는 병사로 모집한 자를 기쁘게 하려 함이라"(딤후 2:4)고 주의를 주었다.

그러므로 그리스도를 위해 교실에서 뛰어나고 싶다면, 모든 것을 다 잘하려고 하지 말라. 그보다는 몇 가지 것들을 잘하려고 하라. 초점을 맞추라. 뛰어난 팔방미인이 되어야 한다고 생각하지 말라. 그럴 필요가 없다. 가장 큰 은사를 베푸신 영역을 통해 끊임없이 하나님을 섬기려고 시도해나갈 때, 당신은 산더미같이 불어나는 하나님의 축복을 경험할 것이다.

장점에 초점을 맞추면서, 자신의 약점을 위한 두 가지 추가 사항에 유념하라.

- 자신의 약점이 수업에 해로운 자극제가 아니고 '받아들일 수 있는' 범위 내에 들 때까지 그것들을 향상시키라. 비록 네트를 향해 달려가는 데 뛰어날지라도 테니스를 잘 치기 위해서는 강한 포핸드와 백핸드도 구사할 수 있어야 한다.
- 약점을 보완하기 위해 장점을 사용하라. 되도록이면 자주 '보완하라.'

학과, 학생 또는 스타일 지향적인 것에 상관없이 타고난 약점을 보완하기 위해 하늘이 주신 장점을 사용하라. 나는 어느 학과 지향적인 교사가 익히 잘 알려진 자신의 약점, 즉 학생들과 관계 맺는 일에 취약한 면을 어떻게 멋지게 극복했는지 결코 잊을 수 없다. 그가 막 교수에 임용되었을 당시 모든 학생들은 그의 첫 번째 수업에서 그에 대한 호기심으로 가득 차 있었다. 첫 강의가 절반쯤 지났을 때, 교실 뒤에 앉은 한 학생이 손을 들어 질문했다.

그 교수는 "짐, 참 좋은 질문이네"라고 대답했다. 그때 짐의 표정을 보았더라면 훨씬 실감났을 것이다. 그는 이제껏 그 교수를 만나본 적이 없었다. 그다음 교수는 "조지, 자네는 그것에 대해 어떻게 생각하나?" 그리고 나중에는 "메리, 그것은 좋은 생각이야"라고 말했다. 교수가 수업 첫날 우리들의 이름을 외울 만큼 충분한 관심을 갖고 있는 것에 우리들은 놀라워했다. 그는 학생들과 관계를 맺는 데 있어 자신의 약점을 보완하기 위해 그의 강점인 기억력을 지혜롭게 사용한 것이다.

그러므로 가장 큰 장점에 노력을 집중해 잠재력을 최대한으로 계발하도록 추구하라. 그다음엔 약점을 보완하기 위해 장점을 사용하라.

활용 7: 가르치기 위해 성령에 의지하라

이 적용은 자연적인 것을 초월한 초자연적인 힘을 소개한다. 지극히 중대한 이 주제는 '적용의 법칙'에서 보다 자세히 논의되기는 하지만, 여기서는 약간의 개괄적인 설명이 필요할 것 같다.

성령은 배우게 만드는 중요한 다섯 요인 중 하나로 이미 설명한 바 있다. 성령이 우리들의 일상적인 상황을 무시하고 그의 신적 역사를 성취해가는 드문 경우를 제외하고, 성령은 거의 언제나 강연자와 학과 그리고 학생들과 협력하며 일해나가는 것을 택한다. 교사가 학생들의 마음에 자유롭게 들어갈 수 있는 성령 교사와 의식적으로 협력할 때, 가장 효과적인 가르침이 일어난다. '적용의 법칙'에서 이 중요한 관계는 좀 더 충분히 다루어질 것이다.

가르침에는 세 가지 서로 다른 수준이 있는데, 우리는 보통 이 세 가지 중 어느 한 수준에서 수업을 진행한다.

1. 이기적 수준

교사는 자연스럽게 머리에 떠오르는 것을 말하며, 자신의 욕구를 채우기 위해 학생들을 교묘하게 이용한다. 그는 학생들을 배우게 하는 책임을 지지 않으며, 단지 자료를 다루는 데 만족한다.

2. 섬기는 이의 수준

교사는 온 정성을 다해 학생을 섬긴다. 그는 학생들의 필요를 채우는 데 전력을 기울이며, 학생들을 배우게 하기 위해 창조력과 열정을 사용한다.

3. 영적 수준

교사는 학생을 온전히 섬길 뿐만 아니라, 더불어 학과 준비와 강의 및 학생과의 관계에서 성령과 협력한다. 이것이 규칙적으로 반복될 때, 학생들은 교사에 의해서뿐만 아니라 내면적 교사인 성령에 의해서도 배운다. 성령이 그 교사를 기름 부으시고 학생을 깨닫게 할 때, 배움은 초자연적인 수준으로 나아간다.

> "주님, 우리를 격려하셔서 우리 모두가 학생의 종이 될 뿐만 아니라 성령의 종이 되게 하소서."

결론

대학에서 가르친 첫 1년간, 나는 가르침과 배움에 관한 이 철학을 발전시키고 심화시켜나갔다. 첫 학기의 몇 주가 지나서 나는 세 명의 신입생들이 내 강의에서 낙제 점수를 받고 있으며 점수가 많이 뒤떨어져 있음을 알았다. 그들의 성적은 더욱더 신경이 쓰였다. 학기 초에 나는 그들에게 낮은 성적을 준 것이 조금도 양심의 가책이 되지 않았다. 그들이 낙제한다면 결국 그것은 그들 자신의 잘못이 아닌가? 그러나 무엇인가가 끊임없이 나를 괴롭혔다. 너무 늦기 전에, 무슨 수를 내는 것이 좋을 것 같았다.

나는 그들에게 한 햄버거 식당에서 함께 점심을 하자고 청했다. 나는 그 세 명의 젊은이들 중 어느 누구에게도 내가 다른 젊은이들을 초대했노라고 이야기하지 않았다. 그래서 예정된 시간에 식당에 왔을 때 그들은 서로를 보고 놀랐다. 나는 그들 모두에게 햄버거와 밀크 쉐이크를 사주었다. 충분히 예상할 수 있는 것처럼, 세 명의 낙제생들과 그 담당 교수가 함께 나누는 점심 식사란 그리 즐거울 리가 없다.

내가 입을 열었다.

"자네들이 알다시피 이 자리에는 우리 네 명이 있네. 그리고 우리 모두에게는 한 가지 공통점이 있지. 모두가 내 과목에서 낙제하고 있다는 걸세. 자네들이 낙제하고 있으므로 결국 나도 낙제를 하고 있는 거란 말이야. 하지만 나는 낙제하는 것이 싫고, 어쩐지 자네들도 싫어할 거라는 마음이 드는군. 내가 그렇게 흥미 없게 가르치는가?"

"아닙니다. 교수님께선 잘 가르치십니다."

그들 중 한 명이 답했다.

나는 그 대답 뒤에 더 많은 뜻이 담겨 있는 것 같아 다시 물었다.

"자네들의 다른 과목 성적은 어떤가?"

그들 모두는 고개를 떨구었고 겉으로는 깨소금이 듬성듬성 박힌 소고기 햄버거를 씹고 있었다.

나는 테이블 맞은편을 바라보며, 첫 번째 젊은이에게 그를 괴롭히는 것이 무엇인지 물었다.

"저는 초신자이고, 가족 중에서 제가 유일하게 그리스도를 만났습니다. 대학에 오기 전에 식구들에게 복음을 전하려 했지만, 식구들은 저를 비웃기만 했습니다. 제가 신학대학에 간다고 하니까 정신 나간 사람 취급을 하더군요. 그런데 제가 낙제한다면 전도는 고사하고 가족들은 아예 제 말을 들으려고도 하지 않을 겁니다. 그런 생각이 저를 짓누르고 있는 거죠."

그 이야기를 듣고 나는 이해한다는 듯이 고개를 끄덕였고, 또 다른 젊은이를 쳐다보며 그의 이야기를 들려주기를 청했다.

"그… 글쎄요."

그는 말을 더듬었다.

"저는 고등학교 시절에 불량배들과 어울려 술을 마시며 방탕하게 지냈던 적이 있습니다. 마지막 학기에 가서야 정신을 차리고 제 인생을 그리스도께 헌신하겠노라고 다짐했지만, 성적은 그야말로 형편 없었어요. 공부하는 법을 아예 처음부터 다시 배워야 한다는 비참한 생각까지 들더군요. 그러다가 대학 입학에 합당한 성적을 증명해야 한다는 조건 아래 이 대학에 입학할 수 있었고, 저는 한 학기 안에 그것을 입증해야 했습니다. 이곳에 들어와서 많은 것을 배우고, 또 그런대로 향상을 보이고는 있지만 한 학기 안에 학교에서 요구하는 일정한 성적이 오를 것 같지가 않습니다."

그는 눈을 깜빡거리며 눈물을 털어버렸다.

"저는 하나님이 제가 선교 사역을 감당하기를 원하신다고 믿습니다. 그러면서도 낙제에 대한 두려움 때문에 밤에 거의 공부를 할 수가 없습니다."

그 무렵 나는 반쯤 남은 햄버거를 접시에 내려놓았다. 내가 마지막 젊은이를 쳐다보자, 그는 얼굴에 수줍은 기색을 드러냈다. 눈길을 옆으로 피하며 그는 짧게 말했다.

"제게는 사랑하는 사람이 있습니다. 그녀는 지금 아이오와 주에 남아 있지요. 집을 떠나보기는 이번이 처음이고 그래서인지 더더욱 외로움을 느낍니다."

우리는 자신의 생활에 대해 이야기를 나누었고 마침내 나는 이렇게 제안했다.

"자네들이 알다시피, 우리의 다음번 수업은 여호수아에 관한 것일세. 나는 여호수아가 자네들 모두의 문제에 대한 답을 갖고 있다고 확신하네. 이 세상에서 가장 맛있는 집에서 만든 페퍼로니 피자를 먹고 싶다면 금요일 저녁에 우리 집으로 오게나. 우리 함께 자네들이 당면한 도전에 대한 하나님의 응답을 찾아보기로 하세. 그런 다음, 다음 주 화요일에 학급의 다른 학생들과 더불어 자네들이 발견한 해결책들을 같이 나누어주게."

금요일 저녁에 모두가 우리 집에 모였다. 우리는 매우 흡족할 만큼 즐거운 시간을 보냈다. 감사하게도 우리는 각자가 안고 있는 문제의 답을 전부 찾을 수 있었다. 그러나 우리가 답을 찾기 시작했을 때까지도 나는 여호수아서가 그 모든 문제들의 답을 담고 있는지 사실 확신하지 못했음을 고백한다!

그 다음 주 화요일 아침, 수업을 시작하자 첫 번째 젊은이가 앞으로 나와 학생들에게 자신이 가지고 있는 문제점과 두려움, 그리고 여호수아서가 주는 답을 나누었다. 그런 후, 다음 젊은이가 나와 애인에 대한 그의 사랑과 외로움을 설명했다. 그는 모세가 죽은 후 여호수아가 어떻게 느꼈는가에 대해, 그리고 주님의 능력을 통해 외로움이 어떻게 다루어지는지 이야기했다. 나는 몇 명의 여학생들이 눈물을 훔치는 것을 보았다.

마침내 마지막 젊은이가 조용히 교실 앞으로 걸어나왔다. 나는 그에 대해 가장 염려했었다. 왜냐하면 그가 사람들 앞에서 이야기하는 것을 매우 두려워했기 때문이다. 그는 교실 바닥을 내려다보며 작고 분명치 않은 발음으로 말하기 시작했다. 그러나 그는 곧 동기생들로부터 오는 넉넉한 포용력을 느꼈고, 고개를 들고 우리를 똑바로 쳐다보며 말하기 시작했다. 그는 여호수아가 어떻게 담대해졌고 그의 삶에 부딪쳐오는 거인들을 어떻게 대항하는가 배웠음을 이야기했다.

내 마음에 감동이 밀려왔고, 그가 자리로 돌아갈 때 학생들은 박수 갈채를 보내기 시작했다. 그날 수업은 모두의 환호성과 박수 그리고 그 세 학생들을 격려하는 가운데 끝났다. 그때 이후로 학생들은 결코 이전과 같은 모습이 아니었다. 우리는 서로 단단하게 묶인 한 가족 같았다.

이 세 명의 젊은이들의 성적에 어떤 변화가 일어났는지 상상해보라. 단지 내 과목뿐만 아니라 그 학기에 그들이 수강했던 그 모든 과목들에서 말이다. 바로 알아맞혔다! 그들의 방향 전환은 성공적이었다. 그들의 눈동자는 빛을 발하였고, 가슴에는 희망을 품었으며, 하나님의 위대한 능력 안에서 자신의 거인과 여리고 성에 대항할 용기를 갖게 되었다.

그같은 방향 전환은 교사의 가슴을 따뜻하게 한다. 그들은 우리의 모든 수고를 가치 있게 만든다. 귀중한 삶으로 전향하기 위해 필요했던 것은 무엇이었는가? 세 개의 햄버거와 두 개의 페퍼로니 피자가 고작이지 않았던가?

'주님의 방법으로 가르치는 법'을 배우는 놀라운 경험을 시작하면서, 동시에 나와 함께 '학생들로 하여금 배우게 만드는 일'에 헌신하지 않겠는가? 당신은 주님 앞에서 어떤 희생을 치르더라도, 성령의 능력을 통해 주님을 섬기겠노라고 헌신하겠는가? 다시는 결코 '자료 다루기'에만 안주하지 않겠다고 마음먹겠는가? 학생들이 창문 밖을 내다볼 때, 그들을 상관하지 않고 다른 쪽을 쳐다보며 그들을 다시는 가르치지 않으리라 결심하겠는가? 하나님의 영광을 위해 마음과 뜻과 정성을 다하여 학생들을 가르치겠는가? 비록 그 일이 집에서 만든 페퍼로니 피자 네 판이 필요할지라도 말이다!

토론할 문제

1. 몇 분간 교사로서의 자신을 살펴보라. 1-10까지의 기준으로, 학자(학과 지향적)로서 또는 친구(학생 지향적)로서 또는 커뮤니케이터(스타일 지향적)로서 자신의 장점을 평가하라. 진정으로 뛰어난 교사가 되고 싶다면, 자신의 가장 큰 장점에 노력을 집중해야 할 것이다. 앞으로 12개월 동안 당신이 할 수 있는 최소한 세 가지 시도들을 말해보라.

■

2. 자신의 수업에서 가장 커다란 문제는 무엇인가? 그것은 당신이 학과 또는 학생들 또는 스타일을 다루는 방식 중 어느 것에 해당하는가? 학습에 자극이 되거나 해로운 것이 되었을 자신의 주된 약점을 곰곰이 생각해보라. 그 약점을 극복하기 위해 어떻게 장점을 활용할 수 있겠는가? 즉각적으로 취할 수 있는 두세 가지 행동 목표들을 목록으로 작성하라. 이제 자신의 조건을 테스트해보자.

3. 모든 학생들의 제일 으뜸가는 불평은 수업이 지루하다는 것이다. 조사 결과 학생들의 80퍼센트 이상이 그것이 단연 가장 문제라고 말하고 있다. 수업을 지루하게 만드는 세 가지 요인들을 말해보고 그것들 각각에 대한 해결책을 제시해보라.

■

4. 이제부터 출석하는 세 번의 강의나 예배에 빈 종이를 들고 가서, 학자, 친구 및 커뮤니케이터로서의 그 연설자를 1-10까지 점수로 평가하라. 연설자 각각에 대해 그들의 효율성을 배로 높일 수 있는 구체적인 행동 계획을 적어보라.

법칙 2

기대의 법칙

03

기대의 기초, 모델 및 원리

나는 학생들로 넘실대는 물결 속에서 마치 바위처럼 서 있었다. 가을 학기 등록일이었던 것이다. 조직적인 무질서라고나 할까. 이전에도 그런 장면이 여러 번 연출됐지만, 이번에는 강의를 신청하기 위해 실내 체육관을 돌아 줄을 서는 학생의 신분이 아닌 내 강의를 신청하는 학생들을 지켜보고 있었다. 그때는 신학원을 졸업한 첫해였고, 나는 교탁 저편에 앉은 학생으로서가 아니라 그 반대쪽 교탁 앞에 선 교사로서의 데뷔를 며칠 앞둔 상황이었다.

접수대 중 몇 군데를 유심히 바라보면서, 나는 내가 '성경 연구법'이라는 과목의 제1반, 제2반, 제3반을 담당하게 되었음을 알았다. 나머지 다섯 개의 학급은 다른 교수들이 맡게 되어 있었다. 20분 정도 서성거리다가 나는 체육관을 벗어나 교정을 가로질러 사무실 쪽으로 향했다. 그때 그 대학에서 오랜 교수 경력을 지닌 한 분이 나를 뒤쫓아오면서 "믿을 수가 없어"라고 말했다.

"무엇을 믿을 수 없단 말씀이십니까?"

"학교에서 자네에게 제2반을 맡기지 않았는가?"

"글쎄요, 그런 것 같습니다만."

그는 노골적으로 불쾌함을 드러내며 고개를 저었다.

"정말로 믿을 수가 없네. 자네는 초년병(신임 교수)이 아닌가? 그런데도 학교에서 자네에게 제2반을 맡기다니 말일세."

나는 당혹스러웠다.

"왜 그러십니까? 제2반에 뭐 특별한 거라도 있습니까?"

"아니, 교직원 오리엔테이션에서 자네에게 알려주지 않았단 말인가?"

사실 나는 그해 유일한 신임 교수였기 때문에 교직원 오리엔테이션이 없었다. 나는 그에게 제2반에 대해 설명해주기를 청했다.

"제2반은 대학 신입생으로 들어오는 고등학교 졸업생 중 가장 우수한 학생들로 구성되어 있다네. 우등생 그룹이자 최상급 학생들이지. 이 대학 전체에서 가장 뛰어난 학생들이라네."

교수실 바깥쪽에 이르렀을 때 그는 나를 똑바로 응시했다.

"브루스, 자네는 제2반을 가르친다는 것이 얼마나 특별한지 지금은 잘 알지 못할 걸세."

나는 좋아해야 할지 어떠해야 할지 몰라 다시 물었다.

"무슨 뜻입니까?"

한 번도 제2반과 같은 부류에 속해본 경험이 없었기 때문에 그게 어떤 건지 짐작조차 할 수 없었던 것이다.

"자극이라네! 고삐에 매여 있는 한 떼의 야생마들과 같지. 그 학생들은 자네를 마구 끌어당겨 기진맥진하게 만들 걸세. 자네는 매순간 그것을 즐길 것이고 말이야. 와! 초년병 교수인 자네에게 그런 행운이 돌아오다니."

그러면서 그는 고개를 설레설레 흔들며 보도를 따라 걸어내려갔다. 묘한 호기심이 발동했다.

다음 날, 제1반이 줄지어 들어왔고 우리들은 유쾌한 시간을 보냈다. 그리 특별한 건 없었고, 단지 괜찮은 젊은 남녀 그룹과 즐거운 시간을 보냈다.

휴식 시간 후 제2반이 들어왔다. 나는 믿을 수가 없었다. 그 교수의 말대로였다. 나는 공기중에 감도는 짜릿짜릿한 흥분을 느낄 수 있었다. 종이 울리자마자, 눈깜짝할 사이에 시간이 휙 지나가버렸다. 마치 그것은 한 시간 내내 서핑 보드에 올라 격렬한 파도의 비탈을 내리치닫는 것 같았다.

때때로 그 학급의 학습 의욕과 열망이 나를 강렬하게 끌어당겼고 나는 그것을 가슴 벅차게 맛보았다. 모든 것이 특별해 보였다. 그들의 질문, 그들의 시선, 그들의 표정, 심지어 의자에 앉은 모습마저도 특별했다. 그것은 믿기 어려운 경험이었다. 그 학생들이 나를 마구 끌어당겨 혼신의 힘을 다 쏟게 할 거라는 그 교수의 말은 사실이었다.

제3반이 그날 마지막 시간에 들어왔고, 곧 나는 그들이 제1반과 다름없음을 깨달았다. 즐거운 시간이었으나 제2반만큼은 아니었다.

학기가 계속되면서 하나님이 나에게 가르치는 사역 쪽으로 인도하셨다는 사실에 나는 다시 한 번 감사드렸다. 그런 도전을 받으며 성취감을 맛본 적이 없었다. 비록 모든 학급들과 즐거운 시간을 보냈지만 그중에서도 제2반은 언제나 나의 하루를 최상으로 만들었다.

중간고사를 앞둔 어느 날, 나는 교수 회의에 참석하기 위해 학장 조셉 웡(Joseph Wong) 박사와 함께 걷고 있었다.

"브루스, 벌써 첫해의 반환점을 넘어섰네. 지금쯤이면 교수로서의 신혼 기간은 끝났겠지. 그래, 대학생들을 가르치는 기분이 어떤가?"

"그야말로 굉장합니다. 일찍이 상상했던 것보다 훨씬 재미있던 걸요!"
그는 미소를 지으며 물었다.
"그 말을 들으니 참 기쁘군. 자네가 가장 좋아하는 파트가 어딘가?"
당연한 듯이 나는 불쑥 말했다.
"제2반이지요."
그는 눈썹을 치켜올렸고 더 자세히 듣고 싶어서인지 걸음을 멈추었다.
"자네가 제2반을 맡고 있나? 그 반에 대해 이야기해줄 수 있겠나?"
그것은 내가 지금까지 만나온 가장 명민한 서른 명의 학생들을 가르칠 수 있는 기회를 맛본 것에 대해 기쁨과 감사를 표현할 수 있는 첫 번째 기회였다. 그들과 나머지 학급 사이에 있는 놀라운 차이를 설명하면서 적어도 절반쯤은 제2반의 학생들을 칭찬했다.

내가 그 재능 많은 젊은이 그룹에 대해 이야기를 계속해나가는 동안, 학장은 잠시 생각에 잠기는 듯했다. 내가 말을 끝마치자 그는 조용히 말했다.

"브루스, 나는 자네가 그런 성공을 이루고 있어서 무척 기쁘네. 그러나 자네가 뭘 잘못 알고 있는 것 같아 다소 놀랄지도 모르는 사실을 이야기해야 되겠네. 자네 생각과는 달리 올해는 우등생 학급이 따로 편성되지 않았다네. 학기 초에 그것을 취소했지."

입 안이 바짝 마르기 시작했다.

"학장님, 농담하시는 거죠?"

"아니야. 농담이 아니네. 우수한 학생들을 학급마다 골고루 흩어놓는 것이 더 나을 거라고 결정했다네. 우리 생각에 그것이 각 반에 좀 더 활기를 불어넣으리라고 믿었지."

커다란 의혹감에 현기증을 느끼며 나는 이렇게 말했다. "학장님, 잠시 후에 뒤따라가겠습니다. 제 사무실에 들렀다 가야 될 것 같아서요."

나는 그가 나 같은 신참을 골탕먹이려 한다고 확신하며 교수실로 달려가 등록계에 전화를 걸었다.

"조이스, 내가 성경 연구법 과목에서 제2반을 맡고 있지요?"

"맞아요, 교수님."

나는 애써 목소리를 가다듬으며 물었다.

"그런데, 조이스. 제2반은 대학 신입생 중에 우수한 학생들로 구성되어 있지 않나요?"

"브루스 교수님, 아니에요. 그 프로그램은 취소됐어요."

그녀 몰래 괴로워하면서 나는 고맙다는 인사를 건네며 전화기를 놓았다. 나는 눈앞에서 일어나고 있는 사태를 감당할 수 없을 것 같았다. 떨리는 손으로 학생들의 성적부를 펼쳤다. 그리고 제1반과 제3반의 성적을 제2반의 성적과 비교했다. 그 차이는 어마어마했다.

나는 책꽂이에 쌓인 채점되지 않은 시험지 더미를 들었다. 제1반과 제3반의 시험지들을 차곡차곡 쌓아올려서 제2반의 시험지 더미의 분량과 비교했다. 분량에서조차 제2반은 다른 두 반을 합한 것보다 더 많았다.

시험지들을 차례차례 한 페이지씩 훑어나가자 그 차이는 그야말로 극에 달했다. 제2반 학생들은 다른 동년배 학생들보다 모든 면에서 우수했다.

그날은 가르침과 관련되어 내 인생의 가장 극적인 경험 중의 하나가 되었다. 나는 지금도 그때 내가 배운 진리에 대해 놀라움을 금치 못한다. 왜냐하면 학생들에 대한 나의 태도가 수업중에 학생들이 배우는 것에 엄청난 차이를 준다는 사실을 처음으로 깨달았기 때문이다.

제1반, 제2반, 제3반 사이에는 실제로 차이가 없었다. 똑같은 학습 내용과 같은 날의 같은 수업 시간 그리고 18-19세의 학생들의 동일한 집합이었다. 아무런 차이도 없었다. 사실 나는 한 번도 "자네들은 특별한 제2반이다. 그러니 학습 태도로 자네들의 특별함을 보여주어야 한다"고 말해본 적도 없다.

그렇다면 이 학생들이 보여준 그런 배움의 극적인 차이는 어떻게 설명할 수 있는가? 유일한 차이는 교사의 기대감에 있었다. 왜냐하면 제2반에 대한 내 기대가 다른 반보다 월등히 높았기 때문에 그들의 행동과 배움도 그럴 수밖에 없었던 것이다. 나는 의자에 깊숙이 기대앉아 "그 동료 교수가 내게 뛰어난 학생들이 제3반에 있다고 말했다면 어떤 일이 벌어졌을까?"라고 마음속에 그려보던 일을 결코 잊을 수 없을 것이다.

그 경험은 기대의 법칙의 중요성을 내 기억 속에 영원히 새겨놓았다. 좋은 의미에서든 나쁜 의미에서든 내 기대감은 확실히 학생들의 삶에 엄청난 영향을 끼쳤다.

이 책은 학생들로 하여금 배우게 만드는 교사의 능력을 최대로 강화시키기 위해 쓰였기 때문에, 교사가 가르치는 과정에서 기대의 힘을 마음껏 발휘할 수 있다면 모든 학생들 역시 제2반 학생들처럼 뛰어나게 될 것임을 보장한다.

이 법칙을 마치기 전에, 당신은 학생과 자녀 및 친구들을 꽃피우는 법을 배우게 될 것이다. 이 진리가 사랑을 담은 마음으로 바르게 실행된다면 모든 이들에게 아름다운 충격을 전해줄 것이다. 주님은 모든 학생과 어린이를 '제2반'에 있는 자들로 보시며, 그들의 교사인 당신을 통해 그들을 꽃피우기 원하신다는 사실을 기억하라.

기대의 기초

학생들을 향한 교사의 전형적인 기본 자세는 무엇인가? 사람들은 대개 자녀들이나 학생들에게 위대한 일들이 일어나기를 기대하는가? 불행하게도 대부분의 사람들이 그렇지 않다.

사실 대부분의 교사들은 학급이나 각각의 학생들에 대해 개인적으로 어떤 생각을 갖고 있든 어느 누구도 간섭할 수 없으며, 어차피 그것이 학습 결과에 아무런 차이도 만들지 않는다고 생각한다. 학급이 흥미를 잔뜩 가진 학생들로 가득 차 있다고 생각하든 또는 못 견디게 지루해하는 학생들로 가득 차 있다고 생각하든, 그것이 가르침-배움 과정에 아무런 차이도 가져오지 않는다고 믿고 있다. 그 생각을 비밀로 해두고 속마음을 내보이지 않는 한 모든 것이 잘 되어나갈 것으로 믿는다.

기대의 법칙은 이러한 생각을 단호히 거부한다. 이 법칙은 교사가 무엇을 생각하는가가 교실 안팎에서 만나는 학생들 모두에게 거부할 수 없는 강력한 영향을 끼친다는 사실을 보여준다.

이 '기대'의 개념을 성경적 맥락에 놓고 두 개의 성경 구절에서 이와 관련 있는 중요한 개념들을 발견해보자.

> "서로 돌아보아 사랑과 선행을 격려하며 모이기를 폐하는 어떤 사람들의 습관과 같이 하지 말고 오직 권하여 그 날이 가까움을 볼수록 더욱 그리하자" (히 10:24-25).

> "형제들아 너희는 삼가 혹 너희 중에 누가 믿지 아니하는 악한 마음을 품고 살아계신 하나님에게서 떨어질까 조심할 것이요 오직 오늘이라 일컫는 동안

에 매일 피차 권면하여 너희 중에 누구든지 죄의 유혹으로 완고하게 되지 않도록 하라"(히 3:12-13).

"서로 돌아보아…." 내가 왜 돌아보아야 하는가? 히브리서 10장 24-25절은 "사랑과 선행을 격려하기 위해서" 돌아보아야 한다고 말하고 있다. '돌아보다(consider)'란 말의 히브리어는 청중을 자세히 조사하고 평가하며 끊임없이 바라보고 "그들의 생각이 어디쯤 와 있는가?" 묻는 것을 의미한다. "그들이 지금 나의 생각을 함께 나누고 있는가, 또는 그렇지 않은가? 그들의 필요가 무엇인가? 그들을 좀 더 효과적으로 가르치기 위해 내용과 전달 방식을 어떻게 조정할 수 있을까?" 등등이 그것이다.

당신의 삶에 어떤 일이 일어나고 있는지 나는 알아야 하며, 그렇지 않으면 '당신을 격려할' 수 없다. 왜냐하면 당신이 어느 부분에서 도움을 필요로 하는지 알지 못하기 때문이다. 나는 당신이 어떻게 느끼고 있으며 무엇을 생각하고 있는지 알아야 한다. 사랑과 선행에 대해 격려하기 위해 나는 당신에게 어떤 문제가 있는지 구별해야 한다.

'돌아보다'란 단어는 또한 '곰곰이 생각하다'란 뜻을 지닌다. 그것은 당신이 내게 보내고 있는 미묘한 메시지들을 은밀하게 분석하는 것을 의미한다. 신체 언어는 보고 듣는 눈과 귀를 가진 사람들에게 가지각색의 메시지를 보낸다. 그럼에도 불구하고 교사는 교과 내용에 지나치게 열중하여 하나님이 우리로 하여금 '돌아보도록' 부르신 자들이 보내는 메시지들을 놓치는 일이 비일비재하다.

나는 '돌아봄'의 분야에서 기막힌 전문가를 만났던 날을 결코 잊지 못할 것이다. 신학원 2년째 되던 11월, 경제적으로 지독히 쪼달렸던 달린과 나는 달라스에서 가장 큰 백화점에 일자리를 구하기로 작정했다. 나는 장황하게 긴 형식의 구직 신청서를 채워넣어야 했고, 면접을 기다리기 위해 탁 트인 넓은 공간에서 40명 남짓의 다른 사람들과 함께 있었다. 인사 담당관은 대기실 내에 위치한 사무실에 앉아 있었다. 그래서 그는 그 시간 동안 벌어지는 일들을 그대로 볼 수 있었다.

기다리는 동안, 나는 내 주변에 있는 사람들과 이야기를 나눴다. 신청서 작성을 마치고 면접을 위해 호명될 때까지는 상당한 시간이 흘렀다. 잔뜩 초조해진 나는 부담스럽게 느껴지는 인사 담당관 앞에 서게 되었다. 의자에 앉자 책상 너머로 계장의 직함을 가진 여자가 미소를 지어보이며, 내게 딱 어울리는 일자리가 있다고 말했다. 그녀는 여러 주일 동안 백방으로 적임자를 찾아왔다고 말했고, 내가 그 일에 아주 적합할 것이라고 믿는다고 했다. 나는 너무 당황했다. 그녀는 아직 내 구직 신청서를 읽어보지도 않은 상태였다. 그런 그녀가 어떻게 내 전문 기술과 관심사를 알 수 있겠는가?

그녀는 그 일자리에 대해 말했다. "내 생각에 당신은 더할 나위 없는 산타클로스가 될 것 같군요."

"산타클로스라고요? 제가 훌륭한 산타클로스가 될 것이라는 사실을 당신이 안다고요?" 나는 무심결에 물었다. "나는 산타클로스를 믿지 않아요. 그리고 당신은 아직 내 이력서나 구직 신청서를 보지도 않았잖아요?"

그녀는 미소만 지을 뿐이었다. "우리가 당신에 대해 광범위한 배경 조사를 할 것이지만 사실 나는 그럴 필요가 없다고 봅니다. 어차피 나는 당신에 대해 이미 많은 것을 알고 있으니까요."

"이해가 안 가는데요." 나는 더듬거렸다. "우리는 한 번도 만난 적이 없고, 당신은 아직 내 신청서를 들여다보지도 않았잖아요. 그런데도 어떻게 나에 대해 알 수 있단 말인가요?"

그녀는 자신이 대기실에 있는 각 사람을 지켜보았기 때문에 그들이 이 방

3장 기대의 기초, 모델 및 원리 113

에 들어오기 전부터 이미 많은 것을 알았다고 설명했다. 그런 후 그녀는 나에 대해 여러 가지를 열거해나가기 시작했다. 그 모든 사항이 옳았다. 나는 믿을 수가 없었다. 마침내 그녀는 자신이 30년 이상 사람들을 관찰하는 법을 적극적으로 익혀왔고 마치 책을 읽는 것과 마찬가지로 사람들을 읽는 법을 배웠다고 설명했다.

나는 호기심이 가득한 얼굴로 그녀가 그토록 많이 안다고 하는 나에 대해 '발견한' 몇 가지 내용을 좀 더 상세히 열거해달라고 말했다.

첫째, 그녀는 내가 구직 신청서를 받아들 때, 인사 담당계 직원과 시선을 마주치는 것을 지켜보고 있었다. 내 모습이 조마조마해했을 것임에도 불구하고, 그녀는 그런 나를 상냥하며 솔직하고 예의 바르다고 보았다.

둘째, 그녀는 내가 단호하면서도 부지런히 신청서를 채워넣는 것을 보았다. 나는 연필을 힘껏 눌러 썼으며 책상 쪽으로 몸을 구부렸다. 이 모두는 내가 가진 목표 앞에 가로놓인 장애물을 극복하려는 진지한 태도를 보여주는 것이었다.

셋째, 내 앞쪽에 앉은 다섯 살짜리 꼬마가 울기 시작했을 때, 나는 그 꼬마에게 내 펜을 보여주고, '우스꽝스러운 여러 얼굴 표정'을 만들어 보임으로써 그 꼬마를 즐겁게 해주려고 했다. 그것은 내가 자신의 이익보다는 어린이들에게 마음을 썼음을 말해주었다.

그 면접 시간 동안 놀랍게도 그녀는 열두 가지가 넘는 나의 행동들과 그것들이 시사하는 바를 열거해나갔다. 나는 그녀가 내 양말의 색깔을 보고 내 속옷의 상표도 알아냈을 것이라고 느꼈다. 나는 기대하지 않았던 산타클로스라는 새 일자리를 얻어 백화점을 나섰다. 그러나 그보다 더욱 중요한 것은 개인적 관찰의 힘에 대해 잊을 수 없는 교육을 받았다는 것이다.

여러 해가 흘렀다. 그리고 그때 이후로 나는 다른 이들을 좀 더 효과적으로 섬기기 위해 그들을 조심스럽게 살피는 사람이 되려는 목표를 추구해왔다. 당신은 지금 가르치고 있는 학생들에 대해 깊이 생각하는가? "지금 학생들의 필요는 무엇인가?" "그들과 통하는 상태인가? 아니면 단절되어 있는가?" 등을 끊임없이 질문해보는가? 학생들을 돌아보고 그들에 대해 곰곰이 생각해보라.

부모 된 자리에 있다면, 늘 그렇게 해야 한다. 예를 들어 자녀들이 좀 더 어렸을 때, 아내와 나는 때때로 그들이 삐딱하게 행동하는 것을 발견하곤 했다. 그들은 귀찮은 듯, 좌절감을 느낀 듯, 화가 난 듯 보였으며, 그들과의 눈맞춤은 줄어들었을 뿐만 아니라 우리들에게 잘 반응하지도 않았다. 마침내 우리들은 그들의 '마음의 컵'이 여러 일로 텅 비어 있음을 깨달았다. 감정적으로 불안정했던 그들은 우리들의 개인적인 관심과 사랑을 통해 채워져야 했다. 달린과 나는 우리들 중 어느 쪽이 그 아이의 컵을 채워주기 위해 충분한 에너지를 가졌는지 평가하고 우리의 아들 또는 딸을 침실로 데리고 가 눈맞춤이 회복되고 정서적 안정이 되돌아올 때까지 사랑해주고 껴안아주곤 했다.

때때로 나는 컵이 비어 있는 사람이 나 자신임을 발견한다. 여러 해의 행복한 결혼생활 동안, 달린이 내 형편을 그때그때 감지하여 내 필요를 채우기 위해 얼마나 수고해왔는지 돌아보면 무척 놀랍다. 때때로 그녀는 이렇게 말한다. "거실에 가서 좀 쉬세요. 향긋한 커피 한 잔 타드릴게요. 그리고 잠시 아이들이 당신 쪽으로 가지 못하도록 할게요." 그런 후 그녀는 내 곁에 앉아 묻곤 한다. "하루 일과가 어떠셨어요? 힘든 하루를 보내신 것처럼 느껴져요."

이 모든 실례들의 비결은 '서로를 돌아보다'에 있다. 당신은 누군가와 이야기를 시작하고 나서 무엇인가 심상치 않은 것을 느끼고 그것을 언급해본

적이 있는가? 그리고 그가 "도대체 당신이 그것을 어떻게 아셨지요?"라고 말하는 것을 들어본 적이 있는가? 그렇게 사람들의 마음을 읽을 수 있다면 당신은 앞의 성경 구절을 마음에 새긴 것이며, 사람들을 꽃피우게 하는 훌륭한 사람이 되는 한 단계 높은 과정에 오를 준비가 되어 있는 것이다.

히브리서 10장 25절은 "모이기를 폐하는 어떤 사람들의 습관과 같이 하지 말고 오직 권하여"라고 이어지고 있다. 내가 사랑과 선행을 격려하기 위해 당신을 '돌아볼' 때, 아마도 당신은 내가 어떤 일을 하고 있는지 의식하지 못할 것이다. '격려받는' 것이 당신 속에 진행되고 있는 동안, '돌아봄'은 내 안에서 일어난다. 그렇다면 성경은 내게서 당신에게로의 그같은 연결을 어떻게 이루어가라고 가르치고 있는가? 당신을 '권하도록' 가르치고 있다.

'권하다'란 단어는 고무적인 말이지 비판적인 단어가 아니다. 그것은 양육하고 사랑하며 돌보며 도와주는 과정에 동반되는 서로의 관심을 포함한다.

히브리서의 이 구절들은 우리들에게 먼저 자신의 삶에 어떤 일이 일어나고 있는지 분별하라고 가르친다. 그럼으로써 자신 안에 사랑과 선행을 격려할 수 있도록 말이다. 당신은 학생들을 권면하는가? 히브리서는 우리가 서로서로 '날마다' 권면해야 한다고 말한다. 당신은 오늘 누구를 권면했는가?

학생들이 서로 사랑하며 선한 일을 하도록 격려하라! 그것은 적극적인 측면에서의 격려이다. 그러나 또다른 측면도 있다. 히브리서 3장 12-13절은 그것을 다음과 같이 말한다.

> "형제들아 너희는 삼가 혹 너희 중에 누가 믿지 아니하는 악한 마음을 품고 살아계신 하나님에게서 떨어질까 조심할 것이요 오직 '오늘'이라 일컫는 동안에 매일 피차 권면하여 너희 중에 누구든지 죄의 유혹으로 완고하게 되지 않도록 하라."

그러므로 권고함은 긍정적인 측면에서부터 부정적인 부분의 범위까지 걸쳐 있다. 누군가가 내 필요를 민감하게 발견하고 관심을 가져주며 내가 정도에서 벗어난 행동을 할 때면 자상하게 제 길로 돌아가도록 교정해준다는 것은 기분좋은 일이다. 그러나 내가 그리 고분고분하지 않을 때 어떤 일이 일어나는가? 우리는 다분히 조심스러운 태도로 그것도 매우 긍정적인 방식으로 시작해야 한다. 그래서 진지한 대화를 통한 권면이나 꾸짖음, 나아가 단호한 견책에 이르기까지 나아가야 할 것이다. 때때로 누군가를 바른 길로 가도록 권면하는 일에는 이런 과정이 필요하다.

느헤미야의 마지막 장에는 심한 꾸짖음에 대한 예가 실려 있다. 백성들은 하나님께 순종하지 않았고 옳은 것을 따르려 하지 않았다. 그래서 느헤미야는 어떻게 했는가? "내가 그들을 책망하고 저주하며 그들 중 몇 사람을 때리고 그 머리털을 뽑고"(느 13:25). 얼마나 놀라운 방법인가!

오늘날에도 느헤미야의 방법을 그대로 따라야 한다고 추천하지는 않지만, 그가 왜 그토록 단호하게 반응했는지는 깊이 생각해봐야 한다고 말하고 싶다. 하나님을 무척 사랑했던 그는 백성들을 걱정한 나머지 직선적이고도 강하게 백성들과 대면했던 것이다.

책임 있는 부모는 자녀들을 격려하거나 책망해야 한다. 당신에 대한 책임을 느끼고 또 당신에게 꾸짖음이 필요하다고 생각되면 나는 당신이 느낄 불쾌함을 감수하면서까지 그렇게 할 것이다. 그러나 이 일은 사랑 없이는 불가능하다.

당신은 격려자로서 헌신되어 있는가? 성경 말씀에 기꺼이 순종하고 학생들이 영적으로 자라도록 그리고 죄에서 벗어나 하나님께 좀 더 헌신하도록, 다시 말해 그들이 필요로 하는 것이 무엇이든 '내가 어떻게 도울 수 있을까요?'라고 기꺼이 말할 수 있겠는가? 그것이 헌신이다. 그리고 학생들은 교사가 교단에 서는 매 순간 그것을 필요로 한다.

그것이 바로 기대의 법칙이 의미하는 바다. 기대감은 의식적일 수도 잠재적일 수도, 긍정적일 수도 또는 부정적일 수도, 유익할 수도 파괴적일 수도 있다. 우리는 학급에 대한 기대감을 굳건히 가지고, 학생들이 어디쯤 도달해 있는지, 또 그들에게 필요한 것이 무엇인지 돌아봄으로써 그들을 새롭게 빚어가야 한다. 그리고 온전한 순종 가운데 하나님께 가까이 나가도록 그들을 권하고 책망해야 한다. 기대의 모델에 담긴 이러한 관찰들을 요약해보자.

기대의 모델

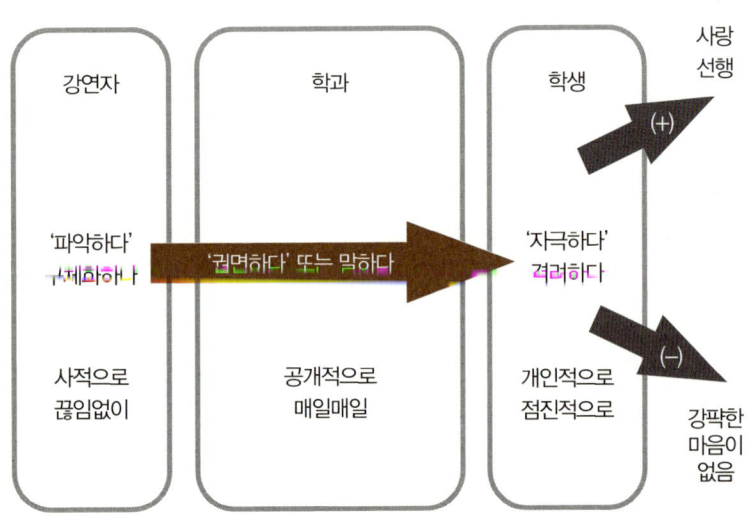

위의 도표는 이러한 성경의 개념들이 어떻게 서로 연결되어 있는지 잘 보여주고 있다. 왼쪽에 있는 칸은 '강연자' 또는 부모를 나타내며, 오른쪽에

있는 칸은 '학생' 또는 자녀를 대표한다. 그리고 중간에 있는 칸은 이 기대의 법칙에서 우선적으로 고려되고 있지 않은 '학과'를 뜻한다.

첫 번째 네모칸에서 강연자는 기대감을 '구체화하기' 위해 학생을 돌아보거나 '관찰'해야 한다. 그것은 '은밀히' 진행되며 상황이 유동적이기 때문에 '끊임없이' 행해져야 한다.

학생에 관한 네모칸에서 교사의 목표는 '사랑과 선행'이란 적극적인 부분을 위해 학생을 '자극하는' 반면 부정적인 부분을 그만두도록 하는 것, 즉 '강퍅한 마음이 없도록' 하는 데 있다. 그 과정은 '격려하는 것'이어야 하며, '개인적'이면서 학생들의 상황과 발달에 따라 '점진적으로' 행해져야 한다.

중간의 화살표는 교사가 학생들의 필요에 대해 은밀히 관찰한 과정을 반영하며, 또한 '매일매일' 그것도 '공개적'으로 학생들에게 '말하거나' '권면하는' 과정을 반영한다.

이 기대의 법칙에 대한 이후의 토론에서, 당신은 이러한 세 가지 단계들이 어떻게 상호 작용하는지 좀 더 깊이 이해하게 될 뿐만 아니라, 자녀들과 학생들을 활짝 꽃피우게 하기 위해 기대의 방법으로 훈련될 것이다.

교사의 '기대'가 끼치는 영향은 믿을 수 없을 정도로 엄청나며, 그것은 주님께로부터 온 선물이기에 학생과 가정의 유익을 위해 의식적으로 사용되어야 한다. 학생을 활짝 꽃피우기 위해 기대의 방법을 의미 있게 사용한 어느 교사의 말을 유의해 들어보라. 다음의 짧은 문장들을 학생들에게 사용한다면, 학생들에게 어떤 변화가 있을 것이라고 생각하는가?

"조니, 선생님은 네가 있으면 다른 때보다 더 잘 가르친다는 생각이 들어. 다음 주일 아침에 네가 교회에 오면 손을 들어줄래? 너를 보면 기운이 막 나서 신나게 가르칠 수 있을 것 같은데."

기대의 원리

〈마이 페어 레이디(My Fair Lady)〉라는 뮤지컬에서 영국의 음성학 교수 헨리 히긴스는 가난한 꽃 파는 아가씨 엘리자 둘리틀을 세련된 귀족 사회의 숙녀로 변모시키겠다고 친구와 내기를 한다. 성공하기 위해 그 교수는 아가씨의 예절, 말투 그리고 옷차림에 노력을 기울일 뿐만 아니라 세련되고 아름다운 공주를 그 해 런던의 가장 커다란 무도회에 동반하고 나타날 것이라는 소문을 퍼뜨린다. 그는 기대의 힘을 알고 있었던 것이다.

여러 주 후에, 금빛 나는 히긴스의 마차 문이 열리고 드디어 군중들이 잔뜩 기대하던 고상하고 우아한 공주가 마차에서 내리자 여기저기서 찬사가 터져나왔다. 그 저녁 내내 엘리자의 말과 행동은 그녀에 대한 그 도시의 기대감으로 인해 의미 있게 교정된다. 도중에 그 교수는 관현악단 지휘자에게 그 '공주'에 대한 의견을 묻는다. "유럽 전체를 순회하며 수많은 무도회에 참석해봤습니다. 저 공주님은 세상에서 가장 위엄 있는 궁정에서 자라신 분 같군요." 늙은 지휘자는 말한다.

뮤지컬 중간쯤에 엘리자는 의미심장한 이야기를 한다. 진정한 문제는 그녀가 어떻게 행동하느냐가 아니라, 사람들이 그녀에 대해 어떻게 기대하는가라고 말이다. 그리고 그녀는 자신을 변하게 만든 가장 큰 요인은 히긴스 교수의 기대라고 말한다. 그것이 바로 거리의 아가씨가 '아름다운 여인'이 된 이유이다.

기대에는 좋건 나쁘건 강력한 힘이 있다. 이같이 강력한 동기 유발 인자를 어떻게 생산적인 경로를 통해 학생들에게 유익하게 해줄 것인지 다음 7가지 기대의 원리들을 통해서 살펴보자.

원리 1: 언제나 사람들은 모든 것에 대해 기대를 가지고 있다

학생들을 꽃피우게 하는 첫 번째 단계는 모두가 이미 기대를 갖고 있다는 사실을 깨닫는 것이다. 우리가 그것에 대해 생각하든 안 하든 우리는 모든 것에 대해 기대를 갖고 있다. 심지어 이 장을 읽어가는 동안에도 비록 의식적으로 형태화되지는 않았을지 모르지만, 당신은 이미 다음번 수업에 대한 기대를 갖고 있다. 우리 모두는 긍정적이든 부정적이든 기대하는 것들을 갖고 있다.

기대감은 숨쉬는 것과 마찬가지로 일상적으로 일어난다. 오늘 밤 누군가가 "오늘 저녁 식사 어떠셨어요?"라고 묻는다면, 그 대답은 당신의 기대치에 따라 달라질 것이다. 가령 당신이 오후 내내 "더 이상 참을 수가 없군. 정말로 근사한 저녁 식사가 될 텐데 말이야"라고 잔뜩 기대하고 있었다고 하자. 그런데 그것이 사실 형편없는 식사였다면 어떻게 되겠는가? 실망할 것이다. 당신이나 내가 실망을 느끼는 것은 현실이 기대를 따르지 못했기 때문이다. 반면 저녁 식사에 아낌없는 만족감을 표시한다면, 그것은 현실이 당신의 기대치에 미쳤거나 기대치를 넘어섰기 때문이다.

우리는 어떤 것에 대해서든 기대를 갖고 있다. 이 책에 대해서도 얼마나 도움이 될 것인가에 대해 나름대로 기대를 가지고 있다. 이 책이 탁월할 것이라고 기대했는데 그저 나쁘지 않은 책쯤으로 확인된다면 실망할 것이다. 이 책이 그렇고 그런 책이라고 생각했는데 뛰어난 책으로 확인된다면, 흥분할 것이다.

WTB에서 새로운 직원을 채용할 때마다 우리는 이러한 도전에 직면한다. 우리 사역에 함께하려는 모든 사람들은 대개 더 이상의 문제도, 갈등도, 오해도, 초과 근무도 없을 것이라는 비현실적인 기대를 갖고 온다. 어떤 이들은 동료들이 천사이거나 근무 환경이 전혀 세속에 물들지 않은 곳이라는 기대 속에 온다.

그러나 언제나 꿈은 깨지게 마련이다. 일이 있을 때마다 많은 사람들이 실망한다. 왜냐하면 기독교 단체들은 여전히 평범한 사람들로 가득 차 있기 때문이다. 이제 우리는 그러한 기대 수준을 낮춰 현실에 적응하는 데 일정한 시간을 주의깊게 보내게 된다. 유일하게 완전한 장소는 천국밖에 없다.

모든 이들이 언제나 기대를 품고 있다는 것을 깨닫는다면, 당신은 다른 이들보다 한 발 앞서 있는 것이다. 그것을 깨닫는 것으로 자신의 기대가 얼마나 현실적인지 충분히 고려하게 되고, 필요하다면 그것들을 재조정하게 될 것이다.

비현실적인 기대감은 오늘날 크리스천을 포함해 수많은 사람들의 결혼생활이 위기에 처해 있는 이유이기도 하다. 아내는 남편과의 결혼생활이 수개월에 걸친 결혼 전의 달콤했던 연애 기간과 다름없이 계속될 것이라고 기대하는 것 같다. 목요일마다 꽃다발을 선물받고, 금요일 저녁이면 외식을 즐기고, 밤에는 귓가에 달콤한 말들이 속삭여지고, 정기적으로 호숫가를 거닐며 인생에 대한 깊고도 진지한 대화를 끊임없이 나눌 것이라고 기대할지도 모른다. 한편 남편은 아내의 머리 모양새가 밤이건 낮이건 완벽할 것이고, 언제나 기뻐하고 자상한 태도를 잃지 않으며, 항상 로맨틱한 분위기를 만들 뿐만 아니라 어느 누구, 그 어떤 것보다도 자신을 아끼고 존경할 것으로 기대한다.

그러나 결혼생활에 접어든 두세 달쯤 되면 현실이 다가온다. 기대가 얼마간 현실에 발을 디디지 않는다면, 결혼생활은 심각한 위기 상황에 처할 수 있다.

기대가 조정되지 않으면, 우리는 여러 단계들을 거칠 것이다. 첫 번째는 실망이다. 기대가 현실과 다르면 다를수록 실망도 크다. "오늘 수업은 정말 실망스러웠어"라고 말한다면, 그 수업이 흥미 있을 것이라고 기대했는데 현실은 그 기대에 어긋난 것이었다.

실망이 계속되고 기대치나 현실도 변하지 않는다면, 비관의 단계에 들어간다. 그것은 실망보다 좀 더 심각한 단계다. 실망을 느끼면서도 비관하지 않을 수 있다. 그러나 실망을 느끼지 않는 한 비관하지는 않는다.

비관의 단계가 계속되면, 결국 환멸의 단계에 이를 것이다. 환멸을 느낄 때, 더 이상 거짓된 현실감을 갖지 않는다. 처음으로 현실이 실제로 어떠한가를 깨달으며, 대개는 그 현실을 싫어하게 된다. 현실에 대해 희망하던 기대가 공허한 것임을 깨달으며, 여태껏 그러한 비현실적인 기대들을 포기해 오지 않았기 때문에 삶은 그리 즐거워 보이지 않는다.

현실 자체나 기대가 변하지 않는다면, 위태로운 길로 향하게 된다. 마지막 단계는 자포자기이다. 그것은 소망이 전무한 절망의 상태이기 때문에, 당신은 현실이 당신의 기대에 조금이라도 부합하리라는 희망을 전혀 갖지 않는다.

실망, 비관, 환멸 그리고 절망, 이들 모두는 서로 연결되어 있고, 우리가 기대하는 기본적인 것들이다. 우리 모두는 언제나 무엇인가에 대해 기대를 갖고 있기 때문에, 그러한 기대들이 우리 삶을 해석하는 방식에 미치는 영향과 또 교실 안팎에서 다른 이들의 삶에 미치는 극적인 영향에 대해 상상해볼 수 있을 것이다.

원리 2: 기대는 우리 자신과 다른 이들에게 강력한 영향을 미친다

'제2반'에 대한 내 이야기에서 보았듯이, 우리의 기대는 끊임없이 우리 자신과 다른 이들에게 큰 영향을 끼친다. 심지어 우리가 그것을 의식하지 못해도 기대는 끊임없이 우리 자신과 다른 이들에게 강력한 영향을 준다. 이같은 기대의 보편적 존재 사실과 그 극적인 영향 때문에 우리는 기대를 유익하게 사용하는 법을 배워야 한다.

아마도 당신은 플라세보(placebo : 환자를 안심시키기 위해 주는 약, 진정제'-' 역주) 효과가 무엇인지 알 것이다. 1890년까지는 처방된 약들의 90퍼센트가 설탕으로 만들어진 알약들이었다. 아프면 아플수록 더 큰 알약이 주어졌다. 정말로 아프고, 병을 치료할 약이 없으면 의사는 크고 모양이 흉한 알약을 처방하면서 이렇게 말하곤 했다. "오늘 밤부터 4시간마다 이것들을 하나씩 복용하십시오. 약이 제대로 효과를 나타낼 수 있도록 자명종을 맞춰 정확한 시간에 일어나 약을 들도록 하십시오." 의사는 플라세보가 그 환자의 증상에 차도를 가져오는 데 아무 상관이 없다는 것을 알면서도 그 환자가 밤새 그것을 복용할 만큼 믿는다면 긍정적인 효과를 가져온다는 사실을 믿었다.

언젠가 '7가지 법칙' 세미나에서 이것에 대해 설명하고 있었는데 앞줄 가까이 앉아 있던 한 남자는 주변이 소란스러울 정도로 큰소리로 웃기 시작했다. 결국 나는 설명을 멈추고 그에게 물어볼 수밖에 없었다. "선생님, 무슨 일이시죠?"

"아무것도 아닙니다. 저는 내과 의사거든요." 그는 그 다음 휴식 시간에 내게 다가와 요사이 병원에서 일어났던 일을 이야기했다. "플라세보 또는 기대는 강력하지요. 누군가가 그것을 실제로 체험하지 않는다면, 그 효과의 절반도 깨닫지 못할 것입니다. 어제 환자 중 한 사람이 너무 아파서 그녀를 입원시켰어요. 그녀의 병에는 단 하나의 치료약밖에 없어서 저는 그 약에 부작용이 있는지 물었지요.

'예, 저는 그 약에 대해 심한 부작용이 있어요. 두드러기가 돋고, 심장이 두근거리며, 땀을 많이 흘리고, 속이 울렁거리기도 합니다. 심지어 어떤 때는 졸도한 적도 있어요'라고 그녀가 말하더군요.

저는 그녀에게 부작용 때문에 그 약은 안 되겠다고 말했지만, 사실 그것이 사용할 수 있는 유일한 약이었거든요. 그래서 결국 저는 그녀에게 플라세보를 주었고 그녀에게는 그것이 진짜 약이라고 말해주었습니다. 한 시간쯤 지나 저는 그녀가 부작용을 겪고 있지 않은지 알아보기 위해 병실로 달려갔지요. 그랬더니 쌔근쌔근 잘 자고 있지 뭡니까?"

그 의사는 미소를 지으면서 계속해나갔다. "우리의 기대가 그렇게 극적인 효과를 가져올 수 있다는 것이 놀라운 일이지만, 사실이 그러합니다. 강사님이 기대의 힘에 대해 말씀하신 모든 것이 의학 분야에서 그대로 입증된 것이지요. 그러나 제 기대감이 주일학교 학급에 비슷한 영향을 줄 수 있다고는 한 번도 생각해보지 못했습니다. 이제부터는 좀 더 신중을 기울이려고 합니다!"

기대는 우리의 신체에 극적인 영향을 끼칠 뿐만 아니라 우리 삶의 여러 부분에 영향을 줄 수도 있다. 최근의 유명한 한 실험이 그 사실을 좀 더 실감나게 입증해준다. 1900년에 인구 조사국은 그곳에서 일하는 근무자들을 위해 새로운 도표 작성 기계를 구입했다. 인구 조사국 국장은 이 새 기계를 사용하면 하루 550개의 카드를 타이핑할 수 있는 것으로 평가했다. 2-3주가 지나서 상당히 심각할 정도의 감정적인 문제가 발생했고, 국장은 근무자들에게 하루 550개의 카드 작성을 요구할 수 없다는 결론을 내리게 되었다. 그래서 근무자들은 하루에 그보다 훨씬 적은 수의 카드를 타이핑하게 되었다.

약 한 달 후 인구 조사국은 밀리는 업무를 처리하기 위해 더 많은 일손이 필요하게 되었다. 그러나 공간 부족으로 새로운 고용인들은 다른 건물에 배치되었다. 이 근무자들에게도 그 새 기계의 사용법을 가르쳐주기는 했지만 얼마나 많은 카드를 타이핑해야 되는지 그 기대치를 제시하지는 않았다. 그런데 그 그룹이 매일 카드를 얼마나 처리했는지 추측해보라. 한 사람당 평균 2,100개였다. 그들은 정상인이 하루에 단지 550개를 타이핑할 수 있다는 말을 듣지 않았고, 그래서 신체적 압박이나 스트레스 없이도 일을 해나갔다. 이것이 바로 기대감이 가지는 믿기 어려운 힘이다.

원리 3: 기대는 과거에서 유래하고, 현재를 좌우하며, 미래에 영향을 끼친다

우리는 과거에서 유래하는 정보 또는 그릇된 정보에 따라 기대를 형성하는 경향이 있다. 기대는 한 번 형성되면 현재의 우리 태도와 행동에 영향을 미치며, 미래에 우리 자신과 다른 이들에게 결정적인 영향을 준다.

한 학기를 마치고 등산 일정이 잡힌 주일에 대해 이야기를 나누고 있는 몇 명의 교사들을 상상해보라. 어느 교사의 한 마디. "당신이 '골칫거리 토니'를 맡지 않기를 바라요." 당신은 일곱 살짜리 소년 토니에 대해 골치아픈 이야기를 듣고, 그가 다른 교사의 학급에 분반되기를 여러 달 기도한다. 그러나 등반하는 주일, 누가 당신 학급에 걸어들어오는지 추측해보라. 골칫거리 토니가 아닌가! 그 소년에게 가능성이 보이는가? 천만의 말씀. 이미 가지고 있던 선입견은 토니를 향한 당신의 태도와 행동을 제한할 것이다. 당신의 기대 때문에 토니는 더욱더 골치 아픈 녀석이 될 것이다.

우리의 기대는 네 가지 영역 중 하나에서 생겨난다. 첫째, 그것은 다소의 옳고 그른 인지에 의해 생길 수 있다. 당신이 걸어가는 것을 보고 내가 "머리와 옷차림을 보면 당신이 마약을 사용하고 있음을 알 수 있어"라고 말한다고 가정해보자. 나는 외적인 표시에 의해 기대를 가진 것이다. 그러나 그 기대는 전적으로 잘못된 것일 수 있다.

둘째, 우리는 평판을 통해 기대를 세운다. 교직원 휴게실에 있는 누군가가 "어서 연말이 왔으면 싶어요. 그때가 되면 드디어 조니에게서 헤어나는 거예요. 그는 언제나 내 수업을 망쳐놨거든요. 당신이 내년에 그 아이를 맡게 되나요? 두고보시라니까요. 그 아이가 얼마나 골칫거리인지."

셋째, 우리는 기록에 의해 기대를 세운다. 한 학생이 과거에 어떻게 지내 왔는지 알아보기 위해 생활 기록부를 들여다볼 때 기대가 만들어진다. 한 교사가 학생들의 이름과 지능 지수가 적혀 있는 기록을 보게 되었다. 그런데 실수로 문제가 발생했다. 첫 페이지에는 각 학생의 이름과 지능 지수가 적혀 있었는데, 둘째 페이지에는 학생들의 이름과 지능 지수 대신 사물함 번호가 적혀 있다. 아무도 그 실수를 발견하지 못했다. 학기 말에 그 교사가 기대한 대로 높은 지능을 지닌 학생들은 낮은 지능의 학생들보다 뛰어난 학업 능력을 보였다. 그러나 높은 사물함 번호를 가진 학생들 역시 낮은 사물함 번호를 가진 학생들보다 뛰어났다. 그것은 그 교사가 사물함 번호를 지능 지수로 잘못 알고 있었기 때문이다. 교사의 기대가 철저하게 학생 행동에 영향을 미친 것이다.

넷째, 기대는 관계에 의해 형성된다. 누군가를 알게 되면, 우리는 그에게 일정한 행동들을 기대하게 된다. 그러나 시간이 흘러 관계가 정립되면 그 사람을 참으로 알기 전에 가졌던 그릇된 기대는 점차 교정된다.

이 모든 것들이 어떻게 함께 작용하는지 알아보기로 하자. 어느 학생에 대한 평판을 듣고 그 아이에 대한 기대를 가지고 있는 교사를 상상해보라. 학기 첫날 그 교사는 교정을 가로질러 교실로 향하는 한 학생을 본다. '저 녀석 걷는 태도 좀 봐. 정말로 건방져 보이는군. 아주 거만한 녀석임에 틀림없어.' 교사는 그렇게 생각한다. 첫 번째 수업이 채 시작되기도 전에, 그 학생은 교사의 눈에 찍히고 만다.

수업이 시작되자 그 학생은 교탁 너머에서 날아오는 적대적 감정에 반응하면서 그 교사의 기대에 부응한다. 교사는 학생에게 아무 말도 안 하지만, 학생은 교사의 신체 언어, 시선 그리고 목소리의 어조에서 무엇인가 감지한다. 이 새로운 교사와의 부정적인 관계에 의해 낙담한 그 학생은 특별한 행동으로 응수하기 시작한다. 그는 무관심한 자세로 "댁이 뭐라고 생각하든 관심 없소"라는 태도를 보이기 시작한다.

그러면 그 교사는 이렇게 생각한다. "요것 봐라! 녀석에 대한 내 판단이 맞았군. 이 녀석 태도 좀 봐. 확실히 문제아야."

교사는 이제 그의 기대를 단정지어버렸다. 그가 처음에 가진 임시적인 판단을 넘어 그의 기대는 좀 더 확고해진다. 첫 단계는 두드러지게 나타나지 않았으나 둘째 단계는 그렇지 않다. 그것은 교사가 그 학생의 질문에 대답하는 방식에서와 수업 전후 그 학생을 대하는 태도에서 눈에 띄게 나타난다. 그 학생은 겉으로 나타나는 부당한 적대감으로 고통을 느낀다. "선생님이 나를 대하는 태도가 그런 식이라면 나도 그런 식으로 반응할 거예요. 내가 얼마나 반항적일 수 있는지 보여드리죠." 그 학생은 다짐한다.

따라서 그 학생은 기대되는 행동을 하기 시작한다. 학생의 태도는 교사의 어설픈 판단력과 비슷하게 나타난다. 태도는 더욱더 거만한 것처럼 보이며, 대답은 점점 더 거만한 학생처럼 들린다. 이제 학생은 교사의 눈이 말하는 차가운 눈초리를 느낀다. "너에 대해 내가 옳았지. 너는 반항심으로 가득 찬 문제아야. 이제 너를 말뚝에다 묶어두고 남은 학기 동안 들들 볶아댈 거다."

자신에 대한 기대를 회복할 희망을 갖지 못하고 학생은 포기하고 만다. 그는 교사의 기대의 힘에 따른다. 결국 그 학기는 두 사람 모두에게 유쾌하지 못하고 손해만 끼치는 학기로 끝나고 만다. 교사는 혼잣말로 중얼거린다. "왜 나는 언제나 저따위 녀석들에게 붙들려 있어야 하는 것일까?" 그리고 그 학생은 고개를 설레설레 흔들며 말한다. "나는 왜 항상 저렇게 기분 나쁘고 콧대 높은 선생들 틈에서 벗어나지 못하는가?"

이 모든 것이 내면에서 일어날 수 있다. 교사는 아마 자신이 의구심과 적대감을 전달하고 있다는 것을 깨닫지 못할 수도 있다. 그 학생은 자신에 대한 기대대로 자신이 반응하고 있는지 알지 못할 수도 있다. 그러나 어쨌든 결과는 두 사람 모두의 학습 경험이 엉망이 되어버렸다는 것이다. 어쩌면 도움이 될 수도 있었던 관계가 회복 불가능한 손상을 입힌 결과로 남았다.

이제 그 과정을 거꾸로 뒤집어 학생에 대한 교사의 맨 처음의 기대가 긍정적이었다고 상상해보라. 똑같은 단계들이 적용되겠는가? 단지 이번에는 긍정적인 방향으로 말이다. 반드시 그렇게 될 것이라고 확신한다.

원리 4: 기대는 우리의 태도와 행동을 통해 노출된다

기대는 우리의 내적 태도와 외적 행동 둘 다에 영향을 미친다. 당신이 다양한 학생들과 관계를 갖는 한 교사를 관찰해본다면, 오래지 않아 교사의 몸짓, 시선, 어조, 표정 등에서 학생들에 대한 그의 기대를 파악할 수 있을 것이다.

기대가 가르침에 어떻게 영향을 미치는가 발견하기 위해 수년에 걸쳐 여러 연구가 행해져왔다. 다음에 몇 가지 사항들을 적어본다.

교실에서 학생과 함께 있을 때, 낮은 기대를 지닌 교사들은 다음과 같은 경향을 보인다.

- 학생이 질문에 대답할 때까지 걸리는 시간을 오래 참지 못한다.

- 질문하기 위해 학생을 지명하는 일이 별로 없다.
- 학생이 틀린 대답을 할 경우 제대로 고쳐주거나 격려해주지 않는다.
- 학생이 대답하지 못할 경우 너무 서둘러 학생에게 답을 말해주거나 다른 학생을 지명한다.
- 도움이 되는 정보들을 제시해주지 않으며, 질문을 반복하거나 풀어서 말해 주지 않는다.
- 학생의 질문에 짧게 대답하거나 학생들에게 별 도움이 안 되는 대답을 한다.
- 학생이 실수할 때 서둘러 간섭한다.

성취도를 설정할 때 낮은 기대를 지닌 교사들은 다음과 같은 경향이 있다.

- 실패에 대해 학생을 비판한다.
- 성공에 대해 학생을 거의 칭찬하지 않는다.
- 채점된 시험지에 설명을 아주 간단히 적어준다.
- 확연하게 드러날 만큼 느린 진도로 성의 없게 가르친다.
- 어중간한 경우에 의심스러운 점을 학생에게 유리하게 해석해주지 않는다.
- 가장 효과적이긴 하지만 시간이 많이 드는 교수법은 거의 사용하지 않는다.
- 의미 있는 연구 과제보다는 활동적이더라도 무익한 과제를 더 많이 내준다.

학생을 개인적으로 대할 때 낮은 기대를 지닌 교사들은 다음과 같은 경향 이 있다.

- 학생이 학급에서 공개적으로 내보인 반응에 대해 구체적이거나 긍정적으 로 대응해주지 못한다.

- 학생에 대한 관심을 보이며 상호 관계하는 일이 적다.
- 공개적이기보다는 학생들과 개인적으로 상호 관계한다.
- 미소를 보이지 않으며, 학생을 격려해주는 신체적 접촉이 드물다.
- 학생들에게 시선을 주지 않는다.
- 몸을 앞으로 굽힌다든지 긍정적으로 고개를 끄덕인다든지 하는, 전반적으로 주의깊고 적극적인 반응을 나타내는 비언어적 의사 전달을 제한한다.

위의 행동들은 낮은 성취도를 보일 것으로 여겨지는 학생들이 종종 제대로 배우거나 적절하게 행동하지 못하는 이유를 분명히 밝혀준다. 그들은 교사에게 훌륭한 성취도를 보일 것이라고 기대되는 학생들처럼 대우받지 못하기 때문이다.

교사들은 학생들에게 보다 적은 교육 기회들을 줌으로써 그리고 보다 적은 자료들을 덜 기술적으로 가르침으로써 학생들을 퇴보하도록 만든다.

원리 5: 말로 표현되었든 표현되지 않았든 기대는 미래에 영향을 미친다

기대에 대한 놀라운 사실은 우리가 그것을 이야기할 수 있거나 심지어는 은밀히 잠재 의식 속에 간직할 수도 있지만, 그것은 여전히 다른 이들에게 영향을 끼친다는 것이다.

한번은 한 목사가 공항까지 차로 나를 마중나왔다. 그는 45분 동안 자기 교회의 성도들의 훌륭한 점에 대해 장황하게 이야기했다. 나는 나중에 그가 성도들에게 나에 대한 긍정적인 기대를 불어넣는 데 역시 일정한 시간을 할애했음을 알게 되었다. 내가 그 교회 안으로 걸어들어갈 때쯤, 나는 내가 어떤 실수도 저질러서는 안 된다고 느꼈다. 매우 긍정적이고 확고한 기대로 우리는 서로에게서 가장 최선의 것을 맛볼 수 있었다. 이 목사는 자신의 기대를 밖으로 표현했지만, 다른 이들에게 영향을 끼치기 위해 늘 자신의 기대를 밖으로 표현해야 하는 것은 아니라는 사실을 기억하라.

한 유명한 대학의 심리학과에서 학생들의 기대가 동물 행동에 영향을 미칠 수 있는지 시험해보기로 했다. 분명히 동물들은 언어를 이해할 수 없으므로 그들은 표현된 기대에 의해 영향을 받을 수 없었다. 연구자들은 72명의 학생들과 72마리의 쥐들을 선택했다. 그들은 절반의 학생들과 쥐들을 모아놓고 학생들에게 이렇게 말했다. "여러 해에 걸쳐 우리들은 '미로를 잘 찾아가는' 영민한 쥐들을 번식시켜왔습니다. 이 쥐들은 대단합니다. 믿을 수 없을 정도로 빠른 시간 내에 가장 복잡한 미로를 통과해 나갈 수 있습니다. 우리는 특별히 복잡한 몇 개의 미로들을 고안해냈습니다. 앞으로 30일간 여러분의 임무는 쥐들이 미로를 통과하도록 여러분이 얼마나 빨리 훈련시킬 수 있는가 보는 것입니다. 여러분은 다른 파트의 36명의 학생들과 의견을 나누어서는 안 됩니다. 자, 이제 쥐들을 풀어주십시오."

그런 후 그들은 나머지 36명의 학생들을 데려왔고 쥐들을 할당하며 이렇게 말했다. "이 쥐들은 '미로에서 허둥대는 미련한' 쥐들입니다. 가장 쉬운 미로조차도 제대로 통과하지 못하는 부모 쥐에게서 태어난 다음 세대입니다. 우리는 이 미련한 쥐들이 어쨌든 가능한 한 빨리 미로를 통과해나가도록 훈련시키려고 합니다. 그리고 여러분에게 그 일을 맡기겠습니다."

두 집단은 똑같은 미로를 사용했다. 30일째 되는 날, '미로에서 영리한' 쥐들은 '미로에서 미련한' 쥐들보다 세 배나 빠르게 미로를 통과하고 있었다. 그러나 사실 그 쥐들은 무작위로 선택된 쥐들이었다. 어떻게 그런 일이 일어날 수 있는가? 연구자들은 행동에 영향을 미치기 위해 기대감이 언어적으로 전달될 필요가 없다는 사실을 발견했다. 심지어 쥐에게조차 그러한 원리는 사실로 판명된 것이다.

기대감이 언급되지 않는 경우에 그것이 어떻게 작용하는지는 아무도 완벽하게 설명할 수 없으나, 내가 지켜본 모든 실험은 그것이 다른 이들의 행동에 영향을 미친다는 것을 입증해왔다. 기대는 신체 언어를 통해 표현된다. 내가 손을 허리춤에 놓고 고개를 곧추세운다면 그것은 무엇을 말하는가? 격분 또는 무관심을 나타낼 것이다. 팔짱을 낀다면 그것은 무엇을 말하는가? 방어적인 자세 또는 "증명해보시오"라는 의미일 것이다. 그렇다. 기대가 신체 언어를 통제하기 때문에, 신체 언어를 조절하고 통제하는 유일한 길은 의식적으로 자신의 기대를 만들어나가는 것이다.

원리 6: 기대가 오랫동안 너무 낮거나 너무 높게 설정되면, 그것은 다른 것들에게 손상을 준다

기대가 비현실적이면 그 사람은 그것들을 결코 성취할 수 없을 것이며, 항상 패자처럼 느낄지도 모른다. 마찬가지로 기대가 너무 낮거나 부정적으로 세워지면, 그 사람은 관심을 잃을 것이며 성취도가 낮은 사람이 될 수 있다.

다섯 개의 A와 한 개의 B+를 받은 성적표를 가지고 집에 돌아오는 한 학생을 상상해보라. 어머니가 "형편없는 성적이군! 어쩌다 B+를 받았니?"라고 반응한다면 그 학생은 어떻게 느끼겠는가? '나는 엄마의 기대에 결코 맞출 수가 없어'라고 생각하며 실망할 것이다.

축구 선수 아들을 둔 한 아버지가 "중요한 것은 득점을 올리는 것이지. 그 외의 것은 중요하지 않아"라고 말한다면 나이 어린 그 축구 선수는 어떻게 느끼겠는가? 소년은 득점으로 연결될 뻔한 상대의 공격을 훌륭하게 수비한 후에 집으로 돌아온다. 아빠가 묻는다. "몇 골이나 넣었니?" 그 소년은 조용히 말한다. "한 골도 못 넣었지만, 제가 오늘 그 경기의 스타였어요! 제가…" 그러나 아빠가 말을 가로막는다. "그따위 소리는 듣고 싶지 않아. 너는 언제쯤이나 골을 넣을 작정이냐?" 그와 같은 비현실적인 기대는 어린이의 마음을 짓눌러버릴 수 있다.

이와는 대조적으로 극히 부정적인 기대가 있을 수 있다. 부모들은 항상 그런 위험에 빠지지 않도록 조심해야 한다. 열세 살짜리 딸이 있는데 어느 날 아이의 방으로 들어갔더니 방 안이 온통 엉망인 것을 발견했다고 하자. 전에도 딸에게 방을 치우라고 여러 번 말했다. 화가 난 당신은 생각없이 내뱉는다. "완전히 아수라장이군! 이게 사람 사는 집구석이냐? 애가 어쩌면 이렇게 지저분한 거야? 정말이지 꼬락서니하고는! 너랑 같이 살 남자는 고생깨나 하겠군. 딸 하나 있다는 게 도대체 도움이 안 돼. 도대체 뭐가 되려고 이 모양이야?"

당신이 방금 뭐라고 말했는지 아는가? 당신은 방금 기대를 형성했다. 그렇다면 누가 그 기대에 따라 살기 시작할 것인지 생각해보라.

또는 영어 과목에서 연달아 네 번이나 낙제를 받아 집으로 오는 당신의 아들은 어떤가? 더구나 지난 밤, 아들의 공부를 도와주기 위해 좋아하는 TV 연속극까지 보지 않았는데 말이다. 당신은 기막힌 표정으로 "애가 누굴 닮아서 이래? 네 번씩이나 낙제라니! 완전히 돌머리군 돌머리야. 앞날이 뻔하다"라고 말해버린다.

우리 모두 이처럼 해오지 않았는가? 부모들은 그렇게 해왔다. 교사들도 그렇다. 조부모들 또한 그렇게 해왔다. 웬일인지 우리의 말은 자녀들을 꽃피우는 대신, 그들의 가슴을 찢어내고 앞으로 그들이 실패하도록 환경을 조성한 것이다.

현실적이고도 정확한 기대를 정하도록 주의하라. 학생에게 너무 많은 것을 기대하거나 너무 적은 것을 기대함으로써 그들에게 상처를 주지 않도록 하라.

원리 7: 기대는 사랑에 의해 이끌어질 때 다른 이들에게 힘을 준다

다른 이들을 꽃피우게 하려는 긍정적인 행동의 이유에는 그들에 대한 사랑이 있어야 한다. 우리는 가능한 한 모든 이들을 하나님이 기대하시는 사람으로 온전히 성장하도록 돕는 마음을 가져야 한다.

그같은 '다른 이들을 꽃피우게 하는 이들'은 유감스럽게도 흔치 않다. 자신의 삶을 돌아본다면, 당신은 아마 당신을 믿어주었고, 의미 있게 삶을 변화시키는 길로 격려해주었던 아주 소수의 사람들을 발견할 것이다. 그 소수의 사람들은 우리가 좀 더 높이 비약하고 좀 더 빨리 발전해가도록, 그리고 감히 꿈도 꾸지 않았던 사람들이 될 수 있도록 도왔다. 어쩌면 우리가 스스로를 사랑하지 않았을 때 그들은 우리들을 사랑했다. 고린도전서 13장이 가르치는 것처럼 "사랑은 모든 것을 믿으며 모든 것을 바라며…" 성경적인 기대를 우리와 함께 나누었다.

당신처럼 나도 내 삶에서 그러한 인물이 누구였는지 정확히 기억한다. 하나님이 내 인생에 보내신 '다른 사람을 꽃피우게 하는 사람들'이 아니었다면, 내 삶의 이야기는 지금과는 매우 달라졌을 것이다.

첫 번째는 경건하신 부모님이었다. 우리 가정은 사랑과 애정으로 가득했으며 "네가 진정으로 되고 싶은 것은 무엇이든 될 수 있다"라는 신조가 우리 분위기에 깊이 스며 있었다. '할 수 있다'라는 태도는 어린 우리에게 깊이 뿌리내렸고, 우리들이 일찍이 가능하리라 꿈꾸었던 것보다도 더 많은 것들을 성취하게 만들었다.

고등학교 시절의 어느 날, 나는 부모님에게 두세 달 동안 신체 단련을 하는데 성취도에 따라 각기 다른 색깔의 운동복을 받을 것이라고 별 생각 없이 말했다. 코치는 우리들에게 날마다 그 운동복을 입고 여학생들이 운동하고 있는 주위의 트랙을 달려야 한다고 했다. 그 또한 기대의 힘을 알고 있었던 것이다! 그는 우리들에게 최하 그룹은 노란색 운동복을, 상위 25퍼센트에 속하는 그룹은 노란색 바탕에 검정줄이 있는 운동복을, 상위 열 명의 학생들은 광택 나는 빨강색 운동복을, 그리고 최고 학생 한 명은 '은빛 운동복'을 입을 것이라고 말했다. 나는 "검정줄이 있는 것이라도 받을 수 있으면 좋겠다"고 생각했다.

아버지는 이해하신 듯 고개를 끄덕이셨고 아무 말씀도 안 하셨다. 다음 날 아침 내가 마굿간을 청소하고 있을 때 울타리 곁에 서신 아버지는 "네가 언제쯤 은빛 운동복을 따게 되지?"라고 물으셨다. 전혀 의심의 여지가 없다는 목소리였다. 아버지는 단지 언제쯤인가를 알기 원하셨다. 그것은 '만일 …한다면'이 아니었다.

"뭐라고 하셨어요? 아버지는 정말 제가 은빛 운동복을 딸 수 있다고 믿으세요?"

"물론이지. 의심의 여지가 없어. 단지 너는 그것을 따기 위해 필요한 만큼의 고된 훈련을 기꺼이 감내하려는 결심을 하지 않았을 뿐이지. 그러나 나는 지금이 결심할 때라고 생각한단다. 아들아, 너는 '은빛 운동복'감이란다." 그리고는 밖으로 나가셨다. 단지 아버지의 그런 기대 덕분에 나는 '은빛 운동복'감이 되었다.

그리고 2-3년 후에 남동생도 그렇게 되었다. 지난번에 고등학교를 방문했을 때, 나는 그 기록이 아직도 남아 있는 것을 발견했다. 우리는 그 부러움의 대상인 '은빛 운동복'을 한 집안에서 두 명이나 받은 유일한 가정이었다. 그러나 진실을 말하자면 실제로는 우리 부모님이 그 운동복을 타신 것이었다.

나는 또 초등학교 6학년 때 교사였던 루딘(Rudin) 부인을 기억한다. 그녀는 나를 활짝 꽃피웠으며, 교실에 들어갈 때마다 나를 얼마나 중요하게 느겼는지 지금도 기억한다.

그리고 내가 인근 대학에 다녔던 몇 년 동안 청소년 담당 목사로 사역했던 뉴저지 주에 있는 교회의 리처드 그리피스(Richard Griffith) 목사님과 사모님이 또 그러했다.

매주 그분들은 사랑과 기대를 내게 쏟아부으면서 쉽게 흔들리는 불안정한 젊은이였던 나와 함께 일하셨다. 그들은 하나님이 나를 통해 무엇을 하기를 원하시는지 그리고 하나님이 나와 함께 계시다는 것을 끊임없이 내게 들려주었다. 격려의 말이라면 무슨 말이든 필요했던 나는 그들의 말을 남김없이 들이마셨다.

그 다음에 하나님은 내가 신학원에 다니기 위해 달라스로 이사했을 때도 다른 사람들을 꽃피우는 이들로 스티븐 슬로컴(Stephen E. Slocum) 박사 내외를 예비하셨다. 슬로컴 박사는 나를 점심 식사에 데리고 나가셨을 때 이렇게 말했다. "자네가 어떻게 세상을 변화시킬지 내게 이야기해주게나." 나는 세상을 변화시키려는 계획이 없었다. "나는 자네의 'WTB' 아이디어가 전 세계에 걸쳐 보급될 수 있다고 생각하네! 나는 자네가 그 일에 아주 적격인 하나님의 사람이라고 믿네." 슬로컴 박사 부부와 같은 '사람들을 꽃피우게 하는 이들'이 없었다면 WTB는 결코 존재하지 못했을 것이다.

종종 배우자는 우리에게 다른 사람을 꽃피우게 하는 사람의 역할을 한다. 나는 지금도 1978년에 아내로부터 받은 편지를 간직하고 있으며 가끔 그것을 꺼내 소리내어 읽는다. 달린은 그 편지에다 우리의 관계와 결혼생활과 가족의 미래에 대한 긍정적인 기대를 표현했다. 그 편지가 내 삶에 놀라운 영향을 끼쳐왔다. 나에 대한 그녀의 확신과 꿈들은 그녀의 남편으로서의 나를 계속 꽃피우도록 한다.

얼마 전 우리 친구의 아들이 전학을 간 후에 어려운 시기를 겪고 있을 때였다. 그의 생활은 사방에서 무너져내리는 것 같았고, 그는 대부분의 과목에서 낙제를 받고 있었다. 그의 어머니는 미칠 것만 같았다.

그러던 중 그녀는 언제나 행복의 절정에 있어 보이는 오랜 친구를 우연히 만났다. 그녀는 친구에게 말했다.

"너는 어떻게 그렇게 항상 긍정적으로 모든 것을 통제하고 있니?"

그녀의 친구는 이렇게 답했다.

"우리 집에는 여섯 명의 아이들이 있었고, 어머니는 항상 우리들 각자에 대한 노트를 가지고 계셨어. 어머니는 우리들 중 어느 누구라도 착한 일을 하는 것을 보시면, 그 노트에다 적어넣으셨지. 매달 말일에 어머니는 우리를 방으로 부르셔서 그 노트를 꺼내시곤 이렇게 말씀하셨어. '나는 네가 이것을 읽었으면 한다'라고. 어머니는 여러 해 동안 그렇게 하셨지."

우리 친구는 자기 아들에게 그 방법을 시도하기로 결심했다. 노트를 샀고 아들에게 있는 좋은 점을 찾기 시작했다. 그녀는 2주 동안 적을 만한 좋은 점을 하나도 찾을 수가 없었다. 어느 날 밤, 남편과 함께 이 문제를 논의하다가 그동안 아들을 지나치게 혹평해온 나머지 그에게 있는 좋은 점을 하나도 볼 수 없었음을 깨달았다.

그녀는 주님께 자신의 시야를 가리는 장애물에 대해 고백했고, 더욱 열심히 아들의 장점을 찾기 시작해 마침내 노트에 적을 것을 발견했다. 어느 날 그녀는 아들을 침실로 불러 이렇게 말했다.

"여기 네가 읽었으면 하는 노트가 있단다."

아들은 말 없이 그것을 읽고나서 물었다.

"어머니, 나에 대해 정말로 이렇게 느끼세요?"

"물론이고말고!"

그는 흐느끼기 시작했다.

"나는 어머니와 아버지가 언제나 나를 나쁘게만 보신다고 생각했어요. 저는 어머니가 더 이상 절 사랑하지 않는다고 느꼈어요. 저를 완전한 실패자로 생각하시는 줄 알았어요."

그 젊은이의 인생과 그 가족의 삶에 얼마나 극적인 전환점이 되었던가! 몇 주가 지나자 그는 변화되었다. 자신감이 되살아났고 부모와의 관계도 회복되었다. 더 이상 형제들과 다투지 않았고 학교 성적은 향상되었다. 어떤 일이 일어났는가? 부모들이 그를 꽃피우게 했다! 그들은 아들의 미래를 위해 긍정적인 기대의 기초가 될 좋은 점을 발견했고, 아들은 열심히 노력해 부모가 가진 놀라운 기대 아래 활짝 피어났다.

당신 자신과, 당신의 하나님, 당신의 가족 그리고 당신의 학생들에게 당신은 어떤 기대를 갖고 있는가? 진정으로 다른 사람들을 꽃피우게 하는 교사가 되기 위해 그 기대들을 재조정하고 그것들을 사용해보지 않겠는가?

의미

기대의 법칙의 핵심은 다음 문장으로 요약된다.
'최상의 것을 기대하라!'

교사는 기대를 조정함으로써
학생의 학습과 행동에 영향을 주어야 한다.

결론

최상의 것을 기대한다는 것이 무엇을 의미하는가에 대해 생각해볼 때, 나는 신학원 첫해를 떠올리게 된다. 나는 교수님들의 우선순위를 위해서가 아니라, 내 우선순위를 위해 신학원에 다니려고 마음먹었다. 그러므로 교수님들이 부여하는 과제의 양으로 우선순위를 결정하는 대신, 학기가 시작되기 전에 나는 내 목표들을 설정했다. 나는 다섯 과목을 수강했고 따라서 어느 과목에서 A를 얻을 것이며, 어느 과목에서 B를 그리고 덜 중요한 과목에서는 C를 받아도 상관없다고 생각했다.

헨드릭스 박사님이 '성경 연구법'이란 과목을 가르쳤다. 나는 아내에게 이렇게 말했다. "이번 학기 과목 중에서 이것이 내 미래의 사역을 위해 가장 중요한 과목이야. 나는 성경을 연구하는 법을 배우고 싶어. 이 과목을 완전히 마칠 결심이야."

나는 매주 공부에 이용할 수 있는 시간을 계산한 후, 그 전체 공부 시간의 반을 헨드릭스 박사님이 가르치는 과목 공부에 할당하고, 그 나머지 시간들을 다른 네 과목에 분배했다.

3주째 수업 시간에 중요한 과제물을 제출했는데, 나는 그것 때문에 오랫동안 정말 힘들게 노력했다. 그 과제물이 내게 너무 중요했기 때문에 그 주 내내 신경을 썼다.

마침내 과제물을 돌려받는 날. 내 손바닥은 땀으로 젖어 있었고 심장은 두근거렸다. 떨리는 손으로 나는 내 우편함에서 그것을 꺼냈다. 과제물 상단에서 빨간색 매직으로 쓴 헨드릭스 박사님의 글을 읽을 수 있었다. "브루스 군, 매우 뛰어난 리포트를 썼더군. 나는 자네가 이 나라의 가장 위대한 성경 교사들의 대열에 설 잠재력을 지녔다고 믿네. 자네가 내 강의를 수강한다는 사실은 진정 나의 기쁨일세. A+. 교수로부터."

나는 과제물을 들고 거기 적힌 말들을 거듭거듭 되풀이해 읽었다. 믿을 수가 없었다! 친애하는 교수님이 친필로 기록하신 그 내용을, 우리 아파트

건물까지, 이층까지 그리고 작은 우리 집에 들어설 때까지 읽으면서 왔다. 그리고 나는 소리쳤다. "여보, 이리 좀 와요. 헨드릭스 박사님이 내 과제물에 무엇이라고 적었는지 좀 읽어봐요."

나는 그 과제물을 책상 위에 붙이고, 신학원을 그만두고 싶은 패배감을 느낄 때마다 헨드릭스 박사님이 써준 그 글을 읽었다. 나는 여전히 그 소중한 과제물을 가지고 있다.

당돌하게도 나는 박사님이 적어주신 글을 믿었다. 그때까지 나는 내 자신에 대해 결코 그런 식으로 기대하지 않았다. 이전에 나는 내 가슴속 깊은 구석에 결코 그같은 꿈을 간직한 적이 없었다. 나는 단지 낙제를 받을까봐 온통 겁에 질린 평범한 신학원 1년생이었다.

깊이 존경하는 분이 자신에 대한 높은 기대를 함께 나누어줄 때 어떤 일이 일어나겠는가? '새로운 싹들'이 삐죽삐죽 머리를 내밀고 있는 자신을 발견하지 않겠는가? 우리 안에 있는 무엇인가 훌륭한 것을 발견할 만큼 우리를 사랑하고 그것에 대해 이야기할 정도로 관심을 가지는 이들은, 우리들을 도와 하나님이 우리로 하여금 되기를 원하시는 사람이 되도록 만든다.

당신의 말이 다른 이들에게 강력한 영향을 줄 수 있다. 당신은 다른 이들이 자신을 믿어준 사람들의 목록에 적어넣을 그런 사람이 될 수 있다. 당신이 만나는 사람들에게 헨드릭스 박사와 같은 인물이 되기를 진정으로 기원한다. 다음 장에서는 어디에 가나 사람들을 꽃피우게 하는 데 사용하기 쉬운 과정을 소개하기로 한다.

> 토론할 문제

1. 당신이 알고 있는 '사람들을 가장 잘 돌아보는 이들'은 누구인가? 그들은 사람들을 파악하는 효과적인 기술들을 어떻게 계발해왔는가? 듣는 사람들을 격려하기 위해 그들을 '파악할' 구체적인 방법들을 열거해보라.

   ■

2. 사도 바울은 지극히 효과적인 '격려자'였다. 고린도후서를 읽고 사도 바울이 주님의 뜻에 순종하도록 고린도 교회를 권면했을 때, 그가 느끼고 사용했던 감정의 목록을 만들어보라. 평소에 사용하는 감정들과 사용하기에 편안하지 않은 감정들을 적어보라. 당신은 이 새로운 감정들 중 어느 것을 가까운 미래에 사용할 수 있다고 생각하는가?

   ■

3. 당신의 부모가 당신에 대해 지녔던 '기대들'을 적어보라. 긍정적인 기대였든 부정적인 기대였든 간에 나의 '은빛 운동복' 이야기와 같은 몇 가지 예들을 말해보라. 부모님에게서 이제 부모 된 당신의 역할에 도움이 될 어떤 교훈들을 배웠는가?

   ■

4. 당신의 삶에서 당신을 가장 크게 꽃피우게 한 사람은 누구인가? 당신에게 큰 영향을 미친 몇 가지 사건들을 기술해보고, 그것들이 어떤 변화를 만들었는지 말해보라. 당신 삶에서 단지 세 사람을 꽃피우게 할 수 있다면, 그들은 누가 될 것이며, 또 그 이유는 무엇인가? 그들의 이름 옆에 다음 4주 동안 그들을 꽃피우게 할 수 있는 방법을 적어보라.

04

기대의 방법과 활용

지난날 '올해의 교사' 상을 받았던 가이 다우드(Guy Dowd)는 이렇게 말한 적이 있다. "어디에서 자랐든지 주변에 있는 사람들은 누구에게나 엄청난 영향을 준다. 그들은 그 사람의 삶과 꿈을 만들고 구체화하도록 돕는다. 그리고 성인이 되어가면서 그 역시 누군가의 '잊을 수 없는 사람' 가운데 한 사람이 될 것이다."

어떻게 그런 사람이 될 수 있는가? 어떻게 학생들이 최선을 다해주기를 기대할 것인가? 그 기대를 어떻게 말로 나타낼 것인가?

기대의 방법

언제, 어디서, 어느 누구에게나 사용할 수 있는 다섯 가지 단계들을 제안하고자 한다. 이 다섯 단계들은 아주 일반적인 것이며, 당신이 누구이든 또는 당신이 도움을 주려는 사람이 누구이든 간에 효과를 발휘한다. 당신은 그것들을 통해 일상적으로 어느 때든지 자신이 관심 있는 사람을 꽃피우는 데 사용할 수 있다.

1. 꽃피워주고 싶은 사람을 탐색한다.

당신이 해야 할 첫 번째 일은 눈을 뜨는 것이다. 항상 신중한 '주의'를 기울여 꽃피우기를 원하는 이들을 '살펴야' 한다. 자신의 긍정적인 기대들을 함께 나눌 수 있는 상황을 간파하는 데 주의를 기울여야 한다.

당신이 무엇인가를 조사한다는 것은, 그것을 연구하고 거기에 세심한 주의를 기울이며 어떤 일이 일어나고 있는지 살피는 것을 말한다. 그것은 온전한 주의를 요한다. 당신은 안테나를 올려 감지한다. 쓸 만한 기회가 나타나기를 기대하면서 줄곧 학생들을 유심히 살핀다. 그와 같은 기회들은 만드는 것이 아니라 당신은 단지 그 기회들이 나타날 때 알아차리는 것이다. 일단 이 과정에 숙달되면, 당신은 거의 모든 곳에 기회가 널려 있다는 사실을 깨닫게 될 것이다.

2. 그 사람이 행한 것을 드러낸다.

누군가 그에게 선용될 수 있다고 생각되는 유익한 행동을 하는 걸 본다면, 당신이 그 행동을 직접 목격했다는 사실을 그에게 알려주라. 당신은 그에게 말로 '표현'함으로써 그 행동을 '드러내야' 한다. 그의 행위에 밝은 빛을 비추어 지금껏 당신이 그를 주목해왔음을 입증한다.

우리는 이 과정을 말로 한다. 보고 들은 것을 그 사람에게 소리내어 표현한다. 이것은 그 위에 기대를 쌓아올릴 수 있는 기초이다. 나는 흔히 이 작

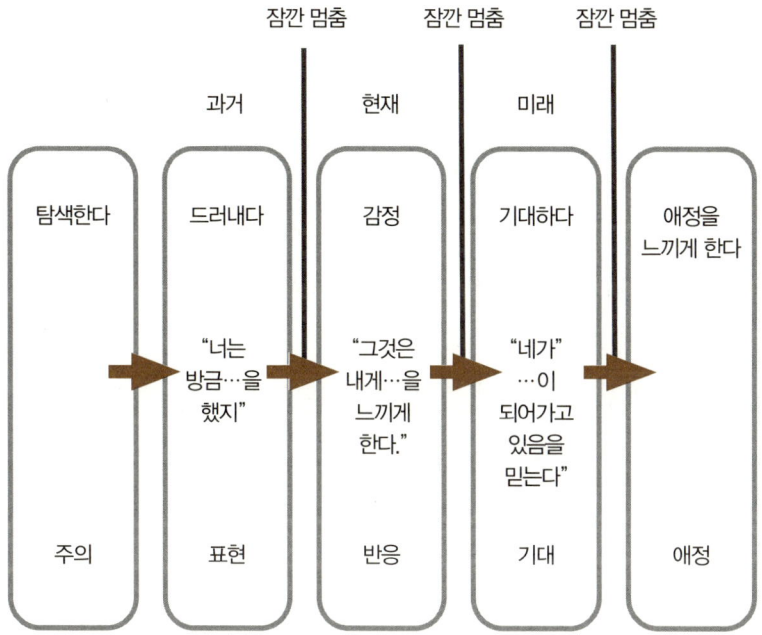

업을 "네가 방금 …했구나"라고 말함으로써 시작해, 내가 관찰한 것을 그 사람에게 알린다.

딸 미셸(Michelle)이 수학 과목에서 어려움을 겪어왔다고 가정하자. 당신은 마치 50년이나 되는 것처럼 느껴지는 긴 시간 동안 그 문제에 대해 함께 고민해왔다. 그러다 지난 여러 주 동안 공부하라고 타이르지도 않았는데 아이가 스스로 공부해왔음을 알게 되었다. 갑자기 당신은 "내 딸을 꽃피울 수 있는 기회가 왔다!"라고 깨닫는다.

아이에게 다가가 "미셸, 요즘 네가 밤늦도록 열심히 공부하고 있다는 걸 알고 있단다. 정말로 열심히 하더구나. 수학 공부에 그렇게 매달린 거지?"라고 말한다. 소리내어 말하라. 아이에게 당신이 본 것을 말하라. 왜냐하면 아마도 아이는 자신이 공부하고 있다는 사실을 당신이 모를 것이라고 생각

4장 기대의 방법과 활용 145

할지도 모르기 때문이다. 다음 단계로 넘어가기 전에 잠시 쉬면서 이 사실을 마음에 새기라.

조니는 방금 매우 어려운 시험에서 A를 받았다. 안테나가 올라가면서 당신은 "내 학생을 정말로 꽃피우게 할 수 있는 순간이 왔다"고 생각한다. 그래서 당신은 이렇게 말한다. "조니! 네가 과학에서 A를 받았구나!" 그런 다음 잠시 멈추라. 그래서 당신 말이 조니의 가슴에 새겨지게 하라. 이 잠깐 멈춤의 순간을 소홀히하지 말라. 그것은 매우 중요하다.

이 두 번째 단계의 마지막 부분에서 당신과 학생 모두는 기대의 기초가 될 특별한 사건에 완전히 주의를 집중해야 한다.

3. 그가 행한 일에 대해 자신의 감정을 표현하라.

그 사람을 탐색하고, 그의 바람직한 행동을 말로 표현한 다음에는 그가 방금 행한 것에 대해 어떻게 느끼는지 이야기해나간다. 방금 일어난 일에 대한 자신의 '감정'과 '반응'을 그에게 표현하라.

조니의 뛰어난 시험 성적에 대해 어떻게 느끼는지 말하라. "그것 때문에 …을 느낀다"와 같은 형식을 사용하라. 예를 들어, 조니에게 "A를 받았다니, 아버지는 네가 내 아들인 게 자랑스럽구나!"라고 말할 수 있다. 조니의 성장 단계에 걸맞는, 그가 이해할 수 있는 말들을 사용하는 것도 좋다. 이런 식의 의사 전달도 가능한 나이라면 이렇게 말해보자. "그 소식을 들으니까 정말 살맛나는데!" 상대가 열세 살짜리 아이라면 굳이 어렵게 말할 필요는 없을 것이다. "정말이지, 감개무량하구나"라고 말하지 말라. 당신이 선택하는 단어로 관심을 끌라.

그런 후 다시 이야기를 중단하라. 그 말이 급소를 찌르게 하라. 당신의 시선이 분명하고 확고하게 상대방에게 머물게 하라. 당신의 감정적 인정을 받을 때 그가 어느 정도 머쓱한 표정으로 머뭇거리게 하라. 누구나에게 그것은 매우 행복한 순간일 것이다.

4. 미래에 그에게 기대하는 것을 말하라.

이 시점까지는 당신이 그 누구도 꽃피우게 하지 않았다. 당신이 한 일이라고는 칭찬한 것뿐이다. 칭찬은 행한 일에 대해 흐뭇한 느낌을 주기는 하지만 자신을 변화시키지는 않는다. 그는 자신이 그것을 다시 행할 수 있는지 확신하지 못한다. 조니는 과학에서 처음으로 받은 그 A에 대해 기뻐하긴 하지만 다음에도 과학에서 A를 받을 수 있을지 아직 자신이 없다.

여기서 바로 기대의 힘이 작용하기 시작한다. 기대는 과거를 끌어다가 미래 쪽으로 힘 있게 밀어붙인다. "나는 네가 …이 되리라고 믿는다"고 말함으로써 당신이 기대하는 바를 알리고 그 '기대'를 함께 나누는 것이 이 단계에서 이루어져야 할 일이다.

기대를 표현하는 것은 칭찬하는 것보다 훨씬 더 효과적이다. 기대는 그 사람의 주의를 그가 행한 일에서 그가 되고자 하는 쪽으로 밀어붙인다. 기대는 그 인물로 하여금 새로운 꿈을 갖도록 이끈다.

누군가에게 당신이 그에게 기대하는 것을 이야기할 때, 당신은 꿈을 가진 사람이 되고 있는 것이다. 대중 매체는 이 나라에 꿈을 가진 지도자가 필요하다고 끊임없이 불평하고 있다. 꿈을 가진 지도자란 누구인가? 그는 다른 사람들이 아직 보지 못한 것을 볼 수 있는 사람이다. 꿈을 가진 지도자는 보통 사람의 시야가 멈춰 있는 지평을 넘어 보다 먼 곳을 내다볼 수 있으며, 그만이 볼 수 있는 놀라운 것들을 이야기해준다.

하나님은 꿈을 가진 부모, 꿈을 가진 교사, 그리고 꿈을 가진 상사가 되라고 우리를 부르신다. 단지 가정 또는 학교 또는 회사의 목표나 목적에 대해서가 아니라, 당신의 가정과 학교와 회사 내에 있는 '사람들'에 대해 꿈을 가진 사람이 되기를 원하신다. 하나님은 당신이 고리타분한 침체 상태에서 벗어나, 원대한 가능성의 세계로 들어가도록 부르신다. 학생들이 꿈을 잡으려고 손을 내밀기만 한다면 미래 속으로 환하게 들어갈 그같은 '행복'을 제시해 보이라.

신학원 1학년 때 헨드릭스 박사님이 나를 위해 하신 일이 바로 그것이었다. 그는 스승의 입장에서 나에 대해 믿고 있는 바를 지적해주었다. 그가 지적하기 전까지 내게는 꿈조차 꿀 수 없었던 미래였다. 그러나 그는 내가 꿈꾸도록 도와주었다. 나는 처음에 그것을 볼 수가 없었다. 왜냐하면 그것은 단지 그의 마음의 눈에만 보였기 때문이다. 그러나 나는 그를 무척이나 신뢰하고 있었기 때문에 그가 보았던 것 역시 실제로 일어날 수 있으리라고 믿었다. 그리고 마침내 그것을 보았기 때문에 나는 애써 노력했으며, 그 결과 완전히 새로운 전망이 열렸다.

무엇인가를 밝히고 드러낼 때, 당신은 '과거'에 대한 주의를 불러일으킨다. 왜냐하면 그것은 이미 일어났던 과거의 사건이기 때문이다. 그 상황에 대한 감정을 표현할 때, 당신은 '현재'에 있다. 그러나 미래를 만들어가기 위에서는 '미래' 쪽으로 나아가야 하며, 당신이 믿는 바 하나님의 놀랍고 능력 있는 은혜로 말미암아 그 사람이 어떤 인물이 되리라는 것을 그에게 알려야 한다.

실제로 우리는 몇 번이나 이렇게 행동하는가? 지난주에 누군가가 미래에 대해 이야기해준 일로 가슴이 두근거리는 걸 느꼈던 적이 있는가? 그렇다면 이렇게 중얼거렸을 것이다. "내 미래에 대한 그 그림이 마음에 드는 걸. 그것이 실현되었으면 좋겠어!" 유감스럽게도 당신도 우리와 그리 다를 게 없다면 당신의 능력을 신장시키고, 당신을 양육하며, 당신으로부터 최선을 기대한 사람을 만난 지가 언제인가 생각해보라. 아마 까마득한 먼 옛날일 것이다. 또 다른 사실은 지금 저기 길 모퉁이에 살고 있는 당신 이웃이 당신과 똑같은 상황에 처해 있다는 것이다. 하지만 그 주변에 당신이 있다는 사실은 얼마나 큰 행운인가! 그들이 나아갈 행로에 '믿음과 소망'의 작은 씨를 뿌려보는 것이 어떻겠는가?

우리들은 너무나 자주 미래에 대해 황금빛 그림을 그리는 대신, 과거에 대한 불평을 늘어놓는 데 여념이 없다. 그러나 주님은 우리가 하나님이 미래에 하실 수 있는 일을 꿈꾸는 사람들이 되기를 원하신다.

효과적인 기대는 다음과 같은 공통점을 가지고 있다.

첫째, 그 인물의 가능성에 대해 믿음을 표현하라. 당신은 "나는 당신이 …가 되리라고 믿지요" "나는 당신이 …의 자질을 갖고 있다고 봐요" "나는 당신이 조만간 …와 같은 인물이 될 것이라고 생각해요" "당신이 …를 하더라도 나는 결코 놀라지 않을 거예요"와 같은 표현을 사용할 수 있다. 나는 '믿는다'란 말을 많이 사용하는 경향이 있다. 왜냐하면 나는 그 사람에게 어떤 일이 기다리고 있는지 확실히 알지 못하기 때문이다. 그렇지 않은가?

둘째, 미래적인 관점을 사용하라. '…이 되어가는' '…으로 성장하는' '…하기 시작하는' '발전중에 있는' '팽창하고 있는' 등의 언어적 표현을 사용하라. 이러한 말들은 그 사람에게 자유롭게 열려 있는 기회의 문을 통해 그가 어떤 인물로 성장할 수 있는지, 그가 어떤 것을 기대할 수 있는지 그리고 그가 그것에 대해 흐뭇해할 수 있음을 알려준다.

셋째, 부정적인 것이 아닌 긍정적인 것을 선택하라. 미래에 대한 당신의 표현이 파괴적이거나 악몽이 아닌, 황금빛 꿈의 묘사가 되도록 하라. 두려움에 대한 것은 무엇이든지 피하라. 항상 상대방의 마음에 믿음을 심어주라.

넷째, 그 인물의 가장 높은 열망에 기대를 맞추라. 실질적인 문제는 당신의 꿈을 나누는 것이 아니라 그의 꿈을 발견하는 일이다! 헨드릭스 박사의 기대가 그렇게 대단한 영향을 끼쳤던 이유는 그것이 내 안에 있는 깊은 열망과 맞닿았기 때문이다. 그 열망들은 나의 것이었으나, 그럼에도 불구하고 그때까지는 그것들을 스스로에게 인정할 수조차 없었다. 박사님은 그것들을 인식했고, 가능한 영역 쪽으로 그것들을 밀어붙였다.

다섯째, 기대를 제한하는 말투가 아닌 '분발하게 하는' 말투로 표현하라. 세부적인 부분에서는 자신의 그림을 그릴 수 있는 여지를 남기도록, 너무 상세하게 설명하지 않도록 한다. 밝음과 희망의 굵은 선들을 그려넣고 세밀한 부분들은 남겨놓는다. "네가 이제부터 성적표에 전과목 A를 받게 되는 것을 볼 수 있겠는데"라고 말하지 말라. 그런 말은 비상하는 날개라기보다는 오히려 발전을 막는 족쇄가 될 수 있다. 그 대신 "너는 높은 이상을 이루려고 애쓰는 사람이 되고 있구나. 너는 최선에 못 미치는 것은 아무것도 만족하지 않으려 할 거야"라고 말하라.

여섯째, 기대가 가능성의 영역 안에 있도록 하라. 당신이 꽃피우려는 그 사람에게 절대로 거짓말하지 말라. 마음속으로는 성취할 수 없다고 생각하는 것도 결코 그에게 이야기하지 말라. 때때로 그의 한계를 알 수도 있겠지만, 결코 불가능한 영역으로 넘어가서는 안 된다.

적당한 기대를 표현해왔다면, 그 사람의 가슴에 있는 심오하고도 웅장한 악기를 건드린 것이다. 그리고 그것이 연주되기 시작할 때, 그것은 달콤하고도 아름다운 화음을 만들어낸다. 그것은 가능성의 영역을 확장시키며 풍성하게 하고 힘을 부여한다. 당신은 그것이 그의 얼굴에 나타나는 것을 보게 될 것이다. 어쩌면 때때로 고요한 침묵이 그를 사로잡을 것이다. 왜냐하면 그는 다른 사람이 자신에 대해 그렇게 놀라운 것을 생각할 수 있으리라고는 결코 상상해보지 않았기 때문이다. 그로 하여금 그 순간을 맛보게 하

라. 그것이 정말 가슴에 새겨지게 하라.

5. 적절한 접촉을 통해 그에게 사랑을 주라.

친밀한 개인 관계를 만들어 꽃피우기를 원하는 사람에게 사랑을 주라. 지금이 기대를 그 사람의 가슴에 접착시킬 때이다. 당신은 방금 그 사람에게 굉장히 귀중한 어떤 것을 이야기해왔다. 이제 적절한 접촉을 통해 그 순간이 견고하게 지속되도록 해야 한다. 기대를 넘어 '애정' 쪽으로 이동하라.

그가 어린 소년이라면, 당신은 그를 팔꿈치로 툭 치면서 남자들만의 애정을 나눌 수도 있다. 어린 소녀라면 그녀와 눈높이를 맞추어 무릎을 꿇고 부드럽게 손을 잡아주라. 그가 함께 일하는 동료라면, 손을 그 사람의 어깨에 올려놓고 친근감을 표현할 수도 있다.

때때로 이성과 함께한다면 사실 아무 접촉도 시도하지 못할 것이다. 그럼에도 불구하고 간접적인 접촉을 시도하라. 적절한 말과 미소, 시선을 통한 확신도 좋다. 고개를 약간 앞으로 내밀며 친근감을 표시하라. 오늘날의 사회에선 우리 모두가 어떻게 접촉을 시도하느냐 하는 문제에 대해 조심해야 한다.

이제 이 전체 과정을 함께 살펴보자. 두 가지 상황, 즉 하나는 전형적인 가정에서이고 다른 하나는 주일학교를 들어보자.

오늘이 '어버이날'이라고 하자. 고된 한 주를 보낸 당신은 지난주부터 아내에게 이날은 잠이나 푹 자다가 일어나 남은 잡무들을 처리하며 보낼 것이라고 말해왔다.

토요일 저녁이 되자, 당신은 자명종을 맞추지 않고 아침 9시 30분까지 잘 생각에 부풀어 있다. 그러나 잠을 자다가 덜거덕거리는 이상한 소리를 듣는다. 그것이 무엇인지 알지 못하지만 전혀 일어나고 싶지가 않다. '곧 잠잠해

지겠지.' 밖은 여전히 어둡다.

그러자 덜거덕거리는 소리가 이번에는 문을 두드리는 소리로 이어진다. 아내가 침대에서 일어나 문을 열 때, 당신은 돌아누우며 베개로 틀어막듯 머리를 덮어버린다.

"어머, 우리 막내구나. 들어오렴."

막내딸이었다. 어린 꼬마 소녀. 아이는 접시와 포크, 냅킨으로 가득한 쟁반을 들고 있다. 당신은 베개 밑으로 삐죽 내다본다.

"이건 꿈일 거야."

아이는 수줍은, 그러나 잔뜩 기대에 부푼 표정으로 천천히 침대를 향해 걸어온다.

이런! 침대에서 잡수시라고 아빠를 위해 아침 식사를 차려온 게 아닌가! 너무 이른 시각이라 아침 해는 뜰 기미조차 보이지 않는다. 그런데도 아이는 자그마한 손에 그 커다란 쟁반을 들고 기쁨에 넘쳐 있었다.

"음, 우리 꼬마, 이게 뭐지?"

당신은 중얼거린다.

"저, 아빠. 오늘이 어버이날이잖아요. 그래서 아빠 엄마를 위해 제가 침대에서 드실 아침 식사를 만들었어요. 엄마가 하시는 것과 똑같이요!"

"네가 아빠를 위해 아침 식사를 만들었다고?"(드러낸다) "그런데, 네가 만든 이 음식들이 다 뭐지? 놀랍구나!"(뭔지 알 수 없는 복잡한 온갖 것들이 접시 위에 마구 담겨 있어서 도대체 뭘 만든 건지 당신은 알 수가 없다.)

"이건 달걀 스크램블이에요(맙소사, 이게 바로 그거였군), 그리고 이것은 프렌치 토스트예요(이걸 씹어 먹으려면 고생깨나 하겠군)."

그런 다음 무엇인가가 둥둥 떠다니고 있는 커다란 잔이 눈에 띈다.

"이건 뭐지?"

"저… 아빠. 제가 이렇게 해보기는 이번이 처음이거든요. 이건 아빠가 제일 좋아하시는 커피에요. 제가 그 고동색 가루를 물에 타서 전자렌지에다 데웠어요. 아빠 입맛에 맞았으면 좋겠는데."

자, 당신은 이 순간이 어린 딸에게 얼마나 중요한지 알겠는가?

"제니, 너는 아빠에게 이 세상 모든 아빠들이 좋아할 가장 훌륭한 아침 식사를 만들어주었구나. 이 달걀 스크램블, 프렌치 토스트, 게다가 집에서 직접 뽑은 특별식 커피!(표현한다) 네가 만든 요리가 아빠를 어떻게 만들었는지 아니? 아빠는 너무 행복하단다! 너에게 아빠는 무척 사랑받고 있고, 아주 특별하다고 느껴진단다. 이 세상에서 제일 행복한 사람이 바로 나 아니겠니? 네가 아빠를 이렇게 행복하게 만들었구나!(감정)"

당신의 그 모든 사랑과 인정으로 당신의 딸이 얼마나 황홀해하는지 볼 수 있는가? 그러나 거기에서 멈추지 말라. 미래를 위해 아이를 꽃피우도록 하라. 잠시 전에 아이가 무엇이라고 말했는지 기억하는가? 아이는 엄마처럼 되고 싶다고 말했다. "엄마가 하시는 것과 똑같이요." 그렇다면 아이가 언젠가 될 수 있기를 바라는 미래의 꿈은 무엇인가? 맞다. 엄마처럼 되는 것이다.

"너는 엄마처럼 훌륭한 돕는 배필이 되어가고 있구나. 그리고 아빠는 네가 커서 훌륭한 엄마가 되어 가정에 있는 모든 사람을 매우 행복하게 해줄 것으로 믿는단다. 또 훌륭한 요리사도 되겠지(기대)."

딸을 곁에 오게 하여 꼭 끌어안고 뽀뽀해주라. 친밀함을 통해 당신의 사랑과 관심을 몸소 보여주라(사랑을 준다).

침실 밖으로 걸어나갈 때쯤 아이는 황홀경을 거닐고 있을 것이다.

아빠가 자신이 처음으로 만든 아침 식사를 기꺼이 받아주었고, 더욱이 그보다 더 중요한 것은 아빠가 엄마처럼 될 것이라고 말한 사실이었다.

왜 그것이 그렇게 중요한가? 왜냐하면 그 어린 소녀는 이 세상에서 가장 훌륭한 사람을 엄마라고 생각하기 때문이다. 아이는 이해, 보살핌, 돌보아 줌, 사랑, 요리, 포용력 등 모든 기질을 갖기 시작한다.

바로 이 '기대의 방법'을 삶의 모든 순간에 적용하라. 다른 이들을 위해 충분한 관심을 갖고 그 방법을 사용한다면, 그것은 당신이 만나는 사람들 누구에게나 효력을 발휘할 것이다.

그것은 일련의 과정이다. 첫째, 그 인물을 '탐색한다.' 당신은 어떤 일이 일어나고 있는지 주목하고, 상대방을 꽃피울 수 있는 순간을 발견한다. 둘째, 그가 행한 것이 어떤 것이든 그것을 '드러낸다'. 이미 취한 행동과 성취된 것, 달성된 목표를 드러낸 후 잠시 멈춘다. 셋째, 그가 방금 행한 일에 대해 어떻게 느끼는가 설명한다. 그 행동이 어떤 '감정'을 불러일으켰는지 말한다. 그리고 다시 멈춘다. 넷째, 그에게 미래에 대해 바람직한 상을 제시한다. 다가오는 미래에 아이에게 '기대'하는 것이 무엇인지 말하라. 또다시 멈춘다. 마지막으로 기대가 급소를 찌르고 거기에 자리잡도록, 그 사람 쪽으로 다가가 적절한 신체 접촉을 한다. '사랑을 느끼게 한다'.

그것이 전부다. 나는 그것이 어느 누구에게나, 어느 곳에서든, 언제든지 효기를 발휘한 것이라고 보장한다.

또 다른 상황을 들어보자.

오늘이 교회에서 정한 '교사의 날'이라고 가정해보자. 당신은 버거운 주일학교 학급을 맡아왔고, 특별히 한 학생, 브랜든에게 동기를 부여하는 일이 힘들었다. 주일 아침, 학생들이 모이고 당신이 공과를 시작한 후 브랜든이 약간 시든 꽃을 담은 작은 꽃병과 싸구려 사탕통을 들고 뒤늦게 나타난다.

"어서 오렴, 브랜든. 네가 들고 있는 게 뭐니?"

"저… 선생님에게 드리려고 가져왔어요."

아이가 수줍게 말한다.

이제 브랜든에게 그가 수업에 늦었다고 말할 수도 있다. 게다가 당신은 사탕을 그리 좋아하지 않는다. 하지만 당신은 이때가 그에게 특별한 순간임을 깨닫는다. 당신은 그를 칭찬하고 그에게 자리를 안내할 수 있다. 그러나 아마 이때가 그렇게만 하기에는 아까운 그보다 더욱 중요한 순간일지도 모른다. '꽃을 활짝 피우게 하는 순간'을 위해 수업을 조금 늦추는 것이 그보다 훨씬 가치 있을 것이다.

"브랜든, 선생님을 위해 이 꽃들을 가져왔니? 참 예쁘구나. 그리고 내게 주려고 이 사탕을 샀다는 말이지? 참으로 정성 어린 선물을 마련했구나. 선생님 가슴이 뿌듯해지는데! 네가 이 선생님을 세상에서 가장 행복한 선생님으로 만들었구나!"

그리고 멈춘다. 그는 아마 당신의 칭찬에 미소를 지을 것이다. 또는 칭찬받는 것에 익숙하지 않아 약간 어색해할지도 모른다.

"네가 어느 반에 있든지 너를 가르치는 선생님은 참 운 좋은 선생님일 거야. 넌 정말 매우 특별한 사람으로 자랄 거라고 믿는다!"

다시 멈춘다. 그에게 그 말이 의미하는 바가 무엇인지 생각하게 하라. 그런 다음 어깨를 두드려주거나 포옹해준다. 이것은 브랜든에게 매우 특별한 순간이다.

그것이 바로 꽃을 피우게 하는 것이 무엇인가를 보여준다. 어려운 것은 아무것도 없지만, 그야말로 놀라운 결과를 가져온다. 자신의 관점을 현재의 문제점으로부터 미래의 꿈으로 돌리기만 한다면, 도움이 필요한 많은 학생들과 가족들의 삶에 당신이 할 수 있는 그 많은 유익한 일을 상상해보라.

교사들이여, 당신이 진정 '꽃을 피우게 하는 힘'을 가진 사람으로 알려지기 바란다.

기대의 활용

"다른 이들로부터 위대한 것을 기대하는 사람이나 그렇지 않은 것을 기대하는 사람 모두가 그들이 기대하는 그대로 받을 것이다." 기대는 우리 자신과 우리가 가르치는 사람들에게 매우 중요하기 때문에, '꽃을 피우기 위해' 기울이는 노력이 최대의 효과를 거둘 수 있도록 돕는 7가지 비결을 다음에 열거해놓았다.

활용 1: 의도적으로 기회를 만들라

내 목사 친구는 다른 이들을 꽃피우게 하는 기회를 의도적으로 만드는 데 뛰어나다. 매주 수요일 밤, 예배 및 가족과의 시간이 끝나면 그는 서재에 가서 책상 한 구석에 놓인 작은 상자를 연다. 그 상자에는 그 교회 집사들의 이름, 부인의 이름, 자녀들의 이름, 직업과 직장 및 특별한 기도 제목들이 적혀 있는 색인 카드가 들어 있다.

밤 9시 45분쯤, 그는 색인 카드의 맨 앞쪽에 있는 카드를 꺼내 쭉 읽은 다음, 그 카드에 적힌 이들을 위해 기도한다. 그리고 그 카드를 맨 뒤쪽에다 꽂고 의도적으로 그 기회를 활용하기 위해 준비한다.

그는 그 집사의 집으로 전화한다.

"안녕하십니까? 집사님, 담임 목사입니다."

"무슨 일이시지요, 목사님?"

그는 대개 이런 반응을 듣는다고 한다.

"조금 전 집사님과 부인, 가족들(자녀들의 이름을 말한다) 그리고 집사님이 제게 부탁하신 기도 제목을 위해 기도하다가 생각이 나서 전화드렸습니다만, 지금 당장은 집사님이 우리 교회의 한 가족이라는 사실과 그것이 제게 얼마나 기쁜 일인지 알려드리고 싶군요. 저는 제직회에 집사님과 같은 분이 계셔서 힘이 됩니다. 집사님은 정말 사려 깊으시고 자신의 모든 것을 헌신할 뿐 아니라, 그저 단지 '예'만 하며 수동적으로 따라오는 분이 아니시잖아요. 입으로만이 아니라 집사님의 삶과 행동으로 참여해주심에 감사드립니다. 그것은 정말 저에게 많은 격려가 된답니다."

그런 후 잠시 멈추었다가 다시 말을 잇는다.

"집사님, 저는 하나님이 집사님과 함께하심을 느낍니다. 집사님이 계속 성숙해지고 또 하나님을 섬기시면 언젠가 하나님이 집사님을 능력 있게 사용하시리라 믿습니다."

그리고 다시 멈춘다.

"제가 집사님을 섬길 수 있는 목사라는 것이 제게 얼마나 기쁨이 되는지 모르겠습니다. 제게 이런 특권을 주셔서 감사합니다."

그 다음에 전화를 끊는다.

와! 당신이 그런 전화를 받는다면 어떻게 하겠는가? 그 목사는 어떤 일을 하고 있는가? 그는 매주 수요일 밤, 동역자 중 한 사람을 꽃피우기 위해 의도적으로 기회를 만들고 있다.

이 활용법은 좋은 일이 일어날 때만 하는 것이 아니다. 나쁜 일이 일어날 때도 마찬가지로 할 수 있다. 우리는 부정적인 상황을 통해서도 가족과 학생들을 가르칠 수 있다.

여러 해 전, 딸 제니가 수학에서 거듭 세 번이나 낙제 점수를 받아왔다. 그리고 자기 생각에 가장 적절한 기회라고 생각한 때에 그 사실을 내게 이야기했다.

"아마 아빠가 실망하실 테지만 어쨌든 말씀드려야 될 게 있어요."

"그래… 무슨 말인데?"

"여기에다 사인 좀 해주세요."

그 말과 함께 봉투를 내밀자, 나는 그것을 열어보았다. 세 개의 낙제 점수가 커다랗게 눈에 들어왔다. "이럴 수가!" 놀랄 일이었다. 그러나 다행히도 기대의 법칙이 떠올랐다. 나는 무엇인가 색다른 것을 시도해야 했다.

"제니야, 수학에서 연거푸 세 번이나 낙제를 받았구나. 다른 것은 둘째 치고 무엇보다 네가 공부에 대한 열심이 부족했다는 사실이 나와 엄마에게 상처가 되는구나. 제니, 지금 바로 네 코트를 입으렴."

"아빠, 코트라고요?"

"그래, 네 코트 말이다."

매우 조심스럽게 그 애는 코트를 입었다. 그다음에 어떤 일이 일어날지 전혀 감을 잡을 수가 없어서인지 걱정이 가득한 얼굴이었다.

"무슨 일이에요?"

아내가 속삭였다.

"당신 나와 함께 나갑시다. 지금이 바로 우리 딸을 활짝 꽃피우게 할 기회라오."

그래서 우리 셋은 차에 올랐고 나는 이렇게 말했다.

"제니, 네가 연거푸 세 번씩 낙제점을 받았잖니. 엄마와 나는 네가 마침내 그것들을 네게서 모두 떨쳐내서 매우 기쁘단다! 우리 축하하는 뜻에서 아이스크림을 사먹으러 가자꾸나!"

"아빠, 농담하시는 거죠?"

"제니, 아니다. 그 낙제 점수들을 네 뒤로 떨쳐버린 것이 기쁘지 않니? 네가 그것을 네 몸 밖으로 모두 끄집어냈기 때문에, 이제 너는 고비를 넘기고 정말로 전력을 기울일 준비가 되어 있다고 아빠는 믿는단다. 나는 네가 주님께서 부여하신 그 모든 잠재력을 발휘하는 생활을 시작할 것이라고 믿는

단다. 엄마와 나는 네가 다시 분발해서 마침내 수학을 정복하고야 말겠다는 결의를 지니고 있다는 것이 느껴지는데."

"아빠, 정말이세요? 그리고 제게 아이스크림을 사주실 건가요?"

"물론이지. 이층짜리 아이스크림이지. 엄마와 나는 귀염둥이 너를 사랑한단다. 이제부터는 모든 것이 잘될 거야."

그런 후 우리는 아이를 깊이 포옹해주었다.

그 밤의 나머지 시간들은 기억할 만하다. 제니는 자신의 행운을 믿을 수 없다는 얼굴이었고, 우리는 함께 웃고 장난을 쳤다. 아이는 그러한 관심과 애정을 고마워했고, 그것은 아이에게 무조건적인 사랑이 되었다.

그리고 아이는 그 후로 더 이상 낙제 점수를 받지 않게 되었다.

우리는 부정적 상황에서도 긍정적인 기대감을 표현할 기회들을 가지고 있다. 우리는 그 사실을 인식하고 유익하게 사용해야 한다.

활용 2: 창조적으로 기대감을 표현하라

기대를 표현하기 위해 창의력을 사용하라. 이렇게 하는 데는 여러 방법들이 있지만, 시도하기에 적당한 다섯 가지 예들을 제안하려고 한다.

1. 기대에 대해 기도하라.

당신의 기대를 하나님께 기도하라. 바울이 쓴 서신서를 자세히 살펴본 적이 있는가? 그는 사람들에 대한 자신의 기대에 대해 끊임없이 하나님께 기도하고 있었다.

> "이러하므로 내가 하늘과 땅에 있는 각 족속에게 이름을 주신 아버지 앞에 무릎을 꿇고 비노니 그의 영광의 풍성함을 따라 그의 성령으로 말미암아 너희

속사람을 능력으로 강건하게 하시오며 믿음으로 말미암아 그리스도께서 너희 마음에 계시게 하시옵고 너희가 사랑 가운데서 뿌리가 박히고 터가 굳어져서 능히 모든 성도와 함께 지식에 넘치는 그리스도의 사랑을 알고 그 너비와 길이와 높이와 깊이가 어떠함을 깨달아 하나님의 모든 충만하신 것으로 너희에게 충만하게 하시기를 구하노라 우리 가운데서 역사하시는 능력대로 우리가 구하거나 생각하는 모든 것에 더 넘치도록 능히 하실 이에게 교회 안에서와 그리스도 예수 안에서 영광이 대대로 영원무궁하기를 원하노라 아멘"(엡 3:14-21).

이 기도가 에베소에 있었던 사람들에게 어떤 의미를 주었다고 생각하는가? 위대한 사도가 그들을 위해 그렇게 기도하고 있음을 아는 것이 격려가 되지 않았겠는가?

2. 기대를 간접적으로 말하라.

스티븐 슬로컴 박사와 함께 일하는 동안 나는 이 창의적인 접근 방식을 배웠다. 그는 내가 다니던 신학원 행정 담당 부학장이었다. 그의 사무실은 학장인 존 월부어드(John Walvoord) 박사의 사무실 바로 옆에 있었다. 하루는 슬로컴 박사와 월보드 박사가 내 책상 곁을 지나갔다. 슬로컴 박사는 학장을 향해 말했다. "월보드 박사님, 일전에 브루스 군이 신학원을 위해 어떻게 했는지 아시나요?" 그러고나서 지난 여러 주일 동안 있었던 재미있는 일에 대해 보고했다. 나는 바로 거기에 앉아서 그 대화를 듣고 있었다. 두 분 중 누구도 나를 쳐다보거나 말을 걸지 않으셨다. 그러나 나는 슬로컴 박사의 칭찬을 옆에서 듣고 있을 수밖에 없었다. "여기서 일하고 있는 사람들이 어떤 사람들인지 학장님이 아셨으면 합니다. 저는 앞으로 더 재미있는 일들이 일어나리라고 믿습니다." 슬로컴 박사가 말했다. 그런 후에 그들은 밖으로 나갔다. 그 후로 나는 며칠 동안 구름 위를 떠다녔다. 그리고 나는 힘써 노력하여 그렇게 대단히 고무적인 기대감에 부응하기 위해 애썼다.

작문을 지도할 경우, 다음 수업에서 가장 최근에 채점된 작문을 돌려줄 때 이 방법을 고려하기 바란다. 당신이 꽃피우고 싶은 한 학생이 제출한 작문을 중간쯤에 놓고, 그것을 나눠주다가 그 학생 것이 나오면 잠시 멈추고 교실을 둘러보며 학생들의 관심을 모으라.

"자, 여러분. 이 작문을 한번 봅시다. 이건 아주 뛰어난 작문입니다. A+를 주지 않을 수가 없을 만큼요. 이 글을 읽고나서 이렇게 노력을 기울이는 학생이 내 수업을 듣는다는 사실에 나는 얼마나 기뻤는지 모릅니다. 이 학생이라면 앞으로 일간지나 시사 잡지의 논설이라도 충분히 쓸 수 있을 거예요."

그런 후 그 학생에게 다가가 작문을 돌려주라. "참, 잘했다. 다음번 네 작문이 기대되는구나!" 가능하다면 어깨도 두드려준다.

어떤 일이 일어나고 있는지 짐작할 수 있겠는가? 그 학생의 얼굴 전체로 화사하게 꽃이 피어나고 있다. 그것들을 눈앞에서 볼 수 있다. 더욱이 다른 학생들도 다음번 작문에서는 좀 더 열심히 준비할 것이 분명하다. 왜냐하면 그들 역시 그런 칭찬을 듣고 싶어 하기 때문이다.

그러므로 서로를 격려하라. 직접적으로 그리고 간접적으로.

3. 기대를 적으라.

간단한 메모가 얼마나 놀라운 일을 할 수 있는지 아는가? 그것은 기대를 말로 표현하는 것과는 차원이 다르다. 그것은 영구적이며 확실하다. 많은 사람들이 메모나 글을 영원히 간직하기 때문에 글은 매우 귀중한 것임에 틀림없다.

메모지나 카드에 쓰인 짧은 글이 놀랄 만한 일들을 이룰 것이다. 그것을 그 사람의 책상에 놓거나 읽고 있는 책갈피에 끼워놓거나 우편으로 보내라.

내 아내는 가족에게뿐만 아니라 그녀가 잔잔히 사랑하는 전 세계의 많은 사람들을 꽃피우기 위해 매우 효과적인 방법으로 편지를 사용한다.

4. 전화를 이용하라.

열한 살짜리 서른 명이 있는 학급에서 당신은 그 학기 동안 화요일마다 그들 중 한 학생에게 전화를 하기로 결심한다. 어떻게 해야 할까? 먼저 저녁 식사 때까지 기다리라. 사람들은 대개 저녁 식사중에 전화가 걸려오는 것을 달가워하지 않는다. 그러므로 그때가 당신이 전화할 때이다. 왜 그때 전화해야 하는지는 곧 알게 될 것이다.

"여보세요. 티미와 통화할 수 있을까요?" 당신이 전화로 말한다. 저녁 식사중에는 대개 부모들이 전화를 받는다. 왜냐하면 부모들은 자녀의 친구들로부터 걸려오는 전화를 대개는 싫어하기 때문이다. 그들은 식사중에 방해받는 것을 좋아하지 않는다. "누구시지요?" 그들이 묻는다. "저는 티미 선생님, 존스입니다. 티미와 꼭 이야기할 것이 있어서요."

부모들은 전화기를 손으로 막고, "티미, 존스 선생님이시랜다. 너 도대체 무슨 잘못을 저질렀길래 선생님이 이 시간에 전화를 다 하시니? 이 녀석, 너 이번에야말로 제대로 걸려들었나보다."

가엾은 티미는 무슨 말을 해야 할지 몰라 천천히 전화기 쪽으로 걸어온다. 그리고 힘없이 "여보세요?"라고 겨우 말한다. 모든 이들이 이때쯤엔 식사를 중단한다. 날카로운 긴장감이 감돈다. 부모들은 말썽거리, 그것도 큰 말썽거리가 생겼다고 생각하며 서로를 바라보고 있다.

"티미야, 마침 선생님이 시험지를 채점하고 있었는데."

"그런데요?"

"방금 네 시험지를 채점했단다. 대단하더구나. 아주 잘했던데! A+를 받았단다."

"제가요?"

그의 눈썹은 믿을 수 없다는듯이 치켜올라가고, 그를 지켜보던 부모들은 융단 폭격이라도 맞은 분위기다.

"그렇단다. 그래서 네게 전화해서 내가 너를 얼마나 자랑스러워하는지 말해주고 싶었단다. 나는 네가 매우 특별한 학생이 되어가고 있다고 믿는단다. 그리고 네가 정말 훌륭하다고 말해주고 싶었단다! 그럼, 잘 있거라."

그러고는 전화를 끊는다. 그에게 이야기할 기회를 전혀 주지 않으면서.

티미는 수화기를 내려놓는다. 그러자 그의 아빠는 기다렸다는 듯이 큰소리로 묻는다.

"선생님이 뭐하고 말씀하시든? 너 도대체 무슨 일을 저지른 거야?"

"아빠, 제가 이번 시험에서 A+를 받았대요. 그리고 선생님은 제가 자기 학생이라는 게 얼마나 기쁜지 모르겠다고 말씀하셨어요. 제가 선생님의 특별한 학생이라나요! 뭐, 그런 내용이었어요."

족보에라도 남겨둘 만한 얼마나 귀중한 순간인가! 전화받기 전과 그후의 모습을 사진으로 찍어둘 수 있다면, 그것은 정말로 소중한 보물이 되었을 것이다. 당신은 그 소년을 그의 모든 가족 앞에서 세워주었다. 그것도 저녁 식사 시간에 말이다! 내일 수업에서 티미의 태도가 어떨 것이라고 상상하는가?

학급에 있는 누군가를 활짝 꽃피우기 위해 전화를 사용하라. 당신이 알다시피 전화기는 '손을 뻗쳐 누군가의 마음을 움직이기 위해' 존재하는 것이 아닌가?

5. 무엇인가 색다른 것을 보내라.

이 방법에서는 정말 창의적이 될 수 있다. 학급에 있는 한 아이 때문에 골치를 앓고 있다고 가정하자. 그리고 당신 마음을 그에게 어떻게 전해야 할지 모른다고 하자. 한 가지 방법을 소개한다.

가까운 피자집에 가서 이렇게 주문해보자. "콤비네이션 피자 큰 거 하나를 여기로 배달 좀 해주시겠습니까? 그리고 배달하실 때 이 메모도 같이 보냈으면 하는데요."

그런 후 펜을 꺼내 다음과 같이 적는다. "잠시 네 생각을 했단다. 요즘에 네가 수업 시간에 힘들어하는 것 같아 선생님은 마음이 아프단다. 선생님이 언제나 널 염려하고 있음을 알았으면 좋겠구나. 선생님은 네가 꼭 꿈을 이루리라 믿어! 잘 날지 못하는 칠면조들로 가득한 세상에서 독수리처럼 높이 날아오르는 네 모습을 볼 수 있었으면 좋겠다. 선생님이 옆에서 도와줄게."

다음 날 이전의 말썽꾸러기는 온데간데 없다. 그가 이해할 수 있는 수준에서 당신은 그를 사랑했다. 그를 충분히 사랑한다면, 당신은 진정으로 그가 배우도록 만들 수 있다. 겨우 콤비네이션 피자 하나면 된다. 그 상자에 학생을 '꽃피우게 하는 힘'을 몇 자 적어가지고 말이다.

누군가에게 보낼 적당한 것을 발견했다면 그리 많은 말이 필요없다. 내게도 결코 잊지 못할 경험이 하나 있다. 국제기독교학교연맹(ACSI) 회장 폴 키널 박사는 그들이 개최한 회의에서 연설해달라고 내게 여러 차례 부탁해왔다. 그럴 때마다 나는 항상 스케줄이 너무 빡빡해서 불가능하다고 정중히 거절했었다.

어느 날 너무나 커다란 소포가 발신인 주소도 없이 내 사무실로 배달되었다. 비서와 내가 그것을 열자 둘둘 말려 있던 무언가가 쫙 펼쳐졌다. 그것은 긴 빨간색 카펫이었고, 다른 한쪽 끝에는 핀으로 꽂힌 짧은 메모가 있었다. "우리들은 선생님을 환영하기 위해 이 빨간색 카펫을 깔아놓고 기다리고 있습니다. 우리는 선생님이야말로 우리 회의에 가장 적합한 연사라고 믿습니다."

믿을 수 없는 일이었다. 참으로 충격적이었다. 나는 즉시 전화를 걸어 그들의 초청을 수락했다. 그때 이후로 우리는 친한 친구가 되었고, 국제적인 기독교학교연맹 회의가 열릴 때마다 함께 사역해왔다. 그들은 언제나 강연자들과 강사들을 대환영하는 태도를 보여준다.

활용 3: 언어를 정확하게 선택하라

모든 커뮤니케이터들이 당면하는 커다란 문제는 사람들이 잘 듣지 않는다는 사실에 있다. 엄청난 영향을 미치고 싶다면, 언어를 주의깊게 선택해야 한다. 사람들을 어떻게 부르는지 그들에 대해 어떻게 말하는지 스스로 살펴보라. 거기에는 여러 가지 별칭도 포함되어 있다.

"이 바보야, 네가 얼마나 잘했는지 얘기해주고 싶어."

"이보세요 공주님, 잠시만 이리로 오세요."

"이봐, 챔피언, 너 이거 아니? 나는 네가 이 세대의 빌리 그레이엄 같은 전도자가 될 거라고 생각해."

"여어, 뚱뚱보!"

한 조부모는 자기 손자를 '개똥이'라고 부르는 것이 귀엽다고 생각했다. 당신은 그 손자가 그것을 반갑게 받아들였을 거라고 생각하는가? 언어 선택에 신중하라. 내뱉기 전에 그것에 대해 잠깐 멈추고 생각하라.

우리들 중 일부는 헤픈 입 때문에 다른 이들보다 더 큰 문제를 만들고 있는 사람도 있다. 다음 사항들을 명심하라. 순간적으로 내뱉은 해로운 말보다 다시 담기에 더 어려운 것은 없다. 그러므로 조심하라. 이 부분에 문제를 안고 있다면, 야고보서 3장을 묵상하라. 말해도 좋을 긍정적인 것들을 미리 생각하라.

활용 4: 시선을 마주치라

우리의 주된 수용 기관은 귀가 아니라 눈이다. 눈을 통해 기대를 전달함으로써 이같은 사실을 이용하라. 직접적인 눈맞춤은 당신의 진실을 입증해 준다. 그것은 당신이 말하는 영향 이상으로 높여준다.

직접적인 눈맞춤은 기대감에 대한 당신의 표현에 힘을 준다. 당신이 꽃피우기를 원하는 학생의 눈을 똑바로 쳐다보라. 깜빡거리지도 눈길을 돌리지도 말라. 이것은 당신이 누군가에게 소중한 것을 쌓아올리는 귀중한 기회이다. 단지 무심결에 눈길을 그들 쪽으로 던지지 말라. 눈길을 소중히 모아 그들에게 주라. 눈맞춤이 없으면 기대는 효과를 거의 내지 못하거나 전혀 없다. 눈맞춤은 사람들을 꽃피우고자 하는 당신의 시도에 힘을 준다.

WTB 선교회에서 회의가 끝나면, 우리 모두는 종종 문 밖으로 향한다. 나는 멈추어 서서 내 뒤에 있는 사람을 마주보려고 뒤를 돌아보곤 한다. 잠시 담소를 나눈 다음 나는 그들이 해온 일에 대해 그 사람을 칭찬하며 그것을 미래의 기대로 연결시키곤 한다. 나는 그 기대가 완전히 견고해질 때까지 그의 눈을 똑바로 주시하고 눈길을 놓지 않는다.

활용 5: 신체 언어를 조심스럽게 전달하라

연구자들은 사람들이 의사를 전달하기 위해서 100개 이상의 비언어적 신호들을 사용한다고 보고하고 있다. 그러므로 신체 언어가 당신 말에 적합하도록 신경쓰라. 학생들의 신체 언어에 신중한 주의를 기울이라. 그들의 신체 언어는 당신을 따라오고 있는지 아닌지 당신에게 말해주고 있다!

교사의 신체 언어는 강력한 방법이므로 교사의 기대들을 교탁 뒤에서 소극적으로 표현하지 말라. 교탁 맞은편으로 걸어나오라. 당신과 학생 사이에 어떤 장애도 두지 말라. 학생의 눈을 바라보고 적절한 애정을 표현하라. 그러면 당신이 말하는 것이 진실임을 알 것이다.

신체 언어를 통해 기대를 표현하는 적당한 방법은 긴장을 풀고, 다른 이와 비슷한 눈높이로 앉아 몸을 앞쪽으로 굽히는 것이다. 그가 아동이라면 아마 무릎을 꿇어야 할 것이다. 가까이 다가가는 것이 중요하다. 그리고 눈맞춤을 잊지 말라.

활용 6: 다른 이들을 적절하게 터치하라

여러 해 전 어느 금요일 밤, 길고 힘든 한 주를 보낸 다음 나는 사무실에서 늦게까지 일하고 있었다. 나는 몇 시간 안에 어느 큰 세미나에 가기 위해 비행기를 타야 했다. 그리고 그 주말 동안 다섯 차례 강연이 계획되어 있었다. 내 온 몸은 마치 이렇게 소리치고 있는 것 같았다. "나는 이 세미나에 가고 싶지 않아." 피곤에 지쳐 있었고 신경이 곤두서 있었다. 누군가에게 사역할 감정적인 힘이 완전히 소모된 상태였다.

서류 가방과 다른 자료들로 가득 찬 상자를 들어올려 사무실 문을 지나 현관 홀쪽으로 걸어나가려던 참이었다. WTB 선교회에서 같이 일하고 계신 아버지는 지친 걸음으로 문을 나서는 나를 보셨다. 늦게까지 일하고 계셨던 아버지는 책을 읽듯이 나를 읽으셨다.

"애야, 잠시만 기다리렴."

아버지는 큰소리로 외치셨다.

"네 짐 좀 날라다주마."

"괜찮습니다, 아버지."

"아니야, 그것들을 내려놓아. 그리고 잠시 날 좀 쳐다보렴."

그래서 나는 아버지를 바라보았다. 그리고 바로 가까이에 다가와서 내 눈을 쳐다보신 아버지는 아무 말 없이 포옹해주셨다. 그것은 작은 포옹이 아닌 커다란 포옹이었고, 쉽게 날 놓아주지 않으셨다.

"네 엄마와 나는 네가 많은 스트레스를 받고 있다는 것을 알고 있단다." 아버지는 계속하셨다. "그러나 우리 아들인 너를 아주 자랑스럽게 여긴단다. WTB 선교회에서 너와 함께 일하는 것이 얼마나 기쁨이 되는지 아니? 하나님이 위대한 방법으로 이 주말에 너를 사용하실 것이야. 모든 게 잘 될 거야."

아버지가 나를 놓아주실 때쯤 내 얼굴에는 눈물이 흐르고 있었다. 나는 여전히 그 이야기를 할 때마다 목이 메인다. 아버지는 내 서류 가방과 상자를 들고 문 밖으로 향하셨다. 나는 그 자리에 힘없이 서 있었다.

"열쇠를 주렴."

"아버지, 괜찮습니다."

"그러지 말고 열쇠를 다오."

나는 아버지께 열쇠를 건네드렸다. 아버지는 나를 위해 잠겨진 차 문을 열어주셨다. 나는 운전석에 앉았고 아버지는 차문을 닫으며 말씀하셨다, "멋진 시간이 될 거야."

WTB 선교회 국제 본부 앞에 있는 인터체인지를 돌아 고속도로 쪽으로 차를 몰아가면서 나는, "훌륭한 주말이 될 거야. 주님이 위대한 일을 이루실 거야"라고 말하고 있는 나 자신을 발견했다.

아버지의 꽃피우심은 텅빈 내 배터리를 재충전하셨고, 그는 그 과정의 대부분을 터치를 통해서 이루셨다. 적절히 터치하라. 터치하는 것을 잊지 말라.

활용 7: 자신감 있게 기대를 세우라

수업이 시작되기 전에 학생들에 대한 기대를 설정하되 긍정적인 기대들을 만들라. 학생들이 교사의 희망과 믿음을 뛰어넘어 그들 자신의 희망과 믿음을 가질 수 있도록, 교사의 것들을 그들에게 이전시키라.

기대가 구체적이면서 적절한 것이 되도록 그것들을 하나씩 적어보는 것도 도움이 될 것이다. 기대를 분명히 하라. 학생들로부터 최선의 것을 기대함에 있어 주저하지 말고 담대하라. 절대로 우물쭈물하지 말라. 가장 자신감 있고 확신에 찬 목소리로 말하라. 결국 의문을 던지는 것은 우리가 아니라 그들이기에 그렇다!

결론

신학대학 교수로 일하던 마지막 해, 나는 졸업반 학생들에게 성경 연구법 과목을 가르쳤다. 그 학기 첫 번째 리포트를 채점하는 동안, 나는 마치 꼬깃꼬깃 뭉쳤다가 다시 편 것 같기도 하고, 한쪽 귀퉁이엔 케첩이 밴 것 같아보이는 낱장으로 된 리포트를 채점하기에 이르렀다.

즉시 제출자를 확인했다. "베키라는 이 학생이 누군지 짐작조차 안 가는데." 혼잣말을 하며 나는 리포트 위쪽에 'F'라고 적어넣었다. 솔직히 말해서 나는 그 F 뒤에 마이너스 표시까지 붙이고 싶었지만 꾹 참았다.

그 다음 수업 시간, 나는 베키에 대해 좀더 알려고 했다. 그녀는 맨 끝 구석에 앉아 있었다. 머리는 헝클어져 있었고, 옷은 그녀의 시험지처럼 구겨져 있었다. 모양새는 형편 없었다. 나는 그 한 시간 내내 그녀와 눈을 맞추려고 했으나 성공하지 못했다.

두 번째 리포트를 받아들었을 때, 나는 즉시 베키의 것을 찾아보았다. 케첩이 묻어 있지도 다림질이 필요한 것처럼 구겨져 있지도 않았지만 이번 역시 F였다. 나는 사무실 의자에 앉아 주님께 말씀드렸다. "주님, 아마도 베키가 이번 학기의 제 연구 과제가 될 것 같습니다. 베키를 활짝 꽃피우게 하기 위해 제게 창의성과 무조건적인 사랑을 허락해주십시오."

그런 후 나는 그녀의 리포트 상단에 "베키, 나는 이 리포트가 학생의 진정한 재능과 실력을 반영하고 있지 않다고 믿습니다. 나는 학생이 진정으로 얼마나 할 수 있는지 보게 되길 기대합니다. 교수로부터"라고 썼다. 그리고 나는 그녀의 리포트에 점수를 매기지 않았다. 이 상황에 세 번째 F가 무슨 소용이 있겠는가?

그녀의 다음번 리포트는 'D-'로 향상되었다. 나는 또 다른 메모를 적어넣었다. "베키, 조금이나마 노력을 기울여준 데 대해 고맙게 생각합니다. 나는 학생에 대한 내 생각이 옳았다고 믿습니다. 학생이 전력을 기울일 때, 정말로 무엇을 성취할 수 있을지 보게 되는 것은 참으로 굉장한 특권입니다. 나는 학생의 편입니다. 교수로부터." 그리고 또다시 어떤 점수도 매기지 않았다.

그 다음번 리포트는 두 장 분량이었다. 충분히 C짜리 리포트였다. "베키, 정말로 놀라운 향상이군요! 이번 리포트는 지난 것보다 조금 더 발전되어 있고 엄청난 잠재력을 보여주었습니다. 다음번 리포트가 무척 기대되는군요. 교수로부터." 역시 점수를 매기지 않았다.

그 다음 리포트는 분량이 두 배로 증가된 넉 장짜리였다. 그것은 거의 A학점이었다. "베키, 학생의 향상은 그야말로 놀랍군요! 학생의 통찰력과 작업의 질은 진실로 나에게 영감을 불어넣어줍니다. 나는 이제 베키 양이 자신이 행할 수 있는 최대의 것을 내게 보여줄 준비가 되어 있다고 믿습니다.

교수로부터." 이번에도 점수는 매기지 않았다.

그 다음번 리포트는 내 기대를 완전히 뛰어넘는 것이었다. 나는 리포트 상단에 "베키, 지금 나는 내 책상 위에 올라서서 갈채를 보냅니다. 나는 늘 학생 안에 그러한 잠재력이 있으리라고 믿었습니다. 나는 학생이 우리 학교의 가장 훌륭한 성경 연구생 가운데 한 사람이 되리라고 믿습니다. 학생이 내 과목에서 향상되어가는 것을 지켜보는 것은 나의 기쁨입니다. A+."

그 학기말 쯤, 누가 당당히 그 과목의 선두주자였는지 추측해보라. 당연히 베키였다.

그 해가 지나서 하나님은 나를 그 대학으로부터 거의 5천 킬로미터나 떨어진 애틀랜타로 옮기셨다. 몇 년이 지났다. 나는 그 '리포트'에 대해 완전히 잊고 있었다. 그러다 나는 '사신(私信)'이라고 쓰인 편지를 받았다.

세계 도처를 다니면서 관계하고 있는 상담 건 때문에, 비서는 그런 편지들은 결코 개봉하지 않았다. 발신인을 언급하면서 비서는 물었다. "박사님, 이 사람이 누군지 아세요?" 처음에 나는 그 이름을 전혀 기억해내지 못했다. 그래서 봉투를 뜯어 글을 읽어내려갔다.

> 존경하는 윌킨슨 박사님.
> 오랜 세월이 지난 지금, 저는 박사님께 이 글을 드리지 않을 수가 없답니다. 제가 결혼해서 아마도 박사님은 제 이름을 알아보지 못하셨을 겁니다. 어떻게 감사를 드려야 할지 모르겠습니다. 박사님은 제 일생에 제 안에 무엇인가 좋은 것이 있다고 믿어주신 첫 번째 분이시지요. 박사님의 과목은 제 삶을 완전히 변화시켰습니다. 저는 지금 행복한 결혼생활을 하고 있고, 훌륭한 두 자녀의 어머니입니다. 박사님을 만나지 못했고, 박사님의 수업에 참석하지 못했더라면, 저는 결혼조차 하지 못했을 것입니다. 저를 믿어주셨던 점에 대해

어떻게 감사를 드려야 할지 모르겠습니다.

사랑을 전하며.

베키 드림.

나는 꽃을 피우는 것이 일생일대의 차이를 만들어낼 수 있다는 사실을 상기시키는 지표로 그 편지를 우리 집 특별 서류함에 간직하고 있다.

나는 비운의 우주선 챌린저 호에 탑승했던 크리스타 맥컬리프(Christa McAuliffe) 교사를 생각한다. 그녀는 "나는 미래를 터치합니다. 즉, 나는 가르칩니다"라고 말함으로써 교육에 대한 내가 지닌 생각을 가장 적절하게 표현해주었다.

당신은 가르친다. 즉, 당신은 미래를 터치한다. 당신은 어떤 지문을 남기겠는가?

당신 삶에 있는 어떤 이들은 당신의 터치를 필요로 한다. 그것도 지금 당장 말이다! 그들은 하나님이 당신 눈앞에 놓으신, 꽃을 피워야 할 베키와 같은 학생들이다. 아마도 이제껏 당신이 그들을 그와 같은 놀라운 기회로 여기지 않았을지도 모르지만 이제 당신은 그것을 깨닫지 않겠는가?

주님께 이렇게 여쭈어보라. "주님, 제 삶에서 당신의 도움을 힘입어 제가 꽃을 피우기 원하시는 사람이 누구인가요? 주님, 새로운 꿈이 필요한 사람이 누구입니까?"

잠시 동안 하던 일을 멈추고, 당신 눈을 열어주시도록 주님께 기도하라. 수많은 사람들이 당신과 같이 자신의 목전에 있는, 도움을 절실하게 요청하는 사람들을 새롭게 발견해왔다. 당신도 이후로 90일간 당신 앞에서 당신을 기다리는 누군가를 꽃피우도록 하나님께 기도하지 않겠는가? "사랑의 하나님, 제가 _____ 를 꽃피우도록 도와주십시오!"라고 기도하라.

지금이 바로 당신 삶에 있는 베키와 같은 학생들을 터치하겠다고 헌신할 순간이다. 그들에게서 최상의 것을 기대하고 그들을 만발하게 하기 위해서 말이다.

그리고 언제가 훗날, 또는 어쩌면 천국에 가서야 당신이 베키에게 내재된 최상의 것을 믿을 만큼 충분히 그녀를 사랑했기 때문에, 당신이 실제로 그녀의 미래를 터치했음을 깨닫게 될 것이다.

토론할 문제

1. 왜 우리들 중 많은 이들이 누군가에 대해 최선의 것보다는 오히려 최악의 것을 믿는 경향이 있는지 생각해보았는가? 왜 구설수는 항상 좋은 소식이기보다는 나쁜 소식이라고 생각하는가? 우리들이 다른 사람에 대해서는 승리보다는 실패를 이야기하고, 스스로에 대해서는 실패가 아닌 승리를 이야기하는 이유는 무엇인가? 이같은 파괴적인 습관을 변화시키기 위해, 깊고 의미 있는 방식으로 우리의 사고방식을 변화시켜야 할 것이다. 당신 자신의 말로, 그러한 변화가 보통 수준의 사람에게 어떻게 보여질 것이라고 생각하는지 설명해보라.

2. 잠시 동안 깊이 생각할 자세를 갖추고 창의적인 방향으로 시선을 돌려보라. 가장 평범한 크리스천이 되어보라. 남성이든 여성이든 모든 사람이 그 마음속에 숨겨온 적어도 세 가지 꿈이나 비전 또는 희망은 무엇인가?

미래에 대해 우리들 모두가 실현되어지기를 소망하는 것은 무엇인가? 동료들 중 몇몇을 꽃피우기 위해 그중 두 가지를 시도해보라.

■

3. 감정적 단계를 표현할 때 사용할 수 있는 적어도 12가지의 서로 다른 표현들을 열거해보라. "나는 무척 자랑스럽다"라고 말하는 대신 어떻게 말할 수 있는가?

■

4. 현재 알고 있고 관계를 맺고 있는 사람들을 생각해보라. 그들 중 누구를 최대로 꽃피우기 원하는가? 잠시 시간을 내어, 그 사람의 꿈과 소망이라고 생각하는 것에 대해 짤막하게 기록해보라. 적절한 시기에 그들의 미래에 대해 가지고 있는 가장 중요한 꿈의 일부를 함께 나누도록 청하라. 그리고는 기록을 다시 고쳐 쓰라. 그렇게 한다면 다음 번에 기회가 왔을 때, 이 특별한 사람에게 뿌릴 '꽃가루'를 이미 손에 쥐고 있을 것이다.

법칙 3

적용의 법칙

05

적용의 기초, 모델 및 원리

내가 고등학교에 다닐 때, 멋진 여자 친구를 가지는 것 다음으로 사나이가 지상에서 달성해야 할 두 번째 가장 큰 성취는 자동차를 갖는 것이었다. 그때 유행하던 말은 대개 '근사한' '산뜻한' '와우!'와 같은 표현들이었고, 그 시대는 흰 양말과 브라이 크림(머릿기름)의 시대였다.

그런 1960년대 초반에 어떤 희생이라도 기꺼이 치르면서라도 누구나 갖고 싶어했던 자동차는 비치 보이스(Beach Boys)가 타고 다니는 것으로 유명했던 '우디 스테이션 웨건(Woody Station Wagon)'이었다.

우리 집 자동차가 우연히 우디였기 때문에 나는 운이 좋았다. 나는 그것을 자랑하고 싶어서 학교까지 몰고 가게 해달라고 부모님을 여러 달 동안 졸랐다. 마침내 부모님은 조건부로 허락해주셨다. "좋아, 성적을 올리렴. 그러면 네 고등학생 시절 마지막 6주간 사용하게 해주마."

물론 나는 성적을 올리기 위해 혼신의 힘을 기울였고, 고등학교를 마칠 무렵 부모님은 마침내 그 자동차 열쇠를 건네주셨다.

나는 처음으로 학교 '졸업반 주차장'에 우디를 세워두기 위해 그 주말 내내 거의 잠도 잊은 채 그것을 손질했다. 부모님은 잔디조차 제대로 깎지 못할 정도로 원기 없어 보이던 아들 녀석이 자동차의 여기저기를 닦으며, 엔진을 손보고 '영원히 반짝이는 자동차 왁스'라고 광고하던 왁스를 한 통도 아닌 두 통씩이나 바르는 것을 지켜보셨다. 또 두 개의 후면 스피커뿐만 아니라 원래 있던 머플러를 근사한 것으로 갈아 끼우고 자투리 카펫을 깔아 고정시키느라 밤늦게까지 소란을 피우는 것을 보고는 충격을 받으셨을 것이다. 그것은 엄청난 작업이었지만, 모든 시간이 가치 있는 순간이었다. 왜냐하면 그 차를 몰고 학교에 간다면 마치 온세상이 내 것처럼 느껴질 것이었기 때문이다.

손잡이를 돌려 창문을 연 다음 팔을 밖으로 내놓은 채, 온 동네 떠나갈 듯 라디오 볼륨을 최고로 높이며 '근사한 사나이'인 내가 지나가고 있었다.

나는 학교 주차장으로 들어가기 전에 사람들 사이를 한 번 퍼레이드 하고 누구나 선망하는 '졸업반 주차장'으로 차를 몰고 갔다. 그리고 다른 모든 졸업반 학생들이 늘상 하던 대로 했다. 엑셀을 밟아 엔진 회전수를 늘리고 다시 늘리는 일을 계속 반복했다. 우리는 그것을 '회전 늘림의 의식'이란 애정 어린 별칭으로 불렀다. 그러자 남학생들이 우르르 몰려들어 자동차 보닛을 열고 내부를 주의깊게 관찰했다.

그 다음엔 모두 자기 차에 올라 시동을 걸고, 차는 전혀 움직이지 않으면서도 몇 십 분이고 운전석에 앉은 자랑스런 자신의 모습을 즐겼다. 그러면서 우리 모두는 엄청난 힘을 만끽했던 것이다! 그것은 우리에게 생기를 불어넣어주었다.

그러나 오늘날에도 교회 주차장에서 엔진 회전수를 늘려 붕붕거리며 음악을 크게 틀어놓고 있는 나를 본다면, 도대체 무슨 일이 있는지 의아해할 것이다. 그같은 행동이 열일곱 살짜리에게는 정상이겠지만, 다 큰 어른에게는 아니다.

열일곱 살짜리인 나는 그 자동차를 목적 자체로 간주했다. 나는 그것이 제공할 수 있었던 교통 수단의 의미보다는 엔진으로부터 나오는 소음에 더 흥분했던 것이다. 수단을 목적으로 생각하는 미성숙함을 드러냈던 것이다. 자동차의 용도는 엔진의 회전수를 올리는 데 있는 것이 아니라 수송하는 데 있다. 자동차의 진정한 가치는 엔진 그 자체에 있는 것이 아니라 적용에 있는 것이다.

불행하게도 오늘날 대다수의 설교단과 교실에 앉아 사람들이 "언제 차를 몰고 나갈 것인가?"라고 생각하고 있는 동안, 대다수 가르치는 사람들은 엔진 회전을 늘리며 그 소음에만 흥분을 느끼고 있다. 우리는 수단과 목적을 혼동하고 있다. 우리는 우리가 말하는 내용에 너무 얽매여, 삶의 변화가 그 내용의 목적임을 잊어버렸다.

교사들은 세 가지 요점들, 7가지 지침들 및 14가지의 요소들을 가지고 내용의 회전수 올리기를 좋아한다. 자부심을 느끼며, 외우기 쉽게 만들어진 개요, 하부 요점과 예화들을 마치 후면 스피커, 새 머플러와 카펫을 까는 것처럼 내보인다. 오늘의 신학원, 신학대학, 교육 세미나와 강의는 언제나 훨씬 더 훈련된 목사와 교사를 배출하고 있다. 그러나 학급과 교회 내부를 살펴보면 더욱 많은 문제를 발견할 수 있다. 마약과 술 중독, 부도덕, 이혼, 문제아, 비만과 거식증, 뒤바뀐 우선순위 등을 그 어디에서나 쉽게 찾아볼 수 있다.

이제 자동차 보닛을 닫고, 기어를 넣은 다음 목적지로 몰고가기 시작하자. 그렇게 할 때 그것은 가르치는 방법을 영원히 바꿀지도 모른다.

적용의 기초

기초란 지배적인 태도 또는 의견이다. 기독교인이든 비기독교인이든 대다수 교사들은 보통 자료를 설명하고 충분히 '다루는 데' 교육의 목적이 있다고 믿고 있다. 많은 교사들의 가르치는 내용을 보면 무엇을 어떻게 가르칠 것인가에 대한 초점이 압도적으로 많다. 학교에서 치르는 시험에 나오는 거의 모든 질문들이 지식 문제를 다루고 있다. 일반적으로 교사가 가진 정신 자세를 보면 '아는 것'이 교육받는 것의 본질이다. 그러나 그것이 올바른 정신 자세인가? 하나님은 교사가 자료를 충분히 다루어가면서 가르치기를 원하시는가? 아니면 기독교인 교사들에게 좀 더 깊고 의미심장한 목표를 가지고 계신가?

나는 기독교인 교사가 가져야 할 성경적인 가르침의 기초는 내용뿐만 아니라, 그 적용 또한 가르치는 것이라고 믿는다. 내용은 사실과 정보 및 자료와 연관되어 있다. 반면에 적용은 지혜, 변화, 성숙과 관련이 있다. 내용은 '무엇'을 나타내고, 적용은 '그래서 어떻게 하면 좋은가'를 보여준다. 내용은 대개 수업 시간에 토론된 것이며, 적용은 주로 수업의 결과로 나타난 것을 말한다. 내용은 '아는 것'을, 적용은 '되는 것'과 '행하는 것'을 중심으로 한다.

이 문제에 대한 중요한 성경 구절은 물론 잘 알고 있는 것이다. 당신은 그것을 암송해왔고, 그것에 대한 설교도 들어왔으며, 심지어는 가르치기도 했다. 그러나 어떻게 그것이 적용에 대한 하나님의 마음을 알려주는지는 전혀 숙고해보지 않았을지도 모른다.

"모든 성경은 하나님의 감동으로 된 것으로 교훈과 책망과 바르게 함과 의로 교육하기에 유익하니 이는 하나님의 사람으로 온전하게 하며 모든 선한 일을 행할 능력을 갖추게 하려 함이니라"(딤후 3:16-17).

불행하게도 우리들 대부분은 이 구절이 "모든 성경은 하나님의 감동으로 된 것이며 교훈으로 유익하다"고 말하고 있다고 생각한다. 주로 교훈을 주기 위해 하나님이 우리들에게 성경을 주셨다고 믿는다. 그러므로 가르치기 위해 교단에 설 때, 교훈을 설명하고 최선을 다해 성경이 의미하는 바를 이야기하는 것이 교사의 임무라고 생각한다. 문제는 이 구절이 전혀 그렇게 말하고 있지 않다는 사실에 있다. 이 구절은 전혀 다른 것을 말하고 있다.

어떤 구절이나 요절에서 주된 개념을 찾는 방법은 모든 형용사, 부사, 전치사구와 수식어구를 삭제해나가는 것이다. 종종 이 단순하고도 사소한 훈련이 많은 혼란을 초래하기도 한다. 디모데후서에 있는 이 구절에 이 방법을 적용하면 그 문장은 다음과 같이 된다.

"성경은 된 것으로
하기에 유익하니
이는 (하나님의) 사람으로
온전하게 하며
행할 능력을 갖추게 함이니라."

위의 14개의 단어를 잠시 연구해보라. 성경은 어떤 용도로 주어졌는가? 그것은 교훈을 말하고 있는가? 아니다. 그러면 성경이 책망과 바르게 함의 목적을 위해 주어졌다고 말하고 있는가? 아니다. 그것들 모두는 단지 중심 개념에 대한 설명이며, 심지어는 '이는'이란 단어에 선행됨으로써 그것들이 목적이나 목표를 이야기하는 것이 아니라는 것을 분명히 입증하고 있다.

이 구절이 오해의 여지 없이 명확하게 밝히고 있는 것은 하나님의 말씀이 한 가지 중요한 목적을 위해 주어졌다는 것이다.

1. 그리스도인을 온전하게 하다(become complete)
2. 그리스도인을 ~할 능력을 갖추게 하다(become equipped)

'~을 온전하게 하다(complete)'와 '~할 능력을 갖추게 하다(equipped)'라는 단어는 '아는 것' 또는 '되는 것과 하는 것' 중 어느 것을 중심으로 말하고 있는가? 바로 그렇다. 그것은 철저히 내용을 기초로 믿는 자의 삶에서 일어나고 있는 것을 목표로 하고 있다. 하나님의 주된 관심은 내용이 아니라 삶에 대한 내용의 적용인 것이다.

그러므로 그리스도인이든 비그리스도인이든 대다수의 교사들이 단지 '지식을 알게 하려고' 가르칠 때, 그들은 하나님의 목적을 따르지 않는 것이다. 성경을 본래 의도된 목적과 동일하게 가르치지 않으면, 하나님과 상반되는 목적을 가지고 가르치는 비극을 초래할 수도 있다.

적용의 모델

그렇다면, 교사들은 어떻게 해야 하는가? 하나님은 우리에게 성경을 믿는 자의 삶에 적용하는 일을 맡기셨다. 그것을 통해 그 사람이 변화되고 온전하게 되도록 말이다. 그것이 진리를 전하는 교사의 목표이다. 더 많은 통찰을 얻기 위해 위의 성경 구절을 적용 모델로 하여 좀 더 자세히 분석해보자.

자원: 믿는 자들을 위한 하나님의 영감된 계시

성경은 그야말로 하나님의 말씀이다. 그것은 하나님이 주셨고 하나님에 의해 감동되었다. 사람이라는 기자를 매개로 하나님은 백성들에게 진리를 문자화된 형태로 주기로 확정하셨다. 하나님의 말씀은 우리가 모든 삶과 모든 학습의 기준이 되는 일에 사용하는 표준이다. 그것이 교사가 가르치는 주제이다.

성경은 그리스도인 교사에게 온전한 학생을 만들어내는 주된 자원이다. 로마서 12장 1-2절이 가르치듯이 변화는 성경대로 생각하기 위해 우리 마음을 새롭게 함으로 일어난다. 성경은 모든 삶의 변화를 위한 기초이다.

방법론: 성경을 믿는 자에게 적용하는 법

하나님의 사람으로 변화되고 온전하게 되기 위해 하나님의 말씀을 어떻게 가르쳐야 하는가? 디모데후서 3장 16-17절은 신자의 삶, 즉 인격과 행동을 변화시키려는 하나님의 목표를 이루기 위해 우리가 사용할 수 있는 4가지 중요한 적용 방법을 열거하고 있다. 교훈과 바르게 함은 주로 믿음과 관련된 반면, 의로 교육함과 책망은 대체로 행동과 관련이 있다.

□ **믿음과 관련하여**
- '교훈(didaskalian)'은 가르침 또는 교습을 의미하며, 그것은 학습되어지고 순결하게 지켜져야 하며 이단에 대적하여 보호되어야 할 것이다. 교사가 하나님의 사람에게 그가 믿어야 하는 진리를 제시하며 하나님의 말씀을 설명할 때 교훈이 일어난다. 이 용어는 또한 배움을 위해 쓰인 성경인 로마서 15장 4절과 바울이 성경에 착념하고 주의를 기울이도록 디모데를 권고한 디모데전서 4장 13절과 16절에서 사용되고 있다.

- '바르게 함(epanorthosin)'은 '다시 곧게 만든다'라는 의미를 지니는 세 개의 헬라어로 이루어져 있다. 그 목표는 잘못을 바로잡고 실족하는 자들을 일으키며 과오를 범하는 자들을 타이르는 데 있다. 디모데후서 3장 16절은 신약 성경에서 이 단어가 사용되고 있는 유일한 곳이며, 이것은 사람이 가질 수 있는 거짓 교훈이나 잘못된 믿음을 고쳐주는 것을 의미한다.

교훈의 목적은 진리를 설명하는 것이다. 그리고 그것은 긍정적인 측면으로 '진리에 대한 올바른 이해이다.' 바르게 함은 교훈의 반대 측면이다. "당신이 믿는 것이 성경과 일치하지 않는다. 성경은 그 대신에 …라고 가르친다." 교훈과 바르게 함, 둘 다 주로 그리스도인의 믿음과 관련이 있다.

▫ 행동과 관련하여

- '의로 교육함(paideian)'은 양육에 관계하며 '아동 훈련'을 의미한다. 신자들을 하나님의 길로 안내하는 것을 강조하며 징계와 훈육을 포함한다. 유력한 헬라어 사전에 따르면, 이 용어는 '심성과 도덕심을 고양하고 지도하고 훈계하며 꾸짖고 징책하는 등 어린이를 전인격적으로 훈련하고 교육하는 것을 의미한다.' 에베소서 6장 4절과 히브리서 12장 5-8절은 이 단어를 의미 있게 사용하고 있다.

- '책망(elegmos)'은 죄인으로 하여금 죄를 뉘우치게 하고 처벌하는 것을 말한다. 이것은 죄를 범하는 사람들에 대한 책망이거나 오류를 깨닫게 해서 바른 길에 서게 하는 것이다. 이것은 신약 성경에서 유일하게 쓰인 단어이다.

교육함과 책망은 주로 행동과 관련이 있다. 교육함은 긍정적이고 책망은 부정적이다. 교육함은 신자에게 일상생활에서 그리스도를 위해 사는 법을 훈련시키는 것이다. 반면에 책망은 부적절하게 행동하는 신자에게 그 행동을 중지시키고 그리스도의 명령과 일치되게 되돌리려는 것이다.

이것들이 하나님의 사람들에게서 삶의 변화를 일으키는 4가지 주요 방법들이다. 이것들은 긍정적인 면에서나 부정적인 면에서 믿음과 행동을 포함한다. 이것을 이해하고 사용하기 시작했을 때, 마침내 나는 적용하는 법을 터득하기 시작했다.

성경은 삶의 변화를 위해 주어졌기 때문에, 그리고 4가지 법칙들은 보편적이기 때문에 성경의 책들은 이러한 4가지 적용 방법들과 조화를 이루고 있다. 예를 들어, 당신은 고린도전서를 어디에다 놓겠는가? 책망에 놓을 수 있다. 그것은 "이런 식으로 행동하지 말라"고 지시한다. 로마서를, 특별히 로마서 1-11장까지를 어느 곳에 적용시키겠는가? 교훈이다. 여기에는 믿어야 할 바가 적혀 있다. 그렇다면 빌립보서는 어떤가? 그것은 의로 교육함에 속한다. 여기에는 어떻게 행동해야 하는가가 실려 있다. 그러면 갈라디아서는? 그것은 바르게 함, 즉 그릇된 교훈을 믿는 것을 그치라고 말한다. 부모로서, 교사로서, 설교자로서 당신은 성경에서 이 4가지 방법에 해당하지 않은 구절을 하나도 찾지 못할 것이다. 왜냐하면 성경은 삶의 변화를 위한 가르침의 방법을 말하고 있기 때문이다.

그렇다면 성경의 목적은 무엇인가? 불행하게도 우리는 대개 그것을 깨닫지 못하고 있다. 물론 하나님의 말씀은 외우기에 유익하다. 그러나 그것이 주된 목적은 아니다. 더욱이 하나님의 말씀은 연구하기에 유익하다. 그러나 그것 역시 주목적이 아니다. 하나님의 말씀은 유일하게 중요한 것, 즉 그리스도인의 삶을 변화시켜 더욱 그리스도를 닮아가고, 그리스도를 위해 더 많은 일을 하도록 하기 위해 주어졌고, 그 일을 위해 유익하다.

그러므로 다음번에 가르칠 때는 성경이 주어진 이유에 합당하게 가르치고자 한다면, 한 가지를 목표로 삼아야 한다. 바로 삶의 변화이다! 그럼에도 불구하고 대다수의 교사들은 내용을 이해하는 것을 목표로 나아간다. 그리고 그같은 이해가 왜 삶의 변화로 귀착되지 않는지 의아해한다. 그들은 성경의 목적이 적용이 아닌 교훈이라고 생각한다. 내용을 가르치면 적용을 할 것이라고 생각한다. 성경의 내용과 결합된 깊은 적용이 일어나지 않으면, 내용은 지속적인 삶의 변화를 끌어내지 못한다.

결과: 성숙하고 온전하게 된 그리스도인들

바울은 성경의 목적이 "하나님의 사람으로 온전하게 하며 모든 선한 일을 행할 능력을 갖추게 하려 함이니라"라고 말하고 있다. '온전하게 하며' 뒤에 있는 헬라어는 'artios'이며 그것은 '적절한, 완전한, 충분한, 즉 모든 요구를 충족시킨다'는 뜻을 지니고 있다. 일반적으로 이것은 사람의 인격, 즉 그가 어떤 인물인가와 관련 있다. 학생의 인격은 시간이 흐름에 따라 예수 그리스도의 형상으로 변화되어갈 것이다. 그것이 바로 하나님의 주된 목적이다.

두 번째 목적은 "~할 능력을 갖추게 하다"이다. 그것은 헬라어 'exertismenos'에서 유래되었으며, 'artios'와 같은 어원을 갖는다. 그것은 '온전히 준비된, 충분히 비치된, 충분히 장비를 갖춘, 충분히 공급된'과 같은 의미를 지닌다. 왜 그래야 하는가? 선한 일을 하기 위해서이다. 그렇게 해서 신자의 행위는 주님을 섬기는 데 있어서 적절하고도 능동적이 된다.

하나님은 두 가지 목적, 즉 인격의 변화(내가 어떤 사람인가)와 행위의 변화(내가 무엇을 하는가)를 위해 성경을 주셨다. 배우는 학생이 인격 면에서 좀 더 주님처럼, 그리고 좀 더 하나님의 사람처럼 되지 않는다면, 또 그가 좀 더 효과적으로 섬기기 위해 온전하게 되지 않는다면, 교사는 성경이 그의 삶 속에서 목적하는 바를 제대로 이루어드리지 못한 것이다.

이러한 통찰점들을 아래에 표로 적용의 모델로 요약해놓았다. 왼쪽 칸은

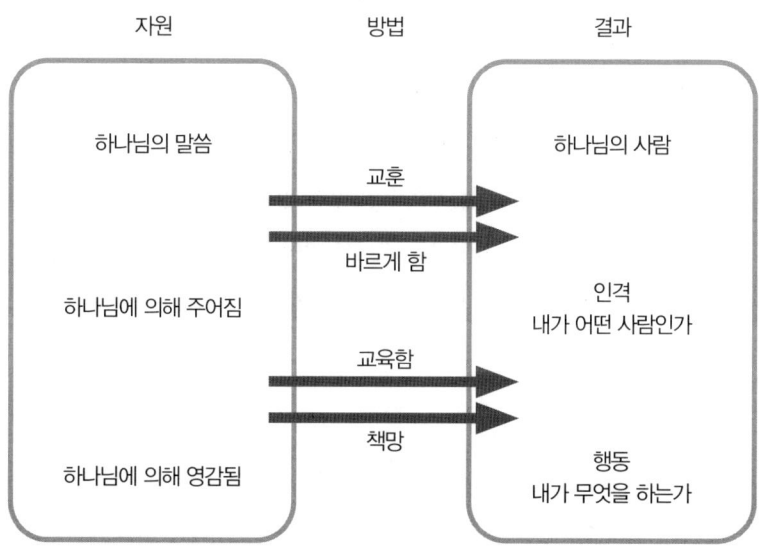

하나님의 감동으로 주어진 하나님의 말씀인 자원을 나타낸다.

오른쪽 칸은 삶의 변화를 목적으로 성경을 가르친 결과를 나타낸다. 즉, '하나님의 사람'이 '인격(내가 어떤 사람인가)'과 '행위(내가 무엇을 하는가)' 모든 면에서 변화된다.

이것을 성취하기 위한 '방법'은 그가 가진 올바른 '교훈'을 확증하고, 그가 가진 잘못된 교훈을 '바르게 함'으로써 먼저 그의 '믿음'을 변화시키는 것이다. 이것을 토대로 그가 죄 가운데 빠져 있다면 그는 '의로 교육함'과 '책망'을 받을 것이다.

그러므로 가르칠 때, 교사의 목적이 항상 하나님의 목적과 같도록 분명히

하라. 즉, 성경에 근거한 놀라운 적용을 통해 삶을 변화시키기 위해 가르치고 있음을 확인하라. "나는 단지 이 구절을 너희들에게 설명해주려고 한다"는 식으로 말하지 말라. 거기에서 멈추지 말라. 그럴 경우 당신이 한 일이라고는 고작 엔진 회전수를 늘린 것뿐이다. 성경은 정보를 위해서가 아니라 변화를 위해 주어진 것이다.

이 법칙은 내 삶과 사역에 대변혁을 일으켰다. 나는 내용 자체를 위해 가르치고 설교하곤 했다. 이제 금방 당신에게 이야기한 것을 배운 뒤에야 비로소 나는 학생들이 보여주는 지속적인 삶의 변화를 지켜보는 기쁨을 경험할 수 있었다. 다음 일곱 가지 적용 원리를 읽어가면서, 다음 장의 혁신적인 적용 방법을 배우도록 주님이 당신을 준비시켜주시기를 기도한다.

적용의 원리

"성경은 우리의 정보를 위해서가 아니라 우리의 변화를 위해 주어졌다"고 말한 무디(D. L. Moody)는 성경의 목적을 바로 깨닫고 있었다. 하나님은 우리에게 과거에 어떤 일이 일어났는가를 이야기하기 위해서가 아니라, 미래의 빛을 따라가며 현재를 살아가는 우리를 온전하게 하기 위해 성경을 주셨다.

원리 1: 적용은 하나님이 계시하신 가장 중요한 이유이다

이제까지의 삶을 심판받기 위해 주님 앞에 설 때, 주님이 사지선다형 문제와 OX 문제로 가득한 하늘나라 '시험지'를 배부하실 것이라고 생각하는가? 주님이 우리들에게 신구약 39권을 순서대로 암송하고, 열두 제자들의 이름을 적거나, 에스겔이 본 환상에 대해 자세히 설명하라고 요구하실 것이라고 생각하는가? 물론 아니다. 그렇다면 왜 그 많은 학생들이 그저 간단한 OX형 시험에나 나올 성경의 사실에만 마음을 쓰며, 정작 최후 시험에 출제될 문제에 대해서는 관심을 가지지 않는가?

나는 주일이면 언제나 흥미나 의욕을 상실한 채 주일학교에서 돌아왔던 아이들, 데이브와 제니를 기억한다. 대개 부모들이 그렇듯이 우리들은 "오늘 주일학교에서 무엇을 배웠니?"라고 묻곤 했다. "아빠, 아무것도 배운 것이 없어요. 이미 알고 있던 이야기였거든요." 처음에는 그런 대답이 아내 달린과 나를 기분 좋게 만들었다. 왜냐하면 우리가 아이들을 잘 훈련시켰다는 것을 입증해준다고 생각했기 때문이다.

그러나 이런 대화가 매주 반복되었을 때, 우리는 걱정하기 시작했다. 아이들의 교사들은 가르침을 성경에 대해 이야기하는 것이라고 생각하고 있다는 사실을 알 수 있었기 때문이었다. 그들은 사실을 이야기한다는 첫 번째 단계만 취했기 때문에 결과적으로 성경을 오용하고 있었던 것이다. 하나님이 그런 이야기들이 가르쳐지기를 원하신 진정한 이유는 데이브와 제니가 경건한 그리스도인으로 성숙되기를 바라시기 때문이다.

이것은 많은 주일학교 교사들에게 충격을 줄지도 모르지만, 나는 우리 아이들이 성경을 배웠다고 믿지 않는다. 그들은 단지 성경 이야기들을 들었을 뿐이다. 사실을 가르치는 것과 그 사실에 근거하여 삶이 변화되도록 가르치는 것 사이에는 말로 다할 수 없는 차이가 있다. 이야기를 아는 것 자체로는 아무런 변화도 일어나지 않는다. 당장 '문학으로서의 성경'을 가르치는 일반 대학 강의에 참석해보고 이 사실을 직접 확인해보라.

디모데후서 3장 16-17절에 따르면 '하나님의 사람'이 '하나님의 아들'처럼 될 수 있도록 '모든 성경'은 하나님의 감동으로 되었다. 하나님은 내용을 위해서가 아니라 그리스도를 닮아가라고 성경을 주셨다. 단지 정보를 제공하기 위해 가르치는 것은 하나님이 계시하신 목적을 정면으로 무시하고 가르치는 것이다.

자신의 목적을 위해 하나님의 책을 오용하지 말라. 하나님의 목적을 변질시키는 것은 우리가 위험에 빠지는 것과 같다. 우리는 성경을 똑바로 가르쳐야 하며, 그것은 곧 지속적인 삶의 변화를 위해 성경을 가르치는 것을 의미한다.

원리 2: 적용은 교사의 책임이다

성경은 적용을 목적으로 하나님이 주신 것이므로 그것을 가르치는 사람은 그 목적을 존중하고 이행해야 한다. 그러나 대다수 교사들은 적용하는 것이 자기 책임이라고 생각하지 않는다. 적용은 어떤 다른 사람, 즉 신비스럽게 적용이 일어나도록 만드는 어떤 미지의 대행자의 책임이라고 여긴다.

이 원리를 이해하기 전까지는, 나 역시 그것이 내 책임이라고 여기지 않았다. 나는 어떤 하나님의 사람과 가졌던 뜨거운 논쟁을 기억한다. 그것은 아무 적용 없이 내가 모든 내용을 가르치고나서 다음과 같은 너무나 기독교적인, 그러면서도 도피적인 맺음말로 수업을 마무리하는 것을 그가 들은 후였다.

"이제 성령께서 이 진리를 여러분의 삶에 적용하시기를 기도합니다."

그는 입가에 엷은 미소를 띠우며 나에게 그 기도에 대한 응답을 받고 싶은지 물었다.

"물론이지요, 그것을 바라지 않는 사람이 어디 있겠어요."

나는 그렇게 대답했다.

"잠깐만 멈추게나. 왜냐하면 자네가 바로 그 기도에 대한 응답이기 때문이라네."

그는 성령이 그 진리를 적용하기를 원하시지만, 성령의 주된 도구는 그 진리를 가르치는 교사라고 설명해주었다. 나는 하나님이 그분의 능력 안에서 나에게 하라고 하신 것을 그분이 대신 해주시기를 기대해서는 안 된다는 것을 분명하게 느끼며 대화를 마쳤다. 성령은 교사의 적용 과정을 통해 일하신다.

내용을 위해 가르치는 것과 적용을 위해 가르치는 것의 차이는 어마어마하다. 내용만 가르치는 교사는 자신의 책임이 사실을 철저하게 다루고 설명하는 것이라고 생각한다. 적용을 중시하는 교사는 학생들에게서 지속적인 삶의 변화가 일어나는 데 자신의 책임이 있음을 알고 그 사실들을 적용한다.

사도 바울은 적용이 교사의 주된 책임임을 잘 이해하고 있었다. "우리가 그를 전파하여 각 사람을 권하고 모든 지혜로 각 사람을 가르침은 각 사람을 그리스도 안에서 완전한 자로 세우려 함이니 이를 위하여 나도 내 속에서 능력으로 역사하시는 이의 역사를 따라 힘을 다하여 수고하노라"(골 1:28-29).

가르칠 때 하나님의 능력의 초자연적 임재를 경험하지 못하는 이유는 아마 우리가 무지한 채로 성경을 오용하고, 그분의 기름 부으심을 가로막아왔기 때문일 것이다. 하나님은 정보의 전달자가 필요하신 게 아니다. 그분은 변화를 가져오는 사람을 원하신다.

예수 그리스도는 그의 유명한 지상 명령(마 28:18-20)을 통해 삶의 변화를 위한 적용과 가르침의 책임을 우리들에게 맡기셨다. 그분이 어떻게 가르치라고 지시하셨는지 기억하는가? "내가 너희에게 분부한 모든 것을 가르쳐 지키게(행하게/순종하게) 하라." 그리스도의 의도는 분명했다. 그분은 학생들이 그가 분부한 모든 것을 지키고/행하고/순종하도록 교사들이 가르치기를 원하신다. 학생들이 분부한 것을 '지킬' 때 그것은 그들이 진리를 적용한다는 것을 의미한다.

사도 바울뿐만 아니라 베드로, 야고보와 요한 역시 삶의 변화를 위해 가르쳤다. 초기 기독교 시대의 사도들이 그랬듯이 20세기의 제자들도 위대한 스승의 발자취를 따라야 할 것이다. 즉, 그들은 삶의 변화를 위해 가르쳐야 한다.

원리 3: 적용과 내용은 균형을 이루어야 한다

교사들이 가르칠 때 적용하기를 원한다면, 수업 시간의 어느 정도를 적용에 할애해야 하는가?

이 질문에 답하기 전에 한 가지 질문을 던져보자. 당신은 일반적으로 주일학교 수업 또는 설교의 몇 퍼센트나 적용(내가 어떻게 살아야 하는가)과 내용(성경이 무엇을 의미하는가)에 해당된다고 생각하는가? 지난 몇 주간의 수업과 설교에 대해 생각해보라. 어느 것이 더 많은 시간을 차지했는가? 내용인가, 적용인가?

나는 세계 도처의 수많은 사람들에게 물어보았지만, 대답은 놀랍게도 똑같았다. 90퍼센트의 내용과 불과 10퍼센트의 적용. 종종 성경이 하나님의 감동으로 된 말씀이라고 믿는 그룹일수록 때로는 95퍼센트 이상을 내용에 치중한다.

여러 해 동안 나는 내용에 90퍼센트를 치중하는 사람이었을 뿐만 아니라 그것을 자랑스럽게 여겼다. 나는 실제로 가르침에 쓸 시간도 모자라는 형편이어서 적용 따위에 쓸 시간을 따로 낼 수가 없었다. 그러나 이 순례 도중에 나는 우연히 그 놀라운 진리와 마주쳤다.

나는 그 깨달음이 있었던 그날을 기억한다. 그것은 나를 몹시 심하게 뒤

흔들었기 때문에 결코 잊을 수 없을 것 같았다. 나는 비서에게 찰스 스윈돌(Charles Swindoll) 목사가 최근에 설교한 세 개의 설교문을 타이핑해달라고 부탁했다. 나는 그가 미국에서 가장 효과적인 설교와 가르침의 사역을 이끌고 있다고 생각한다. 그리고 그 당시 우리 편집자였던 래리 리비(Larry Libby)와 나는 그 설교문을 갖고 내용에 해당하는 부분은 주황색으로, 적용에 해당하는 부분은 노랑색으로 눈에 띄게 표시했다.

흥미로운 오후였다. 스윈돌 목사의 설교 중 적용이 과연 몇 퍼센트나 차지했다고 생각하는가? 무려 50퍼센트가 넘었다. 확실히 무엇인가가 잘못되었다고 생각했고, 그래서 우리는 찰스 스탠리와 하워드 헨드릭스 목사와 같은 잘 알려진 다른 설교자들의 강의와 설교도 조사했다. 결과는 비슷했다. 사실 가장 훌륭한 설교 중 어느 것은 75퍼센트가 넘는 적용을 담고 있는 것들도 있었다.

나는 새롭게 알게 된 그 사실을 믿을 수가 없었다. 그래서 나는 교회사를 대강 훑어보았고, 그들 세대에서 하나님이 크게 사용하셨던 인물들의 목록을 뽑아냈다. 무디(D. L. Moody), 조나단 에드워드(Jonathan Edwards), 찰스 피니(Charles Finney), 찰스 스펄전(Charles Spurgeon), 존 웨슬리(John Wesley)와 같은 설교자이자 교사였던 분들, 그리고 디트리히 본 훼퍼(Dietrich Bonhoeffer), 토저(A. W. Tozer)와 오스왈드 챔버스(Oswald Chambers)와 같은 저자들의 적용 비율은 어떠했는가? 분명히 그들 대부분이 90퍼센트 이상을 내용에 할애하는 편에 들 것이라고 예상했다.

나는 가장 좋아하는 무디로부터 시작했다. 서너 개의 설교 사본들을 만들었고, 형광펜을 가지고 작업해나갔다. 충격이었다! 많은 이들이 지난 세기의 가장 탁월한 기독교 주자라고 인정하는 무디는 평균 70퍼센트가 넘는 적용 비율을 보였다. 앞서 말한 설교문들 중 90퍼센트의 내용을 지닌 것은 하나도 없었다. 그것들은 모두 평균 45-75퍼센트의 적용을 보였다. 대부분의 경우에서 내용보다 더 많은 비율의 의미 심장한 적용을 보여주었다.

이것을 교회사를 통틀어 하나님이 독특하게 기름 부으신 커뮤니케이터들의 보편적인 특징이라고 할 수 있지 않을까? 그것이 사실이라면, 나는 현대 기독교계 대부분의 사람들과 더불어 곤란에 처하고 말 것이었다.

그러나 그들은 단지 사람일 뿐이라고 나는 우겨댔다. 혹 성경의 어느 구절이 내용과 적용의 적정 비율을 이야기하고 있지는 않을까? 하나님은 교사들에게 무엇을 바라고 계실까? 여러 날을 지내며 나는 이 중요한 문제에 대해 성경을 뒤적거리며 답을 찾아보았다. 그러나 성경에는 도움이 될 만한 그리 많은 설교들이 실려 있지 않았다. 마침내 나는 서신서들이 실제로는 '기록된 설교'임을 알게 되었다. 어쩌면 해답이 거기에 있을지도 몰랐다.

옛날에 바울 서신서 중 하나가 속달 우편으로 배달되어왔다면, 어떤 일이 벌어졌을지 상상할 수 있는가? 교회는 아마 그 주의 예배 순서를 취소하고, 대신 그 설교를 크게 읽어내려갔을 것이다. 나는 그들이 에베소서를 좋아했을 것이라고 확신한다. 그러나 16장이나 되는 로마서가 도착했을 때, 유아실을 맡고 있는 교사들은 어떻게 느꼈을지 상상해보라.

비로 그것이었다. 마침내 해답을 찾은 듯했다. 나는 하나님의 영감으로 쓰인 설교들 속에서 내용과 적용의 적정 비율을 찾아내기도 했다. 마침내 나는 염두에 두어왔던 내용 90퍼센트 이론을 증명할 수 있을 것만 같았다. 나는 내가 인생의 아주 놀라운 시점에 처해 있었음을 전혀 예상하지 못했다.

나는 성경에서 가장 교리적인 책인 로마서부터 시작했다. 확실히 그것은 내용이 왕노릇하는 책이 아니던가! 2개의 형광펜을 가지고, 나는 16장으로 된 로마서를 공격해나갔다. 어떤 장들이 주로 내용을 담고 있고, 어떤 장들이 적용을 나타내는지 결정하는 것은 그리 어렵지 않았다.

1장 – 내용

2장 – 내용

3장 – 내용

4장 – 내용(나는 점점 흥분하기 시작했다.
  90퍼센트 내용 이론이 순조롭게 증명되어가고 있었다.)

5장 – 내용

6장 – 적용

7장 – 적용

8장 – 적용

9장 – 내용

10장 – 내용

11장 – 내용

12장 – 적용

13장 – 적용

14장 – 적용(이게 도대체 무슨 일인가?)

15장 – 적용

16장 – 적용

이것들을 세어보라. 성경에서 가장 내용에 치중했다고 생각되는 책이 8장의 내용과 8장의 적용으로 구성되어 있다. 50퍼센트 대 50퍼센트가 아닌가! 곧바로 신약에서 두 번째로 가장 교리적인 책인 에베소서가 떠올랐다. 확실히 사람들은 그 책에서 위안을 발견하고 만족을 경험한다. 그러나 앞의 3장은 내용이었고, 뒤의 3장은 적용에 대한 것이었다. 50퍼센트 대 50퍼센트. 주님은 내 주의를 끌기 시작하셨다.

나는 야고보서를 조사해보기로 했다. 적용으로 거듭 반복되는 전체 5장을 발견했을 때 나는 믿을 수가 없었다. 야고보서는 적용이 80퍼센트에 달하기 때문에, 그것을 살피는 것은 건너뛰기로 하자.

나는 베드로전서를 살폈다. 60퍼센트가 넘는 적용이 있었다.

서신서들 모두가 마찬가지였다. 신약 성경의 서신서들은 적용이 내용보다 많거나 내용만큼의 적용을 싣고 있다. 진리가 나를 굳게 에워쌌다. 확신이 물밀듯 몰려왔다.

필사적인 최후의 발악으로 나는 그리스도의 중요한 설교들을 복사했다. 산상수훈(마 5-7장)은 족히 65퍼센트의 적용을 넘었다. 다락방 설교(요 13-17장)의 적용은 나를 압도하고도 남았다. 구절구절마다 같은 비율의 적용이 실려 있었다. 그리스도는 적용의 왕이셨다! 단지 구약을 설명하거나 하나의 목적 자체로 신약의 정보를 계시하는 예수님은 어디에도 없었다. 그분의 내용은 언제나 적용을 위한 기초였던 것이다.

그때까지 이러한 조사는 하나의 학문적 작업일 뿐, 나는 나의 내용 중심의 스타일이 적절하다는 것을 인정받고 싶었다. 그러나 내 눈에서 비늘이 떨어져내리고, 바라보는 곳곳에서 처음으로 가르치시는 하나님의 마음을 보았다. 이제 나는 이해했다. 하나님은 나에게 괴로를 깨닫게 하셨다. 그리고 그 모든 세월 동안 부지중에 해왔던 것들이 한꺼번에 내 가슴을 찔렀다. 나는 한밤중에 회개로 가득 찬 눈물을 흘리며 서재 바닥에 무릎을 꿇었다.

심지어 십 년이 더 지난 지금, 이 글을 쓰는 동안에도 내 가슴은 중대한 진리를 우연히 접한 그 경험으로 여전히 울렁거린다. 그것은 내 삶과 사역을 영원히 변화시켰다.

그러면 당신은 어디쯤 서 있는가? 주님이 당신으로 하여금 가르침의 목적과 내용/적용의 비율을 변경하기 원하신다고 깨달으면서 동시에 내가 경험했던 주님의 은혜를 동일하게 경험하고 있는 것이다.

이제 적용으로 가득 찬 매우 중요한 질문을 던져보고자 한다. 이제부터 내용과 적용에서 적절히 균형을 이루어 가르치며 설교하겠다고 주님 앞에 서약하겠는가? 90퍼센트 대 10퍼센트가 아니고 50퍼센트 대 50퍼센트로 말이다. 그러한 헌신은 남은 삶 동안 당신의 가르침을 변화시킬 것이다.

그럼에도 불구하고 우리가 이 원리를 마치기 앞서 기억해야 할 점은 이 균형의 문제는 일반적이고도 지시적인 원리일 뿐 엄격하고 융통성 없는 규율이 아니라는 점이다. 때때로 수업은 거의 80퍼센트의 적용을 가진 야고보서와 흡사할 수도 있다. 또 다른 경우에는 수업이 90퍼센트가 넘는 내용을 지닌 히브리서의 전문 구절에 더 가까울 수도 있다. 긴장을 풀라. 일반적인 원리들을 주님이 명하지 않으신 엄격한 율법으로 만들어 바리새인의 올무에 빠지지 않도록 하라. 몇 달 동안의 가르침 속에서 고르게 균형잡혀 있어야 함을 염두에 두라.

그러나 당신이 예수님처럼 가르치고 싶다면 꿋꿋이 버텨나가라. 왜냐하면 적용이 60퍼센트를 넘어야 하기 때문이다. 아마 그것은 너무 혁신적일지도 모른다. 무디, 스윈돌, 스탠리, 헨드릭스, 스펄전, 웨슬리, 바울, 베드로 그리고 야고보와 같은 줄에 서기 위해 스스로를 변화시키라.

원리 4: 적용은 학생들의 필요에 맞추어 성경에 초점을 둔다

하나님은 삶의 변화를 위해 성경을 주셨다. 교사들은 삶의 변화를 위해 성경을 적용할 책임이 있다. 수업은 적어도 50퍼센트는 적용 지향적이어야 한다. 그러나 적용을 어디에 맞추어야 하는지 어떻게 알 수 있는가? 제5법칙인 필요의 법칙이 그 문제를 본격적으로 다루고 있지만, 여기에서도 약간의 토대를 닦아보자.

적용이 성경적이어야 한다는 사실과 함께 가장 중요한 특징은 청중에게 적합해야 한다는 것이다. 일곱 살짜리 학급을 위해 요한복음 15장(포도나무와 가지의 비유)에서 줄 만한 적용은 결혼한 중년 부부 학급을 위한 적용과는 다를 것이다. 연령은 적용의 기본 조건이다. 목적 또한 적용의 길잡이다. 학부모와 교사 회의에서 연설하는 것과 달리 연장자 성경 공부에서 경건의 시간을 이끈다면, 요한복음 15장을 어떻게 적용할지 생각해보라. 적용이 어떤 것이 되어야 하는지 결정하는 가장 중요한 요소는 학생들이 무엇을 필요로 하는가에 있다.

그것은 복잡하게 얽힌 거미줄처럼 한데 연결되어 있다. 내용이 으뜸을 이룰 때 왜 내용이 필요한가가 가장 중요하다. 하지만 내용은 필요를 갖고 있지 않다. 그러나 적용이 으뜸을 이룰 때는 학생의 필요가 가장 중요하다. 왜냐하면 적용을 받아들이고 반응을 보여야 하는 것은 학생이기 때문이다.

영원히 지속적인 삶의 변화에 가장 큰 영향을 미치는 적용은 학생의 삶에 있는 가장 큰 필요에 가장 정확히 초점을 맞춘 것들이다. 9장에 있는 필요의 법칙을 읽을 때, 당신은 다섯 가지 혁신적인 단계들을 통해 그리스도가 사람들의 필요에 대해 어떻게 가르쳤는지 발견할 것이다. 그것들은 가르칠 때 사용할 수 있는 다음 단계들이다.

원리 5: 학생이 적용의 성경적인 토대를 인식할 때 적용은 가장 최대의 효과를 갖는다

수많은 훌륭한 적용들이 삶의 변화를 끌어내지 못하는 주된 이유는 그 배후에 '주님이 가라사대'와 같은 신뢰할 만한 느낌을 담고 있지 않기 때문이다.

우리는 기독교적인 가르침에 대한 모든 필요 조건들 중 가장 기본적인 부분을 상실해왔다. 적용을 성경으로부터 전개해냈음을 학생들 스스로 깨닫게 해야 한다는 최대의 필요 조건을 잊어왔던 것이다. 주일학교 수업이나 설교를 듣고 "바로 이 성경 구절에서 주님이 하라고 하셨기 때문에 해야지"라고 다짐하며 자리를 떠나는 학생들이 거의 없다는 말이다! 적용이 최대의 영향력을 갖기 위해서는 총체적으로 성경의 권위를 지녀야 한다.

최근 나는 필리핀에서 100여 개국의 기독교 지도자들에게 '삶을 변화시키는 가르침의 7가지 법칙' 강의를 했다. 주일날 아침, 우리들 중 많은 수가 마닐라에 있는 한 교회에서 예배를 드렸다. 그 교회 목사는 성경을 펴 대략 8절쯤 읽고나서는 그것을 덮어 설교단 안에 집어넣었다. 그의 메시지는 '감동적이었으나' 삶의 변화를 일으키는 것은 아니었다. 왜냐하면 그의 설교 이면에는 아무런 권위도 없었기 때문이다.

그의 설교는 성경적이었고 정통성을 지니고 있었다. 그리고 잘 편성되어 있었다. 그러나 그는 우리들을 결코 정상까지 인도하지는 못했다. 그는 우리들 눈앞에 하나님의 뜻을 제시하지 못했다. 영적으로 굶주린 사람들이 하늘에서 공급되는 만나를 맛보지 못했다. 하나님의 말씀을 전달하는 대신 그 목사는 자신의 말을 우리에게 전했다. 전능하신 하나님의 음성을 듣기 위해 모였지만, 우리는 인간의 목소리만 들었을 뿐이다.

오늘날 주님을 대변하는 이들은 극히 드물다. 그 대신 많은 이들이 자신의 견해를 연설하기 위해 강대상을 오르내린다. 우리는 우리 자신이 하나님의 말씀이 되고자 결심해왔다. 그리고 우리는 성경책을 덮고, 대신 우리 입을 열면서 왜 아무런 능력도 나타나지 않는가 의아해한다.

학생들 스스로가 성경 구절과 직접 맞닿아 성경이 분명하게 명령하는 것을 깨닫지 못한다면, 하나님의 말씀이 아닌 자신의 메시지를 전해온 것은 아닌지 되물을 필요가 있다. 성경은 강대상에 펼쳐진 채 놓을 수 있으나, 하나님의 말씀은 그대로 닫혀 있어서는 안 된다.

당신과 나는 현대의 모세 같은 이들이 아닌가? 우리는 모든 사람들을 한데 모아 주님이 그들에게 무엇을 명하셨는지 이야기하는 소명을 받지 않았는가? 나는 이스라엘 백성들이 한 가지 사실을 확신하며 시내산을 떠났다고 자신한다. "그들은 주님께로부터 말씀을 들었다." 모세로부터도 천사로부터도 아니었으며, 교사나 설교자로부터도 아니었다. 그들은 거룩한 산에 거하는 분으로부터 들은 것이다. 그러나 이 사실을 잊지 말라. "모세가 그 말씀을 대변했다."

하나님이 당신과 나를 그의 거룩한 산으로 부르셔서, 우리들에게 두 개의 돌판이 아닌 66권의 책으로부터 나오는 메시지를 맡기시고, "내가 네게 명한 모든 것"을 가르치도록 우리들에게 위임하지 않으셨는가? 교실로 걸어 들어갈 때 당신은 지금 막 그 산에서 내려왔음을 상기하라. 지금 당신 얼굴은 빛나고 가슴은 불타오르고 있다.

학생들에게 말하라. 그들은 당신을 통해 "주님이 …라고 말씀하시는 것"을 들으러 모인 것이다.

원리 6: 교사에게 영향을 끼친 진용은 학생에게도 영향을 준다

이 원리는 원리 5의 다른 쪽 속성에 속한다. 학생은 주님으로부터 들을 때뿐만 아니라 또한 자신이 가르치는 진리의 영향을 받은 교사에게서 들을 때, 가장 효과적인 적용을 산출한다.

교사는 메시지의 중개인이다. 그는 하나님과 사람 사이에 선다. 그는 주님이 교회에게 주시는 말씀의 커뮤니케이터이다. 하나님에 의해 쓰임받는 교사는 하나님의 말씀과 하나님의 백성들 사이를 잇는 살아 있는 연결체이다.

교사들은 성경을 향상시킬 수는 없으나 그것을 오염시킬 수는 있다. 육적으로 행동하는 그리스도인은 그 말씀의 전달을 방해한다. 그 방해는 하나님께로부터 오는 메시지를 막을 뿐만 아니라 사람들 쪽으로 가는 메시지도 막음으로써 두 쪽을 모두 방해한다. 인격과 행동이 그리스도를 닮으면 닮을수록 메시지는 더욱더 분명하게 전달된다.

교사는 4가지 중 하나로 성경의 전달을 저지할 수 있다. 첫째, 학급이 그 교사의 성실성을 인식하지 못한다면, 전달자의 인격이 부지중에 적용의 영향력을 절감시킬 수 있다. 당신은 신뢰할 만한 사람인가? 왜냐하면 당신이 믿을 만한 사람이 아니라면 학생들은 당신이 전달하는 메시지 또한 믿을 만하다고 여기지 않을 것이기 때문이다. 사기꾼은 가짜 메시지를 전한다. 사기꾼은 복음을 오염시킨다. "당신이 어떤 사람인가"는 "당신이 무엇을 말하는가"보다 훨씬 큰 영향력을 발휘한다.

둘째, 교사가 육적인 행동을 범하면 전달자의 행위가 성경을 방해한다. 교사가 공공연히 죄를 범하면, 설교된 메시지는 종종 전능하신 자와 괴리되는 결과를 낳는다. 죄된 행동은 주의 성령을 위축시킬 뿐만 아니라 주님의 사람들의 영혼도 소멸시킨다.

셋째, 교사의 커뮤니케이션은 메시지의 가치를 손상시킬 수 있다. 흔히 쓰는 이야기투는 위대한 메시지의 영향력을 크게 감소시킬 수 있다. 또 지루하며 단조롭게 전달된 커뮤티케이션은 어떤 청중이라도 잠재울 수 있다.

넷째, 말씀에 대한 전달자의 순종으로 그 사람 안에 일어나는 변화의 정도는 듣는 자들의 마음에 진리를 제한하거나 자유롭게 한다. 그 진리가 이미 그 교사를 변화시켜왔다면, 그것은 학생들을 변화시킬 훨씬 더 큰 가능성을 지닌다. 가르침이 진리를 바로 지적할 수 없고, 당신의 삶에서 변화를 일으키지 않았다면, 당신의 가르침은 학생들의 삶에서도 아무런 변화도 일으키지 못할 것은 자명한 일이다.

교사가 가르칠 때 사람들은 끊임없이 교사의 성실성을 점검한다. "당신은 설교한 것을 실천하는가? 아니면 단지 설교하기만 즐기는가?" "당신은 진리에 대해 단지 강의만 하는가?" 바울이 "그리스도께서 이방인들을 순종하게 하기 위하여 나를 통하여 역사하신 것 외에는 내가 감히 말하지 아니하노라 그 일은 말과 행위로 표적과 기사의 능력으로 성령의 능력으로 이루어졌으며"(롬 15:18-19)라고 말했을 때 그는 여기에 대한 분명한 철학을 지니고 있었다.

많은 교사들의 행위와 커뮤니케이션이 분리되는 것은 유감스러운 일이 아닐 수 없다. 우리는 주님이 한데 결합시켜놓으신 것을 분리시켜왔다. 우리는 지금까지 인격과 내용이 별개라고 말해왔다.

이 얼마나 우스꽝스러운 일인가! 주님에 대한 이 얼마나 큰 조롱인가! 하나님의 성실하심에 대한 이 훼방을 하나님이 어떻게 보시는지 알아보려면 디모데전서 3장과 디도서 2장에 나오는 교회의 리더십에 대한 요구 조건들을 읽어보라. 또는 외식을 행하면서 진리를 가르치는 자에 대해 마태복음 23장에서 예수님이 통렬하게 말씀하시는 장면을 읽어보라.

인격은 하나님의 메시지를 전달하는 주된 선행 조건이다! 위대한 스승이신 예수님을 따르는 교사는 비록 그 수업 내용과 방법이 세아무리 중요하더라도, 그 수업을 가르치는 인격이 더 중요함을 알고 있다.

교사들이 진리를 가르치기 전에, 그 진리에 순종해왔는지 확인하기 위한 세 가지 단계들이 있다. 삶은 말보다 훨씬 더 힘 있게 의사를 전달하기 때문에, 진리는 배워서 아는 것이 아니라 한눈에 알아볼 때가 더 많다. 그렇다면 그 사실을 염두에 두고 어떻게 삶과 학과에 접근해갈 수 있는가?

1. 가르치기 전 일주일 내내 학과를 준비하라.

영향력 있는 적용은 그것이 당신에게 얼마나 힘 있게 영향을 미쳤는가에 의해 크게 좌우되기 때문에, 토요일 늦은 밤 또는 주일날 이른 아침에 수업을 준비하려는 생각은 일찌감치 버리는 게 좋다. 하나님은 토요일 밤, 우리가 잠자는 동안 진리를 기적적으로 만들지 않으신다. 우리는 주님이 우리 안에서 그리고 우리를 통해 일하시도록 충분한 시간을 드려야 한다.

나는 크게 부흥한 한 교회의 목사를 위해 사역 20주년 기념 파티에 참석한 적이 있었다. 많은 사람들이 애틀랜타 시내에 있는 한 홀을 가득 메웠다. 교회 회중과 목사 사이에 상호간의 사랑과 존경이 얼마나 아름답게 드러나는 저녁이었든지! 목사가 회중에게 감사의 말을 전하는 동안, 나는 그가 "친구들이여, 여러분이 아는 바와 같이, 나는 특별히 명석하지도 않습니다. 나는 위대한 연설가도 아닙니다. 그러나 내가 매주 월요일 아침, 침대에서 빠져나와 무릎을 꿇고 했던 일은 '이 다음 주일날 당신의 백성들과 나눌 수 있도록 무엇을 이 주에 가르쳐주시겠습니까?'라고 기도하는 것입니다"라고 말하는 것을 들었다.

나는 아내에게 "저것이 바로 저분이 능력 있는 사역을 하는 비결이지"라고 말했다. 그의 비결은 주일 아침 수천 명 앞에 서서 설교단에서 한 일이 아니라, 월요일 아침 주의 보좌 앞에 나아가 무릎을 꿇고 행한 바로 그것이었다. 그러므로 금주 수업이 끝난 바로 그 순간부터 다음 주 수업을 준비하라.

2. 가르치려는 특정한 진리를 그 주간 주님이 자신의 삶에 적용하시도록 간구하라.

그 진리를 체험할 수 있도록 구하라. 당신은 그 기도가 응답될 것을 기대해도 좋다. 왜냐하면 그같은 간구는 하나님의 뜻에 합당한 것이기 때문이다. 자녀들이 순종하는 것보다 주님이 더 바라시는 것은 없다.

하나님이 우리 자신의 삶에 우리가 가르치는 진리를 먼저 적용하시도록 간구할 때, 우리는 '삶을 가르치는 교사'였던 바울의 본보기를 따를 수 있다. "형제들아 너희는 함께 나를 본받으라 또 우리를 본받은 것같이 그와 같이 행하는 자들을 눈여겨 보라"(빌 3:17). 바울이 "범사에 네 자신이 선한 일의 본을 보이며 교훈의 부패하지 아니함과 단정함과 책망할 것이 없는 바른 말을 하게 하라 이는 대적하는 자로 하여금 부끄러워 우리를 악하다 할 것이 없게 하려 함이라"(딛 2:7-8)라고 말한 것은, 우리 모두가 단지 '내용만 가르치는 교사'가 아니라 '삶을 가르치는 교사'가 되기를 당부하는 것이었다. 그러한 고결한 생활 태도는 우리로 하여금 삶을 가르치는 고결함을 지니게 할 것이다.

교사의 삶과 말 모두가 진리를 전달한다. 그것들이 조화를 이룰 때, 하나님의 능력이 하나님의 교사를 통해 자유롭게 나타난다.

3. 주님이 성경에서 가르치신 적용을 당신의 마음과 뜻과 정성을 다해 전달하라.

내용은 성경으로부터 나오지만, 전달은 당신의 삶을 통해 나타난다. 당신이 살아가는 과정을 통해 배웠던 것을 열정과 뜨거움을 가지고 전달하라.

교사들은 보편적으로 말의 능력을 과대평가하면서도 말의 이면에 흐르는 감정의 위력은 과소평가한다. 다음 장에서 논의되겠지만, 삶의 변화는 어떤 사람이 다르게 사고할 뿐만 아니라 정서적으로 감동을 받을 때 일어난다. 가르침에 대한 '사고 위주'의 접근 방법에서 벗어나라. 그들 삶 전체를 터치하기 위해 당신 삶의 전부를 연관시키라. 그들과 함께 울고 웃고 슬퍼하고 즐거워하라. 당신의 전부로 그들을 가르치라.

동시에, 당신 자신이 꾸민 연극의 주인공이 되지 않도록 주의하라. 교사는 뛰어난 스타가 아니라 섬기는 사람이다. 우리는 우리의 능력이나 수업 자체가 아니라 오히려 학생들과 성숙을 향한 진보에 강조점을 두어야 하는 교사이다. 그 맥락에서 신중하면서도 믿음직스럽게 자신의 삶에 일어났던 성공과 실패를 드러내라.

그리스도는 단지 정신·감정·의지·영혼 그 어느 한 부분이 아닌 전 인격에 영향을 주기 위해 오셨다. 그리스도는 당신 안에서 모든 것이 될 길을 제공하기 위해 오셨다.

> "주님의 대리자들로서 당신의 발자취를 따르게 하소서! 진리가 학생들을 터치하기 전에, 언제나 우리 삶을 먼저 터치해주소서. 온전한 복음을 온전한 표현으로 전 인격에 전달하도록 도우소서!"

원리 7: 적용은 궁극적으로는 학생으로 하여금 성경을 공부하게 하고 주님께 순종하도록 인도해야 한다

이 마지막 원리는 교사에게 중요한 두 가지 전이 과정을 통해 학생을 인도하도록 요구한다. 첫째, 교사는 학생을 배움으로부터 순종함으로 인도해야 한다. 둘째, 교사는 학생의 초점을 성경에서 주님으로 옮겨야 한다. 이 두 과정 모두가 역동적인 적용이 일어나는 데 결정적인 역할을 한다. 첫째 전이는 배움 또는 순종함 중에서 학생이 무엇을 하고 있는가에 집중되어 있으며, 둘째 전이는 성경 또는 하나님 중 학생이 무엇에 초점을 두고 있는가에 집중되어 있다.

기독교는 사실의 집합이 아니다. 그것은 내용이나 신학의 조직체도 아니다. 우리가 수업 시간에 필기한 내용을 이해한 결과는 더더욱 아니다. 기독교는 살아계신 예수 그리스도와의 관계이다. 불행히도 우리는 종종 기독교를 단지 이해하는 것으로 가르치곤 한다.

학생들을 단편적인 진리를 넘어서 진리 자체이신 그분께 인도하라. 매주 하나님의 말씀을 공부하면서도 그분을 만나지 못한 채 교실을 떠나는 학생들이 얼마나 많은가! 구원받는 순간에 그리스도에게 나아오는 것에 대해 이야기하는 것이 아니다. 나는 주님이 말씀하신 것을 공부한 결과로 그리고 심지어는 그것을 공부하는 과정 중에 그분를 만나는 것에 대해 말하고 있는 것이다. 우리는 매주 성경을 연구하지만 결코 주님을 새롭게 만나지는 못하고 있다.

내가 좋아하는 기독교 저자들 중 A.W. 토저는 우리가 제단을 건축하기 위해 온전한 돌을 선택하는 사람과 같다고 말했다. 우리는 12개의 돌을 보기 좋은 모양으로 배열한 후 나무를 자르고 꼭대기에 장작을 가지런히 쌓아 제단을 만든다. 그리고 주님께 드리는 희생물로 살진 송아지를 잡아 제단 위에 놓는다. 그런 후 우리가 쌓은 제단에 모두 둘러서서 제단을 구성한 돌에 대해 토론한 뒤에 장작을 재배열하고 희생물도 다시 올려놓는다. 우리는 우리가 쌓은 제단에 대한 노래들을 부르며, 제단 각 부분을 면밀히 분석한다. 한 시간쯤 후에 우리는 제단을 쌓은 일에 흐뭇해하면서도 동시에 무엇인가가 빠졌다고 생각하며 각자의 집으로 돌아간다.

돌, 나무, 제단 그리고 함께 모이는 주민 꼭지이 '하늘로부터 불'이 내려와 희생물과 장작 그리고 제단을 삼켜버리는 것을 잊었다는 사실을 토저는 이렇게 지적하고 있다.

사람들은 우리가 그 돌에 대해 요모조모 평가내리는 것을 들으려고 모인 것이 아니다. 학생들은 장작을 가장 잘 자르는 법을 분석하기 위해 나온 것이 아니다. 물론 제단을 지어야 하지만 다른 무엇도 아닌 주님을 만나기 위한 놀라운 목적을 위해 짓자! 우리는 지금까지 살아계신 구원자보다는 죽은 희생물에 만족하지 않았던가! 하늘로부터 불을 내려달라고 기도하기 위해 누군가 일어나기를 간절히 희망하는 수많은 그리스도인이 있다. 우리의 관심을 제단이 아닌 제단에 내려올 하나님의 불에 두어야 할 이유가 바로 이것이다.

엘리야와 같은 사명을 지닌 자여, 어서 제자리로 돌아오라. 제단이 당신을 기다리고 있지 않은가!

의미

적용의 법칙의 핵심은 다음 문장으로 요약된다.
'삶의 변화를 추구하라.'

교사는 항상 삶의 변화를 위해 가르쳐야 한다.

결론

나는 당신이 하나님의 말씀을 가르칠 때, 하나님의 능력이 당신의 말과 행동을 통해 역사하는 하나님의 사람이 되기를 간절히 소망한다. 당신은 주님과의 그런 관계를 깊이 소망해야 한다. 그렇지 않으면 그분이 궁극적으로 당신에게 요구하실 십자가를 짊어질 수 없을 것이다. 당신은 마음과 뜻과 정성을 다하여 주님께 구해야 한다. 또 가르칠 때 도우시는 그분의 손길을 갈망해야 한다.

우리가 가장 필요로 하는 것은 엘리야의 외투에 대해 엘리사가 가졌던 열망이다. 자신의 삶과 사역을 이루어갈 때 주님의 가장 충만한 축복에 다다르지 못하는 그 어떤 것에도 만족하지 않을 사람들이 필요하다.

이미 나는 두 번이나 주 하나님께 다른 이가 지닌 그 외투를 내게 주시기를 기도했다. 신학원에서 공부하던 여러 해 전, 하나님의 성령이 강하게 임재하셨을 때 나는 강의를 하시는 교수님의 외투를 머리를 숙이고 간절히 간구했다. 그리고 10년이 흐른 후 인간적인 힘으로 이야기하는 것처럼 보였던 한 회의 중에 백발이 성성한 마지막 연설자가 우리 모두를 빛나는 보좌로 이끌어갔다. 다시 한 번 나는 눈물을 흘리며 우리 주님께 그 나이 드신 성자의 외투를 달라고 빌었다.

주님을 위해 가르치는 것은 이 세상에서 가장 고귀한 부르심이다. 언젠가 천국문에 들어가기 전에, 어떤 젊은 학생이 당신의 외투를 하나님께 간청할지도 모른다. 그날은 당신에게 최고의 날이 될 것이다. 그러나 그러한 외투를 가진 이들은 한 가지 공통점, 즉 적용에 헌신된 마음을 지니고 있다는 사실을 기억하라.

토론할 문제

1. 성경을 믿는 두 명의 주일학교 교사가 같은 주일에 믿은 신앙 십반에게 똑같은 학과를 가르친다. 한 교사는 성경을 설명하는 것이 그의 책임이며, 그것을 적용하는 것은 성령의 책임이라고 믿는다. 또 다른 교사는 학과를 위해 성령께 의지하는 것이 그의 책임이지만 성경을 학생들에게 설명하고 적용하는 것 모두가 자신의 책임이라고 느낀다. 일정한 시간이 지난 후 각 반에서 네 명의 학생과 면접한다. 당신은 그들의 사고와 생활에서 어떤 차이를 발견할 수 있겠는가?

2. 당신이 참석하는 수업은 내용 대 적용의 비율이 어느 정도라고 생각하는가? 많은 교사들이 적용보다 내용을 중요하게 생각하는 이유는 무엇인가? 어떤 조직이 이런 태도를 조장하며, 또 그것을 고치기 위해서는 무엇이 필요한가?

■

3. 모든 사람이 삶에서 단 한 가지 절대적 가치라도 찾으려고 애쓰는 시대, 즉 절대 가치가 존재하지 않는 시대에 성경은 여전히 수많은 절대 가치들을 담고 있다. 성경은 변하지 않았지만 우리 사회는 변화해왔고, 우리는 우리가 범한 과오의 열매를 거두고 있다. 그 많은 그리스도인들이 패배적인 삶을 사는 한 가지 이유는 성경 교사들이 주님의 생각보다는 자신의 생각에 더 치중해 가르쳤기 때문이다. 주님의 진리보다는 자신의 생각을 주장하는 교사의 자세는 어디에서 비롯된 것인가? 사람들이 하나님의 말씀을 붙든다면 좀 더 많은 삶의 부분에서 성결하게 살 수 있을 것이라 믿는가? 그렇다면 당신은 지난 수업에서 '여호와께서 이르시되'라는 하나님의 말씀을 얼마나 다루었는가?

■

4. 다른 이들에게 진리를 가르치기 전에, 주님이 당신에게 그것을 가르치시도록 하기 위해서는 치러야 할 대가가 있다. 그 대가는 무엇인가? 매 학과를 다른 사람들과 나누기 전에 그것이 당신의 삶을 통해 여과되게 한다면, 당신의 가르침은 어떻게 변화되겠는가?

06

적용의 방법과 활용

　한 교역자 세미나에서 내용과 적용의 균형의 중요성에 대한 강의를 마친 후였다. 얼굴에 절망이 가득한 한 목사가 내게 다가왔다. "집에 돌아가자마자 비서에게 지난번 제 설교를 타이핑해달라고 하려 합니다. 그리고 몇 퍼센트가 내용이었고 몇 퍼센트가 적용이었는지 살펴보려고 합니다."
　나는 참 좋은 생각이지만 그로 인해 충격을 받지는 말라고 말해주었다. 그리고 그 결과를 전화로 알려달라고 부탁했다. 화요일 아침, 그가 전화를 걸어왔다. "믿을 수가 없습니다. 이 사실을 받아들이기가 어렵습니다. 제 설교는 92퍼센트가 내용이고, 8퍼센트만 적용이었습니다." 나는 종종 그러한 충격적인 고백을 들어왔기 때문에 그의 말을 믿을 수 있었다. "제가 어떻게 해야 한다고 생각하십니까?" 그가 물었다.
　나는 그에게 설교와 가르침에 균형을 맞추어, 앞으로 설교할 때는 적어도 50퍼센트의 적용을 시도해보라고 말했다. 나는 그의 40분 설교 시간 중 처음 25분간은 내용을, 나머지 20분간은 적용을 전달하는 것이 어떻겠느냐고 제안했다. 그리고 그 다음 주에 어떻게 진행되었는지 전화로 알려달라고 부탁했다.

월요일에 그에게서 전화가 왔다.

"어떠셨습니까?" 내가 물었다.

"재미있는 예배였지요."

그의 어조로는 좋은 방향의 재미가 아닌 것 같았다.

"처음 25분간은 잘 진행되었습니다. 그런데 인정하고 싶지 않지만, 적용으로 들어간 지 5분이 지나자 저는 아무것도 생각할 수가 없었습니다. 예배는 11시 45분에 끝났습니다. 우리 교회 역사상 처음으로, 12시 전에 예배를 마쳤습니다!"

나는 다시 그에게 도전을 주었다.

"다시 말하면, 목사님은 설교 내용이 회중에게 어떤 식으로 적용되어야 하는지 아무런 접촉점도 찾지 못하셨단 말이군요. 그렇다면 성도들에게는 적용이 얼마나 어려웠을까 생각해보십시오! 목사님이 적용을 생각할 수 없다면 성도들이 그런 것은 당연한 것 아니겠습니까? 그리고 그들이 적용을 생각할 수 없다면 매주 교회나 그들의 삶에 변화가 일어날 수 있다고 생각하십니까?"

그 질문의 의미가 그의 마음에 새겨지는 동안 잠시 침묵이 흘렀다.

"그다지 많지 않을 것 같습니다. 브루스 목사님, 저는 성경을 어떻게 적용해야 할지 정말 모르겠습니다. 저는 그렇게 하고 싶지만, 어디서부터 시작해야 할지 모르겠거든요. 신학교에서 내용을 파악하는 강의를 통해 큰 도움을 받았지만, 적용에 대한 강의는 놓친 것 같습니다. 어떻게 해야 합니까? 앞으로 다시는 핵심을 놓치고 싶지 않습니다. 저는 제 양들이 '제가 가르치는 것에도 불구하고'가 아니라 '제가 가르치는 바로 그것 때문에' 성장하기를 원합니다."

적용할 시간이 되었을 때 무엇을 해야 할지 알고 있는가? 학생들의 삶에서 성경이 생생하게 느껴지도록 할 만큼 자료 준비하는 법을 알고 있는가? 정규적으로 성령의 임재와 능력을 경험할 정도로 성령과 더불어 협력하는 법을 알고 있는가?

당신의 마음이 간절히 바라고 열려 있다면, 다음에 제시되는 통찰들이 삶을 변화시켜줄 것이다.

적용의 방법

우리를 흥미진진한 낙원으로 인도하는 교사가 있는가 하면, 견딜 수 없을 만큼 지루하게 만드는 교사가 있다. 그 이유는 무엇인가? 이것에 대해 여러 이유가 있겠지만 한 가지는 분명하다. 우리들 대부분이 그런 능력 있는 가르침이 가능하리라는 믿음을 버렸다는 점이다. 우리는 하나님이 이전 시대의 교사들을 통해 크게 역사하셨음을 알고 있다. 또 오늘날에도 이전의 그들과 동일하게 뛰어난 능력을 발휘하는 교사들이 있다는 것도 알고 있다. 그러나 그들의 업적은 나머지 평범한 사람들은 이룰 수 없는 것이라고 생각한다.

앞으로 나는 지속적인 삶의 변화를 위해 적용할 수 있는 효과적인 방법을 설명할 것이다. 이러한 원리들은 보편적이며 문화를 초월한다. 이 다섯 단계는 성경을 가르치는 방법에 초점을 맞추고 있지만, 그것은 수학이나 과학 또는 인류학 등 어떤 과목을 가르칠 때도 효과적이다.

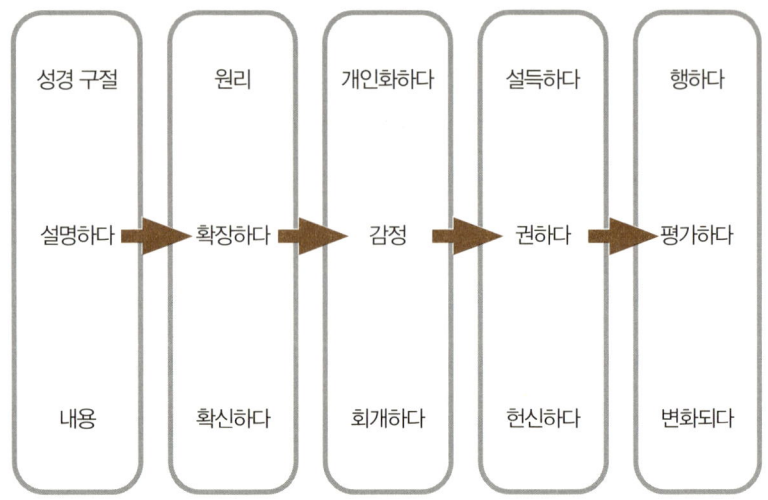

각 단계의 관계는 역동적이고 유동적이다. 단계들은 서로 중첩되며 상호 의존적이다. 일반적으로 다섯 단계는 믿음으로 시작해 행동으로 끝난다. 앞쪽의 단계들이 분명하게 널리 실행되어온 반면, 뒤쪽의 단계들은 좀 더 진보되었거나 거의 실행되지 않는다.

이 방법을 사용할 때 비결은 전 단계를 완전히 마치기 전에는 다음 단계로 넘어가지 않는 것이다. 단계들이 정규적으로 실행될 때 가르침에서 나타나는 차이는 확연하고도 뚜렷하다. 우리의 의도가 순선하고, 우리의 내용이 성경적이며, 우리의 방법이 효과적이라면 주님은 우리에게 기막힌 방식으로 반응하실 것이다. 그리고 학생들은 더욱더 그리스도를 닮아갈 것이다.

단계 1: 성경 구절

첫 번째 단계는 학생들에게 진리를 알게 하는 것이다. 교사는 학생들에게 '성경 구절'을 전달하고 '내용'을 논의하기 위해 '설명하다'란 모자를 씌운다.

여기서는 내용이 아니라 적용을 강조하고 있기 때문에, 효과적인 교사는 학생들이 자료를 이해했다고 생각하면 이 단계를 충분히 달성했다고 할 수 있다. 설명 단계에 쏟는 시간은 주제의 난해도와 학생들의 능력에 의해 조절된다.

단계 2: 원리

학급이 내용을 이해한 후에, 교사는 거기에서 삶의 변화를 일으키는 핵심을 간추려 그것을 이해하도록 도와야 한다. 그 핵심은 '원리'이거나 보통 그 구절의 주된 개념이다. 교사는 이 원리가 성경적이라는 사실을 그 학급이 충분히 '확신하도록' 성경에 있는 관련된 다른 구절을 그 진리로 '확장시켜' 설명한다.

이 단계는 초대 교회의 청중과 현 시대의 청중 사이의 연결로이며, 1세기와 21세기 사이의 시간과 배경이 만든 넓은 공백에 다리를 놓는 것이다. 수천 년 묵은 책을 가지고 시작하더라도 현대의 청중들이 그 적절성을 쉽게 파악하도록 만들 수 있다. 그것은 언제나 삶의 변화를 위한 토대이다. 진리가 분명하게 그리고 능력 있게 제시되었기 때문에 청중은 그 진리를 적용하지 않을 수 없다. 효과적으로 가르쳤을 때 사람들은 곧 이 진리가 그들을 위해 존재한다는 것을 깨닫는다. 진리가 너무나도 생생히 살아 있어서 다른 이들이 그 교실에 있다는 사실도 잊는다. 그들의 편지 또는 심지어 마음을 읽었음이 분명하다.

교사는 이 단계 동안 개별적인 세 시간대를 다루어야 한다. 첫째, 그 성경 구절이 등장하는 최초의 시간대이다. 마지막으로는 21세기의 현재 시간대이다. 그 둘 사이에는 영원 불멸한 원리가 내재하는 보편적 시간대가 존재한다. 교사는 고대의 교과서로부터 그 보편적 진리를 끄집어내 어느 시대에

나 적용되는 보편적 진리로 전환시켜야 한다.

웬디스 햄버거가 제작한 '고기는 어디에 있는가?'란 유명한 광고가 있다. 비슷한 방식으로 이 단계에서 교사는 학급에 그 구절의 고기를 제시한다. 그리고 햄버거용 빵을 빼내고, 케첩을 닦아낸 다음, 양상추와 토마토를 한쪽에 내려놓는다. 접시에 남은 것이라곤 '소고기'가 전부이다.

안타까운 점은 교사가 학생들에게 소고기 알맹이를 전혀 공급해주지 않는다는 것이다. 그들은 고기를 덥석 물지 못하고, 단지 흐들거리는 양상치와 군데군데 박혀 있는 깨소금 가루를 조금씩 맛보는 것이 고작이다. 그것이 바로 많은 사람들이 매주 교회에 와서 성경의 가르침을 들음에도 성장하지 않는 이유이다. "어쩌면 그들은 정말로 자라고 싶지 않을 수도 있죠"라고 말할지도 모른다. 그것이 사실인 부분도 있지만, 많은 그리스도인들이 빵으로는 배가 부르면서도 소고기에는 굶주려 있음을 나는 많이 보아왔다.

이 '원리 단계'는 능력 있는 가르침에 중요하며, 궁극적으로는 한 교실에서 일어날 삶의 변화가 어느 정도일지를 결정한다. 우리는 이야기와 핵심 사이를 그리고 성경 구절과 그 원리 사이를 구별해야 한다. 평신도들은 그 차이를 안다. 그들에게 물어보라. 그러나 미리 마음을 준비하라. 많은 이들이 "우리들은 먹을 것을 제대로 공급받고 있지 못해요"라고 말할 것이다. 교사들이나 목사들은 시종일관 성경을 가르쳐왔다고 생각하기 때문에 그런 말을 들을 때 충격을 받는다. 어떤 의미에서 그들이 성경을 가르쳐온 것은 사실이다. 그러나 좀 더 깊은 의미에서 그들은 성경을 가르쳐오지 않았다. 식사마다 쌀밥을 차려내는 것은 조만간 영양실조로 굶겨 죽이는 것을 의미한다.

그것이 바로 사실만 가르치는 역사 교사와 그 역사를 직접적이고도 극적인 영향을 미치는 살아 있는 역사로 만드는 교사의 차이이다.

가르침의 능력은 사건 뒤에 깔려 있는 핵심에서, 화자 뒤에 있는 메시지에서, 구절 뒤에 있는 교훈에서 시작된다. '소고기 알맹이'를 가르치는 교사들은 청중에게 절대로 부족함을 느끼게 하지 않는다. 학생들은 항상 배우고 회개하며 변화하고 떠난다.

적용에 있는 첫째와 둘째 단계 사이에 또 한 가지 차이가 있다. 성경 구절 단계는 설명과 강조에 대한 서로 다른 많은 요점들을 지니고 있다. 원리 단계에는 단 하나의 유일한 강조점이 있다. 이 단계의 목적은 성경 본문의 모든 상세한 부분들을 남겨두고, 줄거리들을 벽에 거는 아름다운 벽걸이로 짜는 데 있다. 부분을 재배열하여 완전하게 되도록 배치하라. 많은 줄거리로부터 하나의 중심 내용을 찾으라. 영원한 진리를 한 문장으로 말할 수 있을 때까지, 문화를 초월하고 국적을 초월한 진리를 발견할 때까지 면밀히 조사하고 묵상하라. 다시 말해 고기를 찾으라!

원리 단계의 거장이 되는 데 필요한 몇 가지 간단한 비결은 다음과 같다.

1. 그 구절의 살점을 찾으라.

그것을 바라고 추구하라. 계속 찾기 위해 스스로에게 동기를 부여하라.

2. 모든 구절마다 적어도 한 개의 중심 원리가 있다는 믿음을 굳게 가지라.

예외가 없다. 찾을 만한 진리가 없거나 "나는 그것을 찾을 수가 없어. 너무 어려워"라고 생각되면 기본으로 다시 돌아가라. 모든 구절들은 적어도 한 가지 원리를 가진다. 포기하지 말라.

3. 내용의 핵심을 찾는 데는 시간과 노력이 소요된다.

한때 나는 어느 교사와 한 구절로부터 원리를 발전시켜가기 위해 함께 작업했다. 그는 끊임없이 우리가 무엇을 하고 있는지 물었다. 그가 그 원리를 금세 그리고 손쉽게 찾을 수 있어야 한다고 느꼈을 때, 그 긴 과정과 나에 대해 조급함을 보였다. 그러나 핵심을 찾는 것은 우리 모두에게 시간과 힘든 작업을 요구하며, 그 과정을 미리 예상하면 실망하지 않을 것이다.

4. 이미 적어놓은 것 이상을 깨닫도록 성령의 인도를 위해 기도하라.

성령께 그 이상의 계시를 구하지 말고, 그 대신 손에 들고 있는 것에 대해 보다 많은 인도를 구하라. 원리를 준비하는 동안 많이 기도하면 할수록 주님은 더 많은 통찰을 허락하실 것이다. 몹시 지쳐 괴로울 때, 나는 통찰력을 달라고 하늘문을 두드린다.

5. 사고하라. 많이 생각하라. 몇 번이고 되풀이하여 그 구절을 묵상하라.

TV를 끄고, 성경을 내려놓은 다음 종이를 앞에 놓고 생각하라. 영원한 진리가 될 깨달음을 종이에 적으라. 가르치기 전 한 주에 적어도 세 번은 묵상하기 위해 계획하라. 그러면 그 시간을 한 번에 하는 것보다 더 많은 통찰을 얻게 될 것이다. 운전 시간을 사용하라. 휴식 시간을 사용하라. 무의식중에 지성이 자신을 위해 작용할 수 있도록 묵상 시간을 정하라. 잠들기 바로 전과 일하러 가기 직전에 그 문제를 재검토하라. 그 구절이 중심 개념들을 카드에 적어 가지고 다니며 반복해서 읽으라. 창의적인 정신을 가진 사람들과 그 개념들을 논의하고, 자유로운 토론으로 문제 해결하는 것을 즐기라.

6. 주석에서 원리를 찾아 헤매지 말라.

주석들은 단지 첫 번째 단계, 즉 사실을 다룬다는 것이 내가 경험해 얻은 결과다. 주님은 당신의 인격과 경험을 통해 얻는 원리를 원하신다. 개인적으로 그 과정을 처리해나가면, 당신의 마음에 그 구절과 원리가 연결될 것이다. 고리가 강하면 강할수록 보다 능력 있는 복음 선포가 이루어진다.

7. 긴장을 풀라. 인격을 통해 원리를 발전시켜나가라.

주님은 우리 모두가 동일한 원리를 찾아내는 것을 기대하시는 것이 아니다. 주님의 역사를 신뢰하라. 때때로 갑자기 얻은 통찰력으로 원리를 알게 될 것이며, '아하' 하는 눈부신 경험을 하게 될 것이다. 그 원리가 너무 분명해져서 종종 큰소리로 웃을 것이다. 태양이 떠오르는 것처럼 천천히 나타날 때도 있을 것이다. 이 단계를 밟아가면서 '원리를 발견했는지' 감을 잡을 수 있을 것이다. 주님은 우리 모두에게 설명하기 어려운 느낌을 갖게 하셨다. 내가 만난 모든 위대한 스승들은 내가 무엇을 이야기하고 있는지 이해했다. 그러므로 연구하고 기도하고 묵상했다면 마음의 긴장을 풀라.

8. 그 원리를 간단하면서도 동기를 부여하는 문장으로 진술하라.

그것을 단순하게 만들라. 간결하게 생각하라. 권위주의자가 되지 말고 가능한 한 지시하라. 디모데후서 3장 16-17절에서 뽑은 원리는 단순히 '삶의 변화를 위해 가르치라'이다. 메시지를 핵심 내용으로 요약하고 그다음에는 깔끔하게 포장하라.

포스터나 게시판의 역할처럼 생각하라. 청중들의 주의를 사로잡으라. 그것을 행하도록 동기를 불어넣으라. 원리로 메시지를 전해야 한다. 영생이 가지는 위력과 그것이 우리 삶에 만드는 중대한 차이에 대한 수업을 이제 막 끝마쳤다. 내가 말한 원리는 무엇이었는가? "천국을 생각하라. 바로 지금!"

우리는 보통 원리는 다소 복잡해야 하며, 다른 이들에게 전달하려는 모든 내용이 포함되어야 한다고 생각한다. 이 말이 농담처럼 들리는가? 이런 원리들은 그 누구에게도 동기를 부여하지 못한다. 이 일에 대해 위대한 스승을 보고 싶다면 복음서를 펴서, 예수님이 어떻게 사람들의 눈길을 끌면서 동기를 자극하는 문장이나 문구로 메시지를 요약하셨는지 살펴보라. "나를 따라오너라." "너희가 나를 사랑하면 나의 계명을 지키리라." "내 안에 거하라." "내 양은 내 음성을 들으리라."

9. 원리가 철저히 성경적이게 하라.

이 단계 동안 같은 주제에 대한 성경의 다른 중요한 구절들을 비교하라. '중심 개념'에 대해 실례를 들어 설명하고, 그 정당성을 뒷받침해줄 다른 '중요한 구절들'을 학생들과 재검토하라.

그것은 마치 학급을 암실로 인도하여 전등을 차례차례 켜기 시작하는 것과 비슷하다. 점점 밝아지는 교실에서 그 빛을 가르치고자 하는 한 가지 목표에 맞추라. 당신의 역할은 학급이 목적의 모든 부분을 볼 수 있도록 그 원리에 충분한 빛을 비추는 것이다. 그 원리를 빛에 들이대고 그것을 사방으로 돌리라. 그것을 밑바닥에서, 옆면에서, 위에서 들여다보라. 안쪽을 기웃거려보라. 해부해보고 어떻게 하나로 들어맞았는지 증명하라.

10. 원리를 뛰어넘어 원리를 앞서 발견하도록 학급을 인도하라.

원리가 분명하면 할수록 교사가 설명해주지 않더라도 그 진리는 학생들을 능력 있고 설득력 있게 강타할 것이다. 잘 설계된 원리들은 적용을 즉각적으로 보여준다. 그것들은 너무 분명해서 학생들에게 명료하게 보인다. 학생들은 성경의 원리에 순종하기 위해 자신이 해야 할 일을 직관적으로 깨닫게 된다.

위대한 스승들은 이 단계에 매우 능란하다. 구절 단계에서 스승들이 말하는 모든 것은 원리를 위한 기초를 제공하는 것에 목표를 둔다. 학생들은 정규적으로 고기를 섭취한다. 그들은 영양을 잘 공급받는다. 그리고 교사들은 그것을 제공한다.

단계 3: 개인화하다

이 세 번째 단계에 이를 때쯤 학생들은 성경 구절과 원리 모두를 이해해야 한다. 성경 구절과 원리 단계에서는 내용에 초점을 맞추지만, '개인화' 단계에서는 다시 초점을 학급에 맞춘다. 이 단계 동안 적용이 실제로 제대로 이루어지며, 성령에 의해 학생이 순종의 필요성을 깨달을 만큼 적용이 '감정'까지 다다르게 된다.

지금까지 학과는 객관적이었으나 이제 주관적이 되어야 한다. 학생들은 '무엇'에 대한 이해로부터 '그러면 어떻게 해야 하는가'를 이해하는 데까지 나아가야 한다. 이 단계에서 진리가 구체화된다. 사실이 형태를 갖춘다. 원리를 개인적인 것으로 만들기 위해 애써야 한다. 이 단계는 적용의 심장이자 핵심이다. 이 부분은 다섯 단계에서 전환점이자 전체 과정에서 주축이다. 첫 두 단계에서는 이 단계를 위해 학생을 준비시킨다. 끝의 두 단계는 앞 단계의 결과를 기초로 세워진다.

'개인화하다'는 두 개의 개별적이면서도 상호 연관된 부분을 갖고 있다. 이것을 성공적으로 끝냈을 때 학생은 무엇을 해야 할지 알게 되며, 그 이유를 깨달아야 한다. 이 두 조건이 만족될 때 그다음 중요 단계인 '설득하다'가 시작된다.

'개인화하다'는 일반적이며, 영원한 원리는 때에 맞는 특별한 적용으로 옮겨질 때 일어난다. 이 단계에서 학생은 성경에 있는 그 구절이 자신의 삶에 어떻게 나타나야 할지를 깨닫는다. '신학'이 물러가고 '실용'이 들어오는 셈이다. 이것이 정확하게 형성되기 위해서는, 인간 교사와 신적 교사인 성령

사이에 놀라운 협력이 있어야 한다. 그들이 앞에서 끌고 뒤에서 밀어줄 때 각각 그 역할을 제대로 해낼 수 있다.

> 교사의 역할은 학생들이 그들의 성격(온전하게 함)에서든 행위(온전하게 함)에서든 그 원리에 순종한다면, 그것이 어떻게 나타날 것인가를 학생들에게 명료하게 하는 것이다.

> 성령의 역할은 학생들을 이끄는 주님의 특별한 방법을 통해 즉각적이고도 온전히 그 원리에 순종할 책임을 학생들에게 설득하는 것이다.

명료화는 지성에서 일어나고, 설득은 가슴에서 일어난다. 교사가 학생의 삶과 환경에서 그 원리가 어떻게 보여질 것인가 그려나갈 때 명료화가 일어난다. 주님께 순종해야 하며 성령이 그 원리를 실행에 옮겨야 한다고 느끼도록 학생의 가슴을 찌를 때 설득이 일어난다.

학생의 상상력에서 그 원리가 어떻게 나타날 것인지 분명하게 그리면 그릴수록, 성령은 학생의 가슴을 좀 더 빠르고 효과적으로 꿰뚫을 수 있다. 확신이 강하면 강할수록 집으면 집을수록, 진심하고도 지속적인 삶의 변화를 위한 가능성은 훨씬 커진다.

이렇게 상호 연관된 활동들은 교사가 가르칠 때 일어나는 삶의 변화의 정도에 큰 영향을 미친다. 명료화시키는 교사의 역할이 얼마나 효과적인가가 대개 성령이 학생들 안에 일하시는 것을 소멸하게 하기도 하고 자유롭게 하기도 한다. 전능하심에도 불구하고, 성령은 거의 언제나 인간 교사와 협력하며 일하기를 택하신다. 이것이 바로 어떤 교사들은 항상 성령의 기름 부으심을 받은 것처럼 보이고, 심지어 똑같은 내용을 가지고서도 그렇지 못한 교사가 있는 이유이다.

❏ 명료성을 가지고 원리를 전달하는 법

"나 자신이 그렇게 하는 것을 상상할 수가 없어"라고 말해본 적이 있는가? 그렇다면 당신은 분명히 그 일을 실천에 옮기지 않았을 것이라고 나는 장담한다. 행동하기에 앞서, 우리는 그것을 실천에 옮기고 있는 자신을 볼 수 있어야 한다. 명료화시키는 교사의 역할은 학생이 그 원리를 실천하는 자신을 '그려볼 수 있도록' 돕는 것이다. 매우 소수의 사람들만이 삶의 변화를 경험하는 한 가지 공통된 이유는 모두가 삶의 변화가 일어나는 것을 그려볼 수 있도록 교사가 돕지 않았기 때문이다.

우리는 그런 식으로 보는 것을 통찰력, 즉 어떤 것을 '간파할' 능력이라고 부른다. 학생들이 그들의 삶에서 원리를 볼 수 있도록 도울 때 교사는 그들이 새로운 행동 영역을 '간파하도록' 돕는 것이며, 무지의 영역에 통찰력을 제공하는 것이다. 그러므로 생생하게 묘사하라. 불분명하게 하지 말라. 시야를 넓히라. 그 원리를 실천하는 자신을 상상하게 하라. 몇 가지 도움이 될 만한 힌트가 있다.

1. 다른 상황 속에서 그 원리가 이루어지는 것을 그려보자.

가능한 한 여러 곳에서 학생들에게 그 원리를 소개시키라. 학생들을 원리라는 이 영광스러운 영역의 여행으로 인도하라. 직장에서, 가정에서, 사무실에서 그리고 호숫가에서 그 원리를 보여주라. 그들이 어디에서 살든, 어디에서 일하든 간에 그 원리는 차이를 가져올 수 있음을 증명하라.

2. 그 원리에 속한 그룹을 소개함으로써 관점을 넓혀주라.

남녀노소, 소년 소녀, 빈부, 이혼과 기혼, 낙천주의자 및 우울증 환자 속에 어떻게 그 원리가 공존되는지 보여주라. 그 원리가 학급에 있는 모든 사람 안에 거하기를 바란다는 결론으로 이끌라. 그들이 누구이든, 어떻게 살든 그 원리가 차이를 만들 수 있음을 증명하라.

3. 그 원리가 있는 곳마다 놀라운 영향을 가져올 것을 그려보라.

그 원리의 놀라움, 경이와 영광을 드러내 보이라. 그것을 받아들이는 사람들에게 주어지는 넘치는 유익으로 학생들의 마음을 끌라. 학생들에게 충격을 주라.

4. 원리를 구체화시킬 흥미로운 이야기를 해주라.

이야기를 잘하는 사람들은 학생들을 이야기 속으로 끌어들여, 그 원리대로 사는 모습을 구체적으로 보여줄 수 있다. 그 원리를 받아들이거나 무시하는 사람들에 대한 긍정적인 면과 부정적 면을 들려주라.

무엇을 하든 학생들의 상상력을 사로잡으라. 교사가 하고난 다음에는 옆으로 물러서라. 왜냐하면 이제는 성령이 그의 죄를 깨닫게 하기 위해 임재하실 때이기 때문이다.

▫ 성령이 능력을 나타내시지 않는 이유

그리스도인 교사들이 사역할 때, 성령의 능력과 임재를 경험하지 못하는 네 가지 중요한 이유가 있다. 처음 두 가지 이유는 교사의 개인적인 삶, 세 번째는 권세와 능력, 네 번째는 성령과의 협력과 관계가 있다.

1. 고백하지 않은 죄의 존재

성령이 그리스도인 교사를 통해 역사하시지 않는 첫 번째이자 가장 중요한 이유는 죄 때문이다. 깨달으면서도 회개하지 않은 죄는 성령을 탄식케 하고 소멸시킨다.

2. 불신의 장벽

성령이 그리스도인 교사들을 통해 능력을 나타내시지 않는 가장 흔한 두 번째 이유는 성령이 그들을 능력 있게 사용하기 원하신다는 사실을 믿지 않기 때문이다. 이러한 교사들은 하나님이 성령으로 그들을 위대하게 사용하실 것이라는 사실을 믿지 않기 때문에, 가르침에서 성령의 경이로운 능력을 찾지도 못하고 경험하지도 못한다.

3. 권세와 능력의 공격

우리는 단지 사람들과 환경과 자연과만 싸우는 것이 아니다. 우리는 정사와 권세와 이 어두움의 세상 주관자들에게도 대항한다. 또 하늘에 있는 악의 영들(엡 6:12)에게도 대항한다. 죄를 범하지 않고 주님이 자신을 능력 있게 사용하기 원하는 교사들은 그럼에도 불구하고 이러한 문제에서 분별력이 없기 때문에 거의 언제나 패배한다. 많은 그리스도인 교사들은 자신의 가르침이 공격을 당할 때 깨닫지 못하며, 심지어는 사탄이 공격해오는 것을 알면서도 물리치지 못하는 교사들도 있다.

4. 성령과의 협력 결여

이것은 하나님과 동행하면서 진실하게 성장해가는 교사들로 하여금 성령의 경이로운 역사를 경험하지 못하게 만드는 주된 장애이다. 성령은 영혼도, 유령도, 사물도 아니시다. 성령은 삼위일체의 제삼위이시다. 그분은 생각하고 느끼고 반응하고 내재하며, 인도하고 채우고 깨닫게 하시고 가르치시고 탄식하신다. 성령은 가르치신다.

□ **성령이 깨닫게 하실 때 협력하는 법**
성령과의 협력은 모든 가르침의 절정이며, 그것은 자연적 가르침과 초자연적 가르침 사이에서 혁명적인 차이를 만든다. 처음 세 가지 장애가 제거된 후 가르침이 성령과의 교제 안에 있고 성령이 당신을 통해 일하고자 하신다는 것을 믿으며, 성령과 효과적으로 협력할 수 있는 중요한 방법들은 다음과 같다.

1. 성령에 의지하라.
가르치기 전에 성령이 당신을 능력 있게 사용하시도록 기도하라. 성령께 무조건적으로 충성하고 사역을 이루시기를 기꺼이 원한다고 아뢰라. 의식적으로 그분의 임재와 능력 안에서 긴장을 풀라. 당신을 통해 말씀하시고, 당신을 사용하시도록 성령의 능력을 신뢰하는 가운데 평화로운 마음을 가지라. 성령께 당신이 준비해온 자료를 사용하시도록 구하라. 만일 성령이 원하시는 다른 자료가 있다면, 그것을 전달하시도록 구하라. 선택의 기로에 섰을 때, 온전히 성령께 의지하고 있는 자신을 볼 수 있을 것이다. 깊은 내적 평화를 누리고, 큰 기대감을 갖게 될 것이다.

2. 성령의 활동을 분별하라.
성령은 수업의 각 요소요소에서 활동하실 수 있고 또 활동하시지만, 이 세 번째 개인화 단계에서 가장 빈번하게 그리고 눈에 띄게 집중하신다. 당신이 가르쳐온 진리가 학생의 마음에 자리잡으려고 할 때, 성령은 그 마음밭에 역사하신다. 당신은 진리를 명료하게 만들려고 하지만 성령은 진리를 알게 하기 위해 역사하신다. 진리의 성령이 그 과업에 응하여 역사하시는 것은 진리의 운동을 위해서이다.

한 개인의 마음에서든 또는 많은 회중 안에서든 성령이 활동하실 때, 그분은 파문을 일으키신다. 그리고 그 파장을 구별하는 사람들이 어디에 있든 누구이든 간에 성령은 일정하고 명료하다. 침묵이 청중을 휩쓸고, 모두들 숨을 죽이는 듯하다. 그 누구도 움직이지 않는다. 성령의 임재를 확신의 표시로든 또는 깊은 평화와 교제의 신호로든 얼굴은 그것을 반영한다. 이러한 신호들은 신체적이고 보편적이며 하나님께 엄청난 것을 기대하며, 그분과 협력하기를 원하는 모든 이에게 열려 있다. 그러므로 살아계신 하나님의 성령이 사람들의 마음에 역사하실 때 지켜보고 분별하라.

3. 통제를 줄이라.

성령이 활동하실 때 당신이 해야 하는 한 가지 일이 있다. 그것은 당신이 쉬어야 한다는 것이다. 당신은 이 순간을 위해 가르쳐왔고, 성령은 이 순간을 기다려왔다. 이제 당신의 역할은 성령의 놀라운 역할 안에서 완료되어야 한다. 이때까지 당신은 성령에 대해 '세례 요한'과 같은 역할을 해왔고, 그분을 위해 '길을 예비하도록' 부르심을 입었다.

성령의 임재가 느껴지고 그분의 사역이 인지될 때 그때는 '그가 흥해야 하는 때'이며, 당신은 적극적으로 '쇠해야' 할 때이다. 그분의 길에서 비켜서라. 그분의 활동을 위해 물러서라. 성령의 부드럽고 전능한 손에 학급의 통제권을 넘겨드림으로 그렇게 할 수 있다. 좀 더 조용히 그리고 천천히 그리고 자주 쉬어가며 말하면서 청중을 달래고, 당신의 음성이 배경에 깔린 부드러운 음악처럼 되게 하라. 갑자기 움직이지도 말고, 눈에 띄게 몸짓을 보이지도 말라. 가능하다면 강단이나 책상에서 앞으로 나와 청중과 가까워지라. 그들 안에 있는 성령의 역사에 온전히 예민해짐으로써 당신은 성령에 대해 지극히 민감해야 한다.

설득하시는 성령의 사역이 언제 끝이 나는지 당신은 알게 될 것이다. 그분이 시작하고 끝마치실 때, 그분의 활동들은 눈에 띈다. 학생들은 다시 움직이기 시작할 것이고, 사람들은 기침을 하며 주위를 둘러보기 시작하고, 신체 언어의 표현도 바뀔 것이다. 그것을 막지 말라! 많은 교사들이 이 순간을 잘못 생각하고 청중들에게 "주목하십시오"라고 말하거나 하나님의 사역을 크게 잘못 해석하여 농담을 하기도 한다. 주의하라. 학생들의 주의가 산만해진 것이 아니라 하나님이 그들의 관심을 방금 당신에게 돌려주신 것이다. 그들은 초자연적인 것으로부터 자연적인 것으로 돌아가는 신체적 전환을 거치고 있는 것이다.

4. 학생들을 지시하라.

이 부분에 대한 성령의 역사가 끝날 때, 당신은 즉시 적극적인 지도력을 다시 가져야 한다. 대개 이 시점쯤엔 수업이 약간 무질서해질 것이며, 학생들은 성령 교사와 인간 교사 사이에 놓여 있게 된다. 그러므로 목소리를 높이고, 몸짓을 크게 하며, 가르치는 속도를 증가시킴으로써 전달 방식을 바꾸라. 성령이 인도하신 것을 따라 학생들이 행동하도록 지시함으로써 지도력을 발휘해야 한다.

비록 성령의 활동은 초자연적이긴 하지만, 그것을 이해하는 일이 그리 무섭거나 어렵지 않음을 깨닫는 것이 중요하다. 사실 이러한 신적 결합은 그리스도인 교사가 갖는 소명의 일부이자 유산의 일부이다. 초자연적 가르침을 깊이 소망하고 구하라. 이 천국의 선물을 한번 맛보면, 다시는 성령 없이 결코 가르치지 못할 것이다. 학생들 역시 마찬가지일 것이다.

단계 4: 설득하다

4단계에 이를 때쯤 학생들은 그 구절을 이해하고, 원리에 대해 확신하며, 깨닫게 하시는 성령의 사역을 느끼는 동시에 그들이 무엇을 해야 하는지 분명히 보게 되었을 것이다. 이 4단계는 주안점이 감정에서 의지 쪽으로 옮겨가면서 일어난다. 이제 그 진리를 적용하기 위해 학생을 '설득하는' 것을 강조한다. 학생으로 하여금 그 자신이 해야 한다고 느낄 뿐만 아니라, 성경에 순종할 수 있도록 또 헌신되도록 교사들은 그들을 '권해야' 한다.

학생이 한사코 거부한다면 끝끝내 순종하지 않을지도 모른다. 그러므로 교사가 학생이 행동하도록 설득하지 않는다면, 그는 아마 삶의 변화를 경험하지 못할 것이다. 학생은 "나는 이해한다"에서 "내가 해야 한다고 느낀다"로, 그리고 나아가 "나는 … 을 하려고 한다"로 옮겨 가야 한다. 이 단계는 적용으로 가는 과정에서 마지막 연결로이다. 그러므로 이 과정을 거치지 않고는 삶의 변화는 거의 일어나지 않으며, 지속적인 삶의 변화도 기대할 수 없다.

그러므로 삶의 변화를 위해 가르치겠다는 교사의 헌신이 실제로 이루어지도록 하기 위해 당신은 몇 가지 설득의 비결을 배워야 한다. 불행하게도 대부분의 어른들은 설득을 이해하지도 못하고 설득의 원리에 대한 훈련도 알지 못한다.

누군가를 설득하는 것은 그에게 무엇인가를 하도록 납득시키는 것이다. 그 단어는 '철저히'를 의미하는 라틴어 'per'와 '조언'을 의미하는 라틴어 'suadere'에서 기원한다. 그러므로 설득은 납득되는 지점까지 어떤 사람에게 철저히 조언한다는 개념을 지니고 있다. 어떤 이에게 철저히 조언한다고 할 때, 그 사람은 그 문제에 대해 시작부터 끝까지 모든 것을 본 것이다.

학생들을 설득할 때, 교사는 그들이 모든 문제를 철저히 파악하도록 돕는다. 한 문제를 철저히 파악하면 할수록 그들은 더욱 잘 설득된다. 학생들을 설득하는 것은 교사가 그 자료를 매우 효과적으로 가르쳐왔기 때문에, 그들이 그것을 분명히 깨닫고 완전히 설득되었음을 의미한다. 잠시 생각해보라. 적용에서 지금까지 세 단계의 진정한 목적은 학생들이 진리를 아주 분명하게 볼 수 있도록 그것을 명확하게 만드는 데 있었다. 훌륭한 가르침이란 명료한 가르침이다. 그러므로 훌륭한 가르침이란 설득적인 가르침인 것이다.

실제로 변화하는 지점까지 성경을 학생들에게 적용하기 위해 교사는 그들이 그 문제를 '명확히 이해하도록' 도와야 한다. 교사가 분명하게 이해하도록 도와왔다면 그들은 다르게 행동할 것이다.

설득적인 교사에 의해 도움을 입은 학생은 "한때 나는 잘 몰랐지만, 이제 이해할 수 있다"고 말한다. 효과적으로 이해하면 할수록 그들은 더욱더 눈에 띄게 변할 것이다. 그들의 이해를 돕는 데 효과적이면 효과적일수록, 당신은 더욱더 설득력이 있게 된다.

학생들이 주님께 무조건 또 온전히 순종할 때까지 철저히 이해하게 되는 것은 그분의 뜻이다. 그러므로 당신이 학생들을 설득하는 일에 능숙해지고 그 일에 헌신하는 것은 주님의 뜻이다.

최상의 교사들과 설교자들은 가장 설득력 있는 사람들이다.

그러나 수많은 그리스도인 교사들은 학생들을 설득하려고 시도해서는 안 된다고 생각한다. 그래서 그들은 학생들에게 하나님의 방법대로 하도록 간청해본 적이 단 한 번도 없다. 그들은 학생들의 딱딱한 마음에 대해 눈물 흘려본 적이 없다. 그들은 가르침이란 단지 내용에 대해 이야기하는 것이라고만 생각한다. 그들이 설득하고 있지 않다면 사실 이제껏 내용조차도 분명하게 가르쳐오지 않았다는 것임을 인정하는 것과도 같다.

더 이상 '좋은' 교사가 되는 일에 중점을 두지 말라. 더 이상 '흥미 있는' 교사가 되기를 원하지 말라. '설득력 있는' 교사가 되기를 소망하라. 왜냐하면 그럴 때 삶은 변화될 것이고, 하나님은 기뻐하실 것이기 때문이다.

설득의 중요성을 이해한 지금 학생들이 옳은 것을 하도록 설득하기 위해 무엇을 할 수 있는가? 이것은 필요의 법칙과 부흥의 법칙에서 훨씬 더 깊이 논의하겠지만, 여기서는 다음번 가르칠 때 사용할 수 있는 두 부분만 언급하기로 한다. 설득적 가르침은 교사의 두 가지 활동에 의해 가능하다. 첫 번째는 "당신이 무엇을 말하는가?"이고, 두 번째는 "당신이 어떻게 말하는가?"이다. 첫 번째는 당신의 요점이고, 두 번째는 당신의 스타일이다. 첫 번째는 당신의 내용이고, 두 번째는 당신의 커뮤니케이션이다.

학생들이 온전히 설득된다는 것은 대개 당신의 전한 정보와 전달 방식이 그들을 설득시켰기 때문이다. 성격에 따라 당신은 그 어느 한쪽으로 보다 기울이질 것이다. 학생들을 설득할 만큼, 내용이 매우 강한 흥미를 끌거나 당신의 전달 방식이 위력적이거나 둘 중 하나일 것이다. 능력 있는 교사라면 이 둘을 효과적으로 혼합할 줄 안다.

▫ 내용을 통해 설득하는 법

잠시 동안 그 등식의 내용 부분을 고려해보자. 학생들이 이해하지만 설득은 되지 않았다면, 그들에게 어떻게 말해야 하는가? 아마 학생들은 당신이 가르치는 과목은 좋아하지만, 그것을 어떻게 적용해야 하는지는 알지 못할지도 모른다. 진정한 문제는 그가 무엇을 해야 하는가를 이해하는 것이 아니라 그것을 하려고 결정하는 것이기 때문에 모든 노력을 여기에 쏟아야 한다. 주님이 지상 명령에서 우리에게 명하신 것을 기억하는가? "그들을 가르쳐 지키게 하라."

�口 그리스도는 단지 동의가 아닌 순종을 원하신다

그러므로 교사들이여, 순종을 가르치라. 단순한 동의를 넘도록 도우라. 주님이 원하시는 것을 학생들이 단순히 찬성하는 것으로 그리스도의 대변인으로서 임무를 완수했다고 생각하지 말라. 우리 모두가 잘 아는 것처럼, 진리를 아는 것과 그것을 행하는 것 사이에는 큰 차이가 있다. 우리의 과업은 그들이 아는 것을 행하도록 인도하는 것이다.

그 중요한 변환에는 설득이 필요하다.

행해야 한다는 것을 느낄 만큼 '철저히 이해하도록' 도우라. 그리고 지금 바로 실행하도록 도우라. 확신을 주기 위해 내용을 배열하라. 왜 그 진리에 순종해야 하는지 찾을 수 있는 모든 이유들을 모으라. 긍정적인 이유들과 부정적인 이유들을 나누라. 긴 단락을 사용하지 말고, 짧고 힘 있는 문장을 사용하라. 명확히 하라. 그 원리가 그들에게 무엇을 하도록 이야기하는지 말해주라. 불순종의 위험에 대해 경고하라. 그들을 권고하라. 주님께 순종하는 것을 제외하고는 그 어떤 논리적 단계도 남지 않는 지점까지 그들을 이끌라. 왜냐하면 주님을 향한 순종을 제외하고는 그 어떤 논리적 단계도 없기 때문이다!

지적인 것으로만 그들을 확신시키려고 노력하지 말라. 오히려 그들이 그 견해에 찬성하여 자신의 생각을 새롭게 하는 방식으로 의견을 나누라. 그들이 그 견해의 다른 면을 보도록 하라. 그 진리의 또 다른 면을 보게 하라.

그 사람의 가장 깊은 마음에 호소하라. 선하고 옳은 것에 호소하라. 양심에 호소하라. 하나님의 뜻을 행하고 싶어하는 그들의 영혼에 호소하라. 그 원리를 어떻게 적용할지를 찾는 데 그들의 견해가 당신보다 낫다고 이야기해주며 지혜에 호소하라.

그러한 설득의 예를 보고 싶다면, 로마서나 야고보서를 읽으라. 예수님의 삶에서 그러한 설득을 보고 싶다면, 산상 수훈을 읽으라(마 5-7장). 그것은 매우 재미있으면서도 논리적이며, 사고를 자극하고 삶을 변화시키는 것이다.

위대한 스승으로서의 예수님에 대해 무엇을 발견하든, 그분은 끊임없이 설득할 이유와 행동을 필요로 하는 이야기들을 제시하셨다는 사실을 놓치지 말라. 예수님은 그분을 따르는 사람들을 설득하기 위해 가르치셨고, 우리에게는 자신의 길을 따르라고 말씀하셨다. 그러므로 학생들로 하여금 그분을 따르게 하라.

□ 커뮤니케이션과 스타일을 통해 설득하는 법

둘째, 당신이 무엇을 말하는가뿐만 아니라 또한 그것을 어떻게 말하는가를 통해 학생들을 설득하라. 어조를 통해 순종을 이끌어내라. 열성을 보여주며 행동을 구하라. 목소리를 높이고, 손을 흔들고, 책상을 두드리고, 성전의 탁자들을 뒤엎고, 마음이 상한 자들과 함께 울고, 완고한 자들을 거부하고, 교만한 자들을 꾸짖으라. 주님이 어떻게 하셨는가 보라! 예수님의 의사 전달 방식은 능력 있고, 거역할 수 없는 것이었다.

한때 어떤 특별한 설교가 내 삶에 매우 큰 충격을 주었다. 나는 그 설교 테이프를 주문해 모든 설교를 글로 옮겼다. 나는 내용을 원했다. 그러나 적힌 내용을 읽었을 때, 나는 내가 왜 그렇게 감동했는지 이해할 수가 없었다! 실제로 나를 감동시킨 것은 내용이 아니라, 그 설교가 전달되었을 때 느꼈던 목사의 성실성과 확신이었다. 어떻게 표현하느냐가 무엇을 이야기하느냐보다 더욱 설득적인 경우가 더러 있다. 그러므로 결코 메시지를 입에서 웅얼거리지 말라!

따분한 교사들은 수업을 좋아하지도 않고 다른 사람에게 무엇인가를 행하도록 설득하지도 않는다. 그들은 정열을 이미 잃어버렸다. 진도를 나간 것으로 자신이 가르쳤다고 믿는다. 그들은 '자료를 다루었을지는' 모르지만, 주님을 기쁘시게 하지는 않았다.

지식을 넘어서 마음이 감화되도록 가르치라. 하나님의 말씀이 너무나 소중해 그것을 위해 목숨을 바칠 만하지 않은가? 그렇다면 당신이 살아 있는 동안 그것을 위해 살겠다고 결심하라! 삶의 변화에 대해 가르치기 위해 전력을 기울이라.

구태의연한 방식으로 진리를 전달하는 습관을 버리고, 교사의 인격과 창의력으로 새롭게 만들라. 학생들로 하여금 침묵과 불순종을 뛰어넘게 하라. 그들로 하여금 교사가 가진 자신감을 움켜잡게 하고, 교사의 믿음을 붙들게 하라. 그들로 하여금 온전한 순종의 기쁨을 발견하도록 도우라.

진리에 저항하고 순종하지 않을 때, 교사의 염려를 그들에게 표현하라. 연정적으로 감정을 표현하는 교사를 보고 싶다면, 고린도후서를 읽으라. 오늘 바로 지금 하나님의 뜻을 온전히 순종함에 대해 가르치라. 그들의 가슴이 굳어지면 명확하고 솔직하게 지적하라. 학생들의 부정적인 반작용에 대해 두려워하지 말고 직면하라. 그들이 당신을 기뻐하지 않는 것보다 주님이 기뻐하지 않으실 당신의 모습에 대해 더욱 마음을 쓰라.

예수님이 잃어버린 자를 찾으셨던 것처럼, 교사 눈에 띄지 않으려고 숨어 있는 사람들을 찾으라. 모세의 우레와 같은 경고를 기억하는가? 진리에 순종하지 않는 자들을 향한 예수님의 신랄한 꾸지람을 기억하는가? 왜 우리는 요점을 말하지 않는가? 주님이 큰소리로 외치셨음에도 불구하고 우리는 왜 웅얼거리는가? 그리고 주님의 태도가 분명하셨음에도 불구하고 우리는 왜 그렇게 분명하지 않은가?

그것은 단지 학생들을 위한 가슴이 뜨겁지 않기 때문이다. 그리스도가 우리가 그들을 사랑하기를 원하시는 만큼, 그들을 사랑하지 않기 때문이다. 단지 이기심 때문에 우리는 사랑으로 진리를 이야기하지 않는다.

아마 그것이 주님께서 베드로란 이름을 주신 교사에게 똑같은 질문을 세 번씩이나 하신 이유일 것이다. 내용을 알고 있는지 확인하기 위해서가 아니라, 그가 순종했는가를 확인하시기 위해서 말이다! "만일 네가 나를 사랑하면 내 양을 먹이라." 주님 되신 예수님을 더 사랑하면 할수록, 우리는 그분의 양들에 더욱더 관심을 갖게 된다. 그들은 우리의 양들이 아니다. 그리스도가 자신의 보혈로 사신 양이다.

예수님은 우리가 양을 먹이기를 그리고 잘 먹은 양들은 순종하기를 원하신다. 그들을 먹이라. 그럼으로 그들이 순종하도록 말이다.

근사하게 포장된 내용을 받아들이는 학생들이 잘 먹은 양이라는 그릇된 생각을 버리라. 하나님은 양을 먹이는 것의 핵심이 대요가 훌륭하게 잡힌 설교라고 생각하는 것에 반대하신다. 그와 같은 사고를 버리고 일어서라. 그것은 분명히 그릇된 생각이다. "내가 너희에게 분부한 모든 것을 가르쳐 지키게 하라." 당신은 이 부르심을 받았다. 그들이 순종하도록 가르치라. 당신의 목표는 훌륭한 가르침이 아니라 삶을 변화시키는 가르침인 것이다.

당신은 그 사실에 대해 이성적일 수 있는가? 학생들을 위해 때때로 필사적인 눈물을 흘리는 우리 자신을 발견할 만큼, 그들을 향한 열망이 뜨거운가? 학생들의 순종에 대해 교사의 책임감으로 간절히 호소할 수 있는가? 진실로 그럴 수 있으며, 또 그래야 한다. 그러지 못한다면 학생들을 온전히 설득시킬 수 없다.

나는 한때 교회의 규율 문제와 관련된 모임의 의장을 맡은 적이 있었는데 한 성도가 다른 성도를 소송하겠다고 협박하는 사건이 있었다. 나는 두 사람에게 장로회가 그 사건을 듣고 두 사람에게 온전한 구속력을 지닌 판결을 내리도록 인정하겠는지 물었다. 두 사람 모두 찬성했다. 모임은 아침 7시 30분에 시작해 그날밤 11시까지 식사도 거른 채 계속되었다. 긴장이 감도는 격정의 회오리였다. 합의를 보기 위해 장로들이 기도한 후 우리 모두는 자신이 옳다고 확신하는 한 성도가 실은 잘못을 저지른 사람이라는 데 의견을 모았다.

우리가 그 두 사람을 방으로 불러 소송을 제기한 성도가 다른 성도에게 3만 달러를 주고 일을 마무리하는 것으로 결정을 내렸다고 말했다. 그러자 그는 의자에서 벌떡 일어나 우리 모두가 잘못되었으므로 자신은 그렇게 할 수 없다고 말했다.

나는 두려움에 휩싸였다. 나는 성경의 명확한 가르침에 따라 실행된 교회 규율에 반기를 든 사람에게 떨어지는 하나님의 심판을 너무도 여러 번 보았기 때문이다. 위원회의 의장으로서 나는 그가 행한 불순종의 중압감이 밀려오는 것만 같았다. 우리 모두는 장로들의 결정에 따르도록 설득시키려고 노력했지만 그는 막무가내였다. 아끼는 성도를 위한 비애와 두려움에 싸여 나는 필사적으로 무릎을 꿇고 순종하기를 빌었다.

그때의 15시간만큼 그렇게 진을 뺀 적은 일찍이 없었던 것 같다. 내가 무릎을 꿇고 설득시키지 않았다면 그는 방을 나가 곧장 하늘 아버지의 징계의 손에 빠졌을 것이다.

경건한 장로들이 하루 종일 나눈 생각을 이야기하자, 진리는 잘 전달되었다. 그는 진리를 이해했으며, 그 사건의 모든 중요한 요점들을 우리들에게 열거했다. 그 특별한 양이 우리를 떠나지 않도록 막은 것은 그를 향한 우리의 사랑이 열정적으로 표현된 덕분이었다.

교사들이여, 양들을 우리 안에 보호하기 위해 얼마나 노력했는가?

예수님은 양을 위해 십자가에까지 나아가셨다. 전 우주에서 알려진 가장 차원 높은 설득은 "하나님이 세상을 이처럼 사랑하사 독생자를 주셨으니 이는 그를 믿는 자마다 멸망하지 않고 영생을 얻게 하려 하심이라"(요 3:16)는 말씀대로, 우리에게 확신을 주시려고 자원하신 그분의 죽음이었다.

예수님은 그 메시지를 가르치면서 죽으셨다. 예수님은 인격과 정열을 다해 그 메시지를 가르치도록 우리에게 위탁하셨다. 학생들을 위해 우리 삶 전부를 가지고 그들을 온전히 설득할 때까지 말이다.

단계 5: 행하다

이 마지막 단계는 삶을 변화시키는 가르침에 대한 질적인 점검이다. 이제 당신이 해야 하는 질문은 교사로서의 당신에게뿐만 아니라 당신의 학생들에게도 가장 도전적인 것이다. 그들이 실제로 그렇게 했는가? 그들이 그 구절을 이해하는 데서, 그 원리를 확신한 데서, 자기가 해야 할 일을 아는 데서 그친 것이 아니라, 실제로 헌신할 만큼 설득되어 그것을 행했는가?

'그것을 행하는 것'이 실제로 수업 시간에 일어나지 않으면 이 질문을 던지기 위해 다음 수업 시간까지 기다려야 한다. '헌신하기로 했던 것'을 '했는지' 확인해야 한다. 교사는 그들이 '변화되었는지' 아닌지 '평가해야' 한다.

우리는 지금 가장 기본적인 것을 이야기하고 있다. 이것이 우리의 가르침이 맺은 진정한 결과를 입증하는 유일한 방법이다.

이 단계 동안, 당신은 당신이 한 일을 넘어 그들이 한 일을 발견해야 한다. 그것을 알 수 있는 유일한 길은 질문이다. 그러므로 숨을 깊게 들이쉬고 최선을 기대하며 진리를 청하라. 무지가 행복일 수도 있겠지만, 그것은 주님을 기쁘시게 해드리는 것이 아님을 기억하라!

이 단계까지 맡겨진 일을 잘해왔다면, 당신이 찾고 구해야 할 일은 학생들의 결심이 변화를 방해하는 습관을 넘어설 만큼 굳어졌는가 하는 것이다.

나이를 먹을수록 지속적으로 변화하는 것이 더 어렵다는 사실을 이미 느꼈는가? 왜 그런지 아는가? 왜냐하면 나이가 많을수록, 어떤 것을 행하는 일정한 방식, 즉 습관에 아주 익숙해 있기 때문이다.

변화는 습관을 깨트릴 것을 요구한다. 학생들에게는 이미 단단하게 굳어진 습관들을 깨기 위해 많은 격려와 결심이 필요할 것이다. 변화는 하나의 행동 양식을 다른 것으로 바꾸며 습관을 깨는 것이다. 건전한 행동을 시작하기 위해서는 원하지 않는 행동을 멈추어야 한다.

삶을 변화시키는 것은 교사가 성령과 협력하여 현재의 습관을 깨고 새롭고 바람직한 습관을 가지도록 학생들을 돕는다. 그러나 새로운 습관을 형성하는 것은 어려울 뿐만 아니라 때로는 한 달 이상 걸린다.

학생들로 하여금 진정으로 헌신하게 하는 것은 지속적인 변화를 끌어내는 초석이다. 헌신은 단지 의도와 희망과 결심을 의미한다. 헌신은 변화를 위한 기초를 제공하지만 실제로 변화를 보장하는 것은 책임이다.

지속적인 삶의 변화는 일생 동안 지속되는 변화를 포함한다는 사실을 기억하라. 결심이 지속적인 삶의 변화에 이를 때까지 가르칠 수 있을 만큼 교사로서 강건하라.

적용의 활용

적용 방법의 다섯 가지 단계를 읽었지만 다른 사람들을 적용으로 인도할 능력이 없다고 생각하는 교사도 있을 것이다. 그러나 낙심하지 말라. 이들 다섯 단계를 습득하는 데 많은 노력이 필요하긴 해도 그것들은 쉽게 몸에 익을 것이다.

적용을 위한 준비 작업으로 다음 7가지 활용을 주의깊게 살피라.

활용 1: 적용하는 이의 마음을 계발해주시도록 하나님께 구하라

가르치는 진리를 적용하도록 주님이 부르셨다는 사실에 대해 어떻게 느끼는가? 자신이 그 과업에 적합하다고 느끼는가? 나는 처음에 그렇다는 자신이 없었다.

처음에 이 진리가 분명해졌을 때, 나는 스스로의 부적격성과 불안의 감정과 싸웠다. 나는 그렇게 할 수 없다고 느꼈다. 그 일은 다른 사람이 해야 했다. 나는 이 적용의 '은사'를 지니고 있음이 분명한 다른 교사들을 떠올렸다. 왜냐하면 내가 그 능력을 가지고 있지 않기 때문이었다. 나는 내용의 '은사'를 가지고 있었다.

내 마음 한구석은 95퍼센트의 내용을 가르치는 교사가 보다 균형 잡힌 사역으로 전환한다는 것이 쉽지만은 않을 것이라는 의심으로 흔들리고 있었다. 나는 여러 번 내용에만 충실하고 의미 있는 적용이 없는 가르침들로 퇴보했다.

그러나 그러한 과정 중에 나는 한 가지 가치 있는 행동을 하게 되었다. 그것은 내 가르침이 어떻게 변화되어야 할 것인가에 대한 근본적인 문제였다. 나는 내가 가지고 있지 않던 것, 즉 적용하는 이의 마음을 달라고 하나님께 구하기 시작했던 것이다. 나는 하나님이 내게 적용하기 원하시는 그 방식을 적용할 수 있도록 자유로워질 만큼, 마음 깊이 아주 깊은 변화를 추구했다.

우리가 그분의 뜻의 중심에 있는 무엇인가를 놓고 신실하게 기도할 때 주님은 매우 은혜로우시다. 이 문제에 대해 하나님은 분명한 뜻을 보여주셨다. "내가 너희에게 분부한 모든 것을 가르쳐 지키게 하라." 우리가 적용하는 이의 마음이라는 주님의 선물을 놓고 기도할 때 어떻게 주님이 기뻐하지 않으시겠는가?

당신도 그런 기도를 드리도록 격려하고 싶다. 당신은 이것을 성경에 적고, 오늘 날짜를 적어넣으라. 그런 후 수업을 준비할 때마다 다음과 같은 기도로 수업을 시작하라. 아마 언젠가 우리가 얼굴을 맞댄 채 각자가 경험해 온 응답들을 가지고 서로를 격려할 수 있을 것이다.

적용하는 이의 마음을 위한 기도

주님, '주님이 명하신 모든 것들을 지키도록' 다른 이들을 가르치는 것이 항상 제 깊은 소망입니다. 그래서 제가 지속적인 삶의 변화를 위해 가르칠 수 있도록 성령을 통해 제게 능력 주시기를 기도합니다. 적용하는 이의 마음을 계발시키기 위해 제 삶에 필요한 모든 부분에서 역사하시도록 주님을 청합니다. 주님, 제게 세상을 향한 마음을 나누어주십시오!

나는 당신에게 한 가지를 약속할 수 있다. 일단 주님이 변화의 사역을 시작하시면 당신은 결코 과거의 삶의 방식으로 돌아가지 못할 것이다. 마지막으로 한 가지 비결을 더 말하자면, 적용하는 이의 마음을 연마하기 시작하면 당신은 다른 이들에게 있는 그 마음을 깨닫기 시작할 것이다. 적용의 문제들을 포함한 '인생의 모든 문제들이 마음에서 나오기' 때문에 사람들은 그것을 드러낼 수밖에 없다. 그것은 당신이 영원한 세계를 위해 가르치는 자의 줄에 섰음을 입증하는 또 하나의 증거이다.

활용 2: 학생들의 필요와 관련된 적용들을 준비하라

학생들이 왜 당신 말을 들으러 모였는가? 수업이 끝나기 전에 그들은 무엇을 기대하는가? 그들은 당신이 무엇을 가르쳐주기를 희망하는가?

이제 당신 자신을 교사 대신 학생으로 생각해보라. 당신은 왜 회사, 대학 또는 교회에서 개최하는 강의에 참석하는가? 그것은 도움을 구하기 위해서가 아닌가? 그리고 도움을 구했는데 강사가 그것을 제공해주지 않았을 때, 마음이 어땠는가?

학생은 문제를 가지고 있고 교사는 해결책을 가지고 있다는 진리에는 가르침이 내포되어 있다. 그렇게 되지 않을 때, 자연스럽게 실망하게 된다. 학생들은 교사에게 배반당했다고 느끼며, 교사들은 학생들을 향해 좌절을 느낀다.

그러나 그런 일이 꼭 일어나라는 법은 없다. 자신을 가르친 교사에게서 느꼈던 그 싫은 일을 왜 학생들에게 그대로 하겠는가? 당신은 교사이고, 그들을 도울 권한이 온전히 당신 손안에 있다. 가르칠 때마다 그들을 돕겠다고 결심하라!

효과적인 적용은 학생들의 가장 깊은 필요들을 어루만지는 것이다. 너무 많은 교사들이 학생들의 필요를 채워주는 일을 외면하고 있으며, 좌절한 학생들은 그 과목이 부적절한 시간 낭비라고 단언한다. 이 사실이 조금이라도 의심스럽다면, 아무 학생에게나 필수 과목들 중 몇 과목 정도가 시간 낭비라고 생각하는지 물어보라. 그 전에 먼저 마음의 준비를 하라. 학생들은 보통 과목 대부분이 거의 또는 전혀 도움이 안 된다고 말할 것이기 때문이다.

물론 우리가 흔히 듣는 반론도 있다. "학생들은 자신들에게 필요한 것이 무엇인지 알지 못해요. 좀 크면 알겠죠. 그러면 그때 생각을 고쳐먹을 거예요." 글쎄! 나이를 좀 먹은 내 생각은 이전과 마찬가지다. 당신들 또한 나이를 먹었다. 선택권이 주어졌다면, 당신은 대다수의 필수 과목들을 지금도 선택하겠는가? 강의실을 걸어나오면서 그 강의가 정말 별로였다고 되뇌이던 것을 기억하는가? 지난날을 회상해볼 때 당신이 옳지 않았는가?

그러므로 지금 생각을 바꾸라. 교육이 정말 학생들을 '돕는 것'이 아니라는 추론에 얽매이지 않도록 하라. 학생들의 필요를 채워주는 일에 헌신하라. 그러면 하워드 헨드릭스 박사가 즐겨 말하는 것처럼 "학생들은 일어나 당신에게 은총을 입은 자라고 칭할 것이다."

활용 3: 적용에 도움이 되도록 수업의 모든 부분을 계획하라

가장 좋은 양궁 장비를 구입하고, 목표물을 맞추기 위해 양궁터로 향하는 양궁 애호가를 상상해보라. 그는 활을 팽팽하게 잡아당겨 화살을 날리고는 표적을 세워놓지 않았음을 깨닫는다. 속두를 내어 퓨저판은 움켜진 채 화살보다 앞서 달려가, 화살이 표적 한가운데를 맞추도록 순식간에 표적을 세운다. 그런 후 그는 양궁 애호가로서 자신의 기술에 자부심을 갖는다.

얼마나 어리석은가! 그런데도 교사들은 종종 수업을 이런 식으로 진행한다. 그들은 한 시간을 가르치고나서 이제 한 시간을 마쳤으니 스스로 성공했다고 자부한다. 그러는 사이 학생들은 그 수업이 무슨 의미가 있느냐며 투덜거린다.

교사의 가르침은 삶의 변화라는 하나의 목표를 겨냥해야 한다. 그래서 학생들의 삶의 어떤 부분에 변화가 필요한지 알아서 그들의 필요를 채우기 위해 적절한 적용을 궁리해야 한다. 교사는 그렇게 삶의 변화라는 목표를 맞추기 위해 모든 학습 내용을 치밀하게 구성해야 한다.

적용 부분에서 뛰어나고 싶다면 '가르침-배움 과정'의 모든 부분에서 활용하는 것을 배우라. 일단 목표가 설정되면 화살의 모든 부분, 즉 화살촉, 촉대, 깃털 그리고 V자 모양의 끝 모두가 그 목표를 맞추는 데 중요한 역할을 한다는 것을 재점검하라. 이와 같이 수업 시간의 모든 부분, 즉 서론, 내용, 전환, 예화 그리고 결론 모두가 삶의 변화라는 목표를 맞추는 데 중요한 부분을 차지한다.

적용을 최대화하기 위해 모든 것을 집중하라. 중요한 부분에 살을 붙이라. 무턱대고 쏘지 말라. 그 대신 목표에 맞추고 한가운데를 반복해서 쏘라. 아주 여러 번 쏘아 어느 누구도 요점을 놓칠 수 없게 하라.

불행하게도 많은 교사들은 적용을 요점이라고 생각하기보다는 오히려 수업의 마지막에 첨가하는 것, 즉 몇 마디 헤어지는 말, 의무적으로 해야 하는 명상의 순간이라고 생각한다.

그리스도와 그분의 제자들의 가르침과 얼마나 대조적인가! 그리스도는 적용을 가르침을 마무리짓는 방법이 아니라, 가르침의 완성이라고 생각했다. 그분의 내용은 적용의 기초로 사용되었다. 포괄적으로 내용을 전개시킨 후, 그다음에 어떤 적용을 첨가할 수 있는지 궁리하지 말라. 최종 목표를 중심으로 내용을 가르치지 않는다면, 하나도 가르치지 않은 것과 같다.

시작에서부터 끝맺음까지 계획하여, 모든 적용들을 활성화시키기 위해 전략적으로 모든 자원을 활용하라. 다시는 화살을 좇는 자가 되지 말라. 기도하면서 목표를 신중하게 고르라. 화살을 준비하라. 그후에는 혼신의 힘을 기울여 그것을 쏘라! 계획적으로 과녁을 맞추는 것은 우연히 맞추는 것보다 훨씬 더 만족스럽다. 그러면 많은 화살들을 낭비하지 않게 될 것이다.

활용 4: 학생들을 일반적인 적용을 넘어 특별한 순종의 단계로 이끌라

삶의 변화는 일반적인 사실에서가 아니라, 항상 특정한 사실에서 일어난다. 그러므로 교사들은 학생들이 특별하고도 분명한 방법으로 진리를 적용하도록 이끌어야 한다.

진정한 도전은 학생들을 '용서'와 같은 추상적 개념을 넘어 '다른 사람을 용서하는 것'과 같은 구체적 행동으로 인도하는 것이다. 학생이 그의 생각으로부터 행하는 것으로 중요한 전환을 보여주지 않는 한, 변화는 삶에서가 아니라 단지 그의 상상 속에서만 일어날 것이다. 교사는 학생이 적용을 개인화하도록 인도해야 한다. 수업 시간에 교사가 제시한 교훈은 수업 후에 그 학생이 적용하는 교훈이 되어야 한다. 그래서 교사가 가르친 진리는 그 학생 안에서 구체화되어야 한다.

학생들이 종종 행동을 위한 경주로를 필요로 한다는 사실을 나는 여러 차례 보아왔다. 교사들은 종종 그 계획을 너무 자세하거나 너무 독단적으로 만들어 성령의 인도하심을 소멸한다. 그 결과 모든 학생들이 하나님이 주신 자신만의 독특함을 잃고 똑같은 방식으로 행동한다. 그들에게 무엇을 행하라고 일일이 이야기해주는 대신 적절하게 성경의 원리를 이해하는 쪽으로 지도하라. 그런 후 주님이 그 원리를 따라 그들로 하여금 행하기 원하시는 것을 그들이 직접 찾도록 격려해주라. 진리를 가르쳤다고 믿는다면, 주님이 학생들의 삶에서 그 진리가 어떻게 표현되기를 원하시는지 그림을 갖고 계시다는 사실을 신뢰하라.

비록 올바른 해석과 원리들이 있더라도 거기에는 수없이 많은 다양한 적용들이 있다. 교사의 책임은 해석과 원리를 제시한 후, 학생들이 개인적이며 구체적인 적용을 발견하도록 돕는 데 있다.

그러므로 교사는 무리해서 도우려는 유혹을 물리치라. 자신이 하나님의 역할까지 하려는 유혹을 물리치라. 교사의 목표는 '획일화된 그리스도인'을 양성하는 것이 아니다.

활용 5: 성경, 역사, 개인적 경험과 상상에서 나온 예화로 적용을 설명하라

예화는 말로 그린 그림과 같다. 예화는 사물을 생생하게 그려낸다. 예화는 분명하게 보여준다. 그것들은 동기를 불어넣으며 학생들에게 세부 사항을 채워넣게 하면서 주축을 만든다. 그 좋은 그림은 많은 말보다 더 많은 의미를 깨닫게 할 수 있다.

예화는 학과 수업의 네 부분에서 효과적으로 쓰일 수 있다.

1. **서론을 시작하는 예화**: 흥미를 끌고 호기심을 자아낸다.
2. **설명하는 예화**: 정보와 사실의 이해를 발전시킨다.
3. **적용하는 예화**: 실제 삶에서 적용되는 것을 묘사한다.
4. **결론의 예화**: 헌신을 다지고 행동으로 움직이게 한다.

놀랍게도 똑같은 예화를 재구성하여 이 네 부분 모두에 효과적으로 사용할 수 있다. 적용하는 예화는 배우는 사람에게 적용이 실제 삶에서 어떻게 이루어지는지를 보여준다. 예화는 적용을 교과서에서 그 사람 속으로 옮겨준다. 그것들은 배우는 사람이 "나는 그것을 하고 싶다"와 "나는 그것을 행하겠다"라고 말하게 한다.

당신의 수업에 대한 논평이 얼마나 재미있는 이야기를 많이 들었는가였을 때 불쾌함을 느낀 적은 없는가? 아니면 학생들이 지난 수업에서 기억하는 것이라곤 이야기뿐인가? 그들이 요점을 놓쳤다고 생각하는가? 외우기 쉽게 만든 다섯 가지 요점은 잊어버리고 어떻게 바보스런 이야기만 기억할 수 있단 말인가?

그런 일은 당신에게만이 아니라 다른 교사들에게도 일어난다. 그것은 과목이나 청중의 연령을 막론하고 일어난다. 예화의 효과는 보편적이다. 그러한 체계를 거부할 이유가 없지 않은가? 그 체계가 보편적인 것이라면 그 배경에 계신 분이 누구인지 추측해보라.

그러므로 예화를 사용하라. 그것도 많이. 자극을 불어넣는 과제를 원한다면 30분을 따로 내서 그리스도의 가르침을 훑어보라. 예수님이 하신 말씀의 몇 퍼센트가 예화들이었는지 알아보라. 우리는 그것을 비유나 우화라고 부르는데 그것들은 복음서의 거의 매 장마다 나온다. 어쨌든 당신은 마태복음에 있는 감람산 설교의 대략을 이야기해줄 수 있는가? 그러면 선한 사마리아인의 비유는 어떤가? 그 이야기가 얼마나 명확하면서도 기억하기 쉬운지 보라.

최근에 나는 아들 데이브에게 그리스도가 하신 말씀의 몇 퍼센트가 예화라고 생각하는지 물었다. 데이브는 주저 없이 80퍼센트 이상일 것이라고 대답했다. 그리고 이렇게 덧붙였다. "그것이 바로 그리스도가 그렇게 재미있는 분이신 이유이지요."

왜 우리는 위대한 스승이 택하셨던 방식과 반대로 가르치고 있는 것인가? 예수님은 사람들이 강의보다 이야기를 통해 진리를 더 많이 기억한다는 사실을 알고 계셨다. 아마 그것이 위대한 교사들 역시 이야기를 기막히게 잘하는 이유이다.

어디에서 훌륭한 예화들을 발견할 수 있을까? 사람들이 예화를 발견하는 주요 출처는 다음과 같다.

1. 개인적인 경험으로부터 나오는 예화: 만나는 사람들, 장소들과 사건들을 사용한다.
2. 역사로부터 나오는 예화: 세속적이거나 성경 이외의 사람들, 장소들과 사건들을 사용한다.
3. 성경으로부터 나오는 예화: 신구약 속의 사람들, 장소들과 사건들을 사용한다.
4. 상상으로부터 나오는 예화: 상상력과 창의력을 통해 만들어낸 사람들, 장소들과 사건들을 사용한다.

이러한 네 가지 출처는 오늘날 사용되는 빈도수로 열거한 것이다. 대다수 교사들이 사용하는 예화의 80퍼센트 이상이 개인적인 경험에서 얻은 것이며, 나머지 20퍼센트가 역사 또는 성경에 산재되어 있다. 예화를 만들어내기 위해 상상력을 사용하는 교사들은 거의 드물다.

진정으로 사고하며 사는 예를 보고 싶다면, 예수 그리스도가 사용하신 예화를 생각해보라. 예수님은 우리와 정반대로 하셨음을 발견할 수 있다. 예수님이 사용하신 예화들의 주된 출처는 상상력이었다. 예수님의 비유는 모두 꾸며낸 이야기들이었다. 현대의 교사들은 다른 어떤 것보다 개인적인 예들을 사용하는데, 그것은 다른 이들에게 자신의 삶을 주된 기준과 본보기로 사용하는 위험성을 가지고 있다. 그러므로 상상력을 사용해 학생들이 결코 잊을 수 없는 이야기들을 들려주라. 그리고 다음에 학생이 단지 그 이야기만을 기억할 때, 적용을 마무리짓기 위해 당신이 그 이야기를 덧붙인 것이므로 마음 상하지 말고 미소지을 수 있기를 바란다.

활용 6: 헌신을 요구할 때 적절한 스타일을 사용하라

가르침의 절정은 '교사가 무엇을 말하는가'가 아니라 '학생이 무엇을 행하는가'이다. 학생이 실제로 그 진리를 삶에 적용하는가 하는 것이다.

우리는 여기에서 중요한 문제에 봉착한다. 당신은 적용하는 교사로서 학생들의 필요를 발견해왔고, 조심스럽게 수업의 모든 목표를 적용에 두면서 그들을 순종의 단계로 이끌어왔으며, 효과적으로 예화를 들어 설명해왔다. 학생들은 당신과 함께 바로 거기까지 따라왔다. 당신은 그 사실을 그들의 얼굴에서 볼 수 있다. 이제는 그들에게 실제로 행하도록 요구할 때이다.

이때는 학생과 교사 모두에게 진리의 순간이 된다. 사업에서는 이 단계를 '거래의 마무리'라고 부른다. 불행하게도 대부분의 교사들은 이 순간이 쉬울 것으로 생각하고 엄습하는 긴장감을 무시해버린다. 하나님의 은혜로 교사는 정상적인 두려움을 넘을 수 있고 또 넘어야 하며, 학생들에게 "너는 누구를 섬길 것인가"를 택하도록 도전할 수 있어야 하며, 또 도전해야 한다.

수없이 여러 번, 나는 효과적인 교사들과 사역자들이 청중들을 바로 이 지점까지 이끌고나서 기도로 끝맺는 것을 보아왔다. 학생들은 준비되었고 자원하지만 결단하도록 요구받지 않았다. 그래서 학생들의 삶에 있었던 위대한 작업이 실패로 마무리되었다. 진리가 그들에게 주입되었지만 결코 온전히 실천되지는 못했다. 삶의 변화를 위해 가르치기로 헌신했다면, 당신은 헌신을 요구해야 한다. 궁극적으로 변화는 선택의 결과이므로 그들에게 선택하도록 요구해야 한다.

모세는 선택하도록 요구했다. "누구든지 여호와의 편에 있는 자는 내게로 나아오라"(출 32:26). 예수님은 언제나 헌신을 요구하셨다. "네 그물을 두고 나를 좇으라." 여호수아, 느헤미야, 에스라, 요시야는 가르쳤고 또한 도전을 주었다. 그들은 진리에 순종해야 한다는 사실을 강하게 믿었기 때문에 하나님의 뜻을 행하기 위해 최고의 헌신을 맹세하면서 하나님과 위대한 성약을 맺도록 백성들을 이끌었다.

왜 그렇게 많은 그리스도인들이 약한지 아는가? 아무도 그들을 영혼 깊숙한 곳까지 도전을 주지 않기 때문이다. 그 누구도 나팔을 불며 "와서 주님의 편에 합세하라"고 말하지 않는다.

거듭 강조하고 싶다. 헌신을 요구할 만큼 그들을 깊이 사랑하라. 두려워서 도망가는 사람도 있을 것이다. 그러한 온전하고도 충성스런 헌신에 대한 생각에 움츠러드는 사람도 있을 것이다. 그러나 어떤 이들은 그 수동성에서 벗어나 절대 헌신의 빛 아래 경이와 기쁨을 맛보며 걸을 것이다. 예수님을 따라가는 길에는 기쁨이 있다. 그러나 심지어 제자들조차 헌신을 요구받았을 때 예수님을 떠났음을 기억하라. 그들은 위대한 스승이 도전했을 때조차도, 그분의 가르침을 행하는 것이 너무 어렵다고 말했었다.

그러나 소수의 사람들은 남았다. 그들 안에 내재하시는 강한 성령과 예수님의 부활 후 흔들리지 않는 헌신에 힘입어 그들은 세계를 뒤흔들었다.

일단 요구하기를 결심하면, 그다음 문제는 어떻게 적절하게 요구하는가이다. 이 질문에 대한 간단하고도 흡족한 답이 있었으면 좋겠지만 없다. 때때로 우리는 너무 심하게 요구하는 반면, 다른 때에는 직선적으로 요구하지 않는다. 삶의 여러 영역들에서처럼 '적절함'에는 언제나 균형이 문제다.

설교하고 가르치는 사람들 중에는 헌신을 요구할 때 너무 지나친 감정이나 너무 많은 압력을 쓰는 사람도 있다. 어떤 이들은 결과와 필요에 지나치게 몰두한 나머지, 속임수를 쓰기도 한다. 그런 식의 과도함은 5가지 형태로 나타난다.

1. 지나치게 감정적임 – 장광설, 호소, 눈물을 흘림
2. 지나치게 늘어짐 – "이제 우리 다섯 번 힘차게 찬송가 15장을 부릅시다."
3. 지나치게 포괄적임 – "죄를 지은 자는 누구든지 앞으로 나오십시오."
4. 지나치게 조작적임 – "당신이 온전한 경제적 자유를 원한다면"
5. 지나치게 도시적임 – "매끄러운, 세련된, 잘 포장된, 고도의"

헌신하도록 도전할 때, 교사의 말이 사랑의 마음을 통해 흘러나오게 하라. 도전은 그들을 위한 것이지, 교사 자신의 영광을 구하는 것이 아님을 기억하라. 양 떼들은 교사의 지도력 아래 있도록 하나님이 맡기신 것이다. 그들이 쉽게 반응하면 부드럽게 대하고, 엄하게 하면 그렇게 대하라. 헌신에 대한 도전들이 구체적이고, 이치에 맞으며, 믿음을 길러주고, 성경적이기 위해서는 여과 작용이 필요하다.

교사의 도전은 분명하고 정확해야 하며, 반응을 구하는 것이어야 한다. 그것은 명확한 진리에 견고히 뿌리내리고 있어야 하며, 성경에 있는 구체적인 구절과 연결되어 있어야 한다. 교사가 직접 성경으로부터 적용했기 때문에, 헌신에 대한 도전 역시 궁극적으로는 하나님의 도전이며, 학생들의 반응은 교사에게가 아니라 하나님께 반응한 것임을 잊지 말라.

"나와 내 가족은 헌신할 것이다." 당신도 그렇게 하겠는가?

활용 7: 책임감을 가지고 적용을 강화하라

책임감은 무엇인가에 대해 '해명하는 능력'이다. 이 마지막 원리에서는 증명된 5가지 방법이 제시되어 있는데, 이것들은 학생들이 자신의 행동에 책임을 질 때 복음을 전할 수 있다는 사실을 증명하기 위해서이다.

자원하는 책임감은 무엇인가를 하겠다는 결심을 크게 강화시킨다. 헌신

이 어려우면 어려울수록, 책임감은 더욱더 도움이 되고 중요하다. 그것이 바로 사람들이 책임을 지기 위해 실제로 돈을 지불하는 이유이다. 예를 들어 다이어트 모임 같은 것이 그렇다. 그것이 바로 사람들이 책임을 지기 위해 일주일에 몇 번씩 저녁 시간을 알코올 중독자들의 모임에서 같이 보내는 이유이다.

교사에게 유익이 되는 관계에 대한 5가지 책임감이 있다.

1. 자신에 대한 책임감

이것은 책임감의 가장 성숙한 형태이다. 왜냐하면 한 사람의 자아 훈련과 내적 결심에 온전히 의존하기 때문이다. 학생이 이렇게 책임 있는 태도로 행동할 때, 그는 성숙한 사람이며 내적 동기에 의해 행동하는 사람이다. 책임감의 나머지 네 가지 관계는 모두 외적이다. 왜냐하면 학생이 외부의 인물에 의해 영향을 받기 때문이다.

최선의 것을 추구하도록 이끄는 교사들은 종종 우리의 내적 결심을 자극한다. 그들은 우리가 영혼 깊은 곳에서 원하도록 도와, 그것을 끝마치기 위해 책임지겠다는 약속을 스스로 하게 한다. 교사로서 "당신은 얼마나 헌신되었는가?" "당신은 무슨 일이 있어도 자신의 목표를 끝마치도록 결심하기 위해 무엇을 하겠는가?"와 같은 질문들을 던져보라.

2. 동료에 대한 책임감

나이와 환경에 따라 학생의 동료들은 교사에게 책임감을 발휘하게 해줄 가장 효과적이고 손쉬운 관계들일 것이다. 과제를 하거나, 과제를 끝마치도록 팀을 구성하거나, 계획중인 것을 이야기하거나, 명민한 학생들이 더 디 배우는 학생들을 책임지게 하라.

3. 중요한 사람에 대한 책임감

종종 부모의 서명을 받아오라고 채점된 시험지들을 집에 보낼 때, 학교에서는 이런 책임감을 이용한다. 일정한 규율 문제를 놓고 교사들은 부모들을 호출한다. 그것은 강화시키는 책임감이다.

때때로 나는 학생에게 그가 정한 목표를 달성하는가에 대해 누가 가장 관심을 갖는지 묻곤 한다. 그들이 달리기를 계속하도록 누가 가장 많이 격려하는가? 때때로 나는 학생들이 그들이 좋아하는 조부모님께 전화를 드려 자신의 결심을 이야기하라고 격려한다. 때때로 출장중에 있는 남편은 호텔방에 설치되어 있는 외설 영화를 보지 않는 책임을 지기 위해 매일밤 아내에게 전화를 건다.

'기독교 가정 사역(Christian Family Ministry)'에서 일하는 내 좋은 친구 데니스 레이니(Dennis Rainey)에게 전화할 때마다 우리는 서로 아내와의 관계에서 어떻게 하고 있는지 이야기한다. 답하기 곤란한 질문이 나올 수 있다는 것을 아는 자체만으로도 올바른 대답을 할 수 있도록 우리의 결심을 심화시킨다.

WTB는 이사회로 말미암아 놀라운 축복을 받고 있다. 그들은 나와 함께 주님이 우리들에게 맡기신 비전의 청지기들이다. 만날 때마다 그들은 공적 및 사적 문제들에 대해 내게 책임 있는 설명을 요구한다. 이러한 책임감의 관계는 나와 가족에게 큰 보호와 성장의 밑거름이 되었다.

4. 교사에 대한 책임감

이것은 '가르침-배움 과정'에서 외적 동기에 대한 가장 분명한 자원이다. 대학에서 가르쳤을 때, 나는 첫 강의 시간에 학생들에 대한 나의 헌신에 대해 이야기하거나, 교사인 나에 대한 학생들의 헌신을 적어내도록 요청하는 것으로 첫 강의를 마무리짓곤 했다.

교사는 때때로 곤경에 빠져 있는 학생이 올바른 길에 서도록 하기 위해 그 학생에게 자신의 헌신을 이야기한다. 고민하는 그 학생과 마침내 헌신의 악수를 나누기 위해서는 많은 시간이 필요하다. 그것은 아마 외도하고 있는 사람을 찾아가 그가 그 길에서 돌아서도록 돕는 경우일 수도 있다. 학생들의 필요가 무엇이든, 그들을 위해 거기에 함께 머물러 옳은 일을 하도록 책임을 주라.

5. 하나님께 대한 책임감

적절한 때에 학생들이 주님께 헌신하도록 인도할 것을 고려하자. 때때로 그들이 자신의 결심을 큰소리로 기도하도록 격려하라. 또 때로는 그들의 결심을 조용한 목소리로 기도하게 하라. 또는 기도를 적어 한 주 동안 그것을 실행해나가며 날마다 기도하게 하라.

교사의 성공을 궁극적으로 입증해주는 것은 교사가 같이 있지 않을 때라도, 학생들의 삶에서 적용과 변화가 일어나는 것이다. 그 진리가 학생들의 삶의 일부가 될 때까지 적용하기 위해 우리는 충분한 내적 외적 동기를 형성했는가?

주님은 가르치는 우리에게 더 많은 책임을 물으신다는 사실을 기억하라. 그러므로 그날을 준비하기 위해 그 책임의 일부를 지금 가르치는 현장에서 펼쳐나가자. 학생들과 우리 자신을 위해.

결론

적용의 문제는 항상 나를 놀라움과 경이로 가득 채워준다. 그리스도인 교사들이여, 삶의 변화라고 부르는 기적적인 일을 주님과 함께 나누도록 그리고 주님이 주권적으로 그 일을 해나가시도록 내어드리라. 하나님은 성경을 기록하는 일에 사람들을 사용하셨을 뿐만 아니라, 성경을 가르치는 일에도 사람들을 사용하신다. 나는 우리가 주님을 위해 가르치는 일의 경이로움과 특권을 결코 소홀히하지 않기를 원한다.

성경을 효과적으로 적용하는 것은 지속적인 삶의 변화를 가져오는 놀라운 힘을 지니고 있다. 건축이 진행되는 동안 종종 큰 깃발에 씌어 교회 건물 앞면에 내걸리는 잘 알려진 구절은 "묵시(꿈, 목표, 건축 계획)가 없으면 백성이 망한다"*이다. 묵시(꿈, 목표, 건축 계획)를 가지지 않는다면 백성이 망한다(동기를 잃는다, 무감각적으로 된다, 출석 교인이 준다)고 설교로 선포된다. 한 가지 문제는 잠언 29장 18절은 그것과도 상관이 없다는 점이다.

첫째로 히브리 원본에 있는 '묵시(vision)'라는 단어는 결코 계획이나 목표 또는 과제를 의미하지 않는다. 그 대신 그것은 '신적 계시'라는 매우 구별된 의미를 지닌다. 예를 들어 이사야서는 '이사야의 꿈'으로 시작되고, 이사야가 받은 초자연적 계시에 대해 언급되어 있다. 우리가 오늘날 무엇을 '꿈'이라고 부르는지 아는가? 성경이다. 그러므로 잠언 29장 18절은 "성경이 없이는…"이라고 시작될 수 있다.

둘째로 히브리 원어에서 '소멸하다(perish)'라는 단어는 결코 동기를 잃거

---

* 개역이나 개역개정에서는 "묵시가 없으면 백성이 방자히 행하거니와"로 표현되었다. KJV에서는 "Where there is no vision, the people perish"로 표현되었다. 저자는 KJV를 사용한 것임 – 편주

나 무표정하거나, 심지어 망하거나 죽음을 의미하지 않는다. 모세가 시내산에서 십계명을 얻은 후 내려와서 백성들의 소란스러운 죄를 발견했을 때 그 의미의 분명한 예가 드러난다. 어떤 성경 번역들은 그 상태를 난폭하게 뛰놀고, 벌거벗고, 부도덕과 음란에 깊이 개입한 것으로 묘사한다. 그 모든 묘사들은 '망하다'의 의미를 그리고 있다. 그 단어는 제한 없이 부도덕함으로 뛰어드는 것을 의미한다. 그러므로 이 구절은 쉽게 "백성이 부도덕한 쪽으로 주저 없이 뛰어든다"고 해석된다.

이 두 단어를 한데 묶으라. 그러면 당신과 내가 가르칠 때마다 왜 진리를 적용해야 하는지 알 것이다. "정확히 가르쳐지는 성경이 없이는 백성은 주저 없이 부도덕한 쪽으로 뛰어들 것이다." 그리스도인들이 세상과 분명히 구별되지 않고 사는 많은 이유 가운데 하나는 교사가 성경을 정확히 가르치지 않기 때문이다.

최근에 미국 중서부에 있는 큰 교회에서 설교했을 때, 나는 잠언 29장 18절의 심오한 진리를 깨달았다. 예배 후에 한 남자가 다가와 나와 이야기를 좀 하고 싶다고 말했다.

"목사님과 이야기를 나누고 싶은데요. 목사님은 이 주변에서 오신 분이 아니니까 제가 말씀드릴 수 있습니다. 저는 지금 불행한 일을 겪고 있습니다. 이혼 소송중에 있습니다."

나는 그것이 불행한 일이라는 데에 머리를 끄덕였다.

"저, 그것보다 더 불행한 일은, 제가 이 교회 집사라는 것입니다."

나는 그에게 그가 그 둘을 동시에 취할 수 없다고 말했다. 이혼을 하려고 한다면 즉시 제직회에서 탈퇴하거나, 이전의 결혼생활로 다시 돌아가 집사로서 계속 봉사해야 한다고 조언했다. 나는 그에게 하나님의 뜻에 순종하여 결혼생활을 회복하라고 촉구했다.

그러자 그는 말했다.

"그것보다 더 불행한 일이 있습니다. 저는 이 교회에서 이혼하려고 하는 유일한 집사가 아니랍니다. 지난 3년 동안 이 교회에서는 아홉 명의 집사가 이혼했습니다."

"아홉 명이라고요?"

충격에서 벗어난 후 나는 말을 이었다. "제가 집사님께 두 가지 질문을 던져도 되겠습니까?"

적용의 법칙을 이해했다면, 당신은 그 질문들이 무엇인지 짐작할 수 있을 것이다.

"교회 목사님이 결혼과 순결에 대해 마지막으로 설교하신 때가 언제인가요?"

"한 번도 하신 적이 없습니다."

나는 그에게 내가 그 사실을 이미 알고 있었다고 말했다.

"한 가지 더 묻겠습니다. 이 교회 목사님 개인의 삶과 결혼생활 속에 죄된 무엇인가가 진행되고 있나요?"

질문을 던졌을 때 그가 지은 표정을 나는 결코 잊지 못할 것이다. 그는 놀라 뒤로 물러나면서 더듬거리며 물었다.

"누가 목사님께 말했나요?"

"집사님이 말했잖아요."

"천만에요. 저는 말씀드리지 않았어요. 아무에게도 이야기하지 않겠다고 목사님과 약속했는데요. 누가 목사님께 말씀드렸나요?"

"집사님이 방금 말씀하셨잖아요. 집사님은 자신이 열 번째로 이혼하는 집사라고 제게 말씀하셨지요. 이 교회 안에서 사람들이 그 정도로 방종하다면, 그것은 하나님의 말씀이 선포되고 있지 않기 때문이지요. 그리고 그렇게 널리 퍼진 뚜렷한 죄에도 불구하고 진리가 선포되지 않는 유일한 이유는 목사님과 그의 직계 가족의 삶에 그와 똑같은 죄가 존재하기 때문일 수밖에 없지요."

그 목사는 자신이 진리를 행하지 않았기 때문에 그것에 대해 말할 수가 없었다. 나는 그 목사가 자신의 죄뿐만 아니라 오늘날 낙담하고 괴로움을 당하고 있는 사람들과 그 가족들에게 그 진리를 보류하고 있는 문제에 대해 책임져야 한다고 믿는다. 당신은 목사이자 교사인 그가 진리를 그의 백성들에게 적용하지 않았기 때문에 그 교회의 여러 세대에 걸쳐 이어질 죄악을 상상할 수 있겠는가?

잠언 29장 18절이 가르치듯이 하나님의 말씀이 가르쳐지고 적용되지 않을 때 백성의 방종은 극에 달한다. 그러므로 가르칠 때마다 진리를 적용하라. 지금부터 영원까지 가르치는 모든 시간과 장소에서 하나님의 영광을 위해 그리고 그분의 은혜에 힘입어 삶의 변화를 위해 가르치겠다고 주님께 헌신하라.

토론할 문제

1. 어떤 사람이 성경을 가르침에도 불구하고 '양 떼를 먹이지' 않는 것이 어떻게 가능할 수 있겠는가? 양 떼가 먹지 않을 때 무엇이 결여되겠는가? 교사나 설교자가 이러한 사실을 알고 있다고 생각하는가? 당신이 가르칠 때 학생들이 먹었다고 생각하는가?

2. 당신이 가르칠 때 실제로 성령이 능력으로 역사하셨다고 느끼는 시간은 몇 퍼센트인가? 가르칠 때마다 성령이 역사하기를 원하신다고 생각하는가? 아니면 단지 일부의 시간만이라고 생각하는가? 오늘날 수업에서 성령의 임재를 경험하지 못하는 원인은 무엇인가?

■

3. 교사들은 대개 자신들이 설득적이어야 한다는 사실을 염두에 두지 않는다. 왜 그런가? 예수님, 바울, 베드로와 야고보가 설득적이었다고 생각하는가? 그들의 예를 따르기 원한다면 가르칠 때 무엇을 달리 해야 하는가?

■

4. 적용하는 이의 심정과 내용만 가르치는 이의 심정 사이에 있는 차이들을 적어보라. 당신이 아는 사람 중 가장 위대한 적용하는 이의 마음을 가진 사람은 누구인가? 1–10까지 점수 중, 적용을 위한 자신의 태도에 몇 점을 주겠는가? 10점을 얻기 위해 어떻게 하겠는가?

■

5. 누가복음과 요한복음에 나오는 예수님의 말씀을 대강 훑어보고, 주님이 요점을 가르치시기 위해 만들어낸 세 가지 이야기를 골라보라. 그것들을 공부한 후에 '목적을 지닌 자신의 이야기들'을 만들기 위해 단계별 접근 방법을 적어보라. 다음 번 수업을 위해 이야기를 만들어보라.

법칙 4

기억의 법칙

07

기억의 기초, 모델 및 원리

나는 신학원 첫 학기에 낙제를 면치 못할 것이라고 생각했다. 히브리어, 그리스어, 신학과 성경 과목이 요구하는 도저히 감당할 수 없는 많은 학습량이 시험에 필수적이라는 이야기들을 들었기 때문이다. 망연자실했다. 한 과목에서만 읽어야 할 분량이 2천 페이지가 넘었다. 신학원 졸업생들은 처음 몇 주 동안 공부하기가 얼마나 어렵고, 얼마나 많은 학생들이 우르르 낙제를 했으며, 그래서 신입생 시절에 얼마나 혼쭐이 났는지 흥미진진하게 이야기했다.

아내와 나는 속독 기술을 배우는 것이 좋겠다고 결정했다. 속독 광고는 독서량을 세 배로 늘릴 수 있고, 기억력을 크게 증진시킬 수 있다고 약속하고 있었다.

수업 첫날, 강사는 이렇게 말했다. "여러분이 이 과정을 마칠 때쯤에는 얼마나 빨리 읽을 수 있는지 보여드리겠습니다." 그 강사의 왼쪽에는 탁자가 놓여 있었고, 거기에는 그 과정을 마친 세 명의 졸업생이 앉아 있었다.

"이분들이 읽는 것을 지켜보십시오." 그들은 전에 한 번도 읽어보지 않은 아주 두꺼운 책을 들고 아주 빨리 넘겨나갔다. 맨 뒷사람까지 일어서서 그들을 주시했다.

나는 웃음을 참으며 속으로 이렇게 생각했다. '저것은 불가능해! 저들이 정말로 저렇게 빨리 읽을 수는 없어. 나는 속고 있는 거야. 돈을 돌려받았으면 좋겠다!' 그 강사는 마치 내 마음을 읽은 것처럼 말했다. "여러분이 우리가 시키는 대로 하고 내준 과제를 잘만 해온다면 여러분들도 저분들처럼 똑같이 읽을 수 있을 것입니다. 그렇지 않다면 여러분의 수강료를 돌려드리겠어요." 나는 매료되고 말았다.

과제들은 독특했다. 강사는 1분에 적게는 1천 단어, 많게는 5천 단어를 읽기 위해서는 다소 급진적인 과정들이 필요하다고 말했다. 첫 주의 과제는 눈으로 단어를 읽으며 전체 페이지들을 읽어나가는 것으로 시작했다.

나는 가까이 있는 지역 도서관에 가서 아동 도서들이 어디 있는지 물었다. 그러자 도서관 사서가 되물었다.

"아이들이 있으신가 보죠?"

"아직 없습니다."

"그러면, 친척이나 친구분들을 위해 빌리시려는 건가봐요."

"아닙니다. 제가 필요해서 그래요."

"아, 그러세요. 그렇다면 어떤 아동 도서들을 원하시죠?"

나는 될 수 있는 대로 태연하게 보이려고 애썼다.

"어떤 것이라도 괜찮아요. 주제가 중요하지는 않거든요."

그 여성은 전형적인 도서관 사서였다. 빵 모양으로 뒤로 묶은 회색 머리, 독서용 안경, 키가 크고 마른, 그리고 약간은 거리감을 둔 얼굴에는 의구심으로 가득했다. 그녀는 나를 아동 도서 서가로 안내했다. 책의 종류나 크기 또는 주제에 상관없이 십여 권을 꺼내 가장 가까운 탁자로 날랐다. 사서는 꼼짝도 하지 않고 나를 지켜보고 있었다.

그다음 나는 과제를 시작했다. 나는 그 책들을 거꾸로 들고, 가능한 한 빨리 책장들을 넘겨가기 시작했다. 내 왼쪽 어깨 너머로 그 사서의 숨소리가 들려오는 것 같았다. 마침내 그녀는 참지 못하고 말문을 열었다.

"이보세요. 지금 책을 거꾸로 보고 있다는 걸 알고 계세요?"

"그럼요. 정말 놀라운 일이에요." 나는 정색을 하고 말했다.

"이렇게 읽어보신 적이 있으신가요?"

마침내 그녀는 앞쪽으로 와서 내 눈을 들여다보며 걱정스런 표정을 지으며 다시 물었다. "정말로 그 책을 읽고 계신 거예요?"

"천만에요. 책에 무엇이 적혀 있는지 전혀 몰라요. 그러나 강사는 아무 상관 없다고 말했어요."

몇 주 동안 매일 나는 같은 도서관을 찾았다. 한 시간 정도 나는 아동 도서들을 거꾸로 들고, 가능한 한 빨리 책장을 넘기곤 했다. 도서관을 떠날 즈음엔 그 사서에게 미소를 보내기도 했다. 두 주째가 지날 무렵부터 그녀는 나를 거들떠보지도 않았다. 결국 나는 좀 더 심각한 책들, 즉 두꺼운 참고 도서 쪽으로 옮겨 갔다. 나는 매일밤 한 시간 동안 책을 가지고 똑같이 했다. 나는 코스를 마칠 때까지 어떤 일이 진행되고 있는지 아무것도 모르는 그 사서에게 설명해주지 않았고, 코스를 마쳤을 때 함께 큰 소리로 웃었다.

이 과제는 한 가지 목적을 위해 고안되었다. 빨리 읽기 위해서는 모든 단어를 읽을 수 없다는 것이다. 즉, 전체 페이지를 한꺼번에 읽는 법을 배워야 하는 것이다. 책을 거꾸로 들고 읽을 때 개별 단어들을 읽지 못한다. 각 부분에 집중하지 않고 순식간에 그림을 동시에 보는 것처럼 단어를 보기 위해 눈과 정신을 새롭게 훈련해야 했던 것이다.

우리 반 평균 독서 속도는 1분에 200-450개의 단어들에서, 1,000이나 2,000을 넘어 5,000까지 읽는 학생들도 더러 있었다. 우리가 이전에 가졌던 생각과 달리 기억력도 향상되었다. 많은 사람들이 1분 동안 3,000-5,000 단어들을 한꺼번에 읽고 그 중 80퍼센트 또는 그 이상을 기억하게 되었을 때 강좌가 끝났다. 어쨌든 강사는 속독의 비밀을 알려준 셈이다.

속독 능력이 평범한 사람들에게 가져다줄 놀라운 차이를 상상해보라. 최근 한 주 동안 나는 기독교 고전과 지도력과 경영에 대한 7권의 책을 읽었다. 그것들은 대략 44만 5,000단어들이었다.

그것들을 다음과 같이 분당 단어 읽기 속도(wpm)로 읽었을 때, 그 결과를 비교해보라.

44만 5,000단어를

분당 250단어로 읽는다면, 1,780분 또는 29.5시간

분당 1,000단어로 읽는다면, 445분 또는 7.5시간

분당 3,000단어로 읽는다면, 148.33분 또는 2.5시간

이런 정보에 따라 산출해본다면, 대학 교육 4년 동안 어떤 일이 일어날지 생각해보라. 그 4년간 한 주에 2시간만 독서에 투자한다고 가정하자. 그러면 24,960분의 독서 시간이 된다. 그 4년 동안 1분간 읽는 단어가 250 또는 1,000 또는 3,000에서, 그리고 각 책이 63,500 단어들 또는 200페이지가 넘는다고 가정한다면 얼마나 많은 책을 읽겠는지 비교해보라.

- 분당 250개 단어 읽기 속도라면 254분에 책 한 권, 4년간 98권의 책들을

읽을 수 있다. 그것은 1.55미터 높이로 쌓인 책에 해당한다.
- 분당 1,000개 단어 읽기 속도라면 63.5분에 책 한 권, 4년간 393권의 책들을 읽을 것이다. 그것은 20미터 정도의 높이로 쌓인 책더미이다.
- 분당 3,000개 단어 읽기 속도라면 21.2분에 책 한 권을 또는 4년간 1,177권의 책을 읽게 된다. 그것은 약 5층짜리 빌딩 높이의 책더미에 해당한다.

이것을 속독 광고라고 착각하기 전에, 이 장의 핵심으로 넘어가보자. 똑같은 학생에게 평면적 차원의 책을 입체적 차원의 인물, 즉 교사인 당신으로 대치하라! 그리고 속독을 토론하는 대신, 효과적으로 빨리 가르치는 것은 어떤가? 오히려 좀 더 흥미진진한 장면이 전개되지 않겠는가?

성경 파노라마 세미나들 중 한 강좌에 참석해보았다면, '속강'을 경험해보았을 것이다. 우리가 받는 일관된 평은 "제가 여러 해 동안 배워온 것보다 더 많은 것을 하루에 배웠어요." "생각했던 것보다 더 많은 것을 하루에 배웠어요. 그리고 저는 그 순간순간이 즐거웠습니다" 등이다. 이제는 우리가 이 '속강' 방법을 50여 개국, 100만이 넘는 사람들에게 가르쳐서 찾은 혁신적인 비결의 일부를 배울 차례이다.

당신이 가르치고 있는 그리고 학생들이 배우고 있는 속도를 향상시키고 싶다면, 빨리 가르치는 특별한 방법이 있어야 한다. 지난번 강의를 돌아보라. 당신이 가르친 그 수업에서 학생들이 얼마나 많은 내용을 배웠는가?

지난 시간 얼마나 빨리 속강했는지 알기 위해, 방금 적어내려갔던 내용들을 세어보라. 수업 시간마다 6개 항목이 있었다면, 당신은 '수업 시간당 항목' 6에서 가르치고 있는 것이다.

현재 수업 시간당 항목은 얼마인가? 그것을 알아내는 좋은 방법은 다음 번 수업이 끝날 무렵 즉시 학생들에게 시험을 치는 것이다. 예고 없던 시험을 치르라. 그것을 시도해보면 교사들은 결과에 아연실색할 것이다.

　속강의 비결에 들어가기 전에, 실생활에서 속강이 지닌 의미를 실험해보자. 학사 과정에서 정규적인 수업 시간으로 지식을 얼마나 얻을 수 있는가? 한 학생이 8학기 동안 학기마다 16학점을 택해 학점당 평균 14시간 수업을 받는다면, 그 학생은 4년간 대략 110시간의 수업을 받게 된다.

　다음으로 정상적인 학생이 각 학기, 그 자신의 예습 복습, 독서 및 수업 시간 이외의 과제물들을 제외하고 얼마나 많은 항목을 배우고 있는지 추정해보라. 보통 교사가 평균 수준의 학생에게 수업 시간마다 최대한 10가지 항목들을 가르친다고 하자. 따라서 평균적으로 대학 학위를 따는 데 한 학생이 배우는 것은 18,000개 항목(1,800시간 × 시간당 10가지)을 배운다고 할 수 있다. 이것을 속독 비율과 비슷한 속강 속도로 동일한 학생들에게 똑같은 내용을 가르치는 잠재력과 관련시켜보라.

　　시간당 10개 항목(분당 단어량 250) × 1,800' = '18,000항목
　　시간당 40개 항목(분당 단어량 1,000) × 1,800' = '72,000항목
　　시간당 120개 항목(분당 단어량 3,000) × 1,8000' = '216,000항목

　18,000항목 대 216,000항목이란 이 엄청난 차이를 보라! 이것이 불가능하거나 비현실적이라고 보는가? 독서량을 1분간 250단어에서 1,000 또는 심지어 3,000단어로 향상시킬 수 있는 것처럼 이것은 비현실적인 일이 아닙니다. 최고 안전 속도를 넘지 않으려고 안간힘을 써야 하는 정상적인 운전자와는 달리, 정상적인 교사의 문제는 최저 안전 속도에 훨씬 못 미치는 속도로 가르치고 있는 데 있다. 수업당 10가지 사항을 다루는 데 60분을 사용한다면, 그리고 그 똑같은 양을 15분 내에 가르치는 방법을 배울 수 있다면,

의미 있는 좀 더 다른 학습 경험들을 얻을 수 있는 과외의 시간들을 생각해 보라.

독서력을 4배로 늘리도록 배우는 것과 마찬가지로, 교수력 역시 4배로 늘릴 수 있다. 그 가능성을 생각해보라! 그러나 어떻게 그렇게 할 수 있는가? 노력 없이 정보를 기억하기 위해서는 어떻게 받아들여 재구성해야 하는가? 어떻게 속강을 하는가?

하나님이 행하시는 것을 자세히 주목해보면 몇 가지 단서를 얻을 수 있을지도 모른다. 예를 들어, 홍수 이후에 하나님이 어떻게 행했는지 생각해보라. 왜 하늘에 무지개를 세우셨는가? 하나님은 홍수를 통해 다시는 세상을 멸하지 않겠다는 약속을 우리가 영원히 잊지 않기를 원하셨다.

우리의 기억 속에 무엇인가를 새겨넣고 싶으셨을 때, 하나님은 그림을 사용하셨다. "다음번에 무지개를 볼 때는, 하나님이 '이제 더 이상 홍수는 없을 것이다'라고 말씀하신 것을 기억해야지. 그것을 열 번 되풀이해서 새겨두는 편이 좋을 거야." 아마 이렇게 정신을 집중하는 사람은 없을 것이다. 하나님은 보편적인 속강 법칙을 사용하셨고, 우리는 '내용'을 즉각적으로 그리고 영원히 익혔다! 하나님의 속강 방법은 우리에게 빠른 학습을 가능케 했다. 그리고 그 기억은 평생 지속된다.

당신과 내가 속강에 대한 하나님의 방법을 모방한다면, 그리고 내용을 재빨리 그리고 영원히 기억하도록 가르치기 위해 그림을 사용한다면 어떤 일이 벌어질까 궁금하다. 이후에 알게 될 것처럼, 수업당 가르치는 항목은 손쉽게 두세 배로 쉽게 증가할 것이다.

그러나 그것은 하나님이 사용하시는 방법 가운데 하나에 불과하다. 이 기억의 법칙을 끝마치기 전에, 당신은 하나님이 속강하는 데 사용하신 주된 방법들을 배울 것이다. 다음에 가르칠 때 당신은 동일한 그 방법들을 적용할 것이다.

그럼에도 불구하고, 이 법칙이 가르칠 때마다 적용되는 것은 아님을 기억하라. 이것은 교수 연장통에 있는 한 특별한 연장일 뿐이다. 당신이 특정한 내용이나 많은 내용을 가르치고 싶을 때 이 연장을 사용하라. 이 법칙이 얼마나 잘 통하는지 놀랄 것이다. 나는 여러 해 동안 개인적으로 얻은 경험으로 한 가지 약속할 수 있다. 학생들에게 이 법칙을 사용하면 그들은 당신을 더더욱 좋아하게 될 것이다.

기억의 기초

따라서 이 법칙은 학생에게 가장 짧은 시간에 학생이 최소의 노력을 기울여 가장 최대의 기억 효과를 얻게 하기 위해 가장 많은 정보를 가르치는 방법에 대한 기술과 학문에 초점을 두고 있다. 이 법칙은 '가르침 – 배움 과정'에서 두 가지 중요한 문제를 직접 다루고 있다.

유효성'-'학생에게 합당한 자료를 가르치고 있는가?
효율성'-'올바른 방식으로 학생을 가르치고 있는가?

교사의 유효성과 효율성을 증가시키는 기초를 다지기 위해, 신명기 6장 4-9절에서 설명된 것처럼 가르침의 네 가지 수준을 고려해보자.

"이스라엘아 들으라 우리 하나님 여호와는 오직 유일한 여호와이시니 너는 마음을 다하고 뜻을 다하고 힘을 다하여 네 하나님 여호와를 사랑하라 오늘 내가 네게 명하는 이 말씀을 너는 마음에 새기고 네 자녀에게 부지런히 가르치며 집에 앉았을 때에든지 길을 갈 때에든지 누웠을 때에든지 일어날 때에든지 이 말씀을 강론할 것이며 너는 또 그것을 네 손목에 매어 기호를 삼으며 네 미간에 붙여 표로 삼고 또 네 집 문설주와 바깥 문에 기록할지니라."

위대한 교사가 되고 싶은가? 그렇다면 하나님을 사랑하라. 그것이 출발점이다. 그것은 도미노 게임에서 가장 선두에 있는 패와 같다. 진실로 훌륭한 교사가 되고 싶은가? 그렇다면 마음과 뜻과 힘을 다하여 하나님을 사랑하라.

"그리고 내가 너희에게 오늘날 명하는 이 말들을 노트에 적을지어다." 이것이 이 말씀이 의미하는 것인가? 그렇지 않다. 그 말이나 내용은 노트가 아니라 마음에 적혀야 한다. 주님을 사랑한다면, 우리는 그분의 뜻에 경의를 표하지 않을 수 없다.

성경에 의하면, 부모의 모든 역할과 위대한 가르침은 두 가지를 기초로 한다. 하나님을 사랑하고 내용을 파악하기. 이것 없이 당신은 위대한 교사일 수 없으며, 둘 중 어느 하나도 소홀히할 수 없다. 하나님을 사랑하라! 과목을 파악하라! 그러면 다음 단계를 준비할 수 있다. 마음에 있는 자료를 학생들의 마음에다 옮겨 넣기. 모든 기독교 교육의 목표가 주님에 대한 당신의 사랑과 지혜를 효율적으로 학생들에게 옮기는 것이 아닌가? 그래서 그들이 주님을 사랑하고 그 말씀을 알도록 말이다. 하나님이 그렇게 할 수 있는 네 가지 방법을 보여주신다는 사실은 그중에서도 가장 희소식이다.

1. 가르치라.

"네 자녀에게 부지런히 가르치며."

수업 시간을 위해 자리에 앉는 것은 형식적인 가르침이다. 학교 또는 일반 학원 교육을 생각할 때, 머리에 떠오르는 것은 이 첫 번째 수준이다. 교사가 주도권을 쥐고 있다. 교사는 이루어야 할 과제를 가지고 있을 뿐만 아니라 목표와 학습안을 통해 '가르침'-'배움의 과정'을 통제한다.

최근 금전 문제에 대해 아이들과 함께 이 원리를 실천에 옮겼다. 모든 개인적 용품들, 즉 샴푸, 화장품과 그 밖의 개인적 물품들을 그들이 직접 구입해야 한다는 동의 아래 용돈을 올려주었다. 용돈을 효과적으로 사용하려면 그들에게는 예산안이 필요했다. 이에 대한 참고 자료로 나는 우리 집의 예산안을 보여주었다. 그리고 각 항목마다 예산을 넣어둘 봉투를 사용하도록 하면서 예산 세우는 것을 도왔다. 그것은 자리에 앉아 공식적으로 가르치는 예이다.

2. 강론하라.

"너는… 집에 앉았을 때에든지 길을 갈 때에든지 누웠을 때에든지 일어날 때에든지 이 말씀을 강론할 것이며."

이 가르침의 두 번째 단계는 '가르침'에 대비하여 '이야기함'으로 그 특성을 가장 잘 나타낸다. 가르침의 과정에서, 강론은 좀더 유동적이며 평상적이고 쌍방향적이다. 가르침이 좀 더 교사 지시적인 반면에, 강론은 종종 학생 지시적이다.

뛰어난 교사들은 학생들로 하여금 이야기하도록 자극하는데, 그것을 통해 학생들의 진정한 의문과 어려움과 통하는 창을 열기 때문이다. 종종 가장 효과적인 가르침은 주제에서 벗어난 휴식 시간이나 음료수를 나누는 교제중에 일어난다.

3. 개인적 지표들

"너는 또 그것을(내용) 네 손목에 매어 기호를 삼으며 네 미간에 붙여 표로 삼고."

몇 해 전 여름, 나는 이스라엘로 향하는 비행기를 탔는데, 거기에는 약속의 땅으로 돌아가는 보수적인 유대인들이 다수 타고 있었다. 아침 4시 경, 태양이 떠오르자 비행기 여기저기서 여러 사람이 일어나더니 뒤쪽 구석으로 간 다음, 빛이 들어와 환하도록 창문 가리개를 들어올렸다. 그들은 큰 검은색 예복을 꺼내 걸치고 위의 구절이 말하고 있는 자그마한 상자들을 팔목에 감았다. 그리고 성경을 꺼내 읽기 시작했고, 예루살렘을 향해 기도하면서 겸손하게 절했다.

나는 그들이 무엇을 하고 있는지 알았다. 비록 적절한 가운이나 토라 사본도 없었지만 나는 그들에게 합류했다. 그 그룹 중간에 끼어들어 기도하기 시작했을 때, 나는 그들이 얼마나 진지한지, 그리고 그들이 얼마나 토라와 성경 구절을 담은 작은 가죽 상자와 이마에 붙이는 표에 경의를 표하는지 지켜보았다. 그리스도를 예배하는 기독교 신자였지만, 나는 그들과 어울려 좋은 예배 시간을 가졌다.

이 세 번째 방법은 가르침의 첫 번째 비언어적 방법이다. 즉, 우리가 입는 것 또는 우리가 행하는 것이 다른 이들에게는 신호로 작용한다. 그 유대인 예배자들은 소리에 의해서가 아니라 시각적 장면에 의해 즉각 메시지를 전달했다. 또한 교사가 이야기하고 있을 때만 일어날 수 있는 '가르침이나 강론'과는 달리, 이마에 붙이는 표는 그것을 보는 이에게 모두 언제나 뜻을 전달한다.

표현한다는 개념은 신호의 기본적인 의미다. 한 항목은 또 다른 항목을 대표하거나 그 자리를 대신한다. 종종 어떤 신호는 단지 눈에 보이는 작은 항목을 통해 큰 의미를 대표한다. 방금 만난 사람의 손가락에 있는 결혼반지를 볼 때 무엇을 생각하는가? 주례 목사가 "이러한 맹세들의 증표로 또는 표시로"라고 말하는 것을 생각해보라. 어떤 이의 손가락에 있는 결혼반지를 보는 순간, 수많은 의미가 마음에 밀려온다.

이와 같이 개인적인 행동들은 대중에게 신호로 사용될 수 있다. 우리 가족이 플로리다에서 휴가를 마치고 돌아오다가 간식을 먹기 위해 멈추었던 어느 늦은 저녁, 한 무리의 사람들이 한 행동을 보고 받은 딸의 충격을 나는 결코 잊지 못할 것이다. 제니와 나는 다른 식구들이 차에서 기다리는 동안 먹을 것을 사러 갔다. 갑자기 아이는 걱정스럽게 내 어깨를 두드리며, "아빠, 저기 좀 보세요!"라고 말했다. 고개를 돌렸을 때, 나는 고개를 숙여 기도하고 있는 한 어머니와 다섯 자녀를 보았다. 제니는 충격을 받은 것처럼 보였다. 조그만 목소리로 아이는 말했다. "우리 가족이 아닌 다른 사람들이 공공장소에서 저렇게 기도하고 있는 것을 보기는 이번이 처음이에요."

이 얼마나 실망스러운 일인가! 한 그리스도인 소녀가 다른 사람들이 공공장소에서 기도하는 것을 보지 못했다니 말이다. 어째서 우리는 대중 앞에서 머리를 숙이지 않는가? 대중 앞에서 머리를 숙이고 기도하는 것이 다른 이들에게 효과적인 표시라는 사실을 잊어버렸기 때문인가?

우리는 또한 십자가나 물고기 상징 같은 우아한 액세서리를 달 수도 있다. 이러한 것들은 다른 이들에게 우리가 그리스도인임을 알려준다. 그것은 신앙을 생각나게 하는 지표들이다.

언젠가 한 여성이 우리와 함께 엘리베이터에 탔다. 그녀는 '저에게 물어보세요'라고 쓰인 핀을 달고 있었다. 나는 그것이 무슨 의미인지 알고 있었지만 그녀에게 물었다. "무엇을 물으라는 것인가요?" "음, 제가 왜 행복한가를 물어보세요." 나는 다시 물었다. "왜 그렇게 행복하신가요?" 그녀는 이렇게 대답했다. "왜냐하면 제가 인생의 모든 필요를 채워주시는 분을 만났기 때문이지요." 그래서 나는 그녀에게 계속 물었다. "정말인가요? 그분의 이름이 무엇인가요?" 내가 집중적으로 질문을 던짐으로써 엘리베이터 안의 모든 이들은 복음을 들었고, 그녀는 성경적인 대답들을 자신 있게 했다.

4. 공개적인 선전

"네 집 문설주와 바깥 문에 기록할지니라."

하나님이 3천여 년 전에 계시하신 가르침의 이 네 번째 접근은 일반적으로 알려진 소극적인 선전 중의 하나다. 예를 들어, 고속도로에 내걸린 커다란 광고판은 어떤 의미에서는 "그것들을 바깥 문에 기록"한다는 것을 창의적으로 확대 활용한 것이다.

가르침의 세 번째와 네 번째 방법은 모두 비언어적이며 이 마지막 방법은 교사와 상관 없이 그리고 교사가 없을 때 일어난다. 당신은 '정신을 딴 데 둔 교사'에 대해서 들어보았겠지만 이제는 '부재중인 교사'에 대해 듣게 될 것이다.

교사를 위한 이 마지막 지시에서 폭 넓으면서도 주옥 같은 하나님의 통찰들을 놓치지 말라. 첫째, 우리는 그것들을 '기록하도록' 지시받았다. 즉, 그 내용이 읽기 쉽고 이해할 만하고 눈에 띄게 하는 데 적극적인 태도를 취하도록 지시받았다.

둘째, '그것들을' 기록하라. 이 전체 구절은 '그것들을' 교사의 마음에서 그들의 마음으로 효과적으로 전이하는 것에 초점을 맞추고 있다. 이 경우에 쓰일 내용은 "오늘 내가 네게 명하는 이 말씀"이며, 그것은 대개 성경 말씀을 말한다.

이 원리를 적용함으로써 당신은 똑같은 지침을 사용해 수업의 내용을 바깥 문에 '기록할' 수 있다. 내용을 공개적으로 제시하면 그 메시지를 보거나 듣는 사람 모두가 재음미할 수 있다.

셋째, 이러한 가르침의 명기 사항들은 특별히 당신의 '집과 바깥 문'에 놓도록 되어 있다. 주님은 그 메시지를 삶에서 가장 많이 사용되는 장소들, 즉 집과 사무실(또는 교사에게는 교실)에 놓음으로써 그 전이 효과를 극대화시키신다.

현관에 "나와 내 집은 주를 섬기리라"는 액자를 걸으라. 또는 우편함이나 명함 또는 차 뒤에 물고기 상징 같은 기독교를 드러내는 스티커를 붙이라. 그렇게 한 뒤에는, 운전에 유의하라. 그렇지 않으면 "나는 주님과 동행하지만… 마귀처럼 운전한다!"는 스티커를 붙인 것과 같다. 조지아 주에 있는 파이 굽는 회사 에드워즈 제과점은 알루미늄으로 만든 파이 접시 바닥에 성경 말씀들을 적는다. 이것은 누구나 충분히 알아볼 수 있다. 가정뿐만 아니라 사무실도 포함시키라. 사무실 안의 책상, 벽 또는 책장에서 무엇을 볼 수 있는가? 오늘 '그것들을 기록함이' 어떤가?

가장 효과적인 교사들은 모든 가르침의 방법을 사용하며, 교실은 그것이 그대로 드러난다. 교실 벽은 다채로운 말과 그림으로 가득 차 있다. 그리고 이 모든 것들은 최대한의 간접적인 교육 효과를 위해 주의깊게 배열되고 구성된다.

그러므로 가르침을 활용하고, 학생들의 마음과 삶에 심어줄 메시지를 강조하기 위해 교습 과정의 4가지 방법, 즉 가르침, 강론, 개인적 지표 및 공개적 광고 등 모두를 사용하라. 하나님은 단지 우리가 교실에 들어갈 때만 가르치는 것으로 보시지 않았음을 기억하라. 하나님은 직접적이고 간접적인 가능한 모든 수단을 통해 항상 가르치신다. 시편 19편을 보라.

기억의 모델

이들 4가지 접근의 과정을 깨달았는가? 그것들은 삶의 내면에서 외면으로 옮겨진다. 좀 더 형식적인 면에서 덜 형식적인 면으로. 처음 두 수준 '가르치다'와 '강론하다'는 개인 교수 수준으로 이루어져 있다. 그것들은 직접적이고도 '언어적'이다. '개인적 지표들'과 '공개적 지표들'은 간증하는 표시이다. 그것들은 간접적이고 '비언어적'이다. 개인 교수 수준에서 교사는 진리를 다른 이들에게 말을 통해 전달한다. 간증 수준에서 교사는 메시지를 가르치기 위해 시각적인 수단을 제공한다. 이 모든 방법은 학생들에게 하나님의 유산을 계승하도록 도와준다.

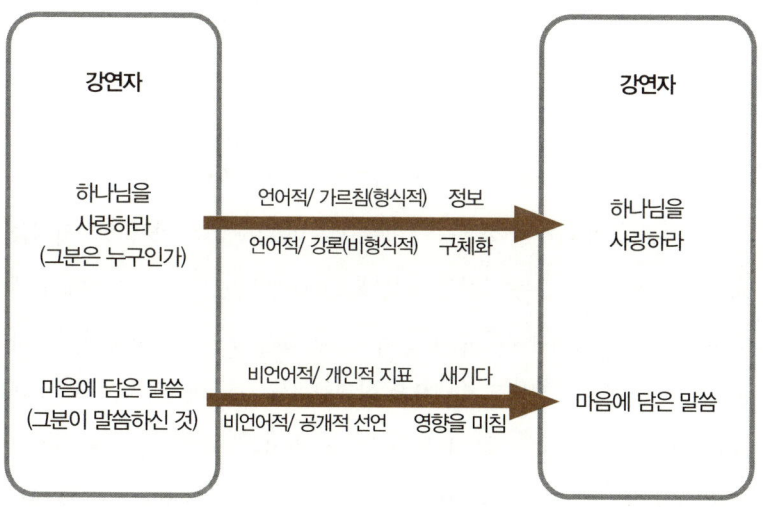

성경은 우리가 "진리를 전승해야 한다"고 분명히 말한다. 우리가 알고 있고 사랑하는 진리는, 자녀들과 학생들이 그 똑같은 진리를 깨닫고 사랑하게

될 방식으로 전달되어야 한다. 성경에 담겨 있는 윤리와 가치 체계의 핵심은 다음 세대에 전승되어야 한다. 구세대는 신세대에게 그것을 전달해야 한다. 그리고 그 전달은 단지 선한 의도와 호의적인 기대를 통해 성취될 수 없다. 그러한 전승은 우리가 말하고 행하며 대표하는 모든 것을 통해 성취되어야 한다.

기억의 원리

기억의 법칙은 학생들에게 내용을 신속하게 가르치기 위해 혁신적인 원리와 방법을 제시한다. 이 법칙이 적용될 때, 그것은 과감히 '구태의연한 방식'에서 탈피하는 사람들에게 놀라운 결과를 가져온다. 여기에 신속한 가르침을 위한 기본적인 7가지 기억 원리들이 있다.

원리 1: 학생이 내용을 기억하는 것은 교사의 책임이다

전 세계를 걸쳐 나타난 학생들의 반응으로 미루어볼 때, 학생으로 하여금 내용을 이해하게 만드는 교사는 드물다. 그 대신 '내용의 쓰레기더미'가 계속 쌓이는 것은 어디에서나 쉽게 볼 수 있다. 많은 교사들이 이렇게 생각하는 것은 아닌가? "너희들에게 내용을 이해시키는 것은 내 책임이 아니기 때문에, 나는 단지 그것을 너희에게 쏟아부을 것이다." 학생들은 자신들이 그 내용을 실제로 배우고 있는 것인지 아닌지 그 본질을 인지하지 못하기 때문에, 아무 생각없이 노트를 메워나간다. 학생들이 나중에 다시 들추어보기 위해 적어나가는 데도 교사는 이것을 가르쳤다고 할 수 있는가?

이 원리는 학생들이 학과 내용을 기억할 수 있는 방식으로 제시하는 것이 교사의 책임이라는 사실을 일깨워준다. 우리는 그것을 학생들의 머리에 기술적으로 넣어 거기에 고정시켜야 한다. 유감스럽게도 각종 시험의 결과가 그것을 잘 입증해준다. 끊임없이 점수가 떨어지는 것은 학생이나 학부모의 잘못이 아니다. 근본적인 책임은 교사들에게 그리고 궁극적으로는 교사를 양성하는 많은 교육 기관에게 있다.

학생들의 성공이 진정으로 교사의 성공을 재는 척도임을 깨달을 때까지, 교사들이 교사 지향적이 아닌 학생 지향적이 될 때까지, 그리고 교사 자신에게 수월한 방법보다는 학생을 위한 최선의 방법을 하기 시작할 때까지 학습은 계속 퇴보할 것이다.

그렇다면 학생들은 자신의 학습에 대해 아무런 책임도 없는가? 아니다. 그들에게도 책임이 있다. 이것은 누구에게 이야기를 하느냐에 따라 다르다. 지금 나는 교사들과 커뮤니케이터들에게 이야기하고 있으며, 우리는 학생들의 학습에 대해 100퍼센트 책임이 있다. 우리가 학생이라면, 학생의 법칙은 교사의 질에 상관 없이 자신의 학습에 100퍼센트 책임이 있다고 말할 것이다. 그렇다면 이 상황에서는 누구에게 책임이 있는가? 이 책에서의 답은 '교사'이다.

교사가 일단 모든 책임 중 가장 근본적인 책임이 있음을 인정하면, 그는 새로운 시각에서 가르침을 바라볼 수 있다. 교사가 수업중에 자신이 다룰 수 있었던 것에 대해서가 아니라, 학생들이 실제로 수업에서 얼마나 배웠는가에 대해 스스로를 평가한다면, 그가 어떻게 변할지 한번 상상해보라.

잠시 한 예를 생각해보자. 한 스페인어 교사가 이렇게 말했다고 가정해보라. "오늘 나는 여러분이 35개의 스페인어 단어들을 실제로 배울 때까지 가르치려고 합니다. 내가 다 가르친 다음엔 여러분은 적어도 33개의 단어들을 알 것이라고 보장합니다. 여러분은 내일 그것에 대한 시험을 치르게 될 것입니다. 그러나 겁먹지 마세요. 여러분이 적어도 33개의 정답을 얻지 못한다면, 그 시험은 무효입니다!" 그런 다음 교사가 각 단어에 대한 그림을 보여주면서 35개의 단어를 설명해나간다. 그러고는 완전히 익힐 때까지 그것들을 복습한다.

같은 과정을 다음과 같이 이야기하면서 가르치는 교사와 비교해보라. "여러분에게 줄 단어 목록이 있습니다. 외우세요. 그리고 내일 이것으로 퀴즈를 볼 것입니다."

원리 2: 이해된 다음에 효과적으로 기억할 수 있다

수업에 대비해 공부하는 학생들을 자주 만나면서도, 그들이 무엇을 공부하고 있는지 전혀 이해하지 못하는 것은 참 놀라운 일이다. 그들은 단지 시험을 위해 필요한 것만 공부하려는 경향이 있다. 최근에 몇몇 고등학교 학생들이 수학 과목에 대해 이야기하는 것을 들었다. 그 과목에서 단지 두 명만이 내용을 이해했고, 그들 중 한 명은 따라가기 위해 가정교사에게 따로 배우고 있었다. 그들은 완전히 지쳐서 이렇게 말했다. "어떻게 그 과목을 따라가야 할지 모르겠어요. 선생님은 저희들에게 너무 많은 자료를 주시지만, 무엇을 배우는지 아는 사람은 아무도 없어요." 그들은 좌절하고 있었다.

그 교사는 '배달부'가 자기 직업이라고 생각한다. 교과서를 다 끝마치면, 그는 자기 일이 끝났다고 생각한다. 대부분의 학생들이 내용을 이해하지 못해도 그것은 별 문제가 되지 않는다. 가르침이란 무엇인가에 대해 자신의 생각을 바꿨을 때, 그것이 어느 정도의 혁신을 일으킬지 상상할 수 있겠는가?

학생들이 내용을 완전히 이해할 때 훨씬 더 능률적으로 기억할 수 있다. 이 명백한 원리에도 불구하고 많은 교사들은 학생들에게 적당한 이해 없이 내용과 날짜와 이름을 그저 외우라고만 한다.

그러므로 교사들은 학생들이 시험에 대비해 정보를 외우기 전에, 먼저 그 의미와 중요성을 이해하도록 도와야 한다. 이해는 항상 암기보다 선행되어야 한다. 이해하지 못하는 것을 외우는 것은 아무 의미 없는 숫자들을 외우는 것과 같다. 몇 시간이나 계속 아무 관계도 없는 숫자들을 외우려고 시도해본 적이 있는가? 그것이 재미있었는가? 전혀 그렇지 않았다!

원리 3: 내용의 연관성을 인식할 때 더 잘 기억할 수 있다

이 원리 3의 단어에 주의하라. 기억은 무엇인가 일어남에 따라 향상된다. 내용이 자신의 현재 또는 미래와 관련 있는 정도에 따라 학생들은 더 빠르고 깊게 배운다.

학생 시절, 수업 도중에 '이것이 도대체 무슨 소용이 있단 말인가?'라고 생각해본 적이 얼마나 많았는가? 그리고 친구들 중 하나가 질문하려고 용기를 내어 손을 들었을 때, 교사는 친구가 마치 용서받을 수 없는 죄라도 지은 것처럼 비난의 눈길을 보낸 걸 기억하는가? 내용의 실제 가치를 알 수 없으면 학습은 저하된다. 교사 또한 모른다면 학습은 더욱 저하된다.

학교에서 처음으로 많은 사람들 앞에 나가 발표해야 했을 때 내 아들은 큰 걱정과 두려움을 느꼈던 모양이다. 그러다가 곧 창의적인 아이디어를 생각해냈다. "아빠, 제가 아빠 사무실에 나가 레이건 대통령에 대한 발표 자료를 만드는 데 아빠의 도움을 얻을 수 있을까요? 반 친구들이 좋아할 것 같아요. 가능한 모든 도움이 필요해요."

우리는 WTB에 있는 구석진 방으로 몇몇 잡지와 사진들을 가지고 왔다. 나는 데이브에게 커다란 카메라를 보여주었다. 우리는 레이건 대통령 사진을 카메라 안에 놓고 크게 찍기 위해 카메라를 갖다댄 다음, 전등을 켜고 암실로 가서 커다란 카메라 렌즈를 통해 바라보았다.

"자, 이 구멍을 통해 들여다봐."

"저것은 레이건 대통령인데요."

"그래, 이제 잘 보렴. 이 두 개의 손잡이들은 이렇게 움직인단다. 이것이 바로 저 사진을 오버헤드 프로젝터를 위해 적당한 크기가 되도록 만든단다. 데이브, 너 퍼센트에 대해 들어본 적 있니?"

"그럼요. 학교에서 여러 달 동안 공부해왔어요."

"그것 참 잘 됐구나! 사진을 탁자 위로 다시 들고가서, 그것을 8×10인치 사진으로 확대하기 위해, 몇 퍼센트로 이 손잡이들을 돌려야 되는지 계산해 봐라. 나는 마실 것을 가져오마."

암실로 돌아와보니 데이브는 계산하지 못하고 있었다.

"데이브, 무슨 일이지?"

"아빠, 계산할 수가 없어요."

"네가 여러 달 동안 퍼센트를 배워왔다고 얘기한 것 같은데?"

"여러 달 배웠는데도, 어떻게 해야 될지 모르겠어요."

데이브는 잠시 침묵한 다음 말했다.

"아빠, 퍼센트는 학교 수업에서만 필요한 것이라고 생각했어요. 우리가 퍼센트를 실제로 사용하는지 몰랐어요!"

그 순간 나는 그 교사에게 항의하고 싶은 기분이었다. 데이브가 그것을 알지 못한 것이 당연했다. 아이는 시험을 잘 치는 것 외에는 퍼센트의 필요성을 알지 못했던 것이다. 그리고 아이의 선생님은 내용을 가르치기 전에, 그 필요성을 인지시키는 자신의 책임을 깨닫지 못했던 것이다(필요의 법칙을 보라).

제니가 좀 더 어렸을 때, 아이는 도량법에서 단위 환산하는 법을 몹시 어려워했다. 그래서 아내는 케이크 굽는 것을 도와줄 수 있는지 물었다. 아내는 이렇게 말했다. "케이크를 두 개 굽자꾸나. 하나는 할머니에게 드리고, 하나는 우리가 먹을 거야. 여기 재료들이 있어. 도움이 필요하면, 옆 방에 있을 테니 오렴."

아내는 제니 스스로 3/4컵을 두 배로 하면 얼마가 되는지 계산해볼 수 있도록 아이를 부엌에 남겨두었다. 그 어린 소녀는 엄마에게 들락날락하면서 재빨리 머리를 굴렸고 갑자기 산수의 관련성을 알게 되었다. 케이크를 굽기 위해 산수가 필요했던 것이다.

교사가 자료의 연관성을 학생들에게 지적할 수 없다면, 무관심하고 좌절한 학생들만 양산해낼 것이 틀림없다. 내용이 단지 교사의 마음에서만이 아니라, 학생들의 마음과 가슴에서 살아나게 하라. 열정을 가지고 설명하라. 그 사실을 살아 있는 순간으로 만드는, 편견과 조화에 대한 교훈들을 끄집어내라. 그렇지 않다면 사실은 지나간 역사에 불과하다. 역사로부터 생생한 일화로 변화시키고 발전시키기 위해 하나님이 당신에게 주신 창의력을 사용하라. 짧게 희극화시켜서 반복적으로 사용하는 것도 좋은 방법이다. 그렇게 할 때 그 내용은 학생들의 머리에 영원히 기억될 것이다.

연관성은 동기와 집중력을 불러일으킨다. 학생들이 교실에 들어올 때, 그들의 머리는 잡다한 것들로 가득 차 있다. 교사는 연관성을 제시해 보임으로써 학생들의 관심을 그 과목에 집중시켜야 하며, 나아가 내용과 전달 방식을 통해 학생들의 주의를 계속 끌어야 한다. 교사는 학생들의 필요를 채울 전반적인 관심사와 그 힘을 이용해 가르칠 내용에 학생들의 주의를 모은다. 교사는 학생들을 즐겁게 하고, 수업을 방해하는 모순을 없앰으로써 학습의 필요성을 인지시키고, 그 주제의 연관성을 만들어가면, 여러 창의적인 전달 방식을 통해 관심과 집중을 유지해나갈 수 있다.

원리 4: 교사는 기억을 위해 가장 중요한 내용에 초점을 맞추어야 한다

믿건 말건, 모든 내용들이 똑같이 중요한 것은 아니다. 그럼에도 불구하고 많은 교사들이 이야기하는 것을 들어보라. 교사들은 모든 내용이 극히 중요하다고 생각한다.

내용을 외우도록 가르치기 전에, 먼저 교사는 중요한 것을 중요하지 않은 것으로부터 분리시켜야 한다. 교사는 학생들을 위해 '내용을 걸러내는 사람'이 되어야 한다.

하나님이 우리에게 성경을 주셨을 때, 역사를 통해 걸러내신 것이 바로 이와 같은 것이 아닌가? 그것이 바로 창세기에서 어떤 일이 벌어졌는가를 설명하는 구절 하나 없이 수많은 세월을 건너뛰면서도, 아브라함이란 인물에 대해서는 그의 인생에 대한 자세한 이야기들을 몇 장에 걸쳐 할애하고 있는 이유이다.

하나님은 여러 세기들을 건너뛴 반면, 어떤 내용에 대해서는 자세한 기록을 남기셨다. 왜 그러셨는가? 신적 교사로서 하나님은 우리를 위해 내용을 걸러내셨다. 출애굽기를 보라. 거기에는 애굽에서의 400년간의 노예 생활에 대한 언급이 거의 없는 반면, 시내산에서 주어진 약속은 무려 20장에 걸쳐 나오고 있다. 불과 서너 달 동안 있었던 내용을 말이다.

사복음서에서도 그리스도 생애 마지막 주간에 대해서는 여러 장에 걸쳐 서술되고 있지만, 예수님의 열두 번째 생일에서부터 서른이 되기까지는 어떤 일이 일어났는지 아무것도 언급되어 있지 않다.

하나님과는 대조적으로, 비효율적인 교사들은 가능한 한 모든 것을 남기려고 애쓴다. 위대한 스승들은 무엇을 잘라내야 할지 안다. 가장 중요한 내용에 최대한의 주의를 기울인다. 한 사실이 다른 것보다 더욱 중요하다면, 좀 더 중요한 내용에 좀 더 많은 주의를 기울여야 한다. 그것이 세 배나 더 중요하다면 세 배의 주의를 끌 가치가 충분히 있다. 교사가 효율적이면 효율적일수록, 많은 내용과 개념의 상대적인 중요성이 수업과 과제물에 더 많이 주의깊게 반영될 것이다.

경영에서 이같은 비례의 개념은 '파레토(Pareto)의 원리' 또는 '80대 20'의 법칙으로 알려져 있다. 예를 들어, 한 회사 이익의 80퍼센트는 그 회사 상품의 20퍼센트로부터 나온다는 것이다. 또는 한 회사가 하는 사업의 80퍼센트는 그 회사 고객의 단 20퍼센트에 의해 만들어진다. 또는 교회 교인의 20퍼센트가 교회 예산의 80퍼센트를 헌금한다.

이 원리는 거의 모든 분야에 적용된다. 예를 들어 업무에서 계획한 결과의 단 20퍼센트를 산출하기 위해 80퍼센트의 노력을 사용한다. 그리고 20퍼센트 시간만이 원하는 결과의 80퍼센트를 가져오는 활동에 소모된다.

한번은 동부 해안으로 가는 비행기 안에서 나는 한 사업주에게 이 원리를 설명해주었다. 그는 서류 가방에서 회계 보고서들을 꺼내, 전 제품의 가격을 더했고 제품의 84퍼센트가 단지 이익의 18퍼센트를 내는 것을 확인했다. 나는 이 제품들의 가격을 20퍼센트 올리라고 조언했다. 왜냐하면 회사 상태가 그리 위험한 것도 아니었고, 그 결과 회사의 이익이 증가될 것이기 때문이었다. 둘째로, 그는 이익의 82퍼센트를 내는 16퍼센트 제품을 확인했다. 나는 그 제품을 확장하기 위해 경영 시간과 전문 기술을 더욱 집중하라고 조언했다.

그런데 이 원리는 교실에도 적용된다. 즉, 가르치는 내용의 20퍼센트가 학생에게 끼치는 실제 유익의 80퍼센트를 차지하는 것이다. 그러므로 그 내용들을 확인해 우선순위를 당장 바꿔야 한다.

20퍼센트의 유익함이 있는 내용을 80퍼센트의 내용과 동일시할 때, 가르침에 미치는 영향을 상상해보라. 그러한 내용에 소모되는 시간을 반으로 줄이고, 원하는 결과의 80퍼센트를 가져오는 20퍼센트의 활동에 쓸 수 있는 시간을 할애하라. 평범한 교사가 이 방법을 실천에 옮겨본다면, 곧바로 격려가 되는 결과들을 볼 수 있을 것이다.

이 문제와 관련한 많은 교사들의 생각은 얼마나 어리석은가. 평범한 학생은 선생님이 시험에 낼 만한 내용을 찾기 위해 필사적으로 노력하면서, 시험을 앞두고 공포에 질려 있다. 그런데 교사는 학생들 스스로가 무엇이 중요한 것인지 찾게 만들면 학습이 향상된다고 여긴다. 학생들이 무엇이 중요하며 무엇이 덜 중요한지 알 수 있게 만드는 방법은 무엇인가? 이 숨바꼭질에서 어떻게 학습의 유익을 얻을 수 있는가? 80퍼센트의 결과를 얻기 위해 학생이 알아야 하는 내용의 20퍼센트를 구별하는 것이 어떻겠는가? 학생이 공부 시간을 최대화할 수 있다면, 그것이 얼마나 도움이 되겠는지 생각해보라.

학생들이 그 과목을 진실로 '안다'고 말할 수 있도록 확인해주는 내용이 바로 과제다. 나는 이 내용을 '최소한'이라 부른다. '최소한'은 한 과목을 이해하기 위해 학생들에게 주어진 학급에 필요한 내용의 최소 단위이다. '최소한' 없이 학생은 그 과목에서 합격할 수 없으며, 그것을 가지고 적절히 공부하면서 그 다음 단계로 올라갈 수 있다.

이 '최소한'은 먼저 모든 학생이 이해해야 하며, 그다음에 완전히 습득해야 한다. 교사는 학급을 위해 최소한을 결정해야 할 뿐만 아니라 수업을 통해 모든 학생들에게 가르치는 전적인 책임을 져야 한다. 학생들이 한 과목의 '최소한'을 숙달하지 않았다면, 그 교사는 그것을 제대로 가르치지 못한 것이다.

수업에 참석해 주의를 기울이기만 하면 그 과목에서 합격한다고 교사가 보장했을 때 학생들이 보일 열성을 상상해보라. 그리고 교사가 그렇게 말할 수 있는 것은 수업중에 시험을 통과하기 위해 학생들이 알아야 할 모든 것을 가르치기 때문이다. 기본적인 것을 결정하라. 가장 중요한 것을 최대화하는 시간을 정하고, 그다음에 그것을 학생들에게 가르치라.

원리 5: 암기하기 쉽도록 내용을 배열한다

자료를 넣은 커다란 자루를 교실로 끌고와 한꺼번에 쏟아놓는 교사들이 있다. 나는 이것을 자료의 쓰레기더미라고 부른다. 그런가 하면 한 단계 더 나아가 내용을 일정한 테두리 안에 넣는 교사들도 있다. 그것은 바람직한 시작이다. 그러나 겉으로는 그럴듯하게 보이지만 학생들이 한 주 후에 그것들을 얼마나 생각해낼 수 있겠는가? 내용의 윤곽을 잡는 것만이 학생들의 암기를 반드시 쉽게 만드는 것은 아니다. 교사의 노트에서 학생들의 노트로 내용을 옮기는 것이 훨씬 간단한 방법인지도 모른다.

한편 교사가 그 동일한 내용을 학생이 외우기에 수월한 방식으로 재포장한다면 어떤가?

그렇게 되면 어떤 의미에서 볼 때 당신은 교사 컴퓨터이고, 학생들은 학생 컴퓨터들이다. 교사의 목표는 자신의 기억 은행에 있는 내용을 가능한 한 효과적으로 그리고 신속히 학생들의 기억 은행에 옮기는 것이다. 컴퓨터 용어로는 데이터의 손실 없이 정보를 옮기는 것을 의미한다. 학생들이 알아야 하는 책 내용이 있다고 하자. 당신은 그 책을 머리에 올려놓기만 하고 '입력-외우다'라고 말할 수 있는가? 그렇게 될 수 없는 것은 너무나 당연하다. 먼저 내용이 고르게 배열되고 포맷되지 않는 한 머리는 그것을 받아들여 외울 수 없다.

정보는 단지 플로피디스크(floppy disk), 전화 모뎀(telephone modem), 다이렉트 라인(direct line), 또는 키펀치(keystroking)와 같은 방식에 따라 다른 컴퓨터로 옮겨질 수 있다. 그외의 다른 방법은 없다. 자료를 컴퓨터에 입력시키기 위해서는 포맷이 필요한데 학생들의 머리에 입력하기 위해서는 왜 포맷을 하지 않는가? 학생들의 머리를 창조하신 하나님은 그들이 정보를 쉽게 받아들이고 기억할 수 있는 서너 가지 방법들을 고안하셨다. 그것들이 어떤 것들인지 아는가? 그것들을 사용하고 있는가? 다음 장에서 내용을 재구성하는 것에 대한 일곱 가지 주된 방법들이 설명될 것이다.

외우기 어려우면 어려운 것일수록, 학생들은 더욱 적게 외울 것이다. '학생들을 배우게 만드는 것'이 교사의 궁극적 책임이기 때문에, 교사는 학생들이 외우기에 비교적 수월한 방식으로 내용을 제시할 것이다. 교사는 모난 구석을 다듬고 뾰족한 끝을 깎아내며 학생들이 쉽게 이해하도록 '터를 닦을' 것이다. 그는 내용을 관통하는 핵심을 알 것이다. 교사는 이미 위험한 부분들을 표시해넣었고, 길을 따라 나무에다 표시해놓았으며, 사나운 강들을 건널 다리들을 건설해왔을 것이다. 그래서 야영장은 안전하고 적절한 장소에 설치될 것이다.

효과적인 교사는 자신의 역할이 지겹고 고리타분한 야영을 조직하는 것이 아니라, 학생들을 가장 효과적이고 능란한 방식으로 희망하는 목적지까지 인도하는 데 있다는 것을 알고 있다. 즉, A지점에서 B지점까지 빨리, 그러면서도 한 명도 낙오되지 않고 말이다.

많은 교사들은 학생들이 내용을 배우기 위해 애쓰면 많은 이득이 있다고 여기는 것 같다. 그러나 왜 애써야 하는가? 학습 내용이 가능한 한 쉽게 만들어져서는 왜 안 되는가? 쉬운 학습에 대한 고된 학습의 장점을 하나라도 지적할 수 있는가? 정말로 지혜로운 교사는 학생들이 단지 내용을 배우는 데만이 아니라, 그것을 사용하도록 돕는 데 노력을 기울일 것이다.

그것이 바로 기억의 법칙이 지향해야 할 바이다. 그 자료들을 가지고 무엇을 하는가가 중요하다. 학생들에게 달걀 3개, 버터 1/2컵, 테이블 스푼 3/4, 아몬드 액정, 밀가루 2컵, 잘게 썬 사과 등을 내놓겠는가? 아니면 맛있는 사과 케이크를 내보이려는가? 그 둘 다 똑같은 재료로 구성되었다. 둘 다 교사가 만들어 학생들에게 보여주었다. 그러나 어떤 것을 학생들이 더욱 빨리 '소화할' 것이라고 생각하는가? 그리고 좀 더 먹고 싶어서 학생들을 다시 돌아오게 만드는 것은 무엇인가?

재료를 섞어 굽는 데는 많은 노력이 필요한가? 그렇다. 교사가 가르치기 위해 따로 준비하는 30분이란 시간은 30명의 학생들의 태도를 결정짓는 매우 가치 있는 시간이다. 그것은 '학생들을 배우게 만드는' 문제로 되돌아가게 한다. 그것은 성경이 '사랑'이라고 일컫는 것을 구체화시키면서, 즉 그 순간에 그것에 대해 어떻게 느끼는가와 상관없이 다른 이가 필요로 하는 것을 하도록 친절을 베푸는 것을 의미한다.

원리 6: 기억은 규칙적인 복습을 통해 장기 기억으로 강화된다

하나님은 단기 기억과 장기 기억을 갖도록 인간을 창조하셨다. 효과적인 가르침은 하나님의 구상을 존중하여 그것과 협력하며, 인간의 마음이 정상적인 방식이 아닌 다른 방식으로 작동하도록 다그치지 않는 가르침이다.

우리는 대개 단기 기억을 사용한다. 배우자가 상점에서 세 가지 물건을 사다달라고 부탁할 때는 단기 기억을 사용한다. 한 친구가 건너편 주차장에서 오늘밤 전화해달라고 외치며 전화번호를 말하면 서너 번 되뇌며 외운다. 적어도 그날밤까지는 그것을 기억한다. 그러나 한 주일이 지나서도 기억할 수 있는가? 하나님은 단기간의 시간을 위해 단기 기억을 고안하셨다.

중요한 시험 전날 밤 벼락 공부를 했는데 누군가와 부딪쳐, 애써 집어넣은 내용을 잊어버릴 것이라고 생각해본 적이 있는가? 학생 때 나는 종종 방금 전 '익힌' 많은 내용들을 잊어버리기 전에 적어두려고 그것에 관한 문제들을 먼저 찾아내 시험을 치기 시작하곤 했다. 당신은 얼마 만큼이나 실제로 익혔다고 생각하는가? 선생님이 시험을 예상 외로 한 주 전이나 한 주 후에 실시했다면, 결과는 끔찍했을 것이다. 그런 실험이 그 교사가 학생들의 학습을 얼마나 잘 다루어왔는가에 대해 어떤 의미를 주는가?

학생들의 장기 기억 속에 내용을 주입시키지 않으면 실제로 '배우게' 만들지 못한 것이다. 그리고 그 내용을 그들 머리 깊숙이 가져갈 유일한 방법이 있다. 복습하는 것이다. 교사의 중요한 책임 가운데 하나는 학생들이 완전히 학습할 때까지 그 내용을 함께 복습하고 복습하고 또 복습하는 것이다.

복습의 목적은 가장 최소한의 내용을 학생들의 장기 기억에 확실하게 심어넣는 것이다. 모든 학생들이 알 때까지 여러 기회로 또 다른 방법으로 복습하라.

'내용을 다루는 것'은 가르침이 아니라 이야기하는 것이요, 기껏해야 단지 단기 기억에 영향을 미치는 것이다. 가르침은 학생들이 시험에 대비해 공부하기 위해 책상에 앉기 전과 후, 즉 그 자료를 공부할 때뿐이다.

수업이 끝나고 한 달 후에 학생들이 알고 있는 것으로 교사를 평가한다면, 그 위력을 한번 상상해보라. 그것이야말로 가르침에 혁신을 가져오지 않겠는가? 교사가 단지 겉으로 드러난 결과에 안주하고, 장기적인 결과를 추구하지 않는 것은 비극이 아닌가? 장기 기억에 들어가는 입구, 즉 단기 기억에만 집중하고 거기서 멈추어버리는 데 교사의 비극이 있다. 그리고 단지 인생은 몇 가지 획기적인 사건들의 과정이며, 학습을 정복하기보다는 몇 가지 내용들을 배워가는 과정에 불과하다는, 삶에 대한 수박 겉핥기식의 태도를 형성하기 때문에 비극인 것이다.

효과적인 교사들은 가장 최소한의 내용을 학생들의 장기 기억에 주입시킬 만큼 충분히 철저한 방식으로 가르친다.

원리 7: 기억은 적용 시간을 최대화하기 위해서 외우는 작업 시간을 최소화한다

다음 장에 나오는 두 번째 기억의 법칙을 보면, 속강에 좀 더 익숙해질 것이다. 머지않아 두 배의 자료를 절반의 시간에 효과적으로 가르치게 될 것이며, 학생들 모두가 그 내용에 숙달될 것이다.

그러나 그것은 단지 중간 과정에 불과하다. 왜냐하면 가르침의 진정한 의미는 그 자료를 사용하는 데 있기 때문이다. 그 정보가 사용될 가망성이 없다면, 왜 그것을 가르쳐야 하는가?

교사는 학생들의 삶을 세워주는 데 자신의 노력을 집중해야 한다. 교사는 내용, 정보 및 지식으로부터 실행, 적용 및 지혜로 나아가야 한다. 이를 위해 그 내용을 체계화시키라. 그것은 학생들에게 이해하고 기억하기 쉽기 때문이다. 그런 다음 그들이 모든 것을 익힐 때까지 기다리지 말라. 그 내용이 얼마나 가치 있고 중요하며 적절한지 학생들에게 즉시 보여주라. 학생들이 그 자료가 적절하고 쓸모있다고 믿으면 믿을수록 더 배우고 싶을 것이며, 인생에서 성공하도록 가르쳐준 교사에게 더욱 고마워할 것이다!

신학원에서 하워는 헨드릭스 박사는 "표현을 수반하지 않는 감정은 우울증에 이르게 한다"고 말했다. 교사가 그 과목의 궁극적인 목적이 내용의 축적이라고 믿을 때 학생들은 천천히 관심을 잃어가고 냉담해지며, 결국에는 비판적이고 냉소적으로 될 것이다. 그 내용이 학생에게 소용되지 않는다면, 결국 걸림돌이 될 것이다. 교사가 그 내용이 어떻게 도움이 되는지 보여주지 않고 학생에게 더욱 많은 내용을 배우도록 요구할 때, 학생은 주의를 기울여 집중하기 위해 더욱더 자기를 훈련시켜야 할 것이다.

위대한 교사들은 내용 반 적용 반의 비율로 가르침의 균형을 이룬다. 능력 있는 교사들은 수업하면서 내용을 가르치는 데 시간을 할애할 뿐 그 내용을 수업 이외의 시간에 외우라고 요구하지 않는다. 그 대신 교사는 수업 도중에 이미 익힌 내용의 실제적인 활용에 대해 과제를 내준다.

기억의 법칙은 내용을 가르치는 데 더욱 효과적이도록 교사들에게 능력을 심어준다. 그래서 동일한 시간 안에 5배나 더 많은 내용을, 또는 절반의 시간 안에 두 배 반의 더 많은 내용을, 또는 현재 사용되는 시간의 1/4의 시간 안에 그 내용의 100퍼센트를 가르칠 수 있다. 이 비율은 사실이며, 이 기억의 법칙에 숙달된 사람이라면 누구나 성취할 수 있다. 그 결과, 내용의 적용에 초점을 맞추기 위해 더 많은 시간을 사용할 수 있을 것이다.

의미

기억의 법칙의 핵심은 다음 문장으로 요약된다.
'최소한의 내용을 익히라.'

교사는 가장 최소한의 내용에 대해
학생들로 하여금 최대의 완전 학습을 하도록 해야 한다.

결론

위대한 교사들은 학생들이 내용을 완전히 익히도록 돕는다. 내가 졸업한 신학원 학장 도널드 캠벨(Donald Campbell) 박사로부터 이같은 철학이 담긴 의외의 편지를 받았다. 그 편지에는 신학원 설립자이자 초대 학장이었던 루이스 스페리 쉐퍼(Lewis Sperry Chafer) 박사에 대한 이야기가 실려 있었다.

여러 주 전 부활절 축하 행사 때, 나는 달라스 신학원에서 학생으로 지내던 시절의 잊을 수 없는 한 장면을 회상했다네. 때는 1948년 가을이었고 나는 쉐퍼 박사님에게서 그리스도의 죽음과 부활을 통한 구원의 교리를 배우고 있었지. 신학적 진리에 대한 쉐퍼 박사의 명료한 설명과 예화들은 모두 내 마음에 들었다네. 그리스도의 완성된 사역에 대한 토론에 이르렀을 때 쉐퍼 박사는 정열적이셨지. 속죄, 화목 및 화해의 교리에 대해 우리가 분명하게 이해하기를 바라셨지. 여러 주 동안의 감탄스런 강의가 끝난 후, 나는 중간고사를 보게 되었지. 다른 학생들처럼 나는 구원이란 주제에 대해 최선의 사고를 동원해 시험지의 처음부터 끝까지를 고심하며 채워나갔다네. 며칠 후에 쉐퍼 박사는 시험지 뭉치를 들고 교실로 들어오셨지. 시험 결과를 돌려받기 위해 기다리는 동안 교실 안은 흥분으로 술렁거렸다네. 그러나 나는 무엇인가가 쉐퍼 박사를 괴롭히고 있음을 감지했다네.
채점된 시험지들을 교탁 위 앞에 놓으며, 그분은 진지하게 우리가 중요한 신학적 개념과 의미를 적절히 이해하지 못해 몹시 실망했음을 이야기했지. 그 때 그분은 가슴이 무너져내렸다고 말씀하셨지. 그렇게 말씀하며, 쉐퍼 박사는 그 시험지들을 쓰레기통에다 점잖게 버리고 그리스도의 완성된 사역에 대해 다시 설명해나가셨지. 말할 것도 없이 우리 모두는 세심한 주의를 기울였지! 여러 날이 지난 후에 쉐퍼 박사는 다시 시험을 치셨고, 우리 모두는 높은 점수로 통과했다네.

많은 학생들이 세월을 통해 증명해주듯이, 쉐퍼 박사는 위대한 교사였다. 다시 한 번 말하지만 그 위대한 교사는 학생들이 배우지 못한 것을 궁극적으로 자신의 실패라고 인정했다. 그렇다면 그 책임을 입증하는 증거를 그는 어떻게 했는가? 쓰레기통에다 내버렸다. 교사들이 학생들의 시험지를 어디에 둘 것인가에 대해 온전한 통제력을 가지고 있음을 알겠는가?

그러나 다음에 취한 그분의 자세를 기억하라. 학생들의 저조한 성적을 알게 된 후 쉐퍼 박사는 '다시 설명해나갔다.' 재검토해나갔다. 학생들의 실패의 책임감을 어깨에 지고 그들이 배울 때까지 다시 가르쳤다.

그렇다면 그 위대한 교사는 모든 학생들이 그 학과를 완전히 학습할 때까지 계속 가르쳤던가? 캠벨 박사는 "며칠 후에 쉐퍼 박사가 다시 시험을 실시했고, 모든 학생들이 높은 점수를 받고 통과했다"고 증언한다.

이 장을 마치며 모든 학생들이 높은 성적으로 통과하도록 가르치는 흥미진진한 비결들을 터득하기 전에, 몇 가지 내용을 짚어보자. 나는 사람이 기본적인 사고방식을 완전히 터득하지 않는 한, 어떠한 가르침의 비결도 아무 도움이 되지 않는다는 사실을 여러 해에 걸쳐 깨달았다.

이번 장에서 읽은 것처럼 이것들은 혁신적인 개념들이며, 현대의 교육 철학에 젖며으로 두저하다는 것을 느꼈을 것이다. 그러나 내리막길의 시험 성적이 보여주는 것처럼, 현대 교육 철학은 별로 자랑할 만한 것이 없다. 현대 교육 철학은 낮은 시험 점수의 원인이 부모들의 필요 이상의 높은 교육열, 과다한 TV 시청 또는 오존층의 감소에 있다고 누누이 강조해왔다.

대체로 나는 교사들이 열심히 일하고 희생적이며 학생들에 대해 진실로 염려하는 매우 헌신적인 사람들이라고 믿는다. 그럼에도 불구하고 교실에서 실제로 성취도가 그렇게 낮은 이유는 이렇게 설명할 수 있을 것이다.

1. 현대 교사의 철학은 성경의 원리들과 일치하지 않는다.
2. 현대 교사의 태도는 학생으로 하여금 효과적으로 배우게 하는 데 오히려 역효과를 낸다.

기억의 법칙이 교사의 시각을 예리하게 해주며, 학생들이 '최소한의 내용을 완전히 학습할' 만큼 아주 효과적으로 가르치는 데 도움이 되기를 바란다.

토론할 문제

'교사가 가르침에 대해 어떻게 생각하는가'는 그가 실제로 '어떻게 가르치는가'를 좌우한다. 다음 다섯 가지 질문에 대해 곰곰이 생각해보고, 가르침에 대한 자신의 생각에 도전하라.

■

1. 대학, 대학원 및 대학원 졸업 후 교육까지 모두 9년 동안 교육을 받으면서 나는 시험지 더미를 쓰레기통에 내버리는 교사를 한 명도 만나보지 못했다. 그보다는 내 자신의 능력 결여와 나쁜 학습 습관에 대해 수없는 잔소리들을 들어왔다. 교사의 정의가 학생을 배우게 만드는 데 책임이 있는 사람이라고 했을 때, 누가 누구에게 그같은 훈계를 해야 했는가? 당신이 그렇게 훈계했다면, 주된 요점은 무엇인가?

■

2. 성적을 매기는 목적은 그 과목에 대해 학생의 능력을 반영하는 것인데

비례에 의한 상대 평가는 어떤 점에서 중요한가? 다른 학생들의 성적에 비례해 성적을 매기거나 그 학생들이 실제로 얼마나 잘 배웠는가에 비례해 성적을 매긴다면, 그 두 방법의 철학적인 차이는 무엇인가? 상대 평가의 철학이 교육에 접근하는 그릇된 방식인가? 주변 사람들이 당신보다 훨씬 뒤떨어질 때 상대 평가는 가장 형편없는 가르침과 가장 형편없는 실천에서 상대적으로 돋보이게 만든다. 나는 어떤 신학원 과목에서 제대로 쓰지 못하고도 A를 받았던 적이 있다. 왜 그런 일이 일어났는가? 교수를 포함해 우리들 중 그 어느 누구도 배운 내용이 무엇인지 알지 못했다. 또 한번은 대학 강의에서 채점 요구 조건 때문에 C를 받았다. 나는 그 과목을 철저히 공부했지만 C를 받았다. 이와 같은 철학 아래 학생의 학습에 일어나는 차이들을 토론하라.

∎

3. 벼락 공부했던 것을 기억하는가? 기말고사 전날밤 자료를 훑어보기 위해 애쓰던 것을 기억하는가? 그렇다면 그 내용을 진실로 배웠다고 말할 수 있는가? 그리고 동일한 시험이 한 주 후에 실시되었다면 어떻게 되었을 것인가? 진정한 교육이란 시험을 대비해 준비시켜주는 것인가, 아니면 삶을 대비해 준비시켜주는 것인가? 단기적인 가르침은 진정한 가르침인가? 삶을 위해 가르친다면 어떻게 달리 가르치겠는가?

∎

4. 한 교사가 매 수업마다 6–8페이지의 필기를 해주었다. 우리 모두는 그것을 무용지물 학과라고 불렀고, 그 수업을 '속기' '비비 꼬인 손' 등의 별명으로 불렀다. 학기말 무렵, 학생 중 하나가 손을 들어 "저희가 … 을 알아야만 합니까?"라고 질문했다. 그 학생은 용서받을 수 없는 죄라도 범한

것처럼 교사로부터 심한 마음의 상처를 받았다. 그는 지혜로운 질문을 던졌는가, 아니면 어리석은 질문을 던졌는가? 학생들에게 시간을 낭비하며 부적당한 것을 배우도록 하는 것은 무슨 가치가 있는가? 학생들이 시험에 전혀 나올 것이라고 생각지 못한 문제가 출제되는 것은 어떤가?

■

5. 모든 학생들은 시험을 위해 똑같은 방법으로 공부한다. 시험에 나옴직한 것을 정하고 외울 방법을 찾는다. 교사가 실제로 외우기 쉬운 방법으로 가르치고 시험 문제로 나올 범위들을 구체적으로 언급한다면, 학생에게 어떤 일이 일어나리라고 생각하는가?

08

기억의 방법과 활용

기말고사 전날이었다. 학생들은 열정과 흥분으로 가득 차 교실로 들어왔다. 그날은 마지막 복습날이어서 더욱 들떠 있었다.

나 또한 마찬가지였다. 교사와 학생들 모두가 그 학기 내내 무던히도 애써왔고, 그로 인해 우리는 서로 배운 것이 많았다고 느꼈다. 나는 학생들에게 일어서서 한목소리로 성경 개관에 대한 그 학기 전체 내용을 훑어보라고 했다. 그리고 나는 의자에 앉아 있었다. 지금도 나는 그때 기쁨으로 노래하는 것 같았던 그들의 읊조림을 잊을 수가 없다.

성경은 66권

두 부분, 구약과 신약

구약은 39권, 신약은 27권

구약은 세 부분

역사서가 17권

시가서가 5권

예언서는 17권

그들은 계속 외워나갔다. 겨우 대학교 1학년이었던 그들이 긴 복습 내용을 거의 다 외웠을 무렵, 그들은 손뼉을 치면서 환호성을 질렀고 갈채를 보냈다. 27분 동안 쉬지 않고 그 학기 내내 내가 그들에게 가르쳤던, 하나도 버릴 수 없는 최소한의 모든 중요한 내용들을 처음부터 끝까지 외웠던 것이다.

기말고사 문제는 6페이지 분량이었다. 그러나 모두가 높은 점수를 얻었다. 대학 행정관은 그 성적을 재검토하면서 즉시 나를 사무처로 불렀다. "브루스 선생, 선생의 강의를 듣는 학생 모두가 어떻게 그렇게 높은 학점을 얻을 수 있습니까?"

가슴은 두근거렸지만, 이미 나는 그 순간을 예상했었다. 그래서 이렇게 준비했다. "제가 기말고사 시험지를 보여드릴 테니, 높은 학점을 따는 것이 어떻게 그렇게 쉬운지 보시겠습니까?"

6페이지에 달하는 그 문제들을 읽어내려가는 2분 동안, 그는 내내 침묵했다. 그리고 이렇게 물었다. "1학년생들에게 이 시험을 치르게 했다는 말입니까? 이것은 내가 신학원에 다닐 때 치렀던 학기말 시험보다 더 어려운 것인데, 어떻게 학생들이 이 모든 것을 알았단 말입니까?"

"그렇습니다. 그렇다면 제가 낙제시킬 학생은 없는 셈이지요?" 나는 되물었다. 그는 마침내 웃었다. 나는 다시 안도의 한숨을 내쉬었다. 성적은 그대로 처리되었다.

가장 중요한 것은 학생들이 정말로 배웠다는 것이다. 학생들에게는 그 과목이 빠른 속도로 가장 많이 배운 감격적인 경험이었던 것이다.

기억의 방법

롤라 메이(Lola May)는 "교직에는 세 가지 기억해야 할 것이 있다. 첫째는 교사 스스로 내용을 아는 것이고, 둘째는 자신이 가르칠 학생들이 누구인지 아는 것이며, 셋째는 그들에게 우아하게 주입하는 것이다"라고, 기억에 대해 잘 말해주고 있는 진술이다.

"학생들에게 우아하게 주입시키라"는 것이 8장의 주제이다. 나는 성경 파노라마 접근 이면에 있는 빠른 속도의 가르침에 대해 몇 가지 흥미진진한 비결들을 나누려고 한다. 이 혁신적인 방법은 뉴욕에서부터 멀리 인도의 가장 외딴 마을에까지 전 세계적으로 사용되었다. 왜냐하면 이 기억의 방법은 하나님이 사람의 지성을 고안하신 방법과 조화를 이루고 있기 때문에, 이

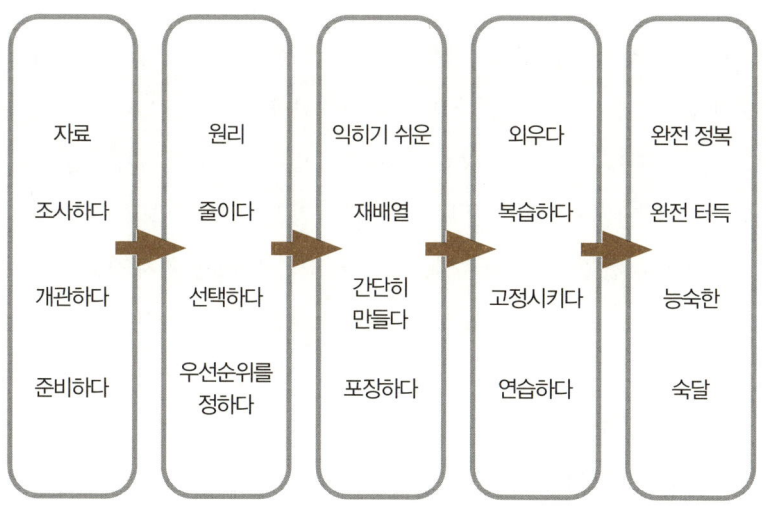

방법들은 범문화적이며 효과 역시 즉각적이다.

기억의 방법에는 놀라운 결과를 얻기 위해 빨리 가르치도록 만드는 5단계가 있다. 그 흐름들을 이해하기 시작하면 학생들이 '하나도 버릴 수 없는 최소한의 것들'을 쉽게, 그리고 즐겁게 외울 수 있도록 도울 수 있다. 그리고 모든 자료들을 '익히기 쉽게' 만드는 7가지 보편적인 방법들을 가르칠 준비도 갖추게 될 것이다.

단계 1: 자료

첫째, 교사는 가르치고 싶은 사항들을 선택해 자료로 모은다. 이것은 '조사하다'를 포함한다. 처음에 교사는 가르칠 자료를 '준비하기' 위한 가능한 많은 정보를 축척하기 위해 그 과목 전체에 대해 '개관한다.'

기초가 잘 닦여 있을수록 뜰의 화초는 더 잘 자라고 번성할 기회도 더 많다. 기초가 든든하면 할수록 건물은 더 높고 단단할 수 있다. 과목의 자료가 더 잘 조사되면 될수록, 그 학과는 강력한 영향을 미칠 가능성이 높다.

이 장을 써나가면서 나는 한편으로 "그리스도의 재림 전에 중동 지방에 어떤 일이 일어날 것이라고 성경은 가르치고 있는가?"라는 질문에 답하기 위해 한 연석을 준비하고 있다. 너무 많은 자료를 가지고 있었지만 연석 시간은 겨우 40분 정도였다. 청중의 절반은 주일마다 교회에 나가지 않을 뿐만 아니라, 마태복음 24장에 나오는 예수님의 말씀도 들어보지 못한 사람들이었다. 강연을 준비해나갈 때, 나는 다음 세 단계들을 거쳐 작업에 들어간다.

1. 주제를 개관한다
2. 주제를 편성한다

3. 주제 윤곽을 잡는다

주제를 개관하는 목적은 조감도를 얻기 위해 가능한 한 빨리 그 내용을 훑어보는 것이다. 백과사전, 논문집, 목차를 대강 훑어보며, 그것들을 깊이 연구하기 위해 거침없이 페이지를 넘긴다. 이것은 머리에 자료의 중요한 부분들을 기억하게 하며, 그것들을 분명히 보여주기 위해 배열하는 단계이다.

다음으로는 주제를 편성한다. 여기서의 목적은 그 내용을 사고의 중요한 단위들로 분류하는 데 있다. 정복하기 위해 분류하라. 자료 중의 일부를 재검토하고, 그 자료들이 어떻게 나뉘어지는지 살펴보라. 사전 평가로 목록을 한정시키지 말고, 순간적으로 떠오르는 아이디어를 받아들이라. 개관 목록이 완성되면 평가를 시작하고 각 주제 영역을 다음과 같이 분류하라.

필수적이라고 여겨지는 부분	A
매우 도움이 되지만 필수적이지는 않은 부분	B
학생들에게 다소 도움이 되지만 선택적인 부분	C
최소한 도움이 될 부분	D
도움이 되지 않을 것이 분명한 부분과 학생들에게 오히려 혼동을 줄 부분	F

이 작업을 끝내고 나서는, 우선순위를 정하기 위해 범위를 나열하라. 이쯤해서는 좀 더 광범위한 개념이 정리되어 편한 느낌이 들게 될 것이다.

마지막 단계는 주제의 윤곽을 잡는 것이다. 범주를 재검토하고 논리적으로 서열화하거나 제시할 점들을 구성하라. 자신이 구분한 A, B, C 분류 표준이 조정될 필요가 있는지 정하기 위해 자료에 대한 이해를 참고하라. 중요한 범주들이 완성되면 각각의 범주 아래 있는 부차적인 요점들을 세우기 위해 위의 세 단계들을 반복할 수 있다.

'자료' 단계를 마칠 때쯤이면, 자료에 대한 기초적인 윤곽을 얻을 수 있을 것이다.

단계 2: 최소한의 사항

이제 내용을 '최소한의 사항'으로 요약할 차례이다. 연구한 내용을 이제는 '줄이도록 하라'. 조사 작업을 마쳤으므로 자료를 '선택하고' 효과적으로 그 '우선순위를 정하라.'

이 두 번째 단계가 생소하게 느껴질 수도 있다. 그러나 이것은 효과적인 가르침에서 매우 중요한 단계이다. 처음에는 이 단계가 도전적인 것처럼 보일지도 모른다. 왜냐하면 교사는 가르친 내용이 많을수록 학생들이 많이 배웠다고 믿기 때문이다. 학생이 배우고 싶어하는 자료에 주안점을 둔다면 달리 생각해볼 수도 있을 것이다.

20여 년 전 그리스도의 생애에 대한 성경 파노라마 세미나를 개발할 때, 나는 예수님의 모든 행적을 조사했다. 그분이 가신 곳, 하신 모든 말씀, 모든 기적들을 조사했다. 그같은 행적은 무려 300개가 넘었다. 그런 다음 나는 스스로에게 이 사실을 상기시켰다. "그리스도의 생애를 가르치기 위해 주어진 시간은 불과 한 시간 반이고, 그들은 예수님에 대해 아는 것이 별로 없지 않은가? '나는 그리스도의 생애를 이해한다'라고 말하기 위해 알아야 할 것은 무엇인가?" 나는 그 우선 순위 가운데 가장 중요한 것을 선택했다.

이 두 번째 단계에서는 이전 '자료 단계'에서 한 작업의 일부를 버려야 한다. 교사가 준비한 모든 내용이 똑같이 중요한 것은 아니라는 사실을 기억하라. 대부분은 학생들이 외울 필요가 없거나 심지어는 말할 필요조차 없는 것일 수 있다. 많더라도 쉽게 이해하기 위해서는 자료를 선별해야 한다.

평범한 교사들은 이 단계에서 스스로를 훈련시키지 않아서 "많이 이야기 하지만 결국 조금밖에 가르치지 않는다." 위대한 교사들은 포함시켜야 할 내용을 충분히 알기 때문에, 제외시켜도 좋은 것도 잘 알고 있다. 뛰어난 교사들은 좋은 자료에 초점을 맞추기 때문에 평범한 자료들은 제외시킨다.

위대한 조각가에게 평범한 대리석 덩어리에 불과한 재료로 어떻게 그렇게 웅대한 예술품으로 창조하는지 물어보았다. 그는 자신이 하는 것이라고는 필요 없는 부분에 속한 모든 부분을 쪼개버리는 것뿐이라고 대답했다. 손을 조각한다면 손처럼 보이지 않는 부분은 모두 깎아내는 것이다.

대리석에서나 교실에서나 명작은 모두 이용할 수 있는 모든 자료 가운데에서 중요하지 않은 부분을 구별해낼 줄 아는 명장에 의해 창조된다.

어느 요소가 가장 중요한지 어떻게 선택하는가? 자료 형태를 좌우하는 요소에는 3가지가 있다. 첫째 청중, 둘째 허용된 시간, 셋째 그 수업의 목적이 그것이다.

주제가 '그리스도의 삶'일 때 서로 다른 세 종류의 청중에게 가르칠 것을 가정해보자.

1. 6학년 여학생들
2. 25세의 젊은 기혼자들
3. 신학원 박사 과정 학생들

세 그룹 모두에게 동일한 접근을 시도하는 것은 성공적인가? 자료의 선택은 학생들의 특성에 따라 결정된다.

둘째, 선택은 또한 가르치도록 허용된 시간에 따라 조절된다. 다음 3가지 제한 시간이 있다면 학습안에 어떤 자료를 포함시키겠는가?

1. 20분간의 명상 시간
2. 50분간의 강의 시간
3. 13주의 커리큘럼

셋째, 교사는 수업 목적에 따라 자료를 선택한다. 교사는 학생들이 무엇을 성취하도록 애써야 하는가? 성경이라는 하나의 책을 세 가지 다른 목적을 가지고 가르친다면, 서로 다른 내용을 어떻게 선택해야 하는지 주목하라.

1. 그리스도의 생애를 조사하기 위해
2. 예수 그리스도가 유대인의 메시아였음을 증명하기 위해
3. 예수 그리스도께 예배로 응답하기 위해

청중의 특징, 시간의 양, 수업 목적에 따라 자료의 우선순위를 정한 뒤, 학생들이 자료를 얼마나 잘 이해할 필요가 있는지 고려해야 한다.

학생들은 언제나 여러 형태로 질문한다. "이것을 알아야 합니까?" 그러나 이 질문은 "이 자료가 얼마나 중요합니까?"라는 질문이다. 분명히 교사는 그 자료를 가르칠 만큼 중요한 것이라고 생각했지만 그것은 동시에 외워야 할 만큼 중요한 것인가?

교육가들은 '한 주제를 아는 것'에 있어서 그 수준의 다양함을 인정해왔다. 단순성과 유용성에 대한 다음 3가지는 특별히 도움이 된다.

1. 표면적 인식

"이전에 그것에 대해 들었기 때문에 약간은 안다고 생각한다."

2. 평범한 이해

"그것을 배웠고, 일반적으로 그것이 어떻게 작용하는지 알고 있다."

3. 철저한 이해

"그것에 대해 모든 것을 안다. 여기에 열 가지 중요한 요점이 있다."

학생들이 그 자료를 어느 수준만큼 알았으면 좋겠는지에 따라 교사는 그것을 다르게 가르쳐야 할 뿐만 아니라 다른 방법으로 시험을 쳐야 한다. 가장 표면적인 수준에 있다면 선다형을 이용하라. 중간 수준에 있다면, ○×를 묻는 질문 또는 "아는 것에 대해 설명하라"는 주관식으로 하라. 가장 철저한 수준에 있다면 전체 사항들의 열거 또는 주된 요소들과 그 의미가 내포하는 것을 찾는 지적인 토론을 전개하라.

기억의 법칙은 다음에 대해 교사에게 책임이 있다.

1. 가르칠 정보의 선택
2. 가르쳐야 할 수준의 결정
3. 무엇을 배워야 하는가뿐만 아니라 어느 수준에서 익혀야 하는지에 대한 학생들과의 의사 소통
4. 학생들이 선택한 정보를 필요한 수준에서 익히는 방식을 제시하는 것
5. 사전에 교사가 언급한 것처럼, 범위가 합의된 자료와 적당한 이해를 바탕으로 한 시험 실시

교사들은 적절한 자료에 초점을 맞추지 않거나 적절한 수준에서 가르치지 않기 때문에, 종종 수업 시간이나 과제물, 학생의 공부 시간을 낭비하게 만든다. 학생들은 또한 교사가 지적한 중요한 것을 잘 모르기 때문에, 그리고 그 과목의 핵심과 상관 없는 부적절한 정보를 공부하는 것 때문에 귀중한 시간과 노력을 헛되이 소모한다.

교사들은 그렇게 되지 않도록 애써야 한다. 그 대신 필요한 수준을 이해할 수 있도록 항목과 개념을 분명하게 밝히라. 가장 최소한의 내용을 명확하게 확인해야 하며, 반복해서 복습해야 한다. 모든 이들이 그 최소한의 사항을 통달해야 하며, 그렇지 않다면 최소한의 수준에서 가르친 것이 아니다. 학생들이 제대로 배우지 못했다면, 교사는 가르치는 데 실패했다는 사실을 기억하라.

첫 단계의 끝부분에서 '자료', 즉 학과 내용이 명확히 밝혀지고 윤곽이 드러나야 한다. 이것이 대개 정상적인 학과 준비의 끝이다.

이제 두 번째 단계가 끝남에 따라 '최소한', 즉 내용은 철저하게 재평가되고 우선순위가 새로 정해져야 한다. 6페이지에 달하는 필기 대신, 교사는 아마 80대 20의 법칙을 이용해, 큰 덩어리에서 군더더기를 잘라내고 요점을 골라냈을 것이다. 심지어 모든 학생들이 숙달해야 하는 사항도 표시해왔을 것이다. 왜냐하면 그것들이 분명히 더 줄일 수 없는 최소한의 내용들이기 때문이다. 교사는 "학생들이 정말로 알아야 하는 것"에 대해 냉정하게 요점을 명백히 밝혀왔다. 개요에서 가장 중요한 것에 좀 더 많은 지면을 할애하고, 부차적인 것에 할당된 지면을 엄격하게 재검토해왔다. 모든 사항들이 똑같이 중요하지 않다는 것을 인정하며, 계획에 따른 우선순위를 설정하며 가르치기 위해서는 지혜가 필요하다.

본래의 '자료' 개요안을 새로운 '최소한'의 개요안과 비교해보면 매우 놀랄 것이다. 1차적인 것과 2차적인 것의 구별은 효과적인 개요를 설정하는 데 매우 중대하다는 것을 알 수 있을 것이다.

최소한에 대한 개요는 가르치려는 것의 핵심이지만, 지금까지는 그 자료를 제시하는 최상의 방식으로 편성된 것은 아니다. 가공하지 않은 최상의 자료를 가지고 있으나, 그것이 학생들에게 배우는 기쁨을 주게 하려면 어떻게 포장해야 하는가?

단계 3: 머리에 익히기 쉬운

두 번째 단계인 '최소한'을 끝마쳤을 때, 이제 훨씬 더 효과적이 되었으므로 보통 수준을 뛰어넘을 수 있을 것이다. 당신은 이용할 수 있는 모든 가능한 자료에서 중요한 자료를 분리해왔다. 많은 시간을 부적절한 자료에 낭비하는 대신, 자료 '대리석'에서 손에 속하지 않은 모든 부분을 깎아버렸다. 그러므로 교실 바닥에 떨어진 부스러기 조각 때문에 시간을 낭비하지 않아도 될 것이다. 언급하지 않아도 될 자료들을 다루고 싶은 유혹도 받지 않을 것이다.

이제는 자료를 자신의 사고에서 학생들의 머리로 옮길 시간이다. 자료는 이미 선택했고, 이제는 그것을 학생들의 장기 기억에다 효과적으로 옮길 적절한 방법을 선택해야 한다.

유감스럽게도 지금까지는 단지 소수의 교사들만이 이 단계를 이행해왔다. 가르침이란 학생들이 그 내용을 외우는 것이라고 생각하기보다는 아직도 교사가 알리는 일이라고 생각하는 많은 교사들이 있다. 교육 철학이 교사 지향적이기보다는 학생 지향적이 되는 순간, 우리는 바로 오늘날의 교육이 터무니없이 부적절했다는 것을 깨닫는다.

삶을 변화시키는 가르침의 7가지 법칙의 철학이 든든히 마음에 자리를 잡아가기 시작할 때, 그리고 학생들로 하여금 그 자료를 진정으로 배우게 할 때, 교사는 보통 때처럼 자료를 단순히 다루기보다는 가장 최소한의 내용들을 학생들이 배우도록 하기 위해 즉시 좀 더 나은 방법들을 찾기 시작할 것이다.

이 과정은 심오하고도 많은 영향을 미친다. 이것은 일반적인 경우와 크게 다르다. 내가 학생 때 만났던 대부분의 교사들은 나에 대해 가르치는 책임을 전혀 지지 않았으며, 오직 내게만 책임을 지웠다!

그렇다면 학생들로서 우리 모두는 배우기 위해 무엇을 했던가? 우리는 필사적으로 자료를 외우기 쉽게 만드는 방법들을 모색했다. 이 세 번째 단계는 삶을 변화시키는 가르침의 7가지 법칙에서 가장 핵심적인 철학이다. 학생들로 하여금 배우게 만드는 책임을 지고 있는 교사는 학생들이 수업 끝난 후가 아니라, 수업 시간 동안에 자료를 가르칠 가장 효과적인 방법을 찾아 사용해야 한다.

사전과 백과사전을 들춰보았지만 이같이 중대한 과정에 대한 적절한 단어를 찾지 못해, 나는 '머리에 익히기 쉬운'이란 단어를 만들어냈다. 이것은 자료를 '재배열'하고 '간단하게 만드는 단계'이다. 자료가 학생들의 머릿속에 순수히 그리고 때때로 무의식적으로 들어갈 때까지, 빚고 '포장한다.' "내가 어떻게 그렇게 가르칠 수 있는가"라고 의아해할지도 모른다. 그러나 잠시 후에 알게 되겠지만 이미 그 비결을 알고 있다.

학생 때 시험에 대비해 벼락 공부를 하느라 고생했던 일들을 기억하는가? 기말고사에 나올 만한 것들을 어림잡으려 애쓰면서 선생님이 반드시 낼 것 같은 최소한의 것들을 찾으려고 했었다. 또 기억하기 좋게 재배열하기 위해 애썼을 것이다. 배운 내용에서 무작위로 또는 서로 연관이 없는 자료를 선택할 방법들을 모색했고, 뜻이 통하는 순서대로 구성했을 것이다.

그 내용을 전체로 묶어 시험 때 부분부분 회상할 수 있었다.

사진처럼 선명한 기억력이 없더라도 그것은 수년 동안 학교에서 해온 일들이다. 학생 때 유용했던 그 방법을 교사인 지금도 유용하게 만드는 것이 어떤가? 내용을 가르칠 때, 교사가 수업 시간 동안에 학생들에게 바로 자료를 넣어주는 것은 어떤가? 수업이 끝날 때마다 다음번 시험에 나올 내용을 이미 완전 숙달했을 때, 학생들이 느낄 유쾌함을 상상해보라.

그것을 목표로 최대한의 창의성을 발휘하여 최소한의 내용을 머리에 쉽게 남는 형태로 새로 꾸며야 한다. 이 머리에 익히기 쉬운 단계에 능숙한 교사들은 다음 두 가지 중요한 기준에 맞게 내용을 빚어낸다.

1. 이해하기 쉬운
2. 외우기 쉬운

먼저 '이해하기 쉬운' 정도를 고려해보자. 최근에 내 아들은 지금 공부하고 있는 수학책의 어려움에 대해 불평했다. 아이는 작년 수학책은 모든 것이 이해하기 쉽게 만들어져 있었는데, 금년 교과서는 외국어로 쓰인 것처럼 어렵다고 불만을 토로했다.

한 문제에 대한 논설을 읽었는데, 읽기 전보다 더 혼동스러웠던 기억이 있는가? 한편 그 똑같은 주제를 탁월하게 부각시킨 논설을 본 적이 있는가?

따라서 자료가 명확해 도움을 줄 수도 또 혼동스러워 좌절을 줄 수도 있다. 모든 자료는 쉬운 것부터 어려운 것까지 이해하기 쉬운 정도에 따라 등급을 매길 수 있다.

그 척도는 여러 가지 책, 잡지 및 기사의 난이도를 평가하는 데 오랫동안 사용되어왔다. 「리더스 다이제스트」를 중학생과 고등학생이 읽을 때 느끼게 될 어려움을 비교하라. 심지어 성경의 여러 다른 번역들은 읽기 쉬운 정도에 따라 등급을 매길 수 있다.

학생들이 가능한 한 모든 것을 배우기를 원하는 교사로서, 자료의 핵심을 유지하면서 될 수 있는 대로 단순하게 하라. 배우는 이들을 위해 적절한 수준에 맞추라. 위대한 스승일수록 어려운 개념을 아주 쉽게 만들어 심지어 어린이들까지도 이해할 수 있도록 만든다. 위대한 스승이 가르치는 수업에 참석했을 때는, 혼란스럽거나 핵심을 잃어버린 적이 거의 없었을 것이다. 학생들의 주의를 놓치는 것은 능력 없는 교사에게나 있는 일이다. 혼동하게 만드는 교사는 비효과적인 교사이다. 심오함은 복잡함이 아니라 간단함에 있다.

정말 너무 복잡한 개념들도 있지만 그렇다고 단순하게 만들 수 없는 것은 없다. 다른 것들보다 파악하기 어려운 개념도 있지만 뛰어난 교사가 탁월한 방법으로 발전시킬 수 없다는 것을 의미하지는 않는다. 교사가 탁월한 방법으로 가르치면 학생들은 진도에 따라 이해할 뿐만 아니라 복잡하고 어려운 내용을 배우고 있다는 것을 눈치채지 못한다.

이것은 이 단계의 두 번째 단계, 즉 '외우기 쉬운' 정도로 이끈다. 이제 교사는 이해하기 쉽게 만들어진 자료를 기억하기 쉽게 전달한다. 교사는 학생의 머릿속에 최소한의 노력으로, 가능하다면 자료가 잠재의식 속에 들어갈 수 있도록 재편성한다.

사람의 두뇌는 종종 의식적인 암기를 통해서보다 잠재의식적인 수준에서 더 신속하게 암기한 것을 받아들인다. 그 예는 다른 문화권으로 이사한 가족이 언어를 배우는 과정에서 볼 수 있다. 어린 자녀들은 마을에 사는 다른 어린이들과 어울려 놀지만, 부모들은 하루 8시간의 언어 훈련 집중 코스에서 공부한다. 일정한 기간이 지날수록 아이들은 매번 부모들보다 훨씬 향상되는 것을 볼 수 있다. 부모들이 그 언어에 주의를 기울이며 외워나갈 때 자녀들은 그저 대충대충 잘도 배운다.

외우기 쉬운 정도는 난이도에 따라 등급으로 나눌 수 있다. 물론 외우기 쉬우면 쉬울수록 학습은 더 잘 일어난다.

교사가 내용을 '외우기 쉽게' 만들어나갈 때, 두뇌는 단지 받아들이도록 예비된 자료만 수용한다는 것을 기억하라. 두뇌는 알지 못하는 언어로 된 내용들을 수용할 수 없다. 논리적 순서나 관계가 없는 내용들을 받아들이는 것을 기대해서는 안 된다. 중학교 2학년생들에게 미적분을 가르치려고 애쓰는 것이 터무니없는 것처럼 두뇌가 이해할 수 없는 내용을 받아들이기를 기대할 수는 없다. 두뇌에 기대할 수 있는 것은 신속하고도 영구적인 입력을 위해 기억하기 쉬운 독특하게 준비된 내용을 받아들여 가지고 있는 것이다. 학교에서 배운 시 〈모든 착한 소년들은 잘 해나가는가?〉를 기억하는가. 얼마나 오랫동안 그것을 기억해왔는가? 그것을 자음 순서로 외우려고 애썼다면 어떤 현상이 일어났겠는가? 내용을 일정하게 배열하는 것은 다른 것들보다 외우기 쉽다.

아마 이 시점에서 마음이 바빠졌을지도 모른다. 그같은 혁신적인 접근이 학생들에게 미칠 극적인 영향에 대해 꿈꾸고 있을지도 모른다. 이때부터 창의적인 마음이 생겨나면서 내용을 외우기 쉽게 만드는 가장 효과적인 배열 방법들이 무엇인지 궁금해할지도 모른다. 7가지 방법들은 주의 깊은 연구와 검증 결과이다. 이것은 뒤에 설명할 기억의 활용에서 더 자세히 나올 것이며, 익히기 쉽게 만드는 7가지 보편적인 방법들이 소개될 것이다. 그러나 그 전에 신속한 가르침을 위한 네 번째 단계에 주의를 돌려보자.

단계 4: 외우다

이 단계까지는 아직 수업이 시작되지 않았다. 단계 1-3은 수업 전에 있는 일이다. 그것은 공개적으로 가르치기 전의 개인적인 준비들이다. 교사의 초점은 메시지를 다루는 데 있다. 이제 초점은 학생들에게 그 진리를 전달하는 데 있다.

기억의 법칙의 목표는 교사가 필수적이라고 생각한 자료를 학생들로 하여금 '외우도록' 만드는 데 있다. '복습'으로 그렇게 할 수 있다. 학생들의 머리에 자료를 고정시키는 단계가 바로 여기다. 모든 학생들이 익힐 때까지 거듭 반복해서 '연습한다.'

목표는 익히기 쉬운 내용을 단기 기억에서 장기 기억으로 옮기는 것이다. 즉, 학생들이 특별한 생각 없이도 그 내용을 회상할 수 있을 때까지 더욱 깊숙이 심어가는 것이다. 학생들이 정말로 알 때까지 말이다.

교사들은 학생들에게 새로운 자료를 알리는 데 시간을 사용해야 하며, 그렇지 않으면 시간을 낭비하고 있다고 생각한다. 그러나 그것이야말로 그릇된 생각일지도 모른다. 새로운 관점을 얻기 위해 복음서에서 그리스도가 새로운 내용을 얼마나 많이 가르치셨는지 공부해보라. 예수님이 중요한 내용을 거듭 반복해서 복습했음을 볼 수 있다. 똑같은 개념들을 여러 다른 방식들로 반복하면서 말이다. 예수님은 직접적인 대화로 표현하신 다음 그것을 기적이나 우화를 통해 강화시키곤 했다. 동일한 개념을 반복해서 되풀이하셨다. 그것은 마치 예수님이 "내가 세상으로 하여금 알기를 원하는 것들이 있다. 그리고 그것들이 여기에 있다. 나는 너희들이 알 때까지 그것들을 반복해서 가르치려고 한다!"라고 말씀하시는 것 같다.

현재 교육에 대한 불만은 대다수의 교육 기관들이 이런 점에서 지나치게 소극적이라는 데 있다. 사실 교사가 학생들을 배우게 만드는 책임을 지기 시작한다면 그것은 자발적인 헌신이 될 것이다. 교육 '체제'는 헌신을 요구하지 않지만 그런 헌신은 평범한 것이 아니며 종종 큰 희생을 요구한다. 그럼에도 불구하고 그 희생은 학생들로 하여금 남은 인생 내내 긍정적으로 영향을 미치는 깊은 만족을 가져다준다. 학생들의 성취감은 이같은 교사의 헌신 덕분에 비상하며 사고방식 및 태도 또한 비약할 것이다.

충분히 헌신된 교사는 노력하기만 한다면 학생들이 가장 최소한의 내용들을 배울 수 있다고 확실히 보장해준다. 이같은 헌신은 아주 특별하다. 합격점 안에 드는 데 필요한 내용들을 외우게 하기 위해서라면 무엇이든 하라.

시험 점수로 학생들이 제대로 알고 있지 못하다는 것을 알게 되었다면, 그것은 누구의 잘못인가? 그것이 교사의 노력을 반영한다면 그 점수를 자신의 성적으로 받아들일 수 있는가? 교사의 일차 역할은 학생들을 배우게 만드는 것임을 깨달을 때, 당신은 사물들을 달리 보게 된다. 나쁜 성적들을 얻기 위해 가르친다면 무슨 의미가 있는가? 문제는 학생들이 중요한 내용을 퀴즈를 통해 배우는 것이 아니라 교사로부터 배우는 데 있다.

그들이 다른 이들과 비교해서 얼마나 빨리 내용을 배웠는가에 대해 성적을 매기지 말고 절대적으로 객관적인 표준에 따라 성적을 매기라. 당신은 학생들이 알도록 가르쳤는가, 아니면 가르치지 못했는가?

교사는 학생들을 한 주제에 대해 아무것도 모르는 상태에서 가장 최소한의 내용 이해, 그리고 나아가 그 상위 수준으로 이끌어야 한다. 그 사이사이에 여러 번 이해와 외우기를 훈련시키며 학생들을 이끌어야 한다.

외우기에 대한 학생들의 중심 사항은 복습이다. 복습은 교사의 능력에 따라 '모든 학습의 어머니'가 될 수도 '모든 지루함의 아버지'가 될 수도 있다.

재복습이란 주제를 여기에서 많이 다루진 못하지만 개관 정도로 효과적인 복습을 위한 7가지 중요한 원리들을 제시한다.

1. 복습이란 모든 이들이 외우는 데 쓰는 일차적인 방법이다.
2. 복습이란 학생이 내용을 적절히 이해할 때 효과적이다.
3. 복습이란 가장 최소한의 내용을 완전히 외울 때까지 똑같은 순서로 그리고 똑같은 말로 연습하는 것이다.
4. 복습이란 내용을 처음 가르칠 때 가장 집중적으로 반복하는 것이어야 한다.
5. 복습이란 정기적으로 해야 하는 것이지만, 시간의 흐름에 따라 일정한 간격을 가져야 한다.
6. 복습이란 학생들이 최소한의 내용에 대해 완전 학습을 보일 때까지 계속 되어야 한다.
7. 복습이란 다양한 방법들을 사용하면서 해야 한다.

충분히 복습한 때가 언제인가? 학생들이 '최소한을 외워왔을 때'가 바로 그때다. 단계 5는 기억의 방법의 마지막 단계이며, 그것은 학생들이 그 과목을 좀 더 숙달하도록, 즉 기억할 수 있도록 완전히 터득하게 하는 데 목적이 있다.

단계 5: 완전히 정복하라

기억의 법칙의 이 마지막 단계에서, 교사는 학생들을 내용 습득에서 적용으로 이끌 수 있다. 내용을 토론하고 그것을 학생들에게 외우게 함으로써 이 과정을 시작했는데, 이제는 학생들을 학습의 절정으로 인도하는 방법에 창의성을 집중시킨다. 탁월한 교사의 능력이 이것이다.

이 단계가 끝났을 때 학생들은 자료를 '완전히 터득하게' 될 것이다. 그들은 배운 것을 기억할 것이며, 그 주제의 이해와 활용에 '기술적으로 능숙하게' 될 것이다.

완전 터득은 네 단계를 거치는데, 그것들은 가르치는 과정 속에서 대개 서로 연관되어 있다.

1. 잊을 수 없는 기억화 과정
2. 상세한 이해
3. 직관적 통합
4. 독자적 활용

'잊을 수 없는 기억화 과정'은 학생들이 내용을 아주 잘 알아서 그들에게 영원히 남을 때 일어난다. 교사는 강력한 접착제로 내용을 결합시켜 학생들의 머리에 영원히 남긴다. 내용을 학생들의 장기 기억으로 전환시키기 위해서는 정기적인 복습이 필요하다. 결국 내용은 기억에 새겨질 것이다.

5×5는 무엇인가? 1773년에 시민들이 보스턴 항구에 무엇을 내다버렸는가? 이것에 대해 끊임없이 복습했기 때문에 우리는 그 두 가지에 대해 잘 알고 있다. 사실 영원히 잊지 못할 것이다. 가장 최소한의 내용을 다룰 때, 교사는 학생들이 그 내용들을 영원히 기억하기를 바란다. 그것들을 언제 어디서나 누구에게나 쉽게 답해줄 수 있도록 복습하라.

'상세한 이해'는 표면적인 내용의 이해를 넘어, 그 내용의 의미와 중요성을 완전히 이해하도록 돕는다. 내용 이면의 의미를 확실히 이해하도록 하기 위해서는 교실 토론과 에세이 작업이 도움이 된다.

홍차가 보스턴 항구에 버려진 것을 알면서도 왜 그것이 버려졌고 무엇이 그 사건을 초래했는지 알지 못한다면, 그 지식은 아무 쓸모도 없다. 얼마나 많은 회사에서 그것을 취업 시험에 출제하고 있는지 생각해보라.

'직관적 통합'은 전후 문맥이 다른 분야에서도 그 내용을 사용할 있도록 깨달을 때 일어난다. 교사는 학생들이 내용을 원리적 수준에서 사고하도록 이끌어야 할 것이며, 부담없이 받아들여 직관적으로 통합할 수 있도록 해야 한다.

최근에 한 기독교 교육 회의에서 이야기하던 중, 나는 바로 이 단계에 접했었다. 나는 "하나님 아버지가 그의 백성들을 어떻게 가르치셨는가"를 가르치려고 하고 있었다. 나는 하나님의 내용이 아니라, 스타일과 전달 방식에 초점을 맞추었다. 하나님의 방식 10가지의 특별한 예들을 밝히면서, 그것으로 하나님의 방식 원리들을 찾아내도록 관찰해보라고 했다.

그러나 내가 그 똑같은 원리들을 다음번 학과에서 어떻게 가르칠 것인가의 문제와 통합시켜보라고 했을 때 어느 누구도 자발적으로 나서지 않았다. 아무도 말하지 않았다. 모든 이들이 질문의 의미를 깨닫고 배운 것을 직관적으로 통합하려고 애썼지만 그렇게 할 수가 없었다. 그래서 나는 전 단계로 돌아가 그들이 이해할 수 있도록 통합에 대한 많은 예를 들어야 했다. 점차 더 많은 사람이 이해하면서 그것은 우리들 모두에게 도전이 되었다.

나는 그들이 '사고 과정'의 어려운 시간을 맞고 있는 것 같아 그것은 생활 속에서의 빈약한 '명상' 습관을 반영한다고 논평했다. 그 시간이 끝나고 지도자 한 분이 내게 다가와 잊을 수 없는 한 마디를 했다. "저희의 사고 불능에 대해 바로 말씀해주셨습니다. 저희는 오래전에 명상하는 것을 그만두었지요. 요즘도 답을 찾기 위해 책을 읽긴 하지만 생각은 하지 않아요."

성경은 이 단계를 '지식'으로부터 '지혜'로 옮겨가는 것이라고 말하고 있다. 주어진 내용들을 아는 데 있어서 그것이야말로 진정한 가치이다. 학생들이 내용을 알지만 사용할 수 없거나 그 이면에 있는 원리를 적용할 수 없다면 배우지 않은 것과 같다. 동의하지 않을지도 모르지만, 지식 자체를 위해 내용을 아는 것은 무가치하며, 그것은 시간과 노력의 낭비이다.

'독자적 활용'은 모든 교육의 진정한 목표이다. 교사가 함께하지 않아도, 또 그것을 쓸 외적인 필요가 없어도 학생은 배운 내용을 사용하는가? 자료를 아주 철저히 익혀 자신의 삶에 사용하는가?

나는 이 과정을 '삶의 변화를 위한 가르침'이라고 부른다. 교사의 목표가 학생들이 내용을 공부해 미리 알려준 날짜에 미리 알려진 시간과 장소에서 그 자료를 반복하는 것이 되어서는 안 된다. 교육의 진정한 목표는 학생이 교육의 결과로 변화되고 행동하도록 지시하고 훈련하는 데 있다.

'완전 정복'하기 위한 이 4단계들을 충분히 고려하면서, 완전 학습을 이루어가기 위해 수업 시간과 과제물을 이용하라. 내용 암기와 이해가 수업중에 이루어져야 하는 반면, 통합과 활용은 학생들에게 내주는 과제에서 중점적으로 이루어져야 한다.

이것은 지금까지 해오던 것과 정반대의 접근일지도 모른다. 그러나 이것은 가르침의 진정한 가치에 엄청난 차이를 만들 것이다. 너무나 오랫동안 수업은 교사가 학습안에 써놓은 것을 학생들이 다시 베끼는 수준으로 극히 제한되어 있었다. 그리고 학생이 시험이라 부르는 또다른 시험지에 그것을 한번 더 적어넣으면 잘된 것이라고 기뻐하는 수준에서 그치고 있었다.

교사들은 내용의 단기적 축적보다는 지속적인 삶의 변화라는 목적을 의식하며 가르쳐야 한다. 최근에 나는 한 젊은이가 대수 방정식 푸는 것을 도와준 적이 있다. 그는 그 '골치 아픈 학기'가 끝나고 대수를 영원히 보지 않아도 될 그때가 얼마나 기쁜지 상상만 해도 날아갈 것 같다고 말했다. 전형적인 'X' 'Y' 문제를 풀면서 나는 이 방정식들이 실생활에서 쓰이는 것이냐고 물었다. 그는 폭소를 터트렸는데 그것은 그 질문이 너무 어리석다고 생각했기 때문이었다. 그는 방정식은 단지 학교에서 학생들에게 가르치는 데 쓰이는 것이 전부라고 믿고 있었다.

나는 그에게 방정식이 실생활의 문제를 어떻게 해결해주는지 보여주었다. 꽤 많은 시간이 들었지만, 그의 눈은 반짝이기 시작했다. 그리고 이해하고 싶어했다. 그는 대수학의 가치를 얼핏 보았고 직관적으로 자신의 인생에서 중요하다고 느꼈다.

그러나 때는 이미 너무 늦었다. 그 학기는 끝나가고 있었다. 그는 그나마 'D'학점이라도 얻기 위해 버둥거리고 있었다.

왜 그래야 했을까?

아마 그의 선생님은 단지 '대수 2'를 끝내는 것에 만족하고 있었는지도 모른다. 어쩌면 학생이 '대수 2'를 배우게 만들지 못했는지도 모른다. 어쩌면 그의 선생님은 그 과목의 목적이 이 젊은이가 인생에서 좀 더 성공하도록 돕는 것이라는 것을 깨닫지 못했을지도 모른다.

내 염려는 그 젊은 학생보다 더 실패한 사람은 바로 그 선생님이라는 데 있다.

기억의 활용

속강은 빠른 습득을 가능하게 한다.

학생이 제아무리 그 과목을 빨리 그리고 철저히 배우고 싶어도 그 과정의 열쇠는 교사가 가지고 있다.

빠른 습득은 교사가 학생들로 하여금 얼마나 빨리 배우게 만드는가에 의해 결정된다. 학습된 양은 교사가 얼마나 요령 있게 준비해 학생들이 잘 배우고 숙달하도록 이끌었는가에 의해 결정된다. 학습의 가치는 교사가 얼마나 효과적으로 이해, 통합 및 실제적 적용을 이끌어냈는가에 따라 정해진다.

기억의 법칙에서 활용 부분은 학생이 내용을 배우는 속도를 최대화하는 데 특별히 초점을 맞추고 있다. 여기에 소개된 7가지 방법들은 교사의 강의 노트에 있는 내용을 두 배, 세 배 심지어는 네 배로 빨리 학생들의 머리로 옮길 수 있도록 만들어줄 것이다. 또 내용을 적용하는 시간을 반으로 절감하도록, 그리고 자료를 가르치는 데 드는 시간을 반으로 줄일 수 있도록 돕는다.

이 7가지 방법들은 학생들이 외우거나 기억하기 쉽게 만들기 위해 사용하는 기본적인 방법들이다. 이 방법들은 우리가 발명한 것이 아니다. 역사 이래 인류는 이 원리들을 계속 사용해왔다. 이것들은 하나님이 인간을 지으신 방법과 조화를 이루고 있다. 그렇기 때문에 모든 문화에서 언제나 모든 사람들에게 활용된다. 하나님은 보편적인 사고방식과 자극 수용기들을 가진 인간을 창조하셨다.

소리를 듣고 인지할 능력은 음악의 기초이다. 그러므로 인간이 존재하는 어느 곳에서든 음악은 통한다. 내용을 전달하기 위해 음악을 사용한다면 그 교사는 의사 전달 과정에서 하나님과 협력하고 있는 셈이다.

음악은 모든 문화와 모든 시대에서 빨리 가르치기 위해 사용된 전형적인 방법이다. 우주를 왕래하고 컴퓨터를 사용하는 오늘날이지만 그래도 어린이들에게 알파벳을 가르치는 가장 효과적인 방법은 무엇인가? 맞다! 바로 'ABC' 노래이다. 그 노래는 하나님의 학습 유형을 따르고 있기 때문에 그 어떤 방법보다 뛰어나다.

이 장을 마치기 전에 당신은 주 하나님이 우리 모두에게 주신 나머지 6가지 보편적인 방법들도 알게 될 것이다. 그것들을 읽자마자 훨씬 쉬워질 것이다. 비록 알고 있다고 깨닫지 못할지 모르지만, 사실은 이미 알고 있는 것들이다.

하나님은 우리들 속에 사고 유형을 고안해넣으셨을 뿐만 아니라 모든 종류의 정보를 받아들일 수 있도록 적절한 보편적 수용기들을 설치해두셨다. 새로운 정보가 정기적으로 추가되지 않는다면 사고 유형은 소용 없게 될 것이다. 새로 추가되는 내용들을 받아들일 방법이 없다면 우리는 상상력에 의존하며 생활해야 할 것이다.

이 수용기들은 종종 '감각'이라고 불리운다. 그것들은 신체 창구들이며, 새로운 정보는 그 창구를 통해 기존의 사고 유형에 첨가된다. 청각을 갖고 있지 않다면 음악이 학습을 도울 수 없다. 시력을 가지고 있지 않다면 그림 역시 학습을 도울 수 없다.

그러므로 학습을 최대화시키려는 교사는 시각, 후각, 청각, 미각 또는 촉각과 공유 접촉해야 한다. 인생의 경험들은 이 감각들의 결과이며 그 혼합물이거나 상호 작용이다. 예를 들어 뮤지컬 또는 저녁 식사중에 즐기는 연극 같은 것들은 바로 감각들의 혼합물이다.

우리는 종종 경험을 사용된 감각들의 견지에서 설명하기보다는 그 감각의 결과로 이야기한다. 시각의 즐거움은 아름답거나 매력적이다. 음향의 불쾌감은 불쾌한 소음이거나 큰소리이다. 냄새의 불쾌감은 악취나 썩은 냄새이다.

감각을 이용해 정보를 받아들이는 것은 현명한 선택이다. 교사가 의식적으로 사용할 때 그것은 분명히 학습 과정에 가속도를 붙여준다. 그같은 결합은 어느 때이든 이용 가능하다. 그것들은 신속하게 가르치도록 만들어주는 촉진제들이다.

이들 감각적 내용의 결합은 사고 유형이 오감과 협력하기 때문에 문화, 시간, 연령 또는 내용으로 그치지 않는다. 나는 그것들을 전 세계에서 사용해왔다. 볼리비아의 정글, 브라질의 해변, 알래스카의 마을, 또는 뉴욕의 아파트에서 나는 신속하게 가르칠 수 있었다.

7가지 기억의 활용은 문화와 정보와 세대를 초월하며, 서로 조합을 이루어 사용될 수 있다. 그것들은 신속하게 가르칠 수 있는 교사의 표준 도구들이다.

활용 1: 그림으로 제시하라

그림은 감각의 지렛대와 같아서 학생들의 기억에 엄청난 효과를 가진다. 왜 사진을 찍어 앨범에 보관하는가? 훗날 사진을 바라볼 때 비록 희미하더라도 물밀듯 다가오는 추억들을 경험하기 때문이다. 일상생활에서 기억의 위력을 볼 수 있는가? 사진 한 장은 수없이 많은 사실들을 기억나게 한다.

그것은 학생들을 포함해 모든 이들에게 마찬가지이다. 현재 알고 있는 것을 적용해보라. 그러면 학생들은 그림의 예로 가르친 것을 잘 기억할 것

하나님께 순종하지 않았기 때문에 이스라엘 백성은 거의 40년 동안 사막에서 방황했다.

이다.

우리의 기억 속에 그런 예는 무엇인가? 위대한 스승이신 예수님에 대해선 무엇이 있는가? 하나님이 '홍수의 기억'을 자극하기 위해 최초로 사용하신 그림을 기억해보라. 하나님은 세상을 멸하기 위해 다시는 홍수를 보내지 않겠다는 약속을 기억시키기 위해 하늘에 무지개를 세우셨다.

그림은 문화를 초월한 비언어적인 것으로 시각적이고도 보편적이기 때문에 그것을 사용했을 때, 영향력이 크다. 순간적인 연결이 일어난다. 그 연결은 많은 장면과 소리, 냄새와 감정의 소용돌이와 물밀듯 넘치는 추억들을 되살린다! 나는 순간적으로 그때 내가 어디에 있었고 얼마나 큰 슬픔과 비애를 느꼈는지 회상할 수 있다. 사진 한 장은 수많은 추억들을 불러일으킨다.

학생들이 내용에 대해 많이 기억하기를 원한다면 모든 내용을 연결시키는 그림을 만들어보라. 근사한 두 마리 말들이 끄는 우아한 마차 밖에 있는 유리구두 그림을 본다면 무엇을 기억하겠는가?

똑같은 원리가 가르침을 위한 속도와 창의성에 도움이 될 것이다. 잡다한 기억들을 자극하는 그림을 아무 생각 없이 내밀지 말고 학생들이 기억해야 할 것들을 담은 그림을 조심스럽게 선택하거나 그리게 하라.

많은 교사들은 학생들에게 그림으로 성경 구절들을 기억하게 한다. 강연자가 연설의 요점을 강조하기 위해 다양한 그림을 사용하면 연설은 그림으로 기억된다. 남편들은 상상의 그림 안에 몇 개의 품목들을 그려넣음으로써 상점에서 구입할 대여섯 개의 물건들을 기억하기도 한다.

WTB 선교회 사람들은 성경의 모든 것들을 바로 기억하도록 돕기 위해 만화를 사용하기 시작했다. 예를 들어 앞 페이지의 그림은 성경의 어느 책인가?

맞다. 민수기다. 그렇다면 그 그림의 숫자들은 무엇을 뜻하는가? 이번에

도 맞았다. 그들은 사막에서 방랑하고 있다. 그렇다면 민수기의 요점은 무엇인가? '민수기: 방랑하다.'

다음에 세 가지 다른 그림들이 있다. 이 그림으로부터 어떤 내용을 파악할 수 있는가? 첫째 그것들은 구약의 어떤 책인가? 그리고 주된 단어나 개념은 무엇인가?

때때로 빨리 가르치고 싶을 때, 실제 사진이든지 만화든지 전문가 수준으로 그린 등장인물이든지 나무 막대기 같은 인물이든지, 그림이란 도구를 이용할 수 있다. 인물 그림과 시각 자료, 카드, 그림책 칠하기 등을 포함하는 그밖의 중심 학습 체계 자료들을 생각해보라.

에스더는 동료 유대인들을 구하기 위해 용감하게 행동한 페르시아의 왕비였다.

사무엘상(모래/sand-나귀/mule)은 하나님을 향한 마음이 없었던 사울 왕의 이야기이다.

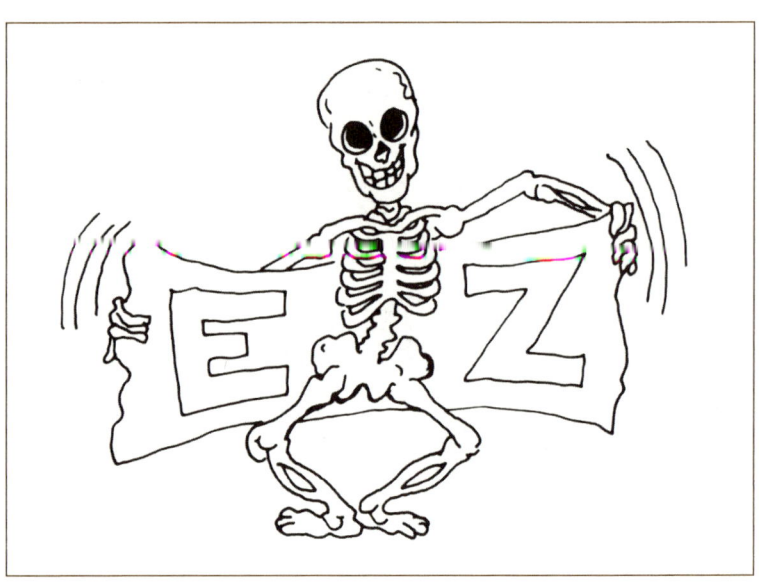

이 해골은 에스겔의 중요한 개념이 마른 뼈임을 알려준다.

활용 2: 이야기를 통해 표현하라

책이 대량생산되고 텔레비전이 발명되기 이전에 사람들은 내용, 가치, 유업 및 전통을 계승하기 위해 이야기들을 사용했다. 내용을 다음 세대에 전달할 때 종이에 적었는데, 그 종이엔 이야기들이 있었다. 대가족은 함께 모여 바람직한 삶의 특성을 가르치고 계승하기 위해 지난 세대들에 대해 수많은 이야기들을 나누었다.

하나님이 인류에게 진리를 어떻게 나타내셨는가를 알아보려면 성경 대부분이 이야기 형식이라는 점을 주목할 필요가 있다. 하나님은 그 원리들을 우리의 머리에, 그 내용을 우리의 의식에 옮기기 위해 사실적인 이야기나 상상의 이야기를 사용하셨다.

설교, 강의 및 보통 수준의 대화에서 정보의 전이 장치로서 이야기가 가지는 효과는 엄청나다. 설교 중에 이야기를 가장 기억하기 쉬운 이유는 무엇인가? 우리는 요점이나 심지어 시까지도 곧잘 잊어버린다. 그러나 이야기는 잘 기억한다.

하나님이 이야기를 통해 내용을 가장 잘 받아들이고 기억하도록 사람의 머리를 창조하셨기 때문인가? 예수님은 그 어떤 다른 형태보다도 이야기들을 많이 사용하셨다.

그러므로 이야기들과 예화 및 비유는 이야기체로 고쳐 만들라. 선한 사마리아인의 비유를 기억하는가? 또 씨 뿌리는 자와 씨앗의 비유는? 다음번 가르칠 때는 이야기들을 통해 주제를 제시해보라.

활용 3: 글자(알파벳)를 가지고 전하라

이 기억 연쇄는 7가지 활용 중 가장 쉽고 가장 많이 이용되고 있다. 많은 학생들이 시험 전날 밤 성공적으로 벼락 공부를 하는 방식이 이것이다.

알파벳 방법은 무질서한 내용에 질서를 만들어주며 별개의 정보를 잇는 일정한 패턴을 만들어주기 때문에 효과적이다. 조직적인 알파벳 사용은 일정하지 않거나 연관성 없는 정보의 분리에 적절한 질서를 만들어준다.

그것은 기억해야 하는 순서에서 다음에 무엇이 이어지는지 쉽게 알려준다. 알파벳은 기억에 아교 역할을 해준다. 기억하는 각 글자는 학생에게 그 다음 순서가 무엇인지 바로 알려준다.

이같은 영감 아래, 구약의 저자들은 기억을 돕기 위해 때때로 알파벳을 사용했다.

히브리 원본에서 시편 119편을 들여다본다면, 처음 여덟 절 모두가 히브리 알파벳 첫 글자로 시작된다는 것을 알 수 있다. 실상 시편 119편은 8절씩 22개 연으로 구성되어 있다. 그리고 각 연에 있는 모든 절들은 히브리 알파벳에서 동일한 연속되는 글자로 시작한다.

예레미야애가는 5장의 '애가들'로 구성되어 있으며, 66절로 된 3장을 제외하고는 각 애가가 22절로 되어 있다. 다섯 번째 애가인 5장 외에 각 절은 22개 히브리 글자의 알파벳 순서대로 시작된다.

초기 기독교인들은 이같은 아이디어로 중심 내용의 기억을 돕기 위해 알파벳 순서를 기억 장치로 이용했다. 또 체포될 가능성이 있는 초기 기독교인들은 암호로 '물고기'란 희랍어를 사용했다. 모래 위에 타원형 가운데에 눈을 그리고 형제들이 비밀리에 만나고 있는 방향을 지시해 누구나 알 수 있었다.

알파벳 글자 'ichthus'는 다음과 같은 뜻을 지니고 있다.

| i | Iesous | 예수 |

ch	Christos	그리스도
th	Theou	하나님의
u	Houios	아들
s	Soter	구세주

요즘에도 학생과 교사들은 종종 이런 방법을 사용한다. 왜냐하면 적은 노력으로 가장 손쉬운 기억 효과를 얻기 때문이다. 알파벳을 사용하는 데 가장 널리 이용하는 방법은 다음과 같다.

1. 똑같은 첫 글자를 사용한다.
많은 이들이 로마서의 개요를 S자로 기억하고 있다.

Sin	죄(1-3)
Salvation	구원(4-5)
Sanctification	성결케 함(6-8)
Sovereignty	주권(9-11)
Service	봉사(12-16)

2. 끝나는 단어의 발음을 동일하게 한다.
많은 학생들이 성경 교리를 기억할 때 이 방법을 사용한다.

Inspiration	감동
Revelation	계시
Illumination	조명

Preservation   무오성

3. 모든 시작 글자들을 의미있는 일정한 순서에 따라 사용한다.

이 방법은 앞서 말한 예레미야 애가와 시편 119편에서 쓰인 방식이다. 각 절 또는 절들의 묶음이 히브리어 알파벳 순서에 따라 배열되어 있다.

4. 모든 단어의 첫 알파벳을 따서 한 단어를 이루게 한다.

「삶을 변화시키는 가르침의 7가지 법칙」에서, 각 법칙은 '배우는 이 (Learner)'라는 단어의 첫 글자에 각각 그 근거를 두고 있다.

Learner	배우는 이
Expectation	기대
Application	적용
Retention	기억
Need	필요
Equipping	세움
Revival	부흥

알파벳을 사용하는 가장 효과적인 방법은 각 행의 첫 글자를 맞추어 한 단어가 되게 하는 방법이다. 왜냐하면 학생이 미리 정해진 순서대로 다음 사항을 쉽게 찾을 수 있기 때문이다. 방법을 최대로 활용하기 위해, 학생이 쉽게 기억할 수 있도록 그 주제의 핵심과 연결시키라. 내용을 기억하기 위해 각 단어의 첫 글자를 맞추어 외우기 쉽게 만든 단어를 만들어보는 숙제를 내보라.

활용 4: 내용을 행동과 연결시키라

교사가 내용이나 개념을 구체적인 사물 또는 행동과 연결시킬 때마다, 학생의 기억과 회상을 크게 향상시킬 수 있다. 하나님은 평면의 세계를 창조하지 않으셨고, 3차원을 가진 셀 수 없이 많은 사물로 가득한 작용과 반작용에서 조작되는 세계를 창조하셨다.

하나님은 성막, 궤, 아론의 지팡이, 십계명의 돌판들 및 심지어는 모든 세대들을 위해 십자가와 같은 사물을 사용하셨다. 요단강에서의 12개의 돌무더기는 모든 세대들을 위한 기념표로 가나안에 세워졌다. 그 돌들은 하나님이 물결의 흐름을 막으셔서, 이스라엘이 가나안 땅으로 들어갈 때 마른 땅으로 통과했던 사실을 상기시키는 데 사용된다.

하나님은 또한 많은 교훈들을 얻게 하기 위해 축제와 안식일 및 유월절의 의식에 필요한 행동들을 사용하셨다. 그리스도는 '자신을 기억하게 하기 위해' 성찬식을 거행하도록 하셨음을 기억하라. 세례는 기억을 담은 또 다른 행위이다.

요즘은 내용을 기억하기 위해 사물을 이용하는 경우가 종종 있다. 어떤 이의 결혼 반지를 볼 때 무엇을 기억하는가? 국기나 전쟁 기념비를 볼 때 무엇을 기억하는가? 웅장한 자유의 여신상을 볼 때는 어떤가?

행위는 또한 추억과 진실을 되살리는 데 흔히 사용된다. 기도하기(행위) 위해 머리를 숙일 때 무엇을 기억하는가? 또 국기에 대한 충성을 서약할 때는 어떤가? 협약이 체결되었을 때 악수를 하는 것은 무슨 의미인가?

활용 5: 극적인 것으로 내용에 대한 인상을 남기라

극적인 것은 모든 기억 연쇄 중 가장 강렬하다. 실생활, 폭력, 손실, 강렬한 정열 또는 신랄함으로 가득 찬 극적인 순간은 대개 잊을 수 없다. 사실

강한 아픔이나 충격의 순간들은 종종 잊으려고 노력해야 하는 것들이다. 그러나 그것들은 가슴에 너무 깊이 새겨져 의식 속으로 거듭 파고든다. 그것들은 너무 깊이 기억에 남아 우리는 그것들을 잊을 수가 없다.

성경에서 기억을 돕기 위해 사용된 극적인 예는 아주 많다. 커다란 고기 뱃속에서 배운 순종의 교훈을 어떻게 요나가 잊을 수 있겠는가? 또는 벽에 쓰인 글씨는 어떤가? 사자굴에 있는 다니엘이나 베드로가 본 것은 어떤가? 아니면 나사로의 부활이나 5천 명을 먹인 기적은? 또 베드로와 닭의 울음은 어떠한가? 이것들은 예수님이 사용하신 극적인 것들이며, 잊을 수 없는 것들이다.

극적인 것은 단지 한정된 양의 정보에 특히 효과적인 기억 수단이다. 극적인 것은 결코 잊지 않는 교훈을 가르치는 데 가장 적절하다. 제사장에게 죄에 대한 속죄물로 양을 가져오고 제사장이 그를 대신하여 무죄한 동물의 목을 자르는 것이, 십자가에서 돌아가신 우리의 유월절의 양 되신 그리스도의 경우에서만큼 뚜렷하게 상징적으로 보여진 예는 없다.

활용 6: 음악을 통해 강조하라

세상은 메시지를 청중의 기억에 깊이 새길 수 있는 음악의 가치를 잘 알고 있다. 인기 있는 라디오 프로그램을 한 시간만 청취해보라. 수많은 음악의 운율과 반복을 들을 수 있다. 그것들은 매우 효과적이어서 그 주 내내 완전히 그 선전 문구들을 읊조리는 자신을 발견할 수 있다.

음악은 하나님의 아이디어이며, 예배와 찬미를 가져올 뿐만 아니라 주님의 말씀과 뜻과 방법을 기억하는 좋은 방법이기도 하다. 시편 전체는 하나님에 의해 계시된 이스라엘 백성들의 옛날 찬송가이다. 신약은 우리에게 "성령의 충만을 받으라 시와 찬미와 신령한 노래들로 서로 화답하며 너희 마음으로 주께 노래하며 찬송하며"(엡 5:18-19)라고 가르친다.

믿음의 찬송들은 부르기 위해 쓰인 설교들이다. 음악과 더불어 서너 번 불러보면 내용이 기억에 남는다. '나 같은 죄인 살리신' '예수 사랑하심' '주 하나님 지으신 모든 세계'를 기억하지 못하는 사람은 아무도 없다. 찬송가를 작곡한 이들은 사람들이 기억하여 부르기 쉬운 메시지를 음악에 실었다.

이와 같은 방법으로 교사들은 기억해야 할 메시지를 음악에 넣을 수 있다. 가장 쉬운 방법은 널리 알려진 곡조에다 가사를 바꾸어 부르는 것이다. 학생들에게 서너 번 노래하게 하라. 그러면 그들은 생각보다 훨씬 많이 그리고 쉽게 배울 수 있을 것이다.

활용 7: 내용을 도표와 그래프로 요약하라

그래프와 도표는 관계, 비율, 방향을 나타내는 데 유용한 기억 보조 장치이다.

내용을 시각적인 묘사로 전환시킨다. 시각 지향적인 학습자들은 청각 지향적인 교사를 만날 때 종종 "감을 잡을 수 없다"고 불평한다. 그들은 무의식적으로 시각적인 설명을 떠올리기 때문이다.

에스겔서 40-48장에 나오는 성전과 요한계시록 21-22장에 나오는 새 예루살렘은 매우 생생하게 묘사되어 있다. 저자가 의미하는 바를 가장 잘 보기 위해 이 부분을 공부하는 학생들은 대부분 종이 한 장에 명료하게 도표로 그린다.

「열린 성경(Open Bible: Expanded Version)」을 위한 성경 개요를 썼을 때, 나는 성경에 있는 모든 책들을 도표로 만든 적이 있다. 많은 이들이 이 도표로 이해에 많은 도움을 받았다고 했다.

칠판, 슬라이드, 차트 등은 기억을 돕는 아주 좋은 예들이다. 두운법, 각 행의 처음 글자를 맞추어 한 단어가 되게 하는 법, 색채, 차트 및 그래프들을 같이 사용하면 아주 많은 도움이 된다.

다음 페이지에 창세기를 간단한 차트 형식으로 제시해보았다.

결론

빨리 가르치는 능력은 생각보다 훨씬 가치 있다는 것을 알게 될 것이다.

나는 상당히 거액의 보조금을 청구해놓은 권위 있는 재단의 이사회의 질의에 답하기 위해 앉아 있었다. 이사회 앞에 서는 것은 처음이라, 나는 그 일로 긴 시간 염려했다.

이사 중 한 사람이 회원 모두가 내 요청에 관심을 보이는 것은 아니라고 살짝 귀띔해주었다. 특히 한 회원의 반응은 부정적이어서 나는 그가 어떤 태도를 보일지 가슴을 졸이고 있었다.

처음 3분 정도는 시간이 잘 갔다. 그 다음 그는 찬물을 끼얹는 질문을 던졌다. "나는 선생께서 성경을 굉장히 빨리 가르친다고 들었습니다. 그러나 창세기를 그렇게 가르칠 수 있다고 믿지는 않습니다."

그는 아무 질문이나 할 권리가 있었다. 좋은 질문들은 훌륭한 청지기 직무의 표시였고, 내가 마주 앉아 있던 그 재단은 사려 깊은 청지기 역할로 정평이 나 있었다.

그러나 나는 내 요청이 거부될 수도 있다는 생각에 가슴이 터질 것만 같았다.

"그렇습니다. 저는 성경을 빨리 가르칠 수 있습니다. 사실 저는 선생님께 창세기를 5분 안에 가르칠 수도 있습니다."

초점	1:1		네 사건	11:9	11:10	네 사람		50:26
단원	창조	타락	홍수	열국	아브라함	이삭	야곱	요셉
	1–2	3–5	6–9	10–11:9	11:10–25:8	25:9–26	27–36	37–50
주제	인류				히브리 족속			
	역사적				전기적			
장소	비옥한 초승달 모양의 지역				가나안			애굽
시간	+/-2,000년				+/-200년			+/-100년

아무도 움직이지 않았다. 나는 시계를 벗어 보란듯이 테이블 위에 놓았다. 주춤할 때가 아니었다.

크게 심호흡을 하고 짧은 기도를 올린 다음 미소를 지으며 말했다. "5분만입니다. 5분이 끝났을 때 선생님이 창세기를 배웠는지 스스로 판단해보십시오."

미소를 띠는 것 같았지만, 실로 그는 그 순간을 즐기고 있었다.

그후 5분 동안 나는 그를 제외한 그 방 안에 있는 모든 사람을 잊었다. 그는 그 방을 가로질러 먼 발치의 등이 높은 가죽 의자에 앉아 있었다. 나는 가르치고 복습시켰고 질문을 던졌다. 그러고나서는 좀 더 복습시키고 다시 가르쳤다. 그러는 내내 나는 일정하게 똑딱똑딱 돌아가는 분침을 주의깊게 보았다.

약속했던 시간이 끝나갈 때 나는 조용히 시계를 다시 차고 그에게 5분 안에 배운 것을 말해달라고 물었다. 그는 웃었고, 5분 동안 내가 가르친 것을 모두 개관해나갔다. 정확하게!

기쁜 축하 분위기가 감돌았고, 나는 다시 숨을 크게 내쉬었다. 나는 조용히 주님께 감사를 드렸고, 이사회가 투표하는 것을 지켜보았다.

그리고 청구했던 금액 전체를 허락받고 그 자리를 떠났다.

속강이 대가를 지불해주는가? 1분에 6백만 원을 벌어주는 것은 어떤가? 그것은 사실이다.

이 이야기의 교훈은 무엇인가? 속도를 내어 가르치라. 그러면 학생들이 넘치도록 보답할 것이다.

토론할 문제

1. 교사가 내용을 '최소한의 내용'으로 요약할 때 기억의 법칙 단계 2에 들어간다. 소수의 교사들만이 이 단계에 들어가는 이유는 무엇인가? 좀 더 많은 내용을 다루는 것이 좀 더 많은 내용을 학습하는 것보다 낫다고 여기는 교사와 그 반대 입장에 선 교사 사이에서 학생들은 어떤 결과를 맛보겠는가?

2. 알다시피 시험 전날 밤 보는 것을 외워냈었던 학생 때의 '버틱지기'를 되돌아보라. 그때 재빨리 외우기 위해 사용했던 기법들은 무엇인가? 가르칠 때 그런 기억 보조물들을 사용한다면, 학생들은 어떻게 느낄 것인가? 이것을 정기적으로 한다면 학생들의 성적에 어떤 영향을 줄 것이라고 생각하는가?

3. 내용을 학생의 단기 기억에서 장기 기억으로 전환시키는 것은 교사의 책

임이다. 결국 자료를 외우는 방법은 반복에 의해서이다. 어떤 과목이든 학급과 함께 재검토할 수 있는 서로 다른 방법을 적어도 20가지 이상 나열해보라. 상상력을 사용하라!

■

4. 속도를 내어 가르치고 배우게 하기 위해 자료를 배열하는 최상의 방법들을 열거해놓고 7가지 기억의 활용들을 재검토하라. 가장 쉽다고 느끼는 것부터 가장 어렵다고 느끼는 것까지 차례대로 놓아보라. 가장 어려운 것 3가지와 가장 쉬운 것 3가지의 특성은 무엇인가? 시간이나 금전의 한계가 없다면 당신이 가장 선호하는 방법은 어느 것이며, 그 이유는 무엇인가?

■

5. 교사가 속도를 내어 가르칠 때마다 학생은 속도감 있게 배운다. 교실에서 짧은 시간에 좀더 많은 자료를 가르치기 위해, 교사가 많은 시간을 준비 작업으로 보낸다는 것이 그것의 유일한 어려움이다. 삶을 되돌아보며, 가르칠 때 이 원리들을 사용했거나 또는 사용하지 않았다면, 퇴임하는 날 스스로의 교사 경력에 대해 어떻게 느끼겠는가? 학생들의 관점에서 본다면 무엇이 올바른 결정인가?

법칙 5

필요의 법칙

09

필요의 기초, 모델 및 원리

　수년 전 우리 가족은 남부 조지아 주의 한 농장에서 살았는데 그 농장에는 작은 부두가 딸린 조그만 호수가 있었다.
　나는 데이비드와 제니를 난생처음 낚시에 데려가기로 한 날을 결코 잊을 수가 없다. 우리는 낚시 가게에서 낚싯대 4개와 릴을 5달러 가까이에 사고 낚시용 코르크 찌와 쇠로 된 낚싯바늘도 샀다.
　낚시터에 도착했을 때 나는 데이비드에게 이렇게 말했다.
　"바위를 들쳐봐서 지렁이를 찾을 수 있나 보렴."
　데이비드는 신나게 뛰어나갔지만 이제 겨우 다섯 살밖에 안 된 제니는 지렁이 생각만 해도 싫은 모양이었다.
　몇 분 후 우리 모두는 부두로 갔고 나는 낚싯대와 릴을 준비해주고 찌와 바늘을 끼워주었다.
　"지렁이를 끼우자."

"네, 아빠."

우리는 지렁이를 낚싯바늘에 끼우기 시작했다.

제니는 아연실색한 얼굴로 거의 울음을 터뜨릴 지경이었다. 아이는 소리치며 말했다.

"아빠! 오빠가 뭘 하는 거예요?"

"제니야, 오빠는 낚싯바늘에다 미끼를 달고 있는 거란다."

아이는 천진스런 목소리로 물었다.

"오, 아빠, 왜요? 지렁이가 무슨 잘못이라도 했나요?"

"아무 잘못도 안 했단다. 너도 낚싯바늘에다 지렁이를 끼워야 돼."

"아빠, 하나님은 지렁이를 사랑하지 않으시나요?"

신학교에서는 이런 질문에 어떻게 대답해야 하는지 가르쳐주지 않았다.

"제니야, 물론 하나님이 지렁이도 사랑하시지."

"그러면 저는 지렁이한테 그런 몹쓸짓은 하지 않을래요."

"제니야, 고기를 낚으려면 낚싯바늘에 미끼를 달아야 해."

"전 안 할래요!"

그래서 아이는 새 낚싯대와 빨갛고 하얀 찌 그리고 미끼도 달려 있지 않은 낚싯바늘을 가지고 부두의 다른 쪽으로 가서 낚싯바늘과 찌를 물에다 던져넣었다.

데이비드는 부두의 또 다른 끝으로 가서 낚싯대를 드리웠다. 오랫동안 아무도 낚시를 하지 않은 그 호수에서는 햇살이 곳곳에 빛났다. 불과 몇 초 지나지 않아 데이비드는 첫번째 고기를 낚아올렸다. 모두 흥분하여 환호했고 작은 고기가 펄떡이자 데이비드는 껑충껑충 뛰었다. 데이비드는 낚싯줄을 감아올려 고기를 떼어내 부두 위에 놓았다. 당연히 제니는 이 첫 번째 수확을 보러 달려왔다. 만지려고는 하지 않았지만 아이는 굉장히 흥분했다.

잠시 후 데이비드는 다른 지렁이를 끼우면서 물었다.

"제니, 지렁이 끼워줄까?"

"아니, 나는 지렁이를 안 끼울 거야."

데이비드는 어깨를 으쓱하더니 또다시 낚싯대를 던져넣었다. 낚싯대를 던져넣자마자 데이비드는 또 한 마리를 낚았다. 제니는 자기 낚싯대를 한 번 보고 데이비드의 낚싯대를 한 번 보더니 천천히 걸어와서는 오빠 바로 옆에 섰다. 제니는 "내가 낚시하던 곳에 있는 고기들은 배가 고프지 않나 보다"라고 생각했던 것 같다. 데이비드가 또 미끼를 끼우고 낚싯대를 던져넣자마자 세 번째 고기가 낚여 올라왔다. 그러자 내 어린 딸은 울기 시작했다.

"얘야, 왜 그러니?"

"아빠, 오빠 낚싯대는 운이 좋아요!"

"제니야, 그래서 오빠가 고기를 많이 잡은 것 같니?"

"네!"

내가 잘 달래서 타이르자 데이비드는 낚싯대를 바꾸어주기로 했다. 아이는 제니의 불운한 낚싯대에 미끼를 끼워 던져넣었다. 그리고 곧 또 한 마리의 고기를 낚았다. 잠시 침묵 후 제니는 단호하게 말했다.

"다시는 낚시하지 않겠어요."

"제니."

"무엇이 문제인지 아니?"

"몰라요."

"물고기가 무엇을 먹기 좋아 한다고 생각하니?"

나는 제니의 작은 머리가 빠르게 회전하는 것을 볼 수 있었다. 드디어 아이는 작은 목소리로 물었다.

"그러면 아빠는 물고기가 지렁이를 좋아한단 말씀이세요?"

"그래, 그러니 낚싯바늘에 미끼를 끼워보지 않으련?"

"하지만 아빠, 저 낚싯바늘이 얼마나 예쁜지 보세요!"

제니는 새 낚싯바늘이 고기를 유인할 정도로 매우 예쁘다고 생각한 모양이었다.

나는 이 일을 종종 잊지 못하고 그날을 생각한다.

단순히 그날 일이 제니에게 낚시의 기본을 가르쳐주었기 때문만이 아니라, 나에게도 사람 낚는 일의 가장 기본적인 것에 대해 지울 수 없는 인상을 남겼기 때문이다. 우리는 큰 가죽 성경을 들고 교실 앞으로 나가 "오늘 본문 말씀은 에스겔서 38장입니다"라고 얘기한다. 그리고 학생들이 에스겔서 38장을 공부하고 싶어 안달이 났다고 생각한다. 학생 모두가 교실로 달려오면서 "오늘은 에스겔서 38장에 대해 얘기했으면 좋겠는데"라고 생각한다고 상상한다. 우리는 미끼도 없는 빈 낚싯바늘을 가지고 학생들의 주의를 끌려는 것과 같다. 그러니 얼마 가지 못해 '사람 낚는 일'에 대해 회의하게 되는 것은 당연한 일 아닌가!

제니는 낚싯바늘 자체가 충분히 매력적이었기 때문에 빈 낚싯바늘로도 고기를 낚을 수 있을 것이라고 잘못 생각했던 것이다. 아이는 호수의 물고기들이 자기와 같은 눈으로 삶을 보기를 기대했었다.

그러나 나는 거기서 얻은 새로운 깨달음을 나누고 싶다. 물고기는 빈 낚싯바늘은 물지 않는다. 마찬가지로 배우는 사람도 내용만 가지고는 끌리지 않는다. 당신이 재미있으면서도 충분히 동기 유발된 수업을 원한다면, 아무 미끼도 없는 빈 낚싯바늘을 드리우지 말아야 한다. 우리는 종종 가르칠 내용에 너무 몰두하는 바람에 조심해서 접근하지 않는 한, 학생들이 그 내용을 싫어할 것이라는 사실을 종종 잊어버린다.

'빈 낚싯바늘에 대한 비유'는 비효과적인 가르침의 근원을 지적해주고 있다. 수업이 배우는 이보다는 교사의 필요에 따라 진행된다는 것이다. 물고기에게 낚싯바늘을 물게 할 수는 없는 것처럼 학생으로 하여금 배우도록 강요할 수는 없다.

한 걸음 더 나아가 생각해보자. 누가 낚싯바늘에 미끼를 끼워야 하는가? 물고기인가, 어부인가? 당연히 어부다. 그러나 우리는 우리의 물고기인 학생들이 우리의 빈 낚싯바늘에 동기 유발되거나 그들 스스로가 미끼를 끼우기를 기대하고 있다.

이것이 필요의 법칙의 정수이다. 교사로서 우리들에게는 학생들이 우리가 가르칠 내용을 좇아오게 할 책임이 있다. 이것이 동기 유발이다. 교사가 동기 유발이 안 된 수업을 한 번이라도 했었다면, 그것은 아마 당신의 낚싯바늘에 미끼가 없었던 것과 같다.

9장을 마칠 즈음이면, 당신은 예수님이 학생들을 위해 어떻게 미끼를 쓰셨나 이해하게 될 것이다. 그래서 당신이 어떤 과목을 가르치든 미끼 쓰는 방법을 알게 되고 그로 인해 당신의 학급은 동기 부여가 너무 잘 된 나머지 배 안으로 그냥 고기가 저절로 뛰어들지도 모르겠다!

필요의 기초

교사만이 알 수 있는 몇 가지 독특한 신체적, 감정적 반응이 있다. 교사라면 누구나 한 번씩은 경험했을 것이다.

이것은 일단 복통으로 시작해 무릎이 후들거리고, 얼굴이 상기되며, 목소리가 떨리고, 말이 잘 안 나오거나 더듬는 것이다. 당황한 나머지 교사는 점점 벽에다 대고 말하는 것 같아 교실에서 나가고만 싶어진다.

이것은 무엇인가? 이것은 처음 교실에 들어갔을 때 하품하는 학생이나 딴짓을 하고 있는 학생을 보고 "대체 내가 가르치는 것이 저들에게 무슨 소용이 있을까"하는 생각에서 오는 절망감이다. 또한 학생이 책 사이에 잡지를 끼워넣고 보고 있다든지 열심히 노트 필기를 하고 있는 줄 알았던 학생이 연애 편지를 쓰고 있는 것을 알았을 때 여지없이 이 절망감은 더 커진다. 이 절망감은 학생이 창문 밖을 게슴츠레한 눈으로 내다보고 있다든지 동전을 가지고 축구 결승 시합을 흉내내고 있을 때 참을 수 없을 만큼 커진다. 그들은 교사의 말을 듣고 있지 않다. 교사는 단순히 입 운동만 하고 있는 셈이다.

그러면 어떻게 할 것인가? 마치 이런 일이 일어나고 있지 않는 것처럼 행동할 것인가? 아니면 나른한 봄날씨나 학생들의 낮은 지능, 혹은 늦은 시간만 탓할 것인가? 아니면 사표를 던지고 직업을 아주 바꿀 것인가? 아니면 상황을 바로 보고 이것에 대하여 어떤 조처를 취할 것인가?

이제 장면을 잠시 바꿔서 학생들이 교사의 말을 듣고 싶어 안달하는 경우를 상상해보자. 수업이 시작하기만을 기다리고 수업이 끝났을 때 심히 실망하는 장면을 그려보고 교사가 가르친 내용이 그들의 삶 속에서 성공적으로 활용되다고 생각해보라.

"꿈 같은 이야기지요."

당신은 이렇게 말할 것이다.

"학생들이 어떤지 몰라서 하는 소리에요."

이것이 바로 이 순간에 당신이 생각하고 있는 것일지도 모른다. 그러나 이 '필요의 법칙' 9장이 끝날 즈음이면 자신의 가르침에 혁명을 가져올 수 있도록 당신에게 능력을 부여하는 통찰력을 갖게 될 것이다. 그러나 먼저 이 '빈 낚싯바늘' 문제를 생각해보자.

학생에게 동기 부여를 하는 데 있어서 일반적인 통념은 문제는 학생들에게 있다는 것이다. 학생들이 무관심하고 지루해한다면, 그것은 그들의 잘못이고, 또 주의 집중을 하지 않는다면 이것 역시 결코 교사의 잘못은 아니라는 것이다.

필요의 법칙은 전혀 정반대의 시각을 제시한다. 가르치는 교사는 무엇을 가르쳐야 하는지 필요를 세워야 한다. 다시 말하면, 낚시를 갔다면 낚싯바늘에 미끼를 끼워야 한다! 실제는 어떤지 최고의 교사이신 예수 그리스도를 살펴보자.

우리는 예수님의 생애를 공부할 때 예수님께서 청중의 필요를 다루신 사실을 간과해서는 안 된다. 예수님은 두 가지의 접근 방법으로 청중의 필요를 채워주셨다. 그 첫 번째는 어떤 이의 필요가 자명할 때 예수님은 그 필요를 즉시 그 자리에서 채워주셨다.

이 세상 모든 교사 중에서 예수님은 최고의 필요를 채우시는 교사였다.

두 번째는 사람들이 그들의 필요에 대해 불분명하게 알 때 예수님은 그들의 필요를 드러내주고 그 필요를 채워주셨다. 이 두 경우에 모두, 예수님은 학생들의 '필요에도 불구하고'가 아니고 '필요에 따른 가르침'을 주셨던 것이다.

예수님의 가르침의 시작점은 학생들의 필요에 있었지 가르칠 내용에 있는 것이 아니었다.

교사로서의 우리는 위의 두 가지 상황에 매일 직면한다. 어떤 때는 학생의 필요가 매우 분명해서 그 필요를 즉시 채워주도록 노력할 수 있다. 그 필요가 개인의 삶 속에 있는 것이라면 개인적인 상담이나 그와 유사한 방법을 통해 그 필요를 충족시켜주도록 한다. 반 전체가 같은 필요를 가지고 있다면 강의 내용에 적절한 설명을 부연하든지 필요한 방향으로 적용한다거나 이런 주제를 갖고 토론하든지 함으로써 그들의 필요를 채워줄 수 있다.

그러나 대부분의 교사들은 총체적으로 이와 정반대의 위치에 서 있는 자신을 발견할 것이다. 교사는 학생들이 관심도 없고 알고 싶은지도 않은 과목이나 내용을 가르쳐야 한다. 그들은 학생들이 느끼는 필요에 따라 가르치는 것이 아니라 교과 과정에 따라 가르치고 있다. 이것은 사실이며, 당신이 빈 낚싯바늘을 드리우고 있다는 것을 의미한다. 당신은 어떤 반응을 학생들로부터 기대하는가? 교사는 무관심, 태만, 그리고 동기 부여의 부재가 정말 문제라고 인식하고 있어야 한다.

대부분의 교사들은 학생들이 수업이나 과목에 관심이 없고 배우려는 열정도 없는 것을 알고 실망하고 충격을 받는다. 그러나 왜 충격을 받는가? 나는 그 잘못된 느낌 때문에 교사와 학생 사이에 불필요한 긴장과 부담이 생긴다고 믿는다. 교사들이 학생들이 느끼는 필요를 알지 못한 결과, 좌절, 무관심, 그리고 동기 부여의 부재 등의 문제가 뒤따른다.

이러한 사실에 대해 동의하지 못하겠다면 자신이 학생이었던 때를 회상해보라. 종종 관심이 없거나 그 강의를 듣지 않아도 되기를 바랐던 적이 당신에게도 있지 않았던가? "내가 이 강의를 듣지 않아도 된다면 난 이러저러한 일들을 할텐데…"라고 훨씬 가치 있어 보이는 일들을 손꼽아본 적이 있었을 것이다.

이 개념을 전개하면서 나는 상당히 많은 시간을 학생들의 학창 시절을 인터뷰하는 데 썼다. 대부분의 학생들은 여러 과목들이 자신의 필요를 채워주지 못하는 과목으로, 더 나아가 그들의 필요를 방해하는 것으로 보고 있었다. 나는 이런 말을 자주 들었다. "그 과목은 완전히 시간 낭비였습니다." "완전히 말도 안 되는 과목이었어요." "그 강의는 단 한 번도 나에게 도움이 되지 않았어요."

나는 한 과목을 같이 등록한 25명의 대학생에게, 몇 퍼센트의 학생이 할 수만 있다면 그 과목을 그만두고 싶다고 생각하는지 물어보았다. '반 이상'이라는 대답을 들었다.

이것이 교실에서 동기 부여 문제의 핵심이다. 학생들이 느끼는 필요에 따라 가르치는 것이 아니라 그들의 필요와는 별개로 가르쳤던 것이다.

그러면 우리는 어떻게 할 것인가?

그 해답은 최고의 교사이신 예수님에게서 찾을 수 있다.

예수님 역시 똑같은 문제에 직면했지만 무한한 지혜로 눈이 번쩍 뜨이는 해결책을 제공했다. 경이로운 사실은 학생의 필요를 채우려고 노력하는 교사라면 그 누구에 의해서라도 예수님의 방법이 반복될 수 있다는 것이다.

예수님의 5단계 방법은 모든 교사에게 해당된다. 이 방법은 그리스도처럼 가르치기로 결심한 전 세계의 가르치는 사람들의 삶 속에서 역사한다. 그들이 그렇게 가르칠 때 교사보다 더 흥분하는 사람은 학생들이다. 수업이 갑자기 지극히 중요해지고 의미 있어진다. 수업은 그들의 필요에 활력소가 된다.

어떻게? 교사가 학생의 마음에 필요를 쌓기 위해 예수님이 사용하신 5단계 방법을 적용하는 것이다. 학생들은 예수님의 제자들과 똑같이 반응한다. 그리고 동기 부여와 감동이 물밀듯 밀려온다. 학생들이 동기 부여가 너무 잘 되어서 마치 교사로부터 강의를 끌어내는 것처럼 보인다.

이 학급에 대한 비전이 당신에게 공감을 준다면 필요의 법칙을 통해 학생들에게 동기 부여를 해줄 수 있도록 준비하는 동안 끝까지 이 책을 읽기를 바란다. 시작에 들어가기에 앞서 요한복음 4장 5-30절에 나타난 예수님이 우물가의 여인을 인도하는 다섯 단계를 구분해보자.

"사마리아에 있는 수가라 하는 동네에 이르시니 야곱이 그 아들 요셉에게 준 땅이 가깝고 거기 또 야곱의 우물이 있더라 예수께서 길 가시다가 피곤하여 우물 곁에 그대로 앉으시니 때가 여섯 시쯤 되었더라 사마리아 여자 한 사람이 물을 길으러 왔으매 예수께서 물을 좀 달라 하시니"(요 4:5-7).

여기에 선생님의 교실이 있다. 한 여인이 있었다. 이 여인은 물을 길러 우물가에 나타났다. 그 여인은 물을 길어야 했다. 날씨는 더워 그 여인은 목이 말라 물이 필요했다. 그녀는 그곳에서 쉬고 있는 남자에 대해서는 전혀 관심이 없었다.

우리의 상황과 얼마나 흡사한가. 학생들은 단지 그들이 와야 하기 때문에 온다. 그리고 대부분은 정신적으로 갈증을 느끼지도 않는다. 그러나 예수님은 그 상황을 이용하신다. 그분은 가르친다는 것이 듣는 자로 하여금 배우도록 유발해야 한다는 것을 아셨다. 예수님이 배우는 자로 하여금 배우고 싶게 만들어 가르침에 흥미를 느끼게 만드는 이 원리를 적용하신 것을 주의해보라.

필요의 모델

단계 1: 주의를 끌라

그리스도가 하신 첫 번째 일은 '주의를 끄는 것'이었다. 우물가의 여인은 자기만의 생각에 골몰해 우물로 왔다. 그러자 난데없이 한 낯선 사람이 "물을 좀 달라"고 말했다.

비록 그녀가 왜 놀랐는지 이해하기는 힘들지만, 그의 말은 그녀를 정말

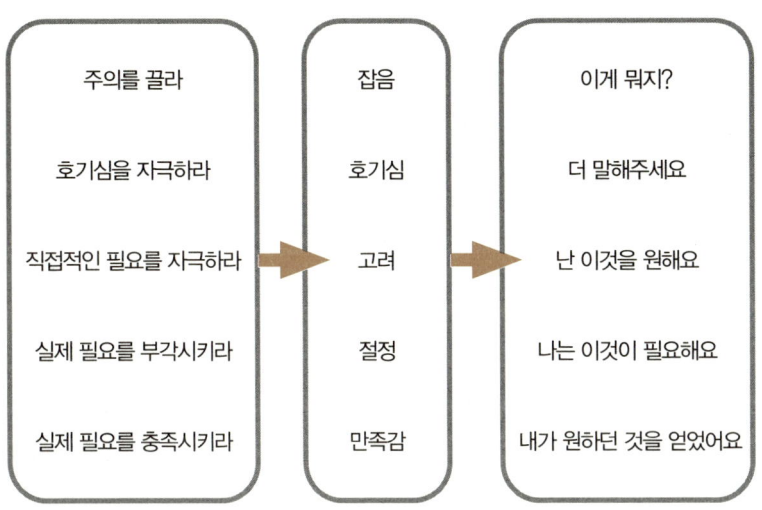

놀라게 했다. 전혀 예상 밖이었다. 유대인 랍비가 공공 장소에서 사마리아 여인과 절대 이야기하지 않는 것이 그들의 문화가 아닌가. 충격적인 일은 그가 물을 청한 것이 아니라 사마리아 여인에게 말을 걸었다는 것 그 자체였다. 예수님의 말은 즉각 그녀의 주의를 끌었다. 우리의 교사 예수님은 자신의 이러한 행동이 즉각적인 흥미를 불러일으킬 것을 아셨고, 바로 그것이 예수님의 목적이었다.

당신이 가르칠 때 이 첫 단계에 따라 즉시 학생들의 '주의를 끌라.'

어떤 자극적인 말이나 촌극, 농담, 깊이 생각하게 하는 질문, 큰소리, 보통과 전혀 다른 스타일, 긴 침묵 등이 학생의 주의를 끌 수 있다.

학생들은 더할 수 없이 산만한 상태로 교실에 들어온다는 점을 기억하라. 그 산만한 주의를 집중시키는 것은 교사의 몫이다. 교사는 지난 시간에도 학생들은 주의를 집중하고 있었다고 생각하고 또 그렇게 믿고 있지만 대부분 그렇지 않다.

수업을 시작하려면 주의 집중을 시켜야 한다. 수업을 시작할 그 순간에 학생들의 주의 집중을 방해하는 요소들을 학생들로부터 떼어놓아야 한다. 교사가 학생들의 주의를 끌지 못하면 가르친다는 것은 불가능하다. 학생들의 주의를 사로잡는 것, 이것이 누가 배우더라도 공통적으로 필요한 첫 번째 조건이다.

주의력은 평범한 것이 아니다. 그것은 즉각적으로 당장 가장 강렬한 자극 쪽으로 끌어당기는 것이다. 그러므로 학생들의 주의를 끌기 위해 교사가 해야 할 일은, 지금 주의를 사로잡고 있는 자극을 뛰어넘는 것이라야 한다.

학생들이 대개는 동기 유발이 낮은 상태로 교실에 들어오기 때문에 그 상태를 압도하기는 대개 간단하고 쉽다. 학생들의 주의를 끄는 것이 어렵다면 현재 그들을 자극하는 것이 교사의 자극보다 강하기 때문이다. 그러므로 교사는 강해질 필요가 있다.

학생들이 자신의 관심을 끌고 있는 근원에서 떠남에 따라 교사는 학생들의 '관심을 끌고' '주의를 사로잡아' 그들로 하여금 '이게 뭐지?' 하며 궁금해하도록 해야 한다. 교사는 학생들의 이목을 끈 다음 결과적으로 마음을 다잡을 수 있도록 해야 한다. 잠시 동안은 학생들의 관심을 집중시킬 수 있다. 그러나 교사가 학생들의 필요를 채우는 데 필요한 그리스도의 5단계 방법 중 두 번째 단계로 넘어가지 않으면 학생들의 관심을 오랫동안 집중시키는 것은 불가능한 일이다.

단계 2: 호기심을 자극하라

주의 집중 시간은 순식간에 지나간다. 교사는 학생들을 끄는 일시적인 관심보다는 더욱 깊고 흥미를 돋우는 자극 쪽으로 나아가야 한다. 이 두 번째 단계는 호기심을 자극하여 보고, 듣고, 냄새 맡고, 만지고, 맛보는 등 외적인 자극에 덜 의존하게 한다. 예수님은 우물가의 여인이 "더 말씀해주소서"

라고 원할 때까지 이 여인의 호기심을 가장 교육적인 방법으로 자극하셨다.

"사마리아 여자가 이르되 당신은 유대인으로서 어찌하여 사마리아 여자인 나에게 물을 달라 하나이까 하니 이는 유대인이 사마리아인과 상종치 아니함이러라"(요 4:9).

어떻게 예수님이 응답하시는가 살펴보자. 예수님은 우리들의 상상처럼, "나는 지금 목이 마른데 물을 길을 만한 것이 아무것도 없소이다"라고 말씀하지 않았다. 예수님은 그녀의 질문에 대답조차 않으신다. 그저 필요 세우기 과정을 계속하신다.

"예수께서 대답하여 이르시되 네가 만일 하나님의 선물과 또 네게 물 좀 달라 하는 이가 누구인 줄 알았더라면 네가 그에게 구하였을 것이요 그가 생수를 네게 주었으리라"(요 4:10).

잠시 동안 자신을 이 여인의 자리에 놓아보라. 예수님의 반응은 이 여인의 호기심을 불러일으켰음에 분명하다. "이분은 도대체 무슨 선물을 말하는 건가? 어디에 있는 거지? 어떻게 가질 수 있지? 왜 그것이 중요하지? 도대체 '생수'란 뭐야?"

예수님이 어떻게 학생을 가르치셨는지 잊지 말라. 그녀의 호기심이라는 낚싯바늘에 어떻게 미끼를 끼웠는지 잊지 말라.

사실 예수님은 하나도 아니고 둘도 아니고 셋씩이나 되는 낚싯바늘에 미끼를 끼우셨다.

당신은 그것을 보았는가?

미끼 1: 하나님의 선물   당신이 만약 하나님의 선물을
                        알았더라면

미끼 2: 그가 누구신지를 앎   "네게 물 좀 달라 하는 이가
                              누구인 줄 알았더라면"(10절).

미끼 3: 생수   "그가 생수를 네게 주었으리라"(10절).

예수님은 여인이 이 질문의 답을 모른다는 것을 알고 계셨는가? 의도적으로 그녀의 마음에서 사고의 과정을 시작하도록 끌어들이고 계신가? 예수님은 실질적으로 이 배움의 과정을 준비하고 계획하셨는가? 만약 그러셨다면, 예수님의 접근 방법은 당신의 접근 방법과 어떤 연관이 있는가? 지난번 가르쳤을 때 당신은 학생들의 호기심을 자극했는가? 아니면 그냥 곧바로 수업으로 들어갔는가?

곧바로 수업으로 들어가는 것은 빈 낚싯바늘을 호수에 드리우는 것과 마찬가지이다. 학생들은 빈 낚싯바늘에 관심이 없다. 예수님은 그것을 아셨고 그래서 세 가지 다른 미끼를 사용하신 것이다. 이것이 복잡한가? 아니다. 단지 한 문장이면 된다. 시간이 많이 드는가? 아니다. 불과 몇 초밖에 걸리지 않는다. 그러면 왜 세 개씩이나 해야 하나? 왜냐하면 물고기들은 좋아하는 미끼에 따라 동기 유발이 되는 것처럼 위대한 교사들은 종종 하나 이상의 미끼를 쓴다. 그러면 몇 개의 미끼에 우물가의 여인은 반응을 보였는가? 그녀는 정반대의 순서로 세 개 다 물었다.

미끼 3: 생수   "여자가 이르되 주여 물 길을
                  그릇도 없고 이 우물은 깊은데

	어디서 당신이 그 생수를 얻겠사옵나이까"(10절).
미끼 2: 그가 누구신지를 앎	"당신이 야곱보다 더 크니이까"(12절). 그녀는 야곱보다 큰 사람을 상상할 수 없었다.
미끼 1: 하나님의 선물	그녀는 야곱의 우물에 대해 계속 얘기한다. "우리 조상 야곱이 이 우물을 우리에게 주셨고 또 여기서 자기와 자기 아들들과 짐승이 다 마셨는데"(12절).

간접적으로 그녀는 이렇게 묻고 있는 것이다. "당신이 주겠다고 하는 그 선물은 무엇입니까? 그것이 야곱이 우리에게 주신 이 우물보다 좋을 수 있습니까?"

이것은 예수님이 학생을 가르치시는 방법을 보여주는 좋은 예이다. 그분은 학생을 향해 무한한 지식과, 무한한 지혜와 그리고 무한한 사랑을 소유하셨지만, 그럼에도 불구하고 매우 조심스럽고 사려 깊은 접근 방법을 취하셨다. 예수님은 그녀의 호기심을 불러일으켜서 그녀가 찾지 않으면 안 되도록, 그리고 더 나아가 더욱더 알기를 소망하도록 하신다. 예수님은 그녀가 호기심을 가지고 즉시 동일화할 수 있는 더 깊은 문제로 그녀를 이끄셨다.

단계 3: 직접적인 필요를 자극하라

이 우물가의 여인은 예수님이 가르치려고 계획하신 진짜 교훈에 아직 주의를 기울이지 않고 있다.

그것을 아신 예수님은 필요로 하는 그녀의 마음을 어루만져주신다. 학생들이 학급의 일정표에 주의를 기울이게 만드는 것은 교사의 임무다. 예수님은 어떻게 하셨는가? 그분은 '그녀의 직접적인 필요를 자극하시기로' 작정하고 그녀가 '나는 이것을 원한다!'고 느낄 때까지 그녀로 하여금 당면한 문제들을 조금 더 심각하게 '고려'하도록 인도하셨다.

> "예수께서 대답하여 이르시되 이 물을 마시는 자마다 다시 목마르려니와 내가 주는 물을 마시는 자는 영원히 목마르지 아니하리니 내가 주는 물은 그 속에서 영생하도록 솟아나는 샘물이 되리라"(요 4:13-14).

처음 두 단계는 이 세 번째 단계를 위한 준비 과정이다.

교사는 학생의 호기심과 그들의 직접적인 필요에 쉽고 빨리 영향을 미치는 당면 문제들을 연결시켜야 한다. 예수님은 물과 갈증이 이 여인의 마음속에 가장 중요하다는 것을 아셨다. 그래서 거기서부터 시작하셨다. 모든 가르침을 시작하는 최상의 시점은 학생의 직접적 필요, 바로 거기다. 그들이 느끼고 생각하는 그것이 가르침의 가장 좋은 출발점인 것이다.

예수님은 이 여인이 매일 뙤약볕 속으로 물을 길러 나오는 것을 피하기 위해서 무슨 일이든 할 것을 알고 계셨다. "영원히 목마르지 아니하리니"와 "그 속에서 영생하도록 솟아나는 샘물이 되리라"라는 미끼는 그녀로 하여금 "나는 그것을 원합니다"라고 느끼게 하였다.

교사가 학생들의 필요에 더욱더 가까이 갈수록 학생들의 관심을 자극하기 더 쉬워진다. 그러므로 위대한 교사들은 학생들이 그 순간 어디에 있는지 알기 위해 항상 학생들을 살핀다. 그들은 학생들의 몸짓을 주시하고 수업 시작 전후의 대화에 귀기울인다. 뛰어난 교사는 스스로를 학생들의 삶이라는 천 속에 함께 짜넣기 때문에 직관적으로 학생들이 어디에 있는지 안다.

교사는 서론을 학생들이 이미 흥미 있어 하는 것과 가르칠 내용을 기술적으로 연결시켜야 한다. 교사는 학생들의 관심도를 높이기 위해 걱정할 필요가 없다. 그저 단지 관심을 어떻게 이끌어낼 것인가를 생각하면 된다. 이 생명력 있는 고리의 또 다른 예를 보기 위해 요한복음 3장에서 그리스도가 어떻게 니고데모와 이 똑같은 과정을 밟았는지 보면 된다.

관심을 분명히 하지 않아도 되고, 그저 관심을 드러나게 해서 그 드러난 관심과 서로 조화를 시키기만 하면 된다는 것이 얼마나 큰 안심이 되는가. 학생들은 항상 교실에 들어올 때 무엇이든 관심을 가지고 들어온다는 사실을 명심하라.

다음 단계는 가장 적절한 도전을 주는 단계다. 어떻게 학생들을 당신이 준비한 내용으로 이끌고 갈 것인가?

단계 4: 실제의 필요를 부각시키라

예수님이 우물가의 여인과 구원이라는 선물을 나누려 하신다는 것은 자명하다. 그러나 그녀는 자신의 죄를 깨닫고 그 선물을 필요로 하기에는 아직 멀었다. 그녀는 자신의 절박한 상황을 깨닫고 구원자를 필요로 해서 우물가에 온 것이 아니었다.

예수님은 이 또한 모두 알고 계셨고 그녀의 필요를 세워나가는 과정을 계속하셨던 것이다.

예수님은 그녀의 필요를 세우는 데 몰두해 계셨기에 기적의 물에 대한 그녀의 질문에 또 한 번 대답하지 않으신다. 오히려 그분은 화제를 바꾸어서 이렇게 말씀하신다.

"가서 네 남편을 불러오라"(16절).

이것이 그녀의 목마름과 무슨 상관이 있단 말인가! 아무 상관도 없다. 그러나 깊이 상관이 있다. 예수님은 그녀가 직접적으로만이 아니라 더욱 깊은 곳에서부터 갈급해하기를 원하셨다. 자, 어떤 일이 일어나는지 보라.

"여자가 대답하여 이르되 나는 남편이 없나이다 예수께서 이르시되 네가 남편이 없다 하는 말이 옳도다 너에게 남편 다섯이 있었고 지금 있는 자도 네 남편이 아니니 네 말이 참되도다"(요 4:17-18).

예수님은 그녀를 정죄하지 않으셨다. 오히려 그녀의 정직함을 칭찬하셨다. 그리고 물고기가 계속 따라오는지 살펴보려고 잠시 멈추셨다. 그녀는 당연히 따라왔고 스스로 미끼를 놓기까지 하였다. 그녀는 더 많이 배우고자 동기 부여가 되었다.

"여자가 이르되 주여 내가 보니 선지자로소이다 우리 조상들은 이 산에서 예배하였는데 당신들의 말은 예배할 곳이 예루살렘에 있다 하더이다"(요 4:19-20).

그녀는 하나님을 예배하는 것에 대해 더 알고 싶어서 예수님께 더 여쭈어

본다. 예수님은 그녀의 질문을 고무시키셨고, 이제 진정한 필요를 표면에 드러나게 하셨다.

이것이 필요를 세우는 절정이고 학생으로 하여금 "바로 이것이 필요하다!"고 느끼게 인도하는 것이다.

단계 5: 실제의 필요를 충족시키라

교실에서 학생들이 실제 필요와 닿아 있을 때만 교사는 '내용'을 가지고 '그들의 실제 필요를 충족시키도록' 계속 진행시켜야 한다. 학생들이 실제 필요에 의해 정말로 동기 부여가 되어 있는데 교사가 흥미 없는 학생들과 씨름하며 그들의 무관심과 싸울 필요가 있겠는가?

천만의 말씀! 그들은 정말 흥분할 것이다. "찾았다! 이제야 내가 진정 원하던 것을 찾았다!"

우물가의 여인이 예수님에게 말한다.

> "여자가 이르되 메시야 곧 그리스도라 하는 이가 오실 줄을 내가 아노니 그가 오시면 모든 것을 우리에게 알려 주시리이다 예수께서 이르시되 네게 말하는 내가 그라 하시니라"(요 4:25-26).

예수님은 자신의 학생이 합당한 질문을 해올 때까지 대답을 유보하셨다. 교사는 이같은 패턴을 따를 때 가장 효과적이다. 가르칠 내용으로 직접 들어가는 것보다 교사는 학생들로 하여금 가르칠 내용에 굶주려 하도록 만들어야 한다. 불행하게도 대부분의 교사들은 이 필요를 세워나가는 단계가 불필요하며, 귀중한 시간을 낭비하는 것이라고 생각한다.

필요를 세우는 것이 불필요하다면 왜 전지하고 위대한 교사이신 예수님은 그렇게 많은 수업 시간을 학생의 필요를 세우는 데 쓰셨겠는가? 이 경우에, 예수님은 교훈을 가르치는 데보다 필요를 세우는 데 더 많은 시간을 쓰셨다. 그렇게 함으로써 그분은 현대의 교수 방식이나 설교 방식과는 확실히 다른 지적 체계를 보여주셨다. 필요를 세우는 것이 쓸데없는 잡담이라고 생각하기보다는 교훈의 첫 번째 요소라고 생각하셨던 것이다.

필요를 세우는 것은 낚싯바늘에 미끼를 다는 것이다. 이것은 고기를 낚으려는 사람이라면 누구나 해야 할 처음 단계이다. 잠시 예수님이 하신 일을 살펴보자. 이 전체 과정을 통해 알아야 할 것들이 있다. 무엇이 그분의 지적 체계였는가? 위대한 교사 예수님이 하신 일을 볼 때 필요를 채우는 데 그리고 좋은 가르침에 긴요한 마음 자세에 대해 우리는 무엇을 배울 수 있었는가?

첫 번째, 예수님이 '그녀가 있는 곳에서' 그녀를 만나신 것에 주의하라.

그 여인이 오고 있던 우물가에 앉아 계셨고, 그녀에게 물을 청하셨다. 예수님은 그녀가 익숙한 환경에서 그녀가 이미 흥미 있어 하는 주제를 가지고 자연스럽게 접근하셨다. 이것은 필요의 지적 체계에서 첫 번째 측면을 반영한다. 교사가 학생의 관점에서 시작하는 것은 매우 중요하다. 그들의 필요를 채우기 위해 교사는 먼저 그들 입장에 서야 한다.

두 번째, 주님은 우물가의 여인의 관심을 끌고 그녀의 필요에 대해 이야기하는 책임을 지셨다.

대화가 진행됨에 따라 그녀는 적극적으로 그 대화에 참여하게 되었다. 예수님은 그녀의 학습을 책임진 교사가 되셨음이 분명하다. 예수님의 질문과 하시는 말씀으로 미루어볼 때, 예수님은 그들의 만남이 그저 오고가는 만남에 그치지 않도록 주의하셨다. 이것이 필요의 지적 체계에 필요한 두 번째 요소이다. 교사는 반드시 학생의 필요를 다루어야 할 의무가 있다.

필요를 채운다는 것은 우연히 이루어지는 것이 아니다. 예수님이 우물가의 여인과의 만남에서 그녀의 필요를 다루는 데 책임을 느끼지 않으셨다면, 그녀는 왔을 때처럼 많은 필요를 가지고 그 우물을 떠났을 것이다. 학생들도 마찬가지다. 우리가 학생들의 필요를 다루는 책임을 지지 않는다면 그들의 필요는 다루어지지 않은 채 그대로 남아 있을 것이다.

이것은 필요의 지적 체계에서 마지막 요소이고, 또 어쩌면 가장 중요한 요소로 인도하는 요소이기도 하다. 남편에 대한 그녀와의 대화에서 예수님은 쉽게 그녀의 과거에 대해 말씀하실 수 있으셨고, 그것은 그녀를 좌절시켰을 것이다. 그러나 예수님은 그렇게 하지 않으셨다. 그분은 그녀를 부드럽고 조심스럽게 다루셨다. 학생들의 필요를 부드럽고 예민하게 다룰 것, 이것이 세 번째 관점이다.

실제적 필요는 쉽게 표면으로 나타나지 않는다는 것을 예수님은 알고 계셨다. 그 실제적 필요가 표면화될 때는 종종 민감한, 감정적인 아픔이 있다. 이것은 넘어져서 팔꿈치를 다친 후 엄마에게 달려가는 어린아이와 같다. 아이에게 상처를 씻어주어야 하는 필요가 있어서 엄마가 상처를 씻어주기 시작하자마자 아이는 곧 괜찮아진다. 그 아이의 필요를 채우기 위해 엄마는 부드러워야 하고 필요에 민감해야 한다.

가슴으로부터 느끼는 학생들의 실제 필요를 다루기 시작할 때마다, 예민하고 아픈 상처를 발견하게 되더라도 놀라지 말라. 학생들의 필요를 채우려고 노력하는 교사는 언제나 부드러워야 한다.

교사가 이런 방법으로 학생들을 가르치는 데 능숙해질수록 학생들의 필요는 쉽게 표면으로 드러나고 채워지며, 학생들에게 동기 부여를 하는 것은 문제가 안 될 것이다. 가끔씩 그들이 교사에게로 직접 뛰어들어올지도 모를 일이다! 그럴 때 교사는 놓쳐버린 월척 이야기나 떠벌이는 낚시꾼 신세를 면하게 되는 것이다.

필요의 원리

원리 1: 필요를 세우는 것은 교사의 책임이다

"위대한 교사는 학생에게 단순히 지식을 전하는 사람이 아니다"라고 어느 위대한 스승은 말했다. "그러나 학생들의 관심을 일깨워 그들로 하여금 지식에 대한 추구를 열망하도록 만드는 사람이다. 그는 도화선이지 연료 탱크가 아니다."

모든 좋은 교사들은 내용을 가르치기 전에 학생의 관심을 깨워야 할 책임이 있다는 것을 인정한다. 그들은 열심을 내도록 의도적으로 계획한다. 학생을 격려하거나 심지어 유혹하기도 한다. 예수님이 사마리아 여인에게 하신 것처럼 그들도 학생이 가졌으면 하는 그것으로 학생들을 끌어당긴다. 그들은 학생들이 배움의 호수에 완전히 빠져 마침내 그들이 진정 원하는 것을 얻을 때까지 한 걸음씩 학생들을 인도한다.

그러나 유감스럽게도 대부분의 학생들은 이런 가르침을 좋아하지 않는다. 그리고 교사들은 교실에 들어와 학생들의 필요나 주의 집중 상태는 무시한 채 그날 주제에 대해 즉시 강의를 시작한다.

학생들이 지루해하거나 한눈을 팔면 주의를 기울이지 않았다는 이유로 교사로부터 야단을 맞아야 한다. 결국은 학생들이 참을 수 없을 정도로 지루해져서 장난을 치거나 하면 교사는 화가 난 채로 일어나 권위와 힘을 빌어 학생들을 몹시 꾸짖는다.

결국, 주의를 집중을 해야 하는 것은 학생들의 책임인 것이다. 그렇지 않은가?

마치 물고기가 낚싯바늘에 스스로 미끼를 달아야 할 책임이 있는 것처럼 말이다. 미끼도 없는 빈 낚싯바늘을 놓고 물고기가 물지 않는다고 고래고래

소리지르는 낚시꾼을 그려보라.

당신은 가르칠 때마다 낚싯바늘에 미끼를 다는 책임을 다했는가?

어떤 물고기도 낚싯바늘에 미끼를 달지 않는다. 그리고 앞으로도 그런 일은 없을 것이다! 주의가 산만한 것은 학생들이 교사인 당신에게 "선생님은 새로운 미끼를 쓰실 필요가 있어요!"라고 말하는 것과 같다.

학생들이 주의를 기울이지 않는다고 해서 다시는 절대로 화내지 말라.

가르치는 내용에 흥미없어 한다고 해서 엉뚱한 욕구 불만을 그들에게 터트리지 말라.

그렇게 하기보다 교사는 학생들의 주의를 끄는 데 다시 초점을 맞추고 그 초점을 학생에게 향하게 하라. 그들은 다른 접근 방식과 새로운 자극과 동기를 필요로 한다. 미끼 없는 낚싯바늘은 지루함을 낳지만, 미끼를 단 낚싯바늘은 동기를 유발한다.

하나님은 사람이 주의를 집중해서 배우는 것에 대해 필요를 느끼도록 만드셨기 때문에 자신의 교만을 버리고 하나님 뜻에 따라야 한다. 그리고 예수님이 필요를 통하여 제자들을 가르치셨다면 우리도 우리 마음대로 하려는 것을 버리고 그분을 따라야 할 것이다. 그렇게 할 때 하나님의 축복을 받을 수 있을 뿐 아니라 학생들이 기뻐하는 것을 더불어 기뻐할 수 있도록 교사 자신의 마음을 열 수 있다.

그러므로 빈 낚싯바늘을 잡고 있었던 내 어린 딸처럼 하지 말고, 꼼지락거리는 물컹한 지렁이를 바늘에 달라.

원리 2: 필요를 채우는 것은 교사의 첫 번째 사명이다

첫 번째 원리는 가르치기 전에 필요를 세우는 것을 다룬다. 두 번째 원리는 가르칠 때 학생들 안에 내재해 있는 필요를 채우는 것을 다룬다. 예수님은 우물가의 여인이 자신의 실제적인 필요를 채우도록 예수님이 인도해주실 때까지 더 많은 진리를 찾고자 하는 필요를 느끼도록 그녀를 가르치셨다. 모든 필요의 원리 중에서 이것이 가장 전달하기 어려운 원리이다. 또한 이 원리는 전반적으로 강대상 위에 서서 설교하는 목회자들이 가장 반대하는 원리이기도 하다. 그러나 나는 이 진리로 수없이 많은 교사와 설교자들의 삶이 놀랍도록 변하는 것을 보아왔다.

근래에 있었던 회의에서 한 목회자와 나눈 대화를 소개한다.

"교회는 지금 잘 안되고 있어요. 출석률은 1년 이상이나 늘어나지 않고 지난 6개월 동안에는 급속도로 떨어졌습니다. 무엇이 잘못되었다고 생각하십니까?"

"어쩌면 문제는 목회자에게 있을지도 모르겠습니다."

"뭐라구요? 그럼 내가 문제란 말입니까? 왜죠? 당신은 나를 알지도 못하잖아요!"

"글쎄요, 당신은 양을 책임진 목자가 아니던가요? 당신은 양들이 건강하지 않다고 하지 않았습니까? 교회를 떠나고 예전처럼 제자를 만들지도 않는다고 하셨죠. 그런 일이 일어날 경우에 양의 상태가 당신에게 주어진 임무이기 때문에 그 책임이 목자에게 돌아오게 되어 있죠. 그러면 당신은 무엇이 문제라고 생각하십니까?"

"나도 모르겠습니다. 사람들은 더 이상 성경 말씀에 대한 좋은 설교를 원하지 않아요. TV가 모든 것을 망쳐놓았습니다. 사람들은 그저 즐거운 것만 찾고 좋아해요. 난 절대로 사람을 즐겁게 해주는 품위 없는 짓은 할 수가 없어요!"

"요즈음 어떤 설교를 하십니까?"

"갈라디아서를 강해하고 있는데 너무 재미있어요. 한 절씩 한 절씩, 한 단어씩 한 단어씩 설교합니다. 늘 이렇게 하고 싶어요. 헬라어도 공부하고 있죠. 제 말은 아주 깊이 연구하고 있다는 말입니다!"

"정말입니까? 갈라디아서를 얼마 동안이나 설교하고 계시는데요?"

"2년 반 동안 했는데 이제 막 2장을 시작했습니다."

"그런데 재미있습니까?"

"그럼요. 그런데 출석은 점점 줄어들고 있어요."

"그거 이상하네요. 그럼 하나 묻겠습니다. 갈라디아서의 주제는 무엇인가요?"

"그것은 행위로 구원받지 못한다는 것입니다."

"목사님네 교인 중 몇 명이나 행위로 구원받는다고 생각하고 있습니까?"

"제가 알기로는 없는데요."

"그러면 왜 그들이 이미 알고 있는 것에 대해 설교하는 데 2년을 넘게 보내셨습니까? 왜 갈라디아서를 설교하세요?"

"왜냐하면 제가 항상 갈라디아서에 대해 설교하고 싶었기 때문이지요."

이 사람의 생각에 무엇이 잘못되었는지 보이는가? 유감스럽게도 그는 설교하고 가르치는 것을 결정하는 올바른 기준이 '갈라디아서를 설교하고픈 마음'에 있다고 생각한다. 초점이 학생이 아니라 그 자신에게 맞추어 있는 것이다. 학생들이 무엇을 필요로 하는가가 아니고 자신이 원하는 바에 초점이 맞추어 있다. 그는 아마도 '빈 낚싯바늘 설교자'로 상을 받아야 할 것이다.

여러 곳을 돌아다니면서 이런 비슷한 대화를 얼마나 많이 나눴는지 모른다. 교사나 설교자는 자신이 첫 번째 받은 소명이 진리를 설명하는 것이라고 생각한다. 유일하게 오류가 있다면 어떤 필요도 포함되지 않았다는 것이다. 성경 그 자체로는 설교를 해야 하거나 가르쳐야 할 필요가 없다.

오직 사람만이 필요를 가지고 있다. 목자의 소명은 양의 필요를 채워주는 것이다. 그리고 목사나 교사의 소명은 학생들의 필요를 채우는 것이다.

이 목사의 양을 인터뷰해보면, 그들이 매우 합당한 이유로 그 교회를 떠난다는 것을 알게 될 것이다. 그들은 목사가 자신들의 진정할 필요를 채워주는 설교를 할 것이라는 희망을 포기한 것이다. 그래서 자신이 원하는 설교를 해줄 목자를 찾아 떠나고, 그러는 동안 그 목사는 교만하게도 전혀 삶과 아무 상관 없는 설교에 교인들이 좋은 반응을 보이지 않는다고 그들을 비난한다.

어떻게 우리는 스스로 그런 무덤을 팔 수 있는가? 어떻게 우리는 목적을 마음대로 바꾸어버리는가?

이야기를 조금 더 진전시켜보자. 어느 날 저녁 당신이 가르치는 사람 중에 하나가 자신의 결혼생활이 파국에 이르렀다고 떨리는 목소리로 도움을 청해왔다고 해보자. 그녀는 부부가 같이 찾아와도 되겠느냐고 물어본다.

당신은 즉시 오라고 한다. 일주일 내내 성막에 대해 공부를 하고 있었으므로 당신은 만반의 준비가 되어 있었다. 그들이 왔을 때 당신은 즉시 출애굽기를 펴놓고 성막의 모든 부분들, 즉 제단, 물두멍, 지성소에 대해 설명하기 시작한다. 당신은 당신이 공부한 것을 이야기하느라 신이 났다.

그러다 당신은 그들의 어리둥절해하는 모습을 본다. 그러나 이것이 너무 좋은 것이기 때문에, 그리고 당신은 하나님의 말씀을 전하고 있으며, 하나님의 말씀은 능력이 있어서 아무 효과도 없이 땅에 떨어지지는 않을 것이라고 무턱대고 생각한다. 당신은 계속 노트에 하나하나 그림까지 그려가면서 설명한다.

그러나 가장 중요한 순간에, 성막 덮개의 색깔의 중요성에 대해 신나게 얘기하고 있을 때 남자가 벌떡 일어나 목에 힘줄을 돋우고 소리를 지른다. "도대체 지금 무슨 말을 하고 있는 겁니까? 그게 어떻게 내 결혼생활을 구할 수 있단 말입니까?" 그는 휙 나가버리고 그 사람 아내는 당신을 어처구니 없는 표정으로 쳐다보고는 울면서 남편을 좇아나간다.

당신은 믿어지지가 않는다. 그들이 떠나다니. 성경 말씀을 그렇게 잘 가르치고 있었는데! 성막에 대해 그렇게 능력 있는 여러 통찰을 얘기하고 있는데, 가버리다니!

당신은 고개를 절레절레 흔든다. "바보 같은 사람들, 사람들은 성경에 대해 더 이상 관심이 없군. 사람들은 더 이상 '진짜'를 원하지 않아. 그들은 그저 사탕발림이나 좋아하지."

당신은 다시는 그 부부를 보지 못한다. 비서가 그 남편은 이혼 수속을 시작했고, 그 아내는 다른 교회에 나가기 시작했다고 얘기해준다. 그러나 당신은 그 교회 목사를 잘 안다. 그는 당신처럼 하나님의 말씀을 가르치는 데 열심이 아니다.

어처구니 없는 이야기다. 가슴 아픈 이야기다. 이런 일이 수많은 강단에서 또 수많은 교실에서 계속 일어나고 있기 때문에 더 가슴이 아프다.

결혼생활이 흔들리고, 자녀들은 심각한 문제에 빠져 있으며, 가계는 파산 지경인데 목회자는 그저 위엄 있게 서 있다. 우리는 그와 전혀 상관없이 준비된 것을 천연덕스럽게 말하기 시작한다. "출애굽기를 펴십시오. 오늘은 성막에 대한 말씀을 나누고자 합니다…."

어디서 많이 들은 소리 같지 않은가? 이 문제에 대해 세계 곳곳을 다니며 교사와 목회자들에게 이야기해온 내 말에는 한 치의 거짓도 없다. 이것이 정상이 되어버렸다!

우리는 교사로 혹은 목사로 부름 받은 그 소명을 크게 잘못 이해하고 있다. 우리는 우리가 돌봐야 한다고 부르심 받은 사람들과 메시지를 분리시키고 있다. 우리는 성경을 가르치기만 하면 자신의 소명을 다한 것으로 생각한다.

그러나 소명을 다하는 때는 오직 우리가 성경을 사람들의 필요에 맞추어 가르칠 때뿐이다. 심각한 결혼 문제로 찾아온 부부에게 성막에 대해 설명하는 것으로 상담을 대신하려 했던 그 목사가 자신의 소명을 다했다고 생각하는가? 그렇지 않다는 것은 너무 자명하다!

상담실에서는 명확한 이 사실이 교실에서는 왜 그렇지 않은가? 교실에서도 이 경우는 듣는 사람에게 분명한 현실이다. 그러나 말하는 사람에게는 그렇지 않다. 이 기만적인 행위의 폭은 넓고도 깊다. 그리고 내 경험에 의하면 이것은 감정적으로 격정적이다.

가르치는 사람은 가르칠 때, 학생들의 필요를 채우는 것이 자신의 책임이 아니라고 생각한다. 설교자는 설교할 때, 듣는 사람의 필요를 채우는 것이 자신의 책임이 아니라고 생각한다.

그런데 웬지 모르게, 말하는 사람은 내용을 가르치는 것이 자신의 책임이라고 느낀다. 그러나 무엇 때문에 그런가? 누구를 위해서 그런가? 가르치는 내용이 듣는 사람들을 도와주기 위한 것이라면 우리의 초점이 그들로 하여금 주님께 순종하며 살아야 하는 필요에 맞추어져 있어야 하지 않을까?

성경이 하나님의 감동으로 된 것이므로 우리는 성경의 모든 부분이 청중에게 똑같이 중요하다고 생각한다. 그러나 그렇지 않다! 어떤 부분은 설교하거나 가르치기에 중요하지 않다고 얘기하면 우리는 마치 성경이 하나님의 감동으로 쓰인 것이 아니고, 또 권위가 있거나 무오하지 않다고 말하는 것이라고 생각한다. 아니다. 그런 말이 아니다.

다음주에 새 시리즈를 시작해 다음의 여섯 절을 한 번에 두세 절씩 단어별로 가르쳐보라.

"저는 납달리 지파 과부의 아들이요 그의 아버지는 두로 사람이니 놋쇠 대장장이라 이 히람은 모든 놋 일에 지혜와 총명과 재능을 구비한 자이더니 솔로몬 왕에게 와서 그 모든 공사를 하니라 저가 놋기둥 둘을 만들었으니 그 높이는 각각 십팔 규빗이라 각각 십이 규빗 되는 줄을 두룰 만하며 또 놋을 녹여 부어서 기둥 머리를 만들어 기둥 꼭대기에 두었으니 한쪽 머리의 높이도 다섯 규빗이요 다른 쪽 머리의 높이도 다섯 규빗이며 기둥 꼭대기에 있는 머리를 위하여 바둑판 모양으로 얽은 그물과 사슬 모양으로 땋은 것을 만들었으니 이 머리에 일곱이요 저 머리에 일곱이라 기둥을 이렇게 만들었고 또 두 줄 석류를 한 그물 위에 둘러 만들어서 기둥 꼭대기에 있는 머리에 두르게 하였고 다른 기둥 머리에도 그렇게 하였으며 주랑 기둥 꼭대기에 있는 머리의 네 규빗은 백합화 모양으로 만들었으며"(왕상 7:14-19).

이것은 한 장의 여섯 절에 불과한데 열왕기상의 1-9장까지 이러한 절들이 무려 400여 절이나 나온다.

이제 갈라디아서 1장을 설교하는 데 1절당 평균 4주씩 2년이나 보낸 앞서 말한 그 목회자를 생각해보자.

성경 말씀이 똑같이 하나님의 감동으로 쓰였기 때문에 각 절마다 우리가 같은 시간을 할애해야 한다면, 열왕기상의 여섯 절은 24주가 걸릴 것이며 그렇게 하다보면 800주 혹은 15년이 지나도 여전히 열왕기상 1-9장을 설교하고 있을 것이다.

이 이야기를 듣는 사람이라면 누구나 웃을 것이다. 말도 안 되는 것이기 때문이다. 그 족보에 대해 15년 동안이나 설교하는 사람이 있다면, 아마 성령님도 그와 함께하기 힘드실 것이다.

왜 이 예로 설명한 진리는 쉽게 받아들이면서 지금까지 논의한 원리는 받아들이기 어려운가? 왜 우리는 이 구절들을 15년 동안 설교할 것을 생각해 보지 않는 것인가? 오늘날 사람들이 직면하는 진정한 필요와 맞지 않기 때문이다. 회중에게 도움이 되지 않기 때문이다. 사람들이 떠날 것이기 때문이다!

내가 말하려는 것은 바로 그것이다.

어떤 본문을 설교할 것인가에 대해 선택적이라는 사실을 순순히 인정하기 때문에 우리는 열왕기상 1-9장을 설교 시리즈로 계획하지 않는다. 나는 당신이 지금보다 더 본문을 신중하게 고르라고 권하고 싶다. 이미 성경의 모든 부분을 모든 사람이 똑같이 배워야 하는 것은 아니라는 기존의 믿음을 고수하라.

로마서 9-11장까지를 다섯 살 난 아이에게 가르치겠는가? 에스겔서 40-48장까지를 새신자 반에서 가르치겠는가? 천만의 말씀이다. 그 부분은 새신자에게는 전혀 맞지 않는 성경 본문이다.

이제 당신이 얼마나 선택적인지 알겠는가? 이 원리는 당신에게 더욱 선택적이 되라고 당부하고 있다. 어느 정도 까다롭게 본문을 고르는 것이 현명하다면 보다 더 신중하게 본문을 고르는 것이 더 현명한 일이 아니겠는가? 오늘을 사는 청중에게 맞는 메시지가 목회에 도움이 되지 않겠는가?

내가 한 것처럼 잠시 시간을 내서 교회나 학교에 앉아 있는 사람들에게 이렇게 질문해보라. "당신은 대부분의 설교 말씀이나 가르침이 당신의 필요에 맞는 것이라고 느끼십니까?" 이 질문에 "그렇다"고 대답한 사람은 20퍼센트도 못 된다. 나머지 80퍼센트는 목회자가 열왕기상 1-9장까지를 설교한다고 느끼고 있는 셈이다.

그러나 교사들은 학생들이 집중해서 듣지 않는다고 그들을 비난한다. 설교자들은 교인들이 더 이상 '좋은 설교'를 원치 않는다고 그들을 비난한다. 그러나 실제로 교인들은 좋은 설교에 갈급해 있다. 그들은 자신들에게 유익한 설교에 목말라한다. 이것은 그들의 실제 필요를 채워주는 바로 그런 설교다.

당신이 어떻게 생각할지 모르지만 성경은 가르칠 필요가 없다. 단지 사람들만 가르칠 필요가 있다. 그리고 우리의 가르침과 설교 계획을 결정하는 것은 바로 그들의 실제 필요여야 한다.

내가 이것을 강조하고 있음을 감지했다면 그것은 바로 감지한 것이다. 왜냐하면 내 귀는 세계를 향해 활짝 열려 있기 때문에 학생들 사이에 편만해 있는 욕구 불만에 대해 나는 잘 알고 있다.

생활에 쓸모없는 것에 대해 가르치거나 아무 상관없는 이야기를 하는 교사는 가르침에서 벗어난 것이며 그 또한 학생들에게 필요 없는 교사이다. 교인들의 상태와 전혀 맞지 않는 것을 설교하는 목사는 정상적인 설교에서 벗어나 있다. 그리고 교인이 점점 줄어드는 것은 얼토당토않은 설교를 계속 해왔다는 증거인데도, 교인들이 더 좋은 설교를 듣고 싶어 떠났다는 것을 깨닫지 못한다. 그들은 영적으로 거의 죽어가고 있기 때문에 양식을 찾아 떠난 것이다.

우리는 눈을 떠야 한다. 가슴을 열어야 한다. 그리고 가르치는 모든 사람에게 "내 양을 먹이라"고 하신 예수님의 명령에 귀를 기울여야 한다. 당신이 그 명령에 순종할 때 양은 머물러 자라며 새끼를 친다. 당신의 학급은 늘어난다. 그것은 "너 배고프니? 저기에 맛있는 풀밭이 있어"라고 소문이 퍼지는 것과 같다. 실제의 필요를 채우는 것은 교사의 첫 번째 소명이다. 이 첫 번째 원리를 완전히 이해하고 적용한다면 학생들은 결코 전과 같지 않을 것이다. 학습은 필요에 맞게 이루어질 것이다. 우리로부터 반드시 배워야 하는 학생들은 가르침이 실제적이지 못하고 합당하지 않으며, 적절하지 않다고 말한다. 학생들의 필요에 맞지 않는다는 것이다.

"하나님의 말씀을 가르치는 것은 나의 책임이며 그것을 적절하게 하는 것은 하나님의 책임이다. 우리가 택한 주제의 적절성은 우리가 걱정할 일이 아니고 하나님이 하실 일이다. 아무 본문이나 택해서 설교하고 아무 진리나 택해서 가르치라. 그러면 어떻게든 하나님이 맞게 고치실 것이다."

교사들은 이렇게 잘못 생각하고 있다. 설교나 가르침의 올바른 출발점은 어디인가? 대부분은 성경이 출발점이라고 할 것이다. 설교하기만 하면 말씀이 적절하게 될 것이다. 내용을 가지고 시작하라. 그러면 그 내용이 마술처럼 학생들을 도와줄 것이다. 순서를 보라! 첫째가 내용, 두번째가 필요이다.

그러나 이 순서는 거꾸로 된 것이다! 그저 본문을 설교하고 그것이 필요를 채울 것으로 기대하는 것은 마치 목사가 강대상으로 올라가 성경을 떨어뜨리고 펼쳐지는 곳이 바로 하나님이 말씀하시기를 기대하는 본문이라고 생각하는 것과 마찬가지이다. 우리 중 얼마나 이 방식을 권하겠는가?

주제를 선택하는 것에 대한 전통적인 사고방식이 옳은가? 예수님이 말씀하실 내용을 시작한 다음 그것을 들을 사람을 찾으셨는가, 아니면 자신을 따르는 무리들의 필요로부터 시작해 그 필요에 대한 진리를 가르치셨는가? 거의 예외 없이 예수님은 분명히 드러나거나 숨어 있는 청중의 필요에 따라 가르치셨다. 예수님은 그들의 필요로부터 시작하셨던 것이다.

사도 바울이 그저 흥미 있는 일들을 겪었기 때문에 신약의 서신서를 썼는가? 어떤 교리를 가르치고 싶어서 서신서를 쓰기로 마음먹었는가? 결코 그렇지 않다. 바울은 회중이나 어떤 특별한 사람의 필요에 부응하기 위해 여러 편지를 쓴 것이다. 필요가 우선이었고, 그에 따른 것이 편지였다. 첫 번째가 문제였고 선포가 따랐다.

예수님과 바울만 그들을 따르는 무리의 필요에서 시작한 것이 아니라 다른 제자들도 그렇게 했다. 베드로나 야고보, 요한 또한 누가를 살펴보라. 그들은 사역이 존재하는 오직 한 가지 이유는 그들을 따르는 사람들의 필요 때문이라는 것을 알고 있었다.

필요를 보았을 때 그들은 그 필요에 따라 계획서를 작성했다. 절대로 먼저 계획서를 가지고 와서 그것이 필요를 채울 수 있을 것이라고 기대하지 않았다. 그들은 교안 준비의 가장 중요한 첫 단계는 올바른 주제 선택이라는 것도 알았다. 그들은 이 두 가지를 분리시키지 않았다. 그러나 우리는 그렇게 하려고 애써 노력하는 것 같다.

왜 우리는 본문 준비와 주제 선택을 분리하는가? 어떻게 충분히 준비할 마음은 굳게 하면서도 적합하지 않게 고른단 말인가? 완벽하게 준비되었지만, 잘못 정해진 주제가 사람들을 위한 잘못된 메시지가 될 수 있다. 환자가 희귀한 신장병으로 죽어가는데 내가 기술적으로 그의 담낭을 떼어냈다면, 나는 그를 도운 것인가?

하나님은 우리에게 지혜와 분별력을 주셔서 우리가 학생들을 위해 적합한 내용을 선택할 수 있게 하셨다. 그러므로 조심스럽게 주제를 선택하라! 듣는 이들에게 꼭 맞고 적용될 수 있는 주제를 고르라. 다음 장에서는 가르칠 때마다 듣는 사람들의 필요에 맞는 주제를 고르는 방법을 다룰 것이다.

그러므로 우리의 할 일과 소명은 무엇인가? 필요를 채우는 것이 교사의 첫 번째 소명이다.

원리 3: 필요를 세우는 일은 교사가 학생들에게 동기를 부여하는 중요한 방법이다

많은 학급과 교회가 동기 부여의 문제로 끙끙댄다. 수업중에 갑자기 밀려오는 지루함과 안일함을 어떻게 추방할 수 있는가? 동기 부여를 위한 비밀은 무엇인가?

동기 부여의 핵심은 필요를 공급하는 것이다. 동기를 부여하는 교사는 필요를 공급하는 교사이다. 그 필요가 적절하였으면 그것은 자동적으로 학생으로 하여금 행동하도록 격려한다. 지루함이나 냉담, 혹은 무관심이 교실을 지배할 때 이것은 교사의 잘못이다. 교사가 학생들에게 '필요를 제공'해 주는 임무를 다하지 않았기 때문이다. 필요를 세우는 것이 어려운가? 많은 시간이 필요한가? 그러나 대부분 이것은 2분도 걸리지 않는다. 예수님은 사마리아 여인과 이야기를 나누실 때 고작 116단어를 사용하셨다. 백여 단어로 그녀가 구세주를 찾도록 동기를 부여하셨던 것이다.

예수님을 닮으라. 필요를 세우는 말을 사용하라. 필요하다면 더 많은 단어를 사용해도 좋다. 예수님이 쓰신 두 배의 단어를 쓰라. 고작 4분밖에 걸리지 않을 것이다.

고기를 낚고 싶으면, 낚싯바늘에 미끼를 달라.

학생들에게 동기를 부여하고 싶으면, 필요를 세우라.

원리 4: 학생이 느끼는 정도에 따라 필요는 동기를 부여한다

이것은 위대한 교사들이 학생들에게 동기 부여하는 방법에 대한 비밀 중 나머지 절반에 해당되는 것이다. 그들은 필요는 근원적으로 느껴지는 것이라는 사실을 알고 있다.

필요를 세움으로써 학생들을 섬기려 할 때 학생들의 감정과 닿아야 한다는 것을 기억하라. 동기 부여가 되도록 학생들의 마음을 움직여야 한다. 당신이 필요를 공급할 때 당신은 필요가 느껴지는 그 방법으로 공급해야 한다.

무의식적으로가 아닌 의식적으로 필요를 세워야 한다. 마침내 학생들의 의식으로 들어올 때까지 세우고 또 세워야 한다. 필요를 세울 때 당신은 열린 공간에 다리를 놓는 것과 같다.

모든 대화에 있어서 세계적으로 공통된 원리는 학생이 배우고자 하는 필요를 더 깊이 느낄수록 배우고자 하는 동기 부여가 더 많이 된다는 것이다. 그래서 결과적으로 학생은 더 많이 배우게 된다.

첫 번째 단계는 학생의 가슴속에 불을 질러야 한다. 그는 배우고 싶어해야 한다. 배우고 싶은 강한 욕구를 느껴야 하는 것이다.

이 느낌은 실제로 그 내용이 구체화되기 전에 교사가 지펴주어야 한다. 예수님이 우물가의 여인에게 하신 것처럼 학생들이 교사가 가르칠 내용을 좇아오도록 인도하라. 당신이 가르칠 내용으로 학생들을 떠밀지 말고 학생들이 교사가 가르치고자 하는 것을 교사로부터 끄집어내려고 할 정도로 배움을 갈망한다는 것은 근사한 일이 아닌가?

위대한 교사들은 어느 때든, 어떤 주제를 가지고든 어느 청중에게나 동기 부여하는 법을 알고 있다. 어떻게 그렇게 할 수 있는가? 그들은 다음 장에서 다루게 될 전 세계적으로 공통적인 7가지 동기 부여법을 알고 있다. 그리고 그들은 항상 그것들을 완벽하게 사용한다.

당신은 얼마나 알고 있는가? 당신은 그것들을 나열할 수 있는가? 그것을 어떻게 사용하는지 알고 있는가? 아니면 학생의 동기를 유발하는 것은 그저 우연히 이루어지는 것이라고 생각하는가? 당신은 어떤 일이 일어나는지 기다려봐야 한다. 당신은 카리스마가 없기 때문에 학생들을 동기 유발시킬 성격이 아니라고 생각하는가?

그 어느 하나라도 단정짓지 말기 바란다. 왜냐하면 그 둘 다 진실이 아니기 때문이다. 진실은 전 세계적으로 공통적인 이 동기 부여법은 누구에게나 언제든지 가능하다는 것이다. 나는 가르칠 때마다 이 동기 부여법을 사용하는 대학교와 대학원 교수 둘을 알고 있다. 그들이 가르치는 수업 시간은 언제나 학생들이 터질 듯이 많았고, 수업 시간마다 그들은 우리에게 기가 막히게 동기 유발시켰다.

당신의 학생 중 몇몇은' – 수업이 너무 지루하다고 말한 그 80퍼센트의 학생' – '당신이 이 동기 부여법을 발견하기를 바라며 아마 기도하고 있을지도 모른다.

그러나 어쩌면 당신은 예외일 수도 있다. 어쩌면 학생들은 당신의 수업에 대해 정반대로 이야기할지도 모른다. 그러면 당신은 더 이상 읽을 필요가 없다. 그러나 어떻게 학생을 '유혹'하는가에 대해 배우고 싶은 사람들을 위해 필요 원리에 그 동기 부여법을 나열하겠다.

원리 5: 필요를 세우는 것은 항상 새롭게 가르쳐야 하는 내용에 앞서야 한다

위대한 그리스도인 학자 칼 F. H. 헨리(Carl F. H. Henry)는 이렇게 말한 적이 있다.

"훌륭한 철학 선생님이 한 분 계셨는데, 그분은 우리가 그 문제 때문에 아파할 때까지 대답하시는 것을 거부하셨다."

학생들이 답을 애타게 기다리기 전에는 대답하지 말라.

예수님이 "나를 따라오라 그러면 내가 사람 낚는 어부가 되게 하리라" 하신 말씀이 재미있지 않은가? 낚시를 할 때 당신은 개울이나 호수에 허벅지까지 들어가 낚싯줄을 튀기며 놓는다. 그리고 잘 잡힐 만한 곳인 나무 밑이나 바위 옆을 골라 낚싯밥으로 수면을 탁탁 친다. 미끼가 물속에 빠지게 하지는 않으면서 그저 물고기 주의를 끌려는 것이다.

"저게 뭐지?" 물고기 한 마리가 묻는다.

"잘 모르겠는데. 없어졌어." 또 다른 물고기가 말한다.

"다음에 보이면 내 거야."

그래서 당신은 미끼를 내렸다 올렸다 한다. 그러는 동안 물고기들은 "나는 저걸 갖고 싶은데… 굉장히 좋아 보이는데… 다시 보였으면 좋겠다" 하고 말한다. 드디어 하나가 참지 못하고 미끼를 문다.

학생들은 교사가 필요를 세우고 있다는 것을 알아서는 안 된다.

그들은 절대로 "선생님이 가르치기 위해 나에게 동기 부여를 하고 있어"라고 생각해서는 안 된다.

능숙한 낚시꾼일수록 낚싯바늘을 감춘다. 교사가 능숙할수록 학생들은 이렇게 생각하게 될 것이다. "가르쳐줄 때까지 기다릴 수가 없어. 나에게는 정말 이것이 필요해."

가르치기 전에 내용의 각 단원마다 필요를 세우는 데 조심하라. 교사가 가르치는 내용이 자신에게 맞지 않다고 느낄 때 학생들은 관심을 잃어버릴 수 있다.

예수님은 우물가의 여인과 필요를 세우는 과정을 먼저 거치셨다. 그녀는 구원에 대해 알고 싶어하지 않았다. 물이 필요했다. 그래서 예수님은 무엇이라고 말씀하셨는가? "내가 너의 구원의 필요에 대한 답을 너에게 주기 전에 네가 그 답을 원하도록 도와주겠다"라고 말씀하지 않으셨던가?

학생들이 당신이 주고자 하는 해답을 원하도록 도와준 것이 언제였는가? 한 줌의 필요를 세우는 것은 천근의 내용만큼의 가치와 맞먹는다. 왜냐하면 배우는 사람이 배우려는 자세가 되어 있지 않으면 내용도 아무 소용 없기 때문이다.

내 생각에는 바울이 성령의 조명을 받아 로마서에서 구원에 대해 말하기 전에 먼저 죄에 대해 쓴 것 같다.

바울은 선을 위해 스스로 의롭다 칭하는 모든 것을 깨뜨렸다. 당신은 불안해서 무엇인가 안심되는 것을 간절히 원한다. 그럴 때 그는 해결 방안을 내놓는다. 당신은 전도할 때 똑같은 원리를 사용할 수 있다. 당신이 이야기하고 있는 사람이 그리스도의 필요성을 느끼기 전에는 그 해답을 설명해줄 이유가 없다. 그는 준비가 안 되어 있다. 당신은 성경에서 증거를 제시하면서 그의 필요에 초점을 맞추어야 한다. 그래서 그가 드디어 사실에 직면하여, "세상에! 나는 희망이 없어. 나는 지옥에 가게 생겼구나"라고 말할 때에야 비로소 당신은 이렇게 말할 수 있다. "성경은 그것을 피할 길을 가르쳐 줍니다. 그러나 당신은 어떻게 그것을 피할 수 있는지 별로 관심이 없는 것 같군요." 당신이 좋은 것을 주기 전에 필요를 세우는 비밀을 배웠다면 그 사람은 그 답을 간절히 알고 싶어할 것이다.

필요를 세워야 하는 분명한 네 가지 상황이 있다.

1. 새 시리즈를 시작할 때 필요를 세우라.

언제나 새 단원(학기, 시리즈)을 시작할 때 학생들에게 그들이 참석함으로써 얻게 되는 유익을 설명하라. 처음에 의미 있게 필요를 세우면 나중에 필요를 덜 세워도 된다. 필요에 대한 분명한 제시는 한 학기 내내 학생을 '유혹'하여 어느 부분도 빠뜨리지 않게 만든다.

2. 강의를 시작할 때마다 필요를 세우라.

개관적인 필요 세움 과정을 학생들이 기억하거나 그 과정에 참석했을 것이라고 미리 가정하지 말라. 학생들은 보통 그들이 듣는 유익을 잘 모르고 교실에 들어온다. 배움의 효과를 극대화하기 위해 학생들의 주의를 끌 학습의 가치에 초점을 맞추어야 한다.

3. 다음 강의를 위해 강의하는 도중 필요를 세우라.

학생들이 다음 강의에 참석하고 주의를 집중함으로써 얻는 상을 기대하도록 그들을 도우라.

4. 언제든지 관심도가 낮아지고, 동기 부여가 떨어지며, 혹은 더욱 무관심해짐을 느낄 때 다시 스스로를 일깨우라.

동기 부여가 안 된 학급과 싸우는 주된 무기는 필요 세움이라는 칼임을 명심하라!

원리 6: 필요는 듣는 사람의 성격이나 환경에 의해 세워져야 한다

가르치려는 내용에 대한 필요를 세우려면 교사는 청중을 잘 알아야 한다. 학생들의 개인적인 성격이나 환경을 잘 알고 있어야 한다.

세움을 위한 적합한 필요를 선택하는 것에는 많은 요소들이 작용한다. 필요 세움 계획이 3세, 13세, 30세, 60세에 이르는 사람들에게 사용되었다. 필요 세움에 있어서 연령은 적합한 방법을 결정짓는 데 크게 작용한다.

기존에 있던 관심사가 적합한 방법을 결정하는 데 작용하기도 한다. 당신은 자기 뜻과는 상관없이 그 교실에 참석하도록 강요받은 학생들을 가르쳐 본 적이 있는가? 그 경우 교사는 학생들이 자기 의사로 혹은 그들이 간절히 알고 싶은 것을 배우고 싶어서 수강료를 지불하고 참석하는 경우와는 다르게 필요 세움의 전략을 짜야 할 것이다.

교사는 학생들의 성격이나 환경을 알아야 한다. 당연히 연령도 고려 대상이다. 직업, 사회적 지위, 취미, 그리고 개인 성향도 고려해야 한다.

네 살짜리를 가르칠 때는 어떻게 필요를 세울 것인지 알고 있는가?

"여러분, 이 가방 안에는 여러분이 지금까지 본 과자 중에서 가장 큰 과자가 있습니다. 내가 이제 이 크고, 바삭바삭한 초콜릿 과자를 나눠주겠습니다. 그러나 아무한테나 주는 것이 아니라 내가 이야기 하나를 해줄 텐데 그동안 조용히 앉아서 듣는 사람에게만 이 맛있는 과자를 주겠습니다. 과자 받고 싶은 사람, 손들어봐요!"

당신 말에 주의를 집중하게 하기 위해 어린아이들에게 뇌물을 주어야 하는가?

절대적으로 그렇다! 의심의 여지가 없다. 네 살짜리를 데리고 수업을 할 때는 꼭 그렇게 해야 하며, 말로 동기 부여를 하려고 하지 말라. 어른들은 말로만 해도 된다. 과자가 몸에 해롭다고 문제 삼을 수도 있겠지만, 과자 하나 먹는 것이 어떻단 말인가?

원리 7: 필요를 세우는 것은 교사의 통제 능력 밖의 요인에 의해 제약을 받을 수 있다

교사는 학생들이 동기 부여받는 것을 방해하는 내적, 외적 요인에 대해 민감해야 한다. 가능한 한 교사는 많은 것을 이해하면서 이 요인들을 다루어나가야 한다. 일반적으로 가르침, 즉 배움의 과정을 다스리는 원리들은 자연을 다스리는 법칙과 유사하다. 예를 들면, 불이 붙은 성냥을 종이에 대보라. 불이 붙을 것이다. 이 과정을 백 번 반복하더라도 종이가 백 번 다 탈

것은 굳이 선지자의 예언이 아니라도 알 수 있다.

같은 원리로, 당신이 필요를 적절하게 세운다면 학생들이 반응할 것이라는 사실을 100퍼센트 기대할 수 있다. 동기 부여가 된 학급은 비밀이 아니다. 어떤 교사는 시간마다 동기 부여가 된 학급을 이끌어간다. 그러나 가끔은 이 기본적인 단계를 따라했는데도 실망스럽게도 종이가 타지 않는 경우가 있는 것도 사실이다. 모든 일반적인 규칙에도 예외는 있다.

> 규칙: 성냥불을 대면 종이는 100퍼센트 탄다.
> 예외: 젖은 종이는 타지 않는다.
> 예외: 마른 종이라도 충분한 산소 없이는 타지 않는다.

가르침에 있어서, 적절한 필요 세움의 활동은 거기에 부합하는 학생의 배우려는 동기 유발을 낳는다. 그러나 몇 개의 '젖은 종이' 예외가 있다. 필요 세움의 과정을 방해하는 요소의 두 가지 기본적인 범주를 생각해보자.

1. 외부적인 요인들

에어컨이 고장나서 교실 온도가 37도까지 올라갔다면, 학생들이 주의를 집중하기는 어려울 것이다. 아기가 울거나 주의를 산만하게 하는 다른 요소가 있으면 청중 전체가 주의를 집중하지 못할 것이다.

필요를 세우려고 노력하는데도 계속 실패한다면 아마 어떤 예외적인 상황이 있을 수 있다. 계속 원리를 따르더라도 외부적인 요소들이 당신을 방해할 수도 있다. 그들의 주의를 다시 끌기 위해 당신은 필요를 재확립하고 거기서부터 다시 시작해야 한다. 당신이 해야 할 일은 가르침을 위한 필요를 세움으로써 학생들의 주의와 동기를 지속시키는 것이다.

2. 내부적인 요인들

학생들에게 내부적으로 정신을 산만하게 하는 문제가 있을 때 그것을 어떻게 분별하겠는가?

학생들의 몸짓을 주의깊게 보라. 팔짱을 끼고, 꾸부정하게 앉아 있고, 참을성이 없고, 혹은 혐오스러운 표정을 짓고, 낮은 소리로 웅얼거리거나 높은 비명을 지르는 등 이 모든 것이 힌트다. 부정적이거나 반항적인 말투 또한 또 다른 표시다. 이러한 표시들은 학생들이 교사가 세우고자 하는 필요와 아마 잘못된 것이기 십상인 또 다른 신념 사이에서 내부적으로 갈등을 일으키고 있다는 것을 나타낸다.

성경적인 생활방식으로 헌신되어 있지도 않고, 성경이 진리인가라고 의심하는 학교 친구들에게 전도하려는 주일학교 고등부의 필요를 세우는 것이 얼마나 효과적이라고 생각하는가?

교인들이 얼마를 지출해야 하는지조차 동의하지 않을 때 선교 재정을 위해 재정적으로 희생하자는 필요를 세워보려고 애써보라.

이미 뿌리내린 신념이나 헌신과 맞부딪히는 영역에서 청중의 필요를 세우려고 할 때마다 내부적인 갈등은 폭발한다. 이 내부적 갈등은 다음 세 가지 요소에 따라 경중의 차이가 있다.

- 당신이 필요를 세우려는 분야는 그들이 현재 확신하는 것과 얼마나 거리가 있는가?
- 얼마나 진지하고 열정적으로 필요를 세우고 있는가?
- 얼마나 빨리 우리가 다음 장에서 찾아볼 필요를 세우는 5단계를 거쳤는가?

새신자들은 가까운 친구나 친지들과 그들이 새롭게 발견한 믿음에 대해 나눌 때 이 모든 단계를 건너뛴다. 죄 문제는 그리스도가 해답이라는 것을 보여주기도 전에 그들이 사랑하는 사람들로 하여금 그리스도께 헌신하게 하려고 노력한다. 그들이 전도할 때 상대방이 마구 화를 내는 것은 전혀 이상한 일이 아니다.

그러나 또 다른 내적 방해물이 학생들을 동요시킨다. 아침 예배 때 15년 동안이나 시무하던 사랑하는 목사님이 갑자기 사임하고 모두를 충격 속에 놓아둔 채 떠나셨다면? 아니면 당신은 주일학교 고등부 교사인데 당신이 맡고 있는 반이 토요일 밤 11시 30분에 축구 결승전에서 한 점 차로 졌다면? 어쩌면 학생은 부모가 이혼해서 미칠 것 같고 혹은 다른 과목의 많은 과제물에 정신이 온통 팔려 있을 수도 있다.

내가 가르치던 한 대학생은 수업중에 계속 잠만 잤다. 나는 목소리를 더 높이고 그 학생을 위한 필요를 세우는 데 열중했다. 그러나 전혀 소용이 없었다.

할 수 없이 나는 이 학생과 개인적으로 이야기를 나누면서 나는 이 학생의 아내가 임신해서 더이상 일을 못하게 되자 그가 밤일을 하고 있다는 것을 알게 되었다. 이렇게 학생을 자게 내버려둬야 할 때도 있다.

학생들에게 동기 부여를 하려고 정식 단계를 밟아가는 데 아무런 일도 일어나지 않는다면 어떻게 하겠는가? 먼저, 확실한 것부터 해보라. 성냥을 좀 더 종이에 가까이 오래 대고 있으라. 즉, 말의 강도를 높이고 몇 분 더 시도하라. 그후에도 상황이 달라지지 않으면 '젖은 종이'를 가졌거나 '산소가 없는 상태'이므로 다른 작전이 필요하다.

교사가 세우려는 필요가 효과가 없다면 아마 학생 안에서 필요로 하는 더 높은 단계의 다른 필요가 있을 것이다. 그러면 당신은 무엇을 하겠는가? 두 가지 선택이 있다. 걱정하지 말라. 결국은 그들의 문제다. 그리고 당신은 진도를 나가 준비한 것을 다 마칠 필요가 있다. 그러니까 그들이 주의를 기울이든 그렇지 않든 계속 가르치라. 당신이 이것을 선택했다면, 1장으로 다시 돌아가서 처음부터 이 책을 다시 한 번 읽어보라.

가능하다면 잠시 멈추고 더 부담스러운 필요를 채우라. 그리고 강의로 돌아오라. 학생들이 졸고 있다면 일어나서 기지개를 켜게 하라. 날씨가 더우면 창문을 열라.

좀 더 중요한 문제가 있으면 중단하고 그 긴장을 인정하라. 첫째, "교실에서 평상시와 다른 일이 일어나고 있음을 느낀다"고 얘기하라. 일상적인 대화나 대답을 잘하는 학생에게 묻든지 하는 좀 더 직접적인 방법으로 그 문젯거리를 표면화시키라. 그러고나서 학생들에게 그들이 생각하는 것을 보류하고, 당신이 그 학급을 위해 준비해온 목적들을 달성하게 하라.

그들의 필요가 보다 긴급한 것이라면 수업을 연기하고 그들의 필요를 세우는 데 시간을 보내라. 이렇게 하려면 교사는 학생들을 사로잡고 있는 필요와 당신이 가르치려는 것의 중요성을 평가해보아야 한다. 어려운 상황에서 그날 수업을 의미 있게 만들기 위해 학생들의 도움을 요청하라.

하루는 내가 가르치는 학생들이 다음 시간에 중요한 시험이 있어서 모두들 초조한 모습이었다. 나는 이렇게 말했다. "다음 시간 때문에 여러분 모두가 긴장되어 있군요. 이렇게 하면 어떨까요. 앞으로 55분 중 40분을 나에게 완전히 집중한다면, 나머지 15분은 여러분이 공부할 수 있도록 해주겠습니다. 어떻습니까?" 이 말은 굉장히 효과적이었다. 학생들을 고유의 필요가 있는 어른으로 대접하라. 언제든 학생들이 잘 따라오고 있다고 느낄 때마다, 당신이 마지막으로 했던 필요 세움의 단계로 돌아가라. 마음을 편히 가지라. 천천히 하고 몸동작을 자유롭게 하며, 통제 능력을 다시 세우라.

때로는 이렇게 중단하는 것이 진리를 좀 더 개인적으로 그리고 가깝게 가르칠 수 있는 기회를 준다. 성령이 이 중단 상태를 사용하신다고 느끼면 그것에 대해 직접 학생들에게 가르치라. 아마 몇 분의 기도가 수업 시간을 가장 잘 쓰는 것이 될 것이다.

한번은 쉬는 시간에 같은 반 친구가 살해당한 소식을 모두가 함께 듣게 되었다. 우리는 수업을 하지 않고 거기에 대해 얘기했으며, 그 가족과 친구들을 위해 기도했다. 그날 내가 준비한 수업은 전혀 하지 못했다. 수업을 했더라도 그날 누가 무엇을 배웠겠는가?

좀 더 갈급한 필요가 학생들에게 가르칠 내용에 대해 계속 이야기하는 것은 어리석은 일이다. "그래요. 그렇지만 이 강의는 끝내야 해요!" 왜 그렇게 생각하는가? 필요를 느끼는 건 사람이지 수업이 아니다. 그리고 가르침의 목적은 그들의 필요가 무엇이든 그것을 채워주는 것이다.

의미

기억의 법칙의 핵심은 다음 문장으로 요약된다.
'필요를 세움.'

교사는 내용을 가르치기 전에 필요를 세워야 한다.

결론

교사는 가르치기 전에 학생의 실제 필요를 부각시켜야 한다.

필요의 법칙은 인간 본성에 대한 기본적인 진리를 끌어낸다. 우리 모두는 필요에 따라 동기를 부여받는다. 가르침은 학생들이 배우고자 하는 동기가 있을 때 가장 잘 이루어지기 때문에 학생들의 필요가 무엇인가 확인해야 한다. 그러지 않으면 우리는 아름다운 빈 낚싯바늘을 드리우고 있는 것과 같다. 가르침에 있어서 필요를 세우는 단계들은 마케팅에서 광고의 역할과 매우 흡사한 점이 많다. 광고는 한 가지 목적밖에 없다. 제품을 사도록 구매자들을 유혹하는 것이다. 매년 천문학적인 돈이 광고에 쓰이는 것을 보면 광고가 효과가 있기는 있는 모양이다.

이것이 우리 가정에는 효과가 있었다. 나는 의료함 속에 들어 있는 약 이름을 적어서 근처 약국으로 갔다. 그리고 약사에게 이 약들을 좀 더 싸게 살 수 없는지 물었다. 그는 웃으면서 이름이 알려진 약 대신 효과는 같으면서 값이 싼 것을 사면 그 돈의 절반은 절약할 수 있을 것이라고 말했다.

나라는 '물고기'는 이름이 알려지지 않은 약보다 이름이 알려진 약을 골랐다. 어느 누구도 강요하지 않았지만 나는 미끼를 물었다. 나는 광고를 통해 내 필요를 어떻게 세워야 하는지 알았기 때문에 약값의 절반이나 더 지불했다. 원하는 것을 다른 사람이 하도록 동기를 부여하기 위해 노력하는 것은 잘못이 아니다. 아내에게 청혼했을 때 나도 이렇게 했다. 믿지 않는 사람에게 놀라운 구주 예수 그리스도를 영접하고 믿도록 할 때도 이렇게 한다. 우리가 놀라운 하나님의 말씀을 가르치는 데 그리고 그 말씀이 영혼을 구하고 우리로 하여금 그리스도의 풍성한 기업을 받도록 인도하는 데, 우리는 값비싼 요구르트 그리고 햄버거를 파는 사람보다 얼마나 더 많은 사람들이 생명의 믿음을 받아들이도록 도와주어야 하는가?

한번은 아내 달린과 내가 참석한 주일학교의 한 교사가 강의에서 에스겔서에 나오는 성전을 잘 설명해주었다. 그러나 그는 그 반이 안고 있는 문제들은 잘 모르고 있는 것 같았다. 수업이 끝난 후 나는 그가 얼마나 잘했으며 우리가 얼마나 많이 배웠는지 이야기해주었다. 그러고나서 이렇게 물었다.

"선생님 반의 문제가 무엇인지 알고 계신가요?"

"무슨 말씀이시죠?"

"예를 들면 저쪽에 앉으셨던 부부 말인데요. 그들의 딸이 거식증으로 병원에 입원해 있어요. 몸무게가 40킬로그램 이하로 떨어지고 있어요. 그들은 아직 그 문제를 해결하지 못했어요. 그리고 여기에 앉았던 부부는 남편이 8개월 전에 직장을 잃었어요. 그래서 이제 집까지 날릴 형편이죠. 그리고 바로 여기 있던 부부는 얼마 전에 아버지가 돌아가셨죠. 그의 어머니는 파킨슨병에 걸려 함께 살며 돌봐야 해요. 그래서 부부 모두 폭발하기 일보 직전입니다."

나는 각 가정의 큰 문제들을 하나씩 열거했다.

"나는 이 교회가 그런 문제들을 안고 있는 줄 전혀 몰랐습니다. 특히 내 반에서는요."

"오늘 수업이 그들에게 어떤 도움이 되었다고 생각하십니까?"

이렇게 물으며 나는 그의 얼굴을 쳐다보았다.

"저… 그렇게 많은 도움이 되지는 않았겠군요."

"한 부부가 어젯밤 선생님에게 찾아와 그들의 문제를 얘기했다면 당신은 성경을 펴고 에스겔서에 나오는 성전으로 그들을 인도했겠습니까?"

"물론 아니지요."

"왜 아니지요?"

"나는 그들의 문제가 성경의 다른 부분에서 다루어진 것을 알고 있으니까 적합한 성경 말씀으로 그들을 도우려고 했을 겁니다."

"그러면 주일학교에서 가르칠 때도 그렇게 하십시오."

자, 이제 오늘 학생들의 진정한 필요를 채우는 데 우리 자신을 헌신하자. 이것은 단순하게 생각할 헌신이 아니다. 참된 가르침은 희생이다. 당신은 자주 다른 사람의 필요를 채우기 위해 자신의 필요를 제쳐두는 자신을 발견할 것이다.

많은 학생들이 교실에 가득 찰 것이다. 왜냐하면 그들은 당신이 매주 그들을 만족시키는 음식, 하나님의 말씀에서 나오는 진짜 양식을 먹는 것을 알기 때문이다.

토론할 문제

1. 학생 때 배웠던 교사의 몇 퍼센트가 가르치기 전에 정규적으로 '필요를 세웠는가?' 왜 그 비율이 그렇게 낮다고 생각하는가? 교사들이 필요를 먼저 세웠다면 어떤 차이가 있었을 것이라고 생각하는가?

■

2. 학생들의 '체감적 필요'와 '실제적 필요'를 대비하라. 학생들의 체감적 필요와 실제적 필요를 열거해보라. 지난해 어떤 종류를 주로 다뤘는가? 이유는 무엇인가?

■

3. 대부분의 교사들이 학생들의 실제 필요를 채우는 것이 그들의 소명이라는 사실을 알고 있다고 생각하는가? 모른다면, 그들은 자신들의 소명이 무엇이라고 생각하는가? 실제적인 필요를 채우기 위한 가르침이 베풀어지고 있는지 학생들이 알 수 있는 법을 설명하라.

4. 원리 3에서 교사가 학생에게 동기 부여를 하기 위한 주된 방법은 필요를 세우는 것이라고 말했다. 요한복음 3장에 나타난 예수님과 니고데모의 이야기를 읽고 예수님이 어떻게 필요를 세우셨는지 설명하라. 예수님이 니고데모의 필요를 세우시는 것에 대해 알고 계셨다고 생각하는가? 그렇다면 그 다음 가르침은 어떠한 연관이 있는가?

■

5. 하나님은 가장 위대한 교사이시다. 우리에게 가장 탁월한 헌신을 보이셨으며, "그리스도 예수 안에서 영광 가운데 그 풍성한 대로 너희 모든 쓸 것을 채우시리라"(빌 4:19)고 약속하셨다. 우리가 알든지 모르든지 하나님은 항상 우리의 필요를 채우시려고 능동적으로 찾고 계셨다. 지난해 하나님은 어떤 주된 필요를 가르치시고, 어떻게 당신의 필요를 창출해내셨는가?

10

필요의 방법과 활용

"이 송어들은 매우 특별해서 잡기가 매우 힘들죠."

"이 송어들은 파리 미끼를 물었다가 낚싯바늘을 느끼면 그 즉시 뱉어버리죠. 뱉어내기 직전에 낚아채지 않으면 벌써 도망가버립니다. 할 수 있을 것 같습니까?"

"물론이죠." 나는 자신있게 대답했다. 호수에서, 연못에서, 바다에서 온갖 물고기를 다 잡아본 나였다. "콜로라도 산맥에서 송어 잡기는 누워서 떡 먹기지." 나는 속으로 생각했다.

여행 안내자는 설명을 계속했다. "저쪽에서 던져 파리 미끼를 하류 쪽으로 떠다니게 한다면 어쩌면 몇 마리 잡을 수도 있겠지요."

나는 그가 하라는 대로 했지만 아무 일도 일어나지 않았다. 얼마 지나지 않아 그는 말했다. "여기 한 마리 놓쳤네요. 저기도 또 한 마리 놓쳤네요."

"도대체 무슨 말씀을 하시는 건지요?"

나는 아무것도 느끼지도 보지도 못했다.

"당신은 송어 두어 마리가 당신의 낚싯바늘을 실제로 물었었다는 것을 믿지 못하는군요?"

그는 내 얼굴에 떠오른 의혹의 빛을 놓치지 않은 것 같았다.

"낚싯대를 제게 줘보세요. 제가 무슨 말을 하는지 보여드리죠."

금세 그는 내가 낚시하던 바로 그곳에서 커다란 송어를 낚아올렸다. 나는 내 눈을 믿을 수가 없었다.

우리의 믿음직한 안내자는 우리와 동행하면서 반복해서 보여주었다. "송어 낚시는 낚싯대의 느낌과 물속의 파리 미끼의 움직임에 민감해야 합니다. 여러분은 송어를 유혹하는 법을 배워야 합니다!" 그는 여러 시간 이야기를 거듭하며 우리를 격려했다. 몇 시간 동안이나 나는 한 마리도 잡지 못했다. 그리고 나는 희망을 잃기 시작했다. 그런데 갑자기 내가 방금 낚시하던 바로 그곳에서 송어가 잡히기 시작했다. 나는 이제 감을 '느낄 수' 있었다. 그가 말한 모든 것이 맞아떨어지기 시작했다.

얼마나 신나던지!

그날 오후 늦게 젊은 청년 하나가 빨갛고 노란 낚시 도구 상자를 들고 우리가 낚시하던 곳의 강둑을 내려오기 시작했다. 우리는 격려하는 마음으로 웃음을 보냈다. 그러나 그는 농어와 바닷물고기를 잡는 데 쓰는, 그러나 송어를 잡는 데 쓰는 것은 절대 아닌 큰 가짜 미끼들을 꺼냈다. 안내자는 청년에게 다가가 그런 미끼로는 송어들을 꾀지 못하고 특별한 종류의 파리 미끼만 송어들을 꾈 수 있다고 설명해주었다.

그 젊은 청년은 안내자의 말을 곧이듣지 않았다. 그는 자기가 좋아하는 미끼로 낚시할 것이며, 고향에서 했던 것처럼 그렇게 낚시할 것이라고 했다.

안내자는 곧 물살이 훨씬 빠른 곳으로 우리를 인도했다.

그는 조끼를 더듬어 특별한 파리 미끼를 찾아냈다. "강의 이 부분에서는 이 파리 미끼로밖에는 송어가 잡히지 않습니다. 여기서 낚시하려고 어젯밤 이것들을 만들었죠. 이 파리 미끼들은 이렇게 거센 물살에서도 가라앉을 만큼 충분히 무겁죠. 그래서 매번 송어들을 유인합니다."

그가 옳았다. 우리는 파리 미끼로 바꿨고 곧바로 더 큰 송어를 낚아올리기 시작했다. 잠시 후 우리는 그 청년이 낚시하던 곳으로 되돌아왔다. 그는 그때까지 한 마리도 낚지 못해 신경질이 머리끝까지 나 있었다.

"바보 같은 물고기들!" 그는 소리를 질렀다.

"도대체 물지를 않는단 말이야. 낚시 같은 건 하기도 싫어!"

안내자는 전문가였다. 우리가 그의 말에 주의를 기울이고 그가 하라는 대로 따라했을 때 시간이 지남에 따라 우리는 천천히 송어를 잘 낚는 낚시꾼이 되어갔다. 그가 말한 대로 비법은 낚싯줄 끝에 있는 가장 적당한 미끼와 낚싯대를 다루는 시의적절한 행동에 있었다. 물고기는 항상 거기에 있고 언제든지 잡힐 수 있었다. 당신이 어떻게 잡는지 알기만 한다면.

당신이 낚시 도구 상자를 덮고 내가 당신의 낚시 선생이 되도록 허락해준다면 이 교실에서 어떻게 사람 낚는 어부가 될 수 있는지 함께 나누고 싶다. 필요의 방법에서 나는 고기에 맞는 미끼 고르는 법을 이야기할 것이고, 필요의 활용에서는 낚싯바늘을 끼우는 동작에 대해 이야기할 것이다.

그러나 실제로 사람을 낚는 것이 송어를 낚는 것보다 훨씬 쉽다. 사람이 더 잘 보일 뿐만 아니라 그들을 낚으려고 하는 시간을 보낼 때까지 도망가지도 않는다.

내가 알고 있는 사람을 낚는 위대한 어부들은 전체 학급을 수업 시간마다 낚는 것 같다. 그들은 올바른 미끼 고르는 법을 터득해 낚싯대로 올바른 행동을 취하도록 안내한다.

수업이 안 되는 것은 '바보 같은 학생들이' '도대체 주의를 집중하지 않기 때문'이라고 주장하지만 않는다면 말이다. 어쩌면 지금이 미끼를 옆으로 치우고 그 빨갛고 노란 낚시 도구 상자를 닫을 시간인지도 모른다. 사실은 지금 물고기들이 배고파하고 있다. 그리고 당신은 방금 한 마리를 놓쳤다. 그리고 또 한 마리를.

필요의 방법

단계 1: 필요를 발견하라

교사의 주된 의무가 잘 정리한 내용을 전달하여 학생의 필요를 채우는 것이기 때문에 첫번째 단계는 분명하다.

교사는 반드시 듣는 사람들의 '필요를 발견'해야 하고, 그 필요를 보통 '해마다' 명확하게 '감정'해야 한다.

그러나 일반적으로 교사는 학생들의 필요를 잘 알지 못한다. 학생들의 필요를 10가지만 열거하라고 했을 때 교사들의 예상은 80퍼센트가 빗나갔다. 그들은 열 가지 중에 고작 둘밖에 몰랐다. 세계적으로 학생들이 결핍감을 느끼는 것은 놀라운 일이 아니다. 잘못된 미끼를 가지고 고기를 낚으려고 애쓰기 때문이다. 우리가 던지는 미끼는 그들에게 맞지도 않고 흥미롭지도 않다.

당신이 지금 당신 반의 필요 10가지를 그 중요한 순서대로 열거할 수 있을지 궁금하다. 그러한 목록이 얼마나 가치 있는 것인지 생각해보라. 그러면, 당신의 강의가 듣는 이들에게 얼마나 의미 있는 것인지 다시는 궁금해하지 않아도 된다.

다음 3가지 방법으로 학생의 필요를 찾아볼 수 있다.

직접적인 방법, 간접적인 방법 그리고 필요 목록.

1. 필요를 찾기 위한 직접적인 방법

청중의 얼굴을 보자마자 필요를 열거할 수 있는 사람은 거의 없다. 그 이유는 그들이 "나는 괜찮아요"라는 가면을 쓰는 데 아주 전문가이기 때문이다.

그런 가면에 속지 말라. 인생은 보통 겉으로 드러나는 것만은 아니다. 가면은 우리의 가장 나쁜 적이다. 그것은 서로를 필요로 하는 친구 사이에 말뚝을 박는다. 어느 누구도 필요한 것이 없으며, 어느 누구도 도움을 필요로 하지 않는다고 교사를 혼란에 빠트린다.

나에게 속지 마세요.
내가 하고 있는 얼굴에 속지 마세요.
왜냐하면 나는 가면을 쓰고 있기 때문이죠.
나는 천 개의 가면을 쓰고 있어요.
벗기가 두려운 그런 가면을.
그 어느 것도 내가 아닙니다.
무엇인 체하는 것은 예술입니다.
그것은 나의 제2의 천성입니다.
속지 마세요.
제발 속지 마세요.

나는 당신에게 이러한 인상을 줍니다.
나는 안정되어 있고
모든 것이 밝고

그리고 평온하다고.

안이나 밖이나

그 확신은 나의 이름입니다.

침착함은 게임입니다.

그래서 내가 책임을 맡고 있다는 것

그리고 나는 어느 누구도 필요치 않다는 것.

그러나 믿지 마세요.

겉은 순탄해 보일지 모르지만

그 겉은 나의 가면입니다.

영원히 변하는

그리고 영원히 감추는 나의 가면…

나는 누구인가?

내가 누구인지 당신은 궁금하겠죠?

나는 당신이 매우 잘 아는 그 누구입니다.

나는 당신이 앞으로 만나게 될 그 모두입니다.

―작자 미상―

몇 년 전 나는 젊은이들을 위한 컨퍼런스에서 강연을 한 적이 있었다. 이틀이 지난 후 나는 책임자에게 말했다. "이 그룹에는 마약하는 사람들이 많은데요." 그들은 부인했다. "어디 봅시다." 나는 말했다. 다음 날 밤 나는 마약에 대한 설교를 했고 젊은이들에게 그들이 하는 마약과 여러 중독성 있는 약들을 가지고 나와 무대 한쪽에 버리라고 했다. 한 무더기나 되었다. 가장 충격을 받은 사람들은 그 그룹의 실제 필요를 다루지 못하고 있던 지도자들이었다. 그들은 필요와 동떨어진 주제를 가르치고 있어서 그동안 한 사람도 주의를 기울이지 않았다는 사실에 나는 놀라고 말았다.

직접적인 방법으로 중재자나 조정 단계 없이 사실을 표면화시킬 수 있다. 직접 학생들에게 물어보라. 교사들은 학생들이 개인적이거나 부담 없는 방법으로 접근했을 때 마음이 열려 있는 것을 보고 항상 놀라곤 한다. 당신은 학생의 입에서 직접 대답을 들을 뿐 아니라, 그의 감정과 열렬함으로 그 주어진 분야가 얼마나 중요한지 느끼는 이익도 얻을 수 있다. 학생이 자기도 모르는 사이에 교사가 상상하지도 못했던 다른 필요를 드러내는 것은 흔한 일이 아니다. 그러므로 말 속에 감추어진 메시지에 유념하라. 다음에 열거된 것은 청중의 필요를 찾는 데 필요한 6가지 기본적인 방법이다. 성격, 학급 그리고 환경에 가장 잘 맞는 것을 사용하라.

□ **직접적인 질문**

상황이 평범하고 편안할 때는 직접적으로 필요를 찾는 질문을 하라. 여기 몇 가지 아이디어를 소개한다.

- "베티, 나는 당신의 지혜와 통찰을 높이 평가합니다. 그래서 요즈음 당신 같은 사람들이 직면하는 가장 큰 세 가지 문제에 대해 이야기해주시면 내가 좀 더 능력 있는 교사가 될 수 있을 것 같습니다."
- "존, 나는 내가 반 학생들의 필요를 채워주고 있는지 걱정입니다. 혹시 우리가 앞으로 다루었으면 하는 당신 삶의 두세 영역에 대해 이야기해주어서 나를 도와줄 수 있겠소?"

- "스미스 씨, 다음 학기에는 어떤 주제를 배웠으면 좋겠습니까?"

자유 토론식 질문은 학생이 하고 싶은 말을 편하게 할 수 있게 한다. 사람들은 진지하게 묻는 질문, 특히 교사가 도움을 청할 때 잘 응답한다. 두려움과 염려의 요소를 제거하라. 좋은 질문을 하는 습관을 규칙적으로 개발하면 너무 빨리 원하는 대답을 듣게 되어서 놀랄 것이다.

□ **정도를 낮춘 인터뷰**

이 방법은 직접적으로 혹은 개인적으로 질문하지 않는다는 면에서 처음 방법보다 쉽다. 학급의 일반적인 필요에 대해 묻는다.

- "마르다, 근래에 보니까 우리 반이 뭔가에 부담을 느끼는 것 같은데요. 당신은 왜 그렇다고 생각합니까?"
- "프랭크, 당신 아이들이 정말 잘 자라고 있군요! 아이들이 몇 살이죠? 그 나이 또래 아이들이 요즘 느끼는 갈등은 무엇인 것 같습니까?"
- "스미스 씨 내외분, 주말판 1면에 실린 요즘 미국인들이 그 어느 때보다도 많은 개인 부채를 갖고 있다는 기사를 읽으셨습니까? 40대 중반의 가정에서 빚은 어떤 어려움을 만든다고 생각하십니까?"

학급의 생각과 느낌을 알아내는 얼마나 자연스러운 방법인가? 정도를 낮춘 인터뷰는 가르칠 내용에 적시성과 개인적인 관심을 부여하는 중요하고도 실제적인 통찰을 얻게 해준다.

□ **무기명 설문지**

가장 효과적인 방법이다. 설문지는 통제하기 쉽다. 개인적으로 이야기할 수 있는 것보다 많은 사람을 포함시킬 수 있고, 다양한 주제에 대해 질문할 수 있다. 이 효율성은 세 가지 상황에 따라 좌우된다.

첫 번째, 청중은 설문지의 목적과 최종 용도를 알아야 한다. 이것은 '교사만 보는 것'인가, 결과가 알려지고 토의될 것인가? 토의를 위한 것이라면 솔직하게 답하지 않을 수도 있음을 기억하라.

두 번째, 청중은 설문지의 익명성에 대해 확신이 있어야 한다. 누가 작성했는지 알 수 있는 사소한 가능성도 솔직하게 응답하지 못하게 만든다.

세 번째, 질문은 세심하게 작성하여 응답으로 진정한 상황을 알 수 있어야 한다. 질문은 응답만큼 중요하다.

나는 종이를 나눠주고 무기명으로 다음 질문에 자주 답하게 한다.

- 직장에서 내가 씨름하는 가장 큰 문제는 ＿＿＿＿＿＿ 이다.
- 배우자와 싸울 때마다 이것은 ＿＿＿＿＿＿ 때문이다.
- 최근에 개인적으로 가장 실망한 것은 ＿＿＿＿＿＿ 이다.
- 한 개인으로서 나의 가장 큰 성취는 ＿＿＿＿＿＿ 이다.
- 내가 하나님께 화가 날 때 이것은 보통 ＿＿＿＿＿＿ 때문이다.
- 내가 천국에 가면 "이렇게 살았어야 하는 건데" 하고 후회하는 가장 큰 문제는 ＿＿＿＿＿＿ 일 것이다.
- 아이들을 양육하는 데 누군가가 조언을 해준다면 그것은 ＿＿＿＿＿＿ 에 대한 것이다.
- 나에게 가장 큰 문제를 가져온 영적 생활의 영역은 아마 ＿＿＿＿＿＿ 일 것이다.

- 그리스도인으로서 자신의 삶을 1-10의 등급으로 매겨보라. 내가 그리스도인의 삶 가운데서 가장 자주 넘어지는 영역은 _____ 이다.
- 내가 가장 고민하며 번번이 넘어지는 죄는 _____ 이다.
- 1-10까지의 등급에서 이 설문을 작성하는 데 얼마나 정직했는지 매겨보라.

이 질문의 답을 가지고 몇 시간을 보내보라. 이것은 필요의 보고(寶庫)와 같다. 교사는 학생들의 직장, 가정 그리고 영적 성장의 영역에서 가장 긴급한 열 가지 필요를 쉽게 찾을 수 있을 것이다.

이렇게 찾은 필요를 성경 뒤에 써넣으라. 각 수업 시간마다 처음 3개 중 한 가지 체감적 필요에 집중하고, 두 번째는 그다음 7가지 필요 중 하나에 집중하라. 수업이 그들의 필요에서 빗나갔는지 다시는 걱정하지 않아도 될 것이다.

갈라디아서를 2년 반 동안이나 설교하고도 여전히 2장에 머물러 있던 목사를 기억하는가? 점심을 먹으며 그는 어떻게 해야 될지 물어왔다. 나는 무기명 설문지가 어떻겠느냐고 말했다.

"주일 아침에는 그것을 할 수 없습니다."

"원하다면 하실 수 있습니다." 나는 계속했다, "당신이 교인들을 알고 싶어할 만큼 아낀다면 할 수 있습니다."

"그들은 절대 나한테 이야기하지 않을 거예요."

"얘기할 것입니다. 당신이 그것을 다 읽은 후 그 종이를 찢어버릴 것을 약속한다면 얘기할 것입니다."

"알았어요. 그러면 설문지를 돌린다고 합시다. 그러면 그다음엔 어떻게 하지요?"

"다음주에 설교할 때 갈라디아서를 잠시 중단하고 가장 심각한 문제에 대한 하나님의 응답에 대해 설교하십시오. 그리고 어떻게 되었는지 전화로 알려주십시오."

그 목사는 설문지를 돌리고 그 다음주에 설교하기도 전에 주일 오후에 나에게 전화를 걸어왔다.

"설문지를 돌렸습니다."

"그래서 어땠나요?"

"오후 내내 울었습니다. 저는 교인들 사이에 무슨 일이 일어나고 있는지 전혀 몰랐습니다. 얼마나 현실과 동떨어진 설교를 해왔는지 믿을 수가 없습니다."

"목사님, 옛날에 했던 설교를 다시 보셨습니까?"

"충격을 받았습니다. 1년이 넘도록 가장 필요한 세 가지 필요를 저는 하나도 다루지 않았습니다."

"그래서 앞으로 어떻게 하실 작정이십니까?"

"가장 심각한 필요부터 다음주 주일낮 그리고 주일 저녁 예배 때 하나님의 응답에 대해 설교하려고 합니다."

그는 한 주 후 내게 다시 전화해왔다. "브루스, 이제껏 목회를 해오는 동안, 교인들로부터 이런 반응을 얻은 적은 한 번도 없었습니다. 예배가 끝나고 나가면서 나하고 악수조차 거의 하지 않던 사람들이 나를 껴안고, 감사하다고 하면서 눈물을 흘렸습니다. 그들은 '감사합니다. 목사님, 바로 그것이 제가 필요했던 것이었습니다'라고 말했습니다."

"갈라디아서를 다시 설교하실 예정입니까?"

"바로는 아니에요."

교사들이여, 이번 주일 무엇을 설교할 것인가? 무엇에 대해 가르칠 것인가?

교회에서 몇 퍼센트의 부부가 가정 문제를 안고 있는가? 기독교적인 가치관을 갖도록 자녀를 양육하기 위해 곤란에 빠져 있는 지친 부모는 몇 퍼센트인가? 반 이상이 훨씬 넘는 수가 그렇다. 이것에 대해 어떻게 하고 있는가? 설마 에스겔서의 성막에 대해 20주 시리즈를 계획하고 가르치는 것은 아닌가?

□ 가족 간의 상호 작용에 접근하는 두 가지 길

첫 번째, 그의 가족에 대한 학생의 언급 그리고 그에 대한 가족의 언급이 있다.

가정에 대한 학생들의 자유 토론은 귀담아 듣는 사람들에게는 많은 것을 말해준다. 서른 살 된 스탠의 삶에서 얼마나 많은 필요를 발견할 수 있는가?

질문: 스탠, 다시 만나게 돼서 반갑습니다. 이제 결혼한 지 10년이 되었는데 여전히 당신 아내 주디는 당신을 왕처럼 대우해줍니까?

대답: 농담 마세요. 주디는 부동산 매매 건으로 너무 바빠서 집에 붙어 있지도 않습니다.

질문: 바쁘다고요? 주디의 수입이 요즘 날아오는 청구서를 지불하는 데 도움이 많이 되겠군요.

대답: 천만에요. 예전보다 더 많이 내야 하는 걸요. 주디는 두 번째 차를 샀습니다. 믿을 수 있습니까? 결혼생활이 이렇게 힘들 줄 몰랐습니다.

질문: 메리(스탠의 열 살 난 딸)야, 잘 있었니? 지금 네 아빠와 얘기하고 있었는데 엄마가 요즈음 굉장히 바쁘다며? 아직 요리사가 되지 않았니?

대답: 네, 아빠는 가정부를 구했어요. 요즈음 아빠가 하는 일이라곤 축구 경기를 보면서 피자를 먹는 것밖에 없어요. 그리고 엄마도 별로 보고 싶지 않아요."

이 이야기의 깊은 뜻을 이해한다면 이 1분간의 대화 속에 비친 필요를 눈치챘을 것이다. 그리고 그 가운데 몇 가지는 상당히 심각하다. 이 방법의 진짜 비밀은 사람들이 자신의 필요를 드러낼 수 있도록 받아들여지는, 적합한 그리고 안전한 환경을 제공해줄 수 있는 교사의 능력에 있다.

□ **학생의 가정이나 직장 방문**

그 사람의 집이나 직장을 짧게 개인적으로 방문해보면 쉽게 모든 것을 간파할 수 있다. 이것만이 내부 깊숙이 들어가 그 사람 입장에 서볼 수 있는 유일한 방법이다. 오늘날의 학급들은 너무나 인위적이고 구조적이어서 학생이 자신의 진짜 모습을 거의 드러내지 않는다. 교사는 살짝 실체를 보기 위해 다른 곳을 보아야 한다. 가정은 가면 속의 얼굴을 보여주며 진짜 필요를 보여주는 곳이다. 태도, 분위기, 마음의 상태, 조화 혹은 부조화, 질서나 무질서, 이 모두가 관심을 가진 사람들에게는 분명하게 잘 보인다.

살면서 즐거웠던 일은 여러 해 동안 예수 친교 모임(Fellowship of Companies for Christ, FCC)의 임원으로 섬겼던 일이다. 전국적으로 700여 개가 넘는 회사들로 이루어진 FCC는 회사 사장과 사주들에게 기독교적인 원리와 단계를 가지고 회사를 운영하도록 훈련시킨다. 지난 7년 넘게 연간 매출 2만 5천~`100만 달러가 넘는 회사 사장들과 좋은 친구가 되었다. 담소를 나눌 때는 언제나 교회에 대한 이야기가 화제가 되었다.

그들은 충성스럽게 헌신된 그리스도인이고 순수하게 교회를 지지했지만, 종종 목사나 주일학교 교사들이 사업을 하는 그리스도인이 어떻게 살아야 하는가에 대해서는 거의 다루지 않는 것에 계속 실망을 나타냈다. FCC가 시작될 때까지 그들 대부분은 성경은 현장의 필요에 대해 거의 이야기하는 바가 없다고 생각하고 있었다.

어느 잊을 수 없는 저녁, 나는 조금 더 진지한 대화를 유도했다. 왜 그러한 상황이 만연해 있다고 느끼는지 물었다. 즉시 그중 한 사람이 목사가 교인들이 당면하는 문제나 어려움들을 제대로 알지 못한다고 했다. 다른 사람들도 그렇게 생각한다고 했다. 그래서 나는 왜 그들이 그렇게 생각하는지 물었다. "왜냐하면 목사님은 우리에게 물어보지도 않으시니까요!" 여덟 사람 모두 자기 교회 목사가 교회에 등록 교인으로 출석한 그 여러 해 동안 한 번도 자기 회사에 찾아오지 않았다고 말했다.

교사가 학생들의 필요가 무엇인지 모르면 그 필요는 채울 수 없다. 학생들을 알고 싶다면 그들의 가정이나 사무실에서 벌어지고 있는 일들을 살펴보라.

□ 개인적인 관찰

이 방법은 삶 전반에 걸쳐 가능한 단서에 초점을 맞추었다. 적어도 5개의 활동 무대가 있다.

첫 번째, 수업 시간 도중 그리고 후에 물어보는 질문은 내면적인 관심과 필요의 영역을 반영한다.

두 번째, 몸짓은 동작 반경이 크기 때문에 종종 말보다 더 잘 들린다. 팔짱 낀 모습, 손으로 입을 가린 자세, 굽은 어깨와 앞으로 기울어진 상체 등 이 모든 것은 큰 메시지를 보내고 있다.

세 번째, 출석률은 아마 교사가 얼마나 청중의 필요를 채우고 있는가를 가늠하는 가장 직접적인 척도일 것이다. 사람들의 참석, 불참 여부는 그들이 수업을 어떻게 생각하는가의 순위표와 같다. 수업이 자신에게 도움이 된다고 생각하면 더 많은 사람들이 도움을 받으러 올 것이다!

네 번째, 학급 토의는 더 고려해야 할 필요를 반영한다.

다섯 번째, 방과 후의 활동과 대화는 학생들에 대한 진정한 관심과 걱정을 반영해준다.

왜냐하면 그 시간은 의무적인 활동을 요구받는 때가 아니기 때문이다. 이러한 것들이 학생들의 필요를 찾아내는 주된 직접적인 방법이다. 그러나 필요에 맞는 문제에 대한 적절한 느낌을 갖기 위해 교사가 사용할 수 있는 가치 있는 간접적인 방법도 있음을 기억하라.

2. 필요를 찾기 위한 간접적인 방법

얼굴을 맞대고 물어보는 직접적인 접근 방식과는 달리, 간접적인 접근 방식은 다른 사람의 연구나 경험을 통해 귀중한 정보를 얻을 수 있다. 그 정보가 대부분 확실하고 믿을 만한 통찰을 가져다주기는 하지만, 당신 학급을 특별히 다룬 것이 아니기 때문에 조심해서 평가해야 한다. 두 가지 뼈대를 토대로 정보를 수집하라. 첫째, 학급이 가장 관심을 보일 주제, 둘째, 학급 구성원들의 문제와 성향을 중심으로 한 그 연령 그룹의 성격. 이런 정보를 주는 많은 자료가 있다. 여기에 몇 가지 자료를 소개한다.

- 책 : 일반 심리학, 아동 발달 그리고 기독교 교육의 책들은 보통 모든 연령층의 주된 성격, 문제와 관심도를 조사해놓았다. 이 책들은 편리한 참고 문헌들이다.

기독교 서점이나 일반 서점을 정기적으로 둘러보면 베스트셀러가 어떤 것인지 쉽게 알 수 있고, 관심사나 필요가 무엇인지 포착할 수 있다. 책방 주인에게 경향을 물어보고 학생들 또래는 어떤 책들을 구입하는지 물어보라. 요즘 최고의 베스트셀러는 대개 돈, 비지니스, 섹스 그리고 건강에 대한 책들이다. 당신은 이런 주제들에 대해 언제 가르쳤는가?

큰 교회에서 목회를 하고 있는 내 친구는 상담 시간마다 되풀이되는 주제를 주시했다. 사람들은 대개 자신이 꼭 맞는 상대와 결혼했는지 의문을 가지고 있었다. 그래서 그는 그 주제에 대해 설교하기로 마음먹었다. 그는 이렇게 광고했다. "다음 주에는 '나와 맞지 않는 사람과 결혼했다고 생각할 때 어떻게 해야 하는지'에 대해 설교합니다." 소문은 인근 지역으로 퍼져나갔고, 예고된 주일에는 무려 2천 명이 넘게 찾아왔다. 그가 실제적인 필요를 다루었다는 것이 느껴지는가?

- 잡지와 신문 : 지나치게 독자 중심적인 잡지계는 끊임없이 변하는 대중의 관심을 채워야 한다는 강박증을 가지고 있다. 잡지와 신문이 싣는 기사뿐만 아니라 소개하고 선전하는 책들도 주의 깊게 살펴보라. 기독교 잡지는 물론 사람들이 선호하는 일반 잡지도 두루 읽어보라.

대부분의 잡지들은 귀중한 기사나 설문 조사, 그리고 질문'/'해답식의 칼럼을 싣고 있다. 기억하라. 사람들은 오직 관심을 둔 기사만 읽는다는 것을. 신문에서 유명한 상담 칼럼 내용에 동의하지 않더라도 반복하여 다루어지거나 호응을 얻는 주제를 주의깊게 살펴보라. 그들은 그저 우연히 가장 많이 읽히는 저널리스트가 된 것이 아니다.

진정으로 눈뜨고 싶은가? 잘 알려진 잡지의 질의 응답 부분을 살펴보라. 거기에 있는 질문들은 사람들이 진정으로 알고 싶어하는 것들이다. 다음 주일에 그러한 질문에 대한 하나님의 응답에 대해 설교하라. 청중이 고요하게 집중할 거라고 보장한다.

- 연구 결과와 여론 조사 : 조지 갤럽(Gallup)과 조지 바나(George Barna)는 무수히 많은 주제에 대해 일반인들의 느낌과 입장을 입증하기 위해 여론 조사를 자주 실시한다.
- 일반 대중과 자주 접하는 사람들 : 즉 의사, 치과 의사, 이발사와 미용사, 상담자, 심리학자, 관광 안내원, 경찰, 교사, 교장 그리고 이벤트 기획자들은 대중이 어떻게 느끼는지 수시로 진단한다. 그래서 그들이 새로운 경향을 어떻게 보고 있는지 인터뷰할 필요가 있다. 나는 현장에 몸담고 있는 사람들에게 요즘 한창 관심을 끌고 있는 문제에 대해 물어본다.

3. 학급을 위해 필요 목록을 만들라.

첫 번째 단계의 조사를 끝낸 후 이용 가능한 형태로 자료를 정리하라. 학급에 대한 진단을 우선순위별로 요약하라. 사람들이 제각각 다르듯 자신이 찾은 것을 배열하는 데도 여러 방법이 있다. 가장 기본적인 것은 우선순위의 순서대로 위에서 아래로 10개를 적는 것이다. 몇 가지 다른 형태도 있다.

- 주된 필요 영역에 따라 : 예를 들어, 유혹, 죄, 문제, 두려움, 분노, 자격 미달 그리고 실망으로 드러난 모든 문제들을 열거하라. 가장 심한 죄, 가장 극한 두려움 등을 열거하라.
- 시기적으로 : 학급이 전에 직면했던, 또는 현재 직면하고 있는 그리고 직면할 필요를 열거하라. 이 방법은 예방책을 마련해준다. 예를 들어 고등학교 3학년 학생들이면 대학생활을 어떻게 할 것인가에 대한 수업은 아주 적절할 것이다.
- 역할에 따라 : 우리가 가진 여러 책임, 남편과 아내로서, 아버지와 어머니로서, 애인으로서, 공급하는 자로서, 친구로서, 직장 상사로서, 직원으로

서, 아이로서, 할아버지나 할머니로서, 손자 손녀로서, 그리스도인으로서, 교사로서, 상담자로서의 필요를 배열하라. 아내의 가장 큰 5가지 필요는 무엇인가? 직원으로서는?
- 삶의 주된 영역에 따라 : 다음과 같은 제목, 즉 육체적, 정신적, 지적, 도덕적, 영적 그리고 경제적인 제목으로 필요를 분류하라.

방법이 어떻든 정보를 분류하는 방법을 찾아 그것을 쉽고 실제적으로 쓸 수 있게 하라. 이 문서는 값으로 따질 수 없을 만큼 대단히 귀중한 것이 될 것이다. 종이에 적힌 필요를 보는 것은 앞으로의 가르침을 과거와는 다르게 만들어주고 동기를 유발시켜줄 것이다.

이 과정을 적어도 1년에 한 번은 하라. 이것은 이 전체의 법칙이 서 있는 기초 중의 기초이다. 필요를 찾지 못한다면 나머지 단계들은 할 수 없다. 당신은 잘못된 미끼를 계속 쓸 것이고, 그러면 노력과는 상관없이 고기 잡는 것은 성공하지 못할 것이 뻔하다.

단계 2: 필요에 초점을 맞추라

이 단계에서 자신이 찾은 모든 필요를 조사해 강의에서 다룰 수 있도록 하나를 '분리하여' '필요에 초점을 맞추라.' 이 단계는 그 분량에 따라 할 필요가 있다.

이것이 중요한 단계다. 설문 조사를 바로 했다면 심각한 필요와 상처의 덮개를 벗겨낼 수 있을 것이다. 다음은 비현실적인 예가 아니다.

"남편은 돈 쓰는 일에 참견하지 못하게 합니다. 제 생각에는 이혼할 경우를 대비해 돈을 숨기고 있는 것 같아요. 어떻게 하면 좋을까요?"

"파산할 것 같아요. 하나님은 어떻게 생각하실까요?"

"우리의 성생활엔 아무런 열정이 없습니다. 부부 관계를 가질 때 아내는 지루해 보이고 그저 빨리 끝내고 싶어하는 것 같습니다. 내가 외도를 한다 해도 아내에겐 저를 비난할 권리가 없는 거 아닙니까?"

"주치의가 뇌에 종양이 있어서 제 자신을 돌볼 능력을 곧 잃을 것이라고 하더군요. 저는 가족에게 짐이 되기 싫습니다. 하나님은 자살을 용서하실까요?"

세계 어디에서 어떤 나라의 어떤 교회에 다니든 상관없다. 무기명 설문지를 돌려보면 이렇게 어렵고, 가슴 아프고, 반드시 다루어야 할 필요를 발견하게 될 것이다. 그러나 모든 필요는 모두 똑같이 중요하지 않다. 어떤 것은 다른 것보다 더 중요하다. 간결하게 하라. 한 번에 한 가지 필요에 초점을 맞추라. 교사가 할 일은 가장 중요한 필요에 제일 먼저 초점을 맞추는 것이다. 그러면 어떻게 올바른 것을 선택할 수 있는가? 사려 깊은 생각과 기도로 가능하다.

학생들의 여러 필요를 연구하는 단계 1은 한두 번 반복되기도 하지만, 단계 2는 새 시리즈를 준비할 때마다 꼭 필요하다. 많은 시간과 노력이 드는 단계 1과는 달리 이 단계는 쉽고 길지 않다.

가장 중요한 필요에 초점을 맞추는 데 잠깐 시간을 할애할 때 얻는 유익은 클 것이다. 해도 되고 안 해도 되는 것으로 생각하지 말라. 왜 좋은 가르침을 준비하는 데 드는 소중한 시간을 잘못된 주제로 낭비하려고 하는가? 농어를 잡는 데 쓰는 좋은 미끼가 개울의 송어를 잡는 데 무슨 소용이 있는가? 이 단계의 끝무렵쯤 다음 강의나 시리즈 동안 필요를 채울 수 있는 주된 필요를 정할 수 있을 것이다.

단계 3: 필요를 미리 계획하라

단계 1과 2는 학생들을 사로잡기 위해 적합한 미끼를 고르는 법에 대해 다루고 있으며, 단계 4와 5는 그 미끼를 사용해 학생을 사로잡도록 교사를 효과적으로 준비시킨다. 적절한 미끼를 고르는 데 분별력이 있다고 해서 그 미끼를 잘 활용해 학생들이 좇아오도록 동기 부여를 할 수 있다는 보장은 없다. 첫 번째 기술은 교사의 선택과, 두 번째 기술은 그 선택을 사용하는 능력과 관련이 있다. 내가 처음에 송어를 잡지 못했던 것을 기억하라. 그러나 노련한 낚시꾼은 바로 내가 낚시하던 곳에서 내 낚싯대와 파리 미끼를 가지고 고기를 낚았다. 그는 파리 미끼를 가지고 송어를 유인하도록 '강의 흐름을 이용할' 줄 알았다. 내 방법은 낚싯바늘이 미끼처럼 보이도록 애쓰는 것 같았지만 당연히 한 마리도 유인하지 못했다.

단계 2의 결과로, 손 안에 적합한 미끼가 있다. 그러나 그것으로 무엇을 해야 할지 알고 있는가? 학급과 연결시킬 수 있는가? 아니면 파리 미끼가 학생들에게 지루하고 입맛에 맞지 않아 그저 강 아래로 흘러가고만 있는가?

단계 3은 미끼와 배우는 자, 적절한 필요와 학생들에게 그 필요가 얼마나 중요한지 그들이 느끼도록 도와주는 긴밀한 연결 고리이다. 이 단계를 위한 최상의 방법은 잠시 학생이 되어 '필요가 채워졌을 때 일어날 일에 대해 예상'해보는 것이다. '상상'을 동원해 학생들의 입장에서 삶을 바라보라. 왜 그들의 삶에서 바로 그 필요가 채워져야 하는가? 교사의 미끼를 좋아하고 이 필요가 채워져야 하는 긍정적 이유와 부정적인 이유들은 무엇인가? '가르칠 때마다' '매주' 이것을 연습하라. 이 예상 단계의 진수는 학생들이 성공이나 실패를 맛보았을 때의 긍정적인 유익과 부정적인 결과의 목록을 작성하는 데 있다. 중등부 학생들을 위해 선택한 필요가 '네 부모에게 순종하라'고 하자. 그러면 앞으로 할 시리즈에 학생들이 적극적으로 관심을 갖게 하고 열심히 참석해서 듣고 싶어하게 만들 방법은 무엇인가.

'부모에게 순종함'으로 혹은 '부모에게 불순종함으로' 얻을 수 있는 모든 유익과 해로움을 열거하는 것으로 시작하라. 이 두 가지 목록은 학생들로 하여금 필요를 느끼게 하고 부모에게 순종하는 것을 배우게 하기 위해 다음 단계에서 사용될 것이다.

장점은 항상 즐거움과 연관이 되고, "나는 …을 원합니다"라는 느낌을 부각시킨다.

단점은 어려움이 예상되며 "나는 …을 원하지 않습니다"라는 느낌을 갖게 한다. 이 단계의 어려움은 학생들이 즉각적으로 느낀 '원함'과 '원치 않음'을 구별하는 것이다. 동기는 종종 즐거움의 기대나 고통의 두려움에서 비롯된 느낌에서 유발된다. 이 채워져야 하는 필요가 강렬하면 할수록 다음 단계에서 학생들의 느낌과 동기 부여를 높일 가능성이 더 많다.

효과적인 상상 속에는 세 가지 비밀이 숨어 있다. 첫 번째 것은 왜 그들이 부모에게 순종하거나 순종하지 않는지 가능한 사례들을 찾기 위해 교사의 경험과 상상을 동원하라. 부모에게 순종하기로 선택한 결과로 유익을 얻었거나 혹은 어려움을 겪었던 직접, 간접으로 아는 사람들을 생각해보라. 읽은 책이나, 들은 이야기, 또 보았던 드라마에서도 찾아보라.

그렇게 하면 장단점을 쉽게 작성할 수 있을 것이다. 이 시점에서 어려움을 겪더라도 창의력을 발휘하고 상상의 나래를 펴라. 부모에게 순종하거나 불순종하는 학생에게 어떤 일이 일어날 수 있는가?

성공적인 상상의 두 번째 비밀은 극단의 원리를 적용하는 것이다. 학생이 부모에게 순종했을 때 일어날 수 있는 최상과 불순종했을 때 생길 수 있는 최악을 생각하라. 이 예를 가지고 최대한 양극으로 밀고 나가라. 최극단의 한계까지 오는 동안 무수히 많은 예들을 찾을 수 있을 것이다. 그리고 극단에 다다랐을 때 동일시해보면 그 해결을 위한 좋은 생각들이 떠오를 것이다. 가장 좋은 것 혹은 가장 나쁜 것을 생각할 때 감정은 가장 자극받기 쉽다. 강렬한 욕구는 즐거움에 대한 강한 희망이나 고통에 대한 강한 두려움에서 온다.

성공적인 상상의 세 번째 비밀은 학급에서 끝까지 순종할 사람과 끝까지 불순종할 사람을 그려보는 것이다. 그 사람들을 골랐으면 자기가 선택한 것에 따르는 결과를 경험하는 그들의 입장에 서보라. 그들의 미래와 연관시켜 보라. 당신이 그들인 것처럼 해보라. 그리고 상상으로 선택한 결과에 따라 그들이 경험할 것을 동일시하거나 그 사람의 기분이 되어보라.

상상의 세 가지 비밀을 연습함으로써 가르치고자 계획했던 것을 학생들이 배우고 싶어하는 방법으로 기분을 북돋울 수 있다. 그래서 몇 가지 주된 동기 부여법을 즉시 생각해낼 수 있을 것이다.

단계 4: 필요를 느끼게 하라

드디어 가르치고자 선택한 것을 학생들이 그 '필요를 느끼도록' 인도할 준비가 되었다. 앞의 세 단계는 모두 준비 과정이며 이 절정의 순간을 위한 것이다. 당신은 이제 스스로를 준비시켰고 미끼를 물속에 떨어뜨려 낚시할 준비가 되어 있다. 요한복음 4장에 나오는 예수님의 효과적인 낚시법에 우물가의 여인이 걸려든 것처럼, 학생이 미끼를 따라오는가 그렇지 않은가는 교실에서 미끼를 어떻게 쓰는가에 달려 있다. 단계 4의 열쇠는 '매주' 필요를 세워감에 따라 감정적으로 학생들을 '감동'시키는 데 있다.

우물가의 여인이 필요에 대한 해답을 찾으려고 한 것은 최고의 어부이신 예수님의 말씀으로 가능했다는 사실을 잊지 말라. 마찬가지로 교실에서 미끼를 다루는 교사의 솜씨는 학생들의 관심과 주의를 결정한다.

무관심한 학생은 미숙한 교사가 만들어내고 지루해하는 학생 역시 마찬가지다. 나는 "바보 같고 배움에 대한 의욕이 없는 학생들"에 대해 불평하는 것을 들을 때마다 교사가 잘못된 미끼를 던졌든지, 그 미끼를 잘 쓰지 못했다고 생각한다.

나는 글렌 앨스워스(Glenn Alsworth)가 알래스카 호수 한쪽에서 낚시하고 있던 아들 데이비드와 나를 데리러왔던 날을 결코 잊을 수가 없다. 그날 우리는 하루 종일 낚시를 했는데 미끼의 대부분을 잃어버렸다. 여분의 낚싯대 하나는 엉켜서 낚싯줄을 감을 수도 없었다. 대어 몇 마리가 보이기는 했지만 두 시간 동안 한 마리도 낚지 못했다. 글렌도 잠시 낚시를 할 시간이 있다고 말하며 못 쓰게 된 낚싯대와 릴을 집어들고 털이 다 빠져서 빈 낚싯바늘이 보이는 미끼를 가지고 우리와 함께 낚시를 했다. 나는 우리가 조금 더 낚시를 할 수 있도록 배려해주는 그의 따뜻한 사랑이 고마워 혼자 빙긋 웃었다.

그러나 나는 그가 진짜로 낚시를 하고 있다는 것을 알았다. 그는 낚싯대가 마치 자기 팔의 일부인 것처럼 잡고 비행기를 타고 떠나야 하는 20분 전에 빈 낚싯바늘로, 다 부러진 낚싯대와 릴을 가지고 '전혀 물지' 않던 물고기를 잡았다. 어떻게 그렇게 했는가? 그는 낚시꾼 중에 낚시꾼이었다. 그는 우리의 맛있어 보이는 미끼를 용케 잘 피한 약삭빠른 물고기들에게 빈 낚싯바늘조차도 살아 있는 것으로 보이게 만드는 기막힌 재주를 가지고 있었다.

빈 낚싯바늘로 학생들을 사로잡을 수 있는가? 그 방법을 알고 있다면 당신은 할 수 있다. 미끼만 잘 활용할 줄 안다면 물고기가 미끼도 없는 낚싯바늘을 좇아올 것이다.

대중 연설을 자주 하는 나는 지금까지 대규모 강연회에 여러 번 참석했었다. 그리고 교사들이 완전한 미끼를 가지고 있으면서도 매번 학생들을 쫓아버리는 것을 보았다.

그러고나면 위대한 교사들이 나와 주어진 주제를 가지고(종종 이 주제는 청중에게 맞지 않는 잘못된 미끼일 때도 있지만), 능란한 솜씨로 준비한 메시지를 듣고 싶어하도록 청중을 인도한다. 주된 초점을 이야기하기도 전에 청중은 이미 그 메시지가 자기들이 가장 필요로 하는 말씀이라고 마음먹어버린다.

이 단계 4는 감정에 호소하는 것이기에 지적이지는 않다. 정보의 교류가 아니고 관심을 이끌어내는 단계인 것이다. 감정은 동기 부여의 주요 방법이다. 그러므로 감정이 이 단계 동안 주된 내용이 되어야 한다.

'필요'와 '배움'의 관계를 생각해보라. 체감적 필요가 낮다면, 배움이 보통 얼마나 발생할 것 같은가? 별로 많지 않다. 그러나 학생들이 필요와 동일시한다면 배우고자 하는 동기가 많이 생길 것이다. 학생들이 교사로부터 배움을 끌어낼 것이다. 그들은 우물가의 여인처럼 적절한 질문을 함으로써 교사가 이야기하고자 하는 다음 초점으로 이끌어갈 것이다.

필요의 원리에서는 청중이 진정으로 필요를 느끼도록 만드는 7가지 방법을 제시할 것이다.

단계 5: 필요를 성취하라

이제 당신은 원하던 목적지에 도달했다. 지금은 당신이 가르친 내용과 적용을 통해 학생들의 필요에 대한 해답을 실행하도록 학생들을 도와줄 때이다. 이 마지막 단계는 당신이 끌어올리던 '필요의 완성' 단계이고, '매주' 가르치면서 그 내용에 따라 그들을 교육하는 단계이다.

굉장히 좋은 것이라고 생각하면서 소포를 받아본 적이 있는가? 그런데 그 소포를 열었을 때 겉보기와 달리 많이 실망한다. 아마 속았다고 느낄 것이다. 이런 일은 교실에서도 일어날 수 있다. 필요를 세우는 데 능숙해진 만큼 스스로 세운 그 기대에 부응하며 살아야 한다.

지나치게 많은 약속을 하지 말라.

너무 적게 이야기하지도 말라.

지나치게 많이 약속할 때마다 동기 부여는 교묘한 조종으로 변질된다. 약속은 실제적이어야 하며 적절해야 한다. 그리고 교사의 이야기에 대해 학생들이 "그것 참 놀라운데!"라고 생각하도록 만들어야 한다. 자신이 없다면 적게 약속하는 편이 낫다. 그러면 그들이 기대하는 것보다 더 많이 전할 수 있다.

한편으로 덜 전달하는 때가 있다. 실제적이고 상황에 맞는 필요를 세우지만 전하는 데 실패할 수도 있다. 보통 이것은 교사가 수업 준비를 잘 하지 않아서 생긴다. 이 두 상황 모두 학생들의 의욕을 떨어뜨린다. 모든 교사가 이따금 한두 분야에서 실패한다. 그러나 거듭되는 지나친 약속과 거기에 못 미치는 전달은 무관심과 무감각, 태만, 비웃음 그리고 존경의 부재들을 낳는다.

늑대가 나타나지도 않았는데 "늑대다!"라고 여러 번 외쳐 마을 사람들을 놀렸다가, 정말로 늑대가 나타났을 때 "늑대다!"라고 외쳤는데 아무도 오지 않아 양들을 모두 잃었다는 우화를 기억하는가? "늑대다!" 하고 여러 번 외친 것이 결국 학생들의 동기를 잃게 만든다.

교사가 하는 수업과 교사가 이미 끌어올려놓은 필요를 조심스럽게 연결시키는 것이 중요하다. 교사에게는 내용이 어떻게 연결되는지 분명할지 모르지만 학생들에게도 명백한지는 알 수 없다. 그러므로 수업 전체를 통해 '연결해주는 문장'을 사용하라.

- "어떻게 되는 것인지 아시겠어요?"

- "처음에 여러분께 _____ 을 말씀드린 것 기억납니까?"
- "이것이 _____ 과 어떻게 연결되는지 아시겠습니까?"
- "_____ 을 아는 것은 얼마나 굉장한 일입니까?"

위대한 교사는 수업 전반을 통해 거의 보이지 않는 관계의 거미줄을 조성한다. 교사가 이렇게 하는 동안 학생들은 그렇게 진행되는 줄 모른다. 그러나 거의 끝날 시간이 되면 깊은 만족을 맛본다.

약속한 것을 성취하라. 그리고 더불어 기대하지 않았던 '체리가 얹어진 아이스크림'을 덤으로 주라. 그러나 아이스크림이 먹고 싶어서 침을 흘리기 전에는 절대 주지 말라.

필요의 활용

필요의 활용의 목적은 교사가 언제나 어느 청중이든 '필요를 세울' 수 있도록 7가지 방법으로 준비하는 데 있다. 이 필요의 활용을 수업 처음에, 수업 마지막에, 그리고 학생들의 관심도가 떨어지는 것이 느껴질 때마다 쓸 수 있다. 처음에는 이 필요의 활용법들이 자연스럽지 않을 수 있다. 그러나 시간이 지나면 몸의 일부처럼 느껴질 것이다. 효과적인 교사들은 이 필요의 활용법을 필요를 세울 때마다 서너 개씩 거의 무의식적으로 사용한다. 이 필요의 활용법은 한 사람이 그가 어디에 살든, 어떤 과목을 배우고 있든, 또는 나이와 상관없이 학생으로 하여금 필요를 느끼도록 도와준다. 이 필요의 법칙은 가르치고자 선택한 것을 배우도록 학생들의 마음을 움직이는 데 사용된다.

활용 1: 사실적인 표현으로 필요를 설명하라

이것은 정보의 원리이다. 통계나 인용 또는 묘사 등을 통한 사실적인 표현은 눈에 보이는 방법으로 필요를 드러낸다. 십대 임신율, 십대 음주, 이혼율 그리고 이와 유사한 자료들은 강력한 효과를 줄 수 있다. 여러 유명 일간 신문들은 이런 문제에 대한 좋은 통계 자료를 제공해준다.

나는 '요즈음 젊은이들의 7가지 동향'에 대해 가르칠 때 이 활용법을 사용한다. 청소년들의 섹스, 음주, 마약 그리고 자살률은 가히 충격적이다. 사실을 하나하나 열거하는 것은 효과적이다. 왜냐하면 그것은 사람들로 하여금 청소년의 세계에 대해 걱정하게 하고, 그 해결책을 찾도록 사람들 속에 필요를 세우기 때문이다.

활용 2: 구어체로 필요를 표현하라

이것은 동일화의 원리이다. 나는 이 책 전체를 통해 이 활용법을 사용했다.

각각의 활용법은 그것이 쓰이는 주된 이야기를 담고 있다.

이야기를 할 때 듣는 사람은 "나도 그렇게 느껴"라고 생각해야 한다. 보통 사람들은 요점이나 주제를 잘 기억하지 못한다. 그러나 그들에게 이야기로 해주면 오래도록 기억할 것이다.

무디는 이 방법에 아주 뛰어났다. 그의 설교는 내용과 이야기가 잘 섞여 있다. 하워드 헨드릭스, 찰스 스윈돌, 제임스 돕슨 등은 필요를 세우기 위해 이야기를 쓰는 데 아주 뛰어나다.

이야기가 학생들의 삶의 경험과 가까울수록 그리고 자신이 느끼는 기분으로 이야기할수록 필요를 더 많이 세울 수 있다. 오래지 않아 학생들은 스스로 "저게 바로 내가 느끼는 거야" "좀 더 잘 들을 필요가 있어"라고 말할 것이다.

예수님이 비유에서 말씀하신 것처럼, 이야기를 만들거나 실제의 이야기를 할 수 있다. 어떻게 하든 핵심은 "나는 저렇게 되고 싶지 않아" "나는 저렇게 되고 싶어" 등의 동일화여야 한다. 〈타임(TIME)〉지(1983년 4월 11일 자)에 실린 다음의 이야기는 '성공적인 삶'에 대한 착각을 잘 보여주고 있다.

> 필과 리타의 삶은 광고에 나오는 것처럼 환상적이었다. 정말 밖에서 보기에는 그 이상 완벽한 삶이 없었다. 나무가 잘 가꾸어진 캘리포니아의 교외에 피아노가 놓인 운치 있는 시가 15만 달러의 집에 사는 쾌활한 젊은 부부. 37세의 필은 연봉 3만 달러를 받는 실리콘밸리의 마이크로 칩 영업 엔지니어이며, 34세의 리타는 연봉 2만 달러를 받는 경리 사원이다.
>
> 매력적인 캘리포니아 친구들처럼 필과 리타는 테니스를 쳤다. 포도주에 대해 잘 아는 그들은 미식가였으며, 4년 전부터 마약을 시작했다. 그리고 점점 더 마약에 빠져들어갔다. 이것이 바로 필이 작년에 여러 번 거실 중앙에서 열에 들떠 떨며, 창고에 숨어 있다고 생각되는 상상의 적을 향해 총을 겨누었던 이유이다.
>
> 리타 역시 남편처럼 몹시 야윈 채 침실 창문 바깥에 누군가 부서운 사람이 서 있는 환각에 여러 번 벽장 속으로 숨었다.
>
> 이 부부의 편집증은 마약 기운이 돌면 순식간에 사라져버린다. 필은 밤새도록 유리 빨대와 마약을 갖고 혼자 들이마시며 밤을 지내고, 리타 역시 자기 방에서 마약을 들이마신다. 아침이면 리타와 필은 둘이 함께 네 발로 기면서 카펫 위에 떨어진 마약 가루를 찾는 것이 일이다. 이것이 성공적인 삶인가?

여기에 필요를 세우기 위해 이야기 하나를 들려주겠다.

당신은 조그만 구멍에 갇혀 삶의 진흙 구덩이에서 헤어나지도 못하고 자유스럽게 뛰어다니지도 못하는 개구리 프레디처럼 느껴본 일이 있는가.

개구리 프레디는 곤경에 빠져 있었다. 자기 일만 상관하면서 껑충 뛰다가 "풍덩!" 하고 커다란 웅덩이에 빠졌다. 온힘을 다해 나오려고 애썼지만 빠져나올 수가 없었다. 웅덩이가 너무 깊었다. '아, 그래!' 그는 혼자 생각했다. '친구를 부르면 되겠지!' 그래서 그는 할 수 있는 최대한도로 크게 울었.

울어서 목이 아플 때쯤, 그는 개구리 친구 두 마리가 마주 우는 것을 들었다. 드디어 친구들이 그를 찾은 것이다. "프레디, 무슨 일이니?" "웅덩이에 빠져서 나갈 수가 없어!" 웅덩이 바닥에서 프레디는 말했다.

"넌 할 수 있어, 프레디. 또 한 번 해봐. 힘을 내!"

친구들은 개골개골 울며 용기를 북돋아주었다.

그러나 프레디는 웅덩이를 빠져나갈 힘을 모을 수가 없었다. 친구들은 그를 그냥 버려두고 떠났다.

그 다음 날 두 마리 개구리 친구들은 프레디가 그들을 향해 오고 있는 것을 보았다. "프레디 아냐?" 한 마리가 물었다. "정말 그런데!" 다른 한 마리가 대답했다. "도대체 어떻게 빠져나왔지?" 프레디는 친구들에게 인사를 건넸다. "안녕, 얘들아!" "프레디, 어떻게 된 거야? 우리는 네가 못 나오는 줄 알았어!" 한 개구리 친구가 소리를 질렀다. "내 힘으로는 나올 수 없었어." 프레디가 대답했다. "트럭이 와서 난 죽을 힘을 다해 나와야 했지."

좋은 이야기는 청중을 감정적으로 움직일 뿐 아니라 강연의 요점을 잊어버린 후에도 오랫동안 기억에 남게 하는 힘이 있다.

활용 3: 드라마를 통해 필요에 민감하게 하라

이것은 관련의 원리이다. 사람들은 음모를 꾸미고, 선악이 대치되고, 서로 맞부딪히는 결과를 좋아한다. 드라마는 독백, 대화, 혹은 인터뷰, 즉흥적인 촌극 그리고 계획된 연극을 통해 필요를 세우는 데 흥미를 돋울 수 있다. 미리 계획해서 다른 사람과 같이 할 수도 있고 혼자 다 할 수도 있다.

드라마는 구연과는 다르다. 왜냐하면 이것은 말로만 하는 것이 아니라 행동으로 하기 때문이다. 당신은 이야기의 등장인물이 된다. 성경이나 현대의 관점에서 여러 가지 역할을 할 수 있다. 유다, 빌라도, 엘리야, 예수님이 성전에서 환전하는 사람들을 채찍으로 치실 때의 성전 기둥, 마리아가 베들레헴까지 타고 간 나귀, 사람들이 노아가 일하는 것을 보고 비웃을 때 노아에게 그늘이 되어주었던 나무가 되어보라.

21세기를 사는 현대인이라는 것을 잊어버리고 과거의 옷을 입어보라. 한 예를 소개한다.

> 당신도 알겠지만 갈릴리에서 거룩한 도성에 이르기까지 우리는 내내 다투었다. 왜냐하면 이 주간이 메시아가 그의 나라를 세우실 기간이라는 것을 알았기 때문이다. 우리는 시간의 반 이상을 누가 그의 오른편에, 또 누가 왼편에 앉을 것인지 그리고 혁명이 일어나면 우리 중에 누가 죽을 것인지에 대해 심한 언쟁을 벌였다.
>
> 그리스도가 왕국을 위해 우리를 부활시킬 것이라는 것도 알았다. 그리고 그가 우리 발을 씻기기 시작했을 때, 나는 정말 혼란스러웠다. 나는 발을 씻기기보다 싸우기를 원했다. "발이나 씻어주는 것은 종이나 할 일인데! 내가 할 일은 아니야." "나는 언젠가는 예수님의 오른편에 앉을 텐데." 그런 생각을 하고 있는데 그때 예수님이 내게로 오셨다. 나는 그가 내 발을 씻기는 것을

원치 않았다. 나는 당황했다.

그러자 그는 이렇게 말하는 것이 아닌가? "만약 네가 나에게 네 발을 씻게 하지 않으면 우리의 관계는 끝이다. 너는 나와 아무 상관이 없다." 나는 자리에서 떨어질 뻔했다. 나는 이 사람을 따르기 위해 생업도 버리고 모든 것을 포기했는데 단지 발을 씻지 못하게 한다고 해서 그가 나에게 끝이라고 말할 수 있는가? 도대체 믿을 수가 없었다. 그래서 나는 예수님께 그렇게 느낀다면 내 전부를 씻어달라고 했다. 그러자 그는 우리 중 누군가가 자신을 배반할 거라고 하셨다. 그러자 모든 사람이 나를 쳐다보기 시작했다.

당신은 별로 어렵지 않게 베드로의 독백을 계속할 수 있다. 그가 예수님이 체포되고 주를 세 번이나 부인하며(여기 또 하나의 예가 있다'―'탕자) 갖는 감정을 연기할 수 있다. 그저 읽고 그 읽은 것을 가르치기보다는 스스로 탕자가 되어보면 어떻겠는가?

나한테 무슨 일이 일어났는지 믿을 수가 없어. 9개월 하고 사흘 전에 떠나올 때는 유산으로 받은 24,500달러나 있었는데 말이야. 나는 신나게 즐겼지. 스테이크를 실컷 먹었고 비싼 양복도 마구 사들이고, 가는 곳마다 친구들로 들끓었지. 정말 굉장했어. 그렇지만 지금은… 지금은 내 수중에 7달러 23센트밖에 남아 있질 않으니.

당신은 학생 한 명을 선택해서 이야기를 계속하게 할 수 있다.

톰, 내가 여기 6개월 전에 왔을 때만 해도, 나는 돈이 굉장히 많았었지. 네게 그 신발도 사주고, 너한테 이것저것 돈도 많이 썼어. 기억하니? 그런데 톰, 지금 나는 네 도움이 필요해. 지금 내게 남은 돈이 거의 없거든. 내가 비굴하게 집으로 돌아가면 아버지가 뭐라고 하실지 너도 잘 알잖아? 아버지는 내가 절대 이 일을 잊지 못하도록 하실 거야.

탕자의 집의 참나무가 될 수도 있다.

나는 멀리서 한 물체를 보았다. 그 사람 같았다. 그렇지만 그럴 리 없어. 설마? 나는 그가 내 가지에 오르던 것을 기억한다. 우리는 함께 참 재미있었다. 그러나 지금 그를 보라. 그는 나이보다 훨씬 늙어 보이고, 천천히 걷는 것을 보니 두려움에 떠는 것 같다. 아버지가 어떻게 하실지 두려운 것인가? 그는 아버지가 날이면 날마다 여기에 앉아 그가 혹 지평선에 보일까 애탈게 울던 일을 모른다. 그래서 나 또한 눈물 젖은 참나무가 되는 것만 같았다!

활용 4: 이야기를 전달하면서 필요를 증대시키라

이것은 강렬함의 원리이다. 무엇을 말하는가보다 어떻게 말하는가가 종종 더 많은 영향을 미친다. 강렬함, 몸짓, 목소리의 높낮이, 제스처의 정도, 시선을 주는 것, 말의 빠르기 등이 효과적으로 감정을 세우는 방법이다. 분노, 공포, 신뢰, 받아들임, 사랑, 희망, 불안정 등은 전달을 통해 쉽게 개발할 수 있는 감정들이다. 잠시의 침묵조차도 필요와 주의를 높일 수 있다. 가장 많은 효과를 위해 전달 방법을 변화시키고 적절한 강도에 예민해지라.

감정을 돋우는 다듬어진 말들은 굉장한 능력이 있다. 주기도문을 읽어보라. 아니면 시편 23편이나 게티스버그 연설문을 읽어보라. 대통령 취임사를 큰 소리로 읽어보라. 그리고 그의 표현을 읽어가면서 어떻게 느끼는지 살펴보라.

우리는 역사의 위대한 인물들을, 그 시대로 돌아가서가 아니라 그들이 내다보았던 비전과 꿈을 향해 전진함으로써 그들을 존경합니다. 사랑하는 국민 여러분, 이 나라는 위대함을 위해 존재합니다. 위대한 새로운 도전을 향해 앞으로 나아갈 때가 왔습니다. 그것은 기회와 희망의 두 번째 미국 혁명입니다. 지식과 공간의 선구자들을 뒤로하고 우리를 전진의 새로운 높이로 이끌어갈 혁명입니다. 이제껏 알았던 것보다 더욱 큰 힘을 불러일으키도록 우리에게 힘을 줄 미국의 정신을 끌어내는 정신의 혁명! 우리나라를 넘어서서 평화적인 세계, 인간의 자유를 향한 금빛 찬란한 약속을 이행하는 혁명입니다. 보통의 지혜에 도전함으로 시작합시다. 인간의 마음에는 아무런 제약도 없고, 인간의 정신에는 아무런 벽도 없으며, 우리의 기도에는 우리가 스스로 세운 것 이외에는 아무런 장애물도 없습니다. 우리는 더 많이 생산하고, 더 많이 행하고, 더 많이 존재하는 위대한 능력의 출발점에 서 있습니다. 우리의 적은 늙어가거나 약해지지 않습니다. 그것은 점점 더 젊어지고 강해져갑니다. 그것은 휴식이나 감시가 필요 없습니다. 새로운 도전과 더 큰 자유가 필요합니다. 그리고 '자유'라는 그 단어는 우리가 완성하고자 하는 두 번째 미국 혁명의 열쇠입니다.

전달은 가장 하찮은 문제까지도 중요한 것으로 보이게 만든다. 능란하고 건장하고 목소리에 힘 있는 광고주가 심야 TV에서 이야기하는 장면을 상상해보라.

최고의 효율성을 갖고 삶을 정리하는 완벽한 장치를 상상해보세요. 맞습니다! 이 물건을 작동시키면 안정감, 정돈 그리고 가능하리라고 전혀 생각하지 못했던 마음의 평화를 즐기게 되실 것입니다. 불과 몇 초만에 모든 것이 제자리로 돌아갈 때 느끼는 안정된 자신감을 경험하게 될 것입니다. 이 매력적인 물건은 궁극적으로 정돈된 체계를 위한 것일 뿐만 아니라 예쁜 책갈피 구실도 할 것입니다. 앞으로는 절대로 읽던 곳을 잊어버리지 않으실 것입니다!

이것을 완전히 펴면 참신하고 다시 쓸 수 있는 테이블 매트가 됩니다. 그리고 이것은 정리 정돈에 둔한 가족이라면 안성맞춤입니다! 그리고 자녀나 손자, 손녀가 있으면 이 튼튼한 물건에 색깔을 칠하며 창의력을 발휘할 것입니다. 그리고 또 중고 물건을 팔거나 차를 팔 때 광고하기에 좋은 도구가 됩니다. 무엇이든지 쓰고 싶은 대로 여기에 쓰십시오. 그러면 볼 만한 사람은 다 볼 것입니다. 직선을 긋기 위한 자 대용으로 쓸 수도 있습니다!

이것을 소유한 수백만의 사람들과 함께 나눌 우애를 상상해보십시오. 반상회 때 이 놀라운 도구에 대한 경험과 다른 용도로 쓸 수 있는 아이디어를 나눌 수도 있습니다! 이것은 어떤 장식에도 어울리는 부드럽고 따뜻한 크림색으로 나옵니다. 이것은 정교하게 세공되었습니다. 하나하나에 깃들어 있는 장인 정신에 놀라실 것입니다. 100만 개도 넘는 용도를 가진 이 물건에 얼마를 내시겠습니까? 500달러? 100달러? 50달러? 글쎄요. 자정이 넘기 전에 주문하십시오. 그러면 단돈 10달러에 보내드리겠습니다. 맞습니다! 10달러입니다. 한정된 기간에만 이렇게 싸게 파는 것입니다. 한 다스를 주문하시면 10퍼센트를 할인해드립니다. 그렇습니다. 안락함, 자신감, 안정감, 성취감 그리고 이것을 받을 때 생활 속에 흐르는 순수한 즐거움을 상상해보십시오. 이것은 마닐라 홀더입니다.

목소리의 높낮음이나 속도를 조절하라. 강도를 바꾸라. 적절할 때 크게 하고, 그렇게 하는 것이 효과적일 때 속삭이라. 최대한의 영향력을 위해 어떻게 전달할 것인가를 미리 생각하라.

활용 5: 음악을 통해 필요를 증진시키라

이것은 영감의 원칙이다. 독창, 합창, 악기로 만든 음악 그리고 녹음된 것이라도 메시지의 필요를 증진시킬 수 있다. 학생들이 공감할 수 있는 '나는 비록 약하나' '불의 전차' '영화 록키의 주제가' '우리는 그를 바라보아야 한다' 등의 잘 아는 노래를 선택하라. 세우고자 하는 필요와 가까운 음악을 결부시키라.

교회에서 찬송을 부르거나 설교 전에 특송 순서를 갖는 이유가 이 때문이다. 음악은 우리의 마음을 정돈하는 데 도움을 준다. 필요는 감정과 연관되어 있다. 필요를 생각해내거나 필요를 의지적으로 만들어내기보다는 우리는 필요를 즉각적으로 느낀다. 우리가 이용하는 그 어떤 방법보다 음악은 그러한 필요에 가장 빨리 다가갈 수 있다. 단지 필요를 세우기 위해 설교 전이나 도중에만 음악을 사용하지 말라. 설교 후에도 음악을 사용하라. 교인들에게 그날 설교와 분위기에 맞는 음악을 들려줌으로써 그날 들은 말씀에 대해 생각할 시간을 주라. 이렇게 하는 것은 극적인 영향을 미칠 것이다.

활용 6: 도표로 필요를 전시하라

이것은 상상의 원리이다. 조그만 도표가 전달하는 효과는 대단히 놀라울 정도다. 칠판이나 OHP는 훌륭한 보조 교사가 될 수 있다. 동그라미는 사람을 나타내고 화살표는 성장을 의미한다. 성막 그림은 하나님께 나아갈 때 인간이 거룩해야 할 필요를 잘 나타내준다. 창의력 있는 가능성은 끝이 없다.

어떤 사람은 칠판이나 차트 없이는 가르칠 수 없다. 칠판을 이용해 당신이 논의하고 있는 개념을 살아 움직이는 그림으로 만들라. 화살표를 그리고, 느낌표를 찍으며, 사람 모양을 그려넣으라. 그림이 잘 그려져 있는지에 신경쓰지 말고 그것을 통해 대화하는 것에 마음을 쓰라. 이상하게 들릴지 모르지만, 그림을 사용하는 것은 상당히 감정적이 될 수 있다. 청중에게는 할 수 없는 행동들을 칠판에는 할 수 있다. 칠판을 때릴 수도 있고 색분필을 쓸 수도 있다. 그림으로 이해하는 것이 사람들에게는 훨씬 쉽다. 그들은 당신이 말하고자 하는 핵심을 금방 알 수 있다. 다음의 에피소드를 살펴보자.

이 원이 당신이라고 가정합시다. 이 화살표는 당신에게 다가와서 당신을 공격하고 물러나는 유혹입니다. 당신은 절대 유혹에 넘어가지 않으려 합니다. 그러나 사탄은 또 다른 유혹을 합니다. 그것 또한 물리칩니다. 당신은 계속해서 "안 돼"라고 말합니다. 그러나 당신은 하나님의 능력에 의지하기보다는 당신의 힘을 의지하고 있습니다.

드디어 당신이 약할 때 유혹의 화살 하나가 당신을 쏘아 맞히고 살에 박혀 당신 삶의 표면에 작은 틈을 냅니다. 다음에 유혹이 올 때는 "안 돼"라고 말하기가 그리 쉽지 않습니다. 화살들은 그 맞았던 부분을 계속 맞히고 오래지 않아 그 틈은 당신을 보호하고 있던 껍질을 약하게 만들어 그 틈을 점점 더 벌어지게 합니다. 그리고 그 부위는 점점 커지고 검게 변합니다.

그러자 당신은 또 다른 삶의 영역에서 유혹을 받습니다. 당신이 이미 약해져 있기 때문에 무슨 일이 일어나는지도 모르는 사이에 당신은 그 유혹에 쓰러집니다. 그리고 또 다른 죄를 짓습니다. 오래지 않아 당신 삶의 전 영역에 들어온 죄가 당신을 점점 시커멓게 삼켜갑니다

이 수업이 끝나기 전에 다음에 유혹이 오면 성경에서 어떻게 그 유혹을 물리치는가 알게 될 것입니다. 당신은 "안 돼"라고 말할 수 있는 힘이 생길 것입니다.

이 그림이 얼마나 효과적인지 보았는가? 화살표 몇 개와 까만 점으로 덮인 원이 한 사람 한 사람에게 강한 필요를 세우면서 긴장시킬 수 있다.

활용 7: 그림으로 필요를 상징하라

이것은 그림에 의한 설명의 원리이다. 그림, 사진, 수채화, 비디오, 그리고 다른 그림들은 필요를 극적으로 세울 수 있다. 굶주린 어린이들의 사진은 기아에 허덕이는 해외에 있는 사람들을 위한 모금을 위해 얼마든지 사용할 수 있다. 왜냐하면 그렇게 하는 것이 효과적이기 때문이다.

울창한 숲속을 걸을 때 어떻게 느끼는가? 물결치며 흐르는 시냇가의 바위 위에 앉아 있을 때의 기분은? 아니면 바닷가에서 파도치는 것을 보며 앉아 있는 기분은? 봄날 저녁 노을을 바라보는 마음은? 하나님이 창조하신 자연은 확실히 우리를 감동시킨다. 그렇지 않은가? 왜 영화가 인기를 끄는가? 그것들은 강한 영상으로 사람들의 감정을 흔들어놓는다. 잡지를 살펴보라. 마음이 움직여 그 기사를 읽게 하기 위해 이용한 사진을 볼 수 있다. 사람들은 시각적인 자극을 갈망한다.

얼마 전 나는 한 만찬회에서 연설을 한 적이 있었다. 찬양이 곁들여진 아름다운 사진을 슬라이드로 보여주었다. 너무 좋았다. 슬라이드 상영이 끝났을 때 눈시울을 적시지 않은 사람이 아무도 없었다. 우리는 하나님에 대한 찬양으로 가득 찼다. 그것은 다른 방법으로는 불가능한 방법으로 그날 저녁의 메시지를 더 강화시키고 깊이를 더해주었다. 왜냐하면 필요를 세우는 가장 강력한 법을 결합시켰기 때문이다. 그것은 음악과 사진이다. 더 많은 방법을 결합하면 더욱더 효과적인 표현이 될 것이다.

결론

필요의 법칙을 시작할 때 우물가의 여인(요 4장)에 대한 이야기를 공부했다. 그 이야기를 통해 예수님이 어떻게 조심스럽게 그리고 목적을 가지고 그녀의 필요를 세우셨는지 그리고 그녀는 그 필요에 대한 해답을 얼마나 강력하게 찾았는지 살펴보았다.

그녀의 마음은 무관심에서 큰 관심으로 바뀌었다. 그녀는 예수님이 그녀로 하여금 찾기 원하셨던 것을 찾으려고 애썼다. 예수님이 가르치신 성경 본문의 명확성에 대해서는 반론의 여지가 없다. 예수님이 의도적으로 '미끼'를 고르고 '물고기'가 '가짜 미끼'를 좇아오도록 '낚싯대와 릴'을 사용하셨다. 예수님이 그녀가 필요로 하는 메시지를 가지고 계셨기 때문만이 아니라, 또한 그녀의 완전한 행복을 위한 동기 때문만이 아니라, 예수님은 그녀의 마음에 든 올바른 방법을 쓰셨기 때문에 그분은 위대한 교사이셨다.

- 오늘날 누구도 예수님의 메시지에 불만을 표하는 사람은 없다.
- 오늘날 누구도 예수님의 동기에 불만을 표하는 사람은 없다.
- 그런데 당신은 아직도 예수님의 방법에 불만을 표시하고 있는가?

당신은 아직도 그리스도가 하신 것처럼, 학생들을 위해 가르칠 내용을 의도적으로 배치하는 것이, 그래서 그들이 그 내용을 배우려고 놀랍게 동기부여되는 것이 부적당하다고 생각하는가? 아직도 그리스도가 하신 것처럼 학생들을 무관심에서 체감적 필요로 그리고 실제의 필요로 인도하는 것이 부적당하다고 느끼는가?

이 필요 세움의 단계를 우연에 맡기는 것이 더 좋은가? 아니면 그저 교실에서 '성령에 의존'하며, 학생들이 동기 부여를 받을 일이 일어나기를 바라는 것이 더 나은 방법이라고 생각하는가? 혼돈이 하나님의 방법인가?

미리 생각하고 준비하지 않는 것이 하나님의 종으로서의 태도인가? 예수님이 걸어가신 길을 공부하여 우리도 그분의 발자취를 따라 걸을 수 있도록 해야 하지 않겠는가?

왜 어떤 교회나 교실은 흥분과 영적 생동감 그리고 양적 부흥으로 가득 차 있는데 왜 다른 교회는 지루함, 영적 무력감 그리고 점차 줄어드는 교인으로 힘들어하는가? 이 문제의 근원에 대해서는 여러 해답이 있을 수 있지만 나는 교사의 두 가지 자질을 지적하려고 한다.

첫 번째, 교사가 학생들의 필요를 채울 책임이 없다는 그릇된 생각을 가진 경우이다. 그는 이유는 제쳐두고 어쨌든 하나님께 책임이 있다고 생각한다. 당연히 주의 깊은 연구로 학생들의 삶 속에 주된 필요를 채우기 위해 적절한 주제를 선택하는 것이 교사의 책임 아닌가?

두 번째, 학생들이 교사가 가르치는 주제에 대해 관심을 갖고 동기 부여를 받도록 강의하는 것이 자신의 책임이 아닌 하나님의 책임이라는 잘못된 생각을 갖고 있다. 어쩌면 학생들이 교실에 들어올 때 배우고자 하는 동기로 가득 차서 들어와야 하는 것인지도 모르겠다. 어떠한 경우에도 학생들이 배운 진리를 경험하는 것은 교사의 성의 있는 준비 때문만은 결코 아니다.

이 두 경우를 볼 때 교사는 교사로서 그가 당연히 해야 할 일을 내팽개쳤다. 그는 하나님이 맡기신 의무를 다시 하나님께 위임했다. 그는 그를 '사람을 낚는 어부'로 만들기 위해 훈련시키는 하나님의 뜻을 적극적으로 방해하고 있다. 당신은 그리스도가 그림을 연상시키는 '어부'라는 단어를 그냥 우연히 선택하셨다고 생각하는가?

그리고 아직도 오래된 가짜 미끼를 가지고 그 미끼가 물고기에게 합당한

지 아닌지 고민도 해보지 않은 채 교실로 들어가고 있는 것은 아닌가?

그리고 아직도 학생들이 저절로 가르치는 내용을 배우고 싶어하기를 기대하면서 그들의 무관심이나 지루함이 학생들이나, 제도 또는 강의 시간 때문이라고 투덜거리면서 교실로 들어가는가?

필요의 법칙에 대한 이 두 장을 보고 예수님이 제자들에게 "나를 따라오라 내가 너희를 사람을 낚는 어부가 되게 하리라"고 하셨을 때 그분이 의미하셨던 그 모든 것에 대해 이제 새롭게 알게 되었을 것이다.

이 생동감 넘치는 개념을 끝내기 전에 요한복음 4장의 기억할 만한 이야기를 매듭짓자. 예수님이 그녀를 인도하셨을 때 우물가의 여인은 무엇을 했는가? 그녀는 예수님이 자신에게 하신 것을 학생들에게 똑같이 반복했다.

"여자가 물동이를 버려 두고 동네로 들어가서 사람들에게 이르되 내가 행한 모든 일을 내게 말한 사람을 와서 보라 이는 그리스도가 아니냐 하니"(요 4 : 28-29).

이제 그녀의 방법을 알아내기 위해 메시지 다음 부분을 살펴보자. 처음에 그녀는 "내가 행한 모든 일을 내게 말한 사람을 와서 보라"는 말로 사람들의 주의를 끌었다. 이 여인은 그 동네의 남자들을 성적인 관계로 상대하고 있었음을 기억하라. 즉각 사람들이 주의를 집중했을 것이다.

그리고 그녀는 단계 2로 들어갔다. 그녀는 "이는 그리스도가 아니냐?" 하는 말로 그들의 호기심을 자극했다. 조심스럽게 접근했기 때문에 그녀는 엄청난 성공을 맛보았다. 성경은 "그들이 동네에서 나와 예수께로 오더라"(30절)고 기록하고 있다. 놓치지 말라. 그 동네의 모든 남자는 일하는 시간에 가게문을 닫고 왔다. 그들은 여인이 말한 두 마디 때문에 자발적으로 매출의 손실을 감수했다. 우물가의 여인은 구세주를 소개함으로써 그 동네의 교사가 되었다. 그녀가 필요를 세운 방법 때문에 그 사람들은 그리스도를 바라며 찾았다. 그녀가 필요를 세운 것이 얼마나 중요한지 알겠는가? 필요가 효과적으로 세워진다면 동네 전체가 예수님을 찾아올 것이다.

그러므로 다음에 교실문을 열 때 모든 것은 당신에게 달려 있다는 것을 기억하라. 저기 당신의 '우물가의 여인'이 오고 있다!

토론할 문제

1. 당신이 생각하는 반의 10가지 가장 중요한 필요를 열거하라. 중요도에 따라 나열하라. 그리고 무기명 설문지를 나눠주고 당신이 얼마나 정확하게 학생들을 알고 있는지 진단하라(보통 교사는 3개도 못 맞힌다는 것을 기억하라). 여기서 무엇을 배웠는가?

▪

2. 설문지에서 무엇이 가장 중요한 필요로 나타났는가? 그것을 최고의 필요가 되게 한 것은 무엇인가? 삶 속에 채워지지 않은 필요가 있음으로 인해 생길 수 있는 결과들을 열거하라. 또한 가정생활, 일터, 오락, 친구관계 등을 고려하라. 학생이 이러한 영역에서 완전한 승리를 만끽할 수 있다면 그가 당신과 당신의 학급을 어떻게 생각하겠는가?

▪

3. 잠시 시간을 내어 형사가 되어보라. 가까운 서점에 가서 베스트셀러들을

훑어보라. 그 책들의 주제가 내포하고 있는 5가지 필요를 열거하라. 그리고 가장 인기 있는 잡지를 살펴보고 잡지에 실린 기사의 주된 5가지 필요를 찾아보라. 이 두 항목을 하나로 묶으라. 다음 주부터 5주 동안 주일학교에서 이 주된 5가지 필요에 대해 가르친다면 어떤 일이 생길 것이라고 생각하는가? 한 가지를 덧붙이자면 당신이 최근에 가르친 5가지 주제를 열거하라. 사람들이 정말 가려워하는 곳을 긁어준 것은 얼마나 되는가?

4. 당신은 방금 심장마비를 일으켜 죽었다. 당신의 죄를 대속하여 죽으신 그리스도를 믿었기 때문에 천사들이 당신을 천국문에서 맞아들인다. 이제 모든 이기심에서 해방되어 하나님의 관점으로 세상을 본다. 세상이 얼마나 다른지! 당신의 관점은 극적으로 변화된다. 하나님의 관점에서 보면 오늘날 교회의 가장 중요한 5가지 필요는 무엇인가? 그것들을 내년을 위한 설교 계획서로 만든다면 결과는 무엇인가?

5. 하나님이 당신을 보시듯 완전히 자신을 볼 수 있다면 그때 5가지 필요는 무엇인가? 성경과 성령이 있기 때문에 당신의 필요가 앞으로 6개월 동안 경건의 시간을 위한 주제가 될 수 있는가? 그 5가지 필요가 채워진다면 어떻게 느끼겠는가? 하나님의 말씀을 찾아 그분의 지혜를 구하라!

법칙 6

세움의 법칙

11

세움의 기초, 모델 및 원리

　3주 동안이나 다짐했건만 한 가지 사실만은 피할 수 없었다. 나는 WTB 연구원 한 사람을 해고해야 했다. 한번도 누군가를 해고한 적이 없었던 나는 이 일을 치를 용기를 내려고 오랜 시간 고민했다. 심지어 할 말을 종이에 적어 연습했다. 너무 초조한 나머지, 집에서 강아지와 아이들, 또 장모님을 대상으로 연습하기도 했다.
　나는 죄책감에 시달렸는데, 그것은 그가 좋은 사람이기 때문이었다. "이것은 내 잘못이 아니라 그 사람 잘못이야"라고 말하며 스스로 합리화하려고 애썼다. "그가 좀 더 업무를 잘 처리했다면 해고할 필요까지는 없었는데…" 그러면서 나는 서서히 그 일을 치르기로 결심했다.
　예정된 날이 되어 나는 그를 사무실로 불렀다. 긴장을 풀기 위해 먼저 날씨 이야기를 나누었다. 연필 꼭지에 달린 지우개를 만지작거리며 독신임을 알면서도 결혼에 대해 몇 가지 어리석은 질문을 던졌다. 그다음에 크게 심호흡을 한 뒤 이야기를 시작했다.

연습으로 해고한 것은 살아 있는 한 사람을 해고하는 것과는 전혀 달랐다. 그가 이 상황을 전혀 눈치채지 못했음을 깨닫자, 연습했던 말들이 입 밖으로 나오지 않았다. 나는 애써 이렇게 말했다. "그런데 자네는 이곳에서 일하는 것을 어떻게 생각하는가?" 명백한 그의 낮은 실적을 댄다면 그가 납득할 것 같았다. 나는 그저 동의만 하면 되리라. 이것이 진정한 경영인의 자질처럼 느껴졌다.

그러나 이 젊은이는 의자 앞쪽으로 몸을 당기고 눈을 반짝이며 말했다. "아주 좋습니다." 그것은 해고 직전에 있는 사람의 답변처럼 들리지 않았다. "아, 그런가? 내게 자네의 일에 대해 얘기해주겠나?" 나는 침을 튀며 말했다. 그다음 20분간, 그는 자기가 하고 있는 흥미로운 일들을 모두 열거했다. 그에게는 뜨거운 열정이 있었다. 심지어 의자에서 일어나 서성거리기까지 했다. 그는 흥분을 억제할 수 없는 듯했다.

그의 이야기가 마무리될 쯤, 나는 깊이 감동한 상태였다. 나는 그의 말에 설득되었다. 이 젊은이가 이뤄낸 일들은 그 얼마나 고무적인 것들인가! 이 얼마나 훌륭한 일꾼인가! 주저 없이 나는 벌떡 일어나 손을 내밀며 그에게 봉급 인상을 제안했다.

"대체 무슨 짓을 한 거야?" 나는 나중에 혼자서 중얼거렸다. 다름 아닌 바로 내가 한 일이었다. 나는 그에게 봉급 인상을 제안했다. "그렇다면 그의 문제들은 어떻게 하지?" 그런데 문제는 그가 아니라는 사실이 갑자기 떠올랐다. 문제는 그의 팀장이었다. 그 젊은이는 대단한 일을 구상했다. 그러나 불행하게도 그의 일들은 그가 해야 한다고 생각하는 것과는 정반대의 것들이었다.

그러나 팀장이 그에게 업무 설명을 해준 적이 없기 때문에 그는 팀장이 자신에게 무엇을 기대하는지 추측하기 위해 애쓰고 있었다. 모든 조직 이론의 가장 기본적인 원리 중 하나인 고용인의 기대를 명확히 하지 않았던 것이다. 그리고 그에게 내 실패의 책임을 전가하려고만 했던 것이다. 참으로 잊을 수 없는 교훈이었다. 우리는 그가 성취해야 할 세부 사항에 대해 서로 토의했고, 그는 뛰어난 직원으로 성장했다.

직무에 대한 설명은 지극히 중요하지 않은가? 그것은 리더가 그를 따르는 직원들이 성취하기를 기대하는 것을 명백하고도 객관적인 용어로 규정짓는다. 리더는 그러한 기대치를 분명하게 규정할 책임이 있으며, 따르는 이들은 그러한 기대들을 자신의 능력을 다해 이행할 책임이 있다. 임무 설명이 분명한데도 그 젊은이가 의도적이고 정규적으로 그 지시들을 무시했다면, 내 이야기는 달라졌을 것이다.

이 장의 주된 문제들은 다음과 같다. 첫째, 그리스도인 교사들을 위한 성경적 임무와 사명은 무엇인가? 둘째, 일반적으로 교사는 그 책임들을 이행하는가? 아니면 그것에 반기를 드는가?

세움의 기초

언젠가 우리는 각자 우리가 한 일을 평가받기 위해 주님 앞에 서게 될 것이다. 고린도전서 3장과 고린도후서 5장이 분명하게 말하듯이, 하나님은 삶에서 우리가 무엇을 했는지 물으실 것이다.

하나님이 "네가 세상에서 어떤 일을 했는지 내게 들려다오"라고 물으실 때 어떤 일이 일어나겠는가? 주님이 긴 설명을 마친 우리에게 "그것 참 재미있구나. 그 모든 일들이 네게 중요했구나. 그런데 나를 위해 완수하도록 네게 부탁한 일들은 어찌 되었니?"라고 말씀하지는 않으실지 궁금하다. 그 중요한 순간에 주님이 무엇에 대해 언급하실지 아는가? 주님이 교사들을 위한 '거룩한 임무 설명서'에 무엇을 써놓으셨는지 아는가?

잘못된 일을 한 후에 상사의 목표에 도달하기 위해 작업을 조정해야 했던 그 젊은이와 달리, 우리는 마지막 날에 주님을 대면할 때 중간 교정이 아닌 최후의 심판을 받는다. 마지막 날에 주님의 명령을 따르기 위해 삶을 되돌리거나 재조정하는 것은 불가능하다.

이 임박한 심판이 명백함에도, 주님의 목표가 아닌 자신의 목표를 성취하는 것은 영원한 비극이다. 교사들을 위한 주님의 '거룩한 임무 설명서'를 어디에서 찾을 수 있겠는가? 그것을 알지 못한다면 당신은 그리스도인 교사로서 그릇된 목표들을 겨냥한 것이다.

이것은 내게 WTB 연구원이 매년 임직원들을 후원하기 위해 개최한 골프 선수권 대회를 상기시킨다. 우리들 중 누구도 골프를 즐기지는 않았지만 매년 대회 기간에 우리는 골프채의 먼지를 털고 격돌하곤 했다. WTB의 인쇄실 책임자인 데일 하우친(Dale Houchin)과 나는 지난 수년간 겨뤘으며, 선수권 대회를 앞두고도 서로 공격했다.

시합이 시작됐을 때 나는 데일이 우리 4인조 바로 다음 팀이라는 사실을 알았다. 데일은 내가 그린에 공을 올리려고 애쓸 때마다 상당한 야유를 보냈다. 마침내 우리는 한 홀에 다다랐는데 그린이 언덕 너머에 있었기 때문에 거기에서는 그린을 볼 수가 없었다. 언덕 너머 숨겨진 그린을 어림짐작해서 첫타를 날려야 했다.

웬일인지 내 첫타는 강했고 공은 숲의 오른쪽으로 떨어졌다. 데일은 좀 더 크게 야유했다. 우리 4인조 팀이 그 홀을 끝냈을 때 나는 그 홀에서 비교적 괜찮은 내 득점을 얕잡는 데일의 음성을 언덕 꼭대기에서 분명하게 들을 수 있었다.

나는 기를 컵 쪽에다 다시 꽂으려던 참이었는데, 순간 기발한 생각이 떠올랐다. 데일은 그린을 볼 수 없었다. 마치 주님이 '의로운 자'를 위해 피할 길을 마련해놓으신 것 같았다. 굳게 결심한 나는 기를 들어 그린에서 멀리 떨어진, 내가 찾을 수 있었던 가장 커다란 모래밭에 단단히 꽂았다.

나는 언덕 꼭대기의 데일을 향해 나를 이기려면 그가 그린에다 공을 쳐야 할 것이라고 소리쳤다. 우리 4인조는 앞으로 벌어질 재미있는 일들을 지켜보기 위해 숲으로 숨었다. 데일의 타격은 정확히 언덕을 넘었으며, 분명 그 날의 가장 좋은 타격이었다. 그는 그것을 알고, "회장님, 잘 보셨습니까? 공이 그린에 있어요. 안 봐도 뻔합니다. 이제 끝장났어요"라고 소리쳤다.

그야말로 적나라한 말이었다.

그의 공은 잘못 놓인 기 앞에 60~90센티미터 거리에 떨어져, 땅에 파묻혔다. 데일이 언덕을 넘어와 잘못 놓인 기와, 모래밭 한가운데 놓인 자기 공을 보았을 때의 표정을 보기 위해서라면 나는 그 어떤 대가도 치렀을 것이다.

데일의 타격에 어떤 문제가 있었는가? 익숙함이었는가? 긴장감이었는가? 잘 치려는 소망이었는가? 천만의 말씀이다. 모든 면에서 그는 높은 점수를 받을 만하다. 데일은 그 공을 목표를 향해 쳤음에도, 그것은 그릇된 표적이었다. 잘못된 목표를 겨냥하고 있었기 때문에, 그의 고된 작업은 쓸모없는 것이 되고 말았다.

앞서 계속 토론한 것처럼, 대부분의 교사들은 자신의 주된 책임이 '내용을 마치거나' 학생들에게 '설명하는 것'이라고 생각한다. 그들은 '마지막 언덕'을 오르고나서 그린보다는 모래밭을 겨냥했음을 깨닫게 될 것이다. 그때는 이미 너무 늦은 것 아닌가? 그러나 이 장을 통해 목표가 빗나갔음을 발견했다면 돌이킬 수 있다.

교사의 주된 성경적인 임무를 설명하기 앞서 그 임무의 주된 요점들이 무엇인지 열거해보는 게 도움이 될 듯하다.

그리스도인 교사 집단은 '교장'이신 하나님을 모신 하나님의 교회의 '직원'으로 여겨질 수 있다. 이처럼 그분의 '사업'에서 우리가 성취해야 할 것들이 분명히 있는데, 그렇다면 그것들은 무엇인가? 주님을 위한 우리의 사역에 대해 어떻게 하나님께 긍정적인 평가를 얻을 수 있을까?

마태복음 25장에서 예수 그리스도는 모든 인생이 주님에 대한 청지기직임을 가르치시면서, 최후 심판의 엄청난 중요성에 대해 경종을 울리셨다. 달란트의 비유에서 그 주인은 기대했던 대로 자신의 자원을 사용한 종들에게만 상을 주었다. 그들은 큰 칭찬을 받았고, 놀라운 위치를 얻었다. 그럼에도 불구하고 세 번째 종은 주인의 자원들을 오용하여 심한 질책과 처벌을 받았다.

문제는 우리가 좋은 일을 하고 있는가가 아니라, 주님의 일을 하고 있는가이다. 세움의 법칙은 교사들을 위한 주님의 명령을 설명하기 위한 것이다. 다음 장에서는 하나님의 구원 사역에 토대를 두고 가르치는 법을 훈련할 것이다.

그렇다면 당신은 교사들을 위한 하나님의 임무 설명을 성경 어느 곳에서 찾아볼 수 있는가? 가장 완전하고도 분명한 구절은 에베소서 4장 11-12절이다. 전체적인 이해를 얻기 위해 주의깊게 읽으라. 그리고 그 풍부한 통찰에 깊이 몰두해보자.

"그가

어떤 사람은 사도로, 어떤 사람은 선지자로,

어떤 사람은 복음 전하는 자로, 어떤 사람은 목사와 교사로 삼으셨으니

이는 성도를 온전하게 하여

봉사의 일을 하게 하며

그리스도의 몸을 세우려 하심이라."

이 구절에 그리스도의 몸 안에서 가르치도록 부르심을 입은 자들을 위한 분명한 임무 설명이 있다. 이 구절에서 다음과 같은 중요한 세 가지 원리를 살펴보자.

원리 1: 교사의 주된 목표는 학생을 세우는 데 있다

여기에서 기본 문구는 이것이다. "하나님은 교사들에게 그저 내용을 설명하기 위해서가 아니라, 근본적으로 사람들을 세우려고 성경을 주셨다."

어떤 학급이든 한 학급을 택해, 그 학급에 앉아보라. 그러면 강의의 초점이 열 번에 아홉 번은 성경이나 그 내용의 의미를 설명하는 데 있음을 알 게 될 것이다.

이 비극은 가장 훌륭한 교회와 학교에서 매주 수없이 반복된다. 재미있고 정보를 제공해주는 수업일 수 있지만, 교사를 위해 하나님이 주신 임무와는 전혀 일치하지 않는다. 교실 또는 교회에 앉아 있는 학생이 유익한 정보를 얻으며 즐거운 시간을 보낼 수도 있지만 여전히 세워지지 않을 수 있다.

그리스도는 사역을 위해 성도를 세우려고 교사들을 주셨다. '세운다'는 말은 '어떤 목적이나 임무를 위해 필요한 것을 제공한다'는 의미다. 헬라어 원어 '*katartizo*'에서 나오는 개념은 '준비시키고, 채비를 갖추고, 완성하여 회복시킨다'는 것이다. 이 표현은 마태복음 4장 21절에서 고기잡이를 위해 그물을 손질한다는 의미로 쓰였다.

에베소서 4장 11절에서 '세운다'는 말은 봉사와 사역을 위해 대비하는 것을 의미한다. 사도 바울은 교사의 주된 임무가 어떤 일을 하도록 학생들을 준비시키는 것임을 깨닫게 해준다. 교사의 초점은 지식 자체를 넘어서 어떤 이의 삶에서 그 지식을 사용하는 것으로 옮겨져야 한다.

원리 2: 교사의 주된 청중은 그리스도인이다

하나님은 교사가 무엇을 해야 하는지 분명하게 하실 뿐만 아니라 그것을 누구에게 행해야 하는지도 보여주신다. "성도를 온전하게 하여 … 그리스도의 몸을 세우려 하심이라"(12절). 행할 일은 세우는 것이고, 청중은 그리스도인이다.

평신도에게 듣는 가장 흔한 불평은 이것이다. "왜 우리 목사님이나 선생님은 매주일 불신자들에게나 해당되는 복음 전도식 설교를 하는지 모르겠어요. 복음은 수없이 들었잖아요. 우리는 하나님의 말씀에서 나오는 참된 양식에 굶주리고 있다고요."

많은 교사가 하나님의 뜻을 무시하면서, 수업에서 학생이 구원받지 않는 사람들인 것처럼 말한다. 설교자와 교사는 유감스럽게도 매주 거듭 청중에게 맞지 않는 이야기를 하고 있다.

원리 3: 세움의 주된 결과는 그리스도인이 사역을 하고 그리스도의 몸을 교화하는 데 있다

가르침의 올바른 결과가 무엇인지 어떻게 아는가? 성도가 "각 지체의 분량대로 역사하여 그 몸을 자라게 하며 사랑 안에서 스스로 세우느니라"(16절)의 정도까지 하고 있는가로 알 수 있다.

□ **모든 교사를 위한 하나님의 임무 설명**

하나님은 우리를 교사로 평가하실 때 무엇을 찾으실 것인가? 하나님이 최후 심판에 나올 것이라고 말씀하신 놀라운 사항들을 고려해보라.

1. 학생들이 관련된 사역의 성격(봉사)

우리는 가르침에 대해 하나님과는 완전히 다른 강조점을 가질 때가 있다. 하나님의 강조점은 언제나 학생들이 행하는 것에 있는 반면, 우리의 강조점은 교사인 우리가 행하는 것에 있다. 하나님의 중점은 학생들이 관계하는 사역에 있는 반면, 우리의 중점은 우리가 하고 있는 학과 개요와 필기에 있다. 하나님이 우리에게 물으실 첫 번째 질문은 수업의 결과로 학생들이 하는 특정한 봉사에 초점이 맞춰질 가능성이 크다.

2. 개별적으로 사역하는 학급 학생의 비율(모든 지체)

다시 한 번 강조점의 차이에 주의하라. 하나님의 강조점은 항상 모든 구성원들이 다 참여하는 데 있는 반면, 우리의 강조점은 '성실해 보이는' 20퍼센트의 구성원에 있다. 우리는 80퍼센트 구성원들이 참여하지 않아도 묵인하고 타협했다. 하나님의 표준은 '모든 지체'에 있으므로 우리는 그것에 따라 평가될 것이다.

3. 학생들이 능력에 따라 사역하고 있는 정도(분량)

주님이 이 구절과 그외의 중요한 신약 구절들에서 보여주시는 사고방식은 그 얼마나 놀라운 것인가? 주님은 각 성도에게 독특한 성격을 주셨을 뿐만 아니라, 사역의 목적을 위해 주권적으로 영적 은사를 부여하셨다. 하나님을 위해 적어도 무엇인가를 하고 있는 한 교사는 자기 의무를 다했고 완성했다고 생각한다. 주님은 열 달란트를 가진 자가 두 달란트의 봉사에 만족하기를 원하지 않으신다. 또한 자녀들이 주권적으로 은사를 베풀어주신 영역이 아닌 다른 곳에 있을 때도 기뻐하지 않으신다.

4. 학생들이 행한 사역의 질과 양(효과적인 사역)

창조 사역을 끝마치셨을 때 하나님은 뒤로 물러서서 평가하셨다. 그리고 "보기에 좋다!"라고 외치셨다. 모든 행함에 뛰어나신 하나님은 군대에서 가르치는 의무를 맡은 장교인 교사들에게 학생들의 행함을 계속 훈련시키고 향상시키기를 기대하신다. 우리의 사고방식은 하나님과 너무 다르다. 내용에 대해 시험을 치는 것을 넘어 행함의 객관적인 표준을 갖기란 매우 어렵다. 주님은 학생의 사역 뿐만 아니라 효과적으로 사역하는 데에도 관심을 가지신다. 효과적인 일꾼들을 만들기 위해 우리는 효과적인 교사들이 되어야 한다.

5. 학급의 성장 비율(그리스도의 몸을 자라게 함)

주님의 말씀을 받아들이고 그분의 방식으로 일할 때마다 교사는 그분이 약속하신 결과들을 보리라 분명히 말할 수 있다. 주님은 모든 사람이 효과적인 사역에서 영적 은사를 적극적으로 사용할 때, 그것이 '몸을 자라게 할' 것이라고 약속하신다. 그런 학급은 성장하지 않을 수 없다! 그러나 하나님의 이러한 약속과는 달리, 우리는 효과적인 가르침이 반드시 학급의 성장으로 이어지지 않는 것처럼 가르친다. 에베소서는 효과적인 가르침이 "몸을 자라게 한다"고 말하는데, 그것은 단지 영적인 성장에만 국한되어서는 안 된다. 성경적인 모델을 위해, 사도행전 앞부분에 나오는 폭발적인 교회의 성장에 주목하라.

6. 학급 학생들 사이에 일어나는 일정하고 정상적이며 자발적인 상호 사역(사랑 안에서 스스로 세움)

대부분 교사들은 그들이 거의 단독으로 학생들에게 봉사할 책임이 있는 자들이라고 생각한다. 그러나 주님은 마치 학생들이 교사 또는 목사인 듯 그들이 서로서로 도울 수 있도록, 교사의 세움이 아주 철저하고 완벽하기를 기대하신다. 주님은 그리스도인들이 함께 모이는 데만 그치지 않고, 실제로 만나 상호 교제하는 교회에 관심을 두신다. 주님은 교회 각 구성원이 점점 더 자발적이 되어 어떤 필요에 대해 보거나 들을 때, 주인의식과 책임감에서 비롯한 즉각적인 반응을 원하신다.

전형적인 그리스도인 교사의 사고방식은 종종 주님이 교사들에게 내리신 사명과는 상당히 거리가 멀다. 우리의 사고방식과 하나님이 우리에게 원하시는 사고방식의 가장 근본적인 차이는 아마 관점에 있을 것이다. 교사는 특히 수업 시간 동안 자신이 행하는 것에 초점을 맞추는 경향이 있다. 주님은 학생들이 특히 수업 시간 이외에 행하는 것에 초점을 맞추라고 강력히 요구하신다.

이 세움의 법칙이 최고 감독자가 내릴 최후 평가를 위해 당신이 잘 준비하도록 돕기를 바란다. 그래서 주님께 "착하고 충성된 교사여, 잘하였도다"라는 칭찬을 듣기를 기도한다.

세움의 모델

에베소서 4장 11-12절을 좀 더 명확하게 이해하기 위해, 좌측에서 우측으로 이동하는 다음 도표를 살펴보자.

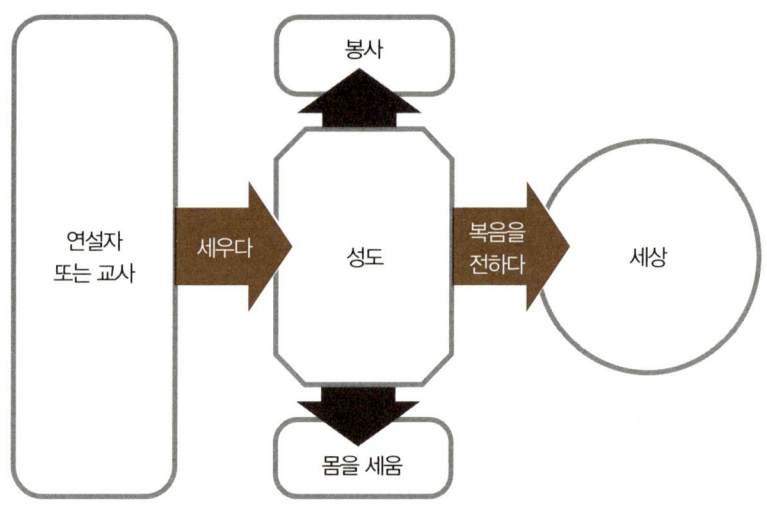

첫 번째 칸은 '연설자' 또는 '교사'를 대표한다. 그리고 성경은 에베소서 4장 11절에서 교사에 대해 흥미를 끄는 두 가지 관찰점을 보여준다. 첫째, 성경은 "어떤 사람은 … 교사로 주셨으니"라고 말하며, 그것은 교사가 하나님이 교회에 내리신 선물임을 의미한다. 이 얼마나 뜻밖의 사실인가! 주님은 당신과 나를 우리가 가르치는 사람들을 위한 선물로 여기신다. 교사는 우연히 교실에 들어간 것이 아니라 창조주의 웅대한 계획에 인도하심을 받은 것이다.

둘째, 교사들은 하나님의 자원이다. 하나님은 이 은사가 어디에서 오는지 혼동하지 않기를 바라신다. 그러므로 다음번 교실 문을 열고 자신이 그 학급을 가르치기에 적합한 인물인가 의구심이 들 때, 주 하나님이 당신을 그 날 그 학급의 교사가 되도록 주권적으로 선택하셨음을 기억하라. 따라서 주님의 능력과 부르심 안에서 자신감을 가지라.

가운데 칸은 '성도', 즉 예수 그리스도를 구주로 알고 있는 사람들을 의미한다. 그들은 '교사'라는 선물을 받은 사람들이다. 하나님은 불신자들이 아니라 신자들에게 선물을 주셨다. 비록 땅끝까지 가도록 명령을 받았지만, 가르치도록 부르심을 입은 교사들은 주로 성도의 영역 내에서 일하도록 하나님의 명령을 받았다.

마지막 원은 '세상'을 상징하며 그것은 성도가 아닌 모든 사람을 포함한다. 그러므로 세상은 구원받지 않은 사람들이나 성도가 아닌 사람들을 의미한다.

교사들에게 위임된 책임은 '세우는 것'이고, 교사들을 포함한 모든 성도에게 위임된 책임은 '복음을 전파하는 것'이다.

일반적으로 교사가 비성경적 방식으로 행동한다는 것은 명백하다. 첫째, 너무 빈번히 개교회에서 그리스도인 교사는 그릇된 청중, 즉 많지 않은 사람들에게 초점을 맞춘다. 위 도표는 세상으로 직접 나아가지 않는 교사에게 성경의 강조점을 일깨우며 보여준다. 세상으로 직접 나아간다면, 교사는 자신의 주된 청중을 버리는 것이며, 하나님이 그에게 주신 책임에 불순종하는 것이다.

둘째, 많은 교사가 거룩한 성품이나 효과적인 봉사를 위해 세워가지 않고 단지 몇 권의 노트 필기를 설명하는 경향을 지닌다. 성경적 가르침은 교사의 노트에서 나오는 압력뿐만 아니라 학생들의 삶에서 나오는 변화에 중점을 맞춘다.

셋째, 대부분의 교사들은 그리스도인 교사의 목표인 거룩한 성품보다는 내용에 초점을 맞춘다. 대다수 교회, 기독교 학교 및 기독교 대학에서 성품은 어느 강의에도 포함되지 않는 주제다. 에베소서 4장 13절은 그리스도인 교사들을 향한 하나님의 목표가 '온전한 사람을 이루어 그리스도의 장성한 분량이 충만한 데까지 이르도록 가르치는 것'임을 분명하게 말한다. 그럼에도 학생들의 인격을 다듬어가기 위해 추구하는 기독교 교육 기관은 드물다.

왜 인격을 위해 가르치지 않으며, 학생들의 인격을 점검하지도 않는가? 그리스도는 다른 사람들이 객관적으로 인격을 관찰하고 주의깊게 검증하기를 기대하신다(디모데전서와 디도서를 보라).

'성도'로부터 위 아래로 향하는 두 개의 화살표는 교사가 학생이 행하도록 세워줄 두 가지 특정한 사항들을 반영한다. 위쪽 화살표가 가리키는 '봉사'는 교사의 세워가는 노력의 첫 결과이며, 아래쪽 화살표가 가리키는 '몸을 세움'은 세워감의 두 번째 결과이다.

어떤 의미에서 '세움'은 교회를 세워가는 하나님 계획의 핵심이다. 그것은 하나님의 주요 전략의 흐름을 보여준다. 즉, '교사'라는 하나님의 선물로부터 시작해 영생을 얻을 유일한 수단인 온 세상에 대한 '선물'로 자신을 내어주기까지 하신 그 모든 과정을 뜻한다.

전체 도표에서 중요한 요소는 주님의 지목을 받은 교사가 성도를 세워가는 첫 번째 임무를 행할 것인지 아닌지이다. 교사가 성도를 세우지 않으면 성도는 그들이 행하도록 명령받은 것을 행할 수 없고, 봉사의 일도, 몸을 세울 수도, 세상에 복음을 전할 수도 없다.

교사가 그동안 하나님의 전략에서 얼마나 멀리 떠나왔는지 깨달았는가? 많은 이들이 가르치는 사역이 너무 어렵다고 말한다. 어쩌면 교사가 주님의 분명한 명령들에 스스로 복종시키지 않기 때문인지도 모른다. 유감스럽게도 우리 중 일부는 자기 뜻대로 사역을 하려고 고집한다. 그렇지 않은가? 교사는 여전히 학생들이 행하는 것보다 자신이 행하는 것이 더 중요하다고 생각한다.

이것은 아이들이 어릴 때 시청했던 오래된 만화 영화 '로드 러너(Road Runner)'를 떠오르게 한다. 와일 코요티(Wile E. Coyote)는 계속 "빕! 빕!" 하고 울어대는 로드 러너를 쫓았다. 매번 그는 로드 러너를 거의 붙잡을 뻔했다. 그러나 모든 노력이 좌절되었고, 항상 실패와 고통을 경험했다. 그가 절벽 아래로 떨어져 먼지를 뒤집어 쓰고 협곡 밑바닥에 부딪친 횟수는 헤아릴 수조차 없다.

코요티는 아무리 열심히 달아나도 항상 먼지를 뒤집어썼다. 아무리 조심스럽게 폭탄을 장치하거나 산꼭대기에다 균형 있게 둥근 돌을 잡아놓았어도 언제나 땅바닥에 쓰러졌다. 아무리 목표물 가까이 다가가도 그는 항상 땅바닥에 넘어졌다. 노력이 부족했는가? 준비가 부족했는가? 결국 땅바닥에 쓰러질 것이라면 그 어느 것도 충분하지 않다.

주님을 대면할 때 주님은 우리가 노력했는지 아니면 준비를 했는지 묻지 않으실 것이다. 주님은 우리의 노력을 어디에 소모했는지에 관심이 없으시다. 단지 주님이 원했던 목표를 달성하는 데 우리의 노력을 기울였는가에 관심을 두신다.

당신에 대한 상사의 기대를 당신이 모르는 것보다 더 곤란한 것은 단 한 가지밖에 없다. 그것은 그가 당신이 무엇을 행하기를 원하는지 알면서도, 자신이 하고자 하는 바를 행하는 것이다.

하나님은 성도를 세워 봉사의 일을 하고 그들로 그리스도의 몸을 세우기 원하신다. 교사의 임무를 다가오는 최종 수행 평가에 대한 토대에서 완수할 때가 바로 이때다.

세움의 원리

에베소서 4장 11-16절에 나오는 교사들의 임무 설명을 통해 교사가 교실에서 무엇을 행하고 있는지 심각하게 돌아볼 수 있었다면, 획기적인 가르침의 문턱을 넘어선 것이다.

가르침에서 원하는 결과들을 경험하지 못하는 주된 이유 중 하나는 그릇된 것에 초점을 맞추기 때문이다. 올바른 동기를 갖고 그릇된 일을 올바른 방법으로 행하는 것은 여전히 그릇된 일을 하고 있는 것이다! 하나님의 관심은 우리의 동기를 넘어서 실제적 행함에까지 이른다. 하나님은 우리가 지시받은 것을 행하며 목표들을 성취하기를 기대하신다.

당신의 수업은 에베소서 4장 11-16절에 따른 주님의 목표에 어떻게 들어맞는가? 다음 질문들을 생각해보라. 만약 주님이 오늘 당신을 천국으로 데려가셨다면 교사인 당신에 대한 평가는 어떻게 진행될지 생각해 볼 수 있게 일깨워줄 것이다.

1. 실제로 학생들이 봉사를 자주 하는가?
2. 얼마나 많은 학생이 정규적으로 의미 있는 사역에 함께하는가?
3. 사역에서 학생들이 가진 역량이 얼마나 발휘되는가?
   그들은 힘과 정성과 뜻을 다해 그리스도를 섬기는가?
4. 교사의 세움 덕분에, 주님을 위한 학생들의 봉사가 실제로 효과적이었는가? 몇 가지 구체적인 예를 들어보라.
5. 학급이 영적으로나 수적으로 많이 성장했는가?
6. 매주 학급 학생들이 교회에서 후원받지 않고 자원함으로 얼마나 많은 사역 활동들을 하는가?
7. 한 해 동안 학생들이 얼마나 많은 사람을 주께로 인도했는가?

이 질문들이 나를 포함한 많은 그리스도인 교사에게 엄숙하고 진지하게 들리는 이유는 그동안 이런 바른 질문을 스스로에게 던지지 않았기 때문이다. 우리는 그릇된 자신감으로 그동안 잠자고 있었다. 어떤 면에서 우리는 주님의 진정한 목표에서 너무 멀리 있었기 때문에, 조금만 깊이 생각해보면 아찔해질 정도다.

하나님의 목표 목록과 일반적인 교사의 초점은 두드러지게 대조를 이루고 있음을 잠시 생각해보라. 여기에 좀 더 일반적인 목록이 있다.

1. 나는 내용을 준비해왔는가?
2. 나는 정시에 도착했는가?
3. 내가 맡은 반 학생들은 모두 출석했는가?
4. 얼마나 좋은 질문과 토론이 있었는가?
5. 나는 내용을 전부 다루었는가?
6. 나는 시간에 맞춰 학과를 마쳤는가?
7. 대부분의 학생들이 그 수업을 즐기는 것 같은가?

교사가 의지적으로 하나님의 목표들을 달성하려고 할 때, 교실 안에서 일어날 놀라운 일들을 상상해보라! 그때 다음과 같은 몇 가지 변화가 일어날 것이다.

1. '교사가 무엇을 행했는가'에서 '학생들이 무엇을 행했는가'로 초점이 옮겨질 것이다.
2. '교실에서 가르친 교훈'에서 '수업 후에 성취된 사역'으로 초점이 옮겨질 것이다.
3. '진도를 다 나감'에서 '학생들이 실제로 봉사하는 것'을 돕는 것으로 초점이 옮겨질 것이다.

4. '교사의 사역'에서 '학생들의 사역'으로 초점이 옮겨질 것이다.
5. '얼마나 많은 학생이 출석했는가'에서 '얼마나 많은 수가 수업 이외의 시간에 봉사했는가'로 초점이 옮겨질 것이다.
6. '이론적인 것'에서 '실제적인 것'으로, 즉 그럴듯해 보이는 것보다 실제로 효과적인 것으로 초점이 옮겨질 것이다.
7. '교회를 위한 내용'에서 '삶의 현장을 위한 자료', 즉 기독교가 한 개인의 직장, 가정 등의 장소에서 어떤 차이를 만드는가 연구하는 것으로 초점이 옮겨질 것이다.

지금까지 우리들은 곁길로 빠져 있었다.

미국을 횡단하여 여행하고 사역하는 일에서 의미 있는 보상은 에베소서 4장 11절을 실제로 체험하고 실천에 옮기는 교사들과 목회자들을 만나는 것이다. 사역하면서 주말을 보낸 애틀랜타에서 3시간 거리에 있는 한 교회를 예로 들어보겠다.

모든 이가 사역을 한다. 모든 곳에서 열정이 느껴진다. 교회와 주일학교가 모두 부흥하고 있었다. 가장 중요한 일은 모든 사람을 '어디에 배치할 것인가'이다. 초점은 언제나 사람들에게 있었고, 지도력에 있지 않았다. 리더십은 사람들을 위해 일하지만, 사역을 위해 더욱 많은 사람을 세운다. 리더십은 늘 사람들의 사역, 봉사, 희생에 대해 자랑한다. 평신도들이 매사를 이끌며, 모든 이가 주를 위해 두세 가지 서로 다른 일들을 행하고 그것을 즐긴다. 사람들은 자극받고 있으며, 자신의 공헌이 의미 있다고 느낀다. 사람들은 자신의 진가를 인정받고 있다고 느끼며 성취감과 도전받고 있다고 여긴다. 자신들이 사역하도록 부르심을 입었다고 느낀다. 그들은 무엇을 행할지 알며, 항상 그것을 행한다.

내가 그 교회를 방문한 1년 뒤에 우리는 WTB의 고참 부회장들 중 한 사람의 50번째 생일을 축하하고 있었다. 또다른 부회장 중 하나가 그 비슷한 교회에서 사역하고 막 돌아온 참이었다. 그가 아이스크림과 케이크를 나누며 무엇이라고 이야기했는지 아는가? "그야말로 믿기지 않는 놀라운 교회였습니다. 모든 이가 사역에 참여하고 있었습니다. 저는 모든 곳에서 열정을 느꼈습니다. 사람들은 그 교회를 사랑하고 있었습니다."

왜 그럴까? 그 교회가 그것을 하나님의 방법대로 하겠다고 결심했기 때문이다. 또한 그들이 주님을 기쁘시게 하고 있기 때문에, 축복하시는 주님의 힘찬 손길이 그들 안에서 능력 있게 움직이는 것이었다. 누가 그 교회로 인해 가장 흥분하는지 아는가? 목회자도 아니고, 직원도 아니며 집사들이나 평신도 아니다. 심지어 지역사회도 아니다. 나는 가장 기뻐하시는 분이 '주 하나님'이라고 확신한다. 하나님의 꿈이 실현되고 있는 것이다. 교회는 그 계획을 실행에 옮기기로 굳게 결심했다. 그리고 교회는 하나님의 뜻대로 행하는 모든 이들에게 일어나는 믿기 어려운 결과를 발견하고 있었다.

늙은 여호수아가 자기 학생들에게 "이날에 네가 누구를 섬길 것인지 선택하라!"고 말했듯이 교사들이 스스로 이 질문을 해보는 것이 어떻겠는가?

미지근한 결과, 따분한 수업, 참여하지 않고 무관심한 학생들, 썰렁한 출석률 등에 신물이 나고 지겹다면, 다시는 그 누구에게도 책임을 돌리지 말고 자신에게 그 책임을 돌리라. 하나님의 방법대로 가르치라. 그러면 하나님의 축복이라는 기적의 보상을 경험할 것이다!

하나님께 순종하라.

성도를 세워가라. 그리고 그분의 축복을 즐기라!

원리 1: 세움은 교사의 책임이다

일정한 시간을 다음 원리들을 생각하며 보낼 때, 하나님이 '봉사를 위해 세워가는 일'에 어떤 초점을 두시는지 거듭 깨달을 수 있을 것이다. 반면에 대부분의 교사들은 '이해를 위해 설명함'에 초점을 두는 경향이 있다.

나는 세움에 대해 하나님이 얼마나 열정을 갖고 일관성 있게 행하시는지 깨닫고 충격을 받았다. 예를 들어 적용의 법칙에서 우리는 디모데후서 3장 16-17절을 공부했고, 다음과 같은 주요 원리들을 발견했다.

하나님의 말씀은 '하나님께로부터 온 선물'이다.
("모든 성경은 하나님의 감동으로 된 것으로")

'그리스도인이라는 주된 청중'을 대상으로
("하나님의 사람으로")

'교화의 목적'을 위해
("온전하게" 또는 "성숙하게" 되도록)

'세움의 목적'을 위해
("능력을 갖추게 하려")

'선한 일의 결과'를 위해
("모든 선한 일을 행할")

우리는 에베소서 4장 11-16절을 통해 세움의 법칙을 살펴본 결과, 다음과 같은 중요한 원리들을 알게 되었다. 이것들을 위의 원리들과 비교해보라.

놀랄 만한 유사성을 관찰하게 될 것이다.

하나님의 교사는 '하나님께로부터 온 선물'이다.
("그가 어떤 사람은 목사와 교사로 삼으셨으니")

'그리스도인이라는 주된 청중'을 대상으로
("성도를 온전하게 하여")

'교화의 목적'을 위해
("그리스도의 몸을 세우려")

'세움의 목적'을 위해
("성도를 온전하게 하여")

'선한 일의 결과'를 위해
("봉사를 위해")

정말 놀랍지 않은가! 이처럼 성경과 교사의 공통점을 정리하면 다음과 같다.

- 하나님께로부터 온 선물이다.
- 그리스도인 공동체를 위한 것이다.
- 교화와 세움의 목적을 위한 것이다.
- 선한 일의 결과를 위한 것이다.

하나님은 이 모든 목적 중에서, 교화와 세움이라는 두 가지 특징을 선택하셨다. 전자는 인격에, 후자는 기독교적인 행위에 초점을 둔다. 그러므로 세움이 주님의 중요한 목적들 중 하나라는 사실을 명심하자.

그럼에도 불구하고 유감스러운 사실은, 세우라고 부르심을 입은 자들이 좀처럼 다른 이들을 세워가지 않을 뿐만 아니라, 세워가기 위한 다른 동역자인 성경을 실천에 옮겨야 할 책이 아니라 지식을 위해 공부해야 할 책으로 오용한다는 사실이다.

"만일 네가 나를 사랑하면 내 계명을 지키라"고 하신 예수님의 말씀을 기억하는가? 그러나 많은 기독교 학급에서 보면 나는 "만일 네가 나를 사랑하면 내 계명들을 알리라"고 말씀하셨다는 착각이 든다. 그리고 일반 공립학교 교실에 있다 보면 어느새 나는, "만일 네가 나를 사랑하면 제발 내 계명을 한쪽 벽에 붙여놓지 말라"고 말씀하시는 주님을 느낄 수 있을 것이다.

원리 2: 교사가 성경적인 역할을 할 때 세움이 가장 활발히 일어난다

성도가 봉사와 교화를 위해 세워지도록 교회에 교사를 주셨다고 말씀하셨을 때, 하나님은 말을 더듬거나 웅얼거리지 않으셨다. 하나님이 원하시는 결과는 모든 학생이 봉사를 통해 그분을 온전히 섬기는 것이었다. 하나님은 학생들이 더 많은 사역을 더 잘하도록 돕고자 교사를 주셨다.

1년간 100명의 교사들이 매주 무엇을 이루려고 애쓰는지 알아보기 위해 무작위로 관찰한다면, 어떤 결론을 내릴 수 있는가? 수많은 객관식 문제들과 OX 문제들로 된 기말고사에 학생들을 준비시키기 위해 가르치고 있다고 결론 내리지 않겠는가? 천국에 있는 캐비닛을 열고 하나님이 출제하신 최후의 시험지를 볼 수 있다면, 이러한 행동이 얼마나 허무하겠는가? 하나님은 질문에 대한 '대답'을 찾지 않으시고, '봉사 행위'를 찾으신다는 것을 깨달으라. 하나님은 요점이 아니라 열매를, 지식이 아니라 제자들을 찾으신다.

하나님은 이미 최후 시험 문제를 출제하셨으며, 교사들에게 학생들을 그 시험에 나오지 않을 문제가 아닌 그 질문에 준비시키라고 경고하신다. 나는 이제 내용을 아는 것도 중요하지만 순종의 행위가 더 중요하다는 사실에 가슴 깊이 동의한다. 늘 행위가 내용보다 더 우선순위에 있다.

그러므로 하나님의 목적들을 가장 잘 성취하기 위해, 어떤 역할을 취해야 하는가? 중점적인 일격이 세우거나, 훈련시키거나, 가능하게 하는 것이어야 하므로, 교사는 코치가 되어야 한다. 코치는 팀이 효과적으로 경기하도록 돕는다. 코치는 팀의 각 멤버들을 향상시키는 데 주력한다. 코치는 주어진 목표들을 달성하려고 함께 일하도록 팀을 이끈다.

코치가 정보를 전달하는가? 물론이다. 많은 정보를 전달한다. 그러나 선수들이 게임을 더 잘할 수 있도록 하기 위해서만 가르친다. 코치가 학생들이 퀴즈 시험에도 정보를 그대로 적어놓을 수 있도록 하기 위해 정보를 전달하는가? 물론 그렇지 않다! 퀴즈는 아무것도 변화시키지 않으며, 학생들이 정보를 실제적으로 잘 사용할 수 있도록 충분히 터득하게 하지도 않는다. 진정한 문제는 선수들이 전략을 아느냐가 아니라, 전략을 정확하게 성취하는가이다.

어떤 교사들은 코치라기보다는 인기 선수라고 생각할까봐 염려스럽다. 이들은 매주 중요한 시합을 위해 '유니폼을 입고' 경기장(교실 또는 교회)에 나간다. 거기에 학생들은 어떤 새로운 전략들이 한 주 동안 만들어졌는지 보기 위해 모여든다.

교사는 운동장 복판으로 달려가, 선수들의 임무를 지정하고, 공을 획 던지고 잽싸게 공을 잡아 길게 던지며 적진으로 달려가 자신이 던진 공을 잡아, 방어수들을 차단하고, 골라인을 넘어 빨리 달려간다. "터치 다운!" 관중은 환호성을 외친다. 그야말로 훌륭한 수업이었다! 그러나 자료가 훌륭했음에도 본인을 제외한 그 누구도 공을 던져보지 못했다.

경기장에서 떠나라! 운동 셔츠를 찢어버리라. 운동화를 벗고, 진짜 선수들인 학생들을 준비시키기 위해 움직여라. 코치들은 시합을 하기 위해 존재하지 않고, 선수들이 경기를 하도록 세워주기 위해 존재한다.

하나님은 당신의 팀원이 모두 경기장에 나와 전력을 다하기를 원하신다. 극도의 피로(육체적인 휴식) 또는 파울링 아웃(추잡한 죄)을 제외하고는 그 어느 누구도 벤치에 앉아서는 안 된다. 하나님의 법칙은 경기장에 있는 선수의 수를 제한하지 않는다. 코치는 사이드라인 바깥쪽에서 선수들을 응원하는 유일한 사람이어야 한다.

원리 3: 학생들의 수업 후 행동으로 세움을 가장 잘 평가할 수 있다

내가 대학 농구 및 축구 팀에서 경기했을 때, 연습 시합에 대해 그 누구도 큰 관심을 보이는 것 같지 않았다. 그런 시합들에는 관중도, 팝콘 판매도 응원단도 없었다. 그러나 우리들은 화요일 저녁이나 토요일 오후에 많은 관중 앞에서 시합했던 동일한 선수들이었다. 웬일인지 사람들은 연습과 진짜 시합의 차이를 알고 있었을 뿐만 아니라 선수들도 그랬다. 심지어 점수 차가 매우 적고, 한 팀이 가까스로 다른 팀을 이겼을 때조차도 영광의 감격은 오래가지 않았다. 우리 모두는 그것이 단지 연습 게임임을 알았고, 연습 시합들은 중요하지 않았다. 그것은 본 시합을 위한 준비에 불과했다.

그와는 정반대의 현상이 교회나 교실에서 일어난다. 모든 이들이 연습하러는 나오지만, 어느 누구도 본 시합에는 주의를 기울이지 않는다. 본 시합은 교실에서가 아니라 삶의 현장에서 일어난다. 본 시합은 매주의 퀴즈 시간이 아니라, 매일의 삶에서 승패가 정해진다. 그러나 교사는 본 시합 대신 연습 게임의 점수를 기록해놓는다.

잠시 이 말의 실제성을 살펴보자. 한 농구 팀을 어떻게 평가하는가? 최종 점수가 가장 중요하다. 시합에 이겼는지 또는 졌는지로 판정한다. 점수는 필드에서의 득점, 자유투, 보조 동작, 드리블, 역공격, 반칙 수를 모두 포함한다. 그러나 이같은 통계들은 결코 최종 점수만큼 중요하지 않다.

그러나 교회에서는 어떻게 점수를 기록하는가? 목회자와 교사들은 전 세계를 통틀어 동일한 방법으로 점수를 이야기한다. 목회자 세미나에서 강의할 때마다 나는 간식 시간에 토론된 점수 이야기들을 듣는다.

- 전체 교인은 몇 명입니까?
- 매년 예산은 얼마입니까?
- 직원은 몇 명입니까?
- 교회 건축 프로그램은 어떻게 진행되고 있습니까?
- 지난 한 해 동안 세례받은 교인은 몇 명입니까?

겉으로 보면, 이것들은 이성적이면서도 이해하기 쉬운 목표처럼 보인다. 그러나 이것들 중 옳은 점수를 반영하고 있는 게 단 한 가지라도 있는가? 위의 질문들에 목회자와 교사들이 성도를 얼마나 세웠는지가 반영되어 있는가? 이 질문 중 하나님이 영원한 생명책에 기록하시는 실제 점수를 알려주는 것은 몇 가지인가?

이 질문 중 몇 가지가 성도들이 일하고 있는 여부를 반영하는가? 출석률이 효과적인 세움을 증명하는가? 그것은 훌륭한 설교자나 새로운 체육관에서 생기는 것인가? 직원 수가 사역을 증명하는가? 또는 그들이 사역을 행하도록 많은 평신도를 세워가고 있음을 나타내는가? 세례는 목회자가 인도한 주일 아침 예배의 결과인가? 아니면 성도가 사람들을 주님께 인도한 결과인가?

이야기의 논지가 무엇인지 알겠는가? 그렇다면 학생들이 행한 사역을 추적하기 위해 어떤 정보가 모아지고 기록되어야 하는가? 다음의 몇 가지를 제안해본다.

□ **효과적인 전도 사역을 위해 학생들을 세우기 위한 교사의 효율성 측정**

- 지난주 동안 복음을 다른 사람들과 나눈 학생들은 몇 퍼센트인가?
- 지난 열두 달 동안 한 사람을 그리스도에게 인도한 학생은 몇 퍼센트인가?
- 지난 1년 동안 목사의 설교 또는 다른 직원과 관련되어서가 아니라 주로 평신도 전도로 교회에 나온 개심자들은 몇 퍼센트인가?
- 지난 해 정규적인 전도 훈련 과정에 속한 새신자는 몇 퍼센트인가?
- 교회를 통해서가 아니라 이웃 또는 직장 사역을 통해 들어온 새신자는 몇 퍼센트인가?

□ **서로서로 효과적으로 제자화하도록 학생들을 세우기 위한 교사의 효율성의 측정**

- 교회 행사로써가 아니라 영적 성장을 위해 다른 평신도들과 정기적인 모임을 갖는 학생들은 몇 퍼센트인가?
- 서로 다른 제자화 과정 또는 방법으로 평신도들에게 다른 이들을 제자삼도록 가르쳤는가?
- 공식적인 교회 행사가 아닌 성경 공부 및 제자 훈련반을 인도하는 학생들은 몇 퍼센트인가?

- 지난 한 해 동안 학생들을 더욱 효과적으로 가르치고 세우는 교사 훈련 수업에 6시간 이상 참석해온 학생들은 몇 퍼센트인가?
- 평신도 성경 공부반 중 지난 한 해 동안 또다른 반을 만들어낸 반은 몇 퍼센트인가?

☐ **학생들의 영적 생명력을 세우기 위한 교사의 효율성의 측정**

- 한 주에 5번 이상 규칙적으로 경건의 시간을 갖는 학생들은 몇 퍼센트인가?
- 한 주에 3번 이상 규칙적으로 가족 경건의 시간을 갖는 학생들은 몇 퍼센트인가?
- 한 주에 한 번 이상 주님을 섬기는 정규적인 사역을 하는 학생들은 몇 퍼센트인가?
- 십일조를 드리는 학생은 몇 퍼센트인가?
- 1-10까지의 척도를 기준으로 영적 생활과 성장에 있어 7 또는 그 이상의 점수를 받는 학생들은 몇 퍼센트인가?

점수들을 바로 계산하기 시작하면 극적인 차이를 한눈에 볼 수 있을 것이라고 생각한다! 이 점수들은 자신이 행하는 것(연습을 하는 것)에서 선수들이 행하는 것(본 시합을 치르는 것)으로 교사의 주의를 집중시킨다.

원리 4: 세움은 인격과 행위 모두에 영향을 미쳐야 한다

교사는 사람들을 '사역하도록' 세울 뿐만 아니라 또한 '사역자가 되도록' 세워주기 위해 부르심을 입었다. 교사는 본질적으로 주님을 위한 모든 사역이 그분과의 동행에서 나온다는 것을 절대로 잊어서는 안 된다. 행위는 인격의 결과이다. 그러므로 어떤 사람인가가 무엇을 행하는가를 결정한다.

그러므로 세움은 행동과 태도 둘 다에 영향을 주어야 한다. 주님이 교회의 지도력을 위한 자격 요건들을 열거하셨을 때, 이것을 입증해 보이지 않으셨던가? 자격 요건 대부분이 기술적 능력이라기보다는 인격적 자질들이다. "책망할 것이 없으며 … 절제하며 신중하며 단정하며 나그네를 대접하며 … 술을 즐기지 아니하며 구타하지 아니하며 오직 관용하며 다투지 아니하며 돈을 사랑하지 아니하"면(딤전 3:2-3), 그 행위와 사역은 온전히 받아들여질 것이다. 행위는 말을 입증할 것이며, 그의 삶은 말을 대변할 것이다.

교사가 다른 이들을 세워주는 데 헌신되었다면, 매일의 활동들은 위와 같은 동일한 목표에 집중될 것이다. 호기심에 지난 여러 주 동안 나는 어떤 형태의 세움에 관계해왔는가를 알아보고자 개인 일기를 재검토했다. 인격과 행위에서 다른 사람들을 세워주는 데 얼마나 많은 시간을 사용했는가?

나는 인격 또는 행위에서 누군가를 세워주려고 하던 장소인 직장, 교회 그리고 가정에서 사람들과 가졌던 17가지의 서로 다른 상호 작용을 밝혀냈다.

그다음에 첫 10가지 상호 작용들(13명의 서로 다른 사람들과 관계한)이 어떠한 것들이었는지 살펴보았고 그것을 내가 그 사람의 삶에 관계하고 있었던 분야에 따라 분류했다.

그런 다음 나는 이전에 그들과 가졌던 관계의 10가지 의미들을 검토해보았다. 평균 수치는 역전되었다. 인격을 세워가는 데 든 시간의 71퍼센트이며, 행위를 세워가는 데 든 시간의 29퍼센트였다.

당신과 나의 비율은 학생들의 필요와 우리의 의욕 및 학생들을 세워가겠다는 결의에 달려 있다. 잠시 시간을 내어, 당신이 관계한 마지막 몇 사람을 떠올리며, 그들을 적극적으로 세워주고 있었는가 생각해 보라. 그러했다면, 당신은 그들의 인격 또는 행위 중 어느 것에 더 많은 시간을 투자했는가? 나는 당신의 상호 작용들이 영원한 가치를 지닌 초점과 목적을 갖고 있기를 소망한다.

관계한 인물들	인격 세워가기	행위 세워가기
인물 1	100%	0%
인물들 2와 3	20	80
인물 4	20	80
인물들 2-6	50	50
인물들 7-11	50	50
인물 1	0	100
인물 12	50	50
인물 4	60	40
인물 13	0	100
인물 1	0	100
총계	35%	65%

원리 5: 세움은 가장 깊이 헌신된 사람들에게 더욱 집중적으로 맞춰져야 한다

효과적으로 세워주는 자들의 가장 중요한 특성 가운데 하나는 그들이 세우려고 하는 사람들을 주의깊게 선택하는 것이다. 주님이 사도들을 선택하시기 전에 일정 기간 그들을 알고 계셨다는 사실이 흥미롭지 않은가? 주님은 선택한 사람들을 부르시고, 적은 수의 그들에게 집중적으로 세움의 노력을 쏟으셨다.

효과적인 지도자들은 그 단체의 가장 전략적인 목표에 의도적으로 자원을 집중시킨다. 효과적으로 세워주는 자들은 주님을 위해 장기적이고도 의미 있는 사역을 하리라 예상되는 가장 촉망받고 신실한 지원자들에게 재원을 쏟는다. 비효과적으로 세우는 자들은 가장 귀중한 자원, 즉 세움에 사용할 수 있는 시간들을 허비한다. 그들은 전진하기보다는 후퇴한다. 그들은 선택한 자들을 찾아나서는 대신, 다른 사람들의 안건을 자기 것으로 받아들인다.

그리스도는 왜 그가 세움에 쓰는 똑같은 시간을 각 사람들과 보내지 않으셨는가? 왜 일정한 시간을 칠십인들과, 좀 더 많은 시간을 열두 제자와, 그리고 더 많은 시간을 세 제자와 보내셨는가? 예수님은 천국의 확장을 최대화하기 위해서 시간과 에너지를 잘 간수해야 함을 아셨다. 교사도 그렇게 해야 한다.

교사는 교실에 있는 모든 학생을 세워갈 수는 없으므로, 그리스도의 예를 따라 소수의 학생을 좀 더 깊은 수준에서 세워가야 한다. 세우고자 하는 핵심 집단을 결정할 때 숙고하라. 그들의 결심을 타진해보라. 교사의 세움을 받게 되는 데는 상당한 희생을 치러야 하므로 그들의 헌신과 소망을 점검해야 한다.

내가 아는, 가장 효과적으로 세워주는 한 분은 이 원리를 정규적으로 이행하셨다. 당신을 제자삼기를 원한다면, 그는 그 가능성들을 토론하기 위해 먼저 만나주실 것이다. 그런 다음 그는 "데니 음식점에서 새벽 5시 30분에 자네를 만나보겠네. 올 때 이 세 요절들을 외워오게"라고 말씀하실 것이다. 그 인물의 반응이 세움의 과정에서 그의 헌신 수준을 보여준다.

그리스도가 세우고자 하셨던 열두 명을 선택하셨을 때 밤새 기도하셨다는 사실을 어떻게 소홀히 넘길 수 있겠는가? 그리스도는 선택 과정이 정말 중요함을 아셨다. 예수님이 어떻게 제자들의 헌신도를 시험하셨는지 기억하는가? 그분은 그들에게 '그물'과 '세금대'를 던지고 자기를 따르라고 요구하셨다. 예수님은 그들의 결심을 시험하셨다. 당신은 최근에 학생들의 결심을 시험해보았는가?

사도 바울은 자신의 학생인 디모데에게 서신을 보냈을 때, 이 원리의 핵심을 찔렀다. "또 네가 많은 증인 앞에서 내게 들은 바를 충성된 사람들에게 부탁하라 그들이 또 다른 사람들을 가르칠 수 있으리라"(딤후 2:2). 바울은 세움의 과정이 사역을 한 세대에서 다음 세대로 전수하기 위한 하나님의 생명력 있는 연결임을 알고 있었다.

그러므로 신실하지 못한 이들에게 시간을 낭비하지 말라. 그것은 어리석은 행동이자, 하나님께 불순종하고 있는 것이다. 가장 신실한 자들을 신중하게 선택하고, 그들을 가장 많이 세울 사람들로 만들라.

원리 6: 세움은 지식, 기술 및 장기적인 헌신을 요한다

세움은 매우 힘든 일들 중 하나이다. 그런데도 우리는 번번이 그것을 과소평가하는 경향이 있다.

> 사실보다 좀 더 쉬울 것이라고 생각한다.
> 사실보다 좀 더 빨리 진행될 것이라고 생각한다.
> 사실보다 좀 더 간단하다고 생각한다.
> 끝나지 않았을 때 끝났다고 생각한다.

그러나 세움은 삶을 투자할 매우 전략적인 방법들 중 하나이다. 세움은 대체로 거의 모든 사람이 생각하는 것보다 힘들기 때문에, 요즘은 세우는 이들이 매우 드물다. 그것은 기대에 미치지 못한다. 그래서 이전에 나는 이런 비현실적인 기대 때문에 많이 실망했다.

1970년대 초, WTB 사역이 막 시작되었을 때 나는 미래에 대해 온갖 두려움과 의심들을 품었다. 그 기간에 하워드 헨드릭스 박사님이 비행기를 타고 우리 사무실이 있었던 곳에 오셨었다. 그래서 나는 점심을 대접하려고 모시고 가서 박사님께 여쭈었다.

"박사님, WTB 사역에 대해서 어떻게 생각하십니까?"

"브루스, 그것은 아주 훌륭한 사역이라네."

"박사님이 이 사역을 정말 어떻게 생각하시는지 듣고 싶습니다."

그는 미소를 지었다.

"이 사역이 주님께 크게 축복받고 있으니 용기를 가지게나."

유감스럽게도 박사님의 이 말씀은 내게 격려가 되지 않았고 결국 세 번씩이나 다시 묻게 되었다.

"제발 진실을 말씀해주세요. 이 사역의 미래에 대해 어떻게 생각하시는지 솔직하게 말씀해주세요."

깨질지도 모르는 내 꿈이 곧 실현될 것이라는 것을 확인받고 싶은 심정이었다.

박사님은 내가 음식을 먹지 않고 있다는 것과 좀 더 진중한 대답을 원하고 있다는 것을 눈치채고 말씀하셨다. 그 내용은 세움의 과정에 대해 내가 지금까지 들었던 어떤 말보다 값진 가장 소중한 충고였다.

"브루스, 진정 중요한 것은 WTB가 오늘 또는 내년 혹은 심지어 10년 후에 무엇을 행하고 있는가 하는 것이 아니라네. 진정한 평가는 지금부터 15년, 20년, 그리고 심지어는 25년 후에 WTB 사역이 무엇을 하고 있을 것인가 하는 것이라네. 지금 당장에는 자네 혼자서 모든 것을 할 수 있지만, 주님이 이 사역을 크게 축복하셔서 자네 혼자서 이 일을 감당할 수 없게 되었을 때 진정한 판가름이 나겠지. 그때 자네는 정말로 테스트를 받을 것일세! 자네는 자신의 능력을 훨씬 능가하여 이 사역을 확장하도록 다른 이들을 세울 수 있겠는가? 그렇다네. WTB 사역에 대한 진실은 자네의 수고의 열매가 익기 시작할 때인 지금으로부터 수많은 시간이 지난 다음에 밝혀질 것이네. 자네가 세우는 법을 배웠는지 배우지 못했는지에 대한 진실이 밝혀질 것이네. 그것이 WTB 사역의 궁극적인 성공의 비결이지."

박사님의 말씀에는 핵심이 담겨 있었다. 그렇지 않은가? 주님이 우리들에게 원하시는 것은 단기적인 것이 아니라 장기적인 것이다. 그저 단거리 경주를 위해서가 아니라 인생의 장거리 경주를 위해 세워가겠다는 헌신을 원하신다.

나는 장거리 경주를 하는 한 사람을 보았던 순간을 결코 잊지 않을 것이다. 우리는 전국 기독교 협의회를 하기 위해 거대한 강당 안에 빽빽이 들어앉아 있었다. 나는 가장 거대한 기독교 교육가 뒤쪽에 앉아 있었다. 그는 기독교 공동체에서 전설 같은 인물이었고, 내가 함께 사역하는 많은 사람들의 정신적인 지주였다. 모두 이 사람에 대해 무한한 존경과 애정을 담아 이야기했다.

그 회의의 연설자의 이야기를 듣고 있었는데, 불행하게도 지루한 연설이 이어졌다. 잠시 후에 이 노장의 교육가는 한숨을 내쉬었고 재킷 주머니에서 3×5인치 크기의 카드 뭉치를 꺼냈다. 모서리들이 접혀져 너덜너덜 해어졌으나, 그것을 다루는 솜씨로 보아 무엇인가 매우 중요한 것이 적혀 있음이 분명했다. 나는 호기심이 극에 달해서 쉴 새 없이 눈길을 보냈다. 카드마다 서너 개의 이름이 적혀 있었고 그 이름들 아래에는 예닐곱 가지 요점들이 적혀 있었다.

강의 후 우리는 커피를 마시며 담소를 나누었다. 나는 그에게 내가 카드를 눈여겨보았노라고 이야기하고, 퀴즈 시험을 내기 위해 필기한 내용을 검토중이었느냐고 물었다. 그는 미소를 지었다. "그것은 내 지도 아래 석사와 박사 학위를 딴 졸업생들 명단이라네. 나는 매일 그들의 이름을 놓고 기도해왔고 오랫동안 그들과 연락해왔지. 그들은 내 손발이나 마찬가지야. 나는 그들을 세워왔고, 이제 그들은 그리스도의 명령을 따라 세계 도처에서 다른 이들을 세우고 있다네. 내 삶을 돌이켜볼 때, 가족을 제외하고는 이 학생들이 내 인생에서 가장 중대한 성취라네."

사도 바울과 비슷한 이야기가 아닌가? 이 얼마나 장기적인 기도와 연락을 통한 깊은 헌신인가?

한 사람이 말레이시아 여행 중에 어떤 특이한 잎사귀를 보았다. 가이드가 그것이 희귀한 성장 패턴을 가진 특이한 대나무임을 알려 주었다. 그 나무의 씨앗을 흙더미에 심고 물을 주고 비료를 주어도 1년 내내 아무 일도 일어나지 않는다. 2년 동안 물을 주고 비료를 주지만 역시 아무 일도 일어나지 않는다. 3년 동안 물을 주고 비료를 주어도 그냥 그대로이다. 그러나 5년 동안 물을 주고 비료를 주면 90일 이내에 27미터나 자란다!

교사는 세움의 과정에서 '즉석 병'을 경계해야 한다. 때때로 그것은 교사가 성장을 볼 때까지 물 주기와 비료 주기를 끊임없이 해야 한다. 세움은 장기적인 헌신이다. 포기해야 할 듯 보이는 그 사람은 단지 1년 더 물 주기를 필요로 할지도 모른다. 그러므로 포기하지 말라!

원리 7: 세움의 궁극적 목표는 독립적으로 세우는 자들을 배출하는 것이다

주일 아침, 나는 출석하는 교회에서 뛰어난 교사 한 분과 만났다. 그는 깊이 무르익은 실망을 겪고 있는 것 같았다.

"무슨 문제라도 있습니까?"

나는 격려가 되길 바라며 물었다.

"또 한 부부가 오늘 아침 제 수업을 그만두었어요. 제 수업은 회전하는 문 같아요. 여덟 달 혹은 열두 달 후에 반에 있는 사람들이 모두 떠나면 저는 또다시 새롭게 시작해야 해요. 무엇이 문제인지 모르겠지만 가르치는 일을 그만두고 싶어요."

그 말이 별로 달갑게 들리지 않아 나는 기회를 봐 가며 좀 더 깊이 살폈다.

"선생님은 왜 학생들이 떠난다고 생각하십니까? 혹시 요점을 빠트리고 가르치는 것은 아닙니까?"

"천만에요. 제가 가르치는 내용들은 목표에 충실합니다. 학생들은 잡초처럼 빨리 자랐다가 바로 떠나버려요. 올해에만 해도 저는 함께 공부하던 좋은 여섯 쌍의 부부를 잃었어요. 그들은 모두 자신의 학급의 교사가 되기 위해 내 수업을 그만두었어요."

나는 내 귀를 의심했다. 이 얼마나 흥미진진한 문제인가! 속히 나는 주님이 그 친구의 계속되는 '문제'에 대해 어떻게 느끼는지 함께 나누었다. 그는 정말 부족함 없는 지극히 효과적인 교사였다. 왜냐하면 학생들이 다른 이들을 가르치도록 세워주고 있었기 때문이다!

독립적으로 세우는 자들은 사역의 기술을 훈련하고 적극적으로 사용하며 자신과 비슷한 은사와 관심을 가진 다른 이들을 모집하고, 그들이 숙달되도록 훈련시키며 똑같은 일을 하도록 계속 지도하며 파송하는 이들이다.

주님의 증식법의 힘을 파악할 수 있겠는가? 주님은 우리들이 단지 사람들을 훈련시키는 것을 원하지 않으신다. 훈련자들이 될 사람들을 훈련시키기를 원하시며 결과적으로 그들은 다른 이들을 훈련시킬 것이다.

학생들은 지도와 감독이 필요해 수업에 들어온다. 교사는 그들의 영적 은사들을 계속 발전시켜 스스로 재생산하며 사역에서 적극적인 일꾼들이 되도록 도와야 한다.

　이러한 주기는 정확히 하나님이 주신 우리 모두의 인생 주기를 되풀이한다. 그렇지 않은가! 태어나서 성숙할 때까지, 또 결혼과 자녀의 출생을 거치면서 자녀들이 독립할 때까지, 그리고 그들이 훈련을 받고 그다음에는 할아버지와 할머니의 역할을 통한 양육을 할 때까지 말이다. 주님은 궁극적으로 경건한 가계가 성장하여 신체적이고 영적인 증식을 통해 더욱더 많은 영향을 끼치기를 원하신다.

　삶과 가르침에서 성숙되어갈 때 교사는 이같은 재생산 과정을 더욱 깊이 인식하고 좀 더 헌신해야 할 것이다. 교사의 가장 중요한 책임은 자기 임무를 효과적으로 다음 세대에 전수하는 것이기 때문이다. '한곳에 머물러' 재생산의 헌신에 대해 별 생각이 없는 사람들에게 배턴을 이어준다면, 그 전 과정은 심각하게 어그러질 것이다.

　이 과정이 맞닥뜨린 슬픈 현실은 세움에 초점을 두기보다는 내용에 초점을 둔 교사들이 많다는 것이다. 무엇을 하든 교사는 주님이 맡기신 배턴을 떨어뜨리지 말아야 한다. 그러므로 교사들이여, 당신의 경주는 단지 한 바퀴에 불과하다는 것을 잊지 말고 달리라. 배턴을 물려줄 경주자들의 질과 양은 당신의 개인적인 달리기 노력에 따라 영원히 결정될 것이다.

의미

세움의 법칙의 핵심은 다음 문장으로 요약된다.
'봉사하도록 세우라.'

교사는 학생들이
봉사와 덕을 세우는 삶을 살도록 훈련시켜야 한다.

결론

경영학자 피터 드러커(Peter Drucker)와 3일간의 모임을 끝낸 늦은 밤이었다. 우리들 30명은 초대받은 사람들만을 위한 수업에 참석했다. 모두 중요한 기독교 단체의 지도자들이거나 국내적으로 영향력 있는 목회자들이었다. 흥미롭고도 성장을 맛보는 시간이었다. 그러나 가장 잊을 수 없는 순간은 어느 젊은 목사를 통해 일어났다. 그의 교회는 전도와 제자화 교육을 통해 믿기 어려운 성장을 계속해왔다. 나는 그가 배운 교훈들을 좀 이야기해 달라고 부탁했다.

"처음에 사역은 저를 거의 파멸시켜갔어요. 실상 저는 사역을 그만둘까 심각하게 고려중이었습니다." 나는 이해한다는 듯 고개를 끄덕였다. "쉴 새 없이 늘어나는 요구들을 따라갈 수가 없었고, 그것은 제 인생을 갈기갈기 찢어내기 시작했습니다. 저는 주님께 그 요구들을 좀 줄여달라고 간청하며 그렇지 않으면 모든 것을 끝내겠다고 말씀드렸습니다. 다음날 아침 경건의 시간 중에, 저는 우연히 에베소서 4장 11-16절을 보게 되었습니다. 저는 그 구절들을 이미 알고 있었고 거기에 대해 설교도 했었습니다. 그러나 그때 그 말씀이 청천벽력처럼 다가왔고 그것들이 무엇을 말하고 있는지 처음으로 깨닫게 되었습니다.

저는 봉사와 교화를 위해 성도들을 세우는 것이 제 임무라는 것을 알고 있었고, 제가 그것을 행하고 있다고 여겼습니다. 그러나 주님은 제가 그 근처에도 이르지 못하고 있음을 보여주셨습니다. 저는 잘못을 깨닫게 되었고, 무릎을 꿇고 성경의 명령을 그대로 행하겠으며 그 결과에 대해 주님을 신뢰하겠다고 고백하며 헌신했습니다. '교회가 실패한다 해도 뭐 어떤가. 어차피 나는 그만두려고 하지 않았던가.' 그런 생각을 하고 있던 터라 집사님들에게 우리가 잘못 행하고 있는 것들을 주님이 분명하게 지적하셨음을 이야기했고, 하나님께 순종하기 위해 함께 헌신하겠느냐고 물었습니다. 모두 그 생각에 흥분했지요. 나중에 우리는 디모데전서와 디도서에 나오는 지도자의 조건에 적합하다고 생각되는 신실한 사람들의 목록을 만들었습니다. 우리는 147명을 골라냈습니다.

우리는 그들을 각각 개인적으로, 결혼했다면 부부를 함께 만나서 주님이 그들을 사역자들로 세우도록 우리에게 주신 임무에 대해 이야기했습니다. 그들을 평신도 사역자들로 세워줄 1년 집중 훈련 과정에 참여하는 일에 대해 기도해보라고 제안했습니다. 저는 그들 모두가 그러겠다고 말한 것을 믿을 수가 없었지요. 그것은 모두에게 충격을 주었습니다. 사람들은 세움의 과정에 동참해달라는 부탁을 기다리고 있었던 겁니다.

그다음 한 해는 대단히 흥분된 시간이었습니다. 그러고나서 그 위대한 주일이 다가왔지요. 저는 교인들 앞에 서 있었고, 예배당의 앞부분 양쪽에는 성결하게 헌신된 그리고 이제 세움을 받은 147명의 성도들이 서 있었지요. 나는 모두 무릎을 꿇게 하고 그날 아침 그들을 우리 교회 평신도 사역자들로 안수했습니다. 그후 나는 147명에게 사역을 맡기겠다고 말했어요. 그들이 부르심을 입었는지 또는 사람들의 필요를 채워줄 수 있는지에 대해 다시는 의심해서는 안 된다고 말했죠. 내가 교인들의 필요를 채우기에 온전히 헌신된 사역자로 행동해야 하는 것처럼 그들 또한 그렇게 하도록 당부했습니다."

나는 "참 놀랍고 고무적인 이야기입니다! 그런데 정말로 그것이 효과가 있던가요?" 압도적인 업무에 지쳐 기진맥진했던 목사님께 대체 어떤 일이 일어났습니까?"

"믿지 못하실 것입니다. 어쨌든 처음에는 저도 그랬으니까요. 대개 월요일 아침이면, 상담 신청과 여러 긴급한 요청으로 교회 전화가 불이 나지요. 그런데 어떤 일이 일어났는지 아십니까? 그 월요일에는 아무도 전화를 걸지 않았어요. 저는 새 설교가 너무 충격적이어서 교인들의 마음을 상하게 했다고 생각했지요. 더욱이 그날 아침 저희 교회의 중요한 지도자 한 분이 심한 사고를 당했는데도 다른 일 때문에 저녁 식사 후에나 그를 방문할 수 있었지요.

병원으로 달려가 형제를 방문할 출입증을 얻기 위해 응급 환자 구역소로 갔지요. 간호사는 직계 가족이나 목회자를 제외하고는 아무도 응급실을 방문할 수 없다고 말하며 누구를 만나러 왔냐고 물었지요. 나는 그녀에게 그분의 이름을 대고, 내가 그의 담임목사라고 말했어요. 그러자 그녀는 화를 내듯이 의자에서 곧바로 벌떡 일어나 이렇게 말했습니다. "당신이 그분의 목사라구요? 그럴 리가 없어요. 찾아오는 사람마다 모두 자기가 그 환자의 목사라고 했어요." 나는 무슨 영문인지 물었고 그녀는 "당신이 오늘 오후에 여기에 찾아와 자기가 그의 목사라고 말한 여덟 번째 분이세요!"라고 말했습니다.

그때 한 생각이 떠올랐습니다. 우리 교회에는 여덟 명의 목사가 없지요. 단지 두 사람밖에 없어요. 그러나 그것은 주일 아침이었던 어제까지였고, 이제 우리 교회에는 147명의 평신도 사역자들이 있었습니다. 그들 중 여덟 명이 방문했는데, 교회 사무실에서 그들에게 병원으로 심방을 가보라는 전화를 건 일이 없었거든요.

브루스 선생님, 그것이 저희 교회를 폭발적으로 성장시킨 비결입니다. 제 업무량은 90퍼센트까지 줄어들었습니다. 사역은 교인들이 진행하고 교인 수는 1000퍼센트가 넘게 증가했어요."

이 장의 앞부분에서 나는 우리가 하나님의 뜻에 일치하여 가르침을 준비할 때 하나님이 초자연적으로 우리의 노력을 축복하신다고 약속하셨음을 강조했다. 이 이야기는 그 산 증거가 아닌가?

가르칠 때 이러한 전율을 맛보고 싶은가? 학생들이 '봉사의 일'을 할 수 있음을 발견하고, 그것을 통해 놀라운 성취와 만족을 얻는 지극한 기쁨과 감격을 보고 싶지 않은가? 그렇다면 자신을 이러한 가르침의 혁신적인 방법에 헌신하는 것이 어떤가?

그렇게 되면 하나님의 명령을 받은 교사로서 당신은 그분이 맡기신 학생들을 세워가기 시작할 것이다.

아직도 사역은 곳곳에서 미처 행해지지 않은 채 남아 있다. 또한 당신이 방문하는 거의 모든 교실에서 일꾼들은 세움을 받지 못한 채 남아 있다. 그러므로 주님의 명령에 헌신하라. "그가 교사로 삼으셨으니 이는 성도를 온전하게 하여 봉사의 일을 하게 하며 그리스도의 몸을 세우려 하심이라."

토론할 문제

1. 에베소서 4장 공부는 세움에 관한 몇 가지 중요한 원리들을 보여주었다. 첫째, 교사의 주된 목적은 세우는 것이다. 둘째, 교사들이 세우는 주된 청중은 그리스도인이다. 셋째, 세움을 받은 그리스도인의 주된 결과는 그들이 봉사의 일을 하고 그리스도의 몸을 세우는 것이다. 이 원리들에 비추어 당신의 가르침 사역을 평가하라. 이 원리들이 당신의 가르침에서 얼마나 드러나는가 스스로 물어보라. 당신의 가르침이 이 원리들에 부합하려면 어떤 변화들이 필요한가? 그리고 어떻게 그 변화를 이루어가야 하는가?

2. 대다수의 가르침이 인격과 행위보다는 내용에 초점을 두고 있다는 사실에 동의하는가? 최근에 가르침의 순위에서 인격이 밀린 이유가 무엇인가? 궁극적으로 결과는 어떻게 나타날 것인가? 지나간 수업이 얼마나 고결한 인격을 형성시켰는가?

■

3. 개교회들이 세 번째 세움의 원리에 나온 것처럼 매주 주일학교 성경 공부와 아침 예배에 대한 세움의 결과를 기록하기 시작한다면 어떤 일이 벌어질까? 무엇이 우리로 하여금 주님의 분명한 지시들로부터 멀리 떠나게 하는지, 또한 그것 때문에 우리가 어떻게 고통을 받는지 이야기해 보라.

■

4. 한정된 시간과 기회는 삶을 주의깊게 투자하도록 만든다. 바울은 진리를 신실한 자들에게 전수하라고 말했다. 그러므로 디모데전서와 디도서에서 언급한 종류의 사람들을 세우는 데 시간을 보내라. 물론 그러한 수준에 이르기까지 세우는 데 집중적인 관심을 필요로 하는 한두 명의 특별한 인물들을 택하는 것이 중요하다. 당신 팀을 신중히 선택하여 최대의 노력을 기울이라. 주님을 위해 세워가야 하는 최고 순위 3-5명의 이름을 적으라. 가족에서 시작하라. 오늘 첫걸음을 내딛겠는가? 그렇다면 그들을 세우고 싶은 기대를 나눌 만남의 시간을 정하라.

12

세움의 방법과 활용

 주일 아침이다. 성가대가 방금 특별 찬양을 마쳤고 기독교 교육 담당자가 옆문으로 들어와 목사의 귀에 무언가 속삭인다. 그는 눈을 번득이며 설교 강단 앞으로 성큼 걸어간다. 갑자기 당신은 초조해진다. 그 모습을 이전에 한 번 본 적이 있으니 말이다. 주변에 있는 모든 사람이 긴장한다. 눈이 일제히 아래를 뚫어져라 응시하고 얼굴은 주보에 파묻힐 것 같다.

 기독교 교육 담당자가 주일학교 교사로서 주님을 섬기는 것이 얼마나 놀라운 일인지 듣기 좋은 간단한 연설을 시작한다. 이제 사람들의 눈은 천장을 향한다. 모든 사람이 다음에 무슨 일이 일어날지 대강 짐작한다. 그가 이렇게 이야기할 때까지 더욱 죄책감이 든다. "우리는 여러분이 필요합니다. 그리고 저는 여러분을 훈련시킬 것을 약속합니다. 우리가 여러분을 준비시켜드릴 것입니다! 그러나 우리가 여섯 명의 지원자들을 지금 당장 얻지 못한다면 예배를 진행할 수가 없습니다. 따라서 여섯 명의 손이 보이면 그때 목사님은 설교를 하실 수 있습니다. 어느 분이 이 아침에 손을 들어 답하시겠습니까?"

이 순간을 모면하고 안정감을 얻기 위해 당신은 손을 다리 사이에 차분히 밀어넣는다. 세 명만 손을 들었고 긴장감은 극도에 달한다. 갑자기 아내의 팔꿈치가 옆구리를 친다. 아픔을 느끼는 동시에 손은 공중으로 치솟는다.

"저기 있는 손을 보십시오. 형제님, 감사합니다. 저희 교회엔 형제님과 같은 고무적인 교사를 기다리고 있는 훌륭한 남자 중학생 그룹이 있습니다."

그가 누구를 이야기하고 있는지 보려고 두리번거린다. 그런데 다름아닌 당신을 말하고 있음을 불현듯 깨닫는다. 가슴은 고동치고 손바닥에는 땀이 난다. 아내가 밉다. 앞으로 그녀의 생일을 완전히 잊어버리고 싶을 정도로 말이다.

그다음엔 약간의 안도감이 가슴에 밀려온다. 그는 우리가 훈련받을 것이라고 말하지 않았던가! 정말로 그게 필요하다! 아마도 한 학기간 코치를 받는 것이 필요할 것이다. 혼자 생각해본다. "그렇게 어려운 일은 아닐 거야."

아내가 다시 옆구리를 찌른다. 다시 손을 내릴까 생각하지만 그것은 어리석은 일인 것 같아 그냥 그대로 있다. 그러자 얼떨떨한 상태에서 소리가 들려온다. "저희는 지금 당장 여러분이 필요합니다. 오늘 말입니다. 저를 복도에서 만나주시면 고맙겠습니다." 나는 나 및 명의 지원자들이 옆무 쪽으로 향하고 있었다. 모든 이가 다시 안도의 숨을 내쉬고 그는 미소를 보내고 있었다.

당신이 복도를 향해 걷는 여섯 명 중 마지막이었다. 기독교 교육 담당자가 당신 쪽으로 와서 계간 공과책을 던져줄 때는 가슴속에서 소용돌이가 일어났다. 그가 시야에서 사라지자, 다시 "고맙습니다. 대단히 고맙습니다. 하나님이 여러분을 축복해주시기를 빕니다!" 라는 소리가 들려왔다.

모퉁이를 돌자, 문 밖으로 의자가 부딪히는 소리, 지우개 던지는 소리 등등이 들려온다. 그것이 당신 교실이다.

어디선가 들어 본 이야기 같지 않은가? 지금 다니는 교회에서는 생소한 일인지 몰라도, 이 이야기의 의미는 대충 알아들었을 것이다.

훈련을 위한 이 교회의 비밀스런 형식은 무엇인가? 훈계에 죄책감, 그 위에 계간 공과책까지 덤으로 얹은 훈련과 맞먹는 협박 같은 것이다.

이 불쌍한 교사의 교실 벽에 있는 파리가 될 수 있다면 무엇을 보게 될지 궁금하다. 그는 어떻게 느끼고 있는가? 또 학생들은 어떻게 느끼고 있는가? 더욱더 중요한 것은 주님은 그 상황에서 봉사를 요구받은 성도에 대한 그 교회의 세움을 어떻게 평가하실까 하는 것이다. 그것이 우리를 위한 주님의 우선권과 어떻게 맞설 수 있을까?

이런 질문들에 대해 생생한 답을 원한다면, 이 세상에서 사역하셨을 때의 그리스도의 우선 순위들을 관찰하라. 그분은 사람을 조종하여 계간 공과책을 던지지 않으셨다. 그 대신에 그리스도는 가르치고 사역하도록 그분의 "제자들을 세워주고 훈련하는 데" 3년의 열띤 세월을 투자했다. 그리스도가 훈련에 있어서 깊은 수준의 헌신을 모범으로 보이셨다면, 우리는 위에서 보여준 것 같은 지극히 구태의연한 훈련에서 오는 실패를 어떻게 평가해야 하는가?

무기명 설문지에서 학생들의 80-90퍼센트가 수업이 따분하고 부적절하다고 반응한 것은 당연하다. 교사들이 기진맥진한 것도 당연하다. 그들은 그렇게 준비되지 않았다고 느낀다. 참는 데도 한계가 있다.

어쩐지 교회에서 훈련이 우선 순위 중 한참 아래 있다고 생각한다. 그러나 교회라는 테두리 밖의 일터에서는 그야말로 반대의 현상이 일반적이다. 좀 더 뛰어난 실천을 보여주는 회사를 발견할 때마다, 회사들은 좀 더 나은 훈련을 하는 회사라고 인정한다.

반대로 저급한 생산품과 낮은 서비스를 제공하는 회사들을 볼 때마다 그 곳의 직원들은 최소한이거나 거의 훈련받지 않았음을 알게 된다. 수준이 낮은 회사들과 형편없는 교사들은 빈약한 훈련이 가져오는 결과이다.

얼마나 많은 사람이 성경에 나오는 성공의 비결에 무지한지 모른다. 정말 놀라울 정도다. 반면 하나님의 말씀을 가진 우리들은 이 비결들을 실행할 만큼 믿지는 않는다. 그리스도는 제자들을 세우는 데 사역의 중심을 두었다. 하나님은 학생들과 교사들을 세우는 것에 사역의 핵심을 두라고 명하셨다.

그렇다면 무엇을 해야 하는가?

잘 알려진 재정 고문인 그리스도인 친구 론 블루(Ron Blue)는 가끔 한 사람의 수표책과 일정 기록을 들여다보면 그 사람의 우선 순위들을 알 수 있다고 말했다. 제아무리 자신의 우선 순위에 대해 이야기하더라도 그의 돈과 시간은 항상 진실을 밝혀준다.

조직, 학교 또는 교회에서 진정으로 훈련에 헌신된 정도를 보려면 그 단체가 사람들을 훈련하는 데 투자하는 시간, 돈 그리고 인적 자원을 살펴보라.

나는 교사와 지도력 양성에 쓰이는 재정을 알아보기 위해 여러 교회의 예산을 연구해왔다. 대부분의 교회들은 심지어 훈련을 위한 예산 목록조차 가지고 있지 않다. 관습적으로 예산을 책정한 교회는 훈련에 투자하는 돈이 0.1퍼센트도 안 됐다. 이것은 우선 순위에 대해 무엇을 말해주는가?

WTB 사역에서는, 훈련을 중요시 여긴다. WTB는 그리스도의 본보기와 명령이 교회뿐만 아니라 그 모든 사역 활동에 해당된다고 믿는다.

훈련은 장기적인 안목에서 결과를 크게 배가시킨다. 가끔 젊은이들은 나에게 대학이나 대학원에 진학할 것을 권하는지 묻는다. 나는 그들에게 이런 예를 든다.

당신 삶이 외형상 끝없는 밭이라고 가정해본다. 당신의 책임은 평생 동안 그 밭을 정리하고 쟁기로 갈고 작물을 심고 경작하는 것이다. 품질 좋은(영원히 지속되는 결실) 작물을 가능한 한 많이 내는 것이 해결 과제이다. 당신에게 몇 가지 선택의 여지가 있다.

- 첫째, 고등학교에 들어가기 전에 학업을 중단하라. 당신에게는 밭에서 일할 호미가 있을 것이며 즉시 일을 시작할 수 있다.
- 둘째, 고등학교를 마친 후 학업을 중단하라. 그러면 당신은 손으로 사용하는 열 가지가 넘는 도구들을 갖게 될 것이다.
- 셋째, 대학을 졸업하고 공부를 중단하라. 그러면 가스로 움직이는 경운기를 가질 수 있다.
- 넷째, 대학원을 마친 후 학업을 중단하라. 여러 농기구들이 부착된 트랙터를 가지게 될 것이다.
- 다섯째, 대학원 이후에라도 학업을 중단하지 말라. 공부를 계속하라. 그러면 당신은 점차 트랙터와 컴바인 그리고 관개 시스템을 이용할 수 있다. 즉 밭에 필요한 모든 것들을 손에 넣을 수 있다.

고등학교에 들어가기 전에 학업을 그만둔다면, 다른 사람이 대학을 마칠 때까지 수많은 이랑에 농작물을 심고 수확할 수 있을 것이다. 한동안은 지혜로운 선택을 한 것처럼 보일 것이다. 그러나 1년 동안 그 경운기나 트랙터로 작업을 해보고 그 결과를 지켜보라.

세움이 한 사람의 삶에 만드는 믿기 어려운 차이와 하나님이 사람들에게 맡기신 은사들을 가지고 무엇을 행할 수 있는지 알겠는가? 성도들이 봉사의 일을 하도록 세워주기 위해 깊은 관심을 기울이고 중요한 자원들을 쏟을 때마다 교사는 그리스도의 왕국을 위해 평생 계속되는 풍부한 결실을 얻게 될 것이다.

비록 그리스도가 우리 모두에게 은사를 주셨고, 또 비록 교회에서 또는 교사와 목사로 또는 다른 직분으로 은사를 입은 사람들을 주셨음에도, 주님은 그 은사들을 부지런히 사용하는 방법에 대한 결정은 우리에게 맡기셨다. 달란트의 비유에서처럼 주님은 우리에게 주신 것을 가지고 우리가 행한 것에 따라 심판하신다.

세움은 선택 사항이 아니다. 그것은 심지어 제안도 아니다. 그것은 명령이다. 그러므로 순종하라. 세태를 거스르라. 호미를 던져버리고 트랙터의 시동을 걸라.

세움의 방법

WTB 사역에서, 나는 다음 표어를 가지고 꾸준히 리더십 팀을 이끌었다.

> 완벽한 제품을 원한다면
> 기초 과정부터 완벽하게 하라.

위에서 말한 완벽한 제품, 즉 효과적인 교사들을 원한다면 효과적이며 끊임없이 진행되는 커리큘럼, 즉 과정을 완전하게 하는 커리큘럼을 계발하고 운영해야 한다.

세움의 방법의 5단계는 보편적이며, 어느 장소에서나, 어떤 학생들을 대

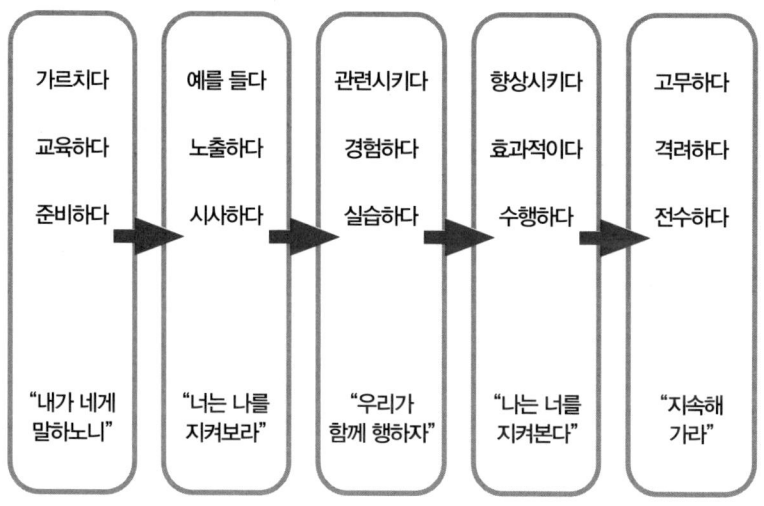

상으로 어떤 기술을 가르치려 하든 세우는 이를 위해 작용한다. 테니스를 치거나 말을 타거나 또는 설교를 하거나 공동체 안에서 주를 증거하거나 가계 예산을 세우는 일을 하는 사람을 훈련시키더라도 그것들은 모두 똑같이 효과적이다. 이 과정은 교사와 학생 간에, 부모와 자식 간에, 직장 상사와 아랫사람 간에, 이를 비롯한 모든 관계에서 작용한다.

당신은 이 단계의 일부 또는 전부를 의심할 바 없이 이미 사용하고 있다. 그러나 그것은 모두 미래에 어떤 순서에서, 어떤 것이 행해져야 하는지 정확히 깨닫도록 힘을 주기 때문에 관심을 불러일으킨다. 가끔 훈련 과정이 잘 진행되지 않을 때가 있는데, 그것은 중요한 단계를 빼먹었거나 한 단계가 그릇된 순서로 제시되었기 때문이다.

단계 1: 가르치다

첫 단계는 그 기술에 대한 기초 사항과 정보를 가지고 학생들을 가르치는 것이다. 교사는 학생들을 교육하며, 그 기술에 따라 필수적인 기초 사실을 가지고 준비하도록 한다.

몇 해 전 여름, 딸 제니와 나는 대학 강의를 하는 동안 콜로라도 주에서 2-3주를 묵었다. 식사중에 우리는 내 강의를 듣는 한 사람의 아들을 만났다. 그는 제니의 관심을 불러일으킨 테니스 코치였다. 그리고 그는 제니가 얼마 동안 무료로 테니스를 배울 수 있도록 초청하기까지 했다.

몇 시간이 지나서 제니가 우리가 묵던 숙소로 뛰어들어왔다. 좋은 시간을 보낸 것이 분명했다. 그러나 제니는 테니스를 많이 친 것같이 보이지 않았다. "어땠니?" 나는 물었다.

"무척 좋았어요. 그런데 테니스를 많이 치지는 않았어요. 게임의 규칙과 전략을 아는 데 더 많은 시간을 보냈기 때문이지요. 아빠! 저는 테니스에 그렇게 많은 내용이 있는지 몰랐어요. 그것들을 안 지금에서야 저는 게임하는 법을 배울 준비가 되었다고 생각해요."

그 젊은이는 또래보다 중요한 한 발을 먼저 내딛고 있었다. 내 딸 안에 있는 호기심을 발견했을 뿐만 아니라 가르치는 것이 기술 습득에서 첫 단계임을 알고 있었다.

이 첫 단계가 끝날 무렵 학생들은 자신을 세워주는 기술이 어떻게 작용하느지를 깨닫고 안도감을 느껴야 한다. 이 지점까지는 사실을 제시하는 단계에 머물러야 한다.

단계 2: 예를 들다

어떤 기술을 가르치는 데 있어서 두 번째 단계는 그 기술이 사용될 때 실제로 어떻게 보이는지 학생들에게 '예를 드는' 것이다. 그 기술을 직접 해봄으로써, 첫 단계에서 가르친 정보가 쓰이는 상황에 학생들을 노출시키라. 그들에게 실제의 상황을 시사하여 첫 단계에서 나눠진 말들이 단계 2에서 생생하게 묘사되도록 한다. 그들이 '이해'하는 단계에서 '보는' 단계로 가도록 해야 한다.

유감스럽게도 대부분 세움의 경우가 '이야기하는' 첫 단계에서 벗어나지 못한다. 어떤 사람이 그가 배운 그 기술 이면에 있는 이론을 알고 있을 경우에 대부분의 교사들은 자기들이 그 사람에게 무엇인가 하도록 훈련해왔다고 생각한다.

그러나 테니스의 정타와 역타간의 차이를 안다고 해서 실제로 테니스 치는 법을 아는가?

교사는 세움을 단기 기억에서 정보를 되풀이하는 능력이라고 정의해서는 안 된다. 머리로 행하는 법을 아는 것과 실제 삶에서 행하는 것은 다르다. 그러나 9년이 넘게 대학과 대학원 교육을 받으면서, 교수님들의 5퍼센트 이하만이 이 두 번째 단계를 시도했다.

수년 전 나는 '주를 증거함'에 대한 한 과목을 수강했는데 그것은 석 달 남짓 계속되었다. 그 교수님이 주신 유일한 시험은 우리가 강의안들을 회상할 수 있는지 보는 것이었다. 우리는 단 한 번도 그 교수님이 '증거함'이 실생활에서 어떻게 드러날 것인지 보여주기 위해 시도하는 것을 보지 못했다. 그 교수님의 머릿속에서는 세움이 실제로 행하는 것이라기보다는 지식으로 아는 것과 같은 것이었다. 훈련은 정보의 제공에 한정되었다. 그 강의를 수강하기 이전에 증거에 능숙하지 않았던 학생들은 학기말 고사를 마친 후에도 증거에 능숙하지 않았다. 또 그들은 그것을 좀 더 자주 실천에 옮기지도 않았다. 그럼에도 어떤 학생들은 그 과목에서 A를 받았는데 그 교수님이 기술을 가르쳤음에도 학생들은 결코 그 기술의 시범을 보이거나 개인적으로 적용하지 못했다.

이 얼마나 비극인가?

단계 3: 관련시키다

어떤 기술을 가르치는 데 있어서 세 번째 단계는 학생들 스스로 그 기술을 실제로 행하도록 '관련시키는' 것이다. 이 지점에서 학생들은 먼저 그 기술을 '경험하는' 것이 필요하다. '이해'하는 단계에서 '깨닫는' 단계로, 나아가 '행하는' 단계로까지 옮겨가도록 그들을 인도하라.

이 단계까지 학생들은 여전히 소극적인 상태다. 첫 단계에서 그 기술에 대해 듣고 두 번째 단계에서 그것을 지켜본다. 이제 그들은 그 기술을 스스로 연습한다.

이상이 현실로 실현 되는 때가 이때다. 학교 지식을 일상 지식으로 전환시키는 교사의 책임은 선수이자 코치로 그들과 함께 그 기술을 연습하는 것이다. 그들과 친하게 지내며 그들의 모든 노력을 격려하라.

오래전 뉴저지 주에서 청소년 담당 목사로 섬길 때 나는 장래가 촉망되는 12명을 제자 훈련과 기독교 사역의 고급 수준에 도전시켰다. 한 여학생은 미술에 뛰어난 소질이 있었는데 나는 그녀를 롱아일랜드 해변가 복음 전도를 위해 플립 차트들을 사용하도록 훈련시키는 데 집중하고 있었다.

그녀에게 플립 차트가 어떻게 작용하는지(단계 1 · 가르치다) 설명하고, 해변가 청소년 모임에서 직접 실시해 보인 후에(단계 2 · 예를 들다) 그녀를 그 과정에 참여하도록 격려했다. 그녀는 내가 복음을 나누는 동안 플립 차트에 스케치를 했다(단계 3 · 관련시키다).

그 다음날 내가 그림을 그리고 있는 동안, 나는 그녀에게 복음을 이야기하면서 나누도록 격려했다. 우리는 그녀의 제안에 따라 해변의 인적이 드문 곳으로 갔다. 그러나 날이 저물 무렵 그녀 혼자서 그 모든 것을 해내고 있었다. 그녀가 한때 125명도 넘는 어린이들과 어른들에게 그리스도의 복음을 극적으로 제시하는 것을 묵묵히 응원하면서 나는 그냥 서 있기만 했다.

이 중간 단계는 세움의 방법에서 중요한 요체다. 이것은 학생들에게 궁극적으로 즐길 만한 성공의 정도를 크게 결정한다. 그러므로 교사는 다른 어떤 단계보다도 연습 단계 동안 학생들의 감정적 평정과 향상에 더욱 면밀한 주의를 기울여야 한다. 그들이 당혹과 실망감으로 가득 찬 불운을 경험한다면, 세워줌이 효과적이지 못했다고 생각해도 좋다. 그러나 그들이 놀라운 학습 경험을 즐기고, 그들 자신과 성취에 대해 보람을 느낄 것이라고 보장할 수 있다면, 그 과정의 나머지는 즐거움이 될 것이다.

학생들이 성공하도록 도우라! 이 단계에서 점수를 계산하지 말고 단지 그 과정을 응원하라. 대부분 학생들은 불안과 걱정으로 가득 차 있으므로 그들이 행하는 모든 것을 확인해주라. 실패와 당혹감을 주는 모든 위험성을 제거하고 이 단계의 성공을 보장하라. 학생들을 가라앉거나 헤엄치라고 결코 깊은 곳에 던져두지 말라. 그들이 그 과정을 즐기며 더 많은 것을 원하는 가운데 이 세 번째 단계를 마쳐야 한다.

단계 4: 향상시키다

어떤 기술을 가르치는 데 있어서 이 네 번째 단계는 학생들이 새로 습득한 기술을 향상시키는 데 있다. 이 지점에서 그 기술을 몇 번이고 반복해서 수행해나갈 때 그들은 발전하며 더욱더 효과적이 된다. 교사는 그들을 '이해'하고, '보고', '행하는' 단계에서 '훨씬 더 잘하고 있다'의 단계로까지 이동시켜야 한다. 향상의 과정은 챔피언이 되고자 소망하는 모든 이들에게 끝나지 않는 단계로 생각될 수 있다. 기술 습득은 우리 모두를 신참병에서 중급자로, 전문가로, 나아가 챔피언으로 자라도록 손짓한다. WTB 사역에서 우리는 이것을 '탁월함을 향한 끝없는 추구'라고 부른다.

세우는 자로서, 교사는 학생들의 타고난 재주와 은사에서 가장 최선의 것을 이끌어내야 한다. 교사의 소명은 학생들이 지닌 최대의 가능성을 꽃피우는 것이다.

학생들의 필요는 서로 다르다. 어떤 학생들은 둥지 밖으로 나가야 하며, 어떤 학생들은 좀 더 많은 깃털이 날 때까지 둥지 안에서 보호받을 필요가 있다. 교사는 저마다 학생들의 필요를 깨달아야 하며, 학생 자신이 준비되어 있다고 여기기 전에 앞서서 밀어내거나 제지할 때, 순간적으로 불쾌해할 수도 있음을 알아야 한다.

수년 전 나는 한 젊은이를 그리스도에 대한 믿음을 나누도록 훈련시키고 있었다. 그는 내가 여러 사람들에게 증거하는 것을 지켜보았다. 조금씩 나는 그에게 내 역할을 맡아 하도록 했는데 그는 언제나 30초가 채 되기 전에 실패와 당혹감과 두려움으로 내게 순서를 미루곤 했다. 그는 사람들이 어려운 질문을 할지도 모른다며 두려워 했다. "예수님에 대해 결코 들어본 적이 없는 아프리카 사람들은 어떻게 될까요?" "성경 어디에 공룡과 원시인들이 나오나요?" "가인의 아내는 누구였나요?"

이 질문들과 함께 '다른 애매모호한 질문들'을 다루는 역할 담당을 그가 성경적인 답을 알고 있다고 확신할 때까지 내가 맡았다. 그러나 그는 계속 두려움의 장벽을 넘지 못했다. 마침내 우리는 함께 어느 가족 전체에게 전도하고 있었는데, 나는 그의 눈에서 동일한 두려움을 보았다. 이번에야말로 그를 둥지 밖으로 슬쩍 밀어서 스스로 날도록 할 때라는 것을 느꼈다.

누군가 어려운 질문을 할 때까지 나는 기다렸다. 그 가족 중에 열일곱 살 난 아들은 완전히 시비조로 아프리카 사람들에 대해 물었다. 나는 이렇게 말했다. "그것 참 좋은 질문이네요. 내 친구 마이크가 좋은 답을 갖고 있지요. 그 전에 화장실이 어디인지 좀 알려주시겠어요?" 나는 그를 쳐다보지 않았다. 그가 숨을 들이쉬기 전에 나는 복도 쪽으로 걸어갔다. 화장실 문을 단단히 닫았다. 그가 도망갈 수 있음을 알았다. 그러나 도망칠 길이 전혀 없었다. 그는 도망치지 않을 것이다. 나는 15분간 '휴식'하기로 정했는데, 운 좋게도 거기에는 잡지 몇 권이 있었다.

다시 응접실로 돌아가보니 마이크는 의자 가장자리에 걸터앉아 있었다. 복음 제시에 여념이 없었고, 모든 이가 매혹되어 있었다. 심지어 그 열일곱 살짜리 소년의 시비거는 태도도 사라져버렸다. 마이크는 비상하고 있었고 매 순간을 즐기고 있었다.

이 네 번째 단계 목표는 학생들이 자신감을 얻는 지점까지 발전시켜나가는 것이며, 교사의 지도나 참석 없이도 그 기술을 뛰어나게 처리하는 것이다.

누군가를 세울 때 교사는 충분한 수준까지 그를 훈련시킨다. 이러한 원리를 이해하고 실행하는 교사들을 발견하면 마음이 시원해진다. 신학원 동료 한 사람은 이러한 수준의 능력과 성취에 대해 학생들을 시험해보는 특이한 방법을 가지고 있었다. 졸업식을 마치자 그는 조국인 인도네시아로 돌아가 신학교를 시작했다. 졸업 최종 여건은 새로운 교회를 시작해 안정적으로 자립할 때까지 발전시키는 것이었다. 학생의 새로운 교회가 교회를 이끌어가고 자라게 할 헌신된 장로와 집사들을 훈련시켜 안수할 때 학생의 손에 졸업장이 주어졌다.

진정한 교육 목적은 한 사람에게 어떤 기술을 충분한 역량을 갖고 자유롭게 활용하도록 훈련시키는 것이기 때문에 이 단계는 절대적으로 중요하다. 에베소서 4장 11-16절은 봉사에 대해 '알도록' 성도들을 세우라는 도전이 아니라, 봉사를 '하도록' 세우라는 도전이다. 그러므로 교사는 주어진 사실적 대답을 기초로 해서 뿐만 아니라 학생들의 특별한 성취에 따라 세움을 정당화해야 하지 않겠는가?

충분한 역량을 세워주는 그러한 훈련이 얼마나 힘이 있는지 알겠는가? 교사의 진정한 역할이 지식의 축적이 아닌 그 활용임을 안다면, 어떻게 수업을 재구성할 것인지 상상할 수 있는가? 학생들은 그 내용이 정말로 효과를 나타내는지 즉각 알 것이다. 왜냐하면 그들이 그 내용을 바로 다음 주에 시도해볼 것이기 때문이다.

진보된 기술에서 세워줌은 그 기술의 뛰어난 사용자가 되기 위해 필요한 전략들은 물론이거니와 좀 더 깊은 자질의 계발도 포함해야 한다. 학생들이 성장하면 할수록 교사는 더욱더 그 기술을 다듬고 개인적으로 향상되도록 도와야 한다.

향상된 정보는 첫 단계(지시하다)에서 알려져서는 안 되는데, 그 이유는 정보가 실제로 사용될 수 있는 단계까지 발전했을 때에만 가치 있기 때문이다. 그가 성장함에 따라 쉬지 않고 향상하도록 격려하기 위해 계속 더욱 많은 정보와 기술 및 전략을 나누라.

최근에 WTB 세미나 강사 중 우수한 교사들과 나흘간의 훈련을 위해 모였을 때, 나는 이 과정의 향상된 부분을 직접 보았다. 내 목표는 '삶을 변화시키는 가르침의 7가지 법칙'을 교회와 대학 및 세계 도처의 세미나에서 가르치도록 그들을 훈련하는 것이었다.

이 세움의 과정이 시작되기 전에, 강사들은 이미 내가 그 과정을 가르치는 강의를 두 번 이상 들었다. 또 서너 번 녹음된 내용을 들었고 560쪽에 달하는 훈련 요강을 읽었으며, 소그룹 연습 시간에 그 과정을 두 번이나 가르쳤다. 책상에 앉았을 때, 나는 그들이 아주 많이 준비되어있음을 느꼈다. 그들은 숙련된 교사들이었다.

긴 기도 시간 후에 배우는 이들의 삶에 지속적이고 최대한의 변화를 일으키기 위해 내가 어떻게 '삶을 변화시키는 가르침의 7가지 법칙'을 구성했는지 그 이면에 있는 기본 철학을 설명하기로 마음먹었다. 한 시간 강의 후에, 나는 그들이 매우 조용해졌음을 느꼈다. 지나치게 조용했다. 나는 그 과정 어딘가에서 주의를 잃은 것은 아닌가 지레짐작하며 무슨 일이냐고 물었다.

가장 노련한 사람이 일어나 이렇게 말했다. "저는 그 이면에 있는 모든 것을 전혀 알지 못했습니다. 제가 그것을 가르쳤을 때, 왜 이 자료가 그러한 혁신적인 영향을 가져오지 못했는지 이해할 수 있게 되었습니다. 저희가 이렇게 조용한 것은 대표님이 말씀하신 것에 충격을 받았기 때문입니다. 그러나 한 가지 말씀드릴 것은, 저희들에게 말씀해주신 것이 지금 이후로의 가르침을 정말 향상시킬 것이라는 사실입니다." 효과적인 세움은 배우는 자들이 제아무리 진보된 수준에 있을지라도, 그들에게도 내용에 대한 좀 더 깊은 이해가 끊임없이 필요하다는 것을 알 때 일어난다.

그 집중 훈련이 끝난 서너 주 후에 나는 이 법칙들을 그 강사들 중 한 사람과 함께 가르쳤다. 세미나가 끝났을 때 우리는 근사한 저녁 식사를 나누며 주님의 축복에 감사하고 있었다. 그는 향상을 위한 몇 가지 제안들을 단도직입적으로 물어왔다.

나는 그 주간 그가 나눈 강의들 각각에 대해 6쪽에서 8쪽에 이르는 평가서를 써왔기 때문에, 확신에 찬 말이나 제안을 나누는 데 그다지 당황하지 않았다. 전체적으로 그는 뛰어난 과정을 마쳤다. 그럼에도 불구하고 한 가지 결점이 있었는데, 그가 정보를 전달하는 데 있어서 청중이 경험을 통해 스스로 발견해가지 못하는 가운데 행하는 경향이 있다는 것이다. 그는 옳은 자료를 제시했으나 청중들이 머릿속으로 그 질문들을 묻기 이전에 답을 얻었기 때문에 지속적인 삶의 변화를 위한 그 자료의 잠재력을 낮추는 결과를 가져왔던 것이다.

그다음 시간 동안 나는 조심스럽게 좀 더 나은 역동력을 가진 가르침을 만드는 몇 가지 비결들을 설명했고(단계 1 · 가르치다), 그에게 두 가지 서로 다른 방법들을 사용하는 것이 어떻게 보이고 느껴지는지, 즉 그가 사용한 방식과 그가 사용할 수 있었던 방식을 보여주었다(단계 2 · 예를 들다). 그리고 함께 실생활에서 찾을 수 있는 몇 가지 예를 살펴보았다(단계 3 · 관련시키다). 이 진보된 가르침 기술의 좀 더 정리된 요지들을 파악하는 것을 보았을 때, 나는 또한 그의 눈에서 빛나는 열기를 보았다. 그 다음번 그가 가르쳤을 때 나는 청중들 속에서 열의를 보았다(단계 4 · 향상시키다). 효과적인 세움은 배우는 이들이 아무리 상급 수준에 있더라도 그들에게 진보적 기술을 계속 제공해야 한다는 것이다.

단계 5: 고무하다

어떤 기술을 가르치는 마지막 단계는 학생들이 그들의 기술을 계속 사용하도록 고무하는 것이다. 시간이 흐름에 따라 교사의 영향은 점점 간접적이 되며, 교사의 역할은 그 기술을 사용할 뿐만 아니라 다른 이들에게 '그것을 전수하는' 것을 격려하는 데 있다.

교사는 학생들을 '이해'하는 단계에서 '보는' 단계로, 나아가 '행하는' 단계로, 그리고 '나는 훨씬 더 잘하고 있다'로, 더 나아가서 '나는 그것을 지속할 것이다'의 단계로 이동시켜야 한다.

이 단계에서 훈련하는 교사들은 진정으로 세우는 자들이며, 주님의 투사들이다. 그들은 전수할 비전을 가지고 있다. 그들은 학생들이 방관자에서 배우는 이들이 되도록, 그리고 교사들이 되도록, 한 발 더 나아가 다른 교사를 세우는 사람들이 되도록 기술적으로 인도한다.

그들은 스스로 행하기만 하는 것보다, 자신을 재생산하는 더욱 큰 위력을 이해한다. 그들은 진행중인 학생들의 발전이 계속되도록 하기 위해 그 어떤 일이라도 한다. 학생들이 그만두겠다고 을러댈 때 학생들을 포기하지 않는다. 그 팀이 정상까지 오르도록 이끌기 위해 필요한 모든 것을 하며 그 팀을 양육하고 격려하며 다독거린다.

스스로 행하기보다 다른 이들이 그것을 행하도록 이끌겠다는 생각이 자연스럽게 일어나는가? 아니다. 그것은 사실이 아니다. 나는 이 교훈을 수십 번 배우고 또 배워야 했는데, 가장 위력적인 경험은 WTB 사역의 초창기 시절에 있었다.

1970대 초 달라스에서 WTB 세미나를 처음으로 가르치기 시작했을 때 친한 친구들 중 많은 이가 아무도 그 세미나를 나처럼 가르칠 수 없을 것이라고 말했다. 내가 하는 것은 무엇이든 간에 다른 이들이 그것을 가르치지 못하게 하라고 말했는데, 왜냐하면 다른 이들이 그것을 망쳐버릴 것이기 때문이었다. 또 다른 친구들은 그 반대가 진실이라고 확신했다. "자네는 다른 이들이 세미나를 가르칠 수 있도록 훈련시켜야 하네. 자네 혼자서 그 모든 것을 행할 수도 없고 행해서도 안 된다네."

수개월간 나는 이 문제를 놓고 씨름했다. 어느 주말에 나는 이 문제로 너무 번민했고, 모든 것을 제쳐두고 내가 명백한 만장일치의 제안을 얻을 것이라고 희망하면서, 가장 친한 친구들과 정신적인 스승 12명에게 연락을 했다. 전화를 마쳤을 때, 6명은 "다른 이들을 훈련시키라"에, 6명은 "세미나를 혼자서 가르치라"고 말했다.

좌절감은 이어졌다. 그 주말 끝무렵 나는 그것이 나를 갈기갈기 찢어놓는 것만 같았다. 마침내 나는 지하실로 내려가 주님이 그 답을 주시도록 기도하기 시작했다. 나는 좋아하는 교수님 중 한 분께 전화를 드려, 내가 처한 곤경에 대해 이야기했다. 내가 어떻게 해야 되는지 물었다. 그분의 말씀과 그분이 응답하신 방식은 절대로 잊을 수 없을 것이다. "자네가 자네 질문에 대한 답을 모른다니 믿을 수 없는 일이네. 디모데후서 2장 2절이 무엇이라고 말하고 있는가? 그것은 자네 질문에 직접 답해주고 있지 않은가? "충성된 사람들에게 부탁하라 저희가 또 다른 사람들을 가르칠 수 있으리라." 그러므로 자네가 자네 삶과 사역에서 하나님의 온전한 축복을 원한다면, 디모데후서 2장 2절을 따르는 것이 좋을 걸세. 다른 이들 세우기를 바로 시작하게나."

이 직접적이고도 대단히 성경적인 충고는 내 삶과 사역에서 중요한 전환점이 되었다. 그날 저녁, 세움의 원리는 세움에 대한 내 확신이 되었다. 나는 마침내 성경이 말씀하신 것을 순종하는 데까지 믿었다.

그러나 나는 세움을 시작하겠다고 계획하는 것과 그것을 실제로 행하는 것은 별개의 일임을 인정해야 했다. 처음으로 내 친구 한 사람이 WTB 세미나를 가르치는 것을 보았을 때, 내 마음 깊은 곳에서는 이렇게 소리치고 있었다. "그런 식으로 하지 말고, 나처럼 하란 말이야!" 어쨌든 그 당시에는 내가 직접 하는 것이 훨씬 쉽고 나았을 것이다. 그러나 디모데후서 2장 2절과 이후 에베소서 4장 11-16절의 부정할 수 없는 분명함 때문에, 나는 내 느낌들을 무시했고 내 뜻이 아닌 하나님의 뜻을 세워가기로 결심을 굳혔다. 나는 주님께 순종하며 결과도 그분께 맡기기로 했다.

세월이 흘러 하나님은 내 마음을 변화시키셨다. 천천히 그리고 아픔을 통해 얻은 성취는 '내가 행한 것'에서 '다른 이들이 행한 것'으로의 변화였다. 처음에 나는 '인기'를 즐겼으나, 10년 후에 나는 '옆에서 지원하기'를 더 즐겼다.

사람들은 내게 1년에 얼마나 많은 WTB 세미나를 인도하는지 묻고 나서 항상 충격을 받는다. 올 한 해 전 세계에서 예정된 1,400개의 세미나들 중에서 나는 한번도 인도하지 않을 것이다.

얼마나 신나는 일인가! 이제 나는 뒤로 물러앉아 WTB 국제 팀의 뛰어난 강사들이 가르치는 것을 지켜볼 수 있다. 30개가 넘는 나라에서 그리고 특히 아프리카에서 활동하는 사람들을 나는 이제껏 만나보지도 못했다! "나보다 훨씬 더 잘하는 걸!" 강사들이 가르칠 때 나는 가끔 이렇게 말하고 세미나 장을 떠나며 미소짓는다.

강사들이 코치인 나를 앞질러간다는 사실을 깨닫는 것은 즐거운 일이다. 학생들이 교사가 할 수 있는 것보다 더 빨리 뛰고, 더 멀리 뛰며, 더 날쌔게 뛰며, 교사가 하는 것보다 더욱 굳은 결심을 가지고 뛰는 것을 돕는 게 세움의 온전한 취지가 아니던가?

세움의 가장 완전한 목표는 학생들이 코치를 능가하도록 훈련시키는 것이다.

당신의 가슴이 '다른 이들을 가르칠 신실한 자를 훈련시키는 것'에 깊은 헌신을 가지고 반응하기를 바란다. 당신의 책임을 함께 짊어지기 위해 지도력을 구하려고 당신을 바라보는 이들에게 힘을 주기 바란다. 당신 가슴에서 타오르는 불꽃이 당신을 따르는 이들에게 옮겨붙기를 바란다.

이렇게 행하라. 그러면 당신의 생물학적 수명보다 훨씬 더 길게 당신 삶이 사용되고 있음을 깨달을 것이며, 그것은 영원히 지속되는 영향을 끼칠 것이다. 그러면 아마도 지금으로부터 100년이 지나 우리가 영광의 자리에서 우리의 '영적 증손자들'이 영원히 지속되는 열매를 맺는 것을 지켜볼 수 있을 것이다. 그때 그들 중 누군가 "○○(당신의 이름)가 우리의 증조 할아버지를 믿음으로 세워나가셨을 때인 100년 전에 모든 것이 시작되었다"라고 이야기할 것이다.

세움의 활용

예수님은 이 5단계 과정을 통해 효과적으로 사역하도록 제자들을 세우셨다.

• 단계 1: 가르치다

제자들은 예수님이 군중을 공적으로, 그리고 그들을 사적으로 가르치시는 것을 경청했다.

• 단계 2: 예를 들다

삶의 온갖 장면에서 내용을 시범으로 보이실 때, 제자들은 예수님이 다른 여러 상황에서, 호의적인 청중에서 적대적인 청중에 이르기까지 서로 다른 청중에게 사역하는 것을 지켜보았다.

• 단계 3: 관련시키다

그들은 유대와 갈릴리 및 예루살렘에 걸쳐 예수님과 함께 사역했고, 결국 예수님은 직접적인 임재 없이 그들을 사역하도록 보내셨다.

• 단계 4: 향상시키다

제자들이 사역 활동을 보고하기 위해 돌아왔을 때 예수님은 그들을 기다리고 계셨고, 그들을 보다 깊은 훈련과 세움으로 인도하셨다.

• 단계 5: 고무하다

예수님은 부활 후에 여러 번 개인적으로 그들을 방문하셨다. 나중에는 지상에서 제자들의 삶이 끝마칠 때까지 그들을 훈련하고 위로하시기 위해 성령을 보내셨다. 예수님은 제자들을 땅끝까지 보내셨으나 결코 그들을 떠나지도 저버리지도 않을 것을 약속하셨다.

예수님은 제자들에게 계간 공과책과 학급을 주시면서 가서 가르치라고 말씀하시지 않았다. 천만의 말씀이다. 오히려 사역을 위해 그들을 세워주는 책임을 떠맡으셨다. "내가 너를 사람 낚는 어부로 만들리라"고 말씀하셨을 때, 주님은 자신이 세움의 과정에서 책임 있는 존재임을 선포하셨다. 그리스도가 "내가 너를 가르치리라(활동)"라고 말씀하지 않으셨고, "내가 너를 만들리라(결과)"라고 말씀하신 것에 주의하라. 낚싯대를 골라잡아 제자들에게 건네주시지 않았다. 제자들이 사람을 낚도록 가르치고 훈련하고 세워주는 데 자신의 삶을 투자하셨다.

예수 그리스도는 세움에 상당한 중요성을 두셨다. 그분은 부모들이 자녀를 어떻게 세워주는가가 그들의 전 인생에 영향을 미친다는 것을 알고 계셨다. 또 교회가 구성원들을 어떻게 세우는가가 교회의 건강에 큰 영향을 끼친다는 것도 아셨다. 궁극적으로 우리가 좋게든 나쁘게든 세움의 과정에 따라 이루어진다는 것도 아셨다.

궁극적으로 세움의 방법에서의 5단계들은 그 누구에게나 그 어떤 것이든 하도록 훈련하는 데 사용될 수 있다. 예를 들어 갈수록 증가하는 부모들의 알콜 중독, 성적 학대, 약물 남용 및 그밖의 역기능적인 관계에 대해 자녀들을 효과적으로 세울 수 있다. 거의 예외 없이 우리는 우리를 세워온 사람들의 영향을 남은 인생 동안 지니고 산다.

다음에 열거된 7가지 세움의 활용은 좋은 결과를 위해 다른 이들에게 영향을 미치는 깊은 통찰력을 보여준다. 당신이 가는 곳마다 거룩과 성숙의

자취가 있기를 바란다.

활용 1: 학생들이 성공적으로 또 독자적으로 그 기술을 사용할 때까지 그들을 훈련하라

내 옆에 앉은 학생이 "나는 이 과목이 정말 싫어. 이 학기가 끝나면 나는 다시는 이 히브리어 구약 성경을 들여다보지 않을 거야. 어쨌든 나는 'A'를 받을 것이고 그렇다면 성적표도 그럴듯해 보이겠지"라고 속삭였을 때는 이미 그 학기가 절반 이상 끝났을 때였다.

과연 그는 좋은 것을 얻었는가?

또는 이런 현실을 고려해보라. 헬라어 신약 성경의 원어 학습은 신학대학원에서 필요한 것들이다. 학생은 6학기 동안 헬라어를 택해야 하고, 신약 전공자들은 더 많은 다른 과목들을 택해야 한다. 3년의 세월을 헬라어를 배우는 데 고스란히 보내야 하는 것이다. 신학대학원 4학년 때, 졸업을 앞둔 네 학생들이 그동안의 헬라어 실력 수준에 대해 이야기를 나누고 있었다. 나는 나머지 친구들에게 의견을 물었다. 광범위한 헬라어 과목들을 막 성공적으로 끝낸 100명의 졸업반 학생들에게 헬라어 신약 성경을 아무 곳이나 펼쳐 읽으라고 했을 때 얼마나 많은 학생들이 자신 있게 한 단락을 읽고 번역할 수 있겠느냐고 말이다.

그들의 반응은 거의 조소였다. "아마 3명? 아니면 5명쯤?" 친구들은 전체 졸업반 학생의 95퍼센트 이상이 3년이란 세움의 세월을 보내면서도 헬라어를 읽을 수 없을 것이라고 단언한 것이다.

이제 나는 한 가지 질문을 던지고 싶다. 이 두 가지 예가 색다른 이야기인가? 아니면 대부분 이런 형편인가?

이 첫 번째 활용은 세움에 대한 분명한 목표에 주의를 집중시킨다. 학생이 실생활에서 그 기술을 독자적으로 사용할 때까지 교사는 세워가야 한다. 첫 번째 예에서, 그는 부정적 태도 때문에 히브리어 수업에서 배운 내용을 사용하지 않을 것이다. 두 번째 예에서 학생들은 부족한 능력 때문에 헬라어 수업에서 배운 내용을 사용하지 않을 것이다.

그렇다면 그 과목들의 가치를 생각해보라. '세움'이 긍정적이고 지속적인 결과들을 가져왔는가? 첫 번째 경우에선 교사가 그 학생의 정서에 긍정적인 느낌을 만들어주지 못했다. 따라서 그의 기술 수준과 상관없이 그 학생은 그것을 사용하지 않을 것이다. 이 경우에 교사는 '사실'을 지나치게 강조하고 '느낌'은 적게 강조했다.

학생들이 끝나지 않은 그 과목에 대해 포기하고 시작했을 때보다 그 과목에 대해 적은 흥미를 느끼며 떠날 때, 교사는 크게 실패한다. 나는 여러 번 그 과목을 완전히 정복하겠다는 동기를 가지고 수업을 진행했지만 한 달 내내 허사였다. 도리어 수업을 지루하게 만들어 의욕 상실을 불러왔다.

두 번째, 교사는 학생들에게 적절한 능력을 계발해주지 못했다. 따라서 그들의 의욕에 상관없이 그들은 그 기술을 사용할 수 없었다. 이 경우에, 그 교사는 '정복'을 적게 강조했고, '동기'를 지나치게 강조한 것이다.

학생의 확신과 능력이 궁극적으로 성공 여부를 좌우하기 때문에 이 두 가지 요인들은 교사의 성공 또한 결정한다.

한 학생이 그저 한 학기를 마치고나서 헬라어를 알고 사용하는 것은 기대할 수 없다. 그러나 신학대학원을 졸업할 때쯤 그 기술을 습득했을 것이라고 기대하는 것이 비현실적인가? 졸업식에서도 학생들이 헬라어 신약 성경을 읽을 수 없다면, 그 교사는 그들을 가르치는 데 실패한 것이다. 한편 그 학생들이 그 과목을 싫어한다면, 그 교사도 실패한 것이다. 두 가지 경우에서 학생들은 모두 실패했다.

활용 2: 교사의 스타일이 아닌 학생들의 기술에 초점을 맞추어 교사와 같은 사람들을 재생산하라

똑같은 유형을 복사하는 것은 깊이 없는 성도를 만든다. 교사들의 책임은 학생들의 성격과 기질의 테두리 안에서 효과적인 기술의 사용자가 되도록 훈련시키는 것이다. 직접적 또는 간접적으로 교사 자신의 방식이 영감받은 유일한 길이라고 여길 때, 그는 교만한 것이다. 대신 교사의 노력은 그들이 선택하는 스타일과 상관없이 바람직한 결과들을 산출하기 위해 학생들을 안내하는 데 부어져야 한다.

하나님도 스타일보다는 결과에 초점을 맞추셨다. 잠시 동안 신약 성경을 관찰해보라. 모든 성경은 '하나님의 감동'으로 된 것이지만 야고보서 1장을 로마서나 요한계시록의 첫 장과 비교해보면 이 책들이 서로 얼마나 다르게 이야기하고 있는지를 깨닫고 충격을 받을 것이다. 야고보는 짧고도 힘있는 직접적인 문장을 적었다. 바울은 로마서를 복잡한 문장과 긴 논리로 적었다. 요한은 요한계시록을 매우 묘사적이고 감정적인 문장으로 적었다.

동일한 하나님이 성경의 모든 책에 감동하셨다면 어떻게 이런 일이 일어날 수 있는가? 그것들 모두 동일한 스타일로 쓰였어야 하지 않은가? 그러나 그렇지 않다. 하나님은 저자의 성격과 기질을 바꾸거나 압도하지 않고서 계시에 대한 하나님의 목적을 성취하기로 결정하셨다. 그것이 하나님의 절차라면 우리 또한 그 절차를 따라야 하지 않겠는가?

예수님은 열두 제자들에 대한 의도적인 선택을 통해 그와 같은 동일한 태도를 보이셨다. 그분은 그들의 다양성에 대해 매우 관대하셨다. 정열적인 베드로, 실용적인 야고보, 지적인 도마, 조직적인 마태, 예민한 요한 등등. 왜 예수님은 제자들을 한 가지 스타일과 접근 방식으로 빚어가지 않으셨는가? 왜냐하면 그리스도 또한 성격을 만드는 주권적 본체이시기 때문에, 그분은 자신의 놀라운 목적을 위해 각 개인의 기질을 사용하고자 계획하셨기 때문이다.

그러므로 학생들이 당신의 이야기체나 방법 또는 몸 동작을 그대로 따라 하게 하지 말라. 끊임없이 그들과 그들의 영광스런 다양성에 경의를 표하고 북돋아주라.

활용 3: 학생들의 특성과 환경에 따라 세움의 형태를 변경하라

성공적인 기술의 사용은 학생들의 지식, 연습 및 경험뿐만 아니라 그들의 타고난 능력에 달려 있다. 모든 학생은 서로 다른 지능 지수, 교육 배경 및 사회적 배경은 물론이고 서로 다른 타고난 신체적 능력을 갖고 있다.

그러므로 교사는 학생들을 세워나갈 때 학생들의 특성과 환경에 따라 학과 목표와 수업안을 변경해야 한다. 세계에서 가장 뛰어난 세움조차도 학생들을 원하는 수준의 역량으로 끌고갈 수는 없다.

나는 고등학교를 졸업할 때 졸업에 대비해 "너는 결코 혼자 걷지 않을 거야"라는 노래를 연습했던 때를 지금도 기억한다. 우리는 음악적 절정의 순간("걸어가라, 걸어가라")에서 한 목소리가 되었고 다른 아이들과 함께 목청껏 노래했다.

그런데 갑자기 합창 지휘자가 지휘봉을 가지고 강대상을 톡톡 두드리며 고개를 세게 저었다. 만족스럽지 못하다는 의미가 담긴 표현이었다. "이봐, 셋째 줄에 있는 학생, 부탁인데 입만 크게 벌리고, 제발 노래는 크게 하지 말게." 그가 나를 똑바로 쳐다보며 말했다.

제아무리 열심히 그 합창 지도자가 나를 '세우려고' 노력했을지라도 그는 성공하지 못했다. 하나님의 재치 있는 유머로 말한다면, 주님은 내게 '즐거운 소음을 만드는' 은사를 주셨고, 그것을 다른 사람들 주위에서 분별 있게 사용하기 원하셨기 때문에, 그 지휘자는 성공할 수 없었던 것이다.

최근에 아내와 나는 6학년을 가르치는 뛰어난 교사인 좋은 친구와 만났다. 그녀는 매우 험악한 동네에서 아이들을 가르치고 있어서, 나는 그녀에게 지난 5년 동안의 학생들의 추세에 대해 물었다. 그녀는 한숨을 내쉬었다. 3년 전에 그녀는 심한 행동 장애를 지닌 네 명의 학생들을 만났다고 했다. 그해에는 그녀 학급의 절반이 넘는 수가 심한 행동 장애를 갖고 있었다. 지난 학기에는 한 학생의 아버지가 약물 때문에 총에 맞아 사망했다. 다수의 학생이 지속적으로 학대를 받았다. 대다수 학생들이 편부모 아래 살고 있었고 영양실조로 고통받는 학생들도 있었다. 열두 살짜리 소년은 어머니가 사인해주어야 할 시험지를 계속 들고가지만, 언제나 사인 없는 시험지를 가져왔다. 내 친구는 3일째 되던 날 마침내 그 학생을 다그쳤다. 그는 불쑥 이렇게 말했다. "저는 아빠가 없어요. 엄마는 3일 전에 집을 떠났고요. 나는 엄마를 보지도, 소식을 듣지도 못했어요. 그래서 시험지에 사인해줄 사람이 집에 아무도 없어요. 엄마는 언제 돌아오실지 몰라요."

깊은 슬픔과 절망이 가득한 얼굴로 그녀는 이렇게 덧붙였다. "우리는 단지 3년 전에 가르쳤던 것을 다시 가르치려는 엄두도 내지 못한답니다. 학생들이 그것을 소화하지 못해요. 때때로 교육 목표의 절반 이상을 줄여야 합니다."

그러므로 학생들을 세워나가려고 애쓸 때는 각 학급이 안고 있는 학급 단위의 개별적 특성을 반드시 고려해야 한다.

활용 4: 관계, 처벌 및 포상에 의해 학생들의 동기를 증가시키라

모든 세움의 양식이 내포한 보편적인 진리는 학생들이 그 기술을 배우고자 원하면 원할수록 더욱더 빨리 잘 배울 것이라는 사실이다. 그러므로 세움의 5가지 단계적 방법을 사용하는 데 있어서, 학생들의 진보를 최고로 활용하는 것이 중요하다. 그들의 동기를 증가시키라.

학생들에게 동기를 사용하는 목적은 좀 더 큰 결의와 열정을 갖고 그 기술을 수행해나가도록 '부추기는 데' 있다. 행동으로 이끄는 3가지 주요한 자극제들은 다음과 같다.

1. 또다른 인물 또는 실재와의 관계
2. 처벌이나 고통에 대한 두려움
3. 포상, 즐거움 또는 이익에 대한 희망

이 3가지 자극제들은 모두 보편적이기 때문에, 비록 이 3가지가 모든 청중과 상황에 똑같이 효과적이지는 않을지라도, 세심하게 고려해 사용한다면 모든 청중에게 작용할 것이다.

예를 들어 고속도로에서 뒤에서 빨간색 불빛을 번쩍이며 다가오는 순찰차를 보았을 때 당신은 그 경찰관이 제한 속도를 주지시키기 위해 어떤 동기로 당신을 자극할 것이라고 기대하는가? 그가 "당신이 정말로 나에게 관심이 있고 나와 내 가족을 진실로 사랑한다면 속도 위반을 그만두는 것이 좋겠어요"라고 말하겠는가? 아니면 "당신이 지금 당장 속도 위반을 중단하면 당신 이름을 하와이 여행을 위한 후보자 명단에 넣겠습니다"라고 말하겠는가? 아니면 그는 당신의 행동을 변화시키기 위해 두려움과 고통의 동기를 사용하겠는가?

효과적인 교사들은 가르칠 때 이 3가지 방법을 모두 사용한다. 분명히 수행 기준에 따라 받게 되는 학점은 포상 또는 처벌 중 하나이다. 학점이 동기를 자극하는가? 그렇다. 또한 학점들은 동기를 자극해야 한다. 고등학교 학생들은 자기 성적이 학기말에 충분히 높으면 기말고사를 치르지 않아도 된다는 사실에 동기부여를 받는다. 운동 선수들은 처벌의 두려움이 동기부여가 되며, 계속 겨루기 위해 일정한 수준 위로 점수를 유지하려고 분투한다.

최근에 아내와 나는 자녀들의 고등학교 연주를 보러갔는데 그것은 그들이 가장 좋아하는 교사가 대본을 써서 연출한 것이었다. 그 연극 발표 이전 두 달 동안 그 얼마나 노력과 희생을 쏟았는지 모른다. 연극이 끝났을 때 학생 연기자들은 가장 커다란 갈채를 연출가에게 보냈다. 환호성과 갈채와 선물을 보내고 그를 부둥켜안았다. 헹가래를 치고 어깨로 감싸안은 채 사랑의 표시를 퍼부었다.

학생들에게 그러한 엄청난 수준의 수행과 고역의 동기를 불어넣은 것은 무엇인가? 그것은 교사를 향한 학생들의 사랑과 존경이었다.

지난 서너 번의 수업 시간들을 평가해보라. 배우고자 하는 의욕에 불을 당김으로써 학생들이 배우도록 얼마나 의식적으로 도왔는가? 포상, 처벌, 관계 맺음을 얼마나 자주 사용했는가? 효과적인 교사들은 적절한 동기를 사용함으로써 학생들로 하여금 한층 더 높은 수준에서 배우게 한다.

동기에 대해 절대적으로 뛰어나고 싶다면, 하나님이 인류가 믿고 행동하도록 선택하게끔 어떻게 동기를 불어넣으셨는지 공부하라. 하나님이 모든 정상적인 인생 안에 이 세 가지 보편적인 자극제들을 두셨기 때문에, 교사는 이것들이 보편적이라는 사실을 발견할 것이다. 성경을 주의깊게 연구하면 우리로 하여금 행동하도록 동기를 불어넣기 위해 이 세 가지 모두를 사용하고 계신 하나님을 발견할 수 있다. 한 예를 들어보자.

- 그리스도를 거부하는 자들에 대한 처벌은 무엇인가?
  지옥에서의 영원한 고통

- 그리스도를 영접한 자들에 대한 포상은 무엇인가?

  천국에서의 영원한 기쁨

- 그리스도는 우리에게 무엇을 하라고 말씀하셨는가?

  계명 준수

나는 성부, 성자, 성령이신 하나님이 한 인간이 행동하도록 격려하는 모든 중요한 성경 구절들을 낱낱이 연구해왔다. 하나님은 이들 세 가지 자극제들을 모두 정기적으로 사용하셨다.

하나님이 그것들을 사용하시기 때문에, 그리고 그분이 온전한 목적을 이루기 위해 육신적인 수단을 사용하도록 타협하지 않으시기 때문에, 우리도 그분의 본보기를 따라가야 하지 않겠는가? 나는 가장 효과적인 관계 맺음, 처벌 및 포상을 통해 학생들에게 동기를 불어넣는 것이 하나님의 방법과 가장 유사하다고 믿는다.

어떤 기술을 사용하도록 학생들을 세워주는 것만이 교사의 책임이 아니라 그들이 그것을 사용하고 싶도록 동기를 불어넣어주는 것 또한 교사의 책임임을 기억하라. 학생들이 그들의 친구에게 당신의 수업이 지금껏 들었던 수업 중에서 최고의 자극을 주는 것이라고 말하기를 바란다.

활용 5: 진보된 기술들을 개발하기 전에 기본적인 기술을 확실히 익히게 하라

기초가 튼튼하면 할수록 그 위에 더 높은 건물을 지을 수 있다. 이처럼 학생들이 기초적이고 우선적인 기술에 정통하면 할수록 그들은 더욱 쉽게, 그리고 성공적으로 진보된 기술을 배워 사용할 수 있다.

성장한 자녀들을 둔 부모라면, 그들이 기초 선행 자료를 이해하기도 전에 더 어려운 자료 쪽으로 나가는 것을 본 경험이 있을 것이다. 그러나 그것은 구구단도 알지 못하면서 나눗셈을 하려고 애쓰는 것과 같다. 그것은 불가능할 뿐만 아니라 학생들에게 더 많은 좌절과 실패를 안겨 줄 뿐이다.

대학에서 강의한 지 일주일만에 나는 일부 고등학교 영어 교사들의 실패와 맞부딪히게 되었다. 적어도 40퍼센트의 학생들이 대학 수준의 리포트를 작성할 수가 없었다. 문법은 번번이 엉망이었고 철자법은 웃지도 못할 만큼 엉터리였다. 논리적 전개에 대한 성숙한 사고 과정은 도저히 찾아보기 어려웠다.

첫 리포트를 받았을 때 나는 너무나 기가 막혀서 선배 교수들이 모인 점심 식사 장소에 그것들을 들고 나갔다. 그들은 웃는 얼굴로 이해한다는 표정을 지었다. "브루스, 대학 강의의 현실에 들어선 것을 환영하네." 그들은 웃으며 서로를 쳐다보았다.

가르칠 때 학생들이 고급 기술에 들어가기 전에 알아야 할 최소한의 내용을 숙지하는 일반적인 원칙을 반드시 준수해야 한다. 내가 아는 한 고등학교 수학 교사는 학생들 모두에게 1–13까지의 곱셈표를 완벽히 외우게 한다. 매달 모든 학생이 169개의 곱셈 문제들 중 임의로 고른 시험을 치르는데, 그것을 언제나 1분 내에 끝마쳐야 한다. 하나라도 틀리는 학생은 방과 후에 선생님에게 찾아가 일정한 시간 안에 그 모든 문제를 정확히 맞출 때까지 재시험을 봐야 한다. 이 얼마나 현명한 교사인가! 그는 모든 학생들이 그 영역에서 최소한의 능력을 성취하도록 노력하고 있는 것이다.

너무 많은 교사가 수업 진도를 따라가기 위해 학생들의 학습 속도보다 자신의 학습안들을 우선적으로 고려한다. 주의를 기울이지 않으면, 교사는 모든 학생들이 자료의 내용을 숙달하는 것보다 그 자료를 마치는 것이 중요한 일이라는 생각에 쉽게 사로잡힐 수 있다.

활용 6: 초기 훈련 기간 동안 학생들을 더욱 자주 격려하라

한 가지 새로운 기술을 익힐 때마다, 사람들은 대개 일정한 불안과 두려움을 경험한다. 약간의 내적 긴장은 좋은 일이지만, 종종 학생들은 실패의 두려움과 당혹감으로 가득 차 있다. 두려움과 불안의 느낌들은 가르침의 영향을 심각하게 둔감시킨다.

그러므로 적극적으로 학생들이 두려움을 줄일 수 있도록 용기를 북돋우라. 용기와 두려움은 정반대의 것들이다. 용기가 늘면 두려움은 줄어든다. 두려움이 많으면 용기는 줄어든다.

'용기의 선물'을 정기적으로 주라.

위대한 지도자였던 여호수아도 심각한 두려움과 의심에 맞서 싸웠다는 것이 흥미롭지 않은가? 거듭 되풀이하여 하나님은 그에게 "두려워 말며 놀라지 말라"고 말씀하셨다. 하나님은 여호수아가 용기를 갖도록 여러 길들을 제공하셨다. 여호수아 1장에서 뽑은 학습을 격려하는 다음 5가지 방법들을 주목해보라.

1. 교사가 함께한다는 것을 약속하라.

훈련 과정 내내 함께 한다는 사실을 주지함으로 학생들에게 용기를 주라. 학생들은 종종 혼자 남거나, 상처 받을까 봐 두려워한다. 그래서 크게 신뢰할 만한 누군가가 바로 옆에 있으리라는 약속에 위안을 받는다.

"두려워하지 말며 놀라지 말라 네가 어디로 가든지 네 하나님 여호와가 너와 함께 하느니라"(1:9).

"내가 모세와 함께 있었던 것같이 너와 함께 있을 것임이니라 내가 너를 떠나지 아니하며 버리지 아니하리니"(1:5).

2. 성공을 약속하라.

그들이 최선을 다할 때 성공할 것이라는 사실을 확언함으로 용기를 주라("내가 너희를 사람 낚는 어부로 만들리라"고 하신 주님의 말씀을 기억하라). 할 수 없다고 생각할 때 두려움이 찾아온다. 기술을 배우는 초기에는 성공의 기회들을 지나치게 과소평가한다. 그렇기 때문에 교사가 성공에 대해 확신하고 책임을 질 때, 그들은 크게 용기를 얻는다.

"이제 너는 이 모든 백성으로 더불어 일어나 이 요단을 건너 내가 그들 곧 이스라엘 자손에게 주는 땅으로 가라"(1:2).

"너희 발바닥으로 밟는 곳은 모두 내가 너희에게 주었노니"(1:3).

"곧 광야와 이 레바논에서부터 큰 강 유브라데 강까지 헷 족속의 온 땅과 또 해지는 쪽 대해까지 너희의 영토가 되리라"(1:4).

"너는 내가 그들의 조상에게 맹세하여 그들에게 주리라 한 땅을 이 백성에게 차지하게 하리라"(1:6).

3. 가장 어려운 부분에서 승리할 것을 약속하라.

그 과정의 가장 어려운 부분조차도 넘어설 수 있다고 약속함으로써 학생들에게 용기를 주라. 학생들은 기술이나 수업의 일부분, 즉 넘어설 수 없는 것처럼 보이는 부분을 넘어 승리를 경험하는 자신을 상상하지 못할 때 두려워한다. 그러므로 교사가 학생들이 가장 많이 두려워하는 부분을 밝혀내고 숙지하기 위해 함께 일하며 성공을 약속함으로써 긴장을 풀어줘야 한다. 그 때 학생들은 든든한 후원을 얻을 것이다.

"네 평생에 너를 능히 대적할 자가 없으리니"(1:5).

이처럼 하나님은 약속의 땅, 즉 요새화된 고지와 강한 성벽으로 둘러싸인 도시에 대해 승리를 약속하셨다.

4. 자신의 본분을 다하면 성공할 것이라고 약속하라.

교사의 지도력에 따라 자신의 책임을 다할 때 성공한다는 사실을 확증하여 학생들에게 용기를 주라. 학습은 쌍방향적 관계이며, 교사의 기대와 요구 조건이 모든 학생들이 도달할 수 있는 범위에 있다고 말함으로 학생들에게 자신감을 불어넣는다.

"오직 강하고 극히 담대하여 나의 종 모세가 네게 명령한 그 율법을 다 지켜 행하고 우로나 좌로나 치우치지 말라 그리하면 어디로 가든지 형통하리니" (1:7).

5. 능력이 성공을 보장한다고 약속하라.

곧 능력이 생기면 성공이 보장됨을 약속하여 학생들에게 용기를 주라. 학생들은 종종 공부와 노력이 가져올 장기적인 혜택을 보지 못해서 걱정한다. 배우는 기술들을 익히고 사용할 때 더욱더 자신감이 생기는 것에서 우리는 위안을 받게 된다. 학생들이 지금 기울이는 노력이 놀랍게 보상받을 것이기 때문에, 미래의 성공을 즐기고 있는 그들을 마음에 그려보게 하라.

"이 율법책을 네 입에서 떠나지 말게 하며 주야로 그것을 묵상하여 그 안에 기록된 대로 다 지켜 행하라 그리하면 네 길이 평탄하게 될 것이며 네가 형통하리라"(1:8).

학생들의 두려움이 크면 클수록 용기를 불어넣어줄 필요가 더 많음을 기억하라. 우리는 모두 처음에 가장 큰 두려움을 느끼기 때문에, 어떤 기술을 배우는 시작 단계 수업 동안 가장 용기를 자주 북돋아주어야 한다. 더욱이 학생들이 초보적인 기술을 습득하고 있다면 사소한 일에 대해서도 격려를 아끼지 마라.

활용 7: 학생들의 수행 수준과 상관없이 그들의 가치를 재확언해주라

그리스도가 제자들 앞에서 가난한 과부의 동전을 부자의 꽤 많은 헌금보다 더욱 큰 선물이라고 인정하셨을 때, 우리는 비교의 굴레에서 해방되었다. 예수님은 우리들에게 행위는 한 인물이 행한 것뿐만 아니라 그가 행할 수 있는 최선의 것을 실제로 행한 것에 대해 칭찬받아야 함을 말씀하심으로 우리의 관심을 재조정하셨다.

수행에 대한 이러한 신학적 관점은 교사의 세움을 놀랍게 강화시킨다. 뛰어난 수행을 보이는 학생들만 인정하면 그 교사는 부자만 인정하고 과부의 동전을 가볍게 여긴 바리새인들과 같다.

그리스도가 사용하신 것과 같은 세움은 한 인물의 타고난 능력, 즉 하나님이 주신 능력의 온전한 진실을 고려하여 적어도 다음의 5가지 영역에서 학생들을 격려할 기회를 모색하는 것이다.

1. 노력의 양

학생의 노력 여부는 성공에 대한 희망을 반영하므로 주목하고 칭찬해주어야 한다.

2. 향상의 정도

모든 이들에게 적용할 수 있는 향상의 기준은 이전의 수행보다 더 나아지는 것이다.

3. 팀 정신과 사기의 증명

일치와 상호 보조는 세움의 효과를 가장 극대화시키기 위해 중요한 요소이다. 다른 학생들을 격려하고 도와주는 학급 구성원들은 크게 칭찬받아야 한다.

4. 별도의 신뢰감과 자율적인 연습

연습 후에 '별도의 연습'을 행하거나 선택할 수 있는 별도의 과제들을 끝내거나 외적으로 제시된 요구 사항들을 넘어 수행하려고 노력하는 학생들을 격려하라.

5. 뛰어난 수행

이것은 칭찬의 가장 명백하고 분명한 근거이다. 효과적인 세움은 뛰어나고 특별한 수행을 인정할 때 이루어진다.

나는 한때 별로 좋지 않은 수학 점수 때문에 자신을 형편 없는 실패자로 여기는 한 남학생을 만나 상담했다. 나는 그와 다음과 같은 대화를 나누었다.

"아무리 노력하고 공부해봤자 저는 D나 C를 넘는 점수를 얻지 못해요. 다른 아이들은 공부하지도 않고 언제나 A를 받는데 말이에요."

"그럴 때 너는 어떤 생각을 하니?"

"저는 실패자예요. 정말 불공평해요. 이제 그만 노력할까봐요. C를 받으려고 그렇게 노력할 필요가 뭐가 있겠어요?"

이 학생은 하나님이 그 문제에 대해 어떻게 생각하시는지에 따라 '마음을 새롭게 할' 필요가 있었다. 그래서 나는 상자 하나를 그려놓고 물었다. "그 이 상자는 너를 나타낸단다. 네가 얼마나 수학을 잘하는가에 대한 책임은 누구에게 있지?"

잠시 동안 확신하지 못했지만, 그는 성경이 뭐라고 말하고 있는지는 알고 있었기 때문에, 결국 "하나님이시겠죠"라고 말했다.

"좋아, 그러면 너는 얼마나 열심히 노력했니? 너는 100퍼센트의 노력을 기울였니? 아니면 50퍼센트? 얼마나 노력을 기울였니?"

"저는 열심히 노력했어요. 아마 95퍼센트쯤 될 거예요. 늘 그런 것은 아니었지만 대부분 그랬어요."

"그렇다면 네 상자의 95퍼센트 수준, 즉 거의 꼭대기에 가까운 곳에 화살표를 그려넣으렴."

그는 그렇게 했고 나는 그의 수학 성적을 나타내기 위해 상자 위에 'C'라고 적었다. "이제 열심히 노력하지 않고도 A를 받는 네 친구에 대해 생각해보자. 그 친구가 너에 비해 얼마나 더 수학을 잘한다고 생각하니?"

"그 아인 정말 똑똑해요. 아마 저보다 두 배쯤 더 똑똑할 거예요."

그래서 그 학생을 나타내는 상자 옆에 나는 그 똑똑하다는 반 친구를 나타내는 좀 더 큰 상자 하나를 그려넣었다. 그리고 이렇게 물었다. "친구는 얼마나 열심히 노력하지? 너는 그 친구가 최선을 다하고 있다고 생각하니?"

그 소년은 피식 웃으며 말했다. "그 아인 열심히 노력하지 않을 뿐만 아니라 점수 나쁜 우리를 놀려대요. 저는 그 아이가 똑똑하다는 것을 알지만, 50퍼센트 이상 노력한다고 생각하지는 않아요. 그 아이는 많이 놀거든요."

나는 두 번째 상자의 중간쯤 걸쳐 있는 선을 그리고 50퍼센트라고 표시하고 이렇게 설명했다. "너는 이제 두 개의 서로 다른 성적들을 볼 수 있지."

"우리 주변에 있는 사람들은 이들 점수들이 바깥에 있기 때문에 이것들을 보지만 하나님은 무엇을 보시는지 추측해보렴. 하나님은 그분이 사람들에게 주신 달란트들을 가지고 무엇을 하고 있는지 보실 뿐만 아니라 사람들의 네 마음도 보신단다. 그분은 네 똑똑한 친구가 했어야 하던 것의 절반만 했기 때문에, 그 친구에게 50퍼센트인 F를 주실지도 모른다. 어쩌면 그분은 네게 주신 것을 가지고 네가 힘써 노력했기 때문에 네게 95퍼센트인 A를 주실지도 모른다."

이 소년이 '인생의 두 가지 점수'를 깨달았을 때, 그의 눈에 불빛이 반짝이는 것을 당신은 보았어야 했다. 그는 하나님의 성적표에서 A를 받기 위해 계속 노력하겠다고 재빨리 말했다.

예수님은 마태복음 25장에서 특별히 다른 이들과 비교해 우리의 수행에 이러한 관점에서 더 좋은 예화를 제시하셨다. 이 위대한 구절들에서 얻는 몇 가지 통찰들은 학생들이 하나님이 주신 능력에 따라 자신을 재확인할 수 있도록 교사들이 깨어 도와야 한다는 것이다.

1. 하나님은 우리 각자에게 서로 다른 달란트를 주셨다.

"각각 그 재능대로 한 사람에게는 금 다섯 달란트를, 한 사람에게는 두 달란트를, 한 사람에게는 한 달란트를 주고 떠났더니"(25:15).

2. 하나님은 우리의 수행을 검사하신다.

"오랜 후에 그 종들의 주인이 돌아와 그들과 결산할새"(25:19).

3. 하나님은 양이 아니라 능력에 따라 상을 주신다.

첫 번째 사람은 다섯 달란트를 더 남겼고 두 번째 사람은 단지 두 달란트를 더 남겼다. 첫 번째 사람은 두 번째 사람보다 150퍼센트를 더 생산했으나, 하나님이 두 사람에게 어떻게 상을 주셨는지(점수를 주셨는지)를 관찰하라.

- **다섯 달란트의 수행**

    "잘하였도다 착하고 충성된 종아 네가 적은 일에 충성하였으매 내가 많은 것을 네게 맡기리니 네 주인의 즐거움에 참여할지어다"(25:21).

- **두 달란트의 수행**

    "잘하였도다 착하고 충성된 종아 네가 적은 일에 충성하였으매 내가 많은 것을 네게 맡기리니 네 주인의 즐거움에 참여할지어다"(25:23).

큰 차이가 있는가? 충격적이지 않은가? 조금의 차이도 없다! 주님은 첫 번째 사람이 두 번째 사람보다 더 월등한 결과를 나타냈음에도 그들 모두 자신에게 주어진 것을 두 배로 만들었음을 보셨다. 사람의 눈에는 그들의 성취가 근본적으로 달랐으나 주님의 눈에는 똑같았다.

하나님이 다섯 달란트의 성취와 마찬가지로 두 달란트의 성취에 대해서도 "잘하였도다"라고 말씀하셨으므로 교사 역시 다른 학생의 수행과 비교하지 않고 각 학생의 수행을 인정해주어야 한다.

결론

사람을 세우는 삶의 궁극적인 영향은 무엇일까? 내가 아는 가장 위대한 세우는 사람인 하워드 헨드릭스 박사의 삶에 대해 소박한 통찰을 나눔으로 이 질문에 답하겠다. 헨드릭스 박사는 많은 사람이 봉사할 수 있도록 가르쳐왔다. 그 한 사람 한 사람 각자의 사연이 있겠지만, 그래도 내 이야기를 가장 잘 알기에 그가 나와 WTB 사역에 끼친 영향을 이야기하고자 한다.

그의 세움은 내가 1970년 WTB 사역을 시작하기 전에 내게 영향을 주었다. 그의 가치와 관점의 많은 부분은 WTB 사역이 오늘날과 같은 국제적인 사역으로 형태를 갖추는 데 큰 도움을 주었다.

처음 몇 달 동안, 나는 모든 세미나를 혼자서 가르쳤다. 그러나 곧 많은 세미나 요청 앞에서 내 능력의 한계를 절감했고, 나는 신학대학원 친구들 중 일부를 훈련하기 시작했다. 아트 밴더빈(Art VanderVeen)은 뛰어난 세미나 강사뿐만 아니라 매우 유능한 강사진 책임자가 될 것이 분명했다. 초창기 동안 그는 또다른 뛰어난 커뮤니케이터였던 존 후버(John Hoover)를 포함해 많은 강사들을 훈련시켰다. 세월이 흐름에 따라 존은 그의 지도력을 발전시켜나갔고 결국 국제 진출을 맡는 부회장으로 승진해 세계 도처에서 이 사역을 진행하기 시작했다.

해외에 WTB 비전 심기의 첫 단계는 그가 게리 콜만(Gary Coleman)을 뽑아 훈련시켰던 오스트레일리아에서였다. 오스트레일리아 사역이 게리의 지도력 아래 성숙해갈 때 게리는 선교 여행을 떠나 필리핀에서 WTB 사역을 시작해, 폴 뉴만(Paul Newman)을 포함한 몇 사람의 중요 지도자들을 훈련시켰다.

폴은 필리핀에서 곧 지도자가 되었고 결국 벤 잉게이오(Ben Yngaio)를 포함해 몇 명의 필리핀 강사들을 더 훈련하기 시작했다. 폴의 지도 아래, 벤은 그후에 필리핀에 거주하는 세 명의 WTB 강사들을 추가로 훈련시켰다.

그 세 명의 강사들 중 한 사람은 첫 번째 WTB 세미나를 가르치던 중, 20명을 주님께 인도했다. 그 20명 중 한 사람은 세미나를 마치고 집으로 돌아가 아내와 두 딸을 그날 저녁 주님께 인도했다.

이 놀라운 세움의 이어짐을 보라!

    하워드 헨드릭스

    브루스 윌킨슨

    아트 밴더빈

    존 후버

    게리 콜만

    폴 뉴만

    벤 잉게이오

    필리핀 목사

    한 남자

    그의 아내와 두 딸이 신자가 되다

세움의 열세 대 계보. 나는 종이 한 장에다 이것을 그려 아내 달린에게 보여주었다. "하워드 헨드릭스 박사 한 분이 영원한 삶을 위해 해오신 것을 좀 보구려! 이 연쇄 차트가 끝이 아니라 이 명단에 있는 각 사람들도 사방을 향해 똑같이 흥미진진한 이야기들을 가지 쳐 나갈거요."

달린은 미소를 지으며 말했다. "그것이 그 이야기의 전부가 아닌 듯 해요. 당신도 알다시피 헨드릭스 박사님은 그 세움의 과정을 혼자서 시작하지 않으셨어요. 박사님이 필라델피아의 깨진 가정에서 자랐던 6학년 때의 일을 들려주셨던 것을 기억해요?"

헨드릭스 박사가 이전에 자신의 어린시절에 친구들과 구슬치기를 하고 있었을 때, 친절하고 나이가 지긋한 남자가 다가와 그들의 놀이를 격려하며 그들 곁에 서 있었던 일을 말씀하셨다. 곧 그 남자는 그들 곁에서 무릎을 꿇고 게임을 하고 있었다. 몇 주가 지났을 때 그들은 그의 이름이 월트라는 것과 근처 공장에서 일하고 있다는 것을 알게 되었다.

6학년 소년들과 구슬치기를 여러 날 하고 나서, 월트는 그들을 자기 교회의 주일학교 수업에 참석하도록 초청했다. 그들은 그가 학급을 맡고 있는 것을 몰랐고, 그래서 그에게 그것에 대해 이야기해달라고 했다.

그는 이렇게 말했다. "음 나는 아직 학급을 맡고 있지 않아. 그러나 너희들이 내 반을 시작하도록 도울 수 있지."

그것이 바로 하워드 헨드릭스 박사와 그의 친구들이 교회에 다니게 된 이유이다. 그들은 월트로 인해 교회를 다니게 되었다. 그 이후 월트의 주일학교 반 모든 학생이 그리스도를 알게 되었고, 현재 현재 그들 중 11명이 기독교 사역을 소명으로 삼고 있다.

잘 알려진 세우는 교사 하워드 헨드릭스 박사에게 영향받은 많은 사람들 뒤에는 그에 대한 주님의 부르심에 신실하게 응했던 한 6학년 주일학교 선생님이 있었던 것이다.

월트가 영광의 나라에 들어가서, 그가 그 주일학교 학급을 가르쳤기 때문에 영향을 받은 많은 사람들을 볼 때, 어떤 일이 일어날지 상상할 수 있는가? 그는 그들을 알 것이고 또한 영원히 기뻐할 것이다.

가르침의 영원한 영향을 다시는 과소평가하지 말라. 결코 스스로 이렇게 말하지 말라. "이 학급은 별다른 차이가 없는 평범한 반일 거야." "내 몫을 다했어. 향후 5년간은 쉬고 싶어." 이런 생각은 아예 하지도 말라. 제2의 하워드 헨드릭스가 다음주에 당신 반에 앉아 있을지도 모르는 일이며, 그의 세움의 사역은 그리스도를 위해 수백만의 사람에게 영향을 주면서 국제적인 사역으로 나아갈 수 있기 때문이다.

다음 시간에 학급에 들어갈 때는 마음에 열정을 지니고 굳은 믿음으로 당신이 불을 지펴주기를 원하는 학생들에게 다가가라!

당신의 이름은 월트처럼 남게 될 것이다.

토론할 문제

1. 세움의 거장인 사람들은 학생들이 기술에 대한 효과적인 발전을 보일 비결이 종종 그들이 겪는 어려움들의 근원을 밝히는 데 있음을 안다. 현재 가르치고 있는 학생 중 수렁에 빠져 있는 것처럼 보이는 누군가를 살펴보라. 그가 곤경에 처한 것은 기본 내용을 이해하지 못하기 때문인가? 아니면 올바른 시범을 본 적이 없기 때문인가? 그가 초기의 기술적 어려움들을 코치받은 적이 없기 때문인가? 아니면 그가 부정적이고 건강하지 못한 태도에 빠져 있기 때문인가? 문제를 진단한 후에 그가 문제를 극복하고 좀 더 진보하도록 도울 수 있는 가능한 한 많은 대안들을 적어보라.

2. 세움의 방법의 5가지 단계를(가르치다 · 예를 들다 · 관련시키다 · 향상시키다 · 고무하다) 생각해보라. 학창 시절, 당신을 위해 어느 교사가 이 과정을 가장 잘 보여주었는가? 당신이 경험한 영향에 대해 토론해보라.

■

3. 어떤 기술을 배우고자 하는 동기는 성공의 열쇠이다. 활용 4에 언급된 관계 맺음 · 처벌 및 포상의 동기들을 다시 살펴보라. 당신 자신의 말로 그 동기들을 어떻게 정의하겠는가? 학생으로서 이 동기 중 어느 것이 당신을 가장 많이 채찍질했는가? 그 이유는 무엇인가? 이제 교사로서 당신은 어느 것을 가장 많이, 그리고 가장 적게 사용하는가? 현재 가르치고 있는 주제 아래 당신은 이 세 가지를 어떻게 사용할 수 있는가? 당신 자신의 가르침에 대해 생각해보고, 학생들을 세우려고 어떻게 노력하고 있는지 생각해보라. 어떤 특정한 방법을 통해 당신은 그들을 격려하기 위해 이 세 가지 동기들을 사용할 수 있는가?

■

4. 학급에서 한정된 능력 때문에 가장 낙심한 학생은 누구인가? 그 학생에게 새로 용기를 주고 그 제한점에 올바르게 반응하도록 도울 단순한 계획을 생각해내기 위해 활용 7의 5가지 방법들을 고려해보라. 최선의 아이디어들을 시도해보고 어떤 일이 일어났는지 토론해보라.

■

5. 좀 더 나은 삶을 살도록 당신을 가장 많이 세워준 사람은 누구인가? 그가 한 일은 무엇이며, 그것은 당신에게 어떤 영향을 주었는가? 이제 잠시 그 역할을 바꿔보라. 당신의 삶에서 당신이 세운 그 모든 사람들 중에 가

장 많은 혜택을 입었다고 생각하는 사람은 누구인가? 당신은 당신 삶의 영향을 어떻게 더 배가시킬 수 있는가?

법칙 7

부흥의 법칙

13

부흥의 기초, 모델 및 원리

내 절친한 친구가 자기 교회에서 열리는 행사에 연사로 와달라는 요청을 했다. 나는 단번에 그 요청을 거절했다. 내 은사는 사람들을 즐겁게 하는 것이 아닌 가르치는 것이기 때문에, 그런 모임에 적합한 친구를 소개해주었다. 일주일 후에 그 친구는 다시 전화를 해서 내가 그 모임에 가장 적합하다고 생각하기 때문에 다른 누구에게도 연락하지 않았다고 말했다. 나는 다시 거절하며 다른 연사를 찾아보라고 권했다.

일주일 후에 그는 내게 또 전화를 했고 나는 어쩔 도리가 없었다.

"친구로서 부탁하겠네. 나를 위해 딱 한 번만 해주게."

나는 그에게 "아, 정말 끈질긴 친구로군!" 하고 말했다.

그러나 결국 나는 그를 위해 그 요청을 수락했다.

나는 그 연설을 위해 굉장히 노력했다. 모임은 멋지게 진행됐고 사람들은 내 연설에 주의를 기울이는 것처럼 보였다. 적절히 우스갯소리와 감동적인 이야기들을 곁들이며 전형적인 강의 스타일의 연설을 했다.

행사가 끝나고 친구 부부는 우리 부부를 가까운 식당으로 데려가 파이와 아이스크림을 대접했다. 내가 가장 좋아하는 블루베리 파이를 거의 다 먹었을 때, 나는 그에게 오늘 연설에 대해 어떻게 생각하는지 물었다. 그는 아무 말없이 자기 접시만 바라보고 있었다. 나는 그가 포크로 버찌 하나를 굴리는 것을 보면서 뭔가 잘못됐음을 직감했다.

긴 침묵이 흐른 후에 결국 내가 물었다.

"연설이 좋지 않았나?"

"오, 연설은 아주 좋았어."

그는 계속해서 버찌를 굴렸다.

"그럼 우스갯소리들이 아주 엉망이었군, 그렇지?"

"아니 그것들도 아주 좋았어."

"그럼 대체 뭐가 문제야?"

그는 한숨을 쉬며 포크를 내려놓고 나를 똑바로 쳐다보았다.

"이보게, 자네가 아다시피 나와 내 아내는 이 자유주의 교회에 6년 동안 출석했어. 그동안 우리는 이 교회에 복음주의 강사가 와서 강의할 수 있도록 교회로부터 허락을 받아내려고 노력했는데, 목회자들은 언제나 거절했다네. 그런데 자네가 기꺼이 우리 교회에 온다고 하니까, 놀랍게도 허락을 했네."

이제는 내가 블루베리 파이를 굴리기 시작했다.

"6년 동안의 기도에 대한 결실로, 자네는 예수 그리스도를 모르는 사람들에게 45분이나 강의를 하게 된 걸세. 그런데 자네는 어찌 된 일인지 복음을 하나도 제시하지 않더군!"

그 말들은 마치 날카로운 비수처럼 내 마음을 찔렀다. 나는 처음으로 내가 그렇게 좋아하는 블루베리 파이를 다 먹지 못했다. 나는 그에게 잘못을 지적해줘서 고맙다는 말을 하고 휘청거리며 차로 갔다. 집으로 가는 동안 성령께서 내 마음을 감동시키셨다. 주님께서는 시를 읊조리고 우스갯소리나 하라고 나를 부르신 것이 아니라 그리스도에 대한 헌신과 거룩한 삶으로 사람들을 인도하라고 부르셨다는 것을 일깨워주신 것이다.

하나님께서는 WTB의 연례 강사 모임이 있을 때까지, 삶에서 나를 다듬는 작업을 두 달 정도 지속하셨다. 강사들은 일주일 동안 깊이 있는 훈련과 교제를 나누기 위해 세계 각국에서 왔다. 어느 날 밤 주님께서 어떻게 나를 깨닫게 하셨는지 나누었다.

서로 이야기를 나눌 때, 주님의 임재와 깨닫게 하심이 모임 전체에 임했다. 우리는 무릎을 꿇고 심령을 새롭게 해달라는 기도를 드렸다. 모두 회개의 눈물을 흘렸고, 그리스도 앞에 다시 한 번 헌신했다. 하루가 지나갈 무렵에는 370명이 그리스도 앞에 돌아왔다. 기도하는 동안 사람들은 우리를 더 크게 사용해달라고 주님께 간절히 기도하기 시작했다. 어떤 사람은 세미나를 통해 더 많은 사람이 그리스도를 알게 해달라고 기도했다. 다른 사람들도 기도에 동참했다. 어떤 사람은 다음해에 10배의 영적인 결실을 거둘 수 있게 해달라고 기도했다. 평균 하루에 한 명 정도가 아닌 열 명 정도를 주님께 인도할 수 있도록 해달라고 간구한 것이다.

이 부흥이 일어나고 한 달만에, 400명 이상이 주님을 알게 되었다. 한 해가 끝날 즈음에 주님은 이 사역을 통해 3,700명의 사람들이 그리스도를 알 수 있도록 하셨다.

이것은 우리가 다시 깨어서 새 삶을 작정할 때 일어나는 놀라운 결과에 대한 예다. 세미나 주제, 강사, 청중은 동일했다. 다른 것이 있다면 오직 우리의 마음뿐이었다. 가르치는 이들의 마음이 다시 살아났던 것이었다.

부흥의 기초

부흥이라는 말을 들으면 어떤 생각이 드는가? 사람들은 대규모 부흥 집회나 일주일 동안 열리는 전도 대회, 또는 지나간 세대의 일 등등을 떠올린다. 신약 성경에서 부흥은 복합 명사인 'anazao'를 번역한 것으로, 이 말의 문자적 의미는 '다시 사는 것'이다. 이 단어는 나사로와 예수님의 육체적 부활과 장차 있을 우리 몸의 부활을 나타낼 때 사용되었다.

영적 부흥이란 다시 죄에 빠지고 거역하는 삶을 사는 크리스천을 온전하게 회복시키는 것이다. 이 책에서는 죄에 빠져서 주님께 불순종하는 삶을 사는 그리스도인들을 온전한 삶으로 되돌아오게 하는 과정을 말한다.

이 과정의 가장 좋은 예는 아버지의 집을 떠나 불순종과 죄 가운데 살다가 결국은 자기 처지를 깨닫고, 회개하여 자상한 아버지께 돌아와 온전하게 소생되는 탕자의 비유에서 볼 수 있다.

많은 교사들이 부흥이란 일반적인 교회학교 교육과는 아주 동떨어진 주제라고 믿는다. 부흥을 어떻게 가르치고 있는지 물으면, 대부분 교사들은 그런 생각을 한번도 해본 적 없다는 듯이 깜짝 놀란다. 부흥은 설교자들에게나 필요한 21세기에는 적합하지 않은 주제 정도로 여긴다.

게다가 누가 부흥 운동을 일으킬 능력이 있단 말인가? 우리는 훈련을 받지도 않았고 그러한 사명을 감당하기에 영적으로 적합하다고 생각하지 않는다. 우리 반 학생들에게 부흥을 일으킨다고? 말도 안 되는 소리다.

이제 말씀을 찾아보면서 자신이 성경의 가르침에 순종하며 살고 있는지 판단해 보자. 내 추측이 맞다면, 우리는 축복받는 비결에서 얼마나 동떨어져 헤매고 있는지 발견할 수 있을 것이다.

부흥의 모델

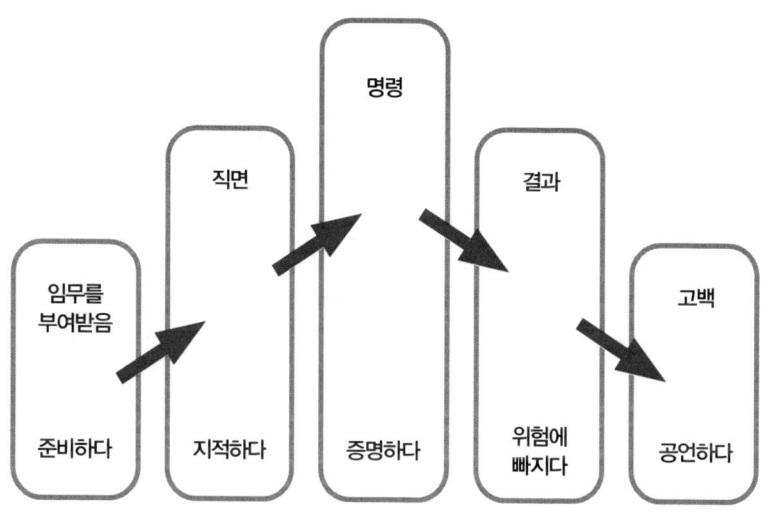

부흥의 법칙은 구약 성경에서 다윗과 밧세바의 죄(삼하 12:1-15)와 정면으로 부딪치는 나단의 이야기에 생생하게 잘 그려져 있다. 그 과정에서 우리는 나단이 자신의 학생을 회개로 이끄는 5가지 단계를 발견할 수 있다.

단계 1: 임무를 부여받음(삼하 12:1)

"여호와께서 나단을 다윗에게 보내시니." 학생(다윗)에게 교사(나단)를 보낸 이가 주님이라는 사실을 주목하라. 하나님은 직접 다윗에게 말씀하실 수도 있었다. 아니면 천사들을 보내실 수도 있었다. 그러나 그분은 주권적으로 사람을 통해 말씀하시기로 결정하셨다. 하나님은 나와 당신 같은 불완전한 사람들을 통해 그분의 완전한 사역을 이루기 원하신다.

첫 번째 단계는 '임무를 부여받음'이다. 이것은 특정한 과제나 의무를 수

행하기 위해 권위와 능력을 받는 것이다. 이것은 부흥이 필요한 사람에게 가기 위해 스스로를 준비시키는 과정이다.

다윗 앞에 섰을 때, 나단에게는 자신이 하나님의 뜻을 행하고 있다는 온전한 확신이 있었다. 우리가 더 깊이 확신할수록, 더 강렬한 부흥이 일어날 것이다. 문제는 많은 교사가 학생들을 부흥시켜야겠다는 개인적인 책임감을 갖고 있지 않는다는 것이다. 그들은 하나님께서 자신이 아닌 다른 사람들(목회자나 전도자들)에게 사명을 주셨다고 생각한다.

어느 골칫덩어리 학생을 주님께 돌아오게 하라는 하나님의 음성을 직접 들었다면 어떻게 할 것인가? 당연히 확신과 용기를 갖지 않겠는가? 학생들을 가르칠 때 하나님의 계획을 마음에 분명하게 새기지 않겠는가? 이제 다음 장에서는 이 첫 번째 원칙에 입각해 우리 학급에 부흥을 일으키는 소명과 관련된 세 가지 핵심 구절들을 탐구할 것이다. 우리가 그걸 알든 모르든, 하나님 나라에서 우리의 별명은 나단이고, 학생들은 다윗이라 불리게 될 것이다.

단계 2: 직면(삼하 12:1 하-9)

나단은 수업을 시작하면서 목표가 무엇인지, 또 목표에 도달하기 위한 최선의 방법이 무엇인지에 대해 분명한 관점을 가지고 있었다. 하나님께서 주신 임무는 길을 잃고 방황하는 양을 다시 우리로 데려오는 것이다. 그러므로 모든 영적 회복의 첫걸음은 양이 자신의 문제를 인식하도록 인도하는 것이다. 그 문제는 바로 우리에서 떠나 방황하며 하나님의 뜻에 거역하는 삶을 사는 사람들의 의지적인 불순종을 뜻한다.

'직면'한다는 말은 얼굴과 얼굴을 맞대고 앞에 선다는 뜻이다. 비교 또는 검사를 위해 한데 모으는 것들을 의미한다. 원래 이 낱말은 '공동 국경선을 갖는다'는 라틴어의 'confrontare'에서 유래되었는데 나중에는 '넘어선 경계를 지적함으로 동의를 가져온다'는 뜻으로 쓰이게 되었다.

임무를 부여받은 교사가 문제 학생을 적극적으로 돕기 시작할 때, 먼저 학생이 자신의 불순종을 직면할 수 있도록 해야 한다. 교사는 학생이 거울을 들여다볼 수 있도록 인도하여 실제 문제와 직면하게 해야 한다. 학생은 자신의 실상과 행동을 보아야 한다.

나단은 다윗이 충격적으로, 그러나 명확하게 자기 자신을 바라보도록 도왔다. 그럼으로써 왕이 지녔던 확신들을 여지없이 깨뜨려버렸다. 이 일을 위해 나단 선지자는 세 가지 방법으로 접근한다.

1. 비유를 말함으로 직면하게 한다(삼하 12:1 하—6).

나단이 자신의 학생을 위해 구성한 이야기는 얼마나 설득력 있는가! 스스로 깨닫지 못하는 죄의 여러 영역에 대해 분명하고 감정적인 판단을 할 수 있도록 학급을 인도하는 것은 대단히 효과적이다. 나는 그것을 '실행하는 것'이라고 부른다. 이 이야기를 읽고 이야기 속에서 나단이 쌓아올렸던 모든 감정들을 상상해보고 이 이야기가 얼마나 다윗을 분명하게 묘사하고 있는지 살펴보자.

"한 성읍에 두 사람이 있는데 한 사람은 부하고 한 사람은 가난하니 그 부한 사람은 양과 소가 심히 많으나 가난한 사람은 아무것도 없고 자기가 사서 기르는 작은 암양 새끼 한 마리뿐이라 그 암양 새끼는 그와 그의 자식과 함께 자라며 그가 먹는 것을 먹으며 그의 잔에서 마시며 그의 품에 누우므로 그에게는 딸처럼 되었거늘 어떤 행인이 그 부자에게 오매 부자가 자기에게 온 행인을 위하여 자기의 양과 소를 잡지 아니하고 가난한 사람의 양 새끼를 빼앗

아다가 자기에게 온 사람을 위하여 잡았나이다 다윗이 그 사람으로 말미암아 크게 노하여 나단에게 이르되 여호와의 살아 계심을 두고 맹세하노니 이 일을 행한 사람은 마땅히 죽을 자라 그가 불쌍히 여기지 아니하고 이런 일을 행하였으니 그 양 새끼를 네 배나 갚아주어야 하리라."

나단은 학생이 스스로 자신을 판단하고 다음의 극적인 계시에 직면하도록 준비시켰다.

2. 하나님의 본성을 설명함으로 직면하게 한다(삼하 12:7-8).

나단이 다윗에게 "당신이 그 사람이라"고 말한 것은 잔인할 정도로 직접적이다. 나단은 이 비유를 통해 회개라는 바윗덩어리로 왕의 마음을 깨뜨리려고 노력하는 한편, 회개에 따르는 모든 결과에 대해 다윗을 준비시켰다. 그러나 먼저 나단은 다윗이 배반한 하나님의 본질을 앞세워 다윗과 직면했다.

"이스라엘의 하나님 여호와께서 이와 같이 이르시기를

1. 내가 너를 이스라엘 왕으로 기름 붓기 위하여
2. 너를 사울의 손에서 구원하고
3. 네 주인의 집을 네게 주고
4. 네 주인의 아내들을 네 품에 두고
5. 이스라엘(을 네게 맡기고)과
6. 유다 족속을 네게 맡겼느니라
7. 만일 그것이 부족하였을 것 같으면 내가 네게 이것저것을 더 주었으리라!"

하나님께서 이 사람 다윗에게 주신 것들이 얼마나 놀라운 것들인가? 그것들을 하나하나씩 꿰어나갈 때 다윗은 그 모든 은총을 풀어주셨으며 자신이 저지른 엄청난 죄에 반대하시는 그분의 눈을 똑바로 들여다보게 되었다.

왜 나단은 자신의 학생에게 이러한 단계를 거치도록 인도했는가? 다윗은 하나님께 죄를 범했으므로 하나님이 어떤 분인지 기억해야 할 필요가 있었다. 다윗은 반복적이고 고의적으로 범죄하면서 하나님의 자비하심과 신실하신 사랑을 애써 무시하고 하나님께 등을 돌렸다.

사람들은 계속 죄를 지을 때, 마음속에 있는 하나님의 본성을 왜곡할 수밖에 없다. 하나님이 더는 우리의 충성과 순종을 받을 만한 분이 아니라고 멋대로 그분을 판단한다. 에덴동산으로 돌아가서 하나님께서는 모든 좋은 것을 우리에게 누리지 못하게 하셨다는 사탄의 거짓말을 믿을 때, 사람의 눈에는 하나님이 악마처럼 왜곡되어 보였을 것이다.

나단은 다윗의 마음속에 있는 속임수조차 알고 있었으므로, 하나님의 진리에 대한 7개의 진술을 바탕으로 강력하게 다윗과 직면했다. 그 하나하나가 다윗의 악한 마음을 신중하면서도 날카롭게 찔렀고 성령의 빛으로 그 마음을 열었다. "만일 그것이 부족하였을 것 같으면 내가 네게 이것저것을 더 주었으리라"는 마지막 KO 펀치의 위력을 상상해보라. 다윗을 땅바닥에 곤두박질치게 할 만큼 강펀치가 아니었겠는가?

3. 구체적인 죄들을 하나하나 제시함으로 직면하게 한다(삼하 12:9-10).

나단이 모든 불순종의 행위를 열거할 때 얼마나 직설적이었는가 관찰하라.

1. 어찌하여 네가 여호와의 말씀을 업신여기고 나 보기에 악을 행하였느냐

2. 네가 칼로 헷사람 우리아를 치되

3. 암몬 자손의 칼로 죽이고

4. 그의 아내를 빼앗아 네 아내로 삼았도다

5. 이제 네가 나를 업신여기고 헷사람 우리아의 아내를 빼앗아 네 아내로 삼았은즉

6. 너는 은밀히 행하였으나(12절).

7. 이 일로 말미암아 여호와의 원수가 크게 비방할 거리를 얻게 하였으니(14절)

얼마나 구체적인 죄의 목록인가? 직면은 반드시 직접적이고 구체적이며, 사실적이어야 효과가 있다는 사실을 나단은 알았다. 그는 말을 빙빙 돌리지 않고 정곡을 찔렀다.

직면하는 것은 누구에게나 어렵다. 그러나 주님은 우리 모두에게 "사랑 안에서 참된 것을 말하라"고 권면하신다. 죄를 짓고 있는 그리스도인에게 직접적으로 진리를 말하는 과정에서, 성령은 놀랍게도 더 확실한 명료함과 능력으로 깨닫게 하신다. 면전에서 우리 죄에 대해 다른 사람이 큰소리로 열거하는 것은 회개하고 싶은 강한 충동을 준다.

그리스도인은 그들이 지은 죄를 직면할 때 따라야 할 아주 귀중한 두 가지 규칙이 있다. 첫째, 그들이 범한 죄에 대해 항상 성경의 용어를 사용하라. 불륜이라고 하지 말고 간음이라고 말하라. 동성연애자들의 생활방식이라고 하지 말고, 동성 간의 성행위라고 말하라. 선의의 거짓말이라고 하지 말고 거짓말이라고 말하라. 미사여구 대신에 성경의 용어를 사용하면 더 명확하게 죄를 깨달을 수 있다.

둘째, 그 사람이 자기 죄를 솔직하게 인정하지 않으면 직면한 범위 이상을 넘지 말라. 나라면 직면한 후에 그가 지은 죄에 대해 큰소리로 열거하라

고 요청할 것이다. 그가 할 수 없거나 하지 않겠다고 한다면, 나는 그가 자기 행동에 대해 하나님의 입장에서 볼 수 있도록 계속 도울 것이다. 그렇게 하지 않으면 온전히 회개할 수 없다. 그 사람은 반드시 자신이 죄를 지었다는 것과 그 죄를 자기 자신과 사람 앞에, 궁극적으로는 하나님 앞에 솔직하게 인정해야 한다. 죄를 직면한 그가 사람 앞에 자기 죄를 자백할 수 없다면 아마 하나님께도 자백할 수 없을 것이다.

다윗은 나단과의 직면 후에 자신이 죄 지었음을 기꺼이 인정했다. "내가 여호와께 죄를 범하였노라"(12:13).

몇 년 전 유명한 신학대학교에서 영적 생활 주간에 설교를 하면서, 청중에게 현재 짓고 있는 죄에 대해 회개할 것을 촉구했다. 설교의 마지막 부분에 나는 아주 구체적인 죄들을 열거하면서 혼동하지 않도록 그것들을 설명하기 시작했다.

"여러분들 중에 어떤 사람은 지난 여름 동안에 음행 또는 간음을 했고 또한 현재 부도덕한 관계를 갖고 있습니다. 어떤 사람은 시험볼 때 부정을 했거나 친구의 시험지를 베꼈습니다. 어떤 사람은 가게에서 자기가 원하는 물건을 훔쳤고 어떤 사람은 동성연애에 빠져 있습니다." 내가 이 말을 했을 때 강당 안은 숨쉬는 소리가 들릴 정도로 잠잠했다.

나는 학생들을 격려했다. "여러분은 그러한 죄들을 회개해야 합니다. 바로 지금 해야 합니다. 여러분이 이 죄들 가운데 한 가지라도 지었거나 혹시 비슷한 다른 죄를 지었다면, 그 죄에 대해 주님께 기꺼이 자백하고 주님의 능력을 통해 자유함을 얻기 원한다면 자리에서 일어나기 바랍니다."

그 큰 강당은 심장 뛰는 소리를 들을 수 있을 정도로 조용했다. 그리고 갑자기 천둥소리처럼 용기 있는 수백명의 학생들이 강당 여기저기서 일어났다. 많은 사람이 눈물을 흘리고 있었고, 어떤 사람들은 통곡했으며, 어떤 사람은 바닥에 무릎을 꿇고 있었다.

학생들이 줄줄이 도움을 요청함에 따라 상담거리는 쌓여만 갔다. 나는 아주 뛰어난 어느 학생이 울며 부르짖던 말을 결코 잊지 못할 것이다. "나는 졸업을 앞두고 있습니다. 학교에 다니는 동안, 오늘까지 아무도 내게 깊고 어두운 죄를 해결하라고 도전하지 않았습니다. 진리를 말씀해주셔서 고맙습니다."

아마 정직한 직면의 가장 큰 방해물은 '하나님'보다 '사람'을 두려워하는 태도일 것이다. 진리를 말함으로써 받을 고통을 두려워한다. 또한 진리를 말할 때 거부당할 것을 두려워한다. 학생들의 유익을 위해 고통을 감내할 정도로 그들을 넉넉히 사랑할 수는 없는가?

단계 3: 명령(삼하 12:9 상)

모든 그리스도인이 직면하는 기초는 성경이어야 한다. 성경의 분명한 '명령'을 어겼다는 확신이 있을 때 직면해야 한다. 학생이 하나님의 경계를 침범했을 때 그들이 넘어선 정확한 경계를 보여주는 것이 교사의 책임이다. 나단은 다윗이 하나님의 명령을 어겼다는 것을 분명하게 보여주었다.

성경 없이는 어떠한 실내용도 없다. 성경으로 어떤 행위가 죄인지 아닌지를 알 수 있다. 성경은 우리 모두를 동등하게 다스리는 구체적인 명령과 원리를 가지고 '모두에게 적용되는 경계'를 설정한다. 이런 기준들은 모두가 볼 수 있도록 적혀 있어서 어떤 사람의 행위가 하나님의 눈에 정말 죄인지 아닌지 확신할 수 있다. 그러한 명령들을 어겼기 때문에 나단은 다윗의 행동들을 '(하나님)보기에 악'이라고 불렀다. "어찌하여 네가 여호와의 말씀을 업신여기고 나 보기에 악을 행하였느냐"(삼하 12:9).

나단은 다윗에게 어찌하여 여호와의 명령을 업신여겼냐는 의미심장한 질문을 던졌다. 그리스도인들이 불순종을 선택할 때, 그는 하나님의 명령을 모욕하며 업신여기는 것이다. 사실상 그는 자기 뜻이 하나님의 뜻보다 높다고 결정한 것이다. 아무도 동시에 두 개의 상반되는 의견을 취할 수 없기 때문에 나단은 다윗이 하나님의 명령을 업신여긴 것을 알았다. 우리가 행동할 때마다 한 편은 우리의 존중을 받고 다른 한 편은 우리의 모욕을 받는다.

예수님은 "한 사람이 두 주인을 섬기지 못할 것이니 혹 이를 미워하고 저를 사랑하거나 혹 이를 중히 여기고 저를 경히 여김이라 너희가 하나님과 재물을 겸하여 섬기지 못하느니라"(마 6:24)고 가르치심으로써 상반되는 가치에 대한 진리를 분명히 보여주셨다.

나단은 다윗에게 그의 반역의 뿌리가 여호와의 명령뿐(삼하 12:9) 아니라 여호와(12:10) 하나님 그분을 업신여긴 것임을 보여주었다. 학생들이 죄에 대해 그저 성경에 불순종한 것이고 그 이상 아무것도 아니라고 생각하는 것을 용납해선 안 된다. 죄는 궁극적으로 하나님께 대항하는 반역 행위이다.

그러므로 부흥은 하나님의 마음뿐 아니라 하나님의 뜻을 어긴 데 대한 죄인의 회개를 반드시 포함해야 한다. 이 단계에는 두 부분이 있다. 먼저 그 사람이 하나님의 명령을 어겼다는 것을 보여주고 그다음엔 그가 하나님의 마음을 아프게 했다는 것을 보여주라. 죄는 하나님의 명령을 깨뜨릴 때 짓게 되고 슬픔은 그 관계의 깨어짐을 통해 경험한다.

나는 자기 남편에게 신실하지 못했던 한 친구와 전화로 장시간 통화한 적이 있었다. 10분 정도 통화한 후에 나는 그녀가 혹시 간음죄를 지었는지 물었다. 그녀는 자꾸 대답을 회피했지만 나는 거듭 그 질문으로 되돌아갔다. 아내 달린은 나와 함께 있었고 그 대화를 들으면서 열심히 기도하고 있었다. 통화를 마치고 아내에게 내가 "당신은 간음한 아내입니까?"라는 질문을 몇 번이나 했냐고 물었고, 아내는 적어도 20번은 된다고 말했다.

왜 그렇게 지속적이었는가? 자기가 간음했다는 사실을 인정하지 않는 한 회복할 소망이 없기 때문이다. 결국 그녀는 사실임을 인정했다(단계 2인 직면을 마친 후에). 그래서 나는 명령의 단계로 넘어가 그녀의 행위에 대해 하나님께서 어떻게 생각하실 거라고 믿는지 물었다. 그녀는 떨리는 목소리로 울부짖었다. "하나님은 이해하실 거예요. 사실 하나님께서 나를 사랑하시고 내가 오랫동안 불행했기 때문에 새 남자를 보내주셨다고 믿습니다."

많이 들어본 소리 같지 않은가? 오랜 기간 동안 죄 가운데 살아온 우리는 스스로의 행위를 지나치게 합리화한다. 무슨 질문을 해도, 그녀는 하나님이 자신의 간음을 이해하실 뿐 아니라 그것이 자신을 위한 하나님의 뜻이라고 대들듯이 따졌다. 무엇보다도 하나님은 자신이 행복하기를 바라신다고 하며 말이다.

결국, 나는 십계명에 대해 들어본 적이 있느냐고 물었다. 그녀는 웃었고 "물론이죠"라고 대답했다. 나는 "그렇다면 제7계명이 뭐지요?"라고 물었다.

그녀는 대답하지 않았다. 나는 "직접적인 하나님의 명령을 어기는 걸 무엇이라고 부릅니까?" 침묵. "그 단어는 'ㅈ'으로 시작해서 'ㅣ'로 끝납니다." 그녀는 끊임없이 자기 죄에서 도피하려고 했지만, 나는 계속 그녀가 범한 계명으로 돌아오게 했다.

결국, 그녀가 "하나님께서 나의 간음을 죄라고 부르십니다"라고 말했을 때 나는 그 마음속에 주님이 역사하시는 것을 알았다. 그러나 그녀는 여전히 회개하려 하지 않았다. 다음엔 무엇을 해야 하는가?

단계 4: 대가(삼하 12:10-14)

이 단계의 목적은 '죄를 지은 사람을 회복'시키는 것이다. 다윗에게 있어서 절정은 "내가 죄를 범하였노라"는 고백이다. 학생이 진정한 고백을 할 경우 이 과정은 간소해지고, 짧아진다.

이 단계를 통해 누군가를 인도할 때, 어떤 사람은 너무 큰 깨달음이 있어서 초기 단계에서 고백을 한다. 어떤 사람은 명령 단계에서 회개한다. 그러나 자기의 행동들을 정직하게 인정하고 그것을 죄라고 말하지만, 여전히 그리스도에게 돌아오지 않으려 한다면, 그때는 진정한 회복으로 인도하기 위해 이 네 번째 단계를 거쳐야 한다. 이 단계는 강퍅하고 완고한 마음을 깨뜨린다. 세심한 주의를 기울이라. 어쩌면 한 사람의 생명을 살릴 수 있을지도 모른다.

수년 동안의 사역 경험을 통해 나는 많은 그리스도인이 죄에 사로잡혀 있으며 '불필요하게' 그 안에 거하다가 결국 몇 년 또는 몇 세대까지 지속되는 심각한 문제들(학대, 알콜 중독, 이단 종교 연루 등)에 점차 빠진다고 확신한다. 기독교 공동체에서 누군가가 그를 회복시키기 위하여 갔다면, 많은 사람이 회복됐을 것이기에 나는 '불필요하게'라는 말을 사용한다.

하나님께 불순종하는 사람은 두 가지를 과소평가한다. 첫째는 행위의 심각성이고 둘째는 그 행위가 가져온 자신이나 다른 사람들, 주님에 대한 부정적인 '결과'이다.

직면이 그로 하여금 과거와 현재의 죄악된 행동들을 보게 하는 것처럼, 대가는 그로 하여금 현재와 미래의 위험한 결과들을 보게 해준다. 나단은 다윗이 숨기고 싶었던 모든 것을 볼 수 있도록 도왔다.

1. 칼이 네 집에서 영원토록 떠나지 아니하리라 하셨고
2. 내가 너와 네 집에 재앙을 일으키고
3. 내가 네 눈 앞에서 네 아내들을 빼앗아

4. 네 이웃에게 주리니

5. 그 사람들이 네 아내들로 더불어 백주에 동침하리라

6. 나는 온 이스라엘 앞에서 백주에 이 일을 행하리라

7. 당신이 낳은 아이가 반드시 죽으리이다

이 비극의 대가들이 하나하나 열거될 때 다윗이 느껴야 했던 고뇌를 상상해보라. 각각의 대가들은 분명 다윗의 영을 짓누르고 그 마음을 깨뜨렸을 것이다. 그것들은 그가 상상할 수 있었던 가장 끔찍한 결과들이었을 뿐 아니라 그것이 바로 자신의 죄로 인한 것임을 알고 몸서리쳤을 것이다. 도대체 누구를 비난할 수 있겠는가? '다름아닌 바로 내 잘못'이라는 엄연한 현실은 죽을 때까지 그를 괴롭혔을 것이다.

직면과 명령, 그리고 대가는 돌멩이처럼 다윗의 마음에서 단단한 각질을 벗겨내고 회개의 여지를 만들었다. 그러자 부흥이 일어났고 야고보가 말한 것처럼 그 영혼은 구원을 받았다.

> "내 형제들아 너희 중에 미혹되어 진리를 떠난 자를 누가 돌아서게 하면 너희가 알 것은 죄인을 미혹된 길에서 돌아서게 하는 자가 그의 영혼을 사망에서 구원할 것이며 허다한 죄를 덮을 것임이라"(약 5:19-20).

나단은 5가지 종류의 대가를 사용했다. 모두 학생들을 회심케 하는 데 적용할 수 있는 것들이다.

1. 자신에게 오는 대가

잠깐 다윗의 입장에 서보라. 그리고 나단의 목록을 한 번 더 읽고 다윗이

느꼈음직한 감정을 느껴보자. 하나님의 징계는 다윗을 직접 겨냥했다.

2. 직계 가족에게 오는 대가

다윗의 죄로 인해 다윗뿐만 아니라 자녀들과 아내, 손자들까지도 고통을 받았다. 하나님의 다윗에 대한 징계는 그가 사랑하는 사람들에게까지 미치게 되었다.

3. 기독교 공동체에 미치는 대가

비록 나단의 말은 다윗의 죄가 이스라엘과 유다에 미치는 재난에 대해 암시만 남기고 있지만, 사무엘하의 나머지 부분과 열왕기상부터 역대하까지는 실로 슬픈 이야기가 그려지고 있다. 다윗의 죄 때문에 많은 유대인이 죽었고 고통받았다.

4. 비그리스도인 사회에 미치는 대가

이스라엘은 모든 나라에 축복이 되어야 할 의무가 있기에 이스라엘의 위대한 지도자가 저지른 죄는 믿지 않는 사람들의 사회에도 고통을 가져온다. 하나님을 깊이 사랑했고 열방들 가운데 하나님의 이름을 드높이기 위해 성전을 짓고 싶어했던 다윗이 자신의 죄로 말미암아 하나님의 적들에게 하나님을 배척하고 모독하는 기회를 제공했을 때 그는 어떤 고뇌를 느꼈겠는가? 아무도 상상할 수 없는 다윗의 죄, 그 죄가 초래한 형벌 또한 아무도 상상할 수 없는 것이었다. 이 다윗의 죄 때문에 얼마나 많은 사람들이 주님으로부터 멀어져 갔겠는가?

5. 주 하나님을 향한 대가

자녀들이 심각한 잘못을 저지를 때, 더 큰 고통을 받는 사람은 부모들이다. 내 생각에 우리가 죄를 지을 때 가장 큰 고통을 겪는 당사자는 바로 주님일 것같다. 하나님의 마음에 합한 자, 다윗과 같은 훌륭한 자녀가 일부러 가장 끔찍한 방법으로 간음과 살인 죄를 지었다는 사실은 이스라엘의 거룩하신 분께 상상할 수 없는 슬픔을 안겨주었음에 틀림없다. 예수님이 예루살렘의 강퍅함과 반역을 보고 우셨던 것처럼 하나님은 타락한 종 다윗으로 인해 우셨을 것이다. 하나님은 그의 형상으로 지음받은 사람들이 분노에 찬 손가락질을 받을 때 비통해하신다.

이 5가지 대가 하나하나가 반항적인 아이들이 죄를 버리고 회개하며 집으로 돌아오도록 도울 때 적용할 수 있는 것들이다. 비록 우리가 나단이 아니고 학생들에게 어떤 벌을 줄지 직접적인 계시를 받지도 않았지만, 성화된 상상력을 동원해 학생들의 죄가 가져올 정당한 대가들을 내다볼 수 있다.

효과적인 대가는 6가지 특성이 있다. 반드시 개인적이고 구체적이며, 현실적이고 가시적이며, 고통스럽고 죄를 지은 사람이 깊은 관심을 갖는 많은 사람들에게 영향을 미쳐야 한다. 나단이 말한 벌은 이 6가지 특성들을 모두 반영한다. 궁극적으로 효과적인 대가를 제시하면, 주위의 수많은 사람들에게도 극심하고 오래 지속되는 고통에 대한 깊은 두려움을 주어 결국 죄가 낳는 일시적인 쾌락을 압도한다.

교사의 우선적인 목표는 회개야말로 죄를 지은 학생이 취해야 할 가장 논리적인 대응임을 일깨워주는 것이다. 죄를 짓고 있는 사람의 눈에는 죄가 주는 유익이 순종이 주는 유익을 능가하는 것처럼 보인다. 그렇기 때문에 죄를 짓는 것이다. 죄를 지으면서 기대하는 쾌락이 죄의 결과로 경험하게 될 잠재적인 손해와 징계보다 더 확실해 보이기 때문에 죄를 짓는다.

그러므로 대가는 그 사람의 환상을 성경적인 현실로 바꾸는 데 목표를 두어야 한다. 어떤 사람이 계속 죄를 지을 때, 그는 죄가 가져올 쾌락에 초점을 맞추고 죄의 결과가 가져다주는 고통은 생각하지 않으려 한다. 마음속에 쾌락과 고통의 두 영역이 동등하게 보일수록 유혹과 더 힘겹게 씨름할 것이다. 죄로 인한 부정적인 대가가 잠재적인 쾌락보다 훨씬 커 보이는 순간, 그 사람은 어쩔 수 없이 회개할 것이다.

대가는 '왜 사람이 죄를 지어서는 안 되는가'에 대한 단순히 부정적인 이유들이다. 잠언에는 악을 선택하는 것이 얼마나 어리석은 것인지 반복해서 묘사한 구절이 많다. 예상되는 고통의 느낌이 클수록 유혹이 발휘하는 위력은 적다.

나단이 제시한 대가는 다윗을 크게 압도했기 때문에 그는 즉시 깨어졌고 죄를 고백했다. 공적인 가르침이나 개인적인 상담에서 대가를 효과적으로 사용하면 많은 사람들이 참된 회개의 길로 돌아서는 것을 보게 될 것이다. 죄의 고통이 죄의 쾌락을 훨씬 능가하기 때문에 마음이 변화된다. 성경은 그것을 회개라고 정의한다.

단계 5: 자백(삼하 12:13)

다윗이 "내가 여호와께 범죄하였노라"고 말하는 것을 들었을 때, 나단은 그의 학생이 결승선에 닿았다는 것을 알았다. 거역하던 것이 부서졌고 부흥이 시작되었다.

'자백'이라는 말은 보통 '자신의 죄나 잘못을 다른 사람이 완벽하게 알게 하는 것'을 의미한다. 자백은 부흥의 긍정적인 첫 단계이고 거역과 부흥이 갈리는 분기점이다. 두 번째 부흥의 법칙에서 학생들을 온전한 회복으로 인도하는 데 도움을 주는 활동들을 논의할 것이다(여호와 앞에서 다윗의 온전한 고백이 담긴 시편 51편을 보라).

학생들에게 부흥이 필요할 때마다 나단과 같이 임무를 부여받음, 직면, 명령, 대가, 자백의 5단계를 사용함으로써 그들을 순적하게 부흥으로 인도할 수 있게 되기를 바란다.

부흥의 원리

"배움의 목적은 하나님을 올바르게 앎으로 우리의 첫 번째 부모(아담과 이브)에 의해 파손된 것을 회복하고, 하나님을 아는 지식으로 그를 사랑하고 그를 본받고 그와 같이 되는 것이다."

_ 존 밀턴(John Milton)

원리 1: 부흥은 영적 회복이며 그것은 영적 교사의 책임이다

이 책 전체를 통틀어 나에게는 이 원리가 가장 어려웠다. 이 원리를 공부하면서 거의 일주 동안 밤낮으로 이것과 씨름했다. 부흥에 대한 내 고정관념이 성경과 모순된다는 사실을 차츰 깨닫기 시작했다.

성경을 찾아보기 전에 나는 이렇게 생각했다. '부흥은 하나님의 주권적인 행동이고 사람이 할 수 있는 일은 그저 그것을 위해 기도하는 것뿐이야.'

이 책에 있는 원리들을 다시 읽어보면 그 하나하나가 모두 교사에게 책임을 지우고 있음을 발견할 수 있을 것이다. 그러나 나는 부흥은 하나님의 주권적이라고 배웠기 때문에 내 책임일 수 없다고 생각했다. 그러나 책의 첫머리에 부흥은 우리의 책임이 아니라고 적은 후에, 나는 의아했다. 이것이 우리와 진리 사이에 놓인 또 다른 혼동의 구름일 수 있지 않을까? 우리가 무의식적으로 책임을 버린 것은 아닐까?

인간의 논리라는 산 밑에는 이런 괴로운 질문이 묻혀 있었다. 하나님이 부흥이 일어나기를 원하신다면(물론 하나님은 원하신다), 그리고 우리가 부흥을 위해 기도한다면(많은 사람이 기도한다), 왜 하나님께서 피차 좋은 일을 하시지 않겠는가? 내가 하나님에 대해서 알았던 모든 것은 이 움직일 수 없는 장벽에 부딪혀 계속 부서졌다. 풀 수 없는 거대한 모순이었다.

결국 2주 동안 갈등하다가 "모든 성경 구절 가운데 부흥에 대해 가장 명백하게 말씀하는 구절은 무엇인가?"라는 질문으로 한 걸음씩 나가기 시작했다. 성경은 성경으로 풀어야 하지 않겠는가!

첫 번째 핵심 구절: 역대하 7장 14절

역대하 7장 14절은 즉시 내 마음을 채우고 흘러넘쳤다.

> "(만약) 내 이름으로 일컫는 내 백성이
> 그들의 악한 길에서 떠나
> 스스로 낮추고
> 기도하여
> 내 얼굴을 찾으면
> (그리하면)
> 내가 하늘에서 듣고
> 그들의 죄를 사하고
> 그들의 땅을 고칠지라."

원문에는 '만약'이라는 단어가 제일 앞에 나오는데, 작지만 위력 있는 그 두 글자의 뒤를 따르는 15개의 단어는 약속이 이행되기 위한 조건이라는 사실이 곧 나를 일깨웠다. 나머지 9개의 단어는 그 조건이 이행된다면 일어날 수 있는 약속된 결과를 반영하는데, '그리하면'이라는 단어로 대표된다.

먼저 나는 약속 부분인 후반부 반(그리하면 이후의 내용)을 공부했다.

(그리하면)내가	무엇인가를 위한 하나님의 약속
하늘에서 듣고'	하나님의 첫 번째 약속
그들의 죄를 사하고	하나님의 두 번째 약속
그들의 땅을 고칠지라	하나님의 세 번째 약속

그리고 조건(들)에 초점을 맞추었다. 영적인 부흥이 일어나기 위한 필수 조건들을 하나님은 무엇이라고 기록하셨는가?

내 이름으로 일컫는 내 백성이'	조건들을 이행할 수 있는 사람
스스로 낮추고	첫 번째 조건
기도하여'	두 번째 조건
내 얼굴을 찾으면'	세 번째 조건
*그들의 악한 길에서 떠나'	네 번째 조건

(*개역 개정성경에는 이 부분이 먼저 나오나, 원문에는 이 부분이 뒤에 있다. – 역주)

이 본문에는 부흥이 하나님이 아닌 오직 우리에게 달려 있다는 명쾌한 하나님의 계시가 담겨 있었다. 하나님은 우리가 그분의 조건을 이행한다면 부흥을 주겠다고 분명히 약속하셨다. 우리 삶에 부흥이 일어나도록 하기 위해 하나님이 요구하신 것을 우리는 무시해버렸다.

우리는 얼마나 하나님의 약속을 오해했는가! 하나님은 신실하셨다. 그분은 어떤 오묘한 섭리 때문에 부흥을 보류하신 것이 아니었다. 오히려 하나님 그분이 요구하신 것을 우리가 이행하려고 할 때, 부흥시킬 준비를 마치신 상태였다. 우리가 다음의 4가지의 조건을 이행한다면 하나님은 부흥의 3가지 약속을 이행하시지 않겠는가? 실로 그렇게 하실 것이다.

그다음에 나는 부흥을 경험하지 못하는 것에 대한 비난을 모면할 방법을 모색했다. 그것은 나의 잘못이 아니다. 그렇지 않은가? 이 4가지 조건들은 애당초 실현 불가능한 것일지도 모른다. 그렇지 않다면 나는 삶에서 아주 빈번히 부흥을 누렸을 것이다. 나는 부흥이 내 책임일 수 없다는 사실을 증명해 보이려고 이 4가지 조건들을 살펴보았다.

1. 나는 스스로 낮출 수 있는가?

그렇다. 그렇게 하려고만 한다면 지금이라도 무릎을 꿇고 진심으로 스스로 낮출 수 있다. 무엇보다도 성경이 "자신을 낮추라"고 명령한다. 그런데 어떻게 순종하는 것이 불가능하다고 말할 수 있는가?

2. 나는 기도할 수 있는가?

그렇다. 언제라도 기도할 수 있다.

3. 나는 여호와의 얼굴을 찾을 수 있는가?

그렇다. 아침 일찍, 또 밤늦게 그분의 얼굴을 찾을 수 있다. 그분의 얼굴은 찾고자 하는 사람들 앞에 항상 있다.

순간 나는 무거운 책임감에 압도되었다. 그러나 눈을 돌려 마지막 조건을 읽었을 때, 결국 진정으로 부흥을 원한다면 하나님의 4가지 조건들을 순종할 수밖에 없다는 완전한 책임감을 느꼈다.

4. 나는 악한 길에서 떠날 수 있는가?

그렇다. 삶 속에 드러난 죄는 고백할 수 있고 용서받을 수 있다.

그러면 악한 길에서 떠나는 것이 부흥의 조건이 될 수 있는가? 나는 항상 회개와 순종이 부흥의 결과라고 생각했지, 부흥을 위한 조건이라고는 생각하지 않았다. 하나님이 그분의 주권 안에서 부흥을 허락하시기로 최종 결정하셔야만 비로소 죄를 극복할 수 있는 능력이 생길 것이라고 잘못 생각해왔다. 그래서 궁극적으로 나의 악한 길에 대해 누구에게 책임을 돌렸는가? 혼란에 빠진 채 부흥이 일어나지 않는 것에 대해, 또 모든 문제들에 대해 누가 책임이 있다고 느꼈는가? 하나님, 바로 그분이었다!

나는 내 행동에 대한 전적인 책임을 회피하기 위한 방법을 모색했다. 그러나 아무것도 찾을 수 없었다. 하나님께서 "들으시고, 용서하시고, 고쳐주시기를" 원한다면, 나는 먼저 나의 악한 길에서 떠나야 한다.

부흥이 그렇게 분명할 수 있는가? 부흥은 하나님의 조건에 순종하기로 선택하면 누구에게도 미칠 수 있는 것인가? 그렇다. 역대하 7장 14절은 부흥이 일어나는 데 필요한 행동의 책임이 누구에게 있는지 분명하게 답해 준다.

그러나 이것은 빙산의 일각에 불과하다. 역대하 7장 14절은 우선 민족의 차원에서 부흥을 언급하고 있다. 그렇다면 개인적인 부흥에 대해서는 무엇이라고 이야기하는가? 더 나아가, 학생들의 영적인 회복이 필요하다고 느낄 때, 나의 책임은 무엇인가? 나는 성경을 계속 연구했다.

두 번째 핵심 구절: 갈라디아서 6장 1절

갈라디아서는 책임과 부흥에 대한 이 골치 아픈 혼돈에 대해 분명한 입장을 표한다.

> "형제들아
> 사람이 만일 무슨 범죄한 일이
> 드러나거든
> 신령한 너희는
> 온유한 심령으로
> 그러한 자를 바로잡고
> 너 자신을 살펴보아
> 너도 시험을 받을까 두려워하라."

우리는 두 가지 조건이 있어야 앞으로 나갈 수 있다. 첫째, 다른 사람이 범죄한 일을 알고 있어야 한다. 둘째, 그 사람에게 갈 때 우리 안에 성령의 역사를 방해할 만한 명백한 죄가 있어서는 안 된다.

다음의 세 단어 "그러한 자를 바로잡고"는 달성해야 할 구체적인 목표에 대한 명령이다. 헬라어에서 '바로잡고'는 명령형이다. 고려해볼 만한 제안이 아니라 순종해야만 하는 명령인 것이다.

우리가 이 구절을 읽고 갖게 되는 생각과 얼마나 큰 차이가 있는가! 우리는 이 구절을 하나님이 "그저 그 사람을 위해 기도하라" 또는 "한번 찾아가보라"고 말씀하신 것처럼 행동해왔다. 성경은 우리가 기도하고 찾아갈 뿐만 아니라 바로잡아야 할 책임이 있다고 분명하게 말씀하신 것을 주목하라. 죄로 인한 손상에서 회복해야 할 책임이 있다는 것이다.

메시지는 분명하다. 직접 개입해서 주도권을 가지고 움직이라. 이 구절은 그 결과에 초점을 맞추고 과정은 성령의 인도하심을 통해 우리의 창의력과 개성에 맡긴다. 하나님은 성령의 능력과 인도하심 아래 죄를 짓고 있는 그리스도인들을 회복시키는 책임을 분명한 명령으로 우리에게 위임하셨다.

세 번째 핵심 구절: 에베소서 4장 11-12절

부흥에 대한 하나님의 뜻은 더 분명해졌지만, 풀리지 않은 한 가지 의문이 있었다. 하나님은 부흥에 대해 교사에게 주는 어떤 구체적인 명령을 성경에 보여주셨는가 하는 것이다. 나는 부흥과 교사를 연관시킨 구절을 찾기 위해 계속 성경을 읽으며 '바로잡고'라는 말의 원어 연구를 시작했다. 결국 하나님께서 가르치는 이들이 해야 할 일을 말하는 구절에서 우연히 같은 단어를 발견했다. 우리가 세움의 법칙에서 공부한 에베소서 4장 11-12절이다.

정말 놀라운 일이었다.

> "그가 사도로, 어떤 사람은 선지자로, 어떤 사람은 복음 전하는 자로, 어떤 사람은 목사와 교사로 삼으셨으니 이는 성도를 온전하게 하여 봉사의 일을 하게 하며 그리스도의 몸을 세우려 하심이라."

'온전하게 함'이라는 단어는 갈라디아서 6장 1절에 있는 '바로잡고'라는 단어와 같은 어근에서 나왔다. 그렇다면 하나님께서 그분의 교회에 우리를 교사로 보내신 것은 회복과 부흥을 위한 것이라고 볼 수 있다.

부흥이 소명의 핵심이라고 생각해본 적이 있는가? 하나님께서 탕자들이 어디에서 어떤 상태로 타락해 있든지 상관없이 그들을 바로잡아주기를 원하신다는 사실을 이해한 적이 있는가?

비록 소수일지라도 주님 앞에 바로 선 교사들이 하나님께서 주신 책임을 기꺼이 감당하려 할 때, 하나님의 교회 전반에 걸쳐 일어날 영향력을 상상할 수 있는가? 결코 다시는 지식만을 가르치지 않을 것이다. 이제 학생들의 마음을 위해 가르칠 것이다.

"내 형제들아 너희 중에 미혹되어 진리를 떠난 자를 누가 돌아서게 하면 너희가 알 것은 죄인을 미혹된 길에서 돌아서게 하는 자가 그의 영혼을 사망에서 구원할 것이며 허다한 죄를 덮을 것임이니라"(약 5:19-20).

원리 2: 부흥은 거듭남을 경험한 자들에게만 가능하다

전도는 구원받지 못한 세상을 그리스도께 인도하는 것에 그 핵심이 있다. 부흥의 핵심은 구원은 받았으나 불순종하는 사람들을 그리스도께 데려오는 데 있다. 전자는 회심 또는 중생이라고 부르고, 후자는 헌신 또는 부흥이라고 부른다. 전도는 그리스도로 말미암은 영생으로 신자에게 은혜를 준다. 헌신 또는 부흥은 지속적인 교제의 삶으로 신자에게 은혜를 준다.

"그 이름을 믿는 자들에게는 하나님의 자녀가"(요 1:12) 되리라는 확신이 없는 학생들 안에 부흥을 일으키려고 애쓸 때 우리는 큰 실수를 한다. 많은 교사들은 학생들이 좋은 가정에서 왔기 때문에, 또는 그리스도인처럼 보이기 때문에, 또는 기독교 기관에 다니기 때문에 그들이 이미 그리스도인들이라고 가정한다.

그러므로 가르치는 동안에 적절한 순간을 포착해 구원 계획을 제시하는 것이 현명하지 않겠는가? 어떤 교사들은 이것을 매우 심각하게 여겨 학생들을 방문하여 영적 상태를 진단하고 복음을 제시한다.

회심하지 않은 학생들에게 부흥을 가르치거나 상담 또는 설교할 때, 그것은 마치 시체로 가득 찬 방에서 설교하는 것과 같다는 사실을 기억하라. 그들이 예수 그리스도를 만날 때까지, 성경이 말하는 것처럼 그들은 "죄와 허물로 죽었"기 때문에, 그들이 거듭남의 경험을 할 때까지는 부흥을 체험할 수 없다.

원리 3: 부흥은 완전한 사건이 아니라 계속적인 경험이다

부흥은 어떤 사건이나 집회가 아니라 궁극적으로 주님을 만날 때까지 계속 진행되는 경험이다. 진정한 부흥은 매년 개최되는 부흥회가 아니라 지속적으로 추구해야 할 과정이다.

부흥은 신자가 주님을 떠나 방황하는 심한 경우만을 전제로 한다고 협의의 정의를 내려서는 안 된다. 넓은 의미에서 부흥은 신자가 아주 작은 죄라 할지라도 그것을 뉘우치고 온전히 주님께 돌아올 때마다 일어난다. 그러므로 "만일 우리가 우리 죄를 자백하면 저는 미쁘시고 의로우사 우리 죄를 사하시며 우리를 모든 불의에서 깨끗하게 하실 것이요"(요일 1:9)라는 말씀에 순종할 때마다 성경이 말하는 부흥을 향해 전진하는 것이다.

학생들은 가끔 죄에 사로잡혀 있음을 깨닫고 선한 사마리아인 같은 누군가가 지기를 절망에서 꺼내주고 떠나온 집으로 다시 인도해주기를 소리 없이 부르짖는다.

학생들은 교제권 주변을 맴돌며 동요하기 때문에, 그들이 영적 필요를 드러내고 있는지 항상 경계해야 한다. 우리가 부르심을 받은 까닭은 그들의 영적 필요를 채우기 위해서다. 그러므로 항상 부흥을 가르칠 준비를 하라.

원리 4: 부흥은 개인과 그룹, 민족의 삶 속에서 일어날 수 있다

부흥은 지역이나 숫자, 나이에 제한받지 않는다. 교회사는 물론 성경을 봐도 부흥이 개인, 가족, 소그룹, 교회, 시, 지역, 전국 등 어디서나 일어날 수 있음을 알 수 있다.

부흥은 기독교 세계의 모든 지역에서, 모든 시대에 시작되었고, 거의 초교파적으로 퍼져나갔다.

부흥은 목사, 전도자, 교사, 교육가, 사업가, 평신도, 청년 그리고 선교사들에 의해 성령의 능력을 통해 시작되었다.

어떤 부흥은 몇 년에 걸쳐 서서히 일어나는 반면, 외적으로 순식간에 시작된 부흥도 있다. 어떤 부흥은 몇 달, 심지어 몇 년 동안 지속되는 반면 하루도 못 간 부흥도 있다.

부흥은 어떤 특정한 시대에만 크게 일어나고 다른 시대에는 거의 잠자는 것처럼 보인다. 특정 사람 또는 장소 주변에 있는 대중 안에서만 일어나는 것처럼 보이기도 한다.

부흥은 여러 가지 영향을 미쳤다. 어떤 부흥은 몇 세대 동안 나라 전체를 극적으로 변화시켰던 반면, 어떤 부흥은 짧은 시간에 몇몇 개인의 삶을 변화시켰다.

이 모든 다양성에 담긴 핵심은 무엇인가? 그것은 바로 언제, 어디서, 누구에 의해서든 성경적인 부흥의 조건들이 충족되면, 거기에는 하나님의 능력과 죄씻음("내가 그들의 죄를 사하고")과, 회복("그들의 땅을 고칠지라")이 있다는 것이다. 하나님은 보편적인 조건들을 채우는 모든 사람에게 부흥을 허락하신다.

그러므로 부흥을 위해 기도하고, 부흥을 준비하며, 삶의 모든 영역에서 부흥이 시작되도록 간청하라.

하나님의 요구를 이루고자 하는 자녀들의 마음에 역사하시는 성령의 전능하신 능력에는 한계가 없다. 주님이 어디로 부르시든지 부흥의 영이 함께

하기를 기도한다.

원리 5: 부흥은 항상 진정한 회개와 죄를 버릴 것을 요구한다

부흥이 필요한 이유는 오직 하나다. 개인의 죄가 그것이다. 알고 짓든 모르고 짓든 그리스도인들이 죄를 짓지 않았다면 부흥은 필요없을 것이다. 학생들에게 직접적으로 그리고 공개적으로 죄를 지적해주지 않은 채 부흥을 경험하도록 인도할 수 있다고 생각하는 것은 성경적인 부흥의 본질을 오해하는 것이다.

넓은 의미에서 부흥은 두 가지 뚜렷한 움직임이 있다. 첫째는 학생이 죄로부터 자신을 떼어놓는 것이고(부정적), 그다음엔 구세주에게 돌아가는 것이다(긍정적). 그리스도에게로 가는 방법은 항상 죄씻음과 용서다. 먼저 그리스도를 십자가에서 만나고 보혈로 죄가 씻기기 전에는 부흥을 경험할 수 없고 그리스도와 교제할 수도 없다.

먼저 죄가 자신과 다른 사람들에게, 그리고 주님께 얼마나 심각한 것인가 알려고 노력하지 않는 한, 학생들은 결코 죄를 멈출 수 있는 내부의 해결책을 찾을 수 없다. 그러므로 학생들이 과거에 저질렀던 죄에 대해 먼저 적절한 회개를 하지 않았다면, 미래에 죄를 짓지 않도록 격단하게끔 인도하려고 시도하지 말라.

미국 동부의 명문 대학교 학생 집회에서 행한 설교의 끝부분에, 나는 자신이 죄에 사로잡혀 있다고 느끼는 사람들이 있다면 집회 후에 만나자고 초청했다. 어느 젊은 여성이 찾아왔는데 나는 한눈에 그녀가 아주 깊은 죄책감에 빠져 있음을 알 수 있었다. 우리는 의자에 마주 앉았고 무려 세 시간 동안 개인 부흥회로 변한 상담을 시작했다.

앞의 한 시간은 죄에 대해 깊이 회개하도록 인도했다. 두 시간이 지났을 때는 장차 저지를 죄의 뿌리를 뽑기 위한 견고한 해결책으로 이끌기 위한 강력한 싸움이 있었다.

그리고 마지막으로 그녀와 관련된 상대방에게 전화를 걸어 그 문제를 끝내자고 요청했다. 그러자 그녀의 얼굴이 창백해졌고, 결국 "다음주에 하겠습니다. 약속합니다"라고 말했다.

그러나 나는 바로 그날밤 전화를 걸지 않는 한, 그 죄에서 벗어나지 못할 것이라는 사실을 알고 있었다. 그녀는 입술을 부들부들 떨며 양손이 땀으로 흠뻑 젖어 애걸했다. 전화를 걸 수 없고 끝낼 수 없다는 것이었다. 두려움이 그녀를 둘러싸고 있었다. 그러나 기도했을 때 하나님의 평강이 넘쳐흘렀고, 내가 옆에 서서 할 말을 가르쳐주면 전화하겠노라고 말했다. 우리는 함께 복잡한 호텔 복도 구석으로 걸어가 장거리 전화 다이얼을 돌렸다. 이미 자정이 넘은 시간이었지만 저쪽에서는 파티가 진행중이었다. 드디어 상대방이 전화를 받자 그녀는 경직되었다. 나는 기도를 하고 그녀가 할 말을 말해주었다. 그녀는 상대방에게 자신의 결심을 말하면서 울기 시작했다. 그러고나서 벽에 기대며 주저앉았다. 그녀는 그동안 그녀를 붙잡아맸던 죄의 뿌리가 송두리째 뽑히자 자유로움을 느끼는 듯했다.

깊고 고통스러운 수술이었다.

다음엔 다른 나라에 살고 있는 그녀의 부모에게 전화를 했다. 간절한 기도가 끝내 응답됐다는 소리를 들은 그들은 고통의 눈물 대신 기쁨의 눈물을 흘렸다. 헤어지기 전에 나는 그녀에게 함께 집회에 참석했던 친한 친구 네 명에게 그녀의 결심을 얘기하라고 거듭 당부했다. 나는 이렇게 말했다. "지금 당장 당신을 위해 큰 소리로 기도해달라고 하세요. 그리고 아침 식사가 끝나자마자 그 결심을 꾸준히 지켜나가도록 전략을 세우세요."

다음날 아침, 그들은 목청껏 찬송을 부르며 나타났다. 그것도 다섯 명이 아니라 여덟 명이 기쁨과 용서, 죄 사함의 눈물을 흘리며 나타났다. 그제서야 그녀가 물결이 흉용하게 뛰노는 바다를 끝없이 헤쳐갈 수 있으리라는 생각이 들었다.

학생을 회복시키는 교사의 역할은 학생의 행위가 전적인 순종에 이르기까지 절대로 끝나지 않는다. 의사가 암세포를 절개하기 위해 수술에 들어갔다가 예상보다 더 많은 암세포를 발견했다면 어떻게 하겠는가? 나중에 순종하겠다는 약속은 훗날 또다른 수술이 필요하다는 것과 다를바 없다. 의사와 마찬가지로 교사는 뻔히 보이는 암세포를 무시하고 환부를 그냥 덮어둘 수 없다. 비록 가장 큰 암 덩어리가 제거됐다 해도, 치료하지 않은 채 내버려둔다면, 남아 있는 암은 곧 퍼져서 처음보다 훨씬 커질 것이다. 그러므로 모든 것이 깨끗해지고 학생이 진정으로 자유함을 얻을 때까지 수술을 멈추지 마라.

원리 6: 부흥이 일어나면 새로운 열정으로 그리스도를 추구하고 섬기는 결과를 낳는다

그리스도인의 마음속에서 죄가 철저하게 제거되면 진정한 '회개의 열매들'이 분명하게 나타날 것이다. 사적이고 내적인 변화는 공적이고 영원한 변화에 이른다.

나는 이 글을 쓰다가 잠시 멈추고, 여행하느라 그동안 돌보지 못했던 정원의 잡초를 뽑았다. 잡초들은 30센티미터 이상 자라 그보다 작은 꽃들 위에 그림자를 드리우고 있었다. 커다란 잡초 덩어리를 뽑아내자 그 아래 작고, 흐물흐물하며 일그러진 식물들이 나타났다. 잡초가 뽑히고 햇빛이 빛에 굶주린 잎사귀들을 어루만져줄 때 그다음 결과는 무엇이겠는가? 그것은 바로 번성하고 자라는 것이다.

이와 마찬가지로 죄는 기쁜 마음을 짓누르고 섬김의 행동을 가로막는다. 그런 현상이 나타나면 혹시 파묻힌 식물이 없는지 조심스럽게 살펴보아야 한다. 그 사람이 진정한 그리스도의 자녀라면, 영적인 삶이 항상 나타나야 한다. 그것이 거의 보이지 않을 정도라 해도 말이다. 식물들이 잡초에서 자유로워질 때 생명을 공급하는 해와 비를 받을 수 있게 되는 것같이, 죄에서 풀려날 때 부흥이 일어날 것이다.

학생이 보여주어야 할 갱신의 세 가지 표시가 있다. 첫 번째는 주님을 향한 진지한 감사의 마음이 있어야 한다. 둘째, 그리스도를 추구하는 데 새로운 열정이 형성되어야 한다. 셋째, 주님을 섬기기 위한 마음이 크게 개발되어야 한다. 현명한 교사라면 부흥의 실제적인 표시를 확인해가며 학생의 반응을 살피고 격려해야 할 것이다.

원리 7: 부흥은 삶의 우선 순위를 바르게 세워준다

진정한 부흥은 궁극적으로 한 그리스도인이 하나님과, 자신 그리고 세상과 바른 관계를 맺는 심오하고 전략적인 과정을 말한다.

모든 관계 가운데 하나님과의 관계가 가장 중요하고 영향력이 크다. 그러므로 하나님과의 관계가 호전될수록 다른 모든 중요한 관계들도 좋아진다.

이혼한 부부가 하나님께 돌아온 뒤에 다시 재결합하는 사례가 많다. 하나님과 바른 관계를 회복했기 때문에 집으로 돌아온 방탕한 자녀들이 많다.

오랜 기간 죄를 지으면, 그리스도인들은 하나님을 기쁘시게 하는 데에서 자신을 기쁘게 하는 데로 옮겨간다. 갈등이 심해지고 결국 이기심이 지배한다. 그러나 부흥이 일어날 때, 하나님이 주인으로서 통치하시고 질서와 조화를 회복시키기 시작하신다.

불행하게도 너무 많은 사람이 외적으로 드러난 행위가 성장의 열쇠인것처럼 가르친다. 학생들의 마음이 하나님을 거부할 때조차 그들의 겉모습을 거룩하게 바꾸려고 애쓴다. 그러한 노력들은 결국 교사를 실망시키고 학생을 패배시킨다. 우리는 반드시 내부에 있는 것이 외부로 나오도록 일해야 한다. 먼저 하나님과, 자신 그리고 마지막으로 사람들과의 관계를 통해서 말이다.

몇 년 전에 내가 멀트노마 신학교에서 가르칠 때, 그 신학교 창설자인 존 미첼(John Mitchell) 박사와 정기적으로 회의를 갖는 특권을 누렸었다. 당시 그는 여든 살 초반이었음에도 매일 라디오 방송을 했으며, 거의 종일 학생들을 가르쳤고 정기적으로 주말 집회를 인도했다. 성경에 대한 이해와 하나님과 동행하는 삶에서 그는 타의 추종을 불허했다.

나는 그가 했던 기도들을 거의 다 기억한다. 그는 몇 번이나 내가 같은 방에 있다는 것도 잊은 채 사랑하는 아버지와 깊은 교제에 빠졌다. 그때마다 나는 보좌의 방으로 우리를 몰고가는 그의 망토를 붙잡고 있다고 느꼈다.

어느 날, 나는 그에게 큰 호의를 베풀어달라고 부탁했다. 하나님께서 WTB에 내려주신 큰 축복을 알려주고 특별히 시간을 내서 그의 방식대로 말씀을 가르쳐달라는 것이었다. 그러면 내가 그것을 강사들에게 가르치고 또 그들이 세계 각처에서 다른 사람들을 가르칠 수 있기 때문이었다.

몇 분 동안의 침묵이 흐른 뒤, 그가 대답했다.

"아니오, 브루스, 나는 하지 않겠습니다."

나는 깜짝 놀랐다.

그리고 혹시 내가 그의 감정을 상하게 하지 않았나 하고 걱정했다.

"왜 그러십니까? 제 부탁이 적절하지 않았습니까?"

나는 더듬거리며 물었다.

그는 미소지으며 말했다.

"나는 성경을 가르치지 않겠습니다. 왜냐하면 그것이 필요한 게 아니기 때문입니다. 대신 당신을 매주 만나서 당신이 구세주와 더욱 깊은 사랑에 빠지도록 돕겠습니다. 그렇게 할 때 모든 일이 아주 멋지게 일어날 것이기 때문입니다."

그의 말이 옳았다. 그는 무엇이 먼저이고 무엇이 나중인지 잘 알고 있었다.

학생들에게 예수 그리스도를 더욱 사랑하라고 가르칠 때마다 잠언 4장 23절을 떠올려 보라.

"모든 지킬 만한 것 중에 더욱 네 마음을 지키라 생명의 근원이 이에서 남이니라."

의미

부흥의 법칙의 핵심은 다음 문장으로 요약된다.
'마음을 부흥시키라.'

교사는 학생들의 삶 속에 지속적이고도
개인적 부흥이 일어나도록 격려해야 한다.

결론

몇 년 동안 이 성경의 진리를 가르치면서, 수많은 사람이 부흥의 법칙을 통해 깊은 감화를 받는 모습을 보았다. 하나님께서 부흥의 사역으로 그들의 소명을 일깨우셨다.

나는 얼마 전에 중서부에서 이 법칙을 가르쳤다. 사람들은 줄줄이 늘어서서 내게 고맙다는 인사를 했다. 그때 중간쯤 서 있던 중년 부인이 나를 똑바로 바라보면서 진지하게 물었다. "당신을 껴안아도 되겠습니까? 꼭 그러고 싶습니다."

약간 당황스러웠지만 나는 웃으면서 대답했다. "물론입니다. 영광으로 생각합니다."

그녀는 나를 꽉 껴안았고 포옹을 풀면서도 가볍게 떨고 있었다. 그녀가 한 발 물러나면서 진지하게 말했다. "이 포옹이 왜 중요한지 아셔야 합니다." 눈물이 그녀의 뺨을 타고 흘렀다. 그녀는 수백명의 사람이 주위를 둘러싸고 있는 것도 잊은 채 계속 말했다. "내가 어린 소녀였을 때, 삼촌은 나를 지속적으로 학대하고 강간했습니다. 나는 결코 그를 용서할 수 없었습니다. 그러나 부흥의 법칙 마지막 부분에서 무릎을 꿇었을 때, 결국 그를 용서할 수 있었습니다."

나는 그녀의 입술이 떨리는 걸 보면서 할 말이 더 남아 있음을 감지했다. 그녀의 말은 자꾸 끊겼다. "그를 용서하기로 결단했을 때, 가슴과 몸 전체가 활활 타는듯 뜨거워지기 시작했습니다. 심장마비가 오는 것 같았습니다. 그래서 하나님께 이게 무슨 일이냐고 물었습니다. 하나님께서는 '너는 방금 삼촌을 용서했고 이제 나는 너를 용서할 수 있다. 나는 너의 몸 전체에 자리잡고 있는 모든 비통함과 분노를 불태워 없애고 있다'라고 말씀하셨습니다."

그녀의 얼굴 표정은 갑자기 변했고, 지금까지 볼 수 없었던 밝은 미소를 지었다. 그녀는 내게 기대면서 속삭였다. "나는 수많은 세월 동안 다른 남자를 만질 수 없었습니다. 남자들을 증오했습니다. 이 줄에 있으면서 만약 당신을 껴안을 수 있다면 정말 회복됐다고 확신할 수 있을 것 같았습니다."

그녀는 나를 한 번 더 껴안았고 환호성을 지르며 걸어나갔다. "나는 결국 자유함을 얻었습니다! 하나님을 찬양합니다. 나는 자유합니다!"

그 순간, 모든 것이 소중해졌다. 회개와 부흥을 위한 도전이 그녀에게 주어졌다. 그녀는 손을 내밀었고 자신을 묶고 있던 사슬을 끊어버리는 기적을 체험했다. 십자가의 용서하는 능력은 강간과 학대의 무덤으로부터 그녀를 자유케 하고 깨끗케 했다.

어떤 학생이나 학급을 상대로 부흥에 대해 이야기할 때, 또는 꼭 교회에 나가야 한다는 이야기를 할 때마다, 우리는 두려움과 부적절감과 마주친다. 자기 힘으로 다른 사람이 주님을 재발견하도록 도울 수 있는 사람이 어디 있는가? 최소한 나는 그렇게 못한다.

천만다행인 것은 하나님은 아무도 그렇게 하지 못한다는 사실을 알고 계신다는 것이다. 하나님은 우리가 언제나 평안함을 유지하기 원하신다. 그렇게 할 때 나단을 보내셔서 다윗을 돌아오게 했던 그 하나님께서 다른 다윗을 돌아오게 하기 위해 우리에게도 능력을 주실 것이다. 우리가 그분의 지도력에 단지 마음을 열기만 하면 말이다. 우리에게 그 일을 맡기신 이상 능력도 주시지 않겠는가?

내가 가장 좋아하는 법칙은 부흥의 법칙이다. 아마 주님께서도 이 법칙을 가장 좋아하실 것이다. 주님은 방황하는 자녀들을 가장 깊이 그리워하는 분이기 때문이다. 또다른 다윗을 집으로 돌아오게 할 때, 저 언덕을 바라보라. 주님이 두 팔을 벌리고, 방황하던 자녀의 귀환을 축하하며 달려오시는 것을 볼 수 있을 것이다.

돌아온 다윗은 남은 삶 동안 당신과 하나님께 감사할 것이다.

토론할 문제

1. 나단이 다윗에게 말했던 예화를 다시 읽으라. 그 이야기가 다윗의 문제를 제대로 집어내는 데 성공한 까닭은 무엇인가? 그 이야기와 다윗 사이의 구체적인 유사점을 될 수 있는 대로 많이 기록하라.

   누군가 당신에게 '나단'이 된 적이 있는가? 그렇다면, 무슨 일이 일어났는지 설명해보라. '나단의 역할'을 효과적으로 할 수 있는 비결은 무엇인가?

   ■

2. 가장 의미 있는 부흥을 경험한 시절, 그리스도인으로서 어떤 삶을 살고 있었는지 생각해보라. 그 부흥이 어떻게 시작됐으며, 삶에 어떤 결과가 있었는가? 그때처럼 그리스도와 가슴 설레는 관계를 다시 경험하기를 바라는가?

   이제 바라기만 하면 언제든지 부흥을 소유할 수 있다는 사실을 알게 되었다. 그렇다면 무엇이 지금 부흥을 가로막고 있는가?

   ■

3. 지난 몇 년 동안 알고 지낸 그리스도인들 가운데 누가 당신의 영적 상태에 대해서 가장 깊은 관심을 가졌는가? 누군가 갈라디아서 6장 1절의 말씀에 순종하여 당신에게 와서 회복을 위해 노력한 적이 있는가? 그 만남이 어떻게 작용했는지, 그리고 일어난 일에 대해 어떤 느낌을 받았는지 설명해보라. 무슨 교훈을 배웠는가?

   ■

4. 교회에서 부흥이 일어난다면 과거와 현재의 죄에 대한 회개와 회복이 따

를 것이다. 하나님의 관점에서 자백할 필요가 있고, 부흥에 앞서 고쳐야 할 중요한 교회의 죄는 무엇인가? 느헤미야 1장을 읽고 주님 앞에 엎드려 교회를 대신해 회개하라.

14

부흥의 방법과 활용

내가 지구 저편에 있는 친구로부터 전화를 받았을 때는 한밤중이었다. 밤 늦게 전화해서 미안하다고 말하면서도 그는 매우 화가 나 있었다. 같은 교회에 다니는 친구와 오후에 통화를 했는데 그 교회의 영향력 있는 장로가 음주 운전으로 구속되었다는 소식을 들었다는 것이다. 친구는 즉시 감옥으로 가서 그 장로가 쏟아놓는 이야기를 들었다. 그는 음주 운전으로 체포되었을 뿐만 아니라 여러 해 동안 아무도 모르게 알코올 중독자로 살아오고 있었다. 그 외에도 3만 달러가 넘는 신용 카드 빚을 지고 있었다. 그의 아내는 여러 해 동안 별거 상태이며 곧 이혼하겠다고 위협하고 있었다.

"그러나 가장 최악은 그 장로가 전혀 개의치 않는다는 것이라네. 마음이 굳어져서 하나님과 관계 없이 살고 싶어하는 거지. 교인들 대부분도 그가 이 모든 일들을 지금까지 숨겨왔기 때문에 그를 교회에서 쫓아내고 감옥에서 형량을 채우기 원한다네."

친구는 어떻게 그를 하나님께로 다시 나오게 하여 삶과 사역을 회복하게 할 수 있을지 물었다.

그리스도로부터 멀어져 방황하는 그리스도인을 어떻게 도울 것인지 알고 있는가? 불순종하는 자녀나 가족 혹은 친구들을 순종으로 인도하는 길을 알고 있는가? 그 부흥의 방법은 부모, 목사, 교사 혹은 친구도 사용할 수 있는 성경에 근거한 혁명적인 접근 방법이다. 나는 이 5단계의 방법을 여러 번 사용했으며, 여러 사람들이 하나님과 화합하며 동행하는 즐거움을 다시 찾는 것을 보았다.

그리고 그것은 내 친구에게도 효과가 있었다. 몇 주 후에 다시 전화를 해 그 장로가 회복 단계에 있다는 기분 좋은 소식을 전해왔던 것이다. 교회도 도움과 지지를 간절히 필요로 하는 동료 그리스도인을 돕기로 결정했다고 했다.

부흥의 방법

성경에 나타난 부흥들을 연구한 바에 의하면 그것은 모두 사소한 차이점을 제외하고 기본적인 단계를 따르고 있다. 단계 하나하나는 그 전 단계 앞에 전략적으로 놓여지므로 서둘러 끝내거나 건너뛰어서는 안 된다. 만일 그렇게 서두른다면 영원한 결과는 물론 즉각적인 결과도 기대할 수 없다는 것을 기억하라. 한 개인이나 학급이 무슨 이유에서든 그 단계를 진심으로 받아들이고 행동할 수 없다면, 다음 단계로 넘어가지 말라. 계속 그 단계에 머물며 적절한 행동을 격려하고 강화하라. 미묘한 문제인 부흥을 영적으로 분석할 때 지나치게 분석에 치중하다가 바로 그 표본의 가치를 잃어버릴 수

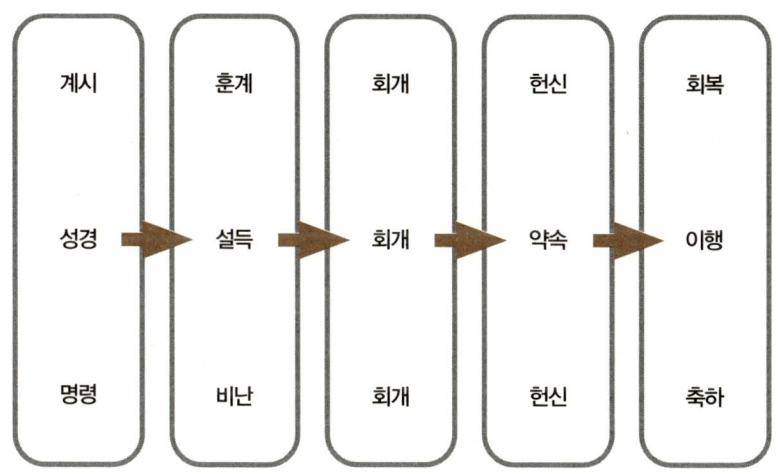

있음을 기억하라. 제멋대로인 신자를 교회로 돌아오게 하시는 하나님의 은혜와 자비를, 또 제멋대로인 신자로 하여금 집으로 돌아오는 길을 보여주시는 그 기이함을 항상 기억해야 한다.

단계 1: 계시

사람들이 하나님께 불순종했기 때문에 부흥은 필요하다. 그러므로 우리는 그 사람이 진정으로 죄를 지었다는 확신에서 시작할 필요가 있다. 누군가가 우리가 찬성하지 않은 일을 하는 것과 하나님이 허락하지 않으신 일을 하는 것의 차이를 깨달으라. 우리는 무엇이 옳고 그른가에 대한 하나님의 음성이 될 수 없다. 하나님의 음성은 성경이다. 성경이 죄라고 말하면 그것은 죄이다. 그것은 우리의 의견이 아니다. 하나님으로부터 온 계시이다. 예를 들면 하나님이 "도둑질하지 말라"고 말씀하셨는데, 누군가가 훔쳤다면 그는 죄를 지은 것이다. 그는 국가의 법을 어겼을 뿐 아니라 하늘의 법도 어긴 것이다. 그 사람에게 성경에 있는 구체적인 구절과 그가 범한 '명령' 또는 원리를 보여주라.

그러므로 성경의 명령들을 어긴 사람을 알고 있다면, 하나님은 당신에게 그 사람을 사랑하는 마음을 가지고 가서 그를 회복시키라는 책임을 부여하신 것이다. 그에게 간다면 당신은 단지 하나님께 순종하는 것이다. 당신은 개인의 의견을 전하는 것이 아니라 하나님의 신적 계시를 전하는 것이다.

신자를 주님께 다시 돌아가도록 인도하기 위해 필요한 첫 번째 단계는 그가 처한 상황에 대해 성경의 가르침으로 직면하는 것이다. 상황이 자신의 직접적인 불순종의 결과라는 것을 인식하기 전에는, 그 문제는 절대로 선명하지 않을 것이며 해결되지 않을 것이다.

환자가 담당 의사를 방문한 장면을 상상해보라. "선생님, 무엇이 문제인지 모르겠습니다. 느낌이 좋지 않습니다." 그러자 의사가 즉시 약을 처방하고 환자에게 조심하라고 권면했다고 상상해보자. 환자는 의사가 문제를 전혀 진단해보지 않았기 때문에 당황할 것이다. 어떤 면에서 볼 때 가르치는 일을 하는 많은 사람들이 실제적인 문제를 전혀 대면하지 않은 채 계속 증세만 고치려고 하는 경우가 많다.

부흥을 위한 필요의 이면에 있는 근원적인 문제는 주님께 대한 신자의 불순종이다. 교사는 하나님이 기준을 나타내는 핵심 성구들을 학생들이 직접 그 사실에 대면할 수 있도록 잘 알아야 하고 드러내야 한다. 교사는 개인적인 해석 없이 성경의 구절들을 분명하게 제시해야 한다. 학생은 성경이 그러한 행위를 죄라고 하는 것을 자신을 위해 직시해야 한다. 교사는 학생의 동의가 있을 때까지 가르치면서 반복적으로 분명히 해야 한다.

이 첫 번째 단계에서 교사는 학생의 죄에 대해 교정하거나 격려하려 하지 말고, 단지 그에게 성경이 거기에 대해 무엇이라고 말하는지 드러내야 한다. 교사가 혹은 학생이 그 행위에 대해 어떻게 생각하느냐가 아니라 그 문제에 대해 성경이 무엇이라고 말씀하고 있는지를 분명히 하는 데 주의하라.

분명하게 그리고 감정 없이 제시하라. 주관적이거나 감정적인 해설을 피하라. 성경은 어떤 구체적인 행위에 대해 명령하거나 또는 명령하지 않는다. 명령하고 있다면, 절대로 유감의 뜻을 표하거나 부드럽게 다루려 하지 말라. 이 단계에서 마음이 불편할 수도 있다. 그러나 교사의 역할은 성경이 무엇을 말씀하고 있느냐만 제시하는 것이다.

교사는 "지금까지 공부한 것처럼, '성경은 … 은 죄'라고 가르치는데 이 구절에 동의할 수 있습니까?"라는 문장에 합의하도록 인도해야 한다. 모든 논쟁이 끝날 때까지 이 단계를 넘어서지 말라. 학생들의 개인적인 행위에 집중하지 말고 본문에 학생의 주의력을 맞추는 일을 계속하라.

단계 2: 훈계

성경이 어떤 특정한 행위에 대해 죄라고 말하는 것에 학생들이 동의한다면, 교사는 학생들의 행위가 죄라는 것을 스스로 인정하도록 이끌어야 한다. 이 단계는 하나님의 계시와 학생의 회개 사이의 결정적인 다리이다. 이 단계는 학생이 저지른 구체적인 죄에 주의를 집중하게 만든다. 이 단계가 끝날 즈음 학생들은 "예, 성경은 이것을 죄라고 가르칩니다"(단계 1)라고 말하지 않고, "예, 나는 하나님께 불순종했고 그분의 목전에서 죄를 지었습니다"라고 말할 수 있어야 한다.

이 시점까지 세 영향력이 학생들을 훈계할 수 있을 것이다. 이 세 영향력을 '훈계의 중개인'이라고 부를 수 있는데, 그 사람 자신의 양심과, 그 사람 안에 거하시는 하나님의 성령과 성경이다. 그러나 이 세 가지 모두는 무시될 수 있다. 그는 자신의 행동들을 정당화시킬 수 있고, 자신이 죄 지은 사실을 거부함으로 성령을 억누를 수 있으며, 성경에 나타난 진리들을 피함으로써 성경을 무시할 수 있다.

이러한 경우에 주님은 마지막 '훈계의 중개인'을 가지고 계시다. 믿든지 말든지, 성경은 하나님이 우리에게 위임하셔서 이 마지막 훈계의 중개인이 되게 하셨다고 가르친다. 이 네 중개인 모두는 하나님이 그분의 자녀들 밑에 놓으신 안전한 그물이다. 죄 짓고 있는 형제에게 가서 사랑으로 설득하되 그의 행위를 책망하라.

누구를 훈계하거나 책망하는 것은 날카롭게 비난하거나 징계하는 것과 다르다. 직면의 요소가 분명하게 제시된다. 훈계나 책망이 우리 학교나, 교회 그리고 업계에서 시들어버린 것은 불행한 일이다. 우리 사회는 문제를 더 이상 흑백으로 나누지 않는다. 단지 여러 종류의 회색의 그늘로 결정짓는다. 모든 것이 회색이므로, 내가 하는 일에 대해 다른 사람들이 참견하는 것을 원치 않는다. 우리 사회는 공적인 장소에서 하나님의 기준을 지지하는 사람들을 적극적으로 반대하는 분위기가 팽배해 있다.

부모들이 자녀들을 훈계하지 않고 행위에 대해 책임을 묻지 않기 때문에 아이들은 거칠어진다. 교사들이 학생들을 훈계하지 않고 책임감을 부여하지 않기 때문에 학급은 무질서로 가득 차 있다. 목사들과 지도자들이 성도들을 훈계하지 않고 성경적인 행위에 대해 책임감을 부여하지 않기 때문에 교회는 더 이상 세상과 다를 바가 없다.

성경적인 훈계는 내용뿐 아니라 방법에도 관심을 기울인다. 훈계의 내용은 직면을 통해 전달된다. 훈계의 방법이란 직면하는 과정에서의 스타일과 어조를 말한다. 성경의 많은 구절은 우리에게 온유하고 사랑으로 하라고 교훈한다.

주님의 징계는 항상 순종과 성장을 위한 목적을 가지고 있다. 고린도전서 11장 29-32절에 간략하게 요약된 것처럼 가끔 주님은 강력한 징계를 행사하셨다. 거기에서 바울이 주님의 성찬을 합당치 않게 취하는 자는 "자기의 죄를 먹고 마시는 것이니라… 그러므로 너희 중에 약한 자와 병든 자가 많고 잠자는 자(죽은 자)도 적지 아니하니 우리가 우리를 살폈으면 판단을 받지 아니하려니와 우리가 판단을 받는 것은 주께 징계를 받는 것이니"라고 우리를 일깨운다.

얼마 전에 나는 간음을 저지르고 있던 한 유부남을 훈계하게 되었다. 나의 권고를 듣지 않는 그에게 결국 하나님의 징계가 가져올 강한 결과들을 설명하게 되었다. 회개하지 않고 죄를 계속 지음으로 심하게 고통받고 있는 사람들에 대해 이야기했다. 계속 사례를 들자 그는 매우 불편해하면서 말했다.

"그만하세요. 말을 들으니 두렵습니다."

"무엇을 두려워하십니까?"

"불륜을 중단하지 않으면 하나님께서 나를 징계하실지도 모른다는 것이 두렵습니다."

"두려워하는 편이 낫습니다. 당신은 하나님께서 방관하셔서 당신이 두 그리스도인 가정을 파괴하고 그 자녀들과 그들의 장래와 결혼을 파멸에 이르게 한다고 생각하고 있습니다. 당신은 스스로를 죄에서 보호하기 위해 하나님의 관심을 외면하고 있습니다. 사실 당신은 주님을 경외하는 것이 무엇인지 잘 모르고 있기 때문에 그렇게 어리석게 행동한 것입니다."

이 부분에 대해 확실한 예를 원한다면 고린도전서에 기록된 바울의 훈계를 읽으라. 어떤 부분은 온유하고 또 어떤 부분은 직접적이고 설득력 있다. 또는 세례 요한이 많은 사람들에게 어떻게 훈계했는지 읽으라. 예수님이 당시에 종교 지도자들을 강하게 훈계하신 일들을 생각해보라. 민수기와 신명기를 읽고 하나님이 어떻게 백성들을 훈계하고 경고하셨는지 관찰해보라.

의심할 여지가 없다. 주님은 훈계의 원리를 설교하고 실천하신다. 우리도 그렇게 해야 하지 않겠는가!

부모님이 나를 훈계하실 만큼 나를 사랑하지 않았다면, 나에게 무슨 일이 일어났겠는가? 상상조차 할 수 없다. 내 일생을 통해 많은 하나님의 백성들이 행위나 태도의 문제에 대해 그리고 종종 성품의 문제에 대해 어떤 사람은 온유하게, 어떤 사람은 확실하게 나를 훈계할 사명을 준수한 것에 대해 감사한다. 나는 그들의 순종과 사랑에 대해 얼마나 감사하고 있는지 모른다!

같은 방법으로 자녀, 친구들, 배우자, 가족 그리고 학생들이 방황하며 훈계의 말을 필요로 할 때 진리를 말해준 당신의 사랑에 대하여 감사할 것이다. 나는 바울이 그의 동역자 디모데와 주님을 섬기는 우리 모두에게 준 말씀을 사랑한다.

> "하나님 앞과 살아 있는 자와 죽은 자를 심판하실 그리스도 예수 앞에서 그가 나타나실 것과 그의 나라를 두고 엄히 명하노니 너는 말씀을 전파하라 때를 얻든지 못 얻든지 항상 힘쓰라 범사에 오래 참음과 가르침으로 경책하며 경계하며 권하라"(딤후 4:1 2).

당신은 주님께 온전히 순종하고 싶은 마음이 있는가? 주님을 사랑하는가? 그렇다면 훈계하라는 주님의 명령을 존중하라.

다른 사람을 훈계함으로써 오는 고통을 겪을 때 우리는 "오래 참음"이라는 말씀을 놓쳐서는 안 된다. 바울조차 빈번하게 책망이 수반하는 고통을 알았다. 그러므로 주님께 순종할 때 받는 고난에 대해 너무 놀라지 말라. 그러한 때에는 단지 그 일에 대한 헌신의 마음을 깊이 다지라. 그리고 "오래 참음"의 권고를 기억하며 살아가라.

단계 3: 회개

이 단계는 당신이 도우려는 사람의 삶에서 전환점이 된다. 이 시점까지의 모든 것은 회개에 이르기 위해 세워놓은 것이다. 앞으로 다가올 모든 일들은 그 사람이 회개하느냐에 따라 결정된다. 회개는 부흥의 돌쩌귀이다. 죄를 뉘우치도록 그 사람을 인도하고 진정한 회개를 경험하도록 도우라.

회개를 뜻하는 신약의 단어는 헬라어 'metanoeo'인데, 그 낱말의 뜻은 "어떤 사람의 마음 또는 지각을 변화시키는 것"이다. 성경은 3가지 회개의 개념을 사용한다.

1. 부적절한 행위나 태도에 대해 후회를 나타낼 때
2. 불신자가 그의 영원한 필요를 알고 그리스도의 희생만이 자신의 죄를 위한 충분한 대가라는 것을 깨달아 마음을 변화시켜, 구속자로서 주 예수 그리스도를 선택하고 받아들이는 마음의 변화를 나타낼 때
3. 그리스도인이 개인적인 불순종에 대해 자신의 생각과 행위를 변화시키는 마음의 변화를 나타낼 때

이 부흥의 법칙에서는 세 번째 영역인 회개에 초점을 맞춘다. 한 사람을 부흥으로 인도하는 데 있어서 이 돌쩌귀 단계를 설명하기 위해 나는 관련 있는 3가지 개념을 포함해 회개의 전문적인 의미를 확장시키고 싶다.

1. 회개는 반드시 죄에 대한 자각을 포함해야 한다.

죄를 자각하는 마음에서는 어근인 '죄를 깨닫게 하다'라는 낱말에 기초하

고 있는데, 그 의미는 어떤 사람이 믿고 생각하는 무엇인가를 말끔히 들어내고 다른 것으로 대체하는 것이다. 부흥의 중심에는 마음을 변화시키는 회개가 있어야 한다. 다른 생각이나 신념이 완전히 현존하는 것들을 지배했기 때문에 마음이 변화되고 죄를 깨닫게 된다. 회개의 기초는 항상 그 사람의 마음에서 일어난다.

모든 죄악된 행동의 배후에는 올바른 성경적 사고에 의해 정복되어야 하는 악한 사고가 원인으로 자리잡고 있다. 어떤 사람을 회개로 인도할 때는 먼저 생각부터 다루어야 한다. 불순종의 배후에 있는 잘못된 생각을 밝혀내고 그들을 올바른 성경적 사고로 정복해야 한다.

어떤 사람의 행위가 옳지 못하다는 것을 설득시키고 싶을 때 먼저 그의 사고를 지배하는 합리주의를 반대하고 타도해야 한다. '합리화시킨다'라는 말은 "부당한 것을 정당화하거나 합당하게 만드는 것, 특별히 자기 자신에게 자신의 행위나 약점을 스스로 정당화시키는 것, 행위에 대해 사실이 아닌 그럴듯한 구실을 찾는 것"을 뜻한다. 궁극적으로 합리주의는 회개가 요구되는 내부 상태이다.

모든 죄는 잘못된 사고, 즉 하나님의 본성이나 하나님의 뜻에 대한 오해에서 시작된다. 산음은 부도덕한 행위가 하나님이 명령하신 정숙함보다 더 많은 쾌락과 행복을 가져올 것이라고 스스로를 납득시켰기 때문에 저질러진다. 그러므로 하나님은 거짓말을 하셨음에 틀림없고 하나님의 방법이 최선이 아니라고 생각하는 것이다.

합리주의자들은 도전받지 않으면 더 강하게 자란다. 곧 거짓들이 연합 전선을 펴 진리가 그들을 타도하려고 할 때마다 함께 대항하여 진리와 싸운다. 사람들은 하나님의 방법이 최고라는 생각에서 그렇지 않다는 생각으로 서서히 마음을 바꾸어간다. 그리스도인이 부정적인 회개, 즉 자신의 사고가 잘못된 방향으로 나아가고 있음을 경험하고 있다고 말할 수 있다.

궁극적으로 합리주의자들은 매우 강해져서 그리스도인의 마음과 행위를 취하는 것에 대해 강력하게 저지한다. 성경은 이렇게 정신적으로 무너진 영역을 '요새'라고 부른다.

요새는 그 마음의 일부에서 전 주인을 거칠게 다스리는 강력한 성채이다. 그것의 목적은 속임과 교묘한 조작을 통해 자신의 왕국을 확장하는 것이다. 이러한 요새들이 능력과 범주를 넓히는 가운데 자라가면서, 결국 자기들의 권세에 순종하도록 사람들을 강요하고 그들을 노예로 삼는다. 그리스도의 종이 되는 대신에 사람들은 적의 종이 된다.

아주 큰 죄를 둘러싸고 있는 영역 안에서 당신은 단지 하나의 요새가 아니라 일련의 요새들이 사람들의 마음의 모든 문에 전략적으로 배치되어 있다는 것을 확신할 것이다. 어둠에서 빛을 찾으려고 애쓸 때마다 요새들은 군대를 소집해 그리스도인들을 완전히 치려고 한다.

오랫동안 결혼생활을 유지해오던 한 그리스도인이 심각하게 이혼을 고려할 때는 적어도 해결되지 않은 분노, 용서하지 않음, 원한, 쓰라림이라는 대여섯 가지 요새가 있다. 이혼하기로 결심한 사람의 뒤틀린 마음을 바꿔놓으려고 해본 적이 있다면, 이러한 요새와 정면 충돌해보았을 것이다. 당신은 수많은 합리주의와 요새들과 성채들이 합세하여 덤비는 전쟁터에 서 있다는 것을 알게 되었을 것이다. 그때 우리는 기도가 가장 강력한 무기라는 것을 기억해야 한다. 우리는 언덕을 넘기 위해 갈보리를 외쳐야 한다.

> "우리가 육신으로 행하나 육신에 따라 싸우지 아니하노니 우리의 싸우는 무기는 육신에 속한 것이 아니요 오직 어떤 견고한 진도 무너뜨리는 하나님의 능력이라 모든 이론을 무너뜨리며 하나님 아는 것을 대적하여 높아진 것

을 다 무너뜨리고 모든 생각을 사로잡아 그리스도에게 복종하게 하니"(고후 10:3-5).

요새는 하나님의 지식을 대적하고 스스로를 높이기 때문에 파괴되어야 한다. 요새는 하나님의 명령들을 대적하여 그 사람의 신이 되려고 부단히 애쓴다.

하나님의 지식에 대적하는 모든 이론을 파괴해야 된다는 사실에 주시하라. 이론이란 "무엇인가를 대적하기 위해 주어진 근거 또는 설득시키거나 깨닫게 하기 위해 의도된 담론"이다. 진리로 사람을 깨닫게 함으로써 모든 이론을 파하는 일에 우리가 부름받았다는 하나님의 분명한 가르침을 놓치지 말라. 무엇이 우리를 자유하게 하는가? 그것은 바로 진리이다!

우리는 그것을 절대로 잊어서는 안 된다. 우리의 생각은 주님 아니면 적의 포로가 된다. 적군의 요새로부터 생각이 자유로울 때 당신은 이긴 것이다. 그 사람은 성경적으로 회개한 것이다!

그 결과는 행위에 있어서 변화이다. 회개가 마음속에서 일어날 때, 부흥이 삶 속에서 일어날 것이다. 이 생동력 있는 고리는 우리 삶의 거의 전 영역을 지배한다. 우리의 생각을 점령하는 것이 우리의 행위를 지배한다. 믿음은 행위를 결정한다.

2. 회개는 뉘우침을 포함해야 한다.

불행하게도 일부 기독교 단체에서는 회개가 아주 좁은 의미의 정의로 제한되는 경우가 있다. '어떤 사람의 마음을 변화시키는 것'으로 말이다. 비록 회개에 대한 헬라어 단어가 어떤 사람의 마음을 변화시키는 것을 뜻하지만, 그 단어는 또한 많은 다른 의미도 가지고 있다.

뉘우침이란 성경적인 회개의 다른 구성 요소이다. 뉘우친다는 것은 '자신의 죄에 대해 깊이 그리고 겸손히 느끼는 것, 양심의 가책을 받고 있는 감정'을 뜻한다. 뉘우침이란 사람의 감정 또는 느낌을 묘사한다. 사람은 그가 지은 죄나 불순종의 행동에 대해 깊이 회개하고 마음을 변화시킬 때 감정의 변화를 경험한다. 뉘우침이 수반되거나 죄를 깨닫는 것이 따른다. 뉘우침은 강퍅한 마음에서 부드러운 마음으로 바꾸어주기 때문에 부흥에서 돌쩌귀와 같은 역할을 하는 감정이다. 뉘우침은 냉담과 무관심으로 굳어진 낡은 마음을 부수기 때문에 '하나님이 주시는 마음을 부드럽게 만드는 청량제'이다. 눈물이 사람의 얼굴에 흘러내릴 때 마음은 씻기고 새로워진다.

우리는 절대로 부흥을 단지 마음의 변화로 제한시키지 말아야 한다. 부흥은 감정을 정화하는 것도 포함한다. 감정의 정화 없이 마음의 변화를 경험한 사람은 그가 용서를 받았는데도 불구하고 그렇게 느끼지 못할 수도 있다.

나는 여러 번 큰 죄를 지었지만 주님 앞에 그 죄를 자백하고 그 죄를 버렸음에도, 용서받은 것을 느끼지 못한 채 여전히 패배의 삶을 사는 그리스도인을 상담한 적이 있다.

이것은 마음을 다한 철저한 뉘우침이 부족하다는 것을 의미한다. 철저한 뉘우침은 죄를 지은 자신을 완전히 용서할 뿐 아니라 그가 다른 사람에게 가져다준 고통을 자각하게 한다. 주님께 자백함으로 주님께로부터 용서받았음을 확신하게 되는 것처럼, 뉘우침은 우리에게 우리 자신을 용서하도록 격려한다.

뉘우침은 부흥을 동반한다고 성경은 거듭 말하고 있다. 생각이 변화될 때 (죄에 대한 자각) 마음이 부서진다(뉘우침). 요시아 왕의 회개를 묘사한 역대하 34장 27절에 기록된 부흥을 생각해보라.

"내가 이 곳과 그 주민을 가리켜 말한 것을 네가 듣고 마음이 연약하여 하나님 앞 곧 내 앞에서 겸손하여 옷을 찢고 통곡하였으므로 나도 네 말을 들었노라 여호와가 말하였느니라"(대하 34:27).

하나님의 백성들이 하나님의 말씀을 들었을 때 엄청난 죄를 깨닫고, 큰 통곡과 슬픔으로 굵은 베를 입고 재를 쓰며 회개했던 느헤미야 8-9장의 대부흥도 생각해보라.

뉘우침이 하나님께 중요하다고 생각하는가? 지은 죄에 대해 마음을 변화시켜 뉘우치는 것을 하나님이 관심 있어 하신다고 생각하는가? 다윗의 기도에서 그 질문에 대한 분명한 답을 얻을 수 있다.

"무릇 나는 내 죄과를 아오니 내 죄가 항상 내 앞에 있나이다 내가 주께만 범죄하여 주의 목전에 악을 행하였사오니… 주는 제사를 기뻐하지 아니하시나니 그렇지 않으면 내가 드렸을 것이라 주는 번제를 기뻐하지 아니하시나이다 하나님께서 구하시는 제사는 상한 심령이라 하나님이여 상하고 통회하는 마음을 주께서 멸시하지 아니하시리이다"(시 51:3-4, 16-17).

마지막으로, 뉘우침은 지은 죄의 속성에 걸맞는 것이어야 한다. 순간 참지 못해 내뱉은 말은 가까운 백화점에서 물건을 훔친 것이나 간음한 것이나 살인한 것만큼 심각하지는 않다.

죄의 깊이와 슬픔의 깊이에 대한 이러한 결정적인 관계는 일부 사람들에 의해 가볍게 다루어지고 있다. 죄가 더 깊고, 더 오래되고, 더 의도적이고, 더 해로울수록, 슬픔과 고통을 더 깊고 절실히 느낄 수 있도록 도와주어야 한다.

생각과 느낌 사이에 우리 모두는 장벽을 두고 있다. 어떤 사람들에게는 이 벽이 거의 존재하지 않고 고통을 적절히 쉽게 느낀다. 그러나 어떤 사람들에게는 이유가 무엇이든지 간에 고통으로부터 자신의 감정을 막아내는 벽을 쌓고 있다. 우리는 그 벽에 있는 문을 찾아 억눌려 있는 그들의 죄책감과 후회에서 해방시켜줄 만큼 넉넉히 그들을 사랑해야 한다.

3. 회개는 자백을 포함해야 한다.

부흥은 개인적인 문제로 남아 있을 수 없다. 그리스도인은 자신의 죄를 주님께 자백할 뿐만 아니라 자신의 불순종으로 인해 직접 영향을 받은 다른 사람들에게 죄를 인정해야 한다. 성경적인 용어인 자백은 헬라어 합성어 'homologeo'에서 왔는데, 그 의미는 '같은 것을 말하다' '다른 사람에게 동의하다'이다. 범죄자의 자백 자체는 자신이 저지른 범죄를 당국에 인정했다는 뜻이다.

왜 그렇게 자백이 중요한가? 자백은 그리스도인이 자신을 낮추고, 자신의 행동에 대해 전적인 책임을 지며, 주님과 다른 사람들로부터 공개적으로 용서와 회복을 구하는 것이기 때문이다. 여기까지도 회개는 여전해 내적이고 개인적이다. 자백 없는 회개는 그것이 하늘과 땅에 대해 범죄한 것이 아니라 마치 고립된 섬처럼 어떤 것에도 영향을 미치지 않은 것으로 취급한다.

성경은 자백이 선택이 아니라는 사실을 분명히 한다. 그것은 구원과 연관되어 있어서 결정적일 뿐만 아니라(마 3:5-6, 10:32-33, 롬 10:9-10, 빌 2:9-11, 요일 4:2-3) 우리 죄 그리고 그 죄를 통해 우리가 상처를 주는 사람들에 대해 결정적인 역할을 한다(레 5:5-6, 16:21, 26:40-42, 시 32:5, 요일 1:9). 우리 죄를 주님께 자백하듯 비슷한 방법으로 서로에게 자백하라고 성경이 명령하고 있다는 사실에 주목해야 한다.

　죄를 주님께 자백하는 단계에 이르렀을 때, 나는 내가 저지른 구체적인 죄를 말해달라고 주님께 요청한다. 사람들은 "나는 죄를 많이 지었고 하나님이 모든 것을 아십니다"와 같이 두리뭉술하게 대답한다. 이 시점에서 그 사람이 모든 죄를 '구체적으로' 자백할 때까지 지속적으로 시도하라.

　이것이 사람들에게 필요한 이유는 그들이 아직 완전히 스스로에게 진실로 죄를 지었다는 사실을 인정하지 않기 때문이다. 아니면 구체적인 죄들을 인정한다면, 남들이 자신을 무시할 것이라는 두려움 때문이다. 어떤 문제가 관심을 끌고 죄를 공개적으로 솔직하게 직면하게 하는지 분별하라.

　당신은 심판관이 아니라 친구이며 은혜로 구원받은 같은 죄인이라는 사실을 기억하라. 때때로 주님은 아주 깊고 절망적인 죄에 빠져 있는 사람을 당신에게 데려오신다. 당신에게 죄를 자백할 수 있는 그 사람은 가장 힘들고 약한 처지에 있는 것이다. 그는 상대방으로부터 가장 큰 감수성과 이해를 필요로 한다. 우리는 그런 문제를 절대 비밀로 다루어야 한다.

　그 사람이 자기 죄를 자백하고 그 무거운 짐의 무게를 나누어서 진 다음에는 그에게 용서한다는 말로 스스로를 용서하도록 도와주라. 그의 눈을 똑바로 응시하면서 이렇게 말하라. "당신이 죄를 지은 것은 유감입니다만, 나 또한 당신을 용서한다는 것을 알기 원합니다. 당신이 이 자리에서 떠난 후에 나를 다시 볼 수 있을까 하는 걱정은 절대로 하지 마십시오. 당신은 할 수 있습니다. 왜냐하면 우리 모두는 예수님의 보혈로 용서받았기 때문입니다." 그러한 인정은 그가 하나님이 그를 용서하실 수 있다는 사실을 믿을 수 있도록 격려해줄 것이다.

　용서를 표현한 후에는, 죄를 주님께 자백하도록 요청하라. 당신은 그가 처음으로 자신의 죄를 당신에게 고백한 것을 보며 그가 정직하다는 사실을 확신할 수 있을 뿐 아니라, 그가 주님의 용서를 인정하고 받아들일 수 있도록 준비시킬 수 있다.

죄를 지은 사람이 자신의 죄를 적절하게 처리하도록 이끌어줌으로써 우리는 그가 완전하게 치유되도록 도와야 한다. 회개의 논리적인 진행에 주목하라.

첫째, 마음이 변화되는 죄의 자각
둘째, 감정이 죄책감을 느끼는 뉘우침
셋째, 의지가 책임감을 인정하는 자백

먼저 마음이 변화되어야 하고, 다음에 감정을 느껴야 하며, 마지막으로 의지적으로 행동해야 한다.

단계 4: 재헌신

학생들의 초점을 빨리 과거에서 미래로 전환시켜야 할 시간이다. 다 끝냈다고 생각하지 말라. 하나님이 주신 계명은 죄를 범함으로 기진맥진해 있는 사람을 회복시키는 방법임을 기억하라. 가족, 친구, 혹은 학생 중 한 명이 회개하면 얼마나 가슴 설레는 기쁨이 있는가. 그러나 진짜 도전은 그 승리가 지속되도록 확실히 하는 것이다.

오랫동안 죄를 범할수록, 사람은 더 확실하게 성령의 능력과 임재에 의존해야 한다. '재헌신'의 최종 목적은 그 사람이 지속적으로 순종할 수 있도록 그를 견고하게 하는 것이다. 결단을 극대화하기 위해서 3가지 단계를 따라야 한다. 이것을 통해 그는 자신과 주님께 복종함으로써 헌신하겠다는 약속을 하게 되는 것이다.

1. 재헌신은 반드시 확인을 포함해야 한다.

이것은 결정적인 질문이다. "방금 회개한 이 죄를 중단하기 위해 어떻게 맹세했는가?" "나는 다시는 그런 유혹에 굴복하지 않겠습니다. 내 안에 사시는 성령의 도우심으로" 이런 말을 들으면 크게 칭찬해주고 격려해주라. 그러나 "나는 다음번은 장담할 수 없지만, 지나간 일은 유감입니다"라는 말을 들으면 아직 제대로 되지 않았으므로 다시 시작하라. 그 사람이 순종하면서 살기로 작정했는지 아니면 진심으로 원하지만 순종할 수 없다고 생각하는지 여부를 가려내라. 다음에 유혹이 올 때 대처할 확신이 없다면, 그는 상당히 약해질 것임을 기억하라. 맹세가 확고한 결심에 의한 것이 아니라면 강화되지 않는다.

현재 일어나는 일들은 그의 미래를 누가 장악할지에 대해 많은 영향을 미친다. 최종적인 자유에 이르는 유일한 길은 주님의 뜻에 순종하기로 기꺼이 선택하는 것이다.

고린도전서 10장 13절에 있는 하나님의 약속을 상기시키라.

> "사람이 감당할 시험밖에는 너희에게 당한 것이 없나니 오직 하나님은 미쁘사 너희가 감당하지 못할 시험 당함을 허락하지 아니하시고 시험 당할 즈음에 또한 피할 길을 내사 너희로 능히 감당하게 하시느니라."

2. 재헌신은 반드시 언약을 포함해야 한다.

유혹에 대해 굳게 설 수 있도록 어떻게 결심을 강화시킬 수 있는가? 자기가 없을 때에도 백성들이 순종의 삶을 살도록 여호수아가 어떻게 했는지 기억하는가? 그는 그들이 주님과 언약을 맺도록 인도했다. "백성이 여호수아에게 말하되 우리 하나님 여호와를 우리가 섬기고 그의 목소리를 우리가 청종하리이다 하는지라 그날에 여호수아가 세겜에서 백성과 더불어 언약을 맺고 그들을 위하여 율례와 법도를 제정하였더라"(수 24:24-25).

왜 언약인가? 그것은 하나님과 사람 사이에 있는 가장 진지한 헌신이기 때문이다. 여호수아는 백성들이 유혹의 바윗덩어리들을 극복하도록 도울 헌신이 필요하다는 것을 알았다. 더 나아가 "이스라엘이 여호수아가 사는 날 동안과 여호수아 뒤에 생존한 장로들 곧 여호와께서 이스라엘을 위하여 행하신 모든 일을 아는 자들이 사는 날 동안 여호와를 섬겼더라"(수 24:31)는 말씀은 우리에게 큰 격려를 준다.

이 부흥의 법칙에서 우리는 성경에 나타난 부흥을 언급했다. 이 부흥으로부터 '언약을 맺음' '맹세를 하는 것'은 중요한 죄들을 회개한 후에 밟는 정상적인 단계였던 것이 자명하다. 회개의 행동은 불순종을 깨뜨리고, 재헌신은 순종의 충성을 재확립한다.

사람이 미래를 향하여 재헌신을 표현했을 때, 그는 회복을 향해 큰 발걸음을 내딛는 것이다. 이것 때문에 우리는 필요하다면 학생들이 주님을 향해, 또한 필요하다면 당신에게라도 순종의 헌신을 할 수 있도록 인도해야 한다.

3. 재헌신은 반드시 헌신을 포함해야 한다.

지금까지 나는 활용할 수 있는 완전한 단계의 세트를 제시했다. 실제 삶에 있어서는 그것들 중 일부만 사용된다.

큰 죄로부터 자유함을 얻었을 때, 그는 주님께 대한 그리고 당신에 대한 감사로 넘칠 것이다. 많은 사람들이 하나님의 용서하심의 관대함에 압도될 것이다. 또한 자유함과 해방의 느낌으로 압도될 것이다. 이 시점까지 교사는 학생의 영적인 삶을 크게 강화시키며 부유하게 할 수 있다. 그는 긍정적인 국면 전환의 토대를 마련한 것이다. 상황이 허락된다면 그를 도울 수 있는 아주 멋진 부차적인 유익들도 즐길 수 있도록 도우라.

지금이 바로 학생들에게 그리스도를 향한 헌신으로 도전하라고 말할 수 있는 아주 좋은 시간이다. 적들이 우리를 죄로 유혹하기 위해 우리의 약한 순간을 이용하듯이 우리는 다른 사람들을 더 깊은 경건으로 '유혹'하기 위해 강한 순간들을 포착해야 한다. 성장을 위한 세 영역을 제안하면서 나는 그것을 '헌신을 향한 도전들'이라고 부른다.

학생들을 유혹하는 구체적인 영역 안에서 주님께 순종할 수 있도록 도전하라. 느헤미야 10장은 사람들의 구체적인 헌신과 그들이 직면했던 큰 유혹의 영역에 초점을 맞추어 기록되어 있다. 그 유혹은 불신자들과의 결혼, 안식일날 행하는 상업, 안식년을 기념하는 일, 이자와 꾸어주는 것과 관련된 문제들을 포함한다.

학생들의 나이와 상황 속에서 흔히 부딪히는 '보편적인' 유혹들에 대해 그들의 관심을 집중시켜라. 만일 어떤 사람이 겪고 있는 구체적인 유혹들을 알고 있다면 그것들에 대해서도 도전하라.

경건 생활과 기도 생활을 통해 주님을 찾음으로 주님과 깊이 동행하도록 학생들에게 도전하라. 아사 왕 시절에 일어난 부흥 때 백성들은 "또 마음을 다하고 목숨을 다하여 조상들의 하나님 여호와를 찾기"(대하 15:12) 시작했다. 죄로부터 자유함을 얻었을 때, 학생들이 영적인 삶에 그들의 최우선순위를 두도록 도전하라. 경건의 시간과 개인 기도와 의미 있는 성경 공부와 그룹 교제에 참여하도록 격려하라.

삶의 모든 영역에 대해 하나님의 뜻에 좀 더 온전하게 순종할 수 있도록 도전하라. 요시야 왕 시절에 일어난 부흥 때 백성들은 "여호와 앞에서 언약을 세우되 마음을 다하고 목숨을 다하여 여호와를 순종하고 그의 계명과 법도와 율례를 지켜 이 책에 기록된 언약의 말씀을 이루리라 하고"(대하 34:31) 언약을 맺었다. 느헤미야 10장에 기록된 부흥에서는, 백성들이 "우리가 하나님의 종 모세를 통하여 주신 하나님의 율법을 따라 우리 주 여호와의 모든 계명과 규례와 율례를" 지킬 것을 헌신하였다(느 10:29).

학생이 하나님께 더 마음을 여는 이 아름다운 순간 동안, 주님께 더 온전히 자신을 드릴 수 있도록 그를 초청하라. 신약 성경에는 이 단계를 '제자도'라고 이름하고 있다. 학생들 안에 더 많은 영적 성장이 이루어지게 하고 싶다면 그들을 그리스도의 부르심에 순종하도록 도우라.

단계 5: 회복

마침내 결승선이 눈앞에 있다. 우리 모두를 향한 하나님의 명령은 죄에 빠져 있는 사람을 '회복'시키는 것이다. 여기까지의 모든 것은 회복을 위한 준비 단계이다. 함께 축하하며 학생이 자신의 약속을 확실히 이행하게 하기 위해 모두가 추구해야 할, 이 단계에서 필요한 광범위한 3가지 영역이 있다.

1. 회복은 보상을 포함할 수도 있다.

고려하는 죄가 사람에 대한 것이라면, 보상이 필요할 수도 있다. 예수님은 주님과의 온전한 회복이 이루어지기 전에 상처받은 사람과 완전히 화해해야 한다는 것을 분명히 하셨다.

> "그러므로 예물을 제단에 드리려다가 거기서 네 형제에게 원망들을 만한 일이 있는 것이 생각나거든 예물을 제단 앞에 두고 먼저 가서 형제와 화목하고 그후에 와서 예물을 드리라"(마 5:23-24).

상처를 준 사람에게 가서 화해하는 데 필요한 무엇이든 하게 하라. 비록 그 학생이 잘못하지 않았고, 다른 사람 때문에 상처를 받았을지라도 그에게 가서 화해를 구해야 한다.

애틀랜타에서 저녁 성경 강의를 마친 어느 날 밤, 한 청년이 내게 와서 이야기를 좀 하자고 했다. 그는 은밀히 고백했다. "저는 항상 거짓말을 합니다. 아내에게, 부모에게, 친구들에게 그리고 하나님께조차 거짓말을 합니다. 저는 거짓말을 할 이유가 없는데도 거짓말을 합니다. 이제 거짓말을 중단할 수 없어서 정말 두렵습니다."

우리는 그의 죄에 대해서 이야기했고, 많은 눈물을 흘렸던 회개의 단계로 그를 인도했다. 재헌신의 단계에서 나는 물었다. "당신은 하나님과 사람 사이에서 깨끗한 양심을 갖기 위해, 또 이 거짓의 속박으로부터 벗어나기 위해 무엇이든지 기꺼이 하겠습니까?"

"예, 무엇이든지 하겠습니다. 저는 도움이 필요합니다." 그는 약속했다. 우리는 그의 헌신을 약속하며 악수했다.

그는 삶이 정상적으로 돌아가려면 얼마나 시간이 걸리는지 물었다. "오래 걸리지 않습니다. 한 달 이내 정도요. 그러나 당신은 비싼 대가를 치러야 하고 스스로를 계속 낮추어야 합니다." 나는 이렇게 말해주었다.

내가 그에게 하라고 한 첫 번째 일은 집에 가서 종이에다 거짓말했던 사람들 중에 기억할 수 있는 사람들의 이름을 전부 기록하라고 한 것이다. 그래서 다음 날 아침에 몇 명을 적었는지 전화로 알려달라고 했다.

그가 전화를 걸어왔을 때, 나는 그의 목소리에서 거짓말의 범위를 정하는 데 그가 적잖이 갈등했다는 것을 알 수 있었다. "26명을 기록했습니다. 더 많을지도 모릅니다."

"좋습니다. 그다음엔 새 종이에 각 사람의 이름을 하나씩 적으세요. 그리고 그 사람에게 했던 당신이 기억할 수 있는 모든 거짓말을 적으세요. 그리고 내일 밤 그 목록을 보여주시기 바랍니다."

그의 결심에 대한 얼마나 큰 시험인가! 다음 날 밤 한 식당에서 햄버거를 먹으며 우리는 그의 긴 거짓말 목록을 점검했다. 그는 침착했으며 한편으로는 승리를 갈구하고 있었다. 나는 그의 용기를 칭찬하면서 하나님이 그의 노력을 축복하실 것이라고 말해주었다. 그리고 가장 다루기 어려운 것부터 쉬운 것까지 그 목록을 정리하라고 요청했다.

"이제 당신은 아주 큰 시험에 직면했습니다. 그 사람들 한 명 한 명에게 가서 당신 죄를 자백해야 합니다. 용서를 구하고 어떻게 보상해야 될지 물어보세요."

"뭐라고요?"

그가 소리쳤다.

"지금 농담하는 겁니까? 저는 그들에게 다시 갈 수 없습니다. 첫 번째 사람은 저의 사장이에요. 저는 그에게 항상 거짓말을 했는데, 그가 그 사실을 안다면 나를 해고시킬 것입니다. 여러 번 저는 출근 카드를 속였고, 일하지 않은 시간에 대한 봉급도 타갔습니다. 그것뿐 아니라 주문한 물건이 아직 선적되지 않았을 때 고객들이 배송 여부를 물어보면 그는 제게 거짓말을 하라고 했습니다."

그는 결단의 기로에 서 있었다. 이미 회개했고 자신을 재헌신했지만, 그가 회복 단계를 완료하지 않는 한 그는 결코 자유함을 얻을 수 없다.

"나는 이 일 때문에 당신이 직장을 잃게 될 수도 있다는 것을 압니다. 사실 당신이 옳지 않게 벌어온 돈에 대해 사장에게 빚지는 것으로 끝날지도 모릅니다. 그러나 힘든 결정을 지금 내려야 하며, 주님께 순종하고 그분의 뜻을 행하느냐 아니냐를 결정해야 합니다. 순종은 결코 쉽지 않지만, 항상

해야 하는 옳은 일입니다. 하나님께서 함께하실 것이고, 직장을 잃더라도 당신의 필요를 채워주신다는 약속은 지키실 것입니다. 하나님께 순종할 것을 선택하고 그 결과를 주님께 맡기십시오!"

깊은 갈등 끝에 그는 다음 날 아침 사장을 만날 것에 동의했다. 나는 그가 직접 할 수 없다면 나에게 전화를 하라고 말했다. 그는 혼자서 해보겠다고 했다.

나는 그날 아침 내내 그를 위해 기도했다. 그가 내게 전화해온 것은 점심 시간이 다 됐을 때이다. "믿을 수가 없습니다." 그는 계속했다. "사장에게 모든 거짓말을 이야기했습니다. 출근 카드를 속인 것과, 그를 위해 고객에게 거짓말한 것도 말했습니다. 제가 그리스도인이라는 것과 거짓말을 해서는 안 된다는 것을 알았는데도 거짓말을 해서 미안하다고 했습니다. 저는 그에게 제가 부당하게 취한 봉급을 갚을 것과 다시는 그에게 거짓말을 하지 않겠다고 했습니다. 그가 시키더라도 다시는 그를 위해 고객에게 거짓말을 하지 않겠습니다. 물건이 선적되지 않았는데도 곧 도착할 것이라고 말하지 않겠다고 했습니다."

얼마나 용기 있는 젊은이인가!

"그래서 어떻게 됐습니까?"

"우리는 두 시간 이상 이야기했고 그는 제 사과를 받아들였습니다. 그리고 저의 자백이 그의 죄를 깨닫게 했다는 말에 충격을 받았습니다. 그리고 그는 제게 사과하면서 다시는 거짓말을 하라고 요구하지 않겠다고 말했습니다. 그리고 그는 돈은 걱정하지 말라고 했습니다. 그저 지나간 일이라고. 그리고 제게 계속 일해줄 것을 부탁했고 제 솔직함에 존경을 표한다고 말했습니다. 믿을 수 있습니까? 그는 제가 거짓말쟁이였음에도 불구하고 저의 정직함에 대해 감사한다고 했습니다."

다음 2주 동안 그는 목록에 있는 사람들에게 전화를 하거나 그들을 찾아갔다. 그는 첫 주 동안 이틀에 한 번씩 내게 전화를 했다. 우리는 둘 다 곧 그가 그 임무를 마치는 일에 헌신했다는 것을 알았다. 몇 주 후에 그는 거짓말 하나하나에 줄이 쳐 있는 노트를 내게 보여주었다. 그리고 그는 그동안의 경험 중에 가장 중요한 말을 했다. "사람들에게 저의 죄를 고백하면서, 저는 거짓말하는 것을 중단했습니다. 저는 이제 진리를 말하는 일에 헌신했기 때문에 누구든지 또는 무엇이든지 저로 하여금 다시 거짓말하게 할 수 있다고 생각하지 않습니다!"

바로 그것이다. 그 젊은 친구는 결승선을 향해 힘을 다해 달렸다. 그는 회복되어갔고, 그 과정 속에서 하나님은 그를 치료하셨다. 바로 야고보가 이야기한 것처럼 말이다. 그러므로 학생들이 자신들의 잘못에 대해 확실히 보상할 수 있도록 도우라. 회복은 반드시 항상 상처를 준 모든 사람들과 바른 관계를 맺도록 도와준다.

2. 회복은 반드시 씻음을 포함해야 한다.

우리 죄가 상처를 입힌 사람들을 보살피는 보상과는 달리 씻음은 우리 자신의 삶을 보살핀다. 보상은 공적이고 씻음은 개인적이다. 보상은 우리가 저지른 과거 때문에 뒤틀린 관계를 바로잡는 것을 다루는 반면, 씻음은 죄로 유혹할 수 있는 모든 것으로부터 우리를 벗어나게 한다.

성경적인 부흥에는 씻음에 대한 두 가지 접근이 있다. 첫 번째는 악한 것이나 유혹하는 것을 없애는 것이고, 두 번째는 순종을 확실하게 하려고 무언가를 더하는 일이다.

우리는 번번이 우리 삶에 대한 '유혹의 방아쇠'를 순순히 내주면서 왜 우리가 지속적으로 많은 유혹의 먹이가 되는지 의아해한다. 한편으로는 우리가 '예수님처럼 거룩하게' 되기 위해 지속적으로 격려해주는 '헌신 배양기'를 의식적으로 배치하거나 설치하지 않는다.

유혹의 방아쇠란 사람을 죄된 방향으로 끌어들인다. 그것은 유혹을 불러일으킨다. 그 사람의 친구들, 그들이 시간을 보내는 장소, 그들이 함께했던 사건, 그들이 보고 들었던 것이 모두 유혹을 일으키는 방아쇠이다. 교사는 학생들이 그들의 삶 속에 있는 방아쇠들을 밝혀내 그것들을 뿌리째 뽑을 수 있도록 또는 가능한 한 그것들을 축소시킬 수 있도록 도와야 한다. 방아쇠들이 더 많이 제거될수록, 그들이 대항하는 외부적인 유혹은 더 적어진다.

헌신 배양기는 주님께 더 순종하고 헌신할 수 있는 방향으로 자극하는 모든 것을 말한다. 배양기는 우리를 그리스도께 헌신하게 한다. 그것들은 방아쇠들을 위해 존재하는 것 같은 주요 부류들, 즉 사람, 장소, 물건, 사건, 활동, 습관 그리고 추억들을 동일하게 포함한다.

씻음의 단계 동안에는, 학생이 지속적으로 주님과 동행하도록 그를 강하게 자극하는 것들이 무엇인지 알도록 도와주라. 이러한 배양기들이 많이 있을수록, 그는 더 많이 영적으로 성장할 것이다.

성경적인 부흥은 항상 헌신 배양기들을 돋보이게 한다. 그것들은 성전을 재건하고, 제사장직을 재활성화하고, 성전 예식을 다시 제정하고, 제사장들과 레위인들의 헌신을 강화시키고, 온나라에서 성경을 가르치고 설명하도록 교사를 보내고, 제사와 절기 축제 등의 연중 행사들을 재정립시켰다.

우리가 주의하지 않으면 우리의 삶은 현재의 제도에 큰 영향을 받게 된다. 성경은 그리스도인 모두를 파괴하려고 조직한, 사탄의 지배 아래 있는 '세상 제도'가 있다고 가르친다. 제도는 어디에든지 있고 삶의 모든 영역에 침투해 있다. 유혹의 방아쇠들을 부술 때 어디에나 늘 존재하는 유혹의 손길이 크게 약화될 것이다.

하나님 역시 그분의 완전한 뜻을 성취하기 위한 제도를 가지고 계신다. 그러나 사탄의 제도와는 달리 하나님의 제도는 보통 목적이 있는 행동을 요구한다. 말씀, 성령 그리고 성도들은 하나님의 제도를 통해 짜인 정상적인 실들이다. 그리스도인들이 더 많이 성경을 연구하고, 성령과 조화를 이루어 순종하며, 다른 성도들과 정기적인 교제와 책임 있는 관계를 가질수록, 하나님의 제도는 성도의 발전과 성장을 더욱 보호하고 강화시킬 것이다. 그러므로 이 씻음의 계절 동안, 학생이 더욱 성장하고 번성하도록 그의 삶이 재편되도록 도우라.

3. 회복은 반드시 축하를 포함해야 한다.

예수님은 누가복음 15장 말씀을 통해 하늘에서의 축하에 관한 놀라운 일들을 보여주신다. "내가 너희에게 이르노니 이와 같이 죄인 한 사람이 회개하면 하나님의 사자들 앞에 기쁨이 되느니라"(눅 15:10).

예수님은 탕자의 비유에서 한 자녀가 회개하고 집에 돌아올 때 하나님이 어떻게 느끼시는지 충분히 보여주셨다.

> "아버지는 종들에게 이르되 제일 좋은 옷을 내어다가 입히고 손에 가락지를 끼우고 발에 신을 신기라 그리고 살진 송아지를 끌어다가 잡으라 우리가 먹고 즐기자 이 내 아들은 죽었다가 다시 살아났으며 내가 잃었다가 다시 얻었노라 하니 그들이 즐거워하더라"(눅 15:22-24).

주님은 해피 엔딩을 어떻게 마무리해야 되는지 알고 계신다! 한 그리스도인이 반항의 계절로부터 주님께로 돌아올 때 우리는 잔치를 해야 한다. 그렇게 하고 있는가? 나는 여태까지 동료 그리스도인의 부흥과 회복에 대해 어느 누구도 잔치를 베풀며 축하하는 것을 본 적이 없다. 성경적인 축하 모델과 우리는 얼마나 동떨어져 있는가? 그 사람을 위해 무엇을 축하할 수 있는가 잠깐 생각해보자.

- 축하는 고통스러운 과정이 끝났음을 모든 사람에게 알리는 마지막 단계를 장식하는 일이다.
- 축하는 공적으로 회개와 회복이 완료되었음을 선언하는 것이다.
- 축하는 용서받은 당사자들에게 공적인 사랑과 용서를 표시하기 위한 기회를 제공해준다.
- 모든 사람이 볼 수 있도록 모든 것이 공개됐기 때문에 축하는 비난을 멈추게 할 수 있다.
- 축하는 직접적인 행동 아니면 직접적인 말을 통해 전체 지역 사회와 나눌 수 있는 회복의 승리를 인정해준다.
- 많은 사람들이 그의 회복과 관계 있으므로 축하는 돌아온 사람의 결심을 크게 강화시킬 수 있다. 축하는 강력한 헌신 배양기가 된다.
- 축하는 세상에서 상처받은 사람들을 교회가 진심으로 돌본다는 사실을 알려준다.
- 축하는 은밀하게 죄 가운데 살고 있으며 아버지에게 돌아올 용기가 필요한 사람들에게 그것이 가치 있다는 소망을 준다.

과정이 완료됐을 때 적절한 축하 방법을 찾으라. 사적이든 공적이든 간에 격려하는 말이어도 좋고, 완벽한 잔치여도 좋다. 아니면 교회에서나 주일학교에서 단지 기쁨에 넘치는 간증이라도 좋다. 집에 돌아온 모든 하나님의 자녀들을 축복의 식탁으로 인도하라.

부흥의 활용

"부흥은 죽어가는 몸 안으로 하나님의 영이 침투하는 것이다.'"
_D. M. 패턴(D. M. Patton)

"공동체 전체의 부흥은 늘 개인적인 부흥에 뒤이어 오기 마련이다.'"
_스티븐 올포드(Stephen Olford)

"교회를 부흥시키는 가장 좋은 방법은 회중 안에 불을 지르는 것이다.'"
_D. L. 무디(D. L. Moody)

부흥은 성경에서 중요한 주제이며, 이 주제를 뒷받침하는 말씀은 성경 몇 장 정도가 아니라 책 전체에서 쉽게 찾아볼 수 있었다. 이제 우리가 이상적인 상황 속에서 부흥이 이루어졌을 때 그것이 어떤 모습인지에 대한 감각을 갖게 되었다면, 우리는 삶이 교과서 속에서 이루어지는 것이 아니라 밖에서, 즉 생활 현장에서 이루어진다는 사실을 항상 기억해야 한다.

부흥의 5단계를 실행하면서, 교사가 '범죄에 빠진 사람들을 바로잡을 때' 더 도움을 줄 수 있는 몇 가지 부차적인 통찰력과 실제적인 제안들이 있다.

활용 1: 부흥은 거의 모든 시간에 대부분의 사람에게 필요하다는 것을 인식하라

우리는 막 기도를 끝내고 저녁 예배를 드리기 위해 강당으로 걸어가고 있었다. 나는 설교자에게 그리스도인 청중들을 사역하기 위한 나의 준비 방법을 영원히 바꾸어놓을 질문을 했다. "당신 생각에 주님과 교제권 안에 있지 않은 사람이 몇 퍼센트나 된다고 생각합니까?" 강당에 이르렀을 즈음 그는 이렇게 말했다. "나는 거기에 대해 한 번도 생각해보지 못했습니다. 아마

15퍼센트 정도 되지 않을까요. 많다면 25퍼센트 정도."

첫 번째 찬송의 중간쯤 그는 내게 다시 속삭였다. "당신은 몇 퍼센트라고 생각합니까?" 그는 계속 그 질문을 생각하고 있었던 것이다. "나는 훨씬 높다고 생각합니다. 60퍼센트에 가깝지 않을까요? 아마 75퍼센트가 될지도 모릅니다."

그는 놀란 얼굴이었다. "말도 안 됩니다! 오늘 밤 이 강당에 모인 사람들 중 주님과의 교제권 밖에 있는 사람이 몇 퍼센트라고 생각합니까?"

내가 진실을 말한다면 그는 크게 실망할 것이고, 내가 진실을 말하지 않는다면 주님이 실망하실 것이다. 그래서 나는 "잘 모르겠다"고 말했다. 왜냐하면 그것이 사실이었기 때문이다. 마지막 절을 부르는 동안 나는 그에게 말했다. "당신이 사람들에게 한번 물어보지 않으실래요?"

나는 그가 크게 당황하고 있다는 것을 알 수 있었다. 내가 설교하기 위해 일어나려고 하자 그는 조용히 말했다. "당신이 물어보시지요? 당신은 초청 연사잖아요."

그래서 나는 회중들에게 이런 질문을 시작으로 메시지를 전했다. "여러분의 목사님과 나는 이 나라 전체에서 주일날 교회에 출석하고 있는 사람들 중 주님과의 교제권 밖에 있는 사람이 얼마나 되는지에 대해 흥미로운 토론을 가졌습니다. 결론을 내릴 수 없어서 여러분에게 물어보기로 결정했습니다. 손을 들어 몇 퍼센트가 주님과의 교제권 밖에 있을지 여러분들의 의사를 표명해주시겠습니까? 10퍼센트라고 생각하시는 분, 20퍼센트, 30퍼센트?" 투표를 끝냈을 때 평균은 75퍼센트였다.

"이제 심각해집시다." 나는 계속했다. "이 큰 교회는 어떻다고 생각하십니까? 여러분 왼편, 그리고 오른편에 앉은 사람은 어떻습니까. 그들 중 몇 퍼센트가 주님과 교제하지 않고 있습니까?" 우리는 한 번 더 투표했다. 이번에는 거의 만장일치였다. 70퍼센트가 그 순간에 어떤 죄를 짓고 있었고, 주님과 교제하지 않고 있었다.

나는 여러 교회에서 그 테스트를 반복했고, 평균에 변동이 있긴 했지만 50-80퍼센트 사이인 것 같았다.

그것이 사실이라면 당신 자신을 테스트해보라. 바로 다음번에 가르칠 때 부흥을 필요로 하는 사람이 학급에서 몇 퍼센트나 되겠는가? 맞다, 50-80퍼센트다.

그리스도인과 주님과의 관계는 삶의 전반에 걸쳐 가장 중요한 요소이다. 의심할 여지없이 대부분이 주님과의 교제권 밖에 있기 때문에, '필요 목록' 맨 위에 부흥을 놓아야 하지 않겠는가? 교사는 가르칠 때 부흥을 가장 높은 우선순위로 만들어야 한다.

활용 2: 개인적이고 공적인 기도를 통해 강력하고 지속적으로 간절하게 부흥을 구하라

내가 연구한 기록되어 있는 모든 부흥에서, 나는 개인적이고 공적인 기도들이 부흥이 실제로 일어나기 전 얼마 동안 특별히 부흥을 위해 드려졌다는 것을 발견했다. 주님이 부흥을 위해 기도하도록 남겨진 신실한 백성들의 마음에 기도하는 마음을 부으신 것 같다.

때때로 이런 기도 그룹들은 수요일 밤 기도 모임에 함께 모인다. 종종 신학교에서 능력의 영을 내려달라고 은밀히 모여 기도하는 눈물 젖은 학생들을 볼 수 있다. 또 가장 강력하고 지속적인 기도의 용장들은 나이 많은 여성도들이라는 것도 거듭 발견한다. 그들 중 대부분은 남편이 없거나 거동이 불편한 사람들인데 주님께 능력을 주시도록 대신 간구하며, 영광의 보좌에 조용히 기도를 올려보낸다.

부흥을 위해 왜 기도가 중요한가? 의심할 여지없이 주님은 부흥을 허락하시기 전에 성취되어야 하는 4가지 필수 조건 중 하나로 기도를 요구하셨기 때문이다(대하 7:14). 기도가 부흥에 전제 조건이므로 학생들이 부흥을 경험하도록 인도하려면, 교사는 먼저 교사 자신의 삶 속에 부흥이 있기를 기도하고 그다음 학생들의 삶 속에서 부흥이 일어나도록 기도해야 한다.

교사는 부흥을 위해 기도해야 할 뿐 아니라 학생들이 함께할 수 있도록 격려해야 한다. 수업의 시작과 끝에 기도하여 정기적이고 의미 있는 시간을 만들라. 야고보의 외침을 기억하라. "의인의 간구는 역사하는 힘이 큼이니라"(약 5:16).

활용 3: 학생들의 영적 반응에 따라 전달 방법을 다양하게 하라

자녀들을 길러보았다면, 그들이 불순종할 때 훈계하고 바로잡는 접근 방법을 달리할 필요성이 있다는 것을 깨달았을 것이다. 어떤 아이는 단지 진지하게 쳐다보는 것이 필요하고, 어떤 자녀에게는 엄격한 말이 필요하고, 어떤 자녀는 이해할 수 있는 '격려의 한 마디'가 필요하다. 어떤 자녀는 건설적인 비판에 대해 잘 반응하는가 하면, 어떤 자녀는 괴로워하고 기가 죽는다. 어떤 자녀는 많은 도전을 필요로 하고, 어떤 자녀는 작고 안전한 단계를 필요로 한다. 학생 또는 자녀들이 하나님 또는 사람에게 행한 불순종으로부터 돌이켜야 할 이유가 무엇이든 간에 교사는 그들의 행위를 주의 깊게 관찰하고 각자의 상황에 맞는 바른 스타일을 선택해야 한다.

교사는 또한 학습 방법을 다양하게 할 필요가 있다. 비록 강의 방법이 다른 사람들에게 부흥을 일으키기 위해 자주 사용되긴 하지만, 다른 다양한 방법들도 효과적인 것으로 증명되었다.

- 부흥을 위해 서로 기도해줄 수 있도록 학급을 소그룹으로 나누라. 각자 그들의 오른편에 앉은 사람을 위해 기도하게 하라.
- 그들 또래에서 자주 일어날 수 있는 죄와 그리고 그들이 부흥을 경험하지 못하도록 방해하는 것이 무엇인지에 대해 네 명 또는 다섯 명의 학생과 공개 토론하라.
- 부흥이 왜 그렇게 전략적이어야 하는지 또 각자가 어떻게 다음 주에 다른 그리스도인을 돕거나 방해할 수 있는지 천사의 역할을 맡은 학생이 타락한 천사를 맡은 학생과 논쟁을 벌이는 촌극을 준비하라.
- 학급에서 한 사람이 자신의 영적인 삶을 괴롭히는 죄들을 어떻게 극복할 수 있는지 '사도 바울'과 대화를 나누게 하라.

무엇을 하든지 교사는 학생들이 자신들의 죄를 회개하고 그들의 삶 속에서 부흥을 맛보도록 도울 수 있는 의미 있고 효과적인 방법들을 찾아야 한다.

활용 4: 영적 훈련에 대한 지식과 실천에 있어서 학생들을 교훈하라

부흥은 양면성이 있다. 첫 번째는 학생들을 죄의 속박으로부터 자유롭게 하고, 두 번째는 그들이 죄에 머물지 않고 교제에 머물 수 있도록 힘을 부여한다. 이번 활용은 학생들이 교제에 머물러 있도록 훈련하는 것에 초점을 맞춘다.

영적 훈련의 지식과 실천은 유행에 뒤떨어졌다. 소수의 그리스도인들만이 영적 훈련이 무엇인지 알며 그것을 실천한다. 우리는 형식적인 것과 '방법론'이 의제를 설정하는 시대에 살고 있다.

모든 사람들이 궁극적인 치료보다는 **빠른 치료**를 원한다.

나는 속사람을 양육시켜야 하는 절대적인 필요성에 대해 배운 것을 결코 잊지 않을 것이다. 나는 중·고등부 담당 목사였고 사역은 기대했던 것보다 훨씬 도전적이었다. 나는 거의 매일 더 많은 훈련이 필요했다. 그러나 무엇인가 더욱 깊은 것, 즉 영적 생활의 비결로서 주님과의 깊은 관계를 맺고 살도록 나를 자유케 할 깊은 진리들을 진정으로 원했다. 그래서 나와 아내는 우리가 지녔던 작은 것들을 팔아 작은 화물 트럭에 짐을 싣고, 영적 생활의 '깊이 감추인 비밀'을 찾을 수 있다고 확신했던 신학교로 순례의 여정을 시작했다.

신학교의 첫날, 첫 예배가 시작되었다. 내 왼쪽 무릎 위에는 히브리어 구약 성경이 있었고, 오른쪽에는 헬라어 신약 성경이 놓여 있었다. 손가락은 내가 신뢰하는 녹음기의 '녹음' 단추 위에 정지되어 있었다. 나는 아무것도 놓치고 싶지 않았다. 나는 만년필 뚜껑을 열고 새 노트를 펼쳐놓았다. 모든 준비가 완료되어 있었다.

상급생 한 명이 내 옆에 앉아 나를 돌아보더니 미소를 보내왔다. "신입생이군?" 그가 말했다. 나는 그가 어떻게 알았는지 궁금했다.

신학교 학장이 설교를 하기 위해 일어났다. 그는 이미 신학과 예언에 대해 스무 권이 넘는 책을 쓴 사람이었다. 샛빛 머리와 2미터에 가까운 신상은 우리 모두의 눈길을 장악했다. "오늘은," 그가 말했다. "올해 신학교의 첫날을 시작하는 시간입니다. 그렇기 때문에, 우리 모두에게 가장 중요한 주제에 대해 이야기하겠습니다. 바로 영적 생활의 비결들입니다."

내 심장이 멎는 것 같았다. 그리고 나는 녹음기를 다시 확인했다. 그는 정말 '비결들'을 말할 것이고 지금은 나의 첫날이었다! "무엇보다도 우리에게 영향을 주는 영적 생활의 3가지 중요한 비결들이 있습니다."

나는 믿을 수가 없었다. '이제 올 것이 오는구나!'

"그것들은 첫째, 성경을 매일 읽으십시오. 둘째, 성령님과 동행하십시오. 셋째, 쉬지 말고 기도하십시오!"

내가 그 예배에서 들은 특별한 이야기는 없다.

그것이 영적 생활의 비결들이라고? 믿을 수가 없었다. 나는 이미 오래전 그 비결에 대해 알고 있었다. 내가 알고 싶었던 것은 진짜 비결이었다. 깊고 오묘한 무엇이었다.

그 잊지 못할 날로부터 20여 년이 지난 지금 나는 한 가지 분명한 결론을 내리게 되었다. 그분이 절대적으로 옳으셨다는 것이다. 그 비결들은 단지 학장님을 위한 것뿐 아니라 당신과 나 그리고 당신이 가르칠 때 당신에게 배울 모든 그리스도인들에게 동일하게 적용되는 비결들이다. 그러므로 우리는 학생들이 어떻게 하나님과 더 의미 있게 정기적으로 동행할 수 있는지 배울 수 있도록 훈련시켜야 한다. 왜냐하면 이렇게 할 때, 그들은 부흥을 필요로 하는 것보다는 부흥의 상태에서 더 많은 시간을 보낼 것이다.

활용 5: 정확하게 기대하며 부흥을 위한 최종 사명을 말로 표현하라

회개와 부흥으로 한 명을 불러내든 천 명을 불러내든, 교사는 명료하게 그리고 기대감과 긴박감을 가지고 학생들을 초청해야 한다.

당신은 마지막으로 경험했던 개인적 부흥과 갱생의 시간을 기억할 수 있는가? 마음속에 그 경험을 그릴 수 있다면, 그 과정에서 직면해야 했던 두려움과 불편함과 불안의 감정을 떠올릴 수 있을 것이다. 부흥과 회개를 위한 필요에 직면할 때, 우리의 감정은 실제로 방해가 된다. 회개의 순간에 이른 많은 사람들이 영혼을 휩쓰는 두려움 때문에 용기를 잃는다.

학생들이 직면하는 절망적인 갈등 때문에, 교사는 그들이 큰 용기와 흔들리지 않는 결심을 가지고 주님께 돌아오도록 초청해야 한다. 교사는 즉각적인 용기와 힘을 불어넣어주어야 한다. 주님 안에 있는 자신감으로 학생들이 내적인 홍해를 통과할 수 있도록 도와주어야 한다.

1,500여 명이 영적인 수양회를 위해 큰 숲속에 있었다. 나는 그 주말 동안 주님께 깊은 헌신에 대해 설교하도록 자극받고 있음을 느꼈다. 토요일 밤쯤에 나는 이미 많은 상담을 했고, 음란과 부도덕이 많은 남자들의 삶 속에 악한 이빨을 들이대 움푹 패여 있는 것을 보았다. 먼저 씻음을 받지 않는 한 주님께 헌신으로 반응할 수는 없었다.

숲속에서 남자들과 함께 모였을 때, 진실로 솔직하게 진리를 이야기할 수 있었다. 나는 음란에 대해 설교하면서 '직면' '명령' '결과'로 인도한 나단의 이야기를 통해 그들을 도전하고 나서, 그들에게 회개하고 자신들을 낮추고 악한 행위로부터 돌아서라고 요청했다. 주님은 강하게 임재하셨고 나는 공개적인 자백이 필요함을 느꼈다. "나는 오늘 밤 여러분에게 상당히 어려운 일을 하라고 요구하겠습니다. 여러분이 간음의 관계에 있다면, 일어나 공개적으로 회개하기 위해 앞으로 나오기를 원합니다. 배려심 깊은 이 남자들 앞에 자신을 낮출 용기가 없다면, 당신은 관계를 맺고 있는 여인에게 전화를 걸어 이젠 음란한 정사를 끝내자고 말할 용기도 없을 것입니다."

나는 조용히 기도 가운데로 인도하면서 계속했다. "하늘의 눈길이 이 장소 위에 있기 때문에 아무도 자신을 속일 수 없습니다. 여러분은 회개해야 합니다. 스스로를 낮추어야 합니다. 이제 간음을 끝내야 합니다. 그것이 당신의 헌신이라면, 일어나서 주님 앞에 스스로를 낮추기 위해 이곳으로 와 나와 악수를 하고 이 집회 장소 뒤에 있는 공중전화로 가서 그 여인에게 전화를 걸어 관계를 청산하십시오. 당신은 주님께, 그녀에게, 당신 자신에게, 그리고 아내와 자녀들에게 죄를 지었다고 그녀에게 말하십시오. 용서를 구하고 다시는 만나지 않겠다고 말하십시오. 그리고 이 엄숙한 숲속으로 들어가 엎드려 자신의 간음과 불순종에 대해 주님의 용서를 구하십시오."

거기에는 음악도 없었고, 성가대도, 스테인드 글라스로 장식된 창문도 없었다. 아무도 눈을 감지 않았고 아무도 움직이지 않았다.

내 가슴에서는 심장이 빠른 속도로 고동치기 시작했고, 나는 그 소리를 모든 회중이 들을 것이라고 생각했다. '내가 도대체 무슨 짓을 하고 있는 것인가. 그들에게 공개적으로 걸어나와 자신의 음란한 관계를 자백하라고 요구하다니? 얼마나 어리석은 생각인가! 아무도 나오지 않을거야.' 나는 그렇게 생각했다.

그리고 두려움 속에서 나는 하나님께 성령의 깨닫게 하심이 이들 전체를 휩쓸고 교만과 반항의 영을 부수게 해달라고 울부짖었다. 나는 나 자신을 그분의 손에 맡기고, 두려움을 버리고 청중들의 반응과 관계없이 진리를 선포할 수 있도록 나 스스로를 재헌신했다. 내 심장은 식어가는 것 같았다. 기도로 마치면 어떨까 하고 망설였으나 기다려야 한다는 느낌이 왔다.

나무로 만든 관람석 쪽, 맨 앞에서 두 번째 줄에 앉아 있던 거구의 남자가 갑자기 흔들렸다. 그는 성큼성큼 중앙 복도로 걸어와 내 얼굴 바로 앞에서 멈추었다. 나를 주먹으로 칠 것만 같았다.

나는 그의 말을 결코 잊을 수가 없다. "나는 혼외정사를 무려 7년 동안이나 맺어왔습니다. 아니, 당신이 말한 대로 나는 간음을 해왔습니다. 나는 트럭 운전사입니다. 그리고 그리스도인입니다. 당신은 지금까지 간음에 대해 숨김 없이 설교하고 또 나에게 중단하라고 요구한 첫 번째 사람입니다. 당신은 나에게 중단할 이유를 주었습니다. 나는 중단하겠다는 결심을 말하려고 앞에 나왔습니다." 그리고 그는 나를 꼭 껴안았다. 그는 돌아서서 공중전화가 있는 쪽으로 갔다. 동전을 들어올리며 그가 말했다. "그녀는 믿지 않을 것입니다. 그러나 하나님의 도움으로 모든 것이 끝났습니다."

드디어 딱딱한 분위기가 깨졌다. 많은 남자가 눈물을 흘리면서 앞으로 줄줄이 나오기 시작했다. 자기 자리에서 무릎을 꿇은 사람도 있었다. 방황하던 아들들의 영광스러운 귀환이 계속 진행되었다. 한참 후에 내가 새벽 1시쯤 마지막으로 통나무 숙소의 창문을 통해 내다보았을 때, 여전히 많은 남자들이 공중전화 앞에서 차례를 기다리며 서 있었다.

하나님이 당신에게 1,500여 명의 남자들을 회개로 인도하라고 요구하지 않으실지도 모른다. 그러나 하나님은 학급에서 매주 당신 앞에 앉아 있는 남자들, 여자들, 소년들, 소녀들의 회개와 부흥을 위해 도전하라고 당신을 부르셨다. 그들은 간음하지 않았을지도 모른다. 그러나 그들은 무언가 한 가지 불순종의 일에 개입되어 있을지도 모른다. 그것이 무엇이든지 간에 그들은 '전화'를 걸고, 숲속에서 무릎을 꿇을 장소를 찾아야 한다.

활용 6: 부흥은 강력한 영적 전쟁을 수반한다는 것을 예상하라

부흥은 그 실제 본질에 따라 우리의 적인 사탄의 역사에 직접적으로 대항한다. 왜냐하면 주님과 그의 대적이 동일하게 사람들의 마음과 혼을 원하기 때문에 교사는 부흥을 가져오기 위한 노력이 강력한 저항에 부딪힐 것을 예상하고 잘 준비해야 한다. 단지 우리가 주님 편에 있기 때문에, 전쟁은 쉬울 것이며, 쉽게 이길 것이라고 착각하지 말라. 적이 더 오랫동안 한 영역의 지배권을 가지고 있었을수록 더 많은 어려움이 따를 것이다. 우리를 대적하는 세력들은 지뢰밭을 설치했고, 철조망을 쳐놓았으며, 언덕 주변에 큰 대포들을 배치시켰을 것이다. 모두 우리의 접근을 기다리고 있다.

그러므로 단지 내부적인 압력이나 외부적인 문제들에 부딪힌다고 해서 주님이 함께하시지 않는다고 결론 내리지 말라. 그러한 생각들은 하나님이 우리들을 부르신 사역의 본질을 잘못 해석하는 데서 비롯된다. 이 영역에 대해 잘 모른다고 생각되면, 좋은 기독교 서점을 찾아 사탄과 요새들과 영적 전쟁에 대한 믿을 만한 책들을 읽기 시작하라.

활용 7: 깨끗한 도구로 부흥에 헌신하도록 자신을 주님 앞에 내놓으라

이 장을 마치면서 남은 유일한 것은 부흥의 방법이 아니라 부흥의 대상이다. 이제 당신은 성경적인 부흥을 이해하게 되었다. 답변이 필요한 유일한 질문은 당신이 하나님이 놀라운 부흥을 이루시기에 필요한 사람이 될 것인지 아닌지를 택하는 것이다.

선택은 당신에게 있다. 당신은 평범한 교사로 남을 것인가, 아니면 주인의 손에 있는 권능의 도구가 될 것인가? 사람들의 삶을 변화시키는 데 동참하도록 부르심을 받았을 때 단지 정보를 전달하는 것에 안주하려 하지 말라.

이제 당신은 부흥의 사역을 알게 되었다. 그 초자연적인 사역을 시작하기 위해 당신에게 요청하는 유일한 조건은, 하나님의 진리를 하나님의 방법으로 가르치는 일에 헌신되고 정결케 된 모습으로 하나님 앞에 서는 일이다. 우리가 함께 나눈 이 가르침의 순례의 마지막에서 잠시 당신 자신을 점검해보라. 당신 마음이 죄에 묶여 있는 채로 학생들에 대해 부흥을 위한 도전을 시도했다면, 당신의 말은 그저 평범한 목소리에 그칠 것이다. 당신의 입은 사막처럼 마를 것이다. 당신의 말은 생명을 가져오거나 학생들의 마음을 부드럽게 하지 못하고, 그들의 마음은 더욱 강퍅해질 것이다.

반면 교사가 자신을 위한 개인적인 부흥 가운데 있는 것보다 강력한 무기는 없다. 그는 자신의 삶 속에서 흘러나오는 것으로 학생을 섬기고 학생은 그를 따른다. 그가 사역할 때 종종 학생들은 성령의 움직임을 느끼기 때문에 조용해진다.

무릎을 꿇고 주님께 자백할 일이 있다면 용기를 내라. 우리보다 앞서간 훌륭한 믿음의 선배들처럼 스스로를 겸손하게 하고 회개하라! 자신의 죄들을 자백하고 약속된 용서를 구하라.

결론

부흥이 공적으로 논의될 때마다 나는 거의 언제나 신발을 벗고 싶었다. 왜냐하면 거룩한 곳에 서 있음을 느꼈기 때문이다.

어떠한 적용을 할지라도, 어떤 필요를 요구할지라도, 또 어떠한 내용으로 가르칠지라도 그 모든 면류관은 우리가 학생의 마음을 주님의 손에 놓을 때 주어진다. '방황하는 자들을 찾고 회복시키는' 주님의 마음에 동참하는 심정으로 가르치는 이들은 얼마나 아름다운가.

지금 있는 그곳에서 잠깐 멈추고 당신 마음이 이 부흥의 사역을 위해 준비되었는지 확인해보라. 부흥에 대한 이 두 과를 읽으면서 마음이 따뜻해지고 결심이 단단해졌으며, 가르치는 기법이 연마되었기를 바란다. '마음의 문제'를 묵상하기 위해 마지막으로 잠시 조용한 시간을 가지라. 그래서 당신의 마음이 주님 앞에 바로 서고, 주님이 당신 안을 자유롭게 다니시면서 당신을 통해 자유롭게 말씀하시며, 그래서 아무 죄도 그분의 능력의 팔을 막을 수 없고, 어떠한 장벽도 그분의 능력의 메시지를 가로막을 수 없도록.

"주님, 당신이 옛날 이사야에게 하셨듯이 당신의 보좌 앞의 단에서 핀 숯으로 우리의 입술과 마음을 깨끗케 하소서."

"또 내가 주의 목소리를 들으니 주께서 이르시되 내가 누구를 보내며 누가 우리를 위하여 갈꼬 하시니 그때에 내가 이르되 내가 여기 있나이다 나를 보내소서 하였더니"(사 6:8).

갈 것인가? 주님을 위해 말할 것인가? 그분이 명령한 것은 무엇이든지 가르치겠는가? 지상 명령을 성취하기 위해 맡은 바 임무를 수행할 것인가? 그리스도가 당신과 나에게 위임하신 말씀을 기억하라.

"예수께서 나아와 말씀하여 이르시되 하늘과 땅의 모든 권세를 내게 주셨으니 그러므로 너희는 가서 모든 민족을 제자로 삼아 아버지와 아들과 성령의 이름으로 세례를 베풀고 내가 너희에게 분부한 모든 것을 가르쳐 지키게 하라 볼지어다 내가 세상 끝날까지 너희와 항상 함께 있으리라 하시니라"(마 28:18-20).

당신은 이제 부흥을 이해하게 되었다. 주님은 회복되어야 할 절망적인 필요가 있는 누군가를 당신 문 앞에 보내셔서 당신의 순종을 시험하실지도 모른다.

그러한 순간이 왔을 때 피하거나 그저 조용하게 있지 않기를 나는 진심으로 바란다. 용기를 내서 주님께 의지하고 덤불에 걸린 양, 즉 주님이 당신에게 보내신 바로 그 양을 기르라.

토론할 문제

1. 성경의 가르침에 불복종하여 삶이 심하게 어그러진 그리스도인 친구와 가족들을 생각해보라. 그들을 회복시키기 위해 관심을 갖고 있는 사람들이 얼마나 되는가? 그러한 사람을 회복시키기 위한 우리의 사명을 진지하게 받아들인다면 무슨 일이 일어날 것이라고 생각하는가?

■

2. 합리화는 개인적인 부흥에서 가장 강한 방해물이다. 일정 기간 주님께 불순종하면서 살 때, 우리는 자연스럽게 스스로를 정당화시키려고 한다. 그리스도인들이 보통 하나님에 대해, 그들의 죄와 그 자신에 대해 합리화시키는 것들은 무엇인가? 예를 들면 이런 것들이다. "하나님은 나를 사랑하시고 내가 왜 이렇게 하는지 이해하신다." "아무도 완전하지 못하다. 그리고 나도 마찬가지다. 내 문제는 정상적이기 때문에 시간이 지나면 해결될 것이다."

■

3. "부흥은 거의 언제나 대부분의 사람에게 필요하다"는 말에 동의하는가? 당신 교회에 출석하고 있는 사람 중에 몇 퍼센트가 이 순간 주님과의 교제권 밖에 있다고 생각하는가? 비율이 그렇게 높은 이유는 무엇인가? 이것을 사실로 만드는 3가지 가장 큰 이유나 죄는 무엇인가? 갈라디아서 6장 1절은 우리에게 죄에 빠진 사람을 바로잡으라고 명령하고 있는데, 주일학교 교사인 당신은 어떻게 이 구절에 순종하고 있는가?

■

4. 잠시 당신의 삶을 객관적인 관점으로 보라. 당신의 삶 속에 현재 두드러

지게 나타나는 유혹의 방아쇠들과 헌신 배양기들은 무엇인가? 바울이 편지를 쓴다면 당신에게 어떤 방아쇠들을 제거하고, 어떤 배양기들을 더 설치하라고 권면할 것 같은가? 당신이 그의 권면을 따른다면 삶은 어떻게 달라지겠는가?

■

5. 영적 성장과 부흥을 경험했던 시절을 회상해보라. 그리스도에게 가까웠던 그 시간에 어떻게 느끼고 무엇을 경험했는지 설명해보라. 그 성장의 시간은 어떻게 시작되었는가? 그 시간 동안 당신은 어떻게 달랐는가? 삶이 지금보다 더 만족스러웠는가, 아니면 덜 만족스러웠는가? 그러한 시간을 지금 다시 경험하기 위해 당신은 어떻게 해야 하는가? 구체적인 계획을 세워 시도하라!